★

O HOMEM
QUE COMPREENDEU
A DEMOCRACIA

★

Olivier Zunz

O HOMEM QUE COMPREENDEU A DEMOCRACIA

A vida de Alexis de Tocqueville

Tradução de
Carlos Eugênio Marcondes de Moura

1ª edição

CIP-BRASIL. CATALOGAÇÃO NA PUBLICAÇÃO
SINDICATO NACIONAL DOS EDITORES DE LIVROS, RJ

Z88h   Zunz, Olivier
         O homem que compreendeu a democracia : a vida de Alexis de Tocqueville / Olivier Zunz ; tradução Carlos Eugênio Marcondes de Moura. - 1. ed. - Rio de Janeiro : Record, 2023.

         Tradução de: The man who understood democracy : the life of Alexis de Tocqueville
         Inclui bibliografia e índice
         ISBN 978-65-5587-681-9

         1. Tocqueville, Alexis de, 1805-1859 - Visão política e social. 2. Aristocracia - França. 3. Democracia - Filosofia. 4. Cientistas políticos - Biografia - França. 5. Cientistas políticos - Biografia - Estados Unidos. I. Moura, Carlos Eugênio Marcondes de. II. Título.

23-82846   CDD: 306.2092
                              CDU: 929:32

Meri Gleice Rodrigues de Souza - Bibliotecária - CRB-7/6439

Título em inglês:
The man who understood democracy: the life of Alexis de Tocqueville

Copyright © Princeton University Press, 2022

Todos os direitos reservados. Proibida a reprodução, armazenamento ou transmissão de partes deste livro, através de quaisquer meios, sem prévia autorização por escrito.

Texto revisado segundo o Acordo Ortográfico da Língua Portuguesa de 1990.

Direitos exclusivos de publicação em língua portuguesa somente para o Brasil adquiridos pela
EDITORA RECORD LTDA.
Rua Argentina, 171 – Rio de Janeiro, RJ – 20921-380 – Tel.: (21) 2585-2000, que se reserva a propriedade literária desta tradução.

Impresso no Brasil

ISBN 978-65-5587-681-9

Seja um leitor preferencial Record.
Cadastre-se no site www.record.com.br
e receba informações sobre nossos
lançamentos e nossas promoções.

Atendimento e venda direta ao leitor:
sac@record.com.br

À memória de meu amigo Michel de Certeau (1925-1986).
Ele me ensinou que *"l'histoire n'est jamais sûre"*.

SUMÁRIO

Mapas	8
Prólogo	11
1. Aprendendo a duvidar	19
2. "Tudo aquilo que se refere aos norte-americanos é extraordinário"	48
3. Uma rota de colisão na democracia	81
4. Escrevendo sobre os Estados Unidos em ordem inversa: primeiro as prisões, em seguida a liberdade	113
5. Testando a igualdade norte-americana em oposição à desigualdade britânica	147
6. Quando a teoria política se torna política	177
7. Uma síntese do pensamento e da ação	211
8. Abolicionista, nacionalista e colonialista	244
9. Oprimido (subjugado) no comando	276
10. Uma revolução "amplamente formada pela sociedade a ser destruída"	307
11. Catolicismo e liberdade	338
Epílogo	367
Bibliografia	373
Notas	377
Agradecimentos	457
Índice	461

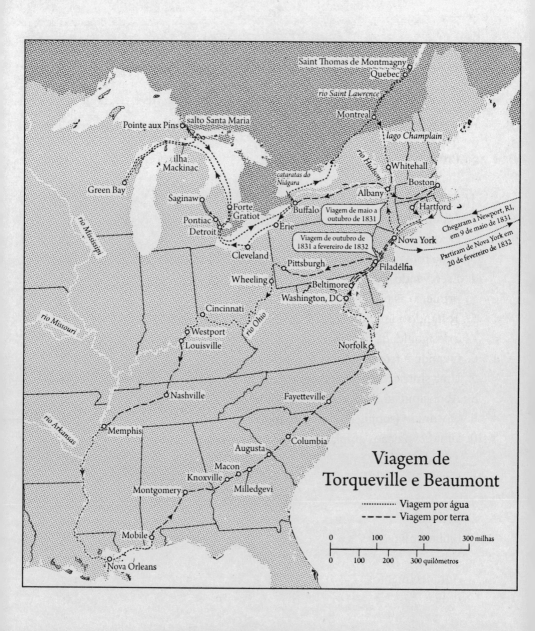

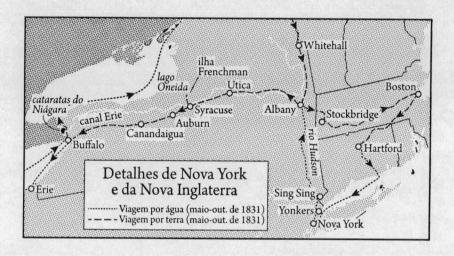

PRÓLOGO

"Causa espanto o fato de que os títulos seriam abolidos na França? Não é um espanto ainda maior o fato de que eles seriam mantidos em todos os lugares? O que são eles? [...] Quando pensamos ou falamos de um juiz ou de um general, nós os associamos a ideias de ofício e caráter; pensamos na seriedade de um, e na bravura do outro"; porém, em relação a "um duque ou um conde", não se pode afirmar se tais palavras "significam força ou fraqueza, sabedoria ou desvario, uma criança ou um homem, o cavaleiro ou o cavalo".

Assim escreveu Thomas Paine em 1791, durante a Revolução Francesa.[1] Alexis de Tocqueville, nascido em 1805, descendente das mais elevadas camadas da nobreza francesa, concordou com ele. Tornou-se o único membro de sua família a escolher a democracia no lugar da aristocracia. Sempre se recusou a usar seu título de conde e ficava aborrecido quando as pessoas assim se dirigiam a ele. Embora reconhecendo que tinha "instintos" aristocráticos, ele era um democrata "devido à razão" e muito se empenhou para fazer avançar a grande mudança moderna que ia da aristocracia para a democracia.[2] Na aristocracia, notou Tocqueville, "as famílias mantêm a mesma posição social durante séculos e frequentemente nos mesmos locais [...] ligando todos os cidadãos num longo encadeamento que vai do camponês ao rei". Tocqueville, em vez disso, optou pela democracia, que rompe o encadeamento, corta as ligações e convida cada cidadão a realizar seu potencial mediante seus esforços.[3]

A dimensão de qualquer forma de governo, acreditava Tocqueville, era a liberdade e a igualdade. Em uma aristocracia, somente aristocratas privilegiados podiam gozar da liberdade — às custas da liberdade dos outros. Na democracia de Tocqueville, em contraste, todos os cidadãos têm a liberdade de agir em uma estrutura legal, que seja do acordo de todos. Tocqueville encarava a igualdade como o instrumento da liberdade e, embora reconhecendo a necessidade de reparar a injustiça social, via a igualdade não como um meio de nivelar, mas de elevar. Acreditava que a busca da liberdade e a busca da igualdade estavam intimamente ligadas, chegando até mesmo a imaginar "um ponto extremo, no qual a liberdade e a igualdade se tocam e se tornam unas".[4]

A transformação da aristocracia em democracia tem seus custos, para Tocqueville e para a sociedade como um todo. A própria família de Tocqueville foi dizimada durante o Terror revolucionário que dominou a França entre 1793 e 1794. Os pais de Tocqueville, Hervé de Tocqueville e Louise-Madeleine Le Peletier de Rosanbo, se casaram em março de 1793, apenas dois meses após a decapitação de Luís XVI. A aliança entre um jovem oficial do exército, originário da Normandia, nascido em uma antiga família da nobreza militar (a nobreza da espada), e a filha de uma família que se elevou percorrendo todos os escalões mais altos da administração real (os denominados *grande robe*) poderia ter suscitado controvérsias apenas em um passado recente. O casamento, entretanto, ocorreu quando o tempo de negociar rivalidades entre as diferentes castas da nobreza francesa não existia mais. Agora cada nobre da França era suspeito de conspirar contra a revolução — um crime cuja penalidade era a morte.

O pai da noiva, o marquês de Rosanbo, foi um homem importante antes da revolução. Era o principal magistrado da mais elevada corte de apelação da época, presidente do *parlement* em Paris. O avô da noiva, Chrétien Guillaume de Lamoignon de Malesherbes, era ainda mais importante. Como diretor da aquisição de bibliotecas sob Luís XV, Malesherbes protegeu os filósofos e, como ministro de Luís XVI, promoveu reformas liberais. Foi um dos dois juristas que defenderam o rei em seu julgamento na ocasião da revolução. Tocqueville admirava seu bisavô (a quem ele chamava de avô) por ter pleiteado a causa da liberdade, um princípio a ele tão caro, na corte de sua não menos amada realeza, e por ter advogado a igualdade dos direitos para aqueles que já eram privilegiados.[5] No entanto, as visões liberais de Malesherbes não garantiram a sua família nenhuma proteção. Os revolucionários prenderam todos os membros adultos da família Malesherbes-

-Rosanbo-Tocqueville — dez ao todo — no castelo dos Malesherbes, situado no Loiret, durante alguns dias, em dezembro de 1793, levando-os para várias prisões em Paris, onde aguardariam um julgamento sumário e a execução. O avô materno de Alexis, Rosanbo, foi o primeiro a ser guilhotinado, no dia 20 de abril. Após dois dias, em 22 de abril, sua avó Marguerite foi para o cadafalso, seguida por Aline-Thérèse de Rosanbo, sua tia, e o marido dela, Jean-Baptiste de Chateaubriand (irmão mais velho do grande escritor romântico). Malesherbes foi o último a ser decapitado naquele dia, depois de os executores o obrigarem a ver as cabeças de sua filha e de seus netos caírem da guilhotina à sua frente.

Os membros restantes da família — parentes de Tocqueville, sua tia Guillemette e seu esposo, Charles Le Peletier d'Aunay, e seu tio Louis Peletier de Rosanbo — estavam na cadeia esperando sua vez, quando a execução de Robespierre, no dia 10 de Termidor, segundo ano da Primeira República Francesa (27 de julho de 1794), deu fim ao morticínio. Eles permaneceram na prisão por mais três meses, antes de ser finalmente soltos em outubro.

Louise-Madeleine, inclinada à depressão desde sua juventude, jamais recuperou a sensação de bem-estar. Os pais de Tocqueville passaram dez meses dos primeiros dezoito meses de sua vida de casados na prisão. Eles prantearam a execução dos membros mais próximos de sua família e, quando foram soltos, cuidaram dos sobreviventes. No dia em que Jean--Baptiste de Chateaubriand foi levado da prisão para a guilhotina, Hervé de Tocqueville prometeu a ele que, se sobrevivesse aos Termidor, adotaria os dois jovens filhos de seu cunhado, Christian e Geoffroy, os únicos membros da família que ainda estavam escondidos em Malesherbes.

Onze anos mais tarde, em 1805, Louise-Madeleine deu à luz Alexis, seu terceiro filho biológico. Ficou decepcionada porque o bebê era mais um menino, e ela havia muito esperava enfim ter uma menina. Seu marido tentou consolá-la por meio de uma predição otimista. Hervé recordou em suas *Mémoires* que, ao ver o bebê pela primeira vez, pensou: "Essa criança nasceu com um semblante tão expressivo que eu disse para sua mãe que um dia ela poderia tornar-se um imperador."[6] A primeira metade de sua profecia se realizou. O menino ingressaria no cânone dos grandes filósofos políticos. Longe, porém, de tornar-se um imperador, ele dedicaria sua vida a acabar com o despotismo.

Os grandes pensadores nem sempre têm uma vida merecedora de uma narrativa detalhada. Nós os entendemos melhor em diálogos com outras grandes mentes ao longo das eras mais do que com seus contemporâneos. A esse respeito, entretanto, Alexis de Tocqueville situa-se à parte. O início de sua vida foi moldado pelo final do Terror revolucionário na França e ele faleceu dois anos após o início da Guerra Civil nos Estados Unidos. Testemunhou uma profunda transformação da sociedade e manifestou tamanha paixão sobre participar da política tanto quanto era apaixonado por estudar sobre o tema.

A profética decisão de viajar aos Estados Unidos quando tinha 25 anos, em 1831, demonstrou ser uma notável iniciativa. Lá ele observou a realidade palpável de uma democracia que funcionava, e os Estados Unidos permaneceram como elemento fundamental para o pensamento e a ação de Tocqueville ao longo de sua vida, muito depois daquela viagem e numa proporção quase invasiva a sua brevidade. Ele se deu conta da extensão que o princípio da igualdade dava a "certo direcionamento ao espírito público e certa moldagem às leis, estabelecendo novas diretrizes para o governar, e promovia hábitos distintivos nos governados".[7] Tais observações constituiriam a base de sua obra mais duradoura, *A democracia na América*.*

Após retornar à França, Tocqueville deu prosseguimento a suas ambições intelectuais e políticas. Assim que foi possível, após completar a idade legal que lhe permitiria concorrer numa eleição, ele organizou uma campanha com a finalidade de representar, na Câmara de Deputados, a região em torno da propriedade ancestral de sua família na Normandia. Participou das grandes controvérsias da Monarquia de Julho sobre a ampliação do sufrágio, a separação da Igreja e do Estado e a colonização da Argélia. Empenhou-se notavelmente na questão da abolição da escravidão no Caribe francês, na reforma das prisões e na reabilitação dos criminosos, além da reforma do bem-estar. Sua carreira política atingiu o auge em 1849, sob a Segunda República, em consequência da Revolução de 1848, como um dos delineadores de sua constituição e, em seguida, brevemente, como ministro das Relações Exteriores. Tocqueville participou continuamente dos mundos

---

* A segunda edição do livro foi publicada em 2014 pela Editora Martins Fontes, de São Paulo, com tradução de Eduardo Brandão. [*N. do T.*]

O HOMEM QUE COMPREENDEU A DEMOCRACIA   15

da literatura e da política, engajou-se em debates nas academias literárias, publicou questões polêmicas na imprensa (dirigiu um jornal durante breve período) e empenhou-se em manter conversas nos salões parisienses.

A biografia narra como Tocqueville desenvolveu suas ideias no contexto dos conturbados acontecimentos políticos de sua época. Felizmente, Tocqueville deixou um amplo registro escrito: discursos, rascunhos de discursos, um livro de memórias sobre a Revolução de 1848 e seu papel na Segunda República. Acrescente-se a isso os diários de suas extensas viagens, não apenas aos Estados Unidos, mas também à Inglaterra, Suíça, Sicília e Argélia, além de suas anotações sobre a Índia, e sua ampla rede de correspondência com algumas das melhores mentes de sua geração. É nessa correspondência que suas emoções e seus julgamentos pessoais se revelam. Ele redigia frequentemente e voltava a redigir seus pensamentos sobre o passado e acontecimentos atuais, desenvolvendo uma análise sutil. Tocqueville correspondeu-se não somente com uma constelação de intelectuais e políticos na França, nos Estados Unidos, na Inglaterra e na Alemanha, mas também com membros da família, amigos íntimos que fez na adolescência e, é claro, eleitores. Seus muitos correspondentes apreciavam suas cartas frequentes, escritas com vibração em sua letra quase indecifrável. Seu talento por manter amizades duradouras, apoiado numa correspondência diária durante toda a vida, constitui uma dádiva para o biógrafo.

Ao longo de sua carreira política, Tocqueville permaneceu firmemente enfocado em questões atuais, o futuro da democracia e a necessidade de uma reforma política e social. Somente após Luís Napoleão Bonaparte dar um fim em uma breve experiência republicana e restaurar um regime autoritário foi que Tocqueville retirou-se da política e voltou sua confirmada atenção para o Antigo Regime e o drama intensamente complexo da Revolução Francesa, que terminou com a proeminência e até mesmo com as vidas de Malesherbes e de outros membros da família de sua mãe. Foi, entretanto, de luto, não por sua família, mas pela recente destituição da democracia na França, que Tocqueville escreveu sua segunda obra-prima, intitulada *O Antigo Regime e a revolução*. Era sua intenção que esse livro fosse a primeira parte de um trabalho mais amplo sobre os ciclos de revolução e reação que haviam se tornado a maldição da história francesa.

Confrontados com muitas ambiguidades no pensamento de Tocqueville, com frequência os leitores têm questionado a profundidade e a sinceridade do apoio à democracia por parte daquele descendente da aristocracia. Tocqueville costumava vacilar entre ideias democráticas e visões mais conservadoras transmitidas por sua herança aristocrática, embora não tenha se dado conta amplamente do quão dividido estava. Lendo-o, o leitor acaba apreciando o poder de suas conclusões, porque ele persiste em chegar a elas diante de dúvidas. Ele as compartilhava com leitores, apresentando o lado oposto de muitas questões, mantendo ligeiramente o equilíbrio de um modo ou de outro.

Tocqueville também assumia posições contraditórias. Encorajava o empreendedorismo enquanto execrava o materialismo. Promovia a igualdade de todas as pessoas, mas defendia a dominação colonial. Queria reconciliar democracia e religião, no entanto era inseguro em relação à própria fé. A lista prossegue. Sua necessidade de solucionar os polos opostos de seu pensamento é um dos motivos de suas revisões quase obsessivas. Embora não esclarecessem necessariamente seus pensamentos, suas citações tornaram sua prosa mais agradável, algo que era muito importante para ele.

Os leitores de então e de hoje, especialmente de *A democracia na América*, têm assinalado essas reais inconsistências. Alguns contemporâneos chegaram até mesmo a considerá-lo uma acusação à democracia, para a consternação de Tocqueville. Para leitores estrangeiros, o potencial de interpretar erroneamente um texto que já era difícil de apreender foi algo que uma tradução tornou mais complexo. A correspondência entre Tocqueville e seu tradutor inglês Henry Reeve ressalta essas questões. Em uma carta, Tocqueville reprovava Reeve por torná-lo muito antagonista da monarquia; em outra, a reclamação é de que ele parecia muito antagonista da democracia.[8]

O desfecho foi que Tocqueville não agradava a nenhuma facção. Pouco antes da publicação de *A democracia na América*, Tocqueville confidenciou a seu primo Camille d'Orglandes:

> Não escondo o que pode ser perturbador sobre minha posição. Ela provavelmente não despertará a ativa simpatia de quem quer que seja. Alguns acharão que no fundo eu não gosto da democracia e a trato um tanto severamente. Outros pensarão que estou encorajando sem cautela sua difusão.[9]

O HOMEM QUE COMPREENDEU A DEMOCRACIA

Até mesmo quando Tocqueville se posicionava contra seus parentes mais velhos, ele permanecia ambíguo. A seu tio Louis de Rosanbo, um sobrevivente do Terror revolucionário, que admoestava seu sobrinho por não ser leal à causa legitimista na Câmara dos Deputados, Tocqueville escreveu afetuosamente: "Deixe-me continuar acreditando que meu venerável antepassado [Malesherbes] continua julgando-me digno dele, o que sempre procurei ser."[10]

Apesar de todos os equívocos e dúvidas sinceras que compartilhou com a família, os amigos e os leitores, Tocqueville permaneceu fiel a um conjunto de convicções básicas e inamovíveis. Expressou-as com perfeita clareza numa breve mensagem que enviou a Chateaubriand e que acompanhava um exemplar de *A democracia na América*. Ele escreveu: este é um livro em que juntei coração e mente: "Mostrei neste livro um sentimento profundamente enraizado em meu coração: o amor pela liberdade. Exprimi uma ideia obsessiva que se apodera de minha mente: a irresistível marcha da democracia."[11]

Em outras palavras, o que tem mantido suas obras vivas, lidas e discutidas não são seus equívocos, mas suas convicções, cujo vigor também guia esta biografia. A crença mais profunda de Tocqueville era de que a democracia constitui uma poderosa, mas exigente, forma política. O que torna sua obra ainda relevante é que ele definiu a democracia como um ato de vontade da parte de cada cidadão — um projeto constantemente necessitado de revitalização e da força proporcionada por instituições estáveis. A democracia jamais pode ser algo dado como garantido. Se a aristocrática cadeia que conecta todos os segmentos da sociedade for rompida, a necessidade de vigilância, redefinição e reforço da democracia será constante, a fim de que garanta o bem comum do qual, em última análise, ela deve depender.

1

Aprendendo a duvidar

Uma infância protegida passada em Paris e Verneuil

Volte no tempo. Examine o bebê quando ainda está nos braços de sua mãe. Veja o mundo exterior refletido pela primeira vez no espelho ainda embaçado de sua inteligência. Contemple os primeiros modelos que lhe causaram impressão. Ouça as primeiras palavras que despertaram seus adormecidos poderes de pensamento. Tome nota, finalmente, das primeiras batalhas em que ele é obrigado a combater. Só então você compreenderá de onde provêm os preconceitos, hábitos e paixões que dominarão sua vida. É um jeito de falar que um homem já está de cueiros em seu berço.[1]

Alexis de Tocqueville fez essas observações em *A democracia na América* a fim de explicar o fundamento lógico para estudar o "ponto de partida" dos Estados Unidos. É claro que o início é de onde o biógrafo deve partir. Para o jovem Tocqueville, aquele mundo exterior era dominado por figuras provenientes da mais elevada nobreza militar e administrativa do Ancien Régime, sobreviventes do Terror revolucionário, leais aos Bourbon exilados, e visceralmente opostos às visões liberais que o próprio Tocqueville acabaria adotando. Pressagiando essa divergência, Tocqueville demonstrou com pouca idade uma considerável independência da mente e zombou repetidamente de quaisquer expectativas. Desenvolveu ao mesmo tempo o hábito de levantar dúvidas sobre muitas coisas que ele fez e viu.

Nascido em Paris em 29 de julho de 1805, terceiro filho de Hervé e de Louise-Madeleine de Tocqueville, Alexis passou os primeiros nove anos de sua vida entre o Faubourg Saint-Germain, em Paris, onde a família residia no inverno, e o castelo de Verneuil-sur-Seine. Esses eram lares confortáveis. Hervé de Tocqueville mostrou-se eficiente ao recuperar boa parte da fortuna da família após o Terror. Uma terceira residência, o solar normando em Tocqueville, permaneceu inabitado desde a Revolução Francesa, mas suas terras foram exploradas lucrativamente. Do lado dos Malesherbes-Rosanbo, Louise-Madeleine era dona de uma propriedade em Lannion, na Bretanha, e foi uma das herdeiras da propriedade de sua tia-avó, madame de Sénizan, em Verneuil. Como a irmã de Malesherbes também tinha sido guilhotinada, o grande escritor romântico Chateaubriand (que era o irmão mais novo do tio guilhotinado de Tocqueville) passou a chamar Verneuil de "herança do cadafalso".[2]

Hervé de Tocqueville negociou acordos com bastante tato, durante muitos anos, com os herdeiros e os credores dos Malesherbes e Rosanbo, a fim de adquirir toda a propriedade, um negócio que se tornou mais complicado devido aos eventos da revolução. Alguns herdeiros haviam perdido seu direito à propriedade ao partir da França durante o Terror.[3] No empenho de recuperar essas propriedades, foi de grande ajuda o fato de que alguns poucos membros da família concluíram que Napoleão salvou a França do caos e aliaram-se a ele, notavelmente Félix Le Peletier d'Aunay, primo--irmão de Louise-Madeleine; e Louis-Mathieu Molé, um primo mais distante. Chateaubriand também se tornou um aliado de Napoleão, ainda que temporariamente. Hervé de Tocqueville e seu cunhado, Louis de Rosanbo, embora profundamente leais aos Bourbon, solicitaram e obtiveram com sucesso um encontro com Josephine de Beauharnais, esposa do primeiro-cônsul, e foram bem-sucedidos em eliminar da lista dos emigrados madame de Montboissier (irmã mais nova de Malesherbes).[4] Finalmente, quando Alexis nasceu, os Tocqueville eram donos de toda a Verneuil. Hervé de Tocqueville foi um hábil proprietário, lucrando com duas grandes fazendas, Verneuil e Mouillard, obtendo renda da silvicultura, da pesca, de um grande pombal e de 103 pequenos arrendatários em tempo parcial.[5]

Em Verneuil, Hervé de Tocqueville exerceu o cargo de prefeito, para o qual foi nomeado pelo chefe do departamento de Seine-et-Oise, em 1803.[6] Era comum, sob Napoleão, que os nobres locais ocupassem cargos de menor relevo, independentemente de lealdades políticas, contanto que apoiassem o

O HOMEM QUE COMPREENDEU A DEMOCRACIA

recrutamento nacional de 400 mil homens anualmente.[7] O mais velho dos Tocqueville revelou ser um hábil administrador. Agiu eficazmente quando soldados feridos que retornaram espalharam o tifo na cidade. Cada casa que os abrigava foi fumigada com vinagre.[8] Ele era inteligente, solícito e demonstrava grande empenho em praticar a caridade.

De acordo com todos os relatos, Alexis teve uma infância feliz e protegida em Verneuil. Seus pais criaram uma atmosfera de convívio e de frequentes distrações. Embora padecendo de uma depressão subjacente, Louise-Madeleine foi uma mãe afetuosa para seus três filhos e dois sobrinhos Chateaubriand adotados.

A família praticava jogos de salão e promovia noitadas literárias, durante as quais lia peças de teatro e declamava poemas. Alexis se lembrava de ter ouvido leituras de romances ingleses populares, chegando mesmo a chorar ao ouvir o destino da infeliz Lady Clementina no livro *Sir Charles Grandison*, escrito por Samuel Richardson.[9] Chateaubriand, que havia adquirido La Vallée-aux-Loups, situada a alguns quilômetros, visitava a propriedade ocasionalmente. Passava uma temporada com seus dois sobrinhos e participava daquelas distrações. Certa vez cumprimentou Hervé de Tocqueville disfarçado de velha.[10] Chateaubriand recordava, em suas *Mémoires d'autre tombe*, que Alexis, "a última pessoa famosa que eu veria ignorada em sua infância" era, entretanto, "mais mimado em Verneuil do que eu fui mimado em Combourg".[11]

Havia também momentos sérios. Alexis se lembrava de uma comemoração da família durante a qual sua mãe entoou com sua voz langorosa uma cantiga famosa que pranteava o rei. Era somente a respeito do rei. Não havia menção a membros próximos da família que tivessem passado pela mesma sina. Os mais velhos não queriam infligir às crianças recordações de suas tragédias pessoais.[12]

Mesmo sendo tão protegido, foi ensinada ao jovem a importância de servir a Deus e a nação. O abade Christian Lesueur, que fora tutor do pai, também instruiu as crianças (que lhe deram o apelido de Bébé). Sacerdote que se recusava a prestar juramento de fidelidade ou era refratário, com inclinações jansenistas, Lesueur desenvolveu um relacionamento especial com a criança mais jovem e talentosa.[13] Alexis sempre gostou de seu tutor, mesmo ao se queixar, muito mais tarde, que seu método de ensino havia sido imperfeito. Alexis certa vez recordou, na companhia de seu primo Eugénie de Grancey, que Bébé "teve a inusitada ideia de me ensinar a escrever antes de eu saber como pronunciar".[14] Como resultado, durante o resto de sua vida, Tocqueville jamais foi totalmente seguro de sua pronúncia. Bébé também insistiu que havia apenas uma única lei, sagrada e caridosa: o Evangelho, "cuja lei proporciona felicidade a todos os católicos fiéis".[15] Em seguida vinha a nação. Alexis se lembrou de que lhe contaram repetidas vezes na infância que sua avó paterna, Catherine-Antoinette de Damas-Crux, que

> era uma santa mulher que, após ter inculcado em seu jovem filho todos os deveres da vida privada, jamais se esqueceu de acrescentar: "Há algo mais, meu filho, lembre-se de que o primeiro dever de um homem é para com seu país. Em relação ao país de uma pessoa, nenhum sacrifício é muito difícil de suportar e seu destino deve ser mantido antes de tudo em sua mente. Deus requer que um homem empenhe, quando isto for necessário, seu tempo, seu tesouro e até mesmo sua vida a serviço do Estado e de seu rei."[16]

Tocqueville transmitiu zelosamente a mesma mensagem a seu sobrinho Hubert anos mais tarde: "Uma pessoa precisa pertencer primeiramente a seu país antes de pertencer a um partido."[17]

Apoiar o país tornou-se, entretanto, muito mais fácil devido ao retorno dos Bourbon e à Restauração do rei quando os exércitos europeus finalmente derrotaram o imperador. Houve esperança quando, no dia 12 de março de 1814, um destacamento do exército de Wellington apoderou-se de Bordeaux. Em 31 de março, os exércitos da Rússia, Prússia e Áustria retomaram Paris. A família Tocqueville participou das manifestações que ocorreram no primeiro dia de abril exigindo o restauro de Luís XVIII, irmão mais novo de Luís XVI, ao trono da França. Com 9 anos, Alexis tinha idade suficiente para ser um participante entusiasmado, com a esperança de que sua família retornasse à proeminência. Ele contou alegremente a Bébé que gritou "Vive le roi!" ao lado dos manifestantes.[18] Sua mãe pode ter se juntado a outras esposas para distribuir o escrito de autoria de Chateaubriand, *De Buonaparte et des Bourbons, et de la nécessité de se rallier à nos princes legitimes pour le bonheur de la France et celui d'Europe*. Napoleão abdicou formalmente

O HOMEM QUE COMPREENDEU A DEMOCRACIA 23

no dia 11 de abril e Luís XVIII entrou em Paris ocupada, após 23 anos de exílio, no dia 3 de maio.

O filho do chefe de departamento

Sob os Bourbon, aqueles nobres que haviam permanecido leais à Coroa reagruparam-se e procuraram recuperar cargos e prerrogativas proeminentes. Emigrados regressaram e solicitaram a devolução de propriedades confiscadas. Era o momento dos legitimistas. A família Tocqueville-Rosanbo se saiu bem, como seria de esperar de herdeiros leais do grande Malesherbes, que havia defendido Luís XVI por ocasião de seu julgamento, às custas de sua própria vida e da vida de vários de seus filhos. Hervé de Tocqueville iniciou sua carreira chefiando vários departamentos em meados de junho de 1814. Tinha sido chefe do departamento de Maine-et-Loire (Angers) durante apenas alguns meses, quando Napoleão retornou do exílio em Elba e tomou novamente o poder. No entanto, o dramático retorno do imperador não durou. Waterloo marcou o limite dos Cem Dias de Napoleão, e a monarquia dos Bourbon foi restaurada pela segunda vez em julho de 1815, novamente sob uma autoridade estrangeira, uma humilhação que a oposição republicana e bonapartista jamais perdoou.

Os Malesherbes-Rosanbo-Tocqueville continuaram a ser favorecidos na segunda Restauração. O tio Louis de Rosanbo tornou-se par da França (Chambre des Pairs) e Hervé de Tocqueville foi renomeado chefe de departamento imediatamente, dessa vez do Oise, e ele e Louise-Madeleine se mudaram para Beauvais. Ele então foi nomeado para um terceiro cargo na Côte d'Or e a família se mudou mais uma vez para Dijon. Após Tocqueville ser nomeado para uma quarta chefia departamental em Moselle, no Metz, em março de 1817, Louise-Madeleine se aborreceu e decidiu ficar em Paris com seu filho mais novo.

Alexis então tinha 11 anos. Seus dois irmãos, Hippolyte e Édouard, haviam iniciado suas carreiras militares. Hippolyte, com 20 anos, foi subtenente na Guarda Real e Édouard, com 16 anos, foi um Garde du Corps em um destacamento.[19] Além de Bébé, Alexis tinha a frequente companhia de seu primo Louis de Kergorlay, um ano mais velho do que ele e rebento de outra família legitimista. Os Tocqueville e os Kergorlay eram quase vizinhos e moravam na Rue Saint-Dominique, em Paris. Os dois meninos se tornaram amigos para a vida toda. Alexis também viajava regularmente a Metz a fim de visitar seu pai. Lá permanecia com frequência durante muito tempo, de tal modo que Hervé de Tocqueville contratou um professor do Colégio Real de lá para dar aulas particulares ao menino.[20]

A pedido de seu pai e para a consternação de Bébé e do jovem Louis de Kergorlay, Alexis se mudou para Metz em 1820, na idade formadora de 14 anos. Por mais de três anos, até o verão de 1823, após completar 18 anos, Alexis morou com seu pai em outro bairro, e aqueles anos se revelaram críticos para seu desenvolvimento.

Para Alexis, era óbvio que ele era filho de um dos homens mais importantes da cidade. Como chefe de departamento durante a Restauração, o objetivo de Hervé de Tocqueville era apoiar os Bourbon que haviam retornado, substituir aqueles nomeados por Napoleão em cargos da administração local, suprimir a oposição local e bonapartista, e favorecer os monarquistas, mas impedindo uma hostilidade declarada entre burgueses e nobres. Um modo fácil de influenciar a política local era nomear prefeitos nas várias comunas de Moselle. Ele também supervisionava a nomeação de professores do ensino primário e daqueles que ingressavam na Guarda Nacional. O mais importante de tudo era que o chefe de departamento autorizava encontros de grupos e dava permissão para reuniões somente para associações que não representavam ameaças políticas ao regime. Finalmente, como os Bourbon haviam retornado sob a autoridade de exércitos estrangeiros, Hervé tinha de negociar com os ocupantes militares em Moselle e atender suas necessidades.[21] O fato de seu pai lidar habilmente com tarefas que eram políticas e administrativas não passou despercebido a seu filho observador. Tornou-se uma fonte confiável em se tratando de questões administrativas e de seu emaranhamento com a política no início da carreira de Alexis, enquanto este tentava identificar o equilíbrio entre igualdade e liberdade numa democracia.

Hervé de Tocqueville era um "ultra" ou, como alguns diziam, um monarquista "puro", que pouco tolerava dissensões nos vários departamentos em que serviu. Entretanto, no início da Restauração, o apaziguamento era a ordem política do dia.[22] Luís XVIII procurou unificar o país, mesmo insistindo na origem divina de sua autoridade. As disputas entre os ultras e

O HOMEM QUE COMPREENDEU A DEMOCRACIA

aqueles que advogavam a reconciliação, os assim denominados doutrinários, definiram a política da Restauração nos anos vindouros.

Pierre-Paul Royer-Collard, líder dos doutrinários, foi fundamental para implementar uma política nacional de reconciliação. Alexis de Tocqueville, que mais tarde conheceu bem Royer-Collard, o descreveu como um fervoroso devoto da possibilidade de reconciliar o espírito da era, herdado da Revolução Francesa (abolir privilégios feudais, garantir a igualdade perante a lei, assegurar a dignidade e a liberdade do indivíduo em relação à "antiga família [real]". Procurava fazê-lo sem aprovar a alma revolucionária que, de acordo com os ultras, era prejudicada pelo espírito da aventura, violência, tirania e demagogia.[23]

François Guizot, um jovem professor de história e íntimo associado de Royer-Collard, foi nomeado *secrétaire général* (secretário-geral) do Ministério do Interior, um cargo secundário, mas influente. Guizot se tornaria um grande historiador e formidável estadista, e era também, como Royer--Collard, uma presença significativa na vida do jovem Tocqueville. Uma de suas primeiras iniciativas como secretário-geral foi ordenar aquilo que hoje chamaríamos de "pesquisa de opinião", uma nova função pioneira para os administradores locais. Os Bourbon tinham estado no exílio e, por isso, fora do poder durante tantos anos que precisavam redescobrir a França. Em setembro de 1814, Guizot instruiu todos os chefes de departamento a inquirir os "corações e mentes das massas, suas opiniões gerais, a mentalidade geral e pressupostos de cada profissão e de cada cargo, e como lidavam com os negócios públicos nos departamentos, especialmente no que dizia respeito àquelas opiniões que são resistentes às autoridades".[24] Guizot acabaria considerando a governança da mente pública "o grande desafio da sociedade moderna".[25]

Governar as mentes dos homens poderia obviamente ser um instrumento de repressão tão facilmente como um instrumento de reconciliação. Nos primeiros anos da Restauração, o influente ministro da Polícia, Élie-Louis Decazes, um jovem que Luís XVIII tratava como seu protegido, impeliu o rei em direção à reunificação nacional, que Royer-Collard e outros estavam solicitando. Decazes se mostrava cauteloso em relação a exercer um poder repressivo, ao contrário de Hervé de Tocqueville, e o conflito entre eles irrompia esporadicamente, devido em parte às transferências de chefes de departamento. O último desses conflitos ocorreu em Metz, em janeiro de 1820, antes que Alexis fosse morar com o pai. Decazes julgou a censura de Hervé de Tocqueville ao teatro local excessiva e lembrou ao chefe de departamento ultra que era melhor limitar a censura a "casos declarados de ataques à majestade real e a autoridades legítimas", e que não havia necessidade de ir além disso.[26]

A diferença entre eles terminou no mês seguinte, quando no dia 14 de fevereiro Louis-Pierre Louvel, um trabalhador bonapartista, assassinou o duque de Berry, filho do autocrático irmão mais jovem de Luís XVIII, o conde d'Artois. Como Louis não tinha filhos, Louvel acreditou que matar o duque de Berry daria um fim à dinastia dos Bourbon, que tão vergonhosamente reassumira o poder sob as espadas de estrangeiros. Ninguém sabia naquele momento que a duquesa de Berry esperava um filho, o futuro conde de Chambord.

Esse dramático assassinato político mudou instantaneamente a política da Restauração, quando os ultras passaram a dominar o governo e deram fim às reformas liberais de Decazes. Alexis juntou-se novamente aos pais quando os ultras predominavam e não arriscavam um confronto com a oposição republicana e bonapartista, enquanto também neutralizavam a ala liberal monarquista. Como Louvel havia morado em Metz em 1814, quando as tropas da Prússia, da Rússia e de Hesse atacaram aquela cidade no fim das guerras napoleônicas, Hervé de Tocqueville desempenhou um papel significativo na investigação do assassinato.[27] Adquiriu uma influência adicional quando Chateaubriand se tornou ministro das Relações Exteriores em 1822, e ele se comunicava diretamente com seu parente no gabinete. Chateaubriand orquestrou a invasão da Espanha pela França em 1823, que tinha o objetivo de restaurar Ferdinando VII no poder contra as forças liberais e dar aos Bourbon o prestígio militar que não tinham. Hervé de Tocqueville seguiu de perto a reação à expedição em seu departamento e apreciou a declaração do ministro da população local, especialmente seu temor de um retorno ao abdolutismo.[28]

O experimento do jovem Alexis

Na época das retumbantes mudanças da política da Restauração, Alexis matriculou-se em tempo integral no Colégio Real de Metz em novembro de

O HOMEM QUE COMPREENDEU A DEMOCRACIA

1821. Cursou-o durante dois anos, seguindo o currículo de retórica e filosofia, tornando-se bacharel em 1823. Leu textos latinos clássicos (Horácio, Cícero, Tácito e Quintiliano), bem como as tragédias setecentistas francesas de Racine.[29] O desempenho de Alexis foi brilhante e ele recebeu prêmios e muitos cumprimentos. Lá de longe, Bébé exortou seu discípulo a passar um tempo com os grandes pregadores católicos Bossuet e Louis Bourdaloue, porém esse foi um conselho que Alexis seguiu somente muito mais tarde.[30] Naquela época, ele preferia, e muito, as máximas de moralistas mais ligeiros tais como La Bruyère e La Rochefoucauld.[31] Alexis teve contato com poucos rapazes, especialmente com Eugène Stöffels e seu irmão mais novo Charles, que eram de origem modesta, mas que pendiam para o conservadorismo, bem como com outro estudante chamado Mathieu Henrion. Ele mantinha uma correspondência regular com Louis de Kergorlay, seu amigo de infância. Na companhia deles, Alexis de modo algum desafiava a política seguida por seu pai. O chefe de departamento simpatizou muito com o jovem Henrion, o mais declaradamente conservador do grupo.

Tudo isto parecia ser fácil demais: estudante brilhante, filho do mais poderoso funcionário civil local, que deu muito bem conta dos dois últimos anos do ensino secundário até ir estudar Direito. De fato, em Metz, o jovem Alexis estava pronto para vivenciar experimentos significativos de outros aspectos da vida. Recordava seus destemores juvenis numa carta enviada mais tarde para Alexis Stöffels, seu homônimo e filho de seu amigo de infância Eugène. "Ninguém se torna bem-sucedido, sobretudo quando se é jovem, a menos que tenha um pouco do demônio dentro de si. Na sua idade, saltaria entre as torres de Notre-Dame se aquilo que eu procurava estivesse do outro lado."[32]

O devoto aluno católico de Bébé ousou embrenhar-se na biblioteca de seu pai quando tinha 16 anos, em 1821, antes de matricular-se no Colégio Real. Lá, Alexis teve um encontro dramático com a dúvida em relação à religião — sua primeira grande crise existencial. Tocqueville jamais especificou exatamente o que ele leu, mas a biblioteca continha muitos livros de filosofia agnóstica do século XVIII. Alexis deve ter transmitido muito de sua experiência a Louis para que este ficasse alarmado ao ver seu amigo "envolver-se na dúvida, tornando-se um triste pirroniano, repleto de pensamentos pesados".[33] Lesueur também ficou sabendo que Alexis não comungava mais e pedia ansiosamente a seu protegido que "eliminasse esse mal atroz".[34]

A dúvida religiosa provocou grandes mágoas no jovem Tocqueville. Mais tarde ele explicou seus sentimentos a Charles Stöffels, escrevendo-lhe da Filadélfia, em 1831.

> Quando comecei a pensar, deparei-me com o mundo repleto de verdades autoevidentes. A pessoa precisava apenas olhar cuidadosamente para as ver. Assim que me dediquei a levar em consideração os objetos do pensamento, discerni somente dúvidas inextricáveis. Não consigo lhe dizer, meu caro Charles, em que horrível situação tal descoberta me colocou. Foi a época mais infeliz de minha vida. Só posso me comparar com um homem às voltas com vertigens, que sente o chão abrir-se e as paredes na iminência de desmoronar. Até mesmo hoje é com um sentimento de horror que eu me lembro daqueles dias. Posso afirmar verdadeiramente que a dúvida e eu participávamos de um combate, e isso voltou a acontecer raramente, com mais desesperança.[35]

Com 51 anos, ainda tentando recuperar sua fé, Tocqueville relatou todo o incidente a Sofia Swetchine, uma nova amiga e pessoa da alta sociedade de Paris, que liderava esforços para promover uma Igreja católica mais receptiva a um governo representativo. Tocqueville lhe descreveu as visitas solitárias à biblioteca de seu pai como se tivessem acontecido na véspera. Recordou que

> a vida até então fluiu em um interior repleto de fé, que nem sequer permitiu que a dúvida entrasse em minha alma. Então a dúvida entrou, ou melhor, penetrou em meu ser com uma violência sem precedentes, não simplesmente a dúvida sobre isto ou aquilo, mas uma dúvida universal. De tempos em tempos essas impressões do início de minha juventude (então eu tinha 16 anos) voltaram a possuir-me. Vejo o mundo intelectual retornar novamente, permaneço perdido e desnorteado neste movimento universal que subverte ou abala todas as verdades com que construí minhas crenças e ações. Eis aí uma enfermidade triste e assustadora. [...] Felizes são aqueles que jamais a conheceram ou que não a conhecem mais![36]

Metz foi também onde Alexis teve os primeiros relacionamentos com mulheres. Existem algumas evidências de que aos 16 anos Alexis teve um filho com uma criada, talvez concebido numa cabana que o jovem construiu como um refúgio em terras da residência oficial.[37] Nada se sabe da criança, exceto seu nome, Louise Charlotte Meyer.[38] O interesse posterior de Tocqueville por medidas de bem-estar na Normandia, com o objetivo de ajudar mães solteiras e resgatar crianças abandonadas, pode muito bem ter sido motivado por aquela experiência, embora ele jamais tenha refletido a respeito em quaisquer de seus escritos.

Alexis também iniciou um relacionamento duradouro com Rosalie Malye, filha do arquivista do departamento.[39] A relação se estendeu por vários anos, mas a diferente classe social a que ela pertencia tornou a situação impensável. Não era impensável, entretanto, defender a honra de Rosalie, se acaso esse foi o motivo de um duelo de Alexis com um colega de escola. Um alarmado Louis, a quem Alexis informou o assunto, escreveu de Paris: "Você acaso imaginou que eu receberia calmamente essa notícia?"[40] Tudo o que sabemos com certeza é que Alexis ficou seriamente ferido e que o pai e o filho asseguraram que nem Louise-Madeleine nem Bébé soubessem qual foi o motivo do ferimento.[41]

Tempo de escolher um "État"

Embora seu tutor Bébé e o amigo de infância Louis expressassem sentimentos semelhantes de perda quando o jovem Alexis partiu para Metz, eles se diferenciavam profundamente em suas opiniões sobre a escolha de uma carreira para Alexis após terminar os estudos secundários. Louis de Kergorlay pressionou incansavelmente seu amigo para juntar-se a seus irmãos mais velhos e agora a ele no exército, seguindo a tradição da nobreza da espada. Bébé, consciente da frágil constituição física e dos talentos intelectuais de Alexis, protestou vigorosamente e recorreu a Édouard, irmão mais velho de Alexis, para que o aconselhasse:

> Você precisa convencer Alexis a não entrar para o exército, meu
> pequeno Édouard. Você conhece os inconvenientes de semelhante

decisão e ele, a esse respeito, ouvirá mais seus irmãos do que seu pai. Foi aquele peculiar Louis de Kergorlay quem meteu a ideia em sua cabeça. Os dois têm planos de encontrar-se, e eu tenho a intenção de pedir ao "sr. Loulou" que nos deixe a sós e cuide do que lhe compete. Que vergonha seria sufocar seu talento, que se torna a cada dia mais notável, debaixo de um capacete do exército.[42]

Tocqueville acabou escolhendo o Direito, mas somente após muito meditar, o que ele relatou mais tarde a seu sobrinho Hubert. Ele rejeitou não somente o exército, mas também quaisquer considerações sobre uma carreira na administração pública, tal como a que seu pai se dedicou. Embora continuasse a ser um filho dedicado e respeitando a eficiência de seu pai em lidar com questões administrativas, resolvera que jamais se sujeitaria à mescla de autoridade e submissão que um cargo como aquele exigia. Ele disse a Hubert:

> Sempre senti, não importa o regime (não faço exceção alguma,) uma repugnância pela burocracia. [...] Eu me dei conta de que, para ir adiante, a pessoa precisa ser flexível e obsequiosa em relação àqueles que lhe dão ordens, e mostrar duplicidade ou violência em relação àqueles que recebem ordens de você. Na França, o setor administrativo não se conduz tendo em mente o bem-estar geral, mas atende somente os interesses daqueles que governam. E ninguém pode esperar ser promovido sem subordinar seus interesses aos interesses dos outros. [...] Embora muitas coisas com que me deparei em minha carreira jurídica me desagradassem, segui o que me parecia ser a única carreira do funcionalismo público que me proporcionou independência dos grupos transitórios que circulam através do poder em nosso país, o único em que um indivíduo pode ser ao mesmo tempo funcionário e ele mesmo.[43]

Com ser "ele mesmo", Tocqueville tinha em mente atuar como um agente independente, responsável por suas ações.

Ele nem sempre seria tão esperançoso a respeito da lei. Naquela época, entretanto, retornou a Paris, após uma breve excursão à Suíça, para ingressar na Faculdade de Direito. Morou novamente com sua mãe.[44] Quanto a Kergorlay, ele entrou em 1824 na Escola Politécnica, a academia militar, e assim os dois amigos voltaram a se reunir e estudaram em Paris durante dois anos.

O HOMEM QUE COMPREENDEU A DEMOCRACIA

Tocqueville não eliminou completamente Metz. Permaneceu em contato com os Stöffels e manteve um relacionamento epistolar com Rosalie, que o visitou uma vez em Paris.[45] Kergorlay, enquanto isso, recorria a todos os seus poderes de persuasão para convencer Tocqueville de que havia chegado o tempo de romper um relacionamento que não tinha futuro. No entanto, esse caso de amor que esvanecia era aparentemente a única fonte de drama daqueles dois anos passados em Paris, pois nada poderia ser mais intelectualmente insensível do que a Faculdade de Direito em que Tocqueville ingressou em 1823.

No início da Restauração, sob a liderança de Royer-Collard, que atuou como presidente da Comissão para a Educação Pública, os doutrinários conduziram uma experiência liberal para reformar a universidade, o aparato nacional de educação criado por Napoleão. Eles queriam uma universidade capaz de educar jovens de diferentes convicções políticas e compromissos religiosos, o que implicava a ampliação dos currículos de várias escolas. No tempo do Consulado e do Império, a pessoa aprendia na Faculdade de Direito somente o direito romano, o código civil e o código penal. Royer-Collard acrescentou a instrução na lei natural, a lei internacional, a lei comercial e a lei administrativa. Ele também iniciou um currículo de história legal romana e francesa, e um curso de filosofia política para futuros advogados. Em outras palavras, procurava transformar a Faculdade de Direito em um estabelecimento de ciências morais e políticas. Procedeu a reformas equivalentes em outros setores da universidade.[46] Essa grande abertura implicou uma inesperada rebelião estudantil contra o regime. Em 1822, Kergorlay comunicou a Tocqueville que estudantes de Direito "jacobinos" estavam atacando fisicamente monarquistas, e ocorreram incidentes semelhantes entre os estudantes de medicina.[47]

Na época em que Tocqueville iniciou seus estudos, os ultras dominavam a universidade, dirigida sob Carlos X, para servir unicamente ao trono e ao altar. Já no final de 1819, Royer-Collard havia se demitido de sua posição de dirigente da universidade diante dos ataques dos ultras e da oposição a suas reformas. Um bispo arquiconservador *in partibus*,[48] monsenhor Denis-Luc Frayssinous, substituiu Royer-Collard e deu um fim à experiência liberal. O jovem filósofo Victor Cousin, assistente de Royer-Collard na universidade, que lecionou em seu lugar (como *suppléant*), foi demitido, não por expressar opiniões políticas em seu trabalho de 1818 — *Du vrai, du beau, du bien —*, mas por ensinar uma filosofia que agradava os jovens que amavam pensar livremente. Antes de sua demissão no Ministério do Interior, Guizot, que havia sido nomeado com apenas 25 anos professor de história na qualidade de bolsista, assistiu Royer-Collard na elaboração de reformas. Forçado a deixar o Ministério do Interior após a queda de Decazes, reassumiu o ensino. Também foi demitido.[49] Se a universidade deveria servir unicamente à Igreja e ao rei, não havia espaço para professores que, através do estudo da filosofia ou da história, estavam introduzindo conhecimentos em outras áreas. Metade das cátedras existentes de história foi eliminada entre 1822 e 1828. Sob a atuação de monsenhor Frayssinous como ministro dos cultos e da instrução, entre 1820 e 1830, um décimo do pessoal que lecionava em Paris foi demitido ou se aposentou devido a razões políticas ou religiosas.[50]

O ensino do Direito agora estava reduzido ao mínimo: direito estatutário, direito positivo, código penal e práticas processuais.[51] Não havia controvérsias em relação a aspectos da teoria que poderiam estimular o pensamento original. Não é de surpreender que as inclinações de Tocqueville estivessem ausentes desse processo. Tocqueville acabou submetendo duas teses, estritamente factuais — uma em francês, sobre um aspecto técnico do Direito que dizia respeito à anulação de obrigações;[52] e outra em latim, um breve comentário sobre uma parte das *pandectas* (o direito civil romano), a fim de satisfazer exigências do programa de graduação.

Não ficou claro o que viria em seguida, agora que Tocqueville havia chegado ao fim de uma tediosa e pouco inspiradora formação no que se referia ao Direito. Para comemorar o fim de seus estudos, viajou com seu irmão Édouard para Roma e para a Sicília em dezembro de 1826 e janeiro de 1827. Além de ser uma distração revigorante, a viagem revelou ser uma oportunidade para Tocqueville demonstrar seus talentos de observador social e de escritor. Dos fragmentos do diário da viagem à Sicília que chegaram até nós, percebemos seus esforços no sentido de desenvolver sua prosa, que ele, sempre seu crítico mais ferrenho, considerava medíocre. Escreveu um dramático relato sobre uma perigosa tempestade durante uma viagem por mar, uma narrativa bem desenvolvida sobre a cratera do monte Etna, que os dois irmãos escalaram, bem como descrições concisas dos lugares que eles visitaram (Palermo, Agrigento, Siracusa, Catânia, Messina, Milazzo). Durante toda a viagem demonstrou ter um bom conhecimento da mitologia e da história antiga, e notou o modo como os sicilianos resistiram ao absolutismo napolitano e suas aspirações à independência.[53]

Seus diários também mostram as primeiras manifestações da aptidão de Tocqueville para decifrar processos de dominação social, observando, nesse caso, como a terra era desenvolvida. Ele atribuía a ausência de aldeias na Sicília ao fato de que somente a nobreza e as comunidades religiosas possuíam terras. Os únicos lugares da ilha onde os camponeses podiam cultivar sua própria terra eram as férteis, mas perigosas, terras em torno dos vulcões. No entanto, ao discutir com Édouard dali a alguns anos sobre a Constituição napolitana, Tocqueville sentiu que falhara em conectar questões constitucionais com as tendências que ele esteve observando na época da viagem.[54]

Aprendiz de promotor público em Versalhes

Tocqueville ainda estava na Sicília com seu irmão quando soube que seu pai havia garantido uma nova colocação para ele: aprendiz de promotor público na corte de Versalhes. Hervé de Tocqueville havia alcançado uma influência adicional quando o conde d'Artois, irmão de Luís XVIII, tornou-se Carlos X em 1824. Agora ele era membro da Câmara do Rei, o que lhe proporcionou o privilégio de acompanhar o monarca à missa aos domingos e vê-lo jogar uíste após a ceia.[55] Ele também foi nomeado para a invejável posição de chefe do departamento de Seine-et-Oise, com sede em Versalhes. O inglês Richard Monckton Milnes, amigo de Alexis, notou certa vez que "fazendo bom uso de seu Conselho Geral, que é uma espécie de Parlamento para ele, [um chefe de departamento] pode modificar o caráter de uma província inteira".[56] O Conselho Geral de Hervé de Tocqueville era quase uma reunião de família. Ali estavam presentes seu cunhado Rosanbo e dois primos de sua esposa, Le Peletier d'Aunay e Molé.[57] Para o chefe de departamento, visitar o ministro da Justiça e conseguir um emprego para seu filho era uma questão simples.

Alexis não estava seguro do que essa colocação (sem salário) como *juge auditeur* (aprendiz de juiz) acarretaria. Durante um momento, ele parecia não ter uma direção especial ou nem mesmo desejos. Concluiu seu diário siciliano solicitando apenas que Deus "um dia me fará querer algo pelo qual valha a pena lutar".[58] No início, Tocqueville descobriu que havia desembarcado no tribunal de Versalhes na companhia de *cuistres*, jovens da nobreza puritanos e pedantes, de famílias legitimistas que, como ele disse a Kergorlay, "raciocinam precariamente e falam bem".[59] Felizmente, nem todos se encaixavam nessa descrição. A primeira exceção foi Gustave de Beaumont, três anos mais velho do que Tocqueville, com quem ele dividia um quarto. Os dois experimentaram aquele sentimento de conexão que Tocqueville descreveu como "uma nova amizade que parecia antiga desde o começo".[60] Isso era especialmente verdadeiro porque então Tocqueville estava sentindo os primeiros efeitos de uma frágil saúde. Ele confiou em Beaumont para ajudá-lo em momentos recorrentes de incômodos estomacais que requeriam muita energia mental para ser superados.[61]

Outro novo amigo foi Ernest de Chabrol, sobrinho do primeiro-ministro Joseph de Villèle, ministro da Marinha, com quem Tocqueville comparti-lhava um apartamento quando Beaumont foi embora de Versalhes após ser promovido para Paris no verão de 1829. Ao mesmo tempo, Tocqueville fez amizade com Ernest de Blosseville, que preferia a literatura ao Direito.[62] Fora do tribunal, Tocqueville tornou-se amigo de Louis Bouchitté, um jo-vem filósofo que lecionava no Colégio Real local.[63] Uma vez que se tornava amigo de uma pessoa, Tocqueville raramente deixava de sê-lo. O homem que um dia desenvolveria a teoria da associação contentava-se com ter somente poucos amigos. Naquela época, escreveu a Kergorlay que a amizade, "uma vez nascida, não deve enfraquecer com a idade ou nem mesmo mudar em sua essência natural, conforme penso. Especialmente não para aqueles que sabem qual é seu preço e tendem a ela incessantemente, cuidadosos para não romper aquilo em que ela se baseia: confiança, não importa se ela for grande ou pequena".[64]

Tocqueville passou maus momentos até considerar interessante seu cargo de aprendiz de promotor público. Chegou até mesmo a dizer a Kergorlay que estava enfarado com "os torneios de frases e os costumes da profissão legal".[65] Ele, entretanto, superou aquela rejeição inicial e relatou vários casos importantes diretamente relacionados com o estatuto aumentado da nobreza durante a Restauração. Seu papel de *juge auditeur* era conduzir e reportar as investigações que precediam um julgamento, juntando os fatos e in-terrogando as testemunhas. Tocqueville deu tudo de si por ocasião de um caso complicado que envolvia uma dívida que um emigrado contraíra antes

O HOMEM QUE COMPREENDEU A DEMOCRACIA   35

de o Estado confiscar sua propriedade, durante o Terror revolucionário. O credor estava tentando receber a dívida anos mais tarde. Tocqueville, que ficou do lado do defensor e mais geralmente do lado da causa monarquista, realizou um intenso trabalho sobre os antecedentes daquele caso. Estudou as leis e éditos da Primeira República sobre a riqueza confiscada, bem como a legislação subsequente durante o Consulado e o Império que diziam respeito à restituição. Finalmente, expôs o estado de confisco da propriedade do emigrado considerando-o um abuso monstruoso.[66]

Era uma tradição no tribunal solicitar a um membro mais novo que fizesse uma palestra para seus colegas antes da abertura das sessões. Quando a tarefa coube a Tocqueville, ele escolheu falar sobre duelos, presumivelmente porque o código civil ignorava esse tópico. Apesar de ter se ferido em seu primeiro embate, Tocqueville parecia ter retido o conceito romântico do duelo como a personificação da virtude e da honra. Mediante a ajuda de uma leitura recente dos escritos de Montesquieu, Tocqueville argumentou que, se houvesse um crime, ambos os lados eram igualmente culpados. Ele também alertou que o declínio dos duelos levaria a mais assassinatos.[67]

Tocqueville, entretanto, não estava comprometido com a defesa unilateral de valores aristocráticos. Ele também se deu conta dos abusos de um governo reacionário. Durante uma rebelião popular em Saint-Germain-en-Laye, um grupo de jovens trabalhadores embriagados foi preso por perturbar a paz, enquanto gritavam lemas contra a monarquia. Todos eles acabaram sendo condenados a severas sentenças de prisão. Tocqueville tentou, sem o menor sucesso, juntar fatos que refletissem a mínima seriedade das ações deles, que ele encarou como motivadas menos por sentimentos antimonarquistas do que pela precariedade da situação econômica e do preço exorbitante do pão.[68] Ele não devia ser confundido com o promotor fictício da Restauração que Balzac retratou em *Le cabinet des antiques*, um homem que sonhava impulsionar sua carreira descobrindo mais uma conspiração contra a monarquia absoluta.[69]

Os jovens magistrados viviam juntos suas vidas de solteiros em Versalhes. Para Tocqueville, isso implicava uma ruptura definitiva com Rosalie. Aconteceu que Kergorlay, após se formar na Escola Politécnica, ingressou na Escola de Artilharia em Metz. Com efeito, os dois amigos se mudaram. Agora em Metz, Kergorlay via Eugène Stöffels regularmente. Após convencer Tocqueville a terminar seu relacionamento com Rosalie, ele atuou como intermediário entre Rosalie e a irmã dela. Após o infeliz casamento de Rosalie com um tal de François Begin, em 1828, Kergorlay comunicou a Tocqueville o pedido dela que ele continuasse a lhe escrever.[70] Ele concordou, mas usou uma tinta invisível, feita de suco de limão. Sem demora, Kergorlay e Tocqueville conspiraram para recorrer aos conhecidos de suas famílias a fim de obter um cargo respeitável nos Correios para Rosalie. Isso deu fim ao romance de um jeito muito pouco romântico.[71]

Enquanto isso, em Versalhes, ele conheceu uma agradável inglesa chamada Mary Mottley. Nascida no dia 20 de agosto de 1799, era quase seis anos mais velha que Tocqueville e morava num apartamento da vizinhança com uma tia que a criara. Provinha de uma família de classe média de Portsmouth, onde seu pai trabalhava como agente do Hospital Real local.[72] Um retrato atribuído ao artista Candide Blaize, datado de mais ou menos 1830, a representa como uma pessoa de traços delicados e olhos luminosos. Ela apreciava suas conversas com Tocqueville. À medida que o relacionamento deles progrediu, Tocqueville se deu conta de que falava com ela com sinceridade e desprendimento.[73]

Despertando novamente o intelecto

Trabalhar no tribunal proporcionou um tempo significativo para Tocqueville dedicar-se a outros interesses, e em Beaumont encontrou uma alma aparentada, que, do mesmo modo que ele, ansiava por estímulos intelectuais. Guizot continuara a ministrar suas palestras na Sorbonne, com imenso sucesso, e os dois amigos as acompanhavam assiduamente. Ambos eram leitores ávidos. Beaumont aprofundou-se na economia mediante a obra *Tratado de economia política*, de Jean-Baptiste Say.[74] Tocqueville aprofundou-se na história com a leitura da *Histoire des ducs de Bourgogne*, de autoria de Prosper de Barente, e com a história da Inglaterra, de mais de um volume, escrita por John Lingard. De vez em quando, ele se recolhia "como um monge" apenas para ler sem que o perturbassem.[75]

Tocqueville visitou sozinho, pela primeira vez na vida, o inabitado castelo de Tocqueville, no início de outubro de 1828. Lá ele se sentou e escreveu uma longa carta para Beaumont, com uma sinopse da história da Inglaterra. Tocqueville se estendeu sobre o período que ia desde a chegada dos anglos e saxões no século V, passando por sua unificação no início do século IX e terminando com o reinado dos Tudor. Esse relato da história dinástica extraordinariamente complexa da Inglaterra era ainda mais surpreendente porque foi narrado a partir da memória do autor. Tocqueville reconheceu carências em sua narrativa e pediu desculpas a Beaumont por anacronismos, bem como aquilo que ele denominou "divagações" e voos da "imaginação". No ímpeto daquela efusão, parecia que ele estava apenas "a 5 quilômetros de distância e avistando o porto onde Guilherme I velejou em direção à Inglaterra". Ao evocar a participação de seu antepassado Guillaume Clérel (ou Clarel) na batalha de Hastings, em 1066, e a subsequente conquista da Inglaterra, ele admitiu que "sucumbiu ao orgulho" e ao "entusiasmo juvenil".[76]

Havia muito de partidarismo nesse relato. Enquanto revia episódios fundamentais da Guerra dos Cem anos, Tocqueville expressou dor diante da devastação da nobreza francesa em Crecy e Agincourt. "Todos esses acontecimentos ficaram gravados em minha memória e eu fiquei animado por aquele ódio irreflexivo e instintivo em relação aos ingleses que algumas vezes se apodera de mim." Com efeito, Tocqueville sentiu um prazer especial em barrar os piores momentos da tirania monárquica britânica que forçou os ingleses a mudar de religião quatro vezes ou "a tirania de Henrique VIII, que jamais deixou a honra de uma mulher interferir em suas paixões, nem jamais descartou sua cólera a fim de poupar a vida de um homem".[77]

No entanto, podemos ver nesse relato uma percepção que proporcionaria a fundamentação do pensamento histórico de Tocqueville para o resto de sua vida. Contrariamente à situação da França, onde durante séculos a aliança do rei e do povo enfraqueceu a aristocracia, Tocqueville argumentou, em sua leitura da história britânica, que a aristocracia foi bem-sucedida em fazer alianças com as "classes democráticas" (conforme disse a Beaumont, ele recorrera a anacronismos), com a finalidade de manter o príncipe acuado.[78] Tocqueville poderia ter acrescentado que o dramático reforço da antiga nobreza por Carlos X contra a burguesia que estava se expandindo diante de seus próprios olhos (e que finalmente forçaria a retirada final dos Bourbon) era uma excentricidade em séculos da história da França.

Quando escreveu essa interminável carta sobre a história da Inglaterra, Tocqueville ainda não tinha comparecido às palestras de Guizot realizadas às sextas-feiras na Sorbonne, mas já lera algumas transcrições. Como Guizot, ele queria transmitir algumas *idées mères* na carta — ou alguns compromissos essenciais que moldam as culturas políticas que Guizot definiu como "algo comum para um número maior de membros da sociedade", que "exercia certo domínio sobre suas vontades e ações".[79] Tocqueville compareceu às palestras do ciclo de 1829-30. Durante o verão de 1829, Tocqueville também leu a maior parte dos escritos de Guizot, incluindo *Mémoires relatifs à l'histoire de France*, publicadas em 1826-27, e provavelmente também a história narrativa e as memórias sobre a Revolução Inglesa, publicadas em 1823-25. Tocqueville descreveu para Beaumont a obra de Guizot como "prodigiosa em sua desconstrução de ideias e o acerto das palavras, verdadeiramente prodigiosos".[80]

Tocqueville descobriu que tinha imensa afinidade com o pensamento de Guizot. Em primeiro lugar, e acima de tudo, concordava com ele sobre a importância da história. Nas anotações que fez sobre as palestras, Tocqueville sublinhou: "Um povo sem memória do seu passado é como um homem maduro que perdeu todas as lembranças de sua juventude."[81] Tocqueville adotou certas percepções fundamentais. Antes de tudo, foi a ideia de Guizot de um "Estado social". Mais uma vez, Tocqueville sublinhou este trecho em suas anotações: "Determinada formação social imprime no espírito humano certo direcionamento: proporciona um conjunto de ideias gerais [...] que moldam seu desenvolvimento pela mera força do momento."[82] Tocqueville também ouviu Guizot teorizar a respeito do lado negativo da igualdade na ausência do poder. Nas palestras de Guizot, o Terceiro Estado destruiu a nobreza feudal e apoiou o absolutismo "de tal modo que tudo seria no mínimo igual sob um senhor". Tocqueville também sublinhou essa observação.[83] Guizot despertou em Tocqueville o desejo de analisar a relação imensamente complexa da política e da sociedade, o que aumentou sua consciência política.

Tocqueville deparou-se no "elevado estágio de civilização" de Guizot com uma das primeiras formulações daquilo que se tornaria o segundo volume de *A democracia na América*, sua própria teoria sobre o despotismo atenuado. Tomando diretamente de empréstimo de Guizot, Tocqueville escreveu a Charles Stöffels:

O HOMEM QUE COMPREENDEU A DEMOCRACIA   39

> [No caso de uma sociedade] que alcançou um elevado grau de
> civilização, essa sociedade se encarregou de tudo aquilo pelo qual
> um indivíduo deve se responsabilizar pelo fato de ter nascido;
> quanto a tudo mais, a sociedade o coloca nos braços de sua ama
> de leite, supervisiona sua educação, abre diante dele as trajetórias
> da fortuna. A sociedade o apoia nessas trajetórias, remove de sua
> cabeça os perigos. Ele prossegue em paz sob os olhos dessa segunda
> providência. Esse poder tutelar, que o protegeu durante sua vida,
> também vigia o enterro de suas cinzas. Esse é o destino do homem
> civilizado. A energia individual está quase extinta.[84]

Guizot tinha se pronunciado a respeito de um elevado estágio de civilização, não a respeito da democracia. Por ocasião das palestras de Guizot, Tocqueville ainda não pensava em democracia. Além disso, ainda não estava preparado para se opor ao endosso de Guizot a uma "centralização moderna". Isso, na visão de Guizot, tornava possível para um povo tornar-se "unificado e compacto em todos os setores [...] agindo por um objetivo, incitado pelas mesmas ideias, agitado pelas mesmas paixões, finalmente marchando como se fosse um único homem para superar os mesmos obstáculos".[85] A crítica a essa centralização idealizada acabaria se tornando uma das mais importantes contribuições de Tocqueville à teoria política, mas ela ainda se situava no futuro.

A nação veria em 1829 uma reacionária mudança política. Carlos X nomeou o príncipe de Polignac como seu primeiro-ministro e orquestrou com ele um brusco retorno ao absolutismo. Houve uma ampla e difusa oposição a essa medida, até mesmo por parte dos conservadores. Chateaubriand desistiu de ser embaixador em Roma.[86] No tribunal, Tocqueville expressou profunda preocupação a seu amigo e colega Blosseville. Ele predisse que o rei agora reinaria mediante certas práticas e "a autoridade real estaria atuando com seu presente e com seu futuro".[87] Tocqueville, entretanto, acreditou que o rei e o primeiro-ministro fracassariam. Escrevendo para seu irmão Édouard e sua esposa Alexandrine, que passavam a lua de mel em Nápoles, Alexis previu uma significativa resistência a quaisquer tentativas naquele sentido:

No dia em que o rei reinar mediante certas práticas, os tribunais deixarão de apoiá-las. Ninguém quer o reinado de decretos executivos na França — isso é de uma evidência inquestionável. Eles não servem aos interesses de quem quer que seja. As instituições jurídicas perderiam sua importância, os pares da França ficariam destituídos de sua posição, homens talentosos desistiriam de suas esperanças e seus sonhos, o povo ficaria sem a menor proteção e a maioria dos militares perderia a esperança de uma promoção. O que fazer novamente contra essa quantidade combinada de vontades?

Tocqueville também relatou: "Os espíritos das pessoas estão profundamente calmos. Há pouca agitação na França. Estamos à espera."[88]

Não foi necessário esperar durante muito tempo. No dia 16 de maio de 1830, Carlos X dissolveu a Câmara que o havia desafiado. Muito necessitado da glória militar a fim de silenciar a oposição doméstica, ele iniciou a conquista da Argélia. Durante algum tempo, o rei reavivou as conversas sobre invadir a Argélia, então domínio otomano. A invasão, porém, seria conduzida por um dei independente, que exerceria, sem obstáculos, a pirataria no mar Mediterrâneo. Três anos antes, em 1827, o cônsul francês recusara reconhecer uma dívida que a França havia contraído durante a expedição de Napoleão ao Egito. Segundo uma lenda, o dei bateu três vezes no rosto do diplomata francês com um leque de enxotar moscas. O insulto proporcionou aos franceses uma justificativa para bloquear a Argélia. Então Carlos X recorreu a uma campanha militar a fim de consolidar seu poder. A frota zarpou de Toulon no dia 25 de maio de 1830, com 103 navios de guerra, 350 navios de transporte, 83 navios com armas, 27 mil marinheiros e 37 mil soldados.[89] Tocqueville anotou: "Do nosso lado precisaremos alcançar imensos resultados, pois a preparação tem sido prodigiosa; se os fins não justificam os meios, esta administração acabou." Pessoalmente, Tocqueville estava "tomado por uma preocupação mortal", pois Kergorlay estava programado para ser incluído entre os primeiros combatentes da artilharia (porém, no último minuto, a posição de combate de Kergorlay foi transferida para um segundo batalhão). Tocqueville também se preocupou pelo fato de que seu irmão Hippolyte se voluntariou para participar do combate (embora ele por fim não tenha participando).[90]

Notícias sobre a vitória na Argélia chegaram tarde demais no dia 5 de julho para satisfazer a aposta do governo. No dia anterior, as eleições para a Câmara resultaram novamente em uma grande maioria contra o rei. No entanto, devido à vitória argelina, Carlos X sentiu-se fortalecido para proclamar os quatro infames regulamentos que deram provas de ser o equívoco de seu regime. Com efeito, tais regulamentos destruíram a liberdade da imprensa e reduziram pela metade o tamanho da Câmara dos Deputados. Elas removeram das listas eleitorais três quartos dos eleitores, e ambas as câmaras foram privadas do direito de retificar projetos de lei. Uma nova Câmara seria convocada no dia 28 de setembro.[91]

Carlos X assinou os regulamentos no dia 25 de julho e os publicou no dia seguinte. O rei esperava obviamente uma obediência inquestionável de seus súditos, pois naquele dia decidiu ir caçar em Rambouillet. Seu ministro da Guerra, Louis de Beaumont, também estava ausente, enquanto seu ministro do Interior, o conde de Peyronnet, posava para a estátua que o homenagearia.[92]

Blosseville, colega de Tocqueville em Versalhes, presenciou os primeiros sinais de uma revolução ao atravessar Paris no dia 28 de julho: os comerciantes já estavam removendo das fachadas de suas lojas os enfeites com a flor de lis.[93] Bandeiras tricolores e barricadas surgiram com surpreendente rapidez. No dia 29 de julho Tocqueville escreveu para Mary, com quem naquela ocasião mantinha um relacionamento íntimo: "A Guerra Civil começou."[94] Tocqueville sentiu que seu primeiro dever era proteger seus pais, que eram ultras. Assim, foi ao encontro deles e os acompanhou até Saint-Germain-en-Laye, onde poderiam permanecer com toda segurança na companhia dos recentes parentes por afinidade de Édouard, o barão e a baronesa Olivier.

Embora respeitasse o historiador Guizot, Tocqueville não havia participado do Aide Toi Le Ciel T'Aidera (ajuda-te que o Céu te ajudará), associação que Guizot liderou com a finalidade de mobilizar e aumentar o eleitorado. Tocqueville contemplou a distância um Guizot radicalizado, eleito recentemente para a Câmara, designado por seus colegas para redigir um protesto formal contra os regulamentos. No dia 29 de julho, a Câmara chamou de volta a Guarda Nacional, que Carlos X dispersara em 1827, e encarregou o marquês de Lafayette de restabelecer a ordem. Tocqueville juntou-se à

Guarda Nacional e deram-lhe uma espingarda, mas ele não participou da insurgência popular.[95]

Decorridos três dias de uma insurreição sangrenta (Les Trois Glorieuses — As Três Gloriosas ou Revolução de Julho), o rei retirou os regulamentos no dia 30 e o duque de Orléans aceitou o convite da Câmara para ser tenente-coronel do reino. Naquele dia, Tocqueville, perturbado e com vergonha do governo, confidenciou a Mary: "Não pensei que fosse possível experimentar tão vivamente sentimentos desta espécie em meio aos horrores que me rodeiam [...]. Não posso transmitir para você as confusas sensações de desespero que se apoderam de meu coração." Sem o menor equívoco, ele punha a culpa no rei. "No que diz respeito aos Bourbon, eles se comportaram como covardes e não são dignos da milésima parte do sangue que tem sido derramado devido às disputas entre eles."[96] Essa é a primeira evidência que temos de que então Tocqueville começava a questionar sua lealdade aos Bourbon, mas a ideia de uma monarquia ainda estava distante.

O rei se retirou de Saint-Cloud no dia 31 de julho, abdicando formalmente em favor de seu neto dois dias mais tarde. Sua ideia era ir para Versalhes. Tocqueville encontrou a comitiva do rei em Porte de Saint-Cloud. Louis de Rosanbo, tio de Tocqueville, fazia parte da comitiva.[97] Blosseville se lembrava de que quando retornou a Versalhes, Tocqueville registrou que "a dor e a humilhação tinham chegado ao fim". Pequenos sinais falavam alto. Tocqueville ficou chocado ao ver escudeiros nas portas das carruagens reais sujos da cabeça aos pés. Em Trianon, nas terras do Palácio de Versalhes, outra realidade persistia: a camareira entrou em pânico quando o rei chegou antes que trouxessem manteiga fresca para seu almoço.[98] Enfrentando uma fria recepção da população local, a comitiva real partiu rapidamente para Rambouillet, em sua trajetória do exílio.

Nas semanas seguintes à revolução, Tocqueville se deu conta de que não tinha futuro no tribunal e que de maneira alguma queria ingressar em outro. No entanto, ao contrário de Kergorlay, que havia desistido de sua função, Tocqueville seguiu o conselho de seu pai, manteve suas opções em aberto e prestou um juramento à nova monarquia constitucional de Luís Felipe I.[99] No dia 17 de agosto escreveu para Mary: "Minha consciência está lúcida, mas eu consideraria este dia o pior de minha vida."[100] Porém, quando seu colega de classe em Metz e arquilegitimista Henrion (que mais tarde

O HOMEM QUE COMPREENDEU A DEMOCRACIA

escreveu um relato hagiográfico sobre a vida de monsenhor Frayssinous, o homem responsável por desmantelar a universidade) atacou Tocqueville por ele ter prestado um juramento de lealdade, este defendeu suas opções. Henrion invocou a existência de Malesherbes por ocasião do julgamento do rei e expressou sua admiração por Louis Le Peletier de Rosanbo, chegando ao ponto de transmitir a mensagem através da mãe de Tocqueville, irmã de Rosanbo. Irado, Tocqueville retrucou que sentiu que seu bisavô "teria procedido exatamente como procedi se estivesse em meu lugar, assim como tenho a presunção de esperar que eu teria agido como ele agiu, se estivesse no lugar dele".[101]

Em sua juventude, Tocqueville costumava desafiar expectativas e agora voltou a desafiá-las. Recusou-se a ficar do lado dos orleanistas que promoviam uma monarquia constitucional, autêntica, e os legitimistas, que resistiam a ela. Procurava um modo de conseguir manter sua independência de julgamento e talvez, no melhor dos cenários, dar uma contribuição original para o bem-estar da França. Ele decidiu trocar a França pelos Estados Unidos a fim de observar e estudar como seria uma república.

Tocqueville comunicou muito sucintamente a Charles Stöffels o motivo de sua partida: "Minha posição na França é ruim sob todos os aspectos." Embora estimado por seus colegas de tribunal que reconheciam sua profunda inteligência,[102] Tocqueville jamais tinha sido promovido ou até mesmo exercido um cargo remunerado — e isso apesar de Hervé de Tocqueville, que o rei tornou par da França, ter feito questão, em setembro de 1829, de encontrar-se com o ministro da Justiça a fim de obter uma posição melhor para seu filho.[103] Quando, no mês seguinte, Beaumont foi promovido, trocando Versalhes por Paris, Chabrol é quem foi escolhido para seu lugar, não Tocqueville, que recebeu a notícia enquanto viajava pela Suíça, na companhia de Kergorlay. Reconhecendo seus precários dotes de orador, aceitou a sina com destemor.[104] Continuou sendo amigo de Chabrol e compartilharia com ele um quarto durante toda a sua permanência em Versalhes.

Tocqueville não esperava, nem queria, um tratamento melhor por parte do novo regime. Conforme explicou a seu amigo Charles Stöffels,

não quero uma promoção, pois para mim isso seria ligar-me com homens cujas intenções acho suspeitas. Assim, meu papel seria o de um obscuro assistente de um juiz, confinado numa estreita esfera e sem poder de modo algum construir uma reputação. Se eu tentasse me opor ao governo estando no Ministério da Justiça, a mim seria negada até mesmo a honra de uma demissão.

Sem nenhuma confiança na Monarquia de Julho, como ela era denominada, Tocqueville tinha de imaginar um meio de desligar-se.

Suponha que, sem abandonar a magistratura ou desistir de minha precedência, eu vá para os Estados Unidos. Alguém já teve uma ideia precisa sobre a natureza de uma vasta república e por que é factível em determinado lugar e não em outro. A administração pública terá sido examinada sistematicamente sob todos os seus aspectos. Ao retornar à França, a pessoa, é claro, se sentirá mais forte do que era quando partiu. Se o momento for favorável, algum tipo de publicação poderia de algum modo alertar o público sobre a existência dessa pessoa e chamar a atenção das partes interessadas.

Em seguida, vinha a estratégia de como executar o plano:

Beaumont e eu solicitaremos uma licença com a duração de dezoito meses para irmos aos Estados Unidos examinar a situação do sistema penitenciário [...]. O assunto de modo algum tem a ver com política e se refere unicamente ao bem-estar da sociedade em geral. É claro que isso é um pretexto, mas um muito respeitável, que nos tornará particularmente merecedores do interesse do governo, qualquer que ele seja, e garantirá que nossa solicitação seja encarada favoravelmente [...]. A fim de executarmos essa missão, redigimos um memorando, que acredito ser bem fundamentado.[105]

Não ficou claro como Tocqueville levou adiante esse plano, mas havia entre os círculos intelectuais da Restauração uma ampla expectativa do que o Velho Mundo poderia aprender com a grande "experiência" norte-americana de um governo democrático.[106] George Washington era reverenciado na França como um general virtuoso que vivia humildemente, lutava somente quando era necessário e renunciara a seu poder no fim de sua carreira —

O HOMEM QUE COMPREENDEU A DEMOCRACIA

uma espécie de "anti-Napoleão". Ninguém assinalou o contraste melhor do que Chateaubriand em seu livro *Voyage en Amérique*, publicado em 1817 e amplamente aceito pela imprensa francesa. "Washington e Bonaparte, ambos emergiram das entranhas da república, ambos filhos da liberdade", notou Chateaubriand, acrescentando: "Washington permaneceu leal à liberdade; Bonaparte a traiu."[107] O elogio aos Estados Unidos se originou tanto da oposição ao regime da Restauração quanto de seus proponentes. Uma dessas manifestações foi devida a Arnold Scheffer. Ele era membro da Carbonária, uma sociedade secreta que se propunha destronar os Bourbon. Scheffer atacava as leis francesas repressivas e ao mesmo tempo louvava os direitos da Primeira Emenda norte-americana em seu livro *Histoire des États-Unis d'Amérique septentrionale*.[108] Tocqueville voltaria mais tarde a entrar em contato com Scheffer na década de 1840, solicitando sua assistência em publicar um jornal político (ver capítulo 9).

Propor-se a estudar penitenciárias para garantir apoio a uma viagem aos Estados Unidos foi uma decisão inspirada. O tópico estava presente. Durante os primeiros dias da Restauração, com o encorajamento do rei, o ministro Decazes havia fundado uma Sociedade Real para a Melhoria das Prisões. A Sociedade fez a lista dos homens mais influentes daquela época no sentido de reformar o caótico sistema penitenciário da França e realizou, em 1819, a primeira investigação nacional sobre as prisões, juntamente com uma lei que introduziria reformas básicas.[109] Charles Lucas, um jovem jurista que mais tarde seria denominado "pai da ciência penitenciária", ganhou o Prêmio Montyon concedido pela Academia Francesa por uma investigação, em três volumes, sobre as prisões nos Estados Unidos e em cinco países europeus. Ele apresentou sua pesquisa à Câmara dos Deputados e à Câmara dos Pares do Reino, urgindo vigorosamente introduzir na França um sistema penitenciário coerente. Os legisladores, que as aprovaram, corresponderam e Lucas se tornou inspetor-geral das prisões.[110] Camille de Montalivet, nomeado recentemente ministro do Interior, era ele mesmo filho de um reformador das prisões e consciente da nascente pressão no sentido de agir.[111]

O interesse de Tocqueville e de Beaumont sobre a reforma das penitenciárias foi também um prolongamento natural de suas responsabilidades em relação às prisões. Tendo em vista esse objetivo, eles reuniram informações a fim de buscar apoio para sua proposta. Brosseville, amigo deles, tinha ido para Genebra e compartilhou o experimental sistema suíço denominado "sistema celular".[112] Isso os levou a estudar outros esforços relativos a reformas, sobretudo os teóricos ingleses, como John Howard, que argumentou que as prisões podiam reformar os prisioneiros restringindo sua mútua comunicação, e Jeremy Bentham, que se tornou tão famoso na França devido a seu sistema panóptico de vigilância que foi nomeado cidadão honorário da França em 1792.[113]

Partindo do tribunal em Versalhes, Tocqueville e Beaumont fizeram várias visitas a Poissy, a penitenciária central do departamento. Leram as regras e observaram os prisioneiros. Quando informaram que os detentos em Poissy podiam gastar livremente seu *pécule* (pecúlio obtido na prisão) nas refeições de domingo e se juntavam "para participar de uma festa promovida por Satanás a seus amigos", isso pareceu ser algo verdadeiro aos olhos dos reformadores. Em outras palavras, Tocqueville e Beaumont haviam obtido informações suficientes para elaborar um documento de solicitação visando obter uma licença para visitar as penitenciárias norte-americanas. Ambos escreveram um esboço independente, e depois combinaram os textos.[114] No documento, descreveram-se como reformadores sinceros, que queriam não apenas punir os criminosos, mas também reabilitá-los. Argumentaram que informações de primeira mão (e, em alguns casos, lucrativas) eram a maneira mais eficiente de determinar como os norte-americanos haviam obtido a reabilitação de criminosos mediante despesas moderadas (e lucro, em alguns casos).

Foi uma proposta pungente, magistralmente escrita, e que funcionou mediante a ajuda do primo Le Peletier d'Aunay, várias vezes presidente da Câmara. Montalivet, ministro do Interior, conseguiu a designação, e o ministro da Justiça, Félix Barthe, a licença. Era uma tarefa não remunerada, mas as famílias de Tocqueville e Beaumont os auxiliaram. Tocqueville recebeu 5 mil francos, e Beaumont, 2 mil. Os dois prometeram gastá-los com muita parcimônia. Eles se apressaram em preparar a partida e solicitaram cartas de apresentação e recomendação. Lafayette não respondeu o pedido de uma carta, mas parece que um membro de sua família alertou o escritor James Fenimore Cooper. Charles Lucas, reformador do sistema penitenciário, não se entusiasmou em encorajar potenciais rivais, mas mesmo assim deu a Tocqueville e Beaumont uma carta de apresentação resumida para o secretá-

O HOMEM QUE COMPREENDEU A DEMOCRACIA

rio de Estado Edward Livingston, cujo escrito sobre as prisões para a legislatura de Louisiana ele traduziu. Também deu aos dois uma carta para James J. Barclay, membro proeminente da Sociedade da Filadélfia para Suavizar as Misérias das Prisões Públicas, que poderia ajudá-los a visitar prisões, tais como a Penitenciária Estadual do Leste. Hyde de Neuville, ex-ministro para os Estados Unidos, escreveu uma carta de apresentação para seu colega diplomata William Short (que havia iniciado sua carreira como secretário particular de Jefferson). O duque de Montebello forneceu uma carta para Henry Gilpin, um destacado quacre da Filadélfia, que se dedicava ao Direito. O ex-cônsul David Bailie Warden, o barão de Gérando e Chateaubriand também lhes deram cartas. Ao todo, Tocqueville e Beaumont obtiveram cerca de setenta cartas. Os dois amigos também decidiram fazer algumas leituras preparatórias. Adquiriram alguns livros, entre os quais dois volumes de autoria de Volney, *Tableau du climat et du sol des Etats Unis d'Amérique*, e a tradução do livro de James Fenimore Cooper, *Lettres sur les moeurs et les instituitions des États-Unis de l'Amérique du Nord* (1828), obra que Lafayette sugeriu a Cooper escrever.[115]

Eles partiram de Le Havre no dia 2 de abril de 1831. Tocqueville comunicou a Eugène Stöffels: "O navio se tornou nosso universo." Eles não "avistaram terra durante 35 dias." Mantiveram contato com os outros passageiros, mas passaram a maior parte do tempo "em profunda solidão".[116] Dedicaram-se a praticar o inglês, leram textos sobre a história dos Estados Unidos, estudaram Jean-Baptiste Say e delinearam um itinerário.

Teve início, assim, um novo capítulo, não apenas em suas vidas, mas também na história da democracia, embora naqueles momentos fosse impossível afirmar o que seria o resultado da viagem, e Tocqueville não tinha uma clara percepção a esse respeito. Escrevendo da Suíça em outubro de 1829, Tocqueville disse a Beaumont: "Algum bom trabalho histórico poderá resultar de nosso empenho." Acrescentou, porém, talvez como uma reflexão sobre o despertar de uma consciência política que ele devia a Guizot: "É o político que precisamos moldar em nós."[117] O momento para isso ainda não havia chegado. Tocqueville, entretanto, teve a intuição de que algum dia poderia ser possível deixar a França para trás e explorar a democracia norte-americana.

2

"Tudo aquilo que se refere aos norte-americanos é extraordinário"

Ao estudarmos o sistema penitenciário, veremos os Estados Unidos. Enquanto visitarmos suas prisões, visitaremos seus habitantes, suas cidades, suas instituições e seus costumes. Saberemos como funciona seu governo republicano. Esse tipo de governo não é conhecido na Europa. As pessoas falam incessantemente a seu respeito e fazem falsas comparações com países que de modo algum se assemelham aos Estados Unidos. Não seria bom termos um livro que nos proporcionasse uma ideia exata do povo norte-americano, que pesquisasse amplamente sua história, que retratasse ousadamente seu caráter, que analisasse seu estado social e retificasse quaisquer opiniões equivocadas?[1]

Gustave de Beaumont escreveu isso para seu pai no paquete que o levava para os Estados Unidos. Ele e Tocqueville exploraram boa parte do território norte-americano em expansão para descobrir se seu modelo era aplicável, pelo menos em parte, à França. Seguiram uma rota tortuosa. Após desembarcar em Newport, Rhode Island, e viajar num barco a vapor até Nova York, subiram o rio Hudson e percorreram o vale Mohawk até os Grandes Lagos. Então navegaram pelos lagos, seguiram a rota ao norte, atravessando o futuro estado de Michigan, e chegaram à fronteira, em Wisconsin. Revertendo o trajeto, percorreram o Canadá a caminho da Nova Inglaterra. Depois de passar algum tempo em Boston, Hartford, Connecticut e outras cidades, viajaram para o sul, até Filadélfia e Baltimore. Em seguida, tomaram o rumo do oeste, através da Pensilvânia até chegarem ao rio Ohio, por onde desceram. Atravessando estados livres no norte e estados onde havia escravizados no sul, alcançaram o Mississippi e viajaram para Nova Orleans. Retornaram a Washington D.C. utilizando um coche, prosseguiram até o sul e finalmente retornaram a Nova York, embarcando de volta à França. Durante a trajetória conversaram com cerca de duzentas pessoas, transcreveram informações que consideraram "inestimáveis" em cadernos de notas e instruíram membros da família e amigos, tais como o primo de Tocqueville, Louis de Kergorlay, o colega de classe Eugène Stöffels e o colega Ernest de Chabrol, a conservar suas cartas.[2]

Se tinham ideias preconcebidas, estas foram desafiadas após penetrarem em um país cuja revolução social da democracia jacksoniana estava transformando os princípios constitucionais que a geração dos fundadores havia estabelecido. "Sinto-me tentado a queimar meus livros a fim de garantir que aplico somente novas ideias a um novo e semelhante estado social", declarou Tocqueville.[3] Enquanto viajavam, Tocqueville e Beaumont registraram cenas semelhantes, concordando com o que havia de específico no que viram, mas acabaram julgando os norte-americanos de maneira diferente. Dos dois, Beaumont era o mais chocado diante das brutais relações de raça que permeavam aquela sociedade. Acabou escrevendo um romance a respeito, intitulado *Marie, or Slavery in the United States*, publicado em 1835. Tocqueville, embora crítico, focalizou a grande promessa democrática dos Estados Unidos. Retornou à França com seu famoso pronunciamento de que "um mundo totalmente novo requer uma nova ciência política" e, tendo isso em mente, escreveu seu livro mais famoso, *A democracia na América*.[4] Nove meses e meio passados nos Estados Unidos permaneceram como fonte de inspiração durante o resto de sua vida.

Quando chegaram a Newport, Tocqueville e Beaumont estavam repletos de impressões que assinalavam um mundo muito diferente daquele de onde partiram. Um deles era o amálgama de religião com comércio, que eles suspeitaram abranger toda a nação. Tocqueville e Beaumont, que haviam lido *Notions of the Americans*, de James Fenimore Cooper, esperavam deparar-se com o desempenho pouco exigente dos funcionários da alfândega que iriam inspecionar sua bagagem apenas superficialmente. Porém ficaram surpresos quando lhes pediram para jurar com a mão pousada sobre uma Bíblia que estavam isentos de toda e qualquer tarifa alfandegária.[5] Após se submeterem a essa notável cerimônia, nova surpresa: eles ficaram sabendo que cinco bancos competiam entre si a fim de captar uma modesta clientela, e todos situavam-se na rua principal daquela "imaculada" cidadezinha.[6] Aqueles estabelecimentos comerciais lhes pareceram emblemáticos da paisagem norte-americana — tanto quanto o "notável espécime arquitetônico" do campanário de uma igreja das redondezas, que Beaumont se apressou em desenhar.[7]

No dia seguinte, a bordo do vapor que ia de Newport a Nova York, Tocqueville e Beaumont tiveram a sensação inteiramente nova de que não haviam antecipado "um inacreditável desprezo pelas distâncias". Atribuíram essa sensação somente à tecnologia que lhes possibilitou deslocar-se através da majestosa paisagem, ainda sem se dar conta de que mudanças legais tinham tornado viagens interestaduais mais fáceis e rápidas.[8] Decorreram apenas sete anos da declaração da Suprema Corte de que o comércio possibilitado pelos vapores não poderia ser interrompido nas linhas estaduais. Mediante a orientação do magistrado John Marshall, a corte deu um fim a monopólios do Estado concedidos a companhias que operavam com vapores e eliminou os limites estaduais na navegação, facilitando enormemente o "intercurso" nacional que os viajantes estavam descobrindo.[9]

Em Nova York

Os dois viajantes chegaram no dia 11 de maio a Nova York, o proeminente centro mercantil e financeiro da nação e o centro mais produtivo no que se referia a manufaturas. Certamente não esperavam que a cidade fosse parecida com uma capital europeia, mas ficaram surpreendidos com a ausência de pontos de referência definidos. Procuraram em vão deparar-se com "uma cúpula, um campanário ou um prédio imponente".[10] Ficaram espantados diante do fato de que uns poucos prédios públicos ostentassem em suas fachadas colunas que evocavam a Grécia Antiga, que a distância pareciam ser de mármore, mas que eram meramente de madeira pintada.[11] No começo, avistaram somente monótonas casas de tijolo aparente, desprovidas de "cornijas, balaustradas e entradas de carruagem", ao longo de ruas

O HOMEM QUE COMPREENDEU A DEMOCRACIA

precariamente pavimentadas (embora com calçadas que eles, com isenção, notaram ser ainda raras em Paris).[12]

Recorrendo ao inglês precário que tinham praticado durante a viagem marítima, os dois alugaram acomodação modesta numa das denominadas pensões no número 66 da Broadway, tendo em vista uma estadia de sete semanas. Felizmente, os norte-americanos com quem fizeram amizade durante as cinco semanas de sua viagem marítima não os deixaram agir por conta própria: localizaram os dois jovens franceses e os apresentaram a muitas pessoas com quem se relacionavam, pertencentes às elites políticas, comerciais e sociais da cidade. Um desses amigos era Peter Schermerhorn, que estava voltando para casa com sua família, após passar dois anos na Europa. Em Nova York, ele se tornou proprietário de um negócio cujo objetivo era o transporte marítimo e, além disso, fez grandes investimentos no ramo imobiliário. Suas conexões incluíam as proeminentes famílias Livingston e Fish. Robert Livingston havia negociado com Talleyrand a compra da Louisiana e tornou-se sócio de Robert Fulton, o famoso inventor do barco a vapor. Fish fez fortuna ao iniciar travessias transatlânticas regulares.[13] Muito prestativo em se tratando de estabelecer contatos com altos funcionários públicos da cidade e dar assistência no que se referia ao sistema penitenciário, o inglês Charles Palmer, ex-membro do Parlamento, que também havia atravessado o oceano com eles, pôs à disposição sua considerável ligação com os políticos, como o prefeito Walter Bowne, o escrivão Richard Wiker, além de vários vereadores e magistrados.[14] Nathaniel Prime, o mais importante banqueiro da cidade e primeiro presidente da Bolsa de Valores de Nova York, para quem Tocqueville e Beaumont entregaram uma carta de apresentação, também introduziu os dois em seu círculo.[15]

Boatos de que o governo francês tinha enviado dois comissários para investigar o incomparável sistema penitenciário norte-americano se espalharam rapidamente e os jornais locais noticiaram a chegada e o objetivo deles. Tocqueville e Beaumont não tinham necessidade de fazer pedidos ao cônsul francês, o barão Durant de Saint André, que eles imaginavam ser "extremamente maldotado no que se referia a observações", e que de modo algum abriria portas para os dois.[16] Eles também tinham pouca necessidade de cartas de recomendação — já haviam solicitado o bastante, cuidadosamente, antes de partir da França. Conhecer as pessoas foi fácil.

Residente na pensão da Broadway, o juiz J. O. Morse os apresentou a Enos Throop, governador de Nova York, que estava na cidade para participar de uma reunião do Tammany Hall, a organização política local, com o Partido Democrata.[17] Os dois jovens franceses desfrutaram, assim, de um breve encontro informal com o homem que a legislatura estadual acabara de eleger para substituir Martin Van Buren, nomeado secretário de Estado pelo presidente Andrew Jackson.

Funcionários do alto escalão do estado provinham da sociedade mercantil local, de cujas pretensões Tocqueville e Beaumont tomaram conhecimento. Esses nova-iorquinos ricos eram os primeiros "orgulhosos paladinos da igualdade" a quem Tocqueville e Beaumont foram apresentados. Embora não tivessem semelhança alguma com a nobreza francesa, Tocqueville e Beaumont constataram que eram conscientes de seu elevado status e de sua elevada posição na vida local. Gostavam de empregar o termo "distinto senhor" quando conversavam com seus colegas, e alguns chegavam até mesmo a andar em carruagens que exibiam seus brasões.[18] Em Nova York, eles controlavam o Tammany Hall. Conforme um dos Livingston explicou, "as pessoas de modo algum se recusam a votar naqueles que são os mais ricos e mais bem-educados entre elas".[19] No entanto, o conflito de classes estava oculto. O prefeito Bowne havia ordenado recentemente que fossem dispersadas multidões no Ano-Novo a fim de impedir desenfreadas e cacofônicas procissões capazes de molestar folgazões ricos como ele mesmo.[20] Tensões no Tammany Hall começavam a se manifestar entre a elite que o frequentava e um número crescente de artesãos e trabalhadores excluídos do poder político na administração da cidade. Se tinham consciência dessas tensões, Tocqueville e Beaumont as ignoraram totalmente durante sua permanência em Nova York.

No dia 25 de maio, o prefeito Bowne providenciou uma visita inicial às instituições penais da cidade, seguida de um jantar com funcionários de alto escalão. Tocqueville e Beaumont ficaram satisfeitos com a visita, mas temiam o farnel. Tendo prestado com relutância um juramento de lealdade à nova monarquia constitucional da França, receavam que seus anfitriões os constrangeriam com brindes ao marquês de Lafayette. Não haviam os nova-iorquinos dado as boas-vindas a Lafayette havia alguns anos, incluindo um memorável baile público em Castle Garden[21] e mais recentemente

O HOMEM QUE COMPREENDEU A DEMOCRACIA   53

festejado as Três Gloriosas — os três dias da Revolução de julho de 1830, que deu fim à monarquia dos Bourbon? Seu temor foi injustificado, mas Tocqueville e Beaumont sentiram-se obrigados a esvaziar suas taças "com extrema solenidade" a cada brinde proposto naquela noite por meio de um ritual que Tocqueville descreveu como "o exercício mais lúgubre do mundo em se tratando de um festejo".[22]

Após obter acesso integral a medidas e instituições corretivas, Tocqueville e Beaumont puderam focar, durante sua estada em Nova York, no principal programa de reforma, que era separar os prisioneiros em categorias que melhor se ajustassem a seus crimes e condições. Durante um longo tempo, assassinos e ladrões insignificantes haviam compartilhado as mesmas celas abarrotadas em penitenciárias promíscuas, onde nem sempre homens e mulheres eram separados. Crianças eram trancafiadas rotineiramente nas celas, bem como mendigos e pessoas mentalmente doentes, que precisavam de assistência ou de tratamento, não de cumprir penas em prisões.

Tocqueville e Beaumont dedicaram sua atenção a algumas das novas instituições que resultaram do esforço por reformas. Examinaram os registros de uma escola particular, pioneira, destinada a delinquentes jovens e crianças enjeitadas, onde o diretor Nathaniel C. Hart inculcou no coração das crianças os "dois preceitos notavelmente simples" de "jamais mentir" e de "fazer o melhor que você puder".[23] Eles inspecionaram duas vezes uma prisão projetada pelo arquiteto John Havilland, que estava sendo construída (mediante o trabalho de condenados) na ilha de Blackwell. O novo prédio era destinado a remover os prisioneiros cujas penalidades eram de curta duração, da velha e congestionada prisão municipal de Bridewell, onde prisioneiros indiciados e condenados conviviam indiscriminadamente.[24] Visitaram o Asilo de Insanos em Bloomingdale, também fundado por particulares, bem como o asilo de indigentes.[25] Em seguida, eles se ausentaram de Nova York durante toda a primeira semana de junho a fim de observar a Penitenciária de Sing Sing, no alto rio Norte, hoje conhecido como rio Hudson. Lá eles se gabaram de compartilhar a vida dos detentos "com a exceção de dormir numa cela e ser chicoteados com uma corda".[26] Finalizada havia três anos, também mediante o trabalho de condenados, Sing Sing operava de acordo com o sistema de Auburn. Os detentos trabalhavam em grupos durante o dia, no mais absoluto silêncio, reforçado pelos chicotes de poucos guardas, seguido de um solitário confinamento à noite. O sistema tinha o objetivo de impedir que os criminosos perigosos se comunicassem uns com os outros. O silêncio, a disciplina e o trabalho impostos com sucesso eram abertos a questionamentos. Um ministro que visitou Sing Sing "comparou o diretor da prisão a um homem que domou um tigre, mas que um dia poderia ser devorado por ele".[27]

Enquanto estavam em Nova York, Tocqueville e Beaumont percorreram as instituições penais da cidade e as mansões da elite. Em alguns dias eles conseguiam reservar algumas horas para leituras no Athenaeum, instituição fundada em 1824 para o fomento da literatura e da ciência. Investigar prisões fundamentou suas visitas, quando se expunham diariamente às falhas de uma democracia, ao fracasso pessoal, a formas de exclusão social, a meios de punição e de reabilitação. Infelizmente, o tempo que eles passavam nos meios da alta sociedade proporcionou-lhes poucos indícios que possibilitassem uma interpretação, embora os levasse a ter contatos adicionais. Quando anoitecia, deixavam de lado sua missão oficial e compareciam enfatiotados a bailes da alta sociedade. Eles não haviam esperado semelhantes convites. Tocqueville pediu a seu irmão Édouard que lhe enviasse luvas, além de meias e gravatas de seda, que eram muito caras localmente.[28] Durante sete dias eles compareceram a cinco bailes e banquetes! No dia 9 de junho, estavam na residência do coronel Nicholas Fish, irmão de armas de George Washington e presidente do ramo nova-iorquino da hereditária Sociedade Cincinnati.[29] No dia 10 de junho foram a um baile na residência do banqueiro James Gore King. Ele era filho de Rufus King, representante de Massachusetts no Congresso Continental, sócio da empresa de bancos Prime, Ward e King, e acabou sendo presidente da Estrada de Ferro Erie. No dia 15 de junho jantaram com os Schermerhorn, em sua casa de campo de onde se avistava o rio Leste. A jovem senhorita Edwards, que lhes dera aulas de inglês no navio, estava lá com outros viajantes transatlânticos. Dali a dois dias a festa aconteceu na luxuosa e vizinha casa de campo do banqueiro Nathaniel Prime a fim de comemorar o casamento de sua filha Mathilda. Ela tocou piano enquanto Beaumont a acompanhava tocando flauta. Eles também participaram de um banquete na elegante residência do advogado Robert Emmet, filho de um famoso causídico irlandês.[30]

O HOMEM QUE COMPREENDEU A DEMOCRACIA

Nem tudo foi do gosto deles nessas festas. Como ocorreu na prefeitura, os franceses recearam possíveis brindes à "saúde da República" à qual eles (ainda) não puderam aderir. As "artes culinárias" durante sua infância consistiam em legumes e peixe antes da refeição, e ostras como sobremesa — em resumo, uma completa barbaridade.[31] A música norte-americana era "a mais bárbara deste mundo" e as mulheres cantavam "com certo aperto na garganta [...], o que não tinha nada em comum com as leis da harmonia".[32]

Eles também reconheceram que havia muito a aprender sobre as mulheres norte-americanas, que não se encaixavam em seus estereótipos. Os dois jovens franceses ficaram surpreendidos ao deparar-se com moças notavelmente desprotegidas. Na casa de campo de Prime, Beaumont sentiu-se atraído pela formosa Julia Fulton, filha do inventor dos barcos a vapor, e até mesmo conseguiu "um passeio ao luar" com ela.[33] Tocqueville comunicou a Chabrol: "Estamos começando a encarar as mulheres com uma impudência que não é nada própria de representantes do sistema penitenciário. Nossa virtude, entretanto, ainda se conserva."[34] Não deixaram nenhum relato se por acaso estiveram interessados em participar do comércio sexual em expansão na cidade, que não era ignorado por alguns de seus conhecidos, tais como John B. Livingston.[35] Tocqueville envolveu-se em casos complicados quando ainda era muito jovem, mas parecia estar preocupado com Mary Mottley, a jovem inglesa que ele havia conhecido em Versalhes. Enquanto esteve nos Estados Unidos manteve correspondência com ela, uma cortesia de Chabrol.

Apesar das investigações sobre o sistema penitenciário, as observações de Tocqueville sobre a sociedade e a governança de Nova York continuaram sendo preliminares. Ele precisava ser guiado em suas interpretações e isso significava desenvolver uma estratégia analítica e solidificar seu conhecimento sobre a história administrativa da França a fim de estabelecer comparações. Instruiu Chabrol a localizar as palestras de François Guizot no apartamento de Versalhes que eles compartilharam, solicitando que as enviassem a ele.[36] Pediu-lhe para explicar a divisão do trabalho nos ministérios franceses e "decifrar" a palavra *centralização*. Fez indagações a Ernest de Blosseville a respeito de tribunais administrativos que não tinham equivalentes nos Estados Unidos.[37] Mais tarde comunicou-se com seu pai, referindo-se novamente à centralização.

Se reler as palestras foi um exercício útil, isso deve ter sido apenas para Tocqueville poder medir a distância que agora tinha das ideias de Guizot sobre os estágios de civilização ou seu louvor a regimes mistos.[38] Os Estados Unidos demoliram essas categorias. Embora Tocqueville dissesse mais tarde a Camille d'Orglandes que havia pensado na democracia desde seus anos de estudante, ele estava despreparado para os Estados Unidos que via e precisava pensar com afinco como investigá-los.[39]

Tocqueville ainda estava longe de elaborar uma interpretação sobre o sistema judiciário que ele exporia em *A democracia na América*. O melhor que ele poderia fazer em relação aos tribunais de Nova York era deplorar o fato de que "o promotor fala com as mãos enfiadas nos bolsos, o juiz mastiga tabaco e o advogado de defesa palita os dentes enquanto examina as testemunhas".[40] Tocqueville teve a sorte de conhecer James Kent, "o Blackstone norte-americano", como Beaumont o chamava, que havia sido presidente do Tribunal de Chancelaria, o mais proeminente tribunal do estado de Nova York, no cargo de chanceler. Ele, porém, não conseguiu promover um diálogo importante. Kent já era um homem de idade; suas visões já não estavam mais de acordo com a jurisprudência econômica liberalizante.[41] Mais tarde, o encontro mostrou sua validade. Tocqueville dedicou-se a ler em um barco a vapor do Mississippi o quarto volume de *Commentaries on American law*, que Kent lhe dera, e ele se deparou com as diferenças fundamentais entre a codificação romana, que havia estudado, e a jurisprudência norte-americana, baseada no direito consuetudinário britânico.

Tocqueville não estava mais bem preparado para realizar uma entrevista com Albert Gallatin, estadista suíço, embora os dois pudessem conversar em francês. Gallatin explicou a Tocqueville que ele não encontraria nos Estados Unidos "aldeias" semelhantes às da Europa, pois ali existiam apenas cidades. Falou sobre a proeminência das leis na sociedade norte-americana e o papel essencial do Poder Judiciário em manter a democracia "em um nível estável".[42] Sugeriu que os jovens mantinham poucas restrições sexuais antes do casamento, especialmente nas áreas rurais, mas em seguida aderiam à fidelidade matrimonial. Tocqueville não fez perguntas sobre as amplas contribuições de Gallatin à expansão territorial na qualidade de secretário do Tesouro e secretário de Estado durante o governo de Thomas Jefferson. Do mesmo modo, desconhecia o influente relatório de Gallatin

O HOMEM QUE COMPREENDEU A DEMOCRACIA 57

sobre canais e estradas, e ignorava sobretudo seu estudo sobre a língua dos indígenas cherokee. Também não falaram sobre educação, muito embora Gallatin tivesse se empenhado em reformar a Universidade de Columbia e atuado como primeiro presidente do conselho da Universidade de Nova York, em 1830.

Ainda às voltas com a crise de fé que dele se apoderou durante sua juventude, Tocqueville tinha uma profunda curiosidade em saber qual era o lugar da religião na democracia. Ao chegar a Nova York, ele entrou em contato com o clero católico local; estava ansioso para garantir a sua mãe que comparecia às missas.[43] No entanto, seus prolongados diálogos com sacerdotes católicos locais foram equivocados. Ele registrou, sem questioná-la, a afirmação do padre irlandês John Power, residente em Nova York, de que somente católicos norte-americanos — embora constituíssem menos de 2% da população em 1831 — vivenciaram a verdadeira "fé". Portanto, somente católicos norte--americanos poderiam fazer com que o "império da autoridade" crescesse no país, enquanto as igrejas protestantes se preocupavam muito mais com a moralidade do que com a fé.[44] Convidado para participar das reuniões da alta sociedade de Nova York, Tocqueville não reconheceu os muitos indícios do protestantismo evangélico nos bairros populares onde sociedades bíblicas improvisavam reavivamentos e retomadas. A Sociedade Bíblica Americana distribuiu 481 mil Bíblias em 1831 para pessoas comuns e que buscavam a fé.[45] Tocqueville registrou notáveis altos níveis de comparecimento às igrejas (que fechavam durante os domingos devido ao tráfego das carruagens em seu entorno),[46] mas atribuiu esse empenho ao caráter pouco rigoroso da observância religiosa local. Ele deixou escapar totalmente o fato de que a fragmentação das denominações protestantes se originou de um urgente desejo de experiências mais autênticas de fé e arrependimento. Da mesma forma, não tomou conhecimento de um pequeno mas eloquente movimento abolicionista; em vez disso, notou que a religião e a política viviam em paz "em dois mundos inteiramente diferentes".[47] Após partir de Nova York, ele confidenciou a Kergorlay que não tinha visto sinais de qualquer movimento dissidente em igrejas protestantes.[48] Embora acabasse afirmando em *A democracia na América* que o espírito da religião e o espírito da liberdade se fortaleciam mutuamente nos Estados Unidos protestantes de um modo que era inconcebível na França católica, Tocqueville desenvolveu apenas uma compreensão particular do protestantismo norte-americano.

Além disso, apesar de todas as suas conexões com os magnatas da alta sociedade, ele não foi bem-sucedido em apreender a importância de Nova York como um grande centro marítimo que conectava o comércio internacional com o interior. Não deixou anotações sobre negócios, cais dos portos, lojas, a vida social das pessoas comuns, enfim. No entanto, essas eram as atividades que geraram a imensa energia que Tocqueville detectou desde que iniciou sua primeira viagem a bordo de um vapor. Ele poderia declarar que "um inacreditável material está em alvoroço [...] aumentou a força do homem sem desnaturalizar seu raciocínio", mas ainda não conseguia explicar por que isso acontecia.[49] Somente um "interesse" bruto lhe ocorreu como sendo o segredo da energia local. Tocqueville disse a Chabrol que os norte-americanos tinham despertado um impulso que ele não conseguia definir, mas que denominou "interesse", tendo em vista a área de uma "teoria social".[50] Essa busca do "interesse" gerou "perpétua instabilidade nos desejos das pessoas, uma constante necessidade de mudança, uma absoluta ausência de antigas tradições e de costumes do passado, um espírito comercial e mercantil que era aplicado a tudo, mesmo quando era pouco apropriado", mas também uma espécie de felicidade desconhecida na França. Isso era Nova York, "no mínimo para fazer um julgamento baseado em aparências exteriores".[51] Essas eram primeiras impressões que precisavam ser muito aprofundadas.

Quando estavam prontos para viajar para o norte no fim de junho, Tocqueville e Beaumont haviam se integrado facilmente à sociedade local, incorrendo apenas em constrangimentos de menor importância, tais como faltar a um jantar na casa de campo dos Livingston perto de Sing Sing porque se confundiram sobre o horário em que eram esperados.[52] Eles haviam feito muitas perguntas e anotaram diálogos em cadernetas (e no caso de Beaumont, em cadernos de desenho). Suas anotações mais detalhadas se referiam a prisões. Outras indagações eram preliminares. Embora a empresa City Recorder Riker fornecesse muitos documentos, Tocqueville não deixou anotações sobre os desempenhos do governo local, muito embora isso fosse se tornar um tema da maior importância em *A democracia na América*. Apesar de suas conversas com Gallatin, ele ainda não havia direcionado sua atenção para o relacionamento da União e os estados, algo que mais tarde também ocupou grande espaço em *A democracia na América*. No momento, ele apenas podia dizer que "aqui o governo me parece estar na infância da arte".[53]

O HOMEM QUE COMPREENDEU A DEMOCRACIA

Tocqueville, entretanto, partiu de Nova York com algumas observações pertinentes, que já proporcionavam alguns fundamentos para *A democracia na América*. "O que mais chama minha atenção é o fato de que a vasta maioria das pessoas compartilham certas *opiniões comuns* [...]. Eu ainda estou para encontrar alguém de qualquer posição social que tenha mantido a ideia de que uma república não é a melhor forma possível de governo ou de que as pessoas podem não ter o direito de escolher quaisquer governos que quiserem." Tocqueville observou que até mesmo as elites desejavam isso:

> Uma segunda ideia me surpreende por ter uma característica semelhante: a vasta maioria das pessoas tem fé na sabedoria humana e no bom senso, e fé na doutrina da perfectibilidade humana [...]. Ninguém nega que a maioria das pessoas possa estar enganada; no entanto, todo mundo acredita que a longo prazo isso é necessariamente correto e que não se trata somente de alguém ser o único juiz de seus próprios interesses, mas ser também o juiz mais confiável e infalível.[54]

Tocqueville admirava, ainda, o extremo respeito que eles pareciam ter em relação à lei. Concluiu que o principal motivo disso era que as próprias pessoas elaboravam as leis e, portanto, podiam modificá-las.

No primeiro contato com os norte-americanos, Tocqueville teve a mesma opinião de Beaumont: "É preciso ser de fato cego para querer comparar este país com a Europa e adaptar aquilo que funciona em um lugar para ser usado em outro lugar."[55] No entanto, ao partir de Nova York, Tocqueville especulava que a França e os Estados Unidos acabariam seguindo a mesma trajetória. "Somos guiados nessa direção por uma força irresistível [...]. A riqueza tenderá a ser distribuída cada vez mais igualmente, a classe superior se dissolverá na classe média, e a classe média se tornará vasta e imporá sua igualdade a todos [...]. A democracia agora é algo que o governo pode pretender reger, mas não impedir." Não foi fácil chegar a essa conclusão, foi o que o aristocrático Tocqueville, ainda ambivalente em relação à democracia, garantiu para Kergorlay.[56]

Atravessando o estado de Nova York

Tocqueville e Beaumont reservaram passagens no barco a vapor North America no dia 28 de junho e navegaram pelo rio Hudson em direção a Albany. A viagem não foi exatamente conforme planejaram. Não tinham ido muito longe quando uma temporária interrupção na navegação deixou os viajantes em dificuldades na cidadezinha de Yonkers. O atraso tornou-se uma oportunidade para Tocqueville relaxar com seu rifle, empreendendo uma guerra "contra a morte das aves nos Estados Unidos", enquanto Beaumont desenhava paisagens do rio Hudson. Eles esperavam visitar West Point, mas quando o vapor voltou a funcionar o capitão decidiu recuperar o tempo perdido. Assim, eles perderam a oportunidade de ver a academia militar, com sua rigorosa formação em engenharia, e possivelmente descobrir algo importante sobre a ciência e a engenharia nos Estados Unidos. De fato, o vapor North America recuperaria o tempo perdido, mas também tentou alcançar outro vapor, o que era perigoso devido à frequência de explosões nas caldeiras. O North America comemorou a vitória com "foguetes disparados no céu" a partir do deque no meio da noite.[57] Eles chegaram a Albany às 5 da manhã no dia 2 de julho.

Tocqueville e Beaumont chegaram a tempo de presenciar uma comemoração no dia 4 de julho e levaram uma carta de apresentação para o congressista Churchill Cambreleng, membro da "Regência de Albany", o empreendimento político jacksoniano fundado por Martin van Buren. Com sua mescla de patrocínio e de influência política, a Regência atendia os interesses de modestos fazendeiros e pioneiros, abrindo clareiras e outros espaços no oeste e no norte — não aqueles pertencentes à antiga oligarquia federalista. A Regência adotou simultaneamente um ambicioso programa de construção de canais.[58]

Cambreleng, que no passado havia se tornado sócio dos empreendimentos comerciais de John Jacob Astor, acolheu os dois visitantes "com extrema gentileza" e os apresentou a outros membros do Partido Democrata do estado. O secretário de Estado Azariah Flaggs (Beaumont registrou seu título como ministro do Interior do estado de Nova York) e o governador Edward Livingston (o governador Throop não estava disponível) convidaram seus visitantes franceses para participar de um desfile com outras autoridades da cidade.[59]

O HOMEM QUE COMPREENDEU A DEMOCRACIA

Tocqueville e Beaumont por pouco deixaram de ver os fogos de artifício disparados muito cedo do vapor a fim de comemorar o Quatro de Julho. Aconteceu, porém, uma verdadeira comemoração, e não poderia haver uma melhor exibição de valores nacionais e de orgulho cívico. "A milícia, as autoridades civis e representantes de cada associação que existe na cidade se reuniram e marcharam em procissão até uma igreja, onde foi lida a Declaração da Independência e houve um discurso."

Eles presenciaram mais uma vez o elevado posto que o comércio ocupava na hierarquia de valores da nação. Beaumont registrou que

> representantes de todos os empreendimentos industriais e comerciais desfraldavam estandartes com os nomes de sua organização. Seria fácil ridicularizar estandartes com inscrições tais como "Associação dos Açougueiros", "Associação dos Aprendizes" etc. Quando, porém, pensamos naquilo, nós nos damos conta de que é apenas natural que uma nação que deve sua prosperidade ao comércio e à indústria deve honrar tais símbolos.

Beaumont parece ter esquecido que nas procissões francesas do Ancien Régime as várias corporações de ofício eram representadas com a nobreza, o clero e a burguesia. Em Albany, ele focava a peculiar mescla norte-americana de comércio e religião quando chegaram a Newport, e que agora estava sendo exibida formalmente. A religião permeava a vida norte-americana. "A Declaração da Independência foi lida na Igreja metodista [...]. A leitura foi precedida por uma oração oferecida por um ministro protestante. Menciono este fato", escreveu Beaumont, "porque é típico deste país, onde nada é feito sem ajuda da religião."[60]

Tocqueville ficou gradualmente envolvido com a leitura da Declaração da Independência. Denominando-a a *déclaration des droits*, ele se conscientizou de que estava testemunhando uma "visão verdadeiramente bela [...] nessa recordação de todo um povo dessa adesão da atual geração a uma geração que não existia mais, e cujas generosas paixões todo mundo compartilhou brevemente [...] em tudo isso havia algo profundamente sentido e verdadeiramente grandioso".[61]

No entanto, apesar de seus efeitos, o enfoque do Quatro de Julho na unidade nacional mascarou profundas divisões políticas que Tocqueville não conseguiu adivinhar. Tocqueville e Beaumont não prestaram uma atenção maior à política local e à atuação do governo local em Albany do que haviam prestado em Nova York. Beaumont pôde dizer do secretário de Estado Flagg que "ele é parecido com um escrivão e usa meias azuis; seu modo de trajar é igualmente negligente",[62] mas não discutiu ou apreciou evidentemente seu papel como aliado do presidente Jackson em sua guerra contra o Segundo Banco dos Estados Unidos.[63] Nenhum dos dois fez comentários a respeito da Regência de Albany, que estava cuidando do crescimento local, concedendo cartas corporativas e franquias mediante atos especiais da legislatura, através de seu monopólio com a venda de 20 milhões de acres de domínio público e sua capacidade de fornecer crédito preferencial e empréstimos para fazendeiros, empresas de transporte e a manufatureiros de algodão, artigos de algodão e de ferro. Eles não registraram que a máquina democrática do Estado encarava uma oposição não apenas da parte de seu principal oponente político, os republicanos nacionais, mas também da classe trabalhadora e dos democratas que denunciavam a política bancária do Estado que favorecia monopólios.

Essas discriminações afetariam posteriormente os pensamentos de Tocqueville. Em *A democracia na América* ele argumentou que a liberdade norte-americana quanto a associações tornava sociedades secretas desprovidas de sentido. Ele não se deu conta, quando conversava com os jacksonianos de Albany, que eles eram destacados membros da maçonaria, que haviam transformado os encontros secretos daquela sociedade ostensivamente beneficente (isso incluía Washington) em um mecanismo para monopolizar o controle de nomeações. As manchetes sobre o assassinato de um maçom dissidente, William Morgan, que havia ameaçado revelar segredos maçônicos, poderia ter levado Tocqueville a prestar mais atenção. Isso também aconteceria com o subsequente crescimento de um partido antimaçônico no oeste de Nova York, que chegou ao auge em 1831. Àquela altura de suas viagens, Tocqueville não conhecia o suficiente para levar em consideração essas manifestações.[64]

Tocqueville e Beaumont ainda estavam mirando os Estados Unidos através de lentes francesas, o que os levou a subestimar seu dinamismo

O HOMEM QUE COMPREENDEU A DEMOCRACIA

econômico. Eles se enganaram em relação a Albany, considerando-a uma cidade provinciana comum em vez de um centro de expansão regional e nacional. Beaumont comparou Albany a Amiens, uma cidade "mercantil" e provinciana da França.[65] Notou de passagem que a estrada de ferro Mohawk e Hudson, que ligava Albany a Schenectady, uma das mais antigas ferrovias dos Estados Unidos, contribuiria para o crescimento estimulado pela abertura do canal Erie em 1825 e outros canais. Tocqueville e Beaumont estavam atravessando a mais vital região econômica do país sem se dar conta disso. Mencionaram que tinham chegado ao canal Erie, mas não que ele era a maior obra de engenharia da década. Não sabiam e nenhum político local parece ter dito a eles que o canal tinha sido concluído com o dinheiro público do estado, não do governo federal. Em vez disso os investidores pagaram inteiramente o custo da grande obra, tamanha a confiança que tinham em seus lucros futuros.[66]

A questão dos possíveis aumentos dos impostos estaduais a fim de ampliar a rede de canais surgiu brevemente na ocasião de um segundo encontro com o governador Throop em sua residência localizada perto de Auburn. Mais uma vez tudo o que Tocqueville e Beaumont podiam dizer é que ele era uma pessoa muito simples, morava numa casa muito pequena, de que ele mesmo cuidava e era um tanto desajeitada. Elam Lynds, que havia sido diretor da prisão de Auburn, com quem eles conversaram alguns dias mais tarde, reforçou a visão de que "homens de grande talento não aceitariam semelhante emprego. Eles prefeririam dedicar-se a negócios e ao comércio em que se pode ganhar *mais dinheiro*. O caráter norte-americano cabe em um espaço pequeno", ponderou Beaumont.[67]

Decorridos alguns dias, Tocqueville e Beaumont partiram de Albany. Tocqueville encontrou inspiração nas comemorações do Quatro de Julho, que ele viu como algo que incorporava a espécie de unidade que a democracia poderia gerar.[68] Beaumont, após participar da mesma cerimônia, "ficou cada vez mais convencido da impossibilidade de estabelecer instituições políticas [norte-americanas] na França".[69] O projeto de reportar-se à governança norte-americana começava a se desfazer.

Os dois amigos ainda estavam de acordo quanto à importância de suas investigações sobre as prisões e foram para Syracuse, no oeste, a fim de estar com Elam Lynds. Dali foram para a vizinha Auburn, para visitar a prisão que ele havia dirigido. Contemplaram a possibilidade de fazer um desvio e ir para o norte até Saratoga Springs, então, como ainda é hoje, um destino turístico popular. Mas optaram por seguir para o oeste, com a esperança de ver uma vasta região inculta e dar uma olhada nos indígenas que lá habitavam. Não mais luvas e festas da classe alta, mas coches resistentes e dores nas costas. Entraram no vale Mohawk, viajando de coche até o canal Erie, mas sem visitar as prósperas cidades situadas na beira dos rios. Utica foi a primeira parada e em seguida o lago Oneida, Syracuse e Auburn.

Na época da viagem aquelas cidades estavam no meio do Segundo Grande Despertar. Tocqueville e Beaumont já haviam ignorado essa retomada do protestantismo evangélico quando estavam em Nova York, o que ocorreu mais uma vez, pois estavam no norte do estado.[70] Estavam perto de Albany numa comunidade de *shakers*, e rejeitaram aquela comemoração, "considerando-a uma série de danças grotescas" e "um exercício aterrorizante" por parte de uma comunidade marginal, "baseada nos princípios mais antissociais que alguém possa imaginar: o compartilhamento de toda e qualquer propriedade".[71] Recorrendo a uma comparação, Beaumont só conseguia pensar nos sansimonistas da França que pregavam o trabalho coletivo e o amor livre.

Essa foi uma interpretação significativa — e equivocada. Pregadores itinerantes haviam promovido uma ampla retomada arminiana ao longo do vale Mohawk durante algum tempo. Eles converteram trabalhadores que atuavam nos canais, promoviam a temperança, reforçavam o *shabat* e boicotavam as embarcações que operavam no domingo. Charles Grandison Finney, que se declarou presbiteriano e admitiu não ter lido a confissão de Westminster, levara Utica ao delírio religioso havia alguns anos e acabava de fazer o mesmo com os habitantes de Rochester. O mórmon Joseph Smith também converteu pessoas da região. Ninguém informou nossos viajantes sobre aquela retomada ou então não apreciavam seu significado — um infortúnio, pois o protestantismo evangélico era o oposto daquilo em que eles acreditavam. A fragmentação das denominações pretendia ser uma busca da pureza, não uma tolerância a diferenças de pouca monta, conforme Tocqueville imaginava. Ele nunca chegou a dominar essa importante configuração.[72]

O HOMEM QUE COMPREENDEU A DEMOCRACIA 65

Enquanto viajavam entre Albany e Nova York, Tocqueville e Beaumont tinham ficado fascinados com a velocidade dos navios a vapor e com a exuberante economia com que se depararam. No entanto, quando chegaram a Albany, pareciam sentir que tinham atingido os limites de uma fronteira e se entregaram a uma visão romantizada das terras virgens dos Estados Unidos que eles trouxeram da França. Seu olhar não se direcionava para os canais e eclusas que ocupavam a população local, mas para o rio que fluía majestosamente "entre paredões verticais de pedra de prodigiosa altura".[73] Eles procuraram vestígios do que a natureza era antes que pioneiros brancos, que gostavam de usar rifles e mosquetes, conforme Cooper os descreveu, matassem lobos e outras "feras vorazes", tais como ursos e uma ocasional pantera, e fizeram com que as terras passassem a ser usadas por eles.[74]

Ao chegarem a Oneida, Tocqueville e Beaumont encontraram povos indígenas, mas eles não se assemelhavam com as figuras míticas descritas por Jean-Jacques Rousseau, Chateaubriand e Cooper. Os franceses perceberam "duas indígenas percorrendo um caminho descalças". Ficaram chocados. "O cabelo delas era preto e sujo, sua pele era bronzeada e seus rostos eram muito feios."[75] Mas em qual lugar deste mundo, eles perguntaram a si mesmos, Chateaubriand se encontrou com a formosa Atala de seu romance norte-americano? Eles sentiram que, apesar de certa dignidade, os americanos nativos agora estavam "desprovidos e degradados". Tocqueville desesperou-se com o fato de que "um povo antigo, o primeiro e legítimo do continente americano, está derretendo como a neve num dia ensolarado e desaparecendo da face da terra, diante de nossos olhos".[76]

E o que dizer da natureza? As expectativas de Tocqueville foram influenciadas pelas recordações de um livro infantil de autoria do popular escritor alemão Joachim-Heinrich Campe, baseado em um relato das vidas de Charles e Émilie de Wattines, aristocratas que fugiram da Revolução Francesa e viviam exilados numa ilha deserta no lago Oneida. Tocqueville leu o livro numa tradução francesa que ele havia encontrado entre os livros de seu irmão mais velho Hippolyte.[77] Desde então alimentou a fantasia de que uma pessoa poderia "encontrar a felicidade doméstica, os encantos do casamento e o próprio amor" somente naquela pequenina ilha. Tocqueville, em alguns momentos de conversas com amigos, concluía jocosamente afirmando que "não existe felicidade neste mundo a não ser nas margens do lago Oneida".[78] No dia 8 de julho eles chegaram ao Forte Brewerton, no lado oeste do lago, e foram em direção à ilha. Lá encontraram vestígios de uma cabana rústica, alguns vinhedos e "algumas coisas desmoronadas e cobertas de pó e poeira" para marcar o local onde dois desafortunados compatriotas tentaram outrora esquecer "revoluções, festejos, cidades, família, posição social e fortuna", conforme Tocqueville anotou. Concluída essa peregrinação, eles partiram da ilha Frenchman "com uma dor aguda em nossos corações" e viajaram até Syracuse para seu encontro com o capitão Lynds.[79]

Lynds exerceu o posto de capitão em um regimento de Nova York durante a Guerra de 1812. Ele se encarregou da ala sul da Prisão Estadual de Auburn quando ela foi aberta em 1817 e tornou-se diretor em 1821. Em 1825, Lynds levou os prisioneiros de Auburn até o monte Pleasant para construir a prisão de Sing Sing e lá permaneceu como seu diretor durante cinco anos. Agora era dono de uma loja onde vendia armas, em Syracuse. Tocqueville e Beaumont se encontraram com ele primeiramente em Syracuse e novamente em Auburn, onde permaneceram durante quase uma semana, "num hotel esplêndido" situado naquela cidadezinha de 2 mil habitantes, onde, como eles notaram, "outrora, havia vinte anos, as pessoas caçavam [...] cervos e ursos".[80] Auburn cresceu devido à proximidade com o canal Erie, e o trabalho mal remunerado na prisão atraiu a indústria.

Talvez sem surpresa, eles acharam "o pai do atual sistema penitenciário um homem de aparência muito comum, cuja fala é do mesmo modo vulgar, e sua pronúncia também é muito precária", mas ficaram impressionados com seu raciocínio.[81] Os reformadores das prisões que pretendiam isolar criminosos garantiram a promulgação das leis de 1819 e 1821 que proporcionavam a construção de celas isoladas (cubículos, para dizer a verdade), e Lynds introduziu o sistema do silêncio em 1823.[82] Os detentos eram retirados daqueles cubículos durante o dia, andavam em passo de marcha militar até as lojas dos empreiteiros, onde obedeciam a estritas regras de silêncio, e as infrações eram punidas mediante o generoso emprego de um chicote. Em carta dirigida ao ministro do Interior da França, Casimir Perier, Tocqueville e Beaumont explicaram conscienciosamente a rotina da prisão de Auburn, assinalando as semelhanças e pequenas diferenças com a prisão de Sing Sing. O sistema de silêncio adotado por Lynds tinha o objetivo de garantir que detentos perigosos não poderiam planejar mais atividades criminosas.

O HOMEM QUE COMPREENDEU A DEMOCRACIA

"Aqui a única medida disciplinar é o uso do chicote. A quantidade de chicotadas não tem limites e a decisão é tomada pelos guardas no momento em que ocorre a infração, sem nenhuma necessidade de pedir a permissão ao diretor da prisão."[83] Tocqueville e Beaumont poderiam ter acrescentado que Lynds considerava as chicotadas "a punição mais eficaz e mais humana, porque não provocam danos à saúde dos prisioneiros e os força a levar basicamente vidas sadias".[84] Lynds, entretanto, se opunha ao confinamento solitário integral como "frequentemente ineficaz e quase sempre perigoso". Ele também enfatizou que os prisioneiros trabalhavam para "empresários externos" sem receber uma recompensa.[85] Administradores e filantropos argumentaram que pagar constituiria uma espécie de prêmio ao crime e o próprio Lynds defendeu a restrição, explicando que "os detentos adquiriram o hábito de um trabalho constante e que ao mesmo tempo cobria o custo de seu encarceramento". Embora o hábito de trabalhar pudesse ser considerado um passo em direção à reabilitação, isso não era uma preocupação de Lynds. A educação mais ampla que reformistas bem-intencionados aconselhavam era, na visão dele, uma perda de tempo, pois "as prisões estão repletas de homens brutais, que passaram um tempo muito dificultoso assimilando ideias ou até mesmo reagindo a estímulos intelectuais".[86] Lynds mencionou um desses tolos reformistas pelo nome: Edward Livingston, secretário de Estado de Jackson, que passou a maior parte de sua carreira na Louisiana e trabalhou na reforma do sistema penitenciário.[87] Livingston haveria de se tornar para Tocqueville um dos guias norte-americanos mais valiosos.[88]

Em Auburn, Tocqueville e Beaumont conheceram o jovem capelão presbiteriano da penitenciária, o reverendo B. C. Smith. Diferentemente de Lynds, ele acreditava no potencial do sistema presidiário de reformar o indivíduo.[89] Smith visitava as celas dos prisioneiros todas as noites e dava aulas aos domingos.

Tocqueville e Beaumont estavam prontos para ir embora daquela região. Aprenderam muito sobre o sistema penitenciário, porém não ficaram muito mais esclarecidos a respeito do sistema político do que ocorreu quando partiram de Albany. Felizmente, seu encontro com o promotor e legislador estadual John C. Spencer, na localidade de Canandaigua, 55 quilômetros a oeste, proporcionou a introdução à governança que lhes faltava. Spencer foi o primeiro informante norte-americano a influenciar profundamente os dois viajantes, ensinando-lhes alguns dos princípios constitucionais básicos. Tocqueville, que nada lera sobre esses personagens do Iluminismo, tais como Condorcet, que havia estudado a Constituição norte-americana, tinha uma real necessidade de alguém que o instruísse.

As duas lindas filhas de Spencer, Mary e Catherine, ajudaram a tornar a visita especialmente agradável. "Estávamos mais inclinados a olhar para as filhas do que para os livros do pai", escreveu Tocqueville a sua cunhada Émilie. "Elas têm, entre outros encantos, quatro olhos azuis (isto é, cada uma dois)", tais como "jamais se viu do outro lado do oceano".[90] Spencer, entretanto, envolveu os dois rapazes numa conversa séria. Assim como os outros informantes, Spencer se mostrava extremamente cuidadoso ao evitar controvérsias atuais, como se tivesse a intenção de transmitir somente uma imagem positiva do país. Ele explicou que a liberdade de imprensa nos Estados Unidos era equilibrada pelas pesadas multas a que os jornais eram submetidos se fossem acusados de imprimir notícias caluniosas. Revelou que, com muito sucesso, movera um processo contra um caso de calúnia que envolvia maçons, mas não que tinha escrito um texto expondo práticas maçônicas, o que o levou a enfrentar dificuldades com políticos da Regência de Albany e com seu vizinho, o governador Throop.[91]

Spencer procedeu cuidadosamente ao rever a constituição do estado que ele tinha ajudado a revisar. Compartilhou seu detalhado conhecimento do Poder Judiciário, como o direito civil era "inteiramente baseado em precedentes", não em codificações, e como isso explicava a desconsideração dos advogados em relação à teoria. Argumentou que o protestantismo apoiava a liberdade melhor do que o catolicismo. Ele enfatizou a "axiomática" adoção do bicameralismo em todos os Estados Unidos, embora a Câmara e o Senado fossem "compostos pelos mesmos elementos e dominados pelo mesmo espírito". "Todo projeto de lei tem de superar dois obstáculos, o tempo passa entre os dois debates e introduz o bom senso e a moderação."[92] Um curioso Tocqueville começou a inquerir o modo como as instituições afetavam práticas sociais.

Em acréscimo a essa rota de colisão nos princípios constitucionais e legais norte-americanos, Spencer trabalhou em restaurar o respeito de Tocqueville e de Beaumont pelos povos indígenas americanos. Contou para eles seu encontro com Red Jacket, um indígena americano, que pelo menos na narrativa se encaixava no estereótipo de Tocqueville de "selvagens" dotados

O HOMEM QUE COMPREENDEU A DEMOCRACIA

de "orgulhosas virtudes que o espírito da liberdade promove".[93] Red Jacket fez parte dos indígenas americanos que ficaram do lado dos Estados Unidos durante a guerra de 1812, esperando como recompensa a Grand Island no rio Niágara para usá-la como território de caça. Spencer se lembrava dele como sendo um homem de "grande eloquência", cuja influência sobre seus compatriotas que ele podia defender com muito sucesso nos tribunais era "imensa". A um missionário que tentava convencer seu povo, os senecas, de trocar o Grande Espírito pela Bíblia, Red Jacquet sugeriu que "se seu ensino impedir os homens brancos de roubar nossas terras e nossos animais, como fazem dia a dia, então meu pai poderá regressar até nós e você nos encontrará mais dispostos a acolher sua mensagem".[94]

Tocqueville e Beaumont partiram para Buffalo, onde embarcariam nos Grandes Lagos em direção a Detroit. Embora a cidade tivesse cerca de 12 mil habitantes, ela tinha vencido a competição local para se tornar um término ocidental para o canal Erie. Tocqueville e Beaumont não refizeram seu trajeto até Syracuse a fim de viajarem ao longo do canal, escolhendo em vez disso ir adiante montados em cavalos percorrendo estradas mais do que precárias. Se tivessem seguido pelo canal, teriam passado por Rochester e poderiam ter se deparado com os sermões do evangélico Charles Grandison Finney e registrado aquela parte mais importante da vida religiosa norte-americana.

Em Buffalo, o orgulhoso espírito de Red Jacket tinha desaparecido. Então eles testemunharam a verdadeira crueldade racial dos Estados Unidos brancos durante um encontro que os deixou profundamente chocados. Um grupo de indígenas "tinha vindo a Buffalo em busca do dinheiro a eles devido em troca de terras cedidas aos Estados Unidos". Tocqueville notou que eles "se assemelhavam ao populacho de uma grande cidade europeia". No entanto, ainda eram selvagens. Tocqueville e Beaumont se depararam com um jovem indígena embriagado e deitado ao lado da estrada. Apenas "alguns poucos gemidos escaparam de sua garganta". Eles temiam pela vida do rapaz e solicitaram a alguns moradores que o socorressem, mas apenas os ouviram dizer: "O que vale a vida de um índio? Os verdadeiros donos do continente são aqueles que sabem como tirar vantagem de suas riquezas." Tocqueville concluiu: "Contentes com esse argumento, os norte-americanos vão à igreja, onde ouvem um ministro do Evangelho dizer-lhes que todos os homens são irmãos e que o Todo-Poderoso que moldou cada um deles a partir do mesmo molde tornou dever de todos ajudar-se mutuamente."[95]

Os Grandes Lagos

O barco a vapor Ohio transportou nossos viajantes através do lago Erie até Detroit, parando primeiramente em Cleveland. Em Detroit, adentraram nos confins de terras que havia mais de um século eram motivo de disputas territoriais entre norte-americanos, franceses e britânicos. Independentemente de qual país acabou sendo vitorioso, os vencidos foram as tribos indígenas, que perdiam constantemente seu território durante submissões sem fim (uma história que Francis Parkman narrou mais tarde brilhantemente). Boa parte da Guerra de 1812 aconteceu nos Grandes Lagos. Enquanto passava pela ilha Middle Sister na região oeste do lago Erie, Tocqueville notou que foi lá que o comodoro Matthew Perry derrotou os britânicos a todo custo em 1813, antes de invadir o Canadá.[96] Tocqueville, porém, estava apenas marginalmente interessado naquela história, ansioso para atravessar a fronteira e chegar ao fim da povoação. Paradoxalmente foi nessas regiões esparsamente povoadas que Tocqueville confrontou e registrou a diversidade racial e religiosa dos Estados Unidos. Foi somente naquelas regiões ermas que ele pensou seriamente nos americanos — no plural — e o resultante encontro de culturas.

No barco a vapor que partiu de Buffalo, eles conversaram com John Tanner, um branco que, na infância, foi capturado por indígenas ojíbuas e morou com eles durante trinta anos. Tanner ganhava a vida com dificuldade como intérprete em salto Santa Maria para a organização Henry Rowe Schoolcraft e para a missão batista local. Era de esperar que ele passasse por muitas dificuldades ao retornar à sociedade branca.[97] Tendo apenas pouca noção da gramática inglesa, ele escreveu as memórias de sua vida no cativeiro, que um médico local organizou e publicou. Tanner deu um exemplar para os dois viajantes como um incentivo para o que eles se dispunham a ver, e o livro incluía significativas descrições de sua vida como caçador de animais de pelo, o catálogo de totens indígenas que ele conheceu, reflexões sobre o conhecimento da astronomia que os indígenas tinham, seus talentos

O HOMEM QUE COMPREENDEU A DEMOCRACIA 71

musicais e poéticos, e muito mais. Blosseville, amigo de Tocqueville, traduziu para o francês esse importante testemunho.[98]

Em Detroit, Tocqueville demonstrou pouca curiosidade em relação aos herdeiros da comunidade francesa que construiu o forte original e se dedicava ao posto avançado do comércio de peles desde o início do século XVIII. Se a população ainda era parcialmente francesa, a cidade já não apresentava mais marcas de sua origem: tinha sido totalmente reconstruída com um novo projeto urbanístico após um grande incêndio, ocorrido em 1804. Tocqueville e Beaumont a consideraram o local de entrada de uma parte da região "quase inteiramente povoada" havia somente vinte anos, e também local de entrada da mata virgem e dos descampados.[99] "Como poderemos retornar à França sem sequer uma imagem, em nossos pensamentos, de uma região despovoada, onde a mata se alastra?", escreveu Tocqueville a sua prima Eugénie.[100]

Assim sendo, Tocqueville e Beaumont não perderam tempo e entraram em contato com John Biddle, funcionário do escritório do cadastro público, para que ele os aconselhasse sobre como atravessar aquele matagal pouco percorrido.[101] Biddle foi comandante do forte de Detroit na Guerra de 1812 e agente dos indígenas em Green Bay, Wisconsin, antes de ser eleito prefeito de Detroit e delegado do território de Michigan ao Congresso dos Estados Unidos. Ele naturalmente presumiu que os dois viajantes queriam obter informações confidenciais sobre onde comprar terras e obter lucro, mais do que evitar espaços já colonizados. Assim sendo, ele explicou como era o processo de aquisição de terras. Isso acabou sendo de um interesse inesperado. Fazer um levantamento topográfico tal como contava na Grande Regulamentação de Terras da década de 1780 facilitou enormemente a expansão direcionada para o oeste.[102] Topógrafos e agrimensores dividiram o território em partes que consistiam em terras com limites numerados, terrenos de mais ou menos 10 km² e distritos. Habitantes e empresas que negociavam terras poderiam obter informações sobre aquisições nos escritórios governamentais relativos a territórios. "É um sistema muito apropriado", pensou Beaumont.[103] Tocqueville ficou igualmente impressionado. Ele ponderou: "Um americano não se importa em abrir um caminho através de uma floresta quase impenetrável, atravessar um rio caudaloso, enfrentar um pântano pestilento ou dormir numa floresta úmida se houver a chance de obter um dólar."[104] Ele anotou que "desde o último degelo, em maio, quando o lago é navegável, até o dia 1º de julho, aproximadamente 5 mil 'novos colonos' chegaram em Michigan".[105] Pensando a respeito de como a Revolução Francesa abriu caminho para danos causados à sociedade francesa, Tocqueville escreveu a Chabrol: "Como alguém pode imaginar uma revolução em uma terra sem oportunidades de satisfazer suas necessidades e paixões, e como as instituições políticas de um povo como este podem ser comparadas com as instituições políticas de qualquer outro povo?"[106]

Se os dois viajantes quisessem investigar como pioneiros se estabeleceram naquelas matas, teriam seguido os conselhos de Biddle, mas fizeram exatamente o oposto. Após saber onde recém-chegados podiam adquirir terras inspecionadas, eles caminharam em direção à "floresta impenetrável", onde não encontrariam "nada além de animais selvagens e índios".[107] No caminho, pararam no povoado de Pontiac, situado entre Detroit e o rio Flint, onde encontraram "vinte casas muito bem-construídas, lojas bem-abastecidas, um ribeirão de águas claras e uma clareira".[108] Os primeiros colonos de Pontiac chegaram até mesmo a construir uma escola comunitária. O major Oliver Williams, de Massachusetts, que ali chegou por volta de 1819 e morava com sua esposa, Mary, numa cabana rústica de madeira fora de Pontiac, tranquilizou-os ao afirmar que eles podiam confiar nos indígenas como guias e apontou um caminho desimpedido que levava a Flint. Outro casal de Pontiac, o major Todd e sua esposa, abrigou-os em sua casa. Um deles dormiu numa cama, e o outro, no chão. Na manhã do dia seguinte, o major encontrou para eles dois guias indígenas.[109]

Os dois indígenas eram parecidos com os americanos nativos que Tocqueville esperou encontrar em sua trajetória, "a quem uma pessoa reage com um involuntário sentimento de terror" até que "aquele mesmo homem sorri e todo o seu semblante assume uma expressão simples, bondosa".[110] Beaumont descreveu os guias como "alguém que corre e salta como se fosse um cervo".[111] "Nós os seguimos da melhor maneira possível, embora até mesmo a meio galope nossos cavalos tiveram dificuldade em emparelhar-se com eles." Passando pelo rio Flint, o grupo percorreu a densa "e eterna floresta que nos cercava: quase 75 quilômetros bem-contados" até Saginaw (nas proximidades do lago Huron) ao longo de "uma trilha estreita pouco visível" em um "silêncio e uma quietude tão profundos que uma espécie

O HOMEM QUE COMPREENDEU A DEMOCRACIA

de terror se apodera da alma". Eles chegaram a Saginaw após enfrentar o calor, trovoadas, mosquitos e um medo constante de picadas fatais de cobras. Evidentemente, os indígenas tinham um remédio para isso, mas que funcionaria somente se aplicado a tempo.[112]

No entanto, até mesmo naquelas terras tão pouco povoadas, o impacto provocado pela colonização europeia não podia ser evitado. Enquanto estiveram no rio Saginaw ficaram atônitos ao encontrar um indígena que se dirigiu a eles em francês. "Se meu cavalo tivesse falado comigo", anotou Tocqueville, "acho que eu não teria ficado mais surpreso". Com seu sotaque normando quase incompreensível, aquele "mestiço" ou "*bois brûlé*" era filho de um canadense francês, um comerciante de peles, e de uma indígena. Ele prosseguiu entoando uma antiga canção francesa de amor, "*Entre Paris et Saint Denis/Il était une fille*".[113]

Eles tinham chegado à fronteira. A Repartição Administrativa de Saginaw, instalada havia poucos meses em 1830, era apenas "uma semente que brotou recentemente no sertão". Saginaw tinha cerca de trinta habitantes, norte-americanos, canadenses franceses (Tocqueville sempre dizia canadenses), indígenas e *bois brûlés*, que viviam daquilo "que o sertão podia proporcionar".[114]

Paradoxalmente, foi apenas ao ser confrontado com aquele embrião de sociedade que Tocqueville pareceu tornar-se consciente das imperfeições étnicas e raciais da sociedade norte-americana como um todo. Isso foi um importante momento crítico em sua visão sobre os Estados Unidos e o ajudou a fundamentar seus interesses e observações durante o resto daquela viagem. Tocqueville, entretanto, não tinha conceitos ou vocabulário para expressar esses pensamentos que emergiam. Podia recorrer unicamente a estereótipos: o americano era "frio, tenaz e impiedoso em sua argumentação"; os franceses exibiam "uma atitude despreocupada em relação à vida".[115]

Além disso, em contraste com a latitude que ele imaginava ser a regra (em oposição a muitas evidências em contrário que ele não notou), Tocqueville verificou que os primeiros habitantes da pequenina Saginaw eram intolerantes no que se referia à religião. Em Detroit ele tinha conhecido um padre sulpiciano nascido na França, Gabriel Richard, que publicou o primeiro jornal do território. O padre Richard podia ser eleito por uma população protestante que aumentava cada vez mais a fim de representar o território de Michigan no Congresso. Tocqueville interpretou como um sinal a mais de tolerância religiosa.[116] Agora, para sua grande surpresa, os moradores desmentiram esse fato. "Seis religiões ou seitas diferentes disputam a fé de uma sociedade nascente." "O luterano condena o calvinista ao fogo eterno, o calvinista condena o unitário e o católico reprova todos eles", enquanto "em sua fé primitiva", especulou Tocqueville, "o índio se limita a sonhar com [...] florestas verdejantes, salvas para todo sempre das machadadas dos pioneiros." O mais estranho era "o filho de duas raças", que era naturalmente confuso. Ele reza "diante de dois altares. Acredita no Redentor e nos amuletos do curandeiro".[117]

No dia 29 de julho, quando os dois viajantes retomavam o caminho através da densa mata para retornar a Detroit, Tocqueville completou 26 anos. Ele se lembrou de que era o aniversário de um ano da revolução de três dias em Paris, que instituiu uma monarquia constitucional e incentivou-o a demitir-se do Tribunal de Justiça de Versalhes, viajar para os Estados Unidos e determinar se poderia viver numa democracia. "Os gritos e a fumaceira do combate, o rugido do canhão, as saraivadas dos mosquetes, o terrível tinir do sino de alarme — a recordação daquele dia terrível pareceu subitamente irromper em chamas vindas do passado e reviver diante dos meus olhos. Foi somente um clarão súbito, um sonho fugidio." O contraste com o ermo pareceu sobrepujar tudo. "Quando olhei em torno de mim, a aparição já havia desaparecido." Ele já tinha procurado ver lugares ermos, mas "agora o silêncio da floresta parecia mais desencorajador, as sombras mais escuras ou sua solidão mais completa".[118]

Tocqueville e Beaumont voltaram para Detroit no dia 1º de agosto. Eles queriam muito continuar a explorar a mescla dos povos e culturas da região quando surgiu a oportunidade de participarem de uma viagem ao longo dos Grandes Lagos. Eles a aproveitaram e partiram novamente, com duzentos passageiros a bordo do barco a vapor Superior. Não era a companhia que eles preferiam. Beaumont descreveu impiedosamente os turistas como negociantes "incapazes de dedicar-se a qualquer espécie de trabalho intelectual", acompanhados por esposas que outrora foram bonitas, "mas que nunca poderá passar pelas cabeças delas que já não são mais".[119] Eles subiram o rio Saint Clair, passaram pelo Forte Gratiot na entrada do lago Huron, outro forte da Guerra de 1812, onde ficaram detidos durante um dia

O HOMEM QUE COMPREENDEU A DEMOCRACIA

por causa de ventos contrários e falta de madeira. Com a expedição a Saginaw ainda recente em seus pensamentos, Tocqueville aproveitou a oportunidade para escrever suas impressões, usando como mesa uma prancha em cima dos joelhos. O resultado foi *Quinze jours dans le désert* [Quinze dias no deserto americano], um relato preciso da viagem deles através da floresta de Michigan, que permaneceu inédito durante a vida de seu autor.[120]

O Superior entrou no lago Huron e prosseguiu cuidadosamente passando por muitas ilhas, incluindo a de Saint Joseph, onde os britânicos construíram um forte (destruído durante a Guerra de 1812) e chegou ao salto Santa Maria, uma missão fundada por um jesuíta francês em 1668. Quando o navio chegou ao salto Santa Maria, no dia 5 de agosto, Beaumont tocou uma música de Rossini no deque em um corne inglês enquanto os turistas jogavam conhaque para os indígenas em suas canoas.[121] Um dos passageiros era o padre Mullon, que havia fundado uma missão católica na ilha Mackinac em 1829.[122] Ele levou alguns daqueles indígenas a bordo a fim de batizá-los, enquanto explicava a Tocqueville e a Beaumont que indígenas convertidos se tornavam os mais fervorosos de todos os católicos. Ao mesmo tempo, Tocqueville observava outros indígenas executando o "espetáculo mais aterrorizante" de uma dança guerreira.[123]

Como o barco a vapor não podia ir além do rio Saint Marys, alguns dos passageiros (incluindo mulheres) foram adiante em uma perigosa expedição, embarcando em canoas até Pointe aux Pins, no lago Superior. Quando voltaram, era hora de descer o rio até a ilha Mackinac, situada na entrada do lago Michigan, onde os britânicos restabeleceram um forte que os franceses haviam construído no continente.[124]

A ilha era um centro do movimento missionário, onde católicos e protestantes se empenhavam em converter os indígenas. A visita foi outra ocasião para Tocqueville refletir sobre as simultâneas, porém conflitantes, manifestações sobre a tolerância dos norte-americanos em relação à religião. No vapor, passageiros episcopais pareciam estar contentes ao ouvir o sermão de um ministro presbiteriano, o que levou Beaumont a anotar: "Isso pode significar tolerância, mas eu preferiria morrer a chamar esse sermão de uma demonstração de fé." Entretanto, na ilha, a tolerância protestante desapareceu ao confrontar-se com a rivalidade católica quanto ao proselitismo entre os indígenas. Os ministros recorreram a palavras ríspidas.

O padre Mullon disse que os presbiterianos eram "tão detestáveis quanto cobras" enquanto debatia com seu oponente a infalibilidade da Igreja e a autoridade sacerdotal.[125]

De Mackinac, Tocqueville e Beaumont participaram de uma excursão até Green Bay, Wisconsin, onde Biddle havia sido agente dos indígenas e os militares mantinham o Forte Howard. O major Lamard, que dirigia o forte, viu os indígenas locais "desprezarem" a civilização. Por que "cultivar um campo", declarou, "quando toda a caça necessária para a sobrevivência pode ser obtida com uma espingarda?"[126] Tocqueville quase se afogou ao nadar no largo rio Fox. Nenhum francês tinha viajado até um lugar tão distante.

Ao percorrer os Grandes Lagos, os dois viajantes foram capazes de observar os indígenas americanos em suas trocas com os missionários, os comerciantes de pele e os militares norte-americanos enquanto viviam numa terra amplamente controlada, ainda que não por muito tempo. Aqueles indígenas se encaixavam em seus preconceitos e eles se sentiam tranquilizados ao encontrá-los. Em Green Bay, Beaumont teve um encontro com uma jovem indígena a quem ele deu uma pintura que representava um pica-pau em troca de um colar de miçangas e conchas.[127] Tocqueville descreveu um

> *Sauvage pharo.* Um chapéu europeu, rodeado por penas pretas. Pequeninos anéis rodeavam o topo do chapéu. Havia três penas *voltigeur* no bico do chapéu. Nariz perfurado, com um anel preso nele. Gravata preta. Camisa azul. Largo colar de pedaços de metal, com animais gravados nele, anéis de metal em torno das pernas, ligas vermelhas com centenas de pequeninas contas de vidro. Mocassins bordados. Um manto vermelho em torno dos ombros. De acordo com a opinião de um canadense idoso, eles eram mais elegantes em seu traje selvagem, completamente nus, com exceção de um enfeite de cabeça feito de penas. Longas tranças desciam até os pés. Corpo inteiramente pintado.[128]

Ele também esboçou o retrato do homem no verso da página de um manuscrito de *Quinze dias no deserto americano*.

Tendo assim registrado um homem, ele escreveu uma carta para sua cunhada Émilie, com a descrição de uma mulher a quem deu um nome inspirado na heroína de Chateaubriand — um retrato que satisfazia as expectativas de sua missivista:

> Atala é uma índia da cor de um *café au lait* escuro, cujo cabelo estica-do pende em suas costas. Ela tem um nariz grande e achatado, uma boca larga, armada com dentes cintilantes, e dois olhos negros que contemplam a luz diurna do mesmo modo que os olhos de um gato veem a noite. Não se engane: apesar de toda a sua beleza natural, ela não negligencia enfeitar-se. De modo algum. No começo, ela dese-nhou um anel preto em torno dos olhos, em seguida uma bela listra vermelha debaixo deles, depois uma listra azul e em seguida uma listra verde, até seu rosto assemelhar-se a um arco-íris. Pendem de suas orelhas algo semelhante a dois gongos chineses que devem pesar meia libra. As mais elegantes dessas senhoras também usam um largo anel de metal em suas narinas, e um anel que pende da boca com a finalidade de causar um efeito muito agradável. Elas também usam largos colares em que estão gravadas imagens de animais selvagens. Seus trajes consistem em uma espécie de túnica de lona, que pende até um pouco acima dos joelhos. Elas costumam se enrolar em um manto, que à noite fica de lado. O retrato ainda não está completo: nas florestas, é "moda" andar nas pontas dos dedos. Não sei se isso é menos natural do que ter os dedos voltados para fora, mas nossos olhos europeus passam por momentos difíceis a fim de se ajustar a esse tipo de beleza. Você pode acreditar que para alcançá-la os pés das jovens índias são enfaixados? Quando elas chegam aos 20 anos, os dedos dos dois pés tocam nelas quando caminham. Isso garante muitos louvores e é considerado algo muito elegante. Tudo o que sei é que não gostaria de interpretar o papel de Chactas [o amante de Atala no romance de Chateaubriand] nem por todo o dinheiro deste mundo.[129]

O Superior retornou a Detroit no dia 14 de agosto. Eles tinham visto o que queriam, mas ainda não havia terminado a descoberta do destino dos indígenas americanos.

Canadá: terra dos vencidos

Qual seria a melhor maneira de refletir sobre o que eles haviam aprendido até então do que atravessar a fronteira canadense? Não apenas as comparações eram os instrumentos de investigação da preferência de Tocqueville, mas eles estavam muito dispostos a descobrir como a população francesa, abandonada pela França desde 1763, havia procedido sob o governo britânico.

O Superior levou os viajantes de volta a Buffalo. Eles alugaram um coche e passaram dois dias explorando as cataratas do Niágara com alguns dos turistas que haviam participado da travessia dos Grandes Lagos. "'Niagara', no idioma indígena, significa 'trovão das águas'", disse Tocqueville a sua mãe. Chateaubriand havia feito um esboço das cascatas denominando-as "a torrente do Dilúvio", mas até mesmo ele não pôde encontrar palavras adequadas para uma cena que ultrapassava "qualquer ideia que a imaginação pudesse conceber antecipadamente".[130] No entanto, Tocqueville ainda podia ver claramente que os Estados Unidos eram um país onde a natureza havia sido grandemente domesticada. Niágara já havia se transformado num destino do turismo internacional. Tocqueville correu o risco de pensar que tudo aquilo de que todos os norte-americanos necessitavam eram outros "dez anos antes de construírem uma serraria ou um moinho de farinha na base das cataratas".[131] Deixando de lado as cataratas e a previsão, Tocqueville e Beaumont embarcaram num barco a vapor que atravessou o lago Ontário e desceu o rio Saint Lawrence até Montreal e a cidade de Quebec.

Tocqueville não tinha certeza do que encontraria no Canadá. Beaumont notou que "a Inglaterra mantém a colônia porque é de grande utilidade política, especialmente por causa da madeira que fornece para a construção de navios britânicos".[132] Mas o que dizer dos franceses que viviam lá? O julgamento de Tocqueville foi imediato. Ele percebeu as sinalizações nas ruas, que não mentiam: até mesmo onde "a população é exclusivamente francesa, quando se entra numa hospedaria ou numa loja, a sinalização está em inglês". Eles estavam entrando numa "nação conquistada", habitada por "um povo vencido".[133] Embora os canadenses franceses constituíssem "verdadeiramente uma nação distinta", os ingleses "controlam todo o comércio exterior e dominam todo o comércio doméstico" e eles "se apoderam constantemente de uma terra que os canadenses acreditavam ser reservada para sua raça".[134]

Ao elaborar seu julgamento, Tocqueville teve em mente as elites moderadas locais que se ressentiam do domínio britânico, mas que não resistiam a

O HOMEM QUE COMPREENDEU A DEMOCRACIA

ele. Ausentes entre seus informantes, Louis-Joseph Papineau e outros líderes radicais encorajavam rebeliões. Em Nova York, o padre John Power deu uma carta de apresentação a Tocqueville para o padre Joseph-Vincent Quiblier, de Paris, superior do seminário de Montreal. Eles também conheceram John Nelson, nascido no Canadá, de pais escoceses, um dos poucos canadenses britânicos aliado dos franceses. Ele falava o francês "tão facilmente como se fosse sua própria língua",[135] editava *La Gazette de Québec/The Quebec Gazette* e fora outrora membro do partido Patriote de Papineau. Eles conversaram com Dominique e Charles Mondelet, dois irmãos advogados e reformistas moderados, e se tornaram amigos de dois membros da família Taschereau, um jornalista e um advogado.

Todos esses informantes eram unânimes ao declarar que os canadenses franceses eram um povo feliz. De sua parte, Tocqueville e Beaumont ficaram contentes com a hospitalidade. "Desde que estive na América do Norte, observei risadas somente no Canadá", escreveu Beaumont para seu pai.[136] No jantar com os Taschereau, todo mundo tinha que entoar uma canção quando a sobremesa era servida. "Uma pessoa tem certeza de que encontrará animação e cordialidade sempre que estiver com canadenses." Após sua visita a Montreal e Quebec, Nelson os levou para Saint Lawrence, ao norte, ao longo das margens do rio Saint Lawrence, até a aldeia de Saint Thomas de Montmagny, situada quase 100 quilômetros a noroeste de Quebec, onde havia uma cachoeira magnífica, e constataram que "*todas* as casas são bem-construídas. Todas transmitem um ar de prosperidade e asseio. As igrejas são ricamente decoradas, e com muito bom gosto".[137]

Tocqueville e Beaumont, entretanto, desconfiaram que por trás da aparência de conforto havia uma realidade muito menos feliz. Embora apreciassem a hospitalidade com que os acolheram, ficaram surpresos diante do francês ultrapassado que ouviram e em que faltava vivacidade. "Ainda preciso encontrar um homem talentoso", anotou Tocqueville.[138] O Canadá meridional parecia estar congelado no tempo. Ele não reconheceu o francês que lhe era familiar, mas que talvez se assemelhasse com o de seus antepassados. "Você encontrará aqui a amada Normandia meridional", ele escreveu a Émilie.[139] "A antiga França está no Canadá; a Nova França é onde vivemos."[140]

Os viajantes se depararam com perturbadores remanescentes do feudalismo, muito embora seus interlocutores canadenses se empenhassem em considerá-los mínimos e irrelevantes. No entanto, 42 anos após a "Noite de 4 de Agosto [1789], quando os franceses aboliram formalmente direitos feudais nos primeiros dias da Revolução Francesa, uma pessoa podia ver em Quebec "terras divididas em *seigneuries*, ou propriedades rurais, e cada ocupante devia pagar direitos ao proprietário. Esses direitos são mínimos; por exemplo cinco ou seis francos por noventa acres".[141] Eles também notaram que o "senhor" tinha um assento especial na igreja. Certamente ele era "senhor" apenas no nome e não gozava de privilégios de qualquer espécie. Nelson insistiu que o custo total para usar o moinho era menor do que as despesas dos fazendeiros dos Estados Unidos, e felizmente ninguém coletava a antiga *taille* (*tallage*, imposto feudal), a vaga lembrança que "ainda provocava calafrios nas costas dos [camponeses]".[142]

Os informantes também minimizaram o impacto de uma Igreja católica que, de fato, continuava sendo todo-poderosa. O padre Quiblier se apressou em garantir a Tocqueville e a Beaumont que a população pagava com toda boa vontade um tributo para a Igreja e que os Mondelet insistiam em afirmar que os padres estavam do lado da liberdade. Beaumont notou como era estranho ver "bons sacerdotes dos campos [...] pregar o liberalismo e falar como demagogos".[143]

A verdade era que a Igreja realmente não estava do lado da liberdade. Os padres defendiam os oprimidos porque podiam pregar para os oprimidos. Ensinavam-lhes, porém, a respeitar as autoridades e aceitar que a melhor vida era aquela após a morte. No Canadá, Tocqueville culpou a Igreja católica por desencorajar o individualismo e a educação, impedindo assim o potencial político de uma ampla base eleitoral.

A viagem de Tocqueville permitiu que ele comparasse a situação dos norte-americanos com a dos canadenses franceses. Enquanto estava nos Grandes Lagos, ele escreveu a seu pai que a vasta extensão de terras que havia percorrido até então "algum dia será uma das mais ricas e poderosas do mundo. Não é preciso ser um profeta para constatar. A natureza forneceu terras férteis e propiciou rotas de navegação que não se assemelham a quaisquer outras deste mundo. Nada falta, a não ser homens civilizados, e eles estão se aproximando".[144] O Canadá era outra história. Lá os franceses jamais poderiam alcançar a liberdade. Ao partir do Canadá em direção à Nova Inglaterra, Tocqueville concluiu, com tristeza, que "o dano mais irreparável que um povo pode sofrer é ser conquistado".[145]

3

Uma rota de colisão na democracia

Nova Inglaterra

Após visitarem Quebec, Tocqueville viu os Estados Unidos em amplo contraste quando ele e Beaumont chegaram a Boston. O contraste entre os canadenses franceses, que pareciam estar resignados com a ausência de poder, e os habitantes da Nova Inglaterra, que acreditavam orgulhosamente em sua superioridade intelectual, teve o efeito de aprofundar sua compreensão sobre as instituições, hábitos e costumes norte-americanos. A natureza humana tem necessidade de tais justaposições e comparações para chegar a um julgamento profundo, refletiu Tocqueville mais tarde, pois "devido a uma singular inépcia de nossas mentes, deixamos de ver adequadamente as coisas como elas são, apesar de vê-las com clareza e em plena luz do dia, sem colocar outros objetos ao lado delas".[1]

Tocqueville e Beaumont chegaram a Boston no dia 9 de setembro. Gostaram imediatamente da cidade. Beaumont a descreveu como "uma cidade de 60 mil habitantes" numa "ilha [na verdade é uma península] acessível ao se partir de todas as direções, via estradas que atravessam as águas". Eles ficaram impressionados com seu "porto magnífico", suas "terras cheias de colinas, onde muitas residências são projetadas com gosto e elegância", e uma prefeitura municipal "que chama atenção". Boston pareceu familiar a eles de muitas maneiras. "Há alguns poucos que escrevem" e eles têm "belas bibliotecas, todas elas contêm um acervo dedicado à literatura".[2] Eles se hospedaram confortavelmente no recém-inaugurado Hotel Trenton, cujo serviço era "magnífico".[3]

O pesar e a preocupação interromperam brevemente a animada disposição dos viajantes. Ao chegarem, comunicaram a Tocqueville o falecimento de seu querido professor de quando ele era criança, o abade Lesueur. Ele perdera a primeira pessoa a ensinar-lhe "como distinguir o bem do mal", escreveu para sua prima Eugénie.[4] Voltando à tarefa a sua frente, eles se preocuparam com o fato de que a reticência dos ianques poderia impedir seus contatos e ser bem acolhidos no que se referia ao sistema e ao caráter dos norte-americanos.[5]

O temor se revelou despropositado. Tocqueville e Beaumont mantiveram extensos diálogos sobre os princípios constitucionais e políticos com "inúmeros homens distintos".[6] Tocqueville reconheceu que a elite de Boston era formada por pessoas bem-informadas que, assim como ele, acreditavam que "para um povo ser republicano, ele deve ser sensato, religioso e extremamente bem-educado".[7] Além disso, ele verificou que seus hoteleiros se preocupavam com a mudança social tanto quanto ele e ex-federalistas desdenhavam a democracia jacksoniana, mas tinham consciência do declínio da influência nacional da Nova Inglaterra. Tocqueville, que atravessara o oceano para determinar em parte se poderia viver numa democracia, ficou igualmente apreensivo em relação a uma crescente soberania popular.

A primeira ocasião de conhecer membros da elite de Boston ocorreu quase imediatamente, numa parada pública até Faneuil Hall, para dar apoio a uma revolta na Polônia contra a dominação russa.[8] Tocqueville e Beaumont foram apresentados a dois senhores idosos, Josiah Quincy e Harrison Gray Otis, que participavam da parada.[9] Ambos haviam iniciado suas carreiras como membros do Partido Federalista, defendendo os interesses marítimos da Nova Inglaterra durante a Guerra de 1812. Agora Quincy era presidente da Universidade Harvard, e Otis, prefeito de Boston. O prefeito convidou os dois rapazes para uma recepção na elegante residência de Beacon Hill, que o arquiteto Charles Bulfinch projetou para ele, e lá sua experiência prenunciou o tom de sua estada.[10]

Na residência do prefeito conheceram dois rapazes que se tornariam amigos e correspondentes durante muito tempo. O primeiro deles era George Ticknor, o aluno mais brilhante de sua turma em Harvard, que após se formar juntou-se ao corpo docente e se dedicou a aperfeiçoar seus padrões acadêmicos.[11] O outro era Francis Lieber, um refugiado alemão que havia

O HOMEM QUE COMPREENDEU A DEMOCRACIA

combatido em Waterloo, mas que encontrou em Boston um lugar acolhedor para suas visões liberais. Lieber estava organizando a edição de uma *Enciclopédia Americana* e prestes a iniciar uma carreira acadêmica que incluía estágios na Carolina do Sul e em Nova York. Ele seria o primeiro membro da faculdade a lecionar uma cátedra de ciência política. O presidente Abraham Lincoln o encarregaria de criar as regras de engajamento militar do exército da União com a finalidade de limitar as atrocidades da guerra — o famoso código Lieber.[12] Ele se tornou correspondente e colaborador assíduo de Tocqueville. Durante a recepção, os dois franceses também conheceram autoridades locais e senhoras elegantes. Caso Tocqueville e Beaumont pudessem ter esquecido, eles estavam na residência do prefeito e o xerife era um dos convidados, cujos deveres incluíam executar condenados. Unicamente por esse motivo ele seria evitado pela sociedade polida na França — mas em Boston ninguém parecia se importar com isso.[13]

Um convite levou a outro. Alguns dias depois, Tocqueville e Beaumont estavam sentados à mesa do rico David Sears em outra mansão de Beacon Hill. Entre os convidados para o jantar estava o senador por Massachusetts Daniel Webster, que havia se tornado, com o ex-presidente John Quincy Adams e o senador Henry Clay, de Kentucky, líder do Partido Republicano Nacional, que se opunha ao presidente Jackson.[14] Assim como seu porta-voz no Senado dos Estados Unidos, o famoso orador insistia que o governo federal deveria guiar o povo dos Estados Unidos como um todo e não ser "uma criatura das legislaturas estaduais".[15] Naquela noite, Tocqueville e Beaumont poderiam ter aprendido mais sobre o programa nacional republicano de melhoria econômica local sob liderança federal, com sua tarifa protetora e o banco central nacional apoiando investimentos federais em estradas e canais. Clay denominou-o o sistema americano. Infelizmente, Webster não fez muita questão de dar atenção aos dois jovens visitantes franceses.

Tocqueville, contudo, se relacionou muito melhor com John Quincy Adams, agora um congressista, com quem ele se encontrou em um jantar na residência de Alexander Everett, que havia sido embaixador nos Países Baixos e na Espanha. Durante o jantar, Tocqueville sentou-se ao lado de Adams e pôde conversar à vontade com um dos homens mais importantes do país. Adams tinha uma ampla visão da política. No início de sua carreira ele se distanciou dos interesses comerciais marítimos da Nova Inglaterra e apoiou o embargo de Jefferson à Inglaterra. Madison recompensou-o com o cargo de ministro dos Estados Unidos para a Rússia, onde ele foi testemunha da invasão de Napoleão e sua retirada. Everett, que os recebia naquela noite, foi quem dera assistência a Adams na ocasião. Após quase três anos da vitória de Jackson na eleição de 1828, o ex-presidente concordou em retornar à política, candidatando-se à eleição para o Congresso e participando dos acordos que caracterizaram a política do partido de Jackson. Naquela noite, ele pareceu disposto a praticar seu excelente francês com o extremamente inteligente e jovem aristocrata francês, e ambos logo reconheceram que, apesar de sua diferença de idade, nacionalidade e status, eles tinham muita coisa em comum. Boa parte de suas conversas durante o jantar foi sobre a escravidão no sul, que Adams condenou severamente como "responsável por quase todas as nossas dificuldades atuais e temores sobre o futuro".[16] Eles concordaram sobre o valor do trabalho em contraposição à indolência aristocrática.

Embora Adams tivesse se destacado politicamente mais do que qualquer pessoa que Tocqueville havia conhecido até então em suas viagens, uma ligação mais importante se formou através de uma série de diálogos com Jared Sparks, um ministro unitário, anteriormente organizador da *North American Review*, futuro professor de história e presidente da Universidade Harvard. Sparks era o organizador das biografias de George Washington, do governador Morris, de Benjamin Franklin e de outras personalidades, e era muito estimado. Um século mais tarde, o historiador e crítico literário Van Wyck o denominou o Plutarco dos Estados Unidos.[17] É provável que Tocqueville tenha se encontrado rapidamente com Sparks em Paris, em 1828, quando este último visitou Guizot e retomou contato com ele em Boston.

Ao longo de várias cartas, Sparks abordou duas questões que ocuparam um lugar de destaque em *A democracia na América*. Da primeira delas Tocqueville já tinha ouvido falar em Nova York — o poder da maioria. Ele escreveu em seu caderno de anotações que Sparks observou que "o dogma político é que a maioria sempre tem razão". Embora admitindo que "algumas vezes a maioria se empenhou em oprimir a minoria", Sparks encarou "o veto de um governador e acima de tudo o poder dos juízes de se recusar a reforçar leis inconstitucionais" como uma confiável garantia institucional contra "as paixões e os erros da democracia". Sparks fez objeções mais tarde, quando

O HOMEM QUE COMPREENDEU A DEMOCRACIA 85

Tocqueville desenvolveu sua teoria da tirania da maioria, mas ele havia desencadeado uma linha de investigação que Tocqueville não resistiu em seguir.

Sparks também recorreu a um antigo princípio para explicar a história da Nova Inglaterra: a importância do *point of departure*. "Nossas origens explicam melhor nosso governo e nossos costumes", ele frisou. "Ao chegarmos aqui já éramos republicanos e cristãos zelosos." Talvez o mais importante, ele acrescentou, "coube a nós agirmos sem ajuda de ninguém". Tal condição fortaleceu o "espírito citadino". A ênfase de Sparks em relação ao modo como os primeiros colonos foram "esquecidos num cantinho do mundo" e assumiram o governo causou uma profunda impressão em Tocqueville, que adotaria uma reflexão sistemática sobre um sistema político baseado num autogoverno em pequenas comunidades.[18] Sparks disse a Tocqueville: "Nossos antepassados fundaram *cidades antes que existisse um estado*. Plymouth, Salem e Charleston [Charlestown] existem desde que qualquer governo pudesse ser mencionado. Somente mais tarde eles se uniram e mediante um ato de sua própria vontade." Em todas as outras nações, insistiu Sparks, prevaleceu a centralização: "O governo havia se concentrado em um local determinado e expandiu-se subsequentemente em torno daquele ponto central."[19]

Ao escrever *A democracia na América*, Tocqueville generalizou essa sequência para os Estados Unidos como um todo: "A comunidade local foi organizada antes de ser um município, o município antes de ser um estado e o estado antes de se integrar à União."[20] Sparks também insistiu no fato de que as maiores unidades governamentais nos Estados Unidos jamais substituíram amplamente as unidades menores que as precederam. Por exemplo, o estado de Massachusetts ordenou que cada cidade deveria manter escolas primárias, porém organizá-las e implementá-las continuou sendo uma questão de decisões locais.[21] Um intrigado Tocqueville sentiu a necessidade de comparar essa situação com a França. Ele escreveu para seu pai, ex-chefe de departamento, com a finalidade de atualizar-se sobre questões administrativas. "A palavra 'centralização' entra em meus ouvidos incessantemente, porém isso jamais foi explicado."[22] Encontramos nesse questionamento as origens da insistência de Tocqueville sobre uma distinção teórica entre *governo* e *administração*. Ele admitiu que um governo eficiente se apoiava numa autoridade centralizada, mas unicamente se a administração continuasse a ser exercida por autoridades locais a fim de evitar transgressões indevidas em relação às liberdades locais.

Tocqueville continuou meditando sobre seus diálogos com Sparks durante o resto de sua viagem. Enquanto descia o rio Ohio, leu cuidadosamente *The Town Officer*, um compêndio sobre o governo das cidades que Quincy lhe deu.[23] Ao estudá-lo, Tocqueville ficou intrigado diante do nível de detalhes dos deveres de vários funcionários graduados, tais como inspecionar cercas e vendedores de pesos, nomeados pela cidade, e o pesado controle social a eles confiado.[24] Homens selecionados eram autorizados a fixar em tavernas os nomes de bebidas barradas em propriedades, enquanto guardas civis podiam processar blasfemadores.[25] Tocqueville sentiu que essas medidas não combinavam com seu entendimento do que era um autogoverno consensual, por ocasião de um comício nas cidades. Ele perguntou a si mesmo se quaisquer desses regulamentos que datavam da época dos primeiros colonizadores ainda eram válidos. Enviou uma carta a Sparks solicitando que ele o informasse.

A resposta de Sparks foi pedagógica, mas evitou fazer um relato histórico. Em termos tomados de empréstimo a John Locke, ele descreveu as primeiras chegadas à baía de Massachusetts como sendo um "estado da natureza", estabelecendo em seus convênios iniciais um "sistema de regulamentos sociais e políticos, tendo em vista a mútua conveniência e segurança" (defesa contra os indígenas, invasão de vizinhos nas propriedades e daí por diante).[26] Sparks não remeteu regulamentos específicos, mas enfatizou em vez disso que a lição mais importante que Tocqueville poderia aprender com a experiência norte-americana era que as pessoas haviam adotado o hábito mais do que importante de autogoverno.[27] A democracia se apoiava em regras locais de autogoverno praticadas durante um longo período. Tocqueville repetiria essa colocação em *A democracia na América*, escrevendo que "as instituições locais são para a liberdade aquilo que as escolas primárias são para o conhecimento".[28]

Tocqueville, no entanto, permaneceu confuso sobre o lugar da religião em um governo local. Seus informantes assinalaram repetidamente que a separação da Igreja e do Estado era uma característica do modo norte-americano de governar. Mas sua leitura de *The Town Office* parecia contradizer essas colocações. Ele escreveu a Sparks: "Existe determinado artigo em relação ao qual confesso ser incapaz de entender o que quer que seja, cujo título é

'Paróquias e funcionários graduados de paróquias'. Com efeito, isso parece implicar que cada cidade é obrigada a sustentar um ministro protestante ou então pagar uma multa ao juízo de Direito local. Isso me parece, até certo ponto, estabelecer uma religião de Estado e misturar política e religião de um modo que os norte-americanos parecem ter tomado o cuidado de evitar."[29]

Ele estava correto ao assinalar essa inconsistência. Os estados da região da Nova Inglaterra tinham sido notavelmente lentos em adotar o modelo federal de separar a Igreja do Estado. Quanto a isso, Massachusetts foi o último a separar a Igreja congregacional, somente em 1833, ou seja, 42 anos após a ratificação da Primeira Emenda e dois anos após o retorno de Tocqueville à França. Ao responder às indagações de Tocqueville, Sparks ignorou os conflituosos processos de separação da Igreja do Estado — uma sucessão de regras dos tribunais e de decisões legislativas que permitia aos moradores que seus impostos fossem direcionados para a religião que seguiam (e não apenas à Igreja congregacional), o que culminou com a separação formal entre Igreja e Estado.[30] Sparks simplesmente comunicou a Tocqueville que a separação estava para ser amplamente implementada e que ele poderia afirmar com toda a segurança que Igreja e Estado eram separados nos Estados Unidos.[31]

As muitas formas de experiência religiosa nos Estados Unidos também desconcertaram Tocqueville. Entre os habitantes de Boston que ele conheceu, a Igreja unitária estava em expansão. Ela estava centralizada em Harvard, onde seus ministros se preparavam, e em Boston e seu entorno. Enquanto estava naquela cidade, Tocqueville entrevistou William Ellery Channing, o ministro unitário que explicou detalhadamente a posição antitrinitária da Igreja e sua crença em um Deus benigno, não o Deus severo e arbitrário do calvinismo.[32] Treze das sessenta igrejas de Boston eram unitárias.[33] Assim sendo, Tocqueville receou, conforme disse a Channing, que "o fim da estrada será a religião natural". Após duvidar do dogma católico, Tocqueville preocupou-se com o fato de que as pessoas, "se forem despossuídas da fé dogmática, não acreditarão em absolutamente nada",[34] uma opinião reforçada — o que não foi surpreendente — devido aos sacerdotes católicos que ele conheceu em Nova York.

Tocqueville escreveu ao mesmo tempo a Chabrol: "O protestantismo sempre me pareceu estabelecer a mesma relação com o cristianismo, assim como ocorreu com a monarquia constitucional com a política. É uma espécie de compromisso entre princípios contrários, a meio caminho entre dois estados opostos — em resumo, um sistema incapaz de tolerar suas próprias consequências ou de satisfazer amplamente o espírito humano. Como você sabe, sempre acreditei que a monarquia constitucional resultaria em repúblicas e do mesmo modo estou convencido de que o protestantismo acabará sendo uma religião natural. Aqui muitas pessoas religiosas sentem isso com muito vigor."[35]

Tocqueville teria desenvolvido uma visão mais equilibrada se tivesse prestado atenção não apenas nos unitários, mas também em uma outra reação ao calvinismo, o protestantismo popular, que incluía o livre-arbítrio dos arminianos e a salvação pelo caráter. As igrejas evangélicas metodistas, batistas e presbiterianas se estabeleceram em sua maior parte na região oeste dos estados e promoveram um fervor religioso experimental, anti-intelectual e anti-institucional.[36] Elas eram as principais proponentes da separação da Igreja do Estado em Massachusetts. No início de sua viagem, Tocqueville não levou em consideração a renovação pietista em Nova York. Envolvido na rede social das classes altas da Nova Inglaterra, ele repetiu esse comportamento.

Desde que partiram de Auburn em direção aos Grandes Lagos e ao Canadá, Tocqueville e Beaumont negligenciaram a investigação sobre o sistema penitenciário. Eles realizaram essa investigação em Boston. Os dois viajantes visitaram a Penitenciária Estadual em Charleston, Massachusetts, que adotou o sistema de Auburn havia apenas dois anos como parte da construção do custoso acréscimo de uma nova ala. A expansão aumentou sua capacidade de acolher 250 detentos, que o estado determinou que cortassem pedras, proporcionando à penitenciária muitos lucros. Tocqueville e Beaumont visitaram a prisão na companhia de seu diretor, William Austin. Constataram que mulheres, jovens, prisioneiros com doenças mentais e homens adultos (e presumivelmente sadios) eram mantidos separados. Tiveram um encontro com Louis Dwight, fundador e secretário da Sociedade de Disciplina nas Prisões em Boston.[37] Observaram que o capelão Jared Curtis ensinava na escola da prisão no domingo. Enquanto lá estavam, também se encontraram com Francis Calley Gray, que, além de ser inspetor-chefe de prisões, era senador por Massachusetts, curador da Universidade Harvard e ávido colecionador de obras de arte. Durante um abrangente diálogo, Gray repetiu a opinião de Sparks ao enfatizar a tradição da Nova Inglaterra de resolver disputas políticas através do debate.[38]

Tocqueville e Beaumont também visitaram um reformatório situado no sul de Boston, uma casa de refúgio para 25 delinquentes juvenis, dirigida pelo pastor episcopal Eleazer Mather Porter Wells.[39] Tocqueville considerou-o muito mais adiantado do que uma instituição semelhante que eles visitaram em Nova York e ficou especialmente impressionado com o fato de que o reverendo Wells instituiu júris formados pelos jovens detentos com a finalidade de julgar infrações cometidas por seus companheiros. Então, ao renovar a investigação sobre as prisões, Tocqueville aprofundou sua compreensão sobre a democracia norte-americana. Ele acabou argumentando que os norte-americanos identificavam o júri "com a própria ideia da Justiça" e considerou-o "a consequência natural do dogma da soberania popular".[40]

Tocqueville e Beaumont partiram de Boston enriquecidos por todos aqueles diálogos com governos locais, mas não deixaram registros sobre as atividades comerciais daquele grande porto da Nova Inglaterra. Nada anotaram sobre os marinheiros de Boston e suas atividades nos ancoradouros. Assim como haviam ignorado a industrialização ao longo do canal Erie, não levaram em consideração os moinhos de algodão da localidade vizinha de Lowell, cuja importância Michel Chevalier, o economista francês e discípulo de Saint-Simon, apreendeu durante sua visita em 1834. Eles notaram somente que o senador Webster havia mudado seu posicionamento sobre as tarifas, abandonando o livre-comércio que apoiava os interesses marítimos, apoiando em vez disso o protecionismo que favorecia os manufatureiros.[41] Eles também mantiveram um breve diálogo sobre a moralidade e os comportamentos sexuais. Um certo sr. Clay, fazendeiro da Georgia, disse a Tocqueville que qualquer homem suspeito de ter um *caso* com alguém "seria imediatamente excluído da sociedade". Francis Gray compartilhou dados estatísticos sobre a prostituição, que era "cuidadosamente oculta" em Boston, enquanto o reverendo Dwight se referiu à "vergonha" que uma doença venérea podia causar.[42]

Em seu retorno a Nova York, Tocqueville e Beaumont pararam em Hartford, Connecticut, sem ter conhecimento do papel que a cidade desempenhou ao acolher uma grande convenção federalista em dezembro de

1814, cujo objetivo era preservar os interesses marítimos da Nova Inglaterra durante a guerra contra a Inglaterra. Seus habitantes haviam proclamado aquilo que os distinguia do sul escravista e do oeste agrário. Eles pararam lá apenas para visitar rapidamente um instituto que acolhia pessoas com surdez e em seguida viajaram até a Prisão Estadual de Wethersfield, que os impressionou porque, embora funcionasse de acordo com o sistema de Auburn, os prisioneiros transgressores raramente eram chicoteados.[43]

Filadélfia e Baltimore: uma estada prolongada

Tocqueville e Beaumont pararam rapidamente em Nova York, pondo de lado anotações e livros antes de viajar para a Filadélfia. O estranho é que o perfeito planejamento urbano daquela cidade, com ruas retangulares e espaços abertos simétricos, desorientou Tocqueville. Filadélfia, ele disse para sua cunhada Alexandrine, é "a única cidade deste mundo em que as pessoas pensaram em identificar as ruas pelo número e não pelo nome".[44] Para outro missivista, ele narrou uma história que ouviu sobre um homem que chegou ao auge da perturbação "indo de uma porta à outra" numa cidade onde todas as ruas pareciam ser iguais, "olhando cada placa" na vã esperança de direcionar seus passos até a casa da mulher com quem ele planejou fugir.[45] Tocqueville não achou graça naquela história e confidenciou a Chabrol que pensava "constantemente" em Marie e temia que jamais voltaria a vê-la. De certo modo, ele conseguiu se manter "animado durante encontros sociais", mas "deprimia-se ao ficar sozinho".[46]

Tocqueville achou mais difícil recuperar o enfoque na Filadélfia do que em Boston. Nem os moradores franceses da cidade, descendentes de famílias nobres que fugiram da Revolução Francesa, nem seus visitantes franceses foram de alguma ajuda. Ele se ressentiu de seu pomposo desdém quanto aos hábitos e maneiras dos norte-americanos.[47] Não considerava melhores os diplomatas franceses locais, cuja estupidez, conforme Beaumont relatou, "era difícil não levar em consideração".[48] Os dois amigos assistiram a uma peça em francês — e bastou. Acharam o teatro francês da Filadélfia "medonho" e os atores eram "horríveis".[49] Enquanto davam as costas à comunidade

O HOMEM QUE COMPREENDEU A DEMOCRACIA 91

francesa, eles ficavam cada vez mais preocupados com suas famílias na França, onde havia uma epidemia de cólera. Enviaram para o país natal frascos com óleo de cajepute, embora sem muitas ilusões sobre sua eficácia.[50]

Enquanto estavam na Filadélfia, Tocqueville e Beaumont foram a Baltimore, sua primeira entrada no sul dos Estados Unidos e seu primeiro encontro com a escravidão. Também foi algo desorientador. Tocqueville sentiu que o esquema que vinha elaborando para entender os Estados Unidos poderia não sobreviver diante dessa dramática mudança de ambiente. Ao atravessar o limite do estado de Maryland, Tocqueville sentiu "algo febril, caótico, revolucionário e invulnerável no modo como os negócios são realizados, algo que não me transmite a impressão de vigor e permanência".[51]

Felizmente, daquela vez, Beaumont permaneceu em um nível equilibrado e eles prosseguiram. A estada em Filadélfia e Baltimore foi muito produtiva para Tocqueville. Após repousar durante alguns dias, ele recuperou sua energia. Sua experiência acrescentou um ímpeto à sua visão sobre o papel desempenhado pelas associações políticas e civis na vida norte-americana. A Filadélfia quacre compartilhava as mesmas características da Boston puritana, pelo menos como Sparks as descreveu, e isso levou Tocqueville a reunir as partes que compunham uma teoria mais ampla das associações políticas e civis e seu impacto sobre a cultura política. Embora estivesse na Filadélfia, não fez referências ao papel pioneiro de Benjamin Franklin em promover uma sociedade civil ativa. No entanto, a convenção antitarifas que estava ocorrendo na cidade aprofundou seu apreço por pessoas que pensavam da mesma forma com a finalidade de pôr em prática objetivos comuns.

Os dois amigos tomaram conhecimento da convenção por acaso. Antes de chegar a Boston, no começo de setembro, eles tentaram entrar em contato com a romancista Catharine Sedgwick, em Stockbridge. Embora aquela conhecida escritora estivesse ausente, sua família deu boas-vindas aos visitantes. Ela e sua família faziam parte daqueles que propunham o pretenso sistema restritivo de comércio.[52]

Para Tocqueville, isso constituía um novo tipo de manifestação política, e decidiu observá-lo de perto. Registrou em seu diário que duzentos delegados que participaram do encontro, procedentes de vários lugares do país, já dialogavam "sobre o poder da imprensa desde o Maine até Nova Orleans". Ele também anotou que 63 provinham das Carolinas, um fato que não era surpreendente, pois os agricultores da Carolina do Sul lideravam a resistência a uma tarifa federal que favorecia as indústrias da Carolina do Norte.[53]

Não houve um acordo sobre a pressão da Carolina do Sul a favor da assim denominada nulificação, isto é, um sistema federal flexível, no qual era permitido aos estados aplicar a lei federal seletivamente e a ameaça que isso representava para a União. Tocqueville não apreendeu imediatamente a teoria subjacente à nulificação. Não há evidências em suas anotações sobre a Filadélfia de que ele já tinha conhecimento da *Exposition* de 1828, iniciativa do vice-presidente John C. Calhoun, que a legislatura da Carolina do Sul adotou em seu programa, e para a qual Tocqueville dedicou um espaço significativo em *A democracia na América*. A proposta de Calhoun, baseada em vários precedentes, objetivava acomodar as opiniões da maioria e da minoria na comunidade nacional, que o presidente Jackson acabou derrotando com um projeto de lei, e os preparativos de uma intervenção armada, em março de 1833, quando a Carolina do Sul se recusou a aplicar a tarifa federal — dezessete meses após Tocqueville e Beaumont participarem da convenção e doze meses após o retorno deles à França.[54]

Os protecionistas realizavam ao mesmo tempo sua convenção, igualmente grande, na cidade de Nova York. Todos os manufatureiros proeminentes de Boston compareceram, e John Quincy Adams, que em Boston havia declarado a Tocqueville temer que tais convenções poderiam "usurpar o lugar correto de nossas instituições representativas", foi muito bem recebido.[55]

Tocqueville não levou em consideração a premonição de Adams de que os interesses particulares organizados poderiam rivalizar com as prerrogativas de legisladores eleitos democraticamente. Em vez disso, reconheceu que a convenção da Filadélfia sobre o livre-comércio foi uma verdadeira inovação — isto é, uma ação para juntar pessoas similarmente inclinadas a fazer avançar um objetivo compartilhado. Ele pensou inicialmente que a convenção da Filadélfia não era somente um meio para alcançar um fim, mas um fim em si, possivelmente o núcleo de um novo partido político. Os informantes locais, entretanto, minimizaram essa visão. Charles Jared Ingersoll, um jurista e legislador estadual, ativo participante da convenção sobre o protecionismo, explicou que era importante separar a opinião da ação.[56] "A finalidade de uma convenção não é agir, mas persuadir. Ela representa uma opinião, um interesse, e não procura representar a nação, que é amplamente representada no Congresso."[57]

O HOMEM QUE COMPREENDEU A DEMOCRACIA 93

Tocqueville observou na Filadélfia outras formas de associação como resposta a outros impulsos e necessidades, entre eles sociedades moderadas, e decidiu que seu sucesso "era uma das coisas mais notáveis relativas a este país". Ficou impressionado com o uso de uma associação com a finalidade de alcançar fins morais. Ele generalizou imediatamente, registrando em sua caderneta de anotações: "O poder de associação desenvolveu-se ao máximo nos Estados Unidos. As pessoas se associam tendo em vista o comércio, bem como os interesses políticos, literários e religiosos. Ninguém jamais procura ser bem-sucedido recorrendo a altas autoridades; em vez disso, apoiam-se em recursos individuais que atuam em conjunto."[58] Daí a alguns dias, em Baltimore, John Latrobe, filho de Benjamin Latrobe, o arquiteto que projetou o Capitólio dos Estados Unidos, fez as mesmas observações. Latrobe disse a Tocqueville o que este já tinha ouvido de Sparks, que o motivo mais importante da capacidade dos norte-americanos de "se administrar" é que eles estavam *acostumados* a agir assim. "O que tem de ser explicado é como adquirimos esse hábito."[59] O fato de que associações objetivavam obter influência nas entidades que constituíam a "autoridade maior" foi algo que Tocqueville ignorou, focalizando sua atenção na habilidade dos norte-americanos em formar e administrar associações.

Assim se iniciou, com apenas observações modestas e empíricas, a ambiciosa teoria de Tocqueville sobre a associação, cujo destino foi se tornar uma importante contribuição à teoria política norte-americana.

Mas então o que dizer dos partidos políticos? Tocqueville e Beaumont foram embora de Boston conscientes de que os conflitantes partidos Federalista e Republicano do início da república tinham perdido seu eleitorado. Sparks explicou até mesmo que Jackson transcendia partidos, e isso era correto, pois o presidente era a favor de uma vigorosa união, tal como a dos oponentes do seu Partido Republicano Nacional, herdeiros dos Federalistas, mas contra seu programa de coordenação econômica nacional. Na Filadélfia, Tocqueville e Beaumont tiveram a chance de entrevistar Nicholas Biddle a respeito desse tema. Biddle era presidente do Segundo Banco dos Estados Unidos, uma instituição conjunta pública e particular, com sede na Filadélfia.[60] O banco tinha filiais estaduais e suas notas bancárias resgatáveis eram aceitas em todos os Estados Unidos.

Biddle repetiu aquilo que Tocqueville já ouvira em Boston a respeito das causas do declínio dos partidos originais. Grandes debates eram coisas do passado. Agora "as paixões políticas devem ligar-se inevitavelmente a detalhes de administração mais do que a princípios".[61] John Quincy Adams, que havia participado do encontro na residência de Biddle na Filadélfia, concordou e Tocqueville registrou literalmente esse posicionamento em suas anotações, e mais tarde em *A democracia na América*.[62] "Os partidos que eu denomino grandes são aqueles que se dedicam mais a princípios do que a consequências. A generalidades e não a particularidades, a ideias e não aos homens [...]. Os Estados Unidos tiveram grandes partidos, porém eles não existem mais."[63]

O tempo que esse diálogo durou foi lamentável. Se tivesse acontecido quatro meses mais tarde, a conclusão poderia ter sido muito diferente. Graças a sua crescente oposição a Jackson, a quem ele apoiou anteriormente, Biddle estava a ponto de se tornar um dos homens responsáveis pelo retorno dos grandes partidos à política norte-americana. Em janeiro de 1832, Biddle (seguindo o parecer de Clay) procurou renovar a carta bancária antes da programação como um meio de a isolar da política da iminente campanha política. Esse esquema não funcionou. Biddle não se deu conta da oposição de Jackson. O conflito entre o banco e o presidente intensificou-se e perdurou. Quando Jackson, em sua segunda presidência, removeu ilegalmente os depósitos federais do banco, uma ação devido à qual ele se tornou o único presidente jamais censurado pelo Senado, os oponentes do "rei Andrew" organizaram o Partido Whig a fim de combater seu arbitrário desempenho.[64] Com os *whigs* e os democratas debatendo oposições opostas da economia política, os grandes partidos estavam retornando ao centro da vida política. Tocqueville reconheceu em *A democracia na América* como essas visões conflitantes sobre a economia política e as tarifas bancárias representavam uma ameaça à União, mas fracassaram em observar a formação de um novo sistema de dois partidos, que historiadores desde então denominaram de sistema de um segundo partido.[65]

Esses grandes partidos eram diferentes, sob muitos aspectos, dos partidos antigos, adotando, conforme fizeram, um maior nível de participação, levado adiante pelo povo. Ao longo de duas décadas anteriores, estados haviam descartado progressivamente a exigência de ter uma propriedade, tendo em vista o sufrágio, e instituíram eleições populares para muitas atividades e para os eleitores de presidentes. Quando Jackson estava na

O HOMEM QUE COMPREENDEU A DEMOCRACIA

Casa Branca, somente os homens brancos podiam votar. Tocqueville reuniu muitas evidências da democratização da política em Filadélfia e Baltimore. Informantes da classe alta abominaram a presença crescente do povo "comum" na política nacional.

Alguns políticos que Tocqueville conheceu continuavam a alegar que a política era reservada para cavalheiros, ainda que sob novas condições populistas. Por exemplo, praticar a política então envolvia a arte de escrever. Ebenezer Finley, proeminente advogado em Baltimore, fez essa observação aos visitantes franceses durante um jantar em sua honra promovido pelo governador de Maryland, George Howard. A lista de convidados incluía representantes de antigas famílias aristocráticas de Maryland. Finley disse a Tocqueville e a Beaumont que seu adversário jacksoniano na disputa em torno da legislatura estadual também era seu melhor amigo. Após dirigir-se à multidão, com frequência os dois iam a uma estalagem local, onde compartilhavam uma boa refeição e mantinham uma conversa agradável. Enquanto isso, a multidão exprimia seus pontos de vista, o que resultava em brigas e, de vez em quando, ossos fraturados. Para ele, toda aquela oratória, que seus adeptos levavam tão a sério, não passava de uma exibição.[66]

No entanto, muitos se deram conta de que nem sempre as pessoas eram manipuladas com facilidade. Pierre-Etienne Duponceau, nascido na França, residente na Filadélfia e presidente da Sociedade Filosófica Americana, repetiu o lamento generalizado segundo o qual homens talentosos eram raramente selecionados.[67] Charles Carrol, com 94 anos, o último assinante ainda vivo da Declaração da Independência, ofereceu uma visão nuançada da transformação democrática. Um dos mais abastados proprietários de terras de Maryland, Carrol insistiu, ao dialogar com Tocqueville e Beaumont, que "uma mera democracia não passa de um tumulto", mas admitiu que "as pessoas estão sendo educadas, o conhecimento se espalha [...] A sociedade, embora menos brilhante, é mais próspera".[68] Benjamin W. Richards, prefeito jacksoniano da Filadélfia (e inspetor penitenciário) viu em uma maior participação política o triunfo político de uma classe média "capaz de lidar com os negócios públicos com a mesma eficiência de outras classes".[69] E James Carrol, de Baltimore (sem parentesco com Charles Carrol), acrescentou a nota mais importante às observações de Tocqueville ao afirmar que "quaisquer que sejam as deficiências que uma democracia pode apresentar, ela estimula a atividade e a energia em toda a sociedade".[70]

Tocqueville foi negligente ao não abordar a pressão populista na religião norte-americana. Embora tivesse outra oportunidade, ele permaneceu alheio em relação às mudanças ocorridas nas igrejas protestantes em Filadélfia e Baltimore. Baltimore era o centro do catolicismo norte-americano, e Tocqueville, sempre em concordância com as manifestações católicas, foi receptivo às mensagens do clero local, que reafirmou o posicionamento de seus colegas de Nova York, de acordo com os quais "os Estados Unidos estão destinados a se tornar o torrão natal do catolicismo. Aqui ele está se difundindo livremente, sem apoio das autoridades e sem despertar o ódio, graças unicamente ao poder de sua doutrina e de total independência em relação ao Estado". O mais expansivo quanto a essa convicção era o padre John Mary Joseph Cranche, vice-presidente da Escola Saint Mary em Baltimore.[71]

Vários informantes tentaram em vão dissuadir Tocqueville e assinalar convicções igualmente profundas e atraentes entre os protestantes. O doutor Stewart, "um destacado médico de Baltimore", insistiu: "As pessoas [protestantes] são crentes de verdade."[72] James Brown, na Filadélfia, ex-embaixador na França, e portanto alguém que compreendia os preconceitos de Tocqueville, insistiu no fato de que os protestantes acreditavam na tradicional doutrina cristã e mantinham "uma firme crença na imortalidade da alma e na teoria das recompensas e punições".[73] Tocqueville ouviu polidamente, mas permaneceu convicto de sua visão do protestantismo como uma forma desnaturada de fé, diagnosticando "uma vasta reserva de dúvidas e indiferença, escondidas por trás dessas formas externas", enquanto ignoravam novamente alternativas evangélicas e populistas.[74]

Louis Bouchitté, amigo de Tocqueville quando ambos moravam em Versalhes, pediu a ele antes de sua partida um relato sobre os quacres da Filadélfia. Tocqueville o atendeu apenas em parte. Ele previu que os quacres seriam "uma das primeiras seitas protestantes a desaparecer", pois haviam perdido sua popularidade ficando ao lado da Inglaterra durante a Revolução Americana e continuaram desde então diminuindo ao "esbanjar seu poder sobre as almas através de regulamentos muito detalhados".[75]

No entanto, dois quacres, Robert Vaux e Samuel Wood, exerceram influência sobre o sistema penitenciário na Filadélfia, que seguia um pla-

O HOMEM QUE COMPREENDEU A DEMOCRACIA 97

nejamento diferente do modelo de Auburn. Vaux, que era "dirigente de todas as instituições de caridade, incluindo escolas para surdos e mudos e hospitais",[76] concebeu um plano para a Penitenciária Estadual do Leste, ou Prisão de Cherry Hill, como era conhecida naquela época, e Wood a dirigia.

Investigar a Penitenciária Estadual do Leste ocupou grande parte do tempo de Tocqueville e Beaumont na Filadélfia. Ela contrastava com Sing Sing, Auburn, Charlestown e Wethersfield. Todas seguiam o sistema de Auburn, de trabalho coletivo durante o dia e de isolamento à noite. Na Penitenciária Estadual do Leste, no entanto, Tocqueville e Beaumont confrontaram um sistema alternativo de detenção, baseado em confinamento solitário em tempo integral.

Os quacres havia muito tempo insistiam sobre a necessidade de os criminosos se arrependerem, implementando reformas na Cadeia da Walnut Street na década de 1790. Eles melhoraram a limpeza da prisão e instituíram o confinamento solitário a fim de dar um tempo aos prisioneiros para refletir sobre seus crimes. Visitantes franceses anteriores — notavelmente o duque de La Rochefoucauld-Liancourt, quando estava exilado, e o girondino Jacques Pierre Brissot — fizeram comentários favoráveis sobre o trabalho na Cadeia da Walnut Street.[77]

Os legisladores da Pensilvânia adotaram o posicionamento dos quacres e também levaram em consideração as experiências pioneiras de John Howard sobre o confinamento solitário na Inglaterra e as amplamente lidas recomendações de Edward Livingston a respeito de um tratamento humano em sua proposta sobre o código penal da Louisiana. Os legisladores encarregaram o arquiteto inglês John Haviland de projetar uma cela atendendo os requerimentos de um confinamento solitário.[78] O arquiteto apresentou um projeto prévio, inspirado no panóptico de Bentham, com o objetivo de facilitar "a vigilância, as conveniências, a economia e a ventilação".[79] As celas eram suficientemente amplas para incluir um banco de carpinteiro e proporcionar aos prisioneiros a oportunidade de exercer um ofício em isolamento. Cada cela tinha encanamento e acesso a um pequenino quintal individual, onde o prisioneiro podia se exercitar. A prisão foi inaugurada em 1829. Era uma experiência que Tocqueville e Beaumont se mostraram dispostos a estudar.

A visita não os decepcionou. Embora admitindo que os custos de construir e manter celas individuais espaçosas poderiam ultrapassar os benefícios,

98 OLIVIER ZUNZ

Tocqueville favoreceu inequivocamente o modelo da Pensilvânia, conforme comprovaram suas cartas enviadas ao francês Casimir Perier, ministro do Interior.[80] Na Pensilvânia o trabalho na prisão — fazer formas de sapatos, fiação, tecelagem, tingimento, tecer fios para vestidos, ferraria, carpintaria, costura, conserto de rodas, lavar, fazer escovas e outras tarefas — não tinha a intenção de reembolsar o estado pelas despesas do encarceramento, conforme ocorria no sistema de Auburn. Seu objetivo era ajudar a recuperar os detentos. Eles também eram encorajados a adquirir familiaridade com as Escrituras e aproximar-se do capelão.

Tocqueville fez questão de entrevistar tanto quanto fosse possível prisioneiros em suas celas e escreveu relatos de suas conversas com quarenta deles. Minimizando as ameaças muito reais ao equilíbrio mental que o confinamento prolongado causava, ele escreveu em seu diário que os prisioneiros consideravam a disciplina "suave e que ela resultaria numa regeneração".[81] Prisioneiros que eram mantidos isolados em suas celas e ficavam encapuzados quando delas saíam expressaram presumivelmente a esperança de que seu anonimato enquanto detentos lhes permitiria retornar à sociedade.[82] Eles reconheciam o benefício da reclusão. "Para um homem bem-criado", disse um dos entrevistados, "é melhor viver em absoluta solidão do que misturar-se indiscriminadamente com pessoas desprezíveis."[83] Tocqueville acabou considerando a punição na prisão de Cherry Hill "ao mesmo tempo mais suave e mais aterrorizante que qualquer outra punição inventada até agora. Objetiva somente que o prisioneiro alcance um poder inacreditável sobre sua mente", na medida em que os detentos se adaptavam ao trauma do isolamento e então seguiam um ritmo de trabalho e reflexão. No que se referia a sentimentos religiosos que os prisioneiros expressaram, Tocqueville aconselhou o pastor a não se aproximar muito deles, pois sentiu que tinham o objetivo de parecer mais religiosos do que eram.[84] Ele chegou à conclusão de que a maioria apreciava contato humano, inclusive com o capelão, mas alguns pareciam estar explorando sua espiritualidade no confinamento.[85]

No entanto, a penitenciária da Filadélfia não funcionava tão tranquilamente como Wood sugeriu a seus visitantes. Tocqueville e Beaumont afirmaram erroneamente a Perier que lá "a punição corporal jamais ocorreu", o que parece ser o motivo básico de sua preferência (e de seu

O HOMEM QUE COMPREENDEU A DEMOCRACIA

eventual endosso).[86] De fato, apenas quatro anos mais tarde, um comunicado condenatório proporcionou aos legisladores uma lista alarmante e longa de punições extrajudiciais infligidas a prisioneiros insubmissos. Essas punições iam desde a privação de comida e de exercícios até o uso de um aparelho denominado mordaça de ferro, uma espécie de freio ligado a cordas que amarravam as mãos do prisioneiro atrás da cabeça, fazendo uma pressão perigosa no queixo e nas veias jugulares. Contudo, um total relaxamento das regras também ocorria, debilitando o sistema. Funcionários corruptos das prisões chegaram ao cúmulo de abrir as celas e fazer de criados os detentos nas festas no alojamento de Wood, entre outras impropriedades suspeitas.[87] Lieber, de quem Tocqueville se tornara amigo em Boston e traduziu o relato de Tocqueville e Beaumont sobre o sistema penitenciário, foi incluído na investigação realizada na Pensilvânia e muito se empenhou em corrigir as infrações identificadas. Nada, porém, indica que Tocqueville e Beaumont tivessem conhecimento dessas violações nos estados do leste.

Foi também na Filadélfia e depois em Baltimore que Tocqueville e Beaumont começaram a pensar mais profundamente sobre a questão racial. Sua localização proporcionou a eles observar o perfeito contraste entre estados onde havia negros livres e negros escravizados. A Filadélfia tinha cerca de 15 mil pessoas negras livres em 1831. Entretanto, conforme Beaumont registrou, embora na prática fossem livres, os negros livres não tinham direitos civis. Ele acrescentou corretamente: "As leis não mudam os costumes."[88]

Em Maryland, houve uma emancipação gradual, mas os donos de escravizados exerciam controle sobre famílias inteiras — algumas livres, outras alforriadas. Tocqueville registrou episódios rotineiros de chocante opressão racial. Um acontecimento de que ele foi testemunha numa corrida de cavalos em Baltimore "não ocasionou grande surpresa na multidão que lhe assistia ou no próprio negro".[89]

Muitos daqueles que discutiam a questão racial com Tocqueville e Beaumont em Filadélfia e Baltimore acreditavam que o país corria o risco de enfrentar uma guerra motivada por essa questão. Duponceau disse a eles que os negros algum dia se vingariam violentamente devido ao desprezo com que eram tratados. "Eles se armarão contra seu inimigo e serão exterminados. Não há como resolver a situação que nossos antepassados criaram quando trouxeram a escravidão para cá a não ser o massacre."[90]

Para Beaumont, essas conversas foram cruciais. Em Albany, ele e Tocqueville, ao se dar conta de seus diferentes interesses, decidiram não publicar um livro em conjunto, a não ser o relatório sobre as penitenciárias (ver capítulo 2). Beaumont não queria dedicar-se a escrever um livro sobre a democracia, sobretudo devido ao fato de que a proposta não foi dele. Em contraste, achou que a questão racial era mais importante. Ele disse a seu irmão Achille, quanto à escravidão, que fez muitas "observações, mas elas não se aplicam muito favoravelmente às pessoas a quem elas se referem. No *entanto,* provavelmente publicarei tudo isso na grande obra que *me imortalizará* e que recomendo, se você quiser saber o que vem depois".[91]

Quanto a Tocqueville, ele permaneceu fascinado com a experiência democrática norte-americana, mas ainda não tinha chegado a uma conclusão a respeito do livro que poderia escrever. Ele disse a sua mãe:

> Se por acaso eu escrever um livro sobre os Estados Unidos [...] o que tenho é um conjunto de ideias desconectadas com as quais somente eu posso lidar e alguns fatos isolados que me fazem lembrar de muitos outros [...] Será que publicarei algo sobre este país? Realmente não sei. Parece-me que tenho boas ideias, mas ainda não sei como ordená-las e publicá-las, e isso me atemoriza.[92]

Na Filadélfia, Tocqueville e Beaumont receberam novas instruções do ministro da Justiça, cujo objetivo era o retorno deles à França (o motivo não foi comunicado).[93] Embora os dois entendessem que os dias passados nos Estados Unidos terminariam, eles queriam ver mais. Pensaram em eliminar Nova Orleans de seu itinerário,[94] mas Charles Carroll havia descrito o oeste como a válvula de escape da democracia — "podemos enviar notícias lá do oeste"[95] —, então decidiram ir adiante.

Ao se dirigir para o oeste e seguir um caminho sinuoso de volta à França, eles estavam tentando aproveitar ao máximo sua viagem, enquanto — tecnicamente — obedeciam ao ministro.

Descendo o rio Ohio até Cincinnati; atravessando Kentucky e Tennessee; descendo o Mississippi até Nova Orleans

Partindo da Filadélfia, Tocqueville e Beaumont viajaram de coche através do interior da Pensilvânia. Observaram a distância comunidades alemãs e os holandeses da Pensilvânia, que pareciam "ter preservado intacto o espírito e os costumes de seu torrão natal".[96] Visitaram rapidamente a Penitenciária Estadual do Oeste, em Pittsburgh,[97] onde, ao contrário da Penitenciária Estadual do Leste, na Filadélfia, o confinamento solitário em tempo integral não era mais praticado. Quase imediatamente partiram para Cincinnati, Ohio, com a intenção de obter mais informações sobre a atuação do governo local no oeste. O clima, entretanto, não cooperou. Não apenas o inverno havia chegado, como foi o mais frio registrado até então. Percorridos apenas aproximadamente 25 quilômetros no congelado rio Ohio, o barco a vapor bateu em um arrecife entre "enormes blocos flutuantes de gelo".[98] Todos os passageiros, incluindo as mulheres, demonstraram um admirável autocontrole, anotou Beaumont, enquanto um barco a vapor que passava os resgatou e eles chegaram a Cincinnati, no dia 2 de dezembro.

Tocqueville registrou: "Este é um lugar que uma pessoa tem de visitar, acima de tudo, para ter uma ideia desse estado social, tão diferente do nosso."[99] Aquela cidade de 25 mil habitantes, numa região de trânsito entre o leste e o oeste, e entre o norte e o sul, como Tocqueville se deu conta, "é apressada, não se incomoda em estabelecer qualquer tipo de ordem [...] Não há sinais externos de luxúria, apenas imagens abundantes de industriosidade e trabalho".[100] A romancista inglesa Fanny Trollope, que havia morado lá, queixou-se notoriamente de uma "total e universal falta de civilidade".[101] Tocqueville, entretanto, sentiu que os habitantes de Cincinnati possuíam exatamente a civilidade que fazia uma democracia se movimentar. Ficou maravilhado com a imensa energia que viu em torno: "Todo mundo veio para cá com a finalidade de obter lucros. Ninguém nasceu aqui; ninguém está disposto a permanecer aqui; ninguém — absolutamente *ninguém* — é preguiçoso; ninguém se entrega a especulações intelectuais; e todo mundo está ocupado com alguma coisa, à qual se dedica com paixão. Ninguém até agora tem noção do que é uma classe alta. A mistura é completa. A democracia não tem limites."[102]

Embora Tocqueville não se deparasse com gente que pudesse considerar ser membros da classe alta em Cincinnati, ele foi capaz de identificar pessoas de destaque para atuar como informantes, tais como John McLean, indicado por Jackson para ingressar na Suprema Corte, que se manifestou favoravelmente em relação ao desempenho do Segundo Banco dos Estados Unidos em promover o desenvolvimento local e expressou temores sobre a durabilidade da União. Tocqueville conversou com um jovem advogado, Timothy Walker, que chegara recentemente de Massachusetts e que logo fundaria a Faculdade de Direito de Cincinnati. Walker repetiu a queixa tão conhecida de que, por ocasião das eleições, "as escolhas quase sempre são medíocres ou negativas".[103] Tocqueville também foi apresentado a Salmon Chase, colega de Walker, apenas três anos mais velho que ele. O futuro presidente do Supremo Tribunal de Justiça durante o mandato do presidente Lincoln expressou a mesma queixa, assim como o médico local Daniel Drake.[104]

Uma característica notável de Cincinnati que muito surpreendeu Tocqueville — ele a mencionou em *A democracia na América* — foi a virtual ausência de uma população negra, outra manifestação da profunda divisão racial daquela região do país. A brancura de Cincinnati era proposital. A fim de manter baixa a quantidade de moradores afro-americanos ali residentes, a prefeitura decretou um termo de responsabilidade local, requerendo que os moradores negros pagassem uma taxa significativa.[105] Além disso, Tocqueville aparentemente não se deu conta ou foi insensível ao fato de que imigrantes irlandeses tinham atacado a comunidade negra livre na ocasião de um conflito racial em 1829. Muitos afro-americanos mudaram para o norte e alguns atravessaram a fronteira do Canadá. Cincinnati ainda haveria de se tornar um centro do abolicionismo e uma rota de fuga para os escravizados.

A viagem pelo rio Ohio exibiu vividamente o contraste entre uma economia livre e uma economia de escravizados. A disparidade foi manifestamente mostrada nas margens opostas do rio, com o estado de Ohio de um lado e o estado escravagista do Kentucky do outro lado. Tocqueville escreveu para seu pai que a viagem pelo rio foi "a primeira oportunidade de examinar os efeitos da escravidão na sociedade". Descendo o rio Ohio, ele explicou num trecho que reproduziu em *A democracia na América*: "Na

O HOMEM QUE COMPREENDEU A DEMOCRACIA

margem direita, a atividade e o trabalho sistemático são vistos em todos os lugares, ali não existem escravos. Ao ir para a margem esquerda, o cenário muda tão repentinamente que uma pessoa pensaria que estava no fim do mundo. O espírito de empreendedorismo termina abruptamente; o trabalho não é apenas uma opressão, é vergonhoso, e o homem que a ele se submete degrada-se."[106]

No dia 3 de dezembro, Tocqueville e Beaumont partiram de Cincinnati, ainda decididos a investigar mais profundamente uma sociedade moldada pela escravidão. Uma série de desastres marcou o início daquela viagem. No segundo dia, o barco a vapor foi bloqueado pelo gelo. Eles se refugiaram no local onde um pequeno ribeirão desaguava no rio, e lá aguardaram durante 24 horas um derretimento que não aconteceu. Obrigados a desembarcar, eles andaram mais ou menos 40 quilômetros, com neve até a altura dos joelhos, até chegarem a Louisville, no Kentucky. Como o rio Ohio ainda não era navegável, deixaram o rio para trás, viajando de coche durante dois dias e duas noites esperando chegar até o rio Cumberland e descer por ele até Nashville. Ao descobrir que esse rio também estava congelado, eles alugaram um coche para continuar a viagem, mas no dia 11 de dezembro o coche quebrou. Àquela altura, tinham chegado até o rio Tennessee, que atravessaram numa barca. Tocqueville, entretanto, sentiu-se mal. Tremendo e sem apetite, ele não conseguia prosseguir.

Durante seu momento de depressão na Filadélfia, Tocqueville anotou numa caderneta as três "desgraças" que um homem enfrentaria: "1. Doenças 2. Morte. 3. Dúvidas."[107] Beaumont havia ajudado Tocqueville a retomar a confiança em si mesmo. Ele descobriu um refúgio para os dois em Sandy Bridge, na precária casinha onde moravam o agente do correio Zephaniah Harris e sua esposa, Martha.[108] Durante os quatro gélidos dias necessários para que recuperasse suficientemente suas forças a fim de prosseguir, Tocqueville teve sua única oportunidade de vivenciar a escravidão de perto, embora uma escravidão praticada numa escala menor do que a praticada em grandes lavouras de algodão e cana-de-açúcar — que eles não visitaram.[109]

Tocqueville se deu conta de que até mesmo brancos pobres aproveitavam a vantagem de ser donos de escravizados. "Neste cenário empobrecido [...] nosso anfitrião fez as honras de sua casa com facilidade e cortesia — não que ele levantasse sequer um dedo." Em vez disso, "sentado tranquilamente na frente de uma lareira quente o suficiente para assar um boi até a medula" ele "logo se envolveu numa nuvem de fumaça, enquanto entre uma e outra baforada passou o tempo todo narrando para seus hóspedes as grandes proezas por ele realizadas ao caçar e das quais se lembrava."[110]

Tocqueville concluiu, empregando palavras que se assemelhavam aos diálogos que manteve em Boston com John Quincy Adams: "O hábito de dar ordens sem restrições causa certa insolência que torna os homens impacientes quando são contrariados e irritados diante de obstáculos a sua vontade. A escravidão torna o trabalho desonroso. Ela transforma toda a raça branca em seres ociosos, e com isso o dinheiro perde uma parte de seu valor [...] As pessoas desses estados são sulistas, senhores de escravos que se tornaram meio selvagens por causa da solidão e endurecidas devido às misérias da vida."[111] Elas se sentem livres ao manter a outra raça na servidão.[112]

Assim que Tocqueville melhorou, os dois amigos retomaram sua viagem em direção a Nova Orleans. O plano deles era embarcar num vapor que ia de Memphis a Nova Orleans, mas eles verificaram que até mesmo o Mississippi estava congelado em alguns lugares, impossibilitando a viagem. Detidos temporariamente em Memphis, eles se divertiram indo caçar pássaros "na mais admirável floresta deste mundo", em geral com a ajuda dos indígenas Chickasaw, que atuavam como guias.[113] Tocqueville considerou a eleição de Davy Crockett para a Câmara dos Deputados mais outro exemplo dos desastrosos efeitos da situação que existia na fronteira, a qual deixava os eleitores incapazes de julgar as qualidades que consideravam necessárias, tendo em vista uma liderança. Tocqueville notou que mediante o sufrágio universal os habitantes de Memphis haviam confiado essa responsabilidade a "um homem sem educação, que mal sabe ler, que não é dono de nenhuma propriedade, não tem endereço permanente, mas mora nas matas, passa sua vida caçando e vendendo o que caça a fim de viver".[114]

Assim que o rio descongelou, Tocqueville e Beaumont retomaram sua viagem, encontrando-se com indígenas americanos pela terceira e última vez. Na primeira vez, no oeste de Nova York, eles se depararam com indígenas embriagados e que pediam esmola, muito distantes do estereótipo do nobre selvagem. O segundo encontro foi mais agradável para Tocqueville, porque correspondia um pouco mais a suas ideias preconcebidas. Eles olharam de relance a vida dos indígenas que sobreviviam nas florestas de Michigan e nas

O HOMEM QUE COMPREENDEU A DEMOCRACIA

ilhas dos Grandes Lagos. No Arkansas, eles testemunharam o planejamento do presidente Jackson, que consistia em remover os indígenas e a realocação forçada da nação choctaw, primeiro estágio do Caminho das Lágrimas.

Tocqueville ficou chocado diante do espetáculo da tribo que se aproximava do rio.

> Cavalos já tinham sido levados para lá. Então vieram os homens que nada carregavam, a não ser suas armas. Foram seguidos pelas mulheres, que carregavam crianças amarradas em suas costas ou envoltas em cobertores. Elas também carregavam trouxas que continham seus pertences. Finalmente, os mais velhos foram conduzidos até o rio. Entre eles havia uma mulher de 110 anos. Jamais vi uma criatura tão aterrorizante. Estava nua, mas enrolada num cobertor, que mal cobria o corpo mais encarquilhado que se possa imaginar. Estava ladeada por duas ou três gerações de seus descendentes. Que destino mais triste, deixar seu lar com aquela idade e ao encontro do seu destino numa terra desconhecida![115]

O que fazer diante daquele espetáculo atordoante? Quando completaram a última etapa de sua viagem a Nova Orleans, Tocqueville e Beaumont receberam algumas respostas de um invulgar passageiro, que chegou ao local do embarque "cavalgando um incrível garanhão".[116] O personagem era nada mais nada menos do que Sam Houston. Criado na fronteira do Tennessee, Houston foi uma criança rebelde que se afastou de sua família e foi morar com os indígenas cherokee. Ele educou a si mesmo em grande parte, era um ávido leitor, conhecido por ter lido a *Ilíada* de Homero sem ajuda de ninguém, na solidão das matas. Atuou com muita competência sob o comando do general Jackson na guerra contra os creek, exerceu a advocacia e foi eleito para o Congresso como representante do Tennessee antes de tornar-se seu governador.[117]

Tocqueville foi apresentado a Houston, que havia acabado de desistir do cargo de governador em circunstâncias misteriosas logo após separar-se de sua jovem esposa com quem estivera casado durante poucas semanas. Retornou aos indígenas cherokee, entre os quais era conhecido como "o Corvo". Estava viajando para Washington como um cidadão cherokee a fim de defender os direitos deles perante o Congresso e perante seu amigo, o presidente.

Tocqueville e Beaumont não poderiam ter encontrado uma pessoa mais confiável no que se referia ao conhecimento das tradições dos indígenas americanos e ao mesmo tempo mais ciente e atenta à política de remoção. Houston, entretanto, não condenou tal política. Amigo do presidente Jackson, argumentou contra todas as evidências de que o governo federal poderia proteger a integridade das terras dos indígenas contra colonizadores brancos famintos pela posse de terras. Também acreditava que se fossem protegidos, os indígenas americanos adotariam os costumes dos brancos. Houston defendeu a posição de que somente o governo dos Estados Unidos "agiu com sensatez durante um período de 25 anos, respeitando tratados solenes e encorajando os indígenas, uma vez que fossem realocados em Arkansas, a se tornarem civilizados, e eles prosperariam". Houston descreveu os indígenas como "nascidos livres", já meio civilizados, com "uma mente sempre ativa" e "de uma inteligência sutil e frequentemente admirável".[118] Explicou, ainda, que algumas tribos do sul, tal como os cherokee, haviam demonstrado um imenso progresso, vivendo inteiramente da lavoura e desenvolvido uma língua escrita. Outras tribos haviam progredido. Os creek viviam da lavoura e também da caça, e formularam um código legal. Pelo menos uma vez Tocqueville ouviu um homem branco se manifestar comemorando a inteligência dos indígenas americanos em vez de justificar a apropriação unilateral de suas terras não cultivadas como algo correto e justo. Ao mesmo tempo, não questionou as colocações de Houston nem as indagações relativas ao fato de remover as tribos das terras que a eles pertenciam historicamente.

No momento em que chegaram a Nova Orleans, Tocqueville e Beaumont sentiram a pressão do tempo. Embora ansiosos para ver Nova Orleans, sabiam que a visita teria de ser breve, caso quisessem chegar a Washington enquanto o Congresso ainda funcionava. Eles já tinham se atrasado em Sandy Bridge, Memphis, e mais para o sul, quando o barco a vapor ficou encalhado num banco de areia durante dois dias, e então suas observações foram incoerentes. Eles chegaram a Washington no Ano-Novo e se apresentaram ao cônsul francês François Guillemin. Conversaram a respeito do que eles achavam da submissão dos franceses no Canadá, e Guillemin

O HOMEM QUE COMPREENDEU A DEMOCRACIA   107

garantiu a eles que nos Estados Unidos, ao contrário do que acontecia no Canadá, "eles viviam em pé de igualdade" com os norte-americanos.[119] Não eram um povo conquistado. Ainda em Nova York, Tocqueville e Beaumont deram prosseguimento a suas investigações sobre a escravidão em um diálogo com Étienne Mazureau, um advogado francês que citou o clima para justificar aquela prática, um posicionamento que, em Boston, John Quincy Adams rejeitou veementemente.[120]

Quanto às relações raciais em Nova York, Tocqueville e Beaumont sabiam muito pouco, falhando novamente em registrar a vida nas ruas ou até mesmo mencionar os mercados de escravizados. Eles não notaram uma hierarquia de raça durante uma noite em um teatro, onde "mulheres de cor e mulheres brancas com algum sangue africano" estavam sentadas separadamente em camarotes do primeiro andar.[121] Eles tomaram conhecimento de uma declaração de James Brown, da Louisiana, embaixador na França durante o governo de John Quincy Adams, a quem conheceram na Filadélfia, que havia em Nova Orleans "mulheres destinadas ao concubinato [...] Garotas de cor destinadas desde o nascimento a se tornar amantes de brancos".[122] Após o espetáculo, e segundo tudo indica, os dois amigos compareceram a um baile cujo objetivo era aproximar mulheres pardas de brancos ricos, o que motivou Tocqueville a escrever para Chabrol: "Com que costumes uma pessoa se depara numa região do sul onde a escravidão é permitida! Você não pode imaginar!" Ele também registrou, como se quisesse provar que Montesquieu estava certo (e John Quincy Adams, equivocado), que "quando você se encontra com pessoas que alegam que o clima não tem nada a ver com a formação das nações, diga a elas que estão enganadas. Observamos franceses no Canadá: é uma gente tranquila, religiosa, de bons hábitos. Conhecemos na Louisiana outros franceses, ansiosos, dissolutos e frouxos sob todos os aspectos. Quinze graus de latitude separam esses dois grupos e essa é a melhor explicação que posso dar para tamanha diferença".[123]

Havia, porém, muito mais do que a questão do "clima", o que poderia ter sido evidente para Tocqueville, caso tivesse dado explicações minuciosas. Mazureau havia se referido à *confusão* que ali se impunha devido a uma legislação "que promulga constantemente leis que ela modifica e desfaz".[124] Tocqueville perdeu a oportunidade de pensar nas implicações dos enxertos da Louisiana relativos a um sistema legal norte-americano com base em

108 OLIVIER ZUNZ

precedentes dos tribunais, comparando-os com o sistema francês, que seguia códigos legais. Na Filadélfia, Tocqueville havia estudado as leis norte-americanas, disposto a verificar por que os juristas norte-americanos mantinham semelhante controle. Ele se deu conta de que boa parte das respostas se devia ao fato de que os juristas eram repositório de um conhecimento especial, ao qual ninguém podia ter acesso fácil. Na Filadélfia, Tocqueville registrou em sua caderneta os diálogos sobre esse tema que manteve com Henry Dilworth Gilpin, procurador da Justiça dos Estados Unidos, atuante no Distrito Leste da Pensilvânia (e mais tarde procurador-geral dos Estados Unidos, durante a presidência de Martin Van Buren),[125] e com Joseph McIlvaine, do Departamento de Registros da Filadélfia.[126]

As duas tradições legais entraram em conflito na Louisiana. *Creoles* haviam herdado propriedades e contratos negociados de acordo com códigos franceses e espanhóis. Eles temiam ser esbulhados por colonizadores na medida em que os contratos não seriam respeitados, em um sistema no qual as decisões de juízes se tornavam lei. Edward Livingston, já conhecido de Tocqueville devido ao liberal código penal da Louisiana por ele formulado, e com quem se encontraria em breve em Washington, D.C., passou boa parte de sua carreira política protegendo os *creoles* das consequências negativas da fusão de sistemas legais diferentes.[127] Tocqueville e Beaumont, entretanto, passaram por lá muito rapidamente e não notaram aquele momentoso conflito cultural.

De Nova Orleans a Washington, D.C., e Nova York

Ao concluir sua viagem, Tocqueville e Beaumont foram diretamente de Nova Orleans para Washington, D.C. Chegaram a Montgomery, Alabama, no dia 6 de janeiro e passaram nove dias viajando sem interrupções num coche que os levou através da Georgia e das Carolinas, chegando a Norfolk no dia 15 de janeiro. Tinham a intenção de ir a Charleston e de lá até Montpellier, com o objetivo de visitar James Madison (Joseph Coolidge Jr. dera a eles em Boston uma carta de apresentação). Tocqueville calculou a exata distância até Charleston e identificou todas as paradas.[128] Eles, entretanto, mudaram seus planos quando estavam a caminho, devido a estradas por onde era impossível passar e a pontes desmoronadas. Eles tinham pressa e se deram conta de que teriam, na melhor das hipóteses, conforme Tocqueville dissera a Édouard, "apenas uma ideia superficial do sul do país".[129]

Entre suas anotações esparsas sobre essa última etapa da viagem, Tocqueville nos conta que em um lugar próximo de Montgomery um advogado local mencionou as consequências da violência no sul, a falta de instrução e o fervor evangélico, argumentando que essas questões estavam entrelaçadas. Quanto à violência, Tocqueville registrou que seu informante afirmou que "não existe nenhuma pessoa neste estado que não tenha uma arma escondida". Quanto ao fervor religioso, ele disse que "no norte você tem a religião; aqui no sul você tem o fanatismo". Tocqueville, entretanto, não investigou tais declarações.[130]

Ao chegarem a Norfolk, no dia 16 de janeiro, Tocqueville e Beaumont viajaram de navio até Washington. Tiveram a sorte de entrar novamente em contato com uma pessoa interessante que haviam conhecido na Filadélfia, Joel Roberts Poinsett, primeiro embaixador dos Estados Unidos no México. Jacksoniano e sulista, Poinsett retornava de uma campanha contra a nulificação da lei federal de tarifas na Carolina do Sul, onde nasceu.

Eles mantiveram pela primeira vez um diálogo profundo, marcado pelo temor da desunião.[131] Onde estavam a força e a fraqueza dos Estados Unidos? Tocqueville havia se preparado para aquele diálogo usando boa parte de seu tempo no navio a vapor que descia o Mississippi para ler os *Federalist Papers* e refletir sobre a Constituição dos Estados Unidos. Ele estava convicto de que "somente um povo muito esclarecido poderia ter criado a Constituição Federal dos Estados Unidos, e que somente um povo muito esclarecido, acostumado com formas de representação, seria capaz de manejar uma máquina tão complicada e de manter em suas esferas separadas os vários poderes, que caso contrário não deixariam de se chocar violentamente uns contra os outros".[132]

Parte da discussão foi sobre o risco da rebelião que os afro-americanos e os povos indígenas representavam para o país. Tocqueville foi especialmente perspicaz ao tomar conhecimento da visão de Poinsett sobre as relações raciais, um tema sobre o qual ele já havia feito suas próprias observações. Ao atravessar o Alabama, Tocqueville se lembrou de uma cena de psicologia inter-racial que o atingiu de tal modo que ele reproduziu suas anotações quase literalmente em *A democracia na América*, contrastando a natural rebeldia dos indígenas americanos em relação aos brancos com o hábito de submissão dos afro-americanos, até mesmo diante de uma criança. "Perto da casa de um fazendeiro, uma jovem indígena carregava uma adorável menina branca (filha do fazendeiro) e dedicava a ela um afeto maternal. Com elas estava uma negra, que distraía a criança. Em cada um de seus movimentos, a menina revelava um sentimento de superioridade conforme sua breve experiência com a vida já lhe havia ensinado, e elevava-a acima de suas duas companheiras, cujas carícias e atenções ela acolhia com uma condescendência quase feudal. De cócoras diante dela e atenta a cada gesto da menina, a negra estava nitidamente dividida entre a dedicação a sua jovem dona e um temor respeitoso, enquanto a efusiva ternura da indígena ostentava certa liberdade e até mesmo selvageria, um estranho contraste com a postura submissa e os modos humildes de sua companheira."[133] Tocqueville ficou curioso para saber se Poinsett poderia de alguma forma confirmar aquele contraste.

Poinsett acreditava não haver perigo de uma revolta de escravizados, mesmo que a rebelião de Nat Turner na Virgínia em 1831 tivesse renovado temores. Poinsett argumentou que "uma revolta de escravos jamais seria bem-sucedida", acrescentando que se os escravizados "se tornarem suficientemente inteligentes para se unir e criar uma força poderosa, eles também serão suficientemente inteligentes para se dar conta de que, devido a sua situação, o sucesso é impossível, especialmente pelo fato de que os 'mulatos' se sentem muito mais perto dos brancos que dos negros". Ele acreditava que somente negros emancipados ameaçavam a União e que "Washington dera um péssimo exemplo ao libertar seus escravos".

No que se referia aos povos indígenas, Poinsett, que não era nenhum Houston, repetia o argumento, muito difundido entre os norte-americanos brancos, que os indígenas eram "uma raça que não quer se tornar civilizada". Assim sendo, "as pessoas civilizadas têm o direito de se apropriar das terras dos indígenas, que são incapazes de explorá-las, onde os brancos prosperarão e se multiplicarão rapidamente".[134] Tocqueville, que admirava a mente independente daqueles indígenas, não endossou a teoria em seu íntimo, mas admitiu, com relutância, que descrevia de forma acurada o inevitável desfecho entre combatentes desiguais.

O HOMEM QUE COMPREENDEU A DEMOCRACIA

Para Poinsett, caso existisse um verdadeiro perigo para a União, ele resultaria não de uma guerra comercial entre o norte e o sul, nem de uma guerra racial entre negros e brancos, mas de um desfecho inesperado da prosperidade norte-americana. Ele assinalou que aventureiros, que governavam estados e territórios do oeste e do sudoeste, não se sujeitavam a regras concebidas para sociedades maduras. Eles submeteram o elaborado equilíbrio entre ramificações do governo e da Constituição dos Estados Unidos aos mais rigorosos testes. Essas conversações causaram uma forte impressão em Tocqueville, que dedicou parte de *A democracia na América* aos perigos de desintegração que a União poderia enfrentar. A Carolina do Sul de Poinsett juntou-se à Nova York de Spencer, ao Massachusetts de Sparks e à Pensilvânia de Biddle como os mais significativos informantes de Tocqueville.

Em Washington, no fim de janeiro de 1832, Tocqueville teve um encontro com seu quinto principal informante, o secretário de Estado Edward Livingston, que convidou os dois franceses para um jantar em sua residência, com grande hospitalidade (e mais uma vez acompanhado de música medíocre). Livingston, casado com a filha de um abastado fazendeiro do Caribe francês, falava fluentemente francês. Tocqueville e Beaumont o identificaram erroneamente, achando que ele nascera na Louisiana, pois o conheciam somente como autor do código penal proposto para a Louisiana. Naquele momento, eles não se deram conta de que Livingston era de Nova York, membro de uma família numerosa que eles já conheciam. Ele era o irmão caçula de Robert Livingston, que ajudou a negociar a aquisição da Louisiana. Edward Livingston retornou à Louisiana após enfrentar desafios legais no início de sua carreira política. Eles mantiveram com Livingston uma excelente conversa sobre o sistema penitenciário como alternativa mais viável para a condenação à morte.[135]

Livingston e Poinsett foram extraordinariamente solícitos e possibilitaram a Tocqueville e Beaumont participar de sessões do Congresso na Câmara dos Deputados e no Senado, bem como ter acesso a documentos governamentais. Washington demonstrou a capacidade de Tocqueville e Beaumont de formar um círculo social. Eles voltaram a se encontrar com o congressista Edward Everett, a quem foram apresentados em Boston na residência de seu irmão Alexander, e com quem Tocqueville manteria uma duradoura amizade epistolar. John Quincy Adams os convidou para jantar em sua residência, em Washington. Eles participaram de um baile na residência de Daniel Patterson, comodoro da marinha norte-americana, e de outro baile na residência de Louis McLane, secretário do Tesouro. Também tiveram um encontro com Nicholas Philip Trist, casado com a neta de Thomas Jefferson, Virginia Jefferson Randolph, que foi secretária particular do presidente Jackson.[136]

Graças ao embaixador francês Louis Barbe Charles Sérurier, eles visitaram o presidente. Esse encontro foi muito esperado, aliás, pois a política jacksoniana tinha sido o centro de muitas conversas que Tocqueville e Beaumont mantiveram durante a viagem. A visita, entretanto, os desapontou. Eles acharam a Casa Branca uma residência modesta, e Beaumont escreveu para sua mãe: "Conversamos a respeito de coisas um tanto insignificantes. Ele [presidente Jackson] nos serviu um copo de vinho madeira, e nós agradecemos e o chamamos de 'senhor', exatamente como qualquer outro visitante procederia."[137]

Eles partiram de Washington, D.C., no dia 2 de fevereiro e chegaram a Nova York após uma breve parada na Filadélfia. Em Nova York, puseram suas anotações em ordem e realizaram mais algumas indagações antes de sua viagem de volta, no dia 20 de fevereiro. Tocqueville partiu admirando a engenhosa capacidade dos norte-americanos de utilizar as várias possibilidades que o país oferecia no sentido de alcançar benefícios de um modo que ainda não era concebível na França. Ele, porém, estava apreensivo em relação a como classificar e ordenar a vasta quantidade de informações que obtiveram, organizar suas ideias e apresentá-las para os céticos leitores franceses. Tocqueville duvidou seriamente de sua capacidade de ser bem-sucedido, mesmo que procedesse com muita cautela. Confidenciou a seu irmão Édouard que "poderia ser capaz de escrever algo passável" sobre os Estados Unidos.[138]

4

Escrevendo sobre os Estados Unidos em ordem inversa: primeiro as prisões, em seguida a liberdade

Tocqueville e Beaumont chegaram à França no fim de março de 1832, quando o país enfrentava uma grande epidemia de cólera. Alexis foi imediatamente para Versalhes, onde se reuniu com Mary durante alguns dias.[1] Sabemos que ele estava em Paris no dia 2 de abril, relatando suas viagens pelos Estados Unidos a seu primo Le Peletier d'Aunay, que ajudou a tornar a viagem uma missão oficial. Na companhia de seu irmão Édouard, Alexis foi encontrar o restante da família, que tinha ido morar na casa de campo da família Ollivier (Édouard era casado com uma das jovens da família), situada em Saint-Germain-en-Laye, a fim de se proteger da epidemia que se espalhava na capital.[2] A epidemia, sobre a qual Tocqueville e Beaumont ouviram falar em outubro de 1831, quando estavam na Filadélfia, atingiu cerca de 18 mil pessoas em Paris.[3] Os mortos foram enterrados em valas comuns e os doentes temiam ser confundidos com cadáveres e enterrados vivos. Catadores de farrapos e de lixo se revoltaram contra medidas sanitárias que os impediam de recolher tudo aquilo que encontravam nas ruas. Houve também vítimas entre os ricos. Elizabeth de la Ferté Meun, prima de Tocqueville e filha do conde Molé, que ele descreveu como "resplandecente, jovem e sadia", morreu cinco horas após contrair cólera, e o mesmo aconteceu com outro primo.[4] O primeiro-ministro Casimir Perier morreu após visitar o Hospital Hôtel-Dieu.[5]

A epidemia que assolava Paris deixou Tocqueville ainda mais desorientado. Estava ansioso em relação ao futuro e não tinha clareza sobre o que poderia fazer com suas malas repletas de documentos e anotações pessoais. Seriam necessários dezoito meses — até outubro de 1833 — para Tocqueville começar a organizar seu vasto conjunto de diálogos anotados, de cartas enviadas pela família e pelos amigos, e de teorias preliminares sobre a democracia.[6] Enquanto isso, estando em Saint-Germain-en-Laye, Tocqueville se comunicava com dificuldade com Beaumont, que se refugiou na casa de seus pais em Sarthe. Uma depressão que o incapacitava, cujas manifestações surgiram durante suas últimas semanas nos Estados Unidos, agora piorava, e ele temeu que seu desânimo acabasse se tornando uma doença crônica. Ele se deu conta de que a primeira tarefa a ser realizada era reunir energia suficiente para dar conta do relatório sobre o sistema penitenciário.[7] "Minha mente está envolta num nevoeiro", escreveu para seu companheiro de viagem e colega de pesquisa.[8] Ele nem sequer estava tentando. "Com os olhos semicerrados, aguardo o momento em que eu possa ver o Ser que preside o sistema penitenciário", ele acrescentou.[9] Ao comunicar-se com Eugène Stöffels, Tocqueville diagnosticou seu desânimo — era um *spleen*, uma mistura de tédio, tristeza e desalento.[10]

A instabilidade política tirou Tocqueville de seu torpor e forçou-o a decidir qual era seu posicionamento e o que ele queria fazer. A Monarquia de Julho ainda pareceu precária na primavera de 1832, com a polícia descobrindo uma série de conspirações tramadas por rivais agindo em conjunto contra o governo. Na conspiração da Rue des Prouvaires, em fevereiro, os legitimistas e os republicanos uniram suas forças para matar ou raptar a família real durante um baile no Palais des Tuileries. Os legitimistas tinham distribuído armas para os republicanos. Chateaubriand, que teve amplo conhecimento da conspiração, mas que se recusou a participar dela, comentou: "Os heróis de julho, alijados da República pelo *juste millieu*, ficaram felizes ao agir com os carlistas, vingando-se de um inimigo comum, mesmo que fosse para cortar as gargantas uns dos outros após a vitória."[11] Assim que os dois amigos retornaram, dois incidentes ocorreram simultaneamente em abril e maio de 1832, com o objetivo de pôr os destronados Bourbon e seus apoiadores legitimistas contra os Orléans que reinavam. Isso levou Tocqueville a fazer uma mudança crítica em sua carreira, bem como a afirmar sua independência de julgamento quanto a questões relativas à política.

Demissão em um tribunal de Justiça

O primeiro incidente de grande importância foi uma investigação sobre uma celebridade. Boatos sobre o complicado caso se espalhavam. Carlos X ainda era rei em 1829 quando o idoso duque de Bourbon (havia muito ele tinha perdido seu único filho, o duque d'Enghien) — desconfiando de uma conspiração, Napoleão Bonaparte ordenou que o fuzilassem — designou como herdeiro de sua enorme fortuna o duque d'Aumale, seu afilhado, filho do rei atual, Luís Filipe. A escolha do herdeiro surpreendeu muita gente. Circulavam boatos a respeito da amante do duque, a baronesa de Feuchères, também conhecida como Sophie Dawes, uma inglesa muito bela, que o duque tornou "rainha" de sua casa de campo em Chantilly. Ela presumivelmente convenceu seu amante, o duque, a designar o filho de Luís Filipe como herdeiro; em troca, Luís Filipe voltaria a admiti-la na corte de Carlos X, da qual ela fora banida. Também pode ter influenciado o duque quando destinou parte de sua fortuna a ela.

Embora o duque de Bourbon alegasse ter aceitado o desfecho da Revolução de Julho, bem como a ascendência do ramo dos Orléans ao trono, alguns desconfiavam que ele poderia excluir o duque d'Aumale de seu testamento. Se essa foi sua intenção, ele não teve a oportunidade de mantê-la. Em agosto de 1830, antes que a revolução completasse um mês, o duque foi encontrado morto em seu quarto, dependurado de forma suspeita na maçaneta da janela.[12] A investigação oficial concluiu que foi suicídio.[13] No entanto, os Rohan (a família da esposa do duque, de quem ele se separou) tentaram invalidar o testamento e recuperar a herança. Alegaram que fora um assassinato, e a baronesa de Feuchères se tornou suspeita.

Antes de partir para os Estados Unidos, Beaumont atuou nessa questão para o tribunal. Ele presumivelmente se recusou a remover dos registros provas que evidenciavam a moral dissoluta da amante do duque, apoiando assim as reivindicações dos Rohan.[14] Ao ingressar no Ministério da Justiça, em maio de 1832, Beaumont não aceitou retornar àquela trama financeira e política, sob o pretexto de que não tinha ficado alheio a ela quando estava nos Estados Unidos, mas que sua primeira obrigação era o relatório sobre o sistema penitenciário daquele país. Não se sentia inclinado a defender os Orléans contra os Bourbon, mas não se exprimiu nesse sentido. Ele, entretanto, foi demitido instantaneamente, e o motivo foi insubordinação. Beaumont perdeu, assim, uma fonte de renda de que muito necessitava. Após receber a notícia da "destituição"[15] de Beaumont, Tocqueville imediatamente pediu demissão de seu cargo, informando ao ministro da Justiça que também estava deixando "uma carreira na qual a atuação guiada pela consciência não é proteção contra uma desgraça imerecida".[16] Já havia pensado em desistir daquela carreira enquanto estava nos Estados Unidos, mas finalmente tomou uma atitude.[17]

Tocqueville defende Kergorlay

Sua decisão acabou sendo oportuna. Agora que não era mais funcionário público, Tocqueville foi dispensado de seu juramento de lealdade ao regime no momento em que a duquesa de Berry, mãe do herdeiro "legítimo" do trono da França, o duque de Bordeaux (também conhecido como conde de Chambord, um menino de 12 anos), tentou um golpe contra a Monarquia de Julho.

Exilada na Toscana, a duquesa vinha contando com o apoio de vários setores dos legitimistas na Provença, e em seguida na Vendeia, quanto a sua reivindicação de ser regente. Com o objetivo de impulsionar sua popularidade em Paris, ela confiou em Chateaubriand para que ele distribuísse dinheiro às vítimas da epidemia de cólera, o que ele fez através de uma rede de padres legitimistas e amistosos subprefeitos de vários bairros de Paris. Florian de Kergorlay, pai de Louis, era um dos ardentes apoiadores da duquesa.

Tocqueville e Beaumont desconfiaram que os Kergorlay poderiam ter participado do golpe e provavelmente foram presos por conspirar contra o regime. Sua desconfiança tinha fundamento.[18] Pai e filho haviam se juntado ao visconde de Saint-Priest e alguns poucos cúmplices no golpe da duquesa. Vindos de Massa, na Toscana, eles embarcaram no vapor Carlo Alberto, da Sardenha, no dia 24 de abril de 1832, e navegaram até um porto perto de Marselha, onde a duquesa desembarcou à noite, no dia 28, com alguns dos passageiros, incluindo Florian, mas não seu filho.[19] Esse grupo promoveu uma insurreição no dia 30 de abril, com a participação de apenas alguns poucos nobres locais. A duquesa viajou incógnita até a Vendeia, onde

O HOMEM QUE COMPREENDEU A DEMOCRACIA

incentivou outra insurreição, inteiramente reprimida no dia 9 de junho. Conseguiu ficar escondida durante cinco meses. Finalmente capturada, foi levada para a Fortaleza de Blaye, onde permaneceu sob a vigilância do general Bugeaud.[20]

Louis de Kergorlay, que permanecera a bordo do Carlo Alberto com Saint Priest, dois outros cúmplices e a criada da duquesa, continuou fugindo em direção a Rosas, na Catalunha. Forçado a se reabastecer em La Ciotat, perto de Toulon, no dia 29 de abril, o vapor foi localizado, perseguido e detido.[21] Uma vez a bordo, a polícia francesa se enganou, achando que a criada era a duquesa, e pensou durante alguns momentos que um marinheiro negro era o jovem duque de Bordeaux disfarçado (os policiais chegaram até mesmo a esfregar sua pele com o intuito de revelar qual seria sua verdadeira cor). O príncipe, entretanto, jamais se afastou de seu avô, que estava exilado em Praga. Todos os passageiros foram levados para a Córsega e em seguida para Marselha, onde foram encarcerados no dia 10 de maio. O mais velho dos Kergorlay, detido fora de Marselha, juntou-se a eles.[22]

Tocqueville visitou seu amigo na prisão. Foi-lhe permitido ver Kergorlay somente após árduas negociações com as autoridades, e ele garantiu ao amigo seu total apoio. Na cadeia, Kergorlay escreveu um panfleto para divulgar o que estava acontecendo com ele, e Tocqueville o distribuiu, seguindo suas detalhadas recomendações: enviou o panfleto para políticos influentes, a imprensa e várias livrarias. Ao todo, foram oitenta cópias. No panfleto, Kergorlay insistia que não reconhecia a autoridade de um governo ilegítimo — isto é, a Monarquia de Julho. Ao mesmo tempo, argumentou, com base em precedentes legais, que fora detido ilegalmente a bordo de um navio sem defesa, pertencente a uma aliada da França (a Sardenha), e em desafio ao direito internacional. Isso significava pirataria.

Além disso, Tocqueville e Beaumont inseriram em *La Quotidienne*, jornal legitimista, uma declaração assinada por ambos exigindo que a duquesa fosse solta, pois ela estava detida como prisioneira de guerra, fora do alcance do Poder Judiciário, sem que tivesse sido planejado seu comparecimento a um tribunal.[23] Ao contrário de seu irmão Hippolyte, que escreveu uma apaixonada defesa à duquesa em um ato de devoção aos Bourbon (em uma "carta aos normandos"),[24] Tocqueville manteve seu posicionamento: ele estava acima de rixas. Sentia-se livre para defender a duquesa, o que comunicaria mais tarde aos eleitores de seu distrito, precisamente porque "eu não compartilho as convicções daqueles que a apoiam". Ele elaborou seus argumentos e declarou que o governo não tinha o direito de manter arbitrariamente a duquesa na cadeia como prisioneira de guerra, sem acesso a um tribunal de Justiça. "Mantive meu posicionamento: se a duquesa de Berry continuava detida como prisioneira de guerra, ela devia ser solta, pois agora a guerra terminou. Se ela estava sendo detida como uma criminosa, ela seria julgada em um tribunal. No entanto, detê-la sem julgamento é ilegal e ofensivo para a liberdade de todos os cidadãos." Depois de ser desafiado quanto a essa questão durante uma campanha eleitoral, Tocqueville invocou a histórica defesa do rei, devida a seu avô. "Lembrei-me de que eu era o neto de um homem que defendeu Luís XVI enquanto ele estava preso e agrilhoado, um homem hoje reverenciado por todos os partidos."[25]

Acabou sendo revelado que a pior inimiga da duquesa era ela própria. Ela voltara a se casar, agora com um nobre italiano, e estava grávida quando foi presa e deu à luz durante o cativeiro (a criança morreu logo depois). O segundo casamento da duquesa fez com que ela perdesse a cidadania francesa, sem poder reivindicar uma regência. Na cela de sua prisão, o bombástico Florian de Kergorlay se recusou a acreditar que aquilo fosse verdade. Como a duquesa não representava mais uma ameaça para o regime, ela acabou sendo solta em junho de 1833 e foi se refugiar na Sicília.

Os conspiradores foram julgados em Montbrizon, em março de 1833, para onde tinham sido levados após seu encarceramento em Marselha e Aix. Durante o julgamento, o sentimento daqueles que o presenciavam estava visivelmente a favor da defesa. Tocqueville atuou como suplente do advogado de seu querido amigo. No único pronunciamento final em defesa de um cliente, ele atuou mais como testemunha do que como advogado de defesa. Realçou o patriotismo de Kergorlay por ocasião da conquista da Argélia e defendeu rigorosamente seu direito de agir de acordo com sua consciência. Diante da acusação de que Kergorlay era "o campeão medieval de opiniões ultrapassadas", Tocqueville alegou que "ninguém era mais preparado do que ele para entender o espírito de nossa era". No final, o júri o absolveu.[26]

Os pronunciamentos de Tocqueville em defesa de seu amigo de infância têm sido interpretados como manifestações sinceras da causa legitimista. Tocqueville foi considerado suspeito de legitimismo durante anos. No

O HOMEM QUE COMPREENDEU A DEMOCRACIA

entanto, se Kergorlay era um legitimista sem arrependimento, o único compromisso de Tocqueville era com a liberdade política. Ele se apressara em libertar seu amigo e ao mesmo tempo expressara desacordo com a causa de Kergorlay. Enfrentar sem receio princípios conflitantes tornar-se-ia um marco na carreira política de Tocqueville. Na correspondência que mantinha com Beaumont, ambos se declaravam ex-monarquistas. Não apenas não eram legitimistas, como também já não tinham mais compromissos com princípios monarquistas.[27] No entanto, não eram democratas, pelo menos não ainda. Tocqueville se inclinava a se tornar democrata, mas ele precisava meditar mais profundamente sobre sua experiência americana diante de tudo o que havia acontecido desde seu retorno, antes de poder assumir uma posição.

Penitenciárias

Durante aquele tempo, Beaumont e Tocqueville se dedicaram ao relatório sobre o sistema penitenciário, a fim de dar conta de seu compromisso inicial. Sua primeira tarefa foi renovar o que haviam pesquisado sobre as prisões francesas que não abordaram desde a época de sua proposta inicial. Diante de solicitações e encorajamento de seu amigo, Tocqueville coletou estatísticas no Ministério da Marinha em maio de 1832.

Levantou dados sobre os campos de trabalho forçado na França (embora tecnicamente fora do enfoque do relatório sobre a reforma das *prisons centrales*) e sobre o *bagne,* ou campo de trabalho forçado, em Toulon, "durante "um longo e atento período de observação".[28] Tocqueville interrompeu a pesquisa sobre Toulon a fim de visitar seu amigo Kergorlay, que estava numa prisão em Marselha, mas ele já havia tomado conhecimento do que era um campo de trabalho forçado para sentir-se profundamente perturbado. Em Toulon, testemunhou quase toda a prática de encarceramento a que se opunha. Lá não havia nenhuma preocupação com o arrependimento e a reabilitação. Nos Estados Unidos, o silêncio forçado e o confinamento solitário, embora desumanos, resultariam supostamente numa mudança. Em Toulon, os detentos sempre podiam conversar uns com os outros e eram inclinados a tramar fugas e cair na reincidência. Em vez de separar à noite os prisioneiros mais recalcitrantes por meio de algo que se assemelhasse a um sistema celular, os guardas acorrentavam uns aos outros. Os prisioneiros podiam se agrupar e planejar suas próximas contravenções. Em resumo, o *bagne* era um lugar propício para se conceber outros crimes, desprovido de quaisquer tentativas oficiais de encorajar a reabilitação moral. Sem nenhum padre à vista, Tocqueville registrou que "um detento pode passar a vida inteira em um campo de trabalho forçado sem que jamais o faça lembrar de que existe um Deus".[29]

Após reconectar-se com Kergorlay em Marselha, Tocqueville foi para Genebra e Lausanne para visitar duas penitenciárias na Suíça, onde esperava encontrar-se finalmente com Beaumont pela primeira vez desde que voltaram dos Estados Unidos.[30] Durante a viagem, ele leu um livro que seu amigo de Versalhes, Ernest de Blosseville, acabara de escrever, *De la question des colonies pénales en Australie,* e chegou à conclusão de que não era uma boa solução mandar malfeitores para fora da França.[31]

Beaumont acabou não viajando para a Suíça após se despedir de Tocqueville, que visitou sozinho as penitenciárias. Ele gostou do que viu e anotou que as autoridades suíças haviam adotado um sistema celular à noite, sem o silêncio que era imposto nos Estados Unidos durante o dia, e felizmente "sem a filantropia cristã francesa".[32] Ficou surpreso com o conforto de que os criminosos suíços gozavam, o que desaprovou, chegando à conclusão de que a penitenciária de Genebra era "uma prisão que mais parecia uma loja de chocolates [*prison bonbonnière*]: camas largas, banhos mensais, biblioteca, tempo livre aos domingos, restrições quanto a punições, salário dos funcionários em dia. Tudo na mais perfeita ordem. Faz lembrar o *boudoir* de uma amante". O mesmo sucedia na penitenciária de Lausanne. Tocqueville fez uma observação crítica: "A filantropia autêntica é tornar os prisioneiros pessoas melhores, não os manter felizes."[33]

Tocqueville retornou a Paris no começo de junho, pouco após o governo reprimir brutalmente uma grande manifestação que as sociedades republicanas realizaram durante o enterro do general Maximilien Lamarque. O popular general foi vítima da epidemia de cólera. Seu enterro acabou sendo um acontecimento épico, que Victor Hugo evocaria em seu livro *Os miseráveis.* Tocqueville condenou severamente a repressão do governo e escreveu para a mãe de Kergorlay afirmando ver naquele movimento o indício seguro

O HOMEM QUE COMPREENDEU A DEMOCRACIA

de uma tirania que se aproximava.[34] Aquele abuso de poder fortaleceu sua decisão de defender o filho dela.

Em Paris, Tocqueville e Beaumont finalmente se reencontraram e visitaram vários estabelecimentos penais. Beaumont visitou a prisão de La Petite Roquette em agosto, mas não analisou seu projeto arquitetônico panóptico, apenas expressou seu desprazer em constatar que uma extravagante e dispendiosa iniciativa como aquela poderia anular qualquer esforço de instituir um programa de reformas sóbrio a ser realizado.[35] Tocqueville realizou sua pesquisa em uma *maison de refuge* situada na Rue de l'Orne, que não era diferente de um asilo norte-americano para pobres, que acomodava mendigos e encontrava trabalho para eles.[36] Visitou uma prisão onde havia cerca de mil mulheres, incluindo jovens prostitutas e algumas crianças abandonadas, todas amontoadas em celas sujas, no que foi um dia o Convento dos Lazaristas. Elas, paradoxalmente, compareciam a missas realizadas numa luxuosa capela, cuja construção exigiu grandes despesas. Tocqueville também visitou uma *maison de correction* (algo semelhante a um reformatório), cuja finalidade era acolher de 25 a 30 rapazes recalcitrantes, lá enviados por suas famílias, e descreveu-os com três palavras: "Sujos, relaxados, preguiçosos."[37] Que contraste com um abrigo que ele visitou em Boston, no qual as crianças eram cuidadosamente separadas à noite, estudavam durante o dia e tinham alguma liberdade para julgar erros cometidos por elas.[38]

Após concluir essas visitas na França e na Suíça, Tocqueville e Beaumont estavam prontos para escrever um relatório, que incluiria úteis comparações e recomendações de planos de ação. Na Filadélfia, Tocqueville escreveu para Chabrol, afirmando que suas anotações sobre as prisões "devem valer alguma coisa, mesmo que seja um tostão furado".[39] Tocqueville e Beaumont se dedicaram a escrever um esboço. Terminado o relatório, ambos o assinaram, mas Tocqueville, embora tivesse apoiado a candidatura de Beaumont à Academia de Ciências Morais e Políticas, decorridos alguns anos declarou ser ele "o único autor".[40] É muito provável que tenha escrito alguns anexos e a maior parte das notas, ao mesmo tempo influenciando o formato geral do manuscrito. Ambos completaram *Sobre o sistema penitenciário dos Estados Unidos e sua aplicação na França* em setembro de 1832, e entregaram-no em outubro ao Ministério do Comércio e Obras Públicas com seis volumes, além de documentos.[41] O texto foi impresso em dezembro, constando 1833 como a data de publicação.

Os autores naturalmente colocaram a ampla questão de saber o quanto essa inovação norte-americana podia ser aplicada na França, um problema que dizia respeito à obra *A democracia na América*. Se houvesse uma mensagem abrangente, era no sentido de que a penitenciária norte-americana não era uma cura para os males da sociedade, mas um mecanismo destinado a alterar a mente de homens depravados.[42] "Talvez ao sair da prisão o ex-presidiário não fosse um homem honesto, tendo, sim, adquirido hábitos honestos. Ele era preguiçoso e agora sabia como trabalhar. Sua ignorância impediu-o de exercer um trabalho produtivo. Agora sabia ler e escrever, e o ofício que aprendeu na prisão lhe proporcionaria meios de existência de que não dispunha anteriormente. Sem amar o bem, podia detestar o crime, cujas cruéis consequências vivenciou; e se não fosse mais virtuoso, pelo menos tornou-se mais moderado. Sua ética não era a honra, mas o interesse. Talvez sua fé religiosa não fosse vívida nem profunda, mas mesmo que a religião não tivesse tocado em seu coração, ela deu a sua mente hábitos de ordem e a sua vida regras de conduta. Sem ter uma grande convicção religiosa, adquiriu gosto pelos princípios morais que a religião ensina. Na verdade, ele finalmente não se tornou melhor, mas pelo menos mais obediente em relação às leis. Isso era tudo o que a sociedade tinha o direito de lhe pedir."[43]

Na cela de sua prisão em Aix, para onde alguns dos conspiradores tinham sido transferidos, Kergorlay foi um dos primeiros a ler o relatório, sem, no entanto, apreciá-lo — achou-o muito descritivo. Disse a Tocqueville: "Tudo bem que seus leitores sejam pessoas decentes, mas para grande parte deles algo está faltando: ou charlatanismo, ou brilho."[44] Ele foi severo, mas estava correto: o relatório era em grande parte factual. Nele, Tocqueville e Beaumont abordaram as origens do sistema penitenciário. Deram um crédito significativo aos quacres da Filadélfia por abolir penalidades bárbaras, tais como açoites, o pelourinho e a humilhação pública, substituindo-as por um sistema de reflexão e compensações mediante um confinamento solitário. Defendiam vigorosamente que as prisões francesas adotassem um sistema de confinamento em celas separadas. Entretanto, seguiram o conselho de seu mentor, Le Peletier d'Aunay, para "não se tornar irrevogavelmente comprometidos com ideias que, caso falhem, implicarão prejuízos para todos".[45] Eles

O HOMEM QUE COMPREENDEU A DEMOCRACIA 123

não manifestaram uma forte preferência nem pelo modelo da Filadélfia de confinamento solitário e completo em celas suficientemente amplas para que os presos pudessem trabalhar nelas, nem a variante de Auburn — confinamento solitário somente à noite, mas silêncio obrigatório durante o trabalho em equipe durante o dia. De maneira diversa às cartas que Tocqueville e Beaumont enviaram dos Estados Unidos, e que expressavam sua nítida admiração pelo sistema adotado na Filadélfia, o relatório dava um ligeiro crédito ao sistema adotado em Auburn por ser mais fácil de estabelecer e gerar uma renda significativa para o Estado. Eles chegaram à conclusão de que esse sistema produzia cidadãos mais dóceis, porém a Filadélfia foi mais adiante quanto à transformação do caráter dos detentos.[46] Boa parte do relatório focalizou os detalhes da administração das penitenciárias e forneceu informações sobre os custos de construção, gastos e rendimentos, além de muitos detalhes técnicos. Os autores do relatório incluíram anexos sobre o que não desenvolveram naturalmente na narrativa.

Embora esperassem adaptar as reformas norte-americanas ao contexto francês, Tocqueville e Beaumont foram prudentes. Identificaram uma grande quantidade de barreiras. Os franceses, em geral, se opunham ao castigo corporal, que era a base do reforço do sistema de Auburn. Evocando estereótipos duradouros, Tocqueville e Beaumont formularam a hipótese de que uma lei do silêncio seria mais difícil para um francês suportar do que para um norte-americano "taciturno".[47] Outras barreiras práticas incluíam a grande expansão de prisões com celas individuais, além do fato de que os produtos do trabalho dos prisioneiros provavelmente seriam menos valiosos na França do que nos Estados Unidos.[48] Outro grande obstáculo era a ausência, na França, de um movimento religioso fortemente empenhado em reformar criminosos.[49] Nos Estados Unidos, a convicção religiosa levou indivíduos e seitas a oferecer apoio financeiro e moral para reformas. Na França, um envolvimento religioso nas prisões provocaria suspeitas. Havia também barreiras legais. Na França, os tribunais determinavam uma variedade de punições que necessitavam de vários tipos de prisões, enquanto nos Estados Unidos a duração da condenação era especificada. Mesmo após tudo isso, Tocqueville e Beaumont mantiveram a defesa de um princípio importante para eles, que haviam abordado em profundidade nos Estados Unidos: a descentralização. Eles queriam se opor ao "jugo da centralização" e esperavam que as autoridades locais efetuassem a reforma das prisões com grande grau de autonomia.[50]

A Academia Francesa concedeu aos dois autores o Prêmio Montyon, uma premiação anual reservada, considerada mais "útil" para o melhoramento dos costumes.[51] "Útil" era a palavra operativa, porém existia algo mais no relatório deles do que informações factuais. Apesar da prosa moderada, um breve segmento do relatório antecipava claramente uma das maiores contribuições de Tocqueville em *A democracia na América* — o mútuo reforço da liberdade e da igualdade. Em *A democracia na América*, Tocqueville explicaria: "Conheço somente duas maneiras de alcançar o reino da igualdade — os direitos têm de ser concedidos a cada cidadão ou a ninguém."[52] O relatório sobre as prisões, realizado dois anos antes da publicação de *A democracia na América*, focalizava a segunda maneira. Através de seu trabalho sobre o sistema penitenciário norte-americano, Tocqueville aplicou a estrutura conceitual que Guizot sugeriu pela primeira vez — olhar as instituições através das lentes da igualdade. Nesse caso, o enfoque foi na igualdade que permanece quando se elimina a liberdade. O relatório ressalvava que todos os criminosos numa penitenciária norte-americana eram tratados em pé de igualdade, independentemente da posição que haviam ocupado na sociedade. Na prisão, todos estavam reduzidos ao mais baixo denominador comum. O texto não poderia ser mais claro: "Há mais igualdade na prisão do que na sociedade. Todos se vestem do mesmo jeito e comem o mesmo pão. Todos trabalham."[53] A penitenciária norte-americana era a criação de um país ao inverso.[54] Para os norte-americanos livres, a igualdade significava o acesso a oportunidades. Para os prisioneiros, a igualdade mantinha todos no mesmo baixo nível. O relatório acabou demonstrando que a vida nas penitenciárias norte-americanas tinha muito a dizer sobre a democracia. Era um microcosmo de um Estado social extremo de igualdade para todos e de liberdade para ninguém, um relato acautelador do que poderia ser denominado uma democracia falha.

De nada adiantou que mais tarde Tocqueville modificasse consideravelmente seu posicionamento sobre a igualdade dos prisioneiros. Em *A democracia na América* ele reconheceu a desigualdade fundamental que separava um criminoso norte-americano rico, que poderia evitar ser preso mediante o pagamento de uma fiança, de um criminoso pobre, "obrigado

O HOMEM QUE COMPREENDEU A DEMOCRACIA

a aguardar a Justiça na prisão", onde "o ócio forçado em breve o reduzirá à miséria".[55] Essas conclusões eram o indício de mais reflexões. O relatório sobre as prisões não dizia nada sobre os condenados; referia-se apenas aos indiciados.

Tocqueville havia muito tempo considerava o conceito de igualdade no que se referia à ausência de poder como parte da história da França. Os reis franceses praticaram o absolutismo durante séculos; todos tinham de obedecer, até mesmo os nobres. No relatório, ele e Beaumont fizeram uma analogia sutil entre nobres franceses sujeitados e criminosos norte-americanos. Afirmaram que as prisões norte-americanas "oferecem o espetáculo do mais completo *despotismo*".[56] Eles não entraram em detalhes. Francis Lieber, ao traduzir o relatório para o inglês, não entendeu o que os autores quiseram dizer com isso. Sentiu-se obrigado a introduzir uma nota de rodapé a fim de corrigir o que ele considerou uma interpretação incorreta de Tocqueville e Beaumont e assinalou "a impropriedade de denominar despótico um sistema que se desenvolveu principalmente a partir de um sentimento de humanidade e continua sendo mantido por ele".[57] Havia chegado com toda clareza o momento de Tocqueville tratar mais amplamente o conceito de igualdade. Ele, entretanto, ainda não estava pronto para escrever seu livro sobre os Estados Unidos.

Cinco semanas na Inglaterra

Fazia muito tempo que Tocqueville pretendia viajar para a Inglaterra — desde 1824, quando ainda era estudante. Ele planejava excursionar rio Tâmisa acima na companhia de Kergorlay, o que acabou não acontecendo.[58] Tocqueville e Beaumont planejaram fazer uma parada na Inglaterra quando regressavam à França, em 1832, mas a pressão de voltar para casa prevaleceu.[59] Com o relatório sobre as prisões completo, Kergorlay fora da prisão e Beaumont desejoso de citar, no relatório, a famosa máxima de que John Bull era pai de Jonathan,[60] havia chegado o momento de investigar pessoalmente as aristocráticas fontes britânicas da liberdade norte-americana.

Guizot tinha ensinado seus alunos a pensar na França em 1830 como uma versão da Inglaterra em 1688 — uma moderna Revolução Gloriosa.

Tocqueville reconheceu esse fato, mas foi para os Estados Unidos com a mente livre de ideias formadas sobre o constitucionalismo britânico.[61] Aquilo que havia sido uma mudança fortuita que o capacitou a ver os Estados Unidos com poucas ideias preconcebidas agora tornava-se um impedimento. Se Tocqueville mantinha constantemente a França em suas reflexões quando pensava nos Estados Unidos,[62] a Inglaterra era o *tertium quid* de um julgamento comparativo.

Tocqueville não chegou à Inglaterra desprovido de conhecimentos. Após ler a história do país de autoria de John Lingard (ver capítulo 1), ele não se esqueceu de que a aristocracia britânica se manteve livremente através dos séculos porque a aceitação da liderança local da aristocracia tinha ajudado a manter o poder real acuado. Tocqueville também aprendeu muito sobre o direito consuetudinário inglês a partir de textos jurídicos norte-americanos lidos durante a viagem aos Estados Unidos. Mesmo assim, uma visita talvez fosse urgente, já que as tradições aristocráticas britânicas pareciam estar sob cerco, conforme foi evidenciado pela reforma eleitoral de 1832 e por revoltas da classe trabalhadora. Tocqueville disse a sua prima Laurette de Pisieux que queria ver o sistema britânico antes que mudasse. "A gente ouve falar que eles estão caminhando positivamente para uma revolução", ele escreveu, "e é necessário apressar-se para ver as coisas como elas são. Assim, eu me apresso a ir para a Inglaterra como se lá fosse assistir ao espetáculo final de uma bela peça de teatro".[63]

Como se quisesse entender apropriadamente o modo aristocrático de pensar, Tocqueville, quando estava a caminho da Inglaterra, parou na antiga mansão familiar, desabitada desde a Revolução Francesa. Lá esteve apenas uma vez, em 1828. Comunicou a Mary, emocionado, exatamente o que dissera a Beaumont cinco anos antes: que do alto da torre conseguia ver o litoral onde seu ancestral embarcou a fim de conquistar a Inglaterra. Agora, ele disse a Mary, cabia-lhe fazer algo que valesse a pena, em se tratando de sua própria vida.[64]

Tocqueville não se sentia seguro do que esperar quando chegasse. No relatório sobre as penitenciárias, ele e Beaumont culparam não muito severamente as Leis Britânicas Sobre a Pobreza por aumentar a quantidade de pobres e criminosos "dando trabalho e dinheiro para todos os desafortunados".[65] Isso, na melhor das hipóteses, era apenas meia-verdade, prova-

O HOMEM QUE COMPREENDEU A DEMOCRACIA 127

velmente tomada de empréstimo do livro *A treatise on political economy: or the production, distribution, and consumption of wealth*, de autoria de Jean-Baptiste Say.[66] Entretanto, ao desembarcar em Southampton e a caminho de Londres, Tocqueville não se deparou com pobreza; em vez disso, admirou um estilo de vida aristocrático, pródigo, à mostra: "Parques, casas de campo, carruagens, lacaios, cavalos, luxo de cima a baixo."[67] Uma vez em Londres, graças às cartas de apresentação que sua prima Laurette lhe dera, Tocqueville ingressou imediatamente na alta sociedade. Chocado com tamanhas extravagâncias, sentiu-se inferior socialmente e escreveu a Beaumont: "Você tem de recorrer aos matemáticos sobre aquilo que eles denominam 'cifras negativas' a fim de calcular qual é a minha posição social aqui."[68] A alta sociedade não tinha limites. Foi difícil manter um diálogo interessante com anfitriões que falavam exclusivamente de bailes e festas elegantes e, além disso, presumiam, demonstrando aprovação, que ele era "um legitimista convicto e participante".[69] Felizmente, o *Système pénitentiaire*, que Tocqueville julgou ser inútil como um meio de introdução, acabou se revelando seu passaporte para atrair reformistas *whigs*, incluindo o arcebispo de Dublin, que lera o relatório e demonstrara apreciá-lo.[70]

Tocqueville estava muito bem-disposto na Inglaterra. Havia alguns meses confidenciara a Charles Stöffels sua depressão. Agora estava escrevendo para ele contando como gostava de viajar sozinho, relatando "um sentimento de liberdade e independência, uma vivacidade e uma clareza que contribuem para minhas impressões".[71] Ele gostou de observar um debate sobre a abolição da escravidão na Câmara dos Lordes. O francês havia esperado um grande desempenho do duque de Wellington, mas, para uma pessoa que se viu às voltas com as dificuldades da oratória, era gratificante observar o "herói de Waterloo" não saber o que fazer "com suas pernas e braços nem saber como equilibrar seu corpo esguio".[72] Ele testemunhou uma tumultuada manifestação relativa às eleições, acompanhada por "vivas, assovios e gritos", o tipo de desordem, concluiu, "que contribuiu mais do que tudo para manter a aristocracia, fazendo com que a classe média se horrorize diante de costumes puramente democráticos".[73]

Tocqueville visitou Oxford e admirou o gótico "entrelaçamento de pedras reluzentes em sua edificação",[74] mas criticou o fato de que um prédio daquele tamanho mantivesse confortavelmente apenas poucas pessoas.[75] Em Oxford, apresentou-se a Nassau Senior, um economista que se dedicava a reformar a Lei da Pobreza.[76] Senior era um conservador convicto, e mais tarde Karl Marx criticou-o por ele argumentar que os manufatureiros obtinham algum lucro somente depois de trabalhar durante treze horas, e louvar as condições reinantes nas fábricas de manter aquecidas as crianças que nelas trabalhavam.[77] Para Tocqueville, Senior era um informante confiável, que se tornaria seu amigo por toda a vida. De Oxford, o trajeto até Bath era curto. No castelo de Warwick, existente nas redondezas de Bath, Tocqueville se deparou com "a desenfreada grandeza dos tempos medievais".[78] De lá, montado num cavalo, ele chegou à noite a Kenilworth, onde sua imaginação evocou os personagens de Walter Scott.[79]

Tocqueville foi à Inglaterra com o objetivo de ampliar sua compreensão do que era a aristocracia. Sentiu que havia atingido seu objetivo quando, portador de uma carta de recomendação, escrita por sua prima Eugènie de Grancy, visitou lorde Radnor no castelo de Longford, perto de Salisbury. Radnor era muito influente, "o grande lorde inglês senhor de suas terras".[80] Não poderia haver melhor exemplo do contraste entre os três países. Tocqueville queria fazer uma comparação. Radnor era um líder *whig* e um homem muito religioso, que exercia influência nacional e local. Personificava a importância de se possuir extensas propriedades rurais, que passavam de uma geração para outra a fim de manter o controle da aristocracia sobre a sociedade inglesa. Na França, em contraste, muitas propriedades da aristocracia tinham sido partilhadas havia muito tempo.[81] Os Estados Unidos tinham dado um fim à prática de dividir inteiramente as terras, porque, conforme Jefferson argumentou, "pelas leis da natureza, uma geração é para outra geração do mesmo modo que uma nação independente é para outra nação".[82] No entanto, a primogenitura ainda dominava na Inglaterra.

Tocqueville observou lorde Radnor exercer suas funções de juiz de paz no condado de Wilshire.[83] Acompanhou-o durante uma sessão do tribunal que julgava casos de ajuda pública, onde observou pela primeira vez como às vezes os pobres podiam abusar das Leis da Pobreza, e registrou essa descoberta em sua caderneta.[84] A experiência confirmou ser a Inglaterra o modelo de país regido pela aristocracia proprietária de terras. A Inglaterra era descentralizada. Ela podia ter um governo poderoso, mas a administração permanecia local e respeitava as liberdades locais. Essa era uma

O HOMEM QUE COMPREENDEU A DEMOCRACIA

questão importante. A essa distinção crítica entre governo centralizado e administração descentralizada, que promovia a autonomia local, foi que Tocqueville atribuiu "a meritória causa do progresso material".[85]

Além disso, a aristocracia manteve sua ascendência em toda a Inglaterra ao permanecer acolhedora a homens que enriqueceram.[86] Ela se baseava tanto no dinheiro quanto no nascimento. Tocqueville lá se juntou a muitos outros observadores contemporâneos, os quais notaram que "na Inglaterra a palavra *gentleman* é aplicada a todo homem bem-educado, enquanto na França *gentilhomme* se aplica somente a um nobre de nascença", uma "observação gramatical mais esclarecedora do que argumentos muito longos". Embora Tocqueville observasse que a democracia se assemelhava "à maré montante, que só recua para voltar com força ainda maior",[87] ele encontrou na Inglaterra um modelo aristocrático para sua elaboração teórica que se apoiava em sua construção teórica da democracia, que se apoiava no controle da política local e no acesso às classes altas mediante a aquisição da riqueza.

Agora era tempo de escrever *A democracia na América*, mas era difícil resistir a novos projetos que o atraíam. Quando ainda estava em Londres, Tocqueville escreveu a Beaumont sobre a possibilidade de criar uma nova revista[88] e fazer dela um órgão político voltado para amigos titubeantes em relação à Monarquia de Julho, mas que queriam manter distância dos legitimistas linha-dura. Além disso, a publicação fomentaria uma reforma espiritual contra o materialismo burguês e reconciliaria a democracia com a religião.[89] Isso se tornaria um dos maiores objetivos de Tocqueville ao escrever *A democracia na América*, mas talvez criar uma revista fosse um modo mais rápido e mais eficiente de difundir aqueles posicionamentos. Como Tocqueville explicou a Kergorlay, era preciso "reabilitar o espiritual na política e fazer com que ela voltasse a ser popular ao demonstrar sua utilidade".[90] Tocqueville aproximou-se de Montalembert, que ainda estava chocado com a decisão do papa Gregório XVI de condenar seu jornal *L'Avenir*, mas ele não quis participar do projeto.[91] Eles pensaram em seus amigos de Versalhes, Blosseville e Chabrol, como possíveis financiadores, mas Tocqueville decidiu não recorrer a eles, considerando-os próximos demais do Legitimismo. O projeto gorou. Tocqueville finalmente se deu conta de que a única maneira de divulgar suas ideias era escrever seu livro, o que ele se propôs a fazer assim que voltasse da Inglaterra.

Escrevendo *A democracia na América*

Passados alguns anos, Tocqueville recordou que havia escrito *A democracia na América* com "fé e esperança numa causa".[92] Após visitar os Estados Unidos, ele se convenceu de que a democracia era perfeitamente compatível com a religião. Ao enfatizar esse fato essencial logo no início, prenderia a atenção do leitor e o prepararia para ver a democracia sob uma nova e enaltecedora luz. Kergorlay não concordou, mas sugeriu apresentar a democracia como "a vontade da divindade".[93] Na introdução, Tocqueville superou momentaneamente sua crise de fé e declarou ter escrito o livro inteiro "tomado por uma espécie de terror religioso" diante de "indubitáveis sinais da vontade de Deus". Ele não se diferenciava de Blaise Pascal, que expôs alguns dos "segredos de Deus mais protegidos".[94] Foi a vez de Tocqueville revelar em seu livro a inevitabilidade da democracia. Ele queria que seus leitores soubessem que a Providência tinha trazido para o Novo Mundo uma nova ordem moral que prometia a liberdade sob a condição de igualdade. A democracia tinha todas "as características essenciais" de "um fato providencial": ela era "universal, durável e além do alcance dos poderes do homem".[95]

Até mesmo um autor tão preciso como Tocqueville necessitava de flexibilidade ao escolher palavras. Ele usava frequentemente "igualdade" e "democracia" como palavras intercambiáveis porque viu uma nova espécie de igualdade como uma proeminente qualidade da democracia. É preciso lembrar que a família de Tocqueville, seus amigos e a maioria dos aristocratas franceses consideravam a igualdade uma força maliciosa que acabaria destruindo sua casta — o resultado de uma nivelação promovida por despóticos reis franceses decididos a transformar os nobres, que se tornariam meros súditos. Os aristocratas franceses, que vivenciaram a igualdade somente em momentos de degradação e de ausência de poder, não tinham conceito algum sobre a igualdade da democracia. Tocqueville, entretanto, não era um aristocrata comum. Ele procurou imaginar meios de escapar da nivelação que restringia a liberdade humana. Devido a sua viagem aos Estados Unidos, ele compreendeu que a democracia podia promover a liberdade sem o despotismo — se este último tivesse origem em um indivíduo "ou numa multidão".[96] A nova espécie de igualdade que Tocqueville reconheceu capacitava grande parte da população norte-americana a desenvolver seu

O HOMEM QUE COMPREENDEU A DEMOCRACIA 131

potencial sem impedimentos. Quanto à nobreza — privilegiada desde o nascimento — para monopolizar as oportunidades, Tocqueville designou a "igualdade de condições", um pré-requisito e modelo da democracia. Os Estados Unidos eram, portanto, ele escreveu, "mais do que os Estados Unidos": eram o futuro das sociedades humanas.[97]

Tocqueville levou quinze meses escrevendo sem interrupções antes de preparar a introdução. Começou a escrever no outono de 1833, após voltar da Inglaterra, organizando um elaborado índice de suas anotações durante as viagens e, em seguida, elaborou uma bibliografia referente a livros disponíveis na biblioteca do Institut de France, em Paris. Ele também voltou a se reportar aos escritos jurídicos do chanceler de Nova York James Kent; de Joseph Story, da Suprema Corte de Justiça (que mais tarde se queixou, afirmando que Tocqueville citou-o excessivamente); além de debates sobre a Constituição, que começou a ler enquanto viajava nos navios a vapor nos Estados Unidos. A fim de ajudá-lo a resumir relevantes documentos estadunidenses, Tocqueville contratou, no começo de 1834, dois jovens norte-americanos que trabalhavam na Embaixada dos Estados Unidos: Theodore Sedgwick III, com quem ele teve um rápido encontro em Stockbridge; e Francis Lippitt. Sedgwick foi seu amigo durante toda a vida. Tocqueville também dialogou com Edward Livingston, que conheceu nos Estados Unidos e que agora era embaixador de seu país na França.[98]

Tocqueville assumiu uma rotina rigorosa, mas agradável: durante o dia escrevia no sótão da residência de seus pais, situada na Rue de Verneuil, em Paris, e passava as noites relaxando na companhia de Mary.[99] "De manhã até a hora de jantar eu me entrego à tarefa de escrever, mas à noite vou encontrar-me com Mary. Então sinto o extremo prazer de gozar de uma intimidade de grande meiguice, de grande ternura, de longas conversas diante da lareira, que jamais me entediam", disse a Kergorlay.[100] De vez em quando, interrompia a rotina para compartilhar o que estava escrevendo com um grupo seleto: seu pai, seu irmão Édouard e seus amigos Kergorlay e Beaumont. Todos eles sugeriram a Tocqueville que aperfeiçoasse um estilo que satisfizesse seus possíveis leitores.

O estilo era importante, sobretudo para Kergorlay. Ele sabia muito pouco do que se referia aos Estados Unidos, mas tinha ideias definidas no que dizia respeito ao estilo. Ele sentia que "as pessoas são muito superficiais e

132 OLIVIER ZUNZ

seu julgamento sobre o que é profundo e essencial é, na realidade, uma opinião muito inadequada sobre o *estilo*". Kergorlay desde o início aconselhou Tocqueville a inspirar-se em três grandes mestres: "Leia alguns trechos de Montesquieu, Rousseau e Pascal. Eles devem ser seus mentores."[101] Entusiasmado, Tocqueville aceitou o conselho e seguia-o diariamente.[102] Era sua intenção exprimir suas ideias "recorrendo à concisão na medida do possível [...] e apresentando-as numa sequência mais simples e intuitiva".[103] Beaumont testemunhou que "a forma era sua mestra", de tal modo que ocasionalmente ele escrevia a mesma sentença vinte vezes.[104] Tocqueville lia seus esboços para a família e os amigos. Certa vez disse a Beaumont: "Acabarei pedindo a você que comente como eu assino meu nome."[105] Pode-se ver nos manuscritos de Tocqueville quantas vezes ele os reescreveu a fim de alcançar uma forma perfeita.

Foi também o caso de jovens aristocratas que cresceram durante os anos da Restauração e que aspiravam a ser escritores. Chateaubriand, pelo menos inicialmente, foi um guia da maior importância. Tocqueville explicou mais tarde que Chateaubriand sabia como embelezar o francês clássico, "acrescentando ornatos à clareza e à concisão".[106] Tocqueville, em sua juventude, competiu com Chateaubriand, e enquanto viajava pelos Estados Unidos apreciou sua clareza ao descrever os locais com que também se deparou nos Estados Unidos durante sua viagem realizada em 1791-1792. Tocqueville tentou fazer uma descrição competitiva das cataratas do Niágara e escreveu *Quinze dias no deserto americano* em um estilo romântico, que lembrava *Voyage en Amérique*, de Chateaubriand, bem como seus romances cujo enredo situava-se nos Estados Unidos. No entanto, para *A democracia na América*, Tocqueville escolheu um estilo clássico — um meio de expressão mais bem-adaptado a uma pesquisa rigorosa e a apresentação de "uma nova ciência política para um mundo inteiramente novo".[107] Ele aderiu tão completamente a esse novo padrão que de vez em quando Hervé de Tocqueville recomendava a seu filho não ser teórico demais e realizar suas descrições tendo em vista a motivação de seus leitores.[108]

A família e os amigos se preocupavam com uma leitura potencialmente hostil que ainda não estava preparada para a democracia e requeria convencimento. O pai de Tocqueville e seu irmão Édouard insistiram que ele deveria comunicar claramente que não estava propondo apenas importar

O HOMEM QUE COMPREENDEU A DEMOCRACIA

soluções norte-americanas para a França, pois os leitores logo se desinteressariam. Hervé de Tocqueville e Kergorlay queriam se assegurar de que seus conhecidos legitimistas prestassem atenção no que Tocqueville tinha a dizer. Ao mesmo tempo, Hervé aconselhou seu filho a moderar conclusões que poderiam ser consideradas uma crítica ao regime dos orleanistas e a não atacar o rei Luís Filipe de modo que poderia prejudicar sua carreira.[109] Édouard interveio firmemente várias vezes a fim de impedir seu irmão de ser óbvio demais ao mencionar as desavenças políticas daquela época em vez de abordar questões mais amplas referentes à democracia.

Tudo isso alimentou a inclinação inata de Tocqueville pela complexidade. Conforme explicou a Chabrol: "O quanto mais profundamente se aborda qualquer tema, mais vasto ele se torna. E atrás de cada fato e observação paira uma dúvida."[110] Suas dúvidas e os conselhos recebidos levaram Tocqueville a fazer inúmeras concessões a oponentes da democracia. O crítico francês Sainte-Beuve assinalou o uso excessivo, por parte de Tocqueville, de qualificativos tais como "*mais*", "*si*" e "*car*" (mas, se, porque), pois isso desviaria a atenção do leitor no que dizia respeito à principal mensagem.[111] O fato de que Sainte-Beuve e Tocqueville jamais se incentivaram pode explicar em parte a crítica, porém Sainte-Beuve estava correto ao afirmar que Tocqueville raramente enfatizava pontos de vista opostos como uma estratégia retórica cujo objetivo era atrair a atenção dos leitores para aquilo que exprimia. Tocqueville sempre declarava quais eram suas convicções. No entanto, quando dava o mesmo espaço para opiniões contraditórias, os leitores costumavam encontrar meios de se opor ao posicionamento que Tocqueville favorecia. Uma consequência inesperada é que ele inspirou leitores de convicções políticas divergentes, que sempre se sentiram livres para escolher suas formulações preferidas. Somente leitores que se envolveram amplamente com seus textos reconheceram as profundas convicções do autor, quando ele as revelava aos poucos, com sutis repetições. Tocqueville sempre se empenhava em alcançar uma pureza estilística e ao mesmo tempo expressava ideias controversas. O resultado peculiar foi um livro ao mesmo tempo agradável de ler e difícil de apreender totalmente.

Apesar da complexidade, Tocqueville elaborou com eficácia uma visão positiva da democracia recorrendo a um posicionamento rigoroso e lógico. Após a ousada introdução, que colocava a democracia como uma obra de

Deus, Tocqueville apresentou os Estados Unidos como um "berço vazio, que esperava o nascimento de uma grande nação".[112] Embora reconhecesse a antiga presença dos ameríndios, ele remeteu ao último capítulo considerações sobre a conquista e dominação dos anglo-americanos brancos. Recorrendo a Montesquieu como guia, retomando seus frequentes diálogos com Kergorlay, que havia lido *O espírito das leis* — de autoria de Montesquieu, que na cela da prisão onde se encontrava anotava tudo que fosse de seu interesse —, Tocqueville procurou identificar um "caráter nacional" norte-americano como uma combinação de "preconceitos, hábitos e paixões", que promoveria a democracia.[113] Ele reconheceu que a família anglo-americana dividiu-se em dois ramos, norte e sul, com diferentes "posições sociais", gerando diferentes "leis, costumes e ideias",[114] mas dedicou sua atenção à Nova Inglaterra em sua fase inicial e pouco se referiu àqueles que denominava "garimpeiros do ouro" da Virgínia.[115] Ele apenas afirmou que os dois ramos se uniram na revolução contra a Inglaterra e na criação de uma União.

Ao enfatizar o papel inicial desempenhado pela Nova Inglaterra, Tocqueville seguiu o conselho que Jared Sparks lhe deu em Boston, mas ele também muito deveu a Rousseau. Em um trecho de seu manuscrito final, estabeleceu um paralelo entre o pacto puritano que estava descrevendo e "o contrato social em sua forma apropriada com que Rousseau sonhou no século seguinte".[116] Embora Tocqueville reconhecesse sua dívida em relação a Montesquieu, ele evitou dar créditos a Rousseau, a quem muitos de seus leitores consideravam responsável por inspirar o Terror jacobino. Devido a razões opostas, Tocqueville jamais reconheceu sua dívida para com Guizot, que àquela altura dera as costas para as opiniões liberais a que aderiu quando era um jovem professor.

Tocqueville enfatizou que os peregrinos da Nova Inglaterra haviam lutado pelo triunfo de uma ideia. Eles dotaram os Estados Unidos em seu início de uma profunda compreensão da liberdade que foi crítica no desenvolvimento da democracia porque não concebiam a liberdade como permissão para uma pessoa fazer aquilo que lhe agradasse, mas como uma convocação para o aperfeiçoamento moral e material. Tocqueville tomou de empréstimo essa exigente visão da liberdade a John Winthrop, ao ser citado nos escritos do pastor protestante norte-americano Cotton Mather. Os cidadãos seriam verdadeiramente livres quando pudessem aderir sem

O HOMEM QUE COMPREENDEU A DEMOCRACIA

temor "àquilo que é justo e bom". A liberdade, portanto, era um ato positivo da vontade. A liberdade não era uma "inimiga de toda autoridade", mas uma qualidade "civil e moral" que possibilitou aos indivíduos, sozinhos ou em grupos, realizar seu potencial.[117] Tocqueville, que acreditava nas possibilidades da realização humana,[118] incluiu a ideia da liberdade como sendo capaz de promover a igualdade. Com a liberdade fortalecendo os indivíduos, a igualdade poderia expandir-se.

Ali se iniciou o grande desafio da história moderna: equilibrar a liberdade e a igualdade. Tocqueville continuou a afirmar, em sucessivas formulações, que os conceitos de liberdade e igualdade, tão facilmente conflitantes entre si, se aproximavam e se uniam,[119] pois uma pessoa não pode ser livre sem ser igual aos outros, e ela não pode ser igual aos outros, num sentido positivo, sem ser livre. Para Tocqueville, a combinação de igualdade e liberdade era a melhor condição humana possível, enquanto igualdade sem liberdade era a pior condição, como ele argumentou no relatório sobre as prisões.

Embora Tocqueville afirmasse idealmente que a igualdade e a liberdade deveriam se reforçar mutuamente na vida democrática, ele reconheceu que os homens tinham paixão pela igualdade, mas se ressentiam frequentemente em relação à espécie de uma exigente liberdade que a democracia requeria. Era simplesmente muito trabalho acionar a liberdade e mantê-la. Tocqueville enfatizava que "nada é mais difícil do que o aprendizado da liberdade".[120] O resultado, declarou, é que muita gente aceita "a igualdade na servidão" (resultado da nivelação) e a prefere em relação à condição mais exigente de "desigualdade na liberdade".[121] Somente ao adquirir o hábito da liberdade, Tocqueville argumentou ao longo de seu livro, uma sociedade democrática poderia praticar criativamente a igualdade. Ele concluiu que o mútuo reforço da liberdade e da igualdade constitui uma precondição para que o dogma da soberania popular "emergisse nas cidades", "se apoderasse do governo" e se tornasse "a lei das leis".[122]

O povo norte-americano, explicou Tocqueville, havia achado, num nível local, uma força especial e um espírito livre forjados por ele, criando uma União.[123] Como os setores maiores do governo jamais substituiriam os setores menores, múltiplos centros de autoridade coexistiam — uma proteção em relação a uma tirania centralizada. Tocqueville insistiu mais uma vez que somente um longo hábito de liberdade e constante vigilância poderiam manter um mútuo reforço de liberdade e igualdade.

Uma descrição analítica da Constituição dos Estados Unidos

Em março de 1834, Tocqueville escreveu para Nassau Senior, o economista britânico que conhecera recentemente em Oxford, comunicando que estava elaborando um livro sobre as "instituições norte-americanas".[124] Ele chegou a um ponto, em seu texto, em que precisava convencer os leitores franceses de que nos Estados Unidos uma pessoa poderia ser ao mesmo tempo republicana e moderada, e ter um governo central, mas respeitar a autonomia local. A Constituição seria a prova do que ele afirmava. Embora a história da Nova Inglaterra proporcionasse componentes fundamentais, a estrutura da Constituição era a verdadeira base de uma União duradoura, mas que, no entanto, preservava o poder dos estados.[125] Ao elaborar uma Constituição federal, os Pais Fundadores deram ao governo central grande autoridade, mas que ao mesmo tempo protegia as partes do todo. Ao dividir a soberania, Tocqueville insistiu, eles promoviam e apoiavam a liberdade.

Tocqueville descreveu vigorosamente os mecanismos institucionais relevantes. Os leitores franceses, muitos deles legisladores, se voltaram para *A democracia na América* como um texto em que poderiam tomar conhecimento das instituições norte-americanas. No entanto, para Tocqueville, uma resumida leitura da Constituição dos Estados Unidos constituía apenas um meio de demonstrar que instituições nacionais poderosas não precisavam erradicar a liberdade local, a exemplo do que reis e o imperador fizeram na França. Ele assinalou a importante distinção que reconheceu, ao viajar aos Estados Unidos, entre governo e administração. Um governo central deve ser forte e ao mesmo tempo respeitar a autonomia local. Nos Estados Unidos, a maioria das funções administrativas permanecia não apenas descentralizada, mas também independente do governo federal.

Assim, Tocqueville deu crédito aos criadores da União federal por ir mais adiante e não dividir meramente a elaboração da Constituição entre várias entidades, o que havia se tornado um "axioma da ciência política".[126]

O HOMEM QUE COMPREENDEU A DEMOCRACIA

O governo federal norte-americano era poderoso porque — ele assinalou, o que foi notável — os Pais Fundadores combinaram dois sistemas "teoricamente irreconciliáveis" de governança nacional e local.[127] O governo federal americano era poderoso porque, ao contrário das federações anteriores dos estados, derivava sua autoridade do fato de governar os indivíduos *diretamente*, sem o intermédio do Estado ou de governos provinciais. Isso era uma verdadeira inovação. A força do governo federal norte-americano, explicou Tocqueville, "não é um empréstimo [dos estados], mas vem de dentro. Tem sua própria administração, seus próprios tribunais, seus próprios defensores das leis e seu próprio exército".[128] Os governos estaduais tinham suas próprias instituições e funções. Isso tudo era um encargo pesado para um público francês politizado, empenhado em apoiar uma centralização administrativa herdada dos reis, iniciada por revolucionários e codificada no governo napoleônico. Ex-chefe de departamento, Hervé de Tocqueville defendeu a centralização administrativa. Édouard julgou o ataque à centralização francesa excessivamente político.[129] Tocqueville, entretanto, continuou a defender seu ponto de vista: o poder central e o poder local precisavam coexistir. Ele condenou a centralização e a descentralização excessivas com a mesma veemência. Em relação a esta última, ele acrescentou à décima segunda edição de seu livro (1848) um anexo sobre o federalismo na Suíça, onde o poder central não tinha autoridade direta em relação aos cidadãos dos cantões autônomos, uma situação que incapacitava o governo.

Somente os norte-americanos chegaram a um equilíbrio correto, sendo os cidadãos responsáveis perante a autoridade estadual e federal. Tocqueville declarou então que os cidadãos tinham sido bem-sucedidos em criar um país tão "glorioso e forte" como uma grande nação e tão "livre e feliz" como uma nação pequena.[130] James Madison estava correto ao afirmar (*Federalist*, n. 10 e 14) que poderia ser criado um sistema que "combinasse as várias vantagens da amplidão com as vantagens da pequenez". O desfecho feliz, segundo Tocqueville pensava, era que os Estados Unidos gozavam daquela liberdade política que Montesquieu julgou ser alcançável apenas em nações pequenas.[131]

A fim de proteger sua inovação, os cidadãos introduziram na Constituição salvaguardas contra abusos do poder. Tocqueville os elogiou por instituir supervisões e medidas de equilíbrio que limitavam algumas reivindicações.

Ele admirou líderes que ousavam "limitar [a liberdade] porque tinham certeza de que de modo algum desejavam destruí-la"[132] e ficou impressionado com o poder da revisão judicial nos Estados Unidos, vivendo numa época em que nenhum tribunal francês poderia sonhar em invalidar uma lei considerando-a inconstitucional. Quanto às autoridades norte-americanas que abusavam de sua posição, elas estavam sujeitas a escrutínio e podiam ser afastadas mediante um processo.

Deixando de lado algumas poucas críticas, Tocqueville delineou uma imagem extremamente favorável dos princípios constitucionais norte--americanos. Seu pai, seu irmão e outros leitores lhe disseram que era excessivamente pró-Estados Unidos e o aconselharam a ser mais moderado; no entanto, ele fez somente revisões do estilo, não revisões essenciais. Tocqueville enriqueceu sua análise sobre a Constituição — caso contrário, resultaria num exercício um tanto monótono e detalhado — e fez vívidas descrições das eleições presidenciais que ainda repercutem na atualidade. Leitores contemporâneos, bem-informados a respeito de presidentes norte-americanos que querem ser reeleitos, ao ler Tocqueville sentem que estão diante de um texto escrito para os dias de hoje. Tocqueville não citou presidente algum, mas entreteve seus leitores ao retratar um presidente "consumido pela necessidade de defender seu desempenho", que "não governa mais atendendo os interesses do Estado, mas o interesse de sua reeleição". Com efeito, "prostra-se diante da maioria e, em vez de resistir às paixões dessa maioria, conforme seu dever exige, ele a corteja ao atender seus caprichos".[133]

Soberania popular: cidadãos controlam instituições políticas

Após tomar conhecimento dos princípios democráticos que faziam parte de uma Constituição, Tocqueville se voltou para instrumentos da soberania popular que emanavam diretamente do povo norte-americano, que ele também louvou. Especialmente importante foi a compreensão de Tocqueville relativa às associações na vida democrática. No *Federalist*, Madison e Hamilton haviam reconhecido não associações, mas facções como uma realidade da política norte-americana, e eles a temiam. Madison definiu uma facção

O HOMEM QUE COMPREENDEU A DEMOCRACIA 139

como "uma maioria ou uma minoria que se une e atua por algum impulso de paixão ou de interesse, oposto aos direitos de outros cidadãos, ou aos permanentes e incorporados interesses da comunidade".[134] A única maneira que Madison concebeu para enfrentar os efeitos negativos das facções era multiplicá-los a tal ponto que elas se dissolveriam. Em seu discurso de despedida, em 1796, Washington culpara as facções por obstruir o desempenho do governo. John Quincy Adams evocou parte desse sentimento em suas conversas com Tocqueville em 1831.

Tocqueville rejeitou essa análise, concebendo as associações políticas sob uma luz nova e positiva. Essa foi a mais estranha mudança teórica, levando em consideração o fato de que, quando estava nos Estados Unidos, Tocqueville não presenciou boa parte da emergente e benevolente ação da Bíblia, das sociedades missionárias, das escolas dominicais, das associações educacionais e das obras de caridade locais da era de Jackson. Os Estados Unidos ainda não haviam absorvido inteiramente suas consequências e pouco se referiam a elas. No entanto, em retrospecto, e com base em esparsas observações sobre os partidos políticos e associações políticas cujas mensagens eram difundidas por uma imprensa partidária, mas livre, Tocqueville elaborou uma teoria nova e poderosa. Em *A democracia na América*, ele se lembrou de diálogos que manteve com informantes, tais como Jared Sparks, sobre uma cidade da Nova Inglaterra; John Quincy Adams, sobre o sul e a escravidão; John Spencer, sobre a Constituição; e Sam Houston, sobre os povos indígenas americanos. Ele, entretanto, não abordou com seus informantes temas como a convenção de livre-comércio na Filadélfia e breves diálogos sobre o movimento de temperança. Ele, entretanto, argumentou que "não há nada que a vontade humana não possa realizar através da livre ação do poder coletivo do indivíduo".[135] Ele sentiu que "a liberdade mais natural para o homem, após a liberdade de agir sozinho, é a liberdade de combinar seus esforços com os de seus semelhantes e agir de comum acordo". Concluiu que o direito de associação era "por sua própria natureza quase tão inalienável quanto a liberdade do indivíduo".[136]

Ao elogiar uma nação em que os indivíduos exerciam várias atividades, Tocqueville se tornou inesperadamente muito influente. Através de uma série de breves capítulos sobre os partidos políticos, a imprensa e as associações políticas, Tocqueville deu uma longa e original contribuição à teoria política norte-americana. Ao analisar a Constituição, ele foi muito fiel em relação a seus informantes. Foi além deles e ensinou os norte-americanos como se compreenderem, algo muito ousado para um jovem que ainda não tinha passado um ano no país. Ensinou os americanos como observar uma prática social que ele conhecia pouco sob uma luz nova e positiva, e acreditaram nele.

Tocqueville explicou que os norte-americanos sabiam como recorrer a associações voluntárias a fim de iniciar uma mudança. Descreveu o processo tão concretamente que uma pessoa acreditaria que ele o havia observado detalhadamente, o que não foi o caso. Tocqueville elaborou o processo associativo em sua mente e tornou-o notavelmente preciso. "Suponhamos que uma pessoa concebe uma ideia para um projeto que diz respeito ao bem-estar da sociedade. Jamais ocorreria a essa pessoa recorrer a autoridades solicitando uma assistência. Em vez disso, a pessoa divulgará seu plano, se oferecerá para levá-lo adiante, convocará outras pessoas para juntar suas forças com as dele e lutará com toda a sua energia a fim de superar qualquer obstáculo. Não há dúvida de que seus esforços frequentemente serão menos bem-sucedidos do que se o Estado tivesse agido em seu lugar. A longo prazo, entretanto, o resultado desses empreendimentos individuais ultrapassará e muito qualquer coisa que o governo pudesse ter feito."[137] A livre circulação de ideias na imprensa facilitou ainda mais seu procedimento. Os norte--americanos se reconheceram nesse retrato imaginado, porém em grande parte correto, e isso fez toda a diferença.

Se tivesse se dado conta disso enquanto estava nos Estados Unidos, Tocqueville poderia ter acrescentado que o sectarismo protestante apenas reforçou o impulso em direção a uma associação. A laicização religiosa que encorajou a criação de novas igrejas estava atuando sob seus olhos, e Sparks chamou sua atenção para esse fato. Antigas denominações chegaram ao fim e novas denominações surgiram. Tocqueville, entretanto, se preocupava basicamente com problemas de dogma em sua discussão sobre o protestantismo norte-americano. Ele não enfocou sua discussão sobre a religião nas fontes voluntaristas das denominações protestantes. Ainda assim, insistiu corretamente no fato de que as igrejas norte-americanas tinham sido um pilar da liberdade, em contraste com a Igreja católica francesa, que ficou do lado dos monarcas.

O notável é que, em parte, foi a situação política da França que influenciou Tocqueville a desenvolver uma teoria da associação que acabou sendo tão significativa na teoria política norte-americana. Ao louvar a democracia dos Estados Unidos naqueles termos, Tocqueville estava combatendo a repressão política na França, onde todas as associações vivenciavam um nível renovado de escrutínio político por parte de um governo repressor. O problema era antigo e Tocqueville tinha consciência dele desde a infância. Grande parte das tarefas de seu pai como chefe de departamento durante a realeza foi manter sob controle as associações presumivelmente perigosas no plano político. Quando Tocqueville estava escrevendo seus textos, a lei francesa sobre associações acabava de se tornar mais rígida após uma insurreição de trabalhadores em Lyon, em abril de 1834. Todas as associações que tivessem mais de vinte membros tinham de obter uma autorização (o limite anterior era de trinta membros).[138] "O que a opinião pública pode realizar quando não existem *vinte* pessoas unidas por um laço comum?" Tocqueville inseriu essa interrogação em seu texto para ter certeza de que o leitor francês reconheceria seu alvo.[139] Além disso, quando "as associações são livres, as sociedades secretas são desconhecidas", e seus participantes "não se tornam conspiradores".[140] Édouard, é claro, fez objeções à crítica relativa à política francesa contemporânea, implícita no texto de Tocqueville.

Tocqueville não tinha encerrado seus elogios aos norte-americanos. Eles poderiam se orgulhar de possuir um pragmatismo saudável que atenuava a opinião da maioria e seu potencial abuso. Respeitavam elites politicamente independentes — sobretudo advogados e juristas que, raciocinando em termos de precedentes do direito consuetudinário, favorecendo a tradição em relação à inovação, eram o equivalente mais próximo do poder político moderador numa aristocracia. Eles confiavam no júri como uma "escola livre" que "moldava o julgamento das pessoas".[141] Acima de tudo, uma prática religiosa difusa elevava a mente. Todas essas qualidades também faziam parte dos "costumes" ou "hábitos do coração", "o poder mais robusto e duradouro" capaz de manter a democracia.[142] Além disso, até mesmo o desejo dos norte-americanos de enriquecer poderia ser uma força construtiva. Eles gozavam de um excepcional acesso a recursos abundantes, tais como "rios que nunca secam, muita mata e muito verde, lugares descampados e cheios de rios, campos ilimitados por onde nenhum arado tinha passado",[143] que podiam explorar em paz, sem ser ameaçados pela invasão de um país estrangeiro. (Tocqueville descartou convenientemente a Guerra de 1812.) "Feliz é o Novo Mundo", concluiu, "onde os vícios dos homens são quase tão úteis para a sociedade quanto suas virtudes."[144]

Assim emergiu um retrato da democracia norte-americana com muitos centros de poder e duradouros hábitos de liberdade e de autogoverno. Tocqueville reconheceu que havia um preço a ser pago pela democracia. "A democracia não dá ao povo um governo mais eficiente", assinalou, "porém, aquilo que ela faz nem mesmo o governo mais eficiente tem o poder de realizar. Ela propaga na sociedade uma atividade incansável, uma força superabundante, uma energia que jamais existe sem ela, e que, se as circunstâncias forem até mesmo ligeiramente favoráveis, pode realizar milagres. Essas são suas verdadeiras vantagens".[145] Essa foi a imagem muito positiva da democracia norte-americana que Tocqueville se propôs transmitir.

A tirania da maioria

Após demonstrar seu apreço pela democracia norte-americana, Tocqueville também podia criticá-la, ainda que fosse para dar credibilidade ao que afirmava. Ser livre para criticar os Estados Unidos sem causar em seus informantes "constrangimento e pesar" foi sua desculpa para não mencionar nenhum deles pelo nome em seu livro.[146] Ele não queria comprometê-los. Foi o que alegou, ao expor o perigo de uma soberania popular excessiva. Edward Livingston, embaixador dos Estados Unidos na França, que ainda estava em Paris quando o livro foi publicado, foi a única exceção. Tocqueville lhe agradeceu por providenciar provas documentadas sobre o desempenho do governo federal.[147]

Tocqueville afirmou que os norte-americanos viviam sob a constante ameaça de uma tirania da maioria — um despotismo alternativo — que amordaçava dissidentes e matava a liberdade de opinião nos Estados Unidos: "Não conheço nenhum país onde haja em geral menos independência da mente e verdadeira liberdade de discussão do que os Estados Unidos."[148] O que Tocqueville mais temia em relação à igualdade era uma mortífera uniformidade de pensamento que acreditava ter detectado nos Estados

O HOMEM QUE COMPREENDEU A DEMOCRACIA

Unidos. Ele retratou os norte-americanos como vítimas de uma prejudicial uniformidade de pensamento, justificada somente em parte pela grande instabilidade de condições inerentes em um país novo, agravadas por um caso extremo de orgulho nacional que tornava improvável a autocrítica. Tocqueville se queixou de que nos Estados Unidos uma pessoa não podia sequer criticar o tempo.[149]

Mais uma vez o ataque de Tocqueville à tirania da maioria não foi apenas resultado de suas observações sobre os Estados Unidos. Foi também uma reação às táticas da esquerda francesa, e sua intenção foi em parte uma refutação delas. Tocqueville estava criticando a uniformidade de pensamento na França e nos Estados Unidos simultaneamente. Ao denunciar a tirania da maioria, ele continuou seu debate com os republicanos mais radicais, herdeiros dos jacobinos, que defendiam o unicameralismo e rejeitavam a ideia de controles e equilíbrio, e com Rousseau, que havia formulado o dogma político de uma "vontade geral". Tocqueville, sem o menor engano, tinha Rousseau em mente ao escrever: "Existem aqueles que se atreveram a insistir que um povo, na medida em que lida com questões apenas de seu próprio interesse, não pode ultrapassar inteiramente os limites da justiça e da razão. Assim sendo, não há motivos para ter receios de conceder todo poder à maioria que representa aquele povo. No entanto, falar isso é falar a linguagem de um escravo."[150] Tocqueville louvava as associações devido a sua habilidade de enfrentar os abusos de uma vontade geral.

Poderia a democracia, este ato providencial, falhar?

Tocqueville reservou seu desafio mais direto à democracia norte-americana remetendo-o à última e mais extensa parte de seu livro, o capítulo sobre "as três raças", no qual condenava inequivocamente o deslocamento forçado dos indígenas americanos e a dura realidade da vida dos negros, escravizados ou livres. Ele foi oportuno ao dedicar um capítulo à raça e afirmar sem rodeios que o tema exigia uma abordagem específica, pois não havia meios de considerar democrática a vida dos não brancos em solo americano. Tratar independentemente as relações de raça foi um modo de realçar para os norte-americanos os déficits de sua experiência democrática. Tocqueville era um universalista que, embora reconhecesse a "missão civilizatória" das sociedades adiantadas, jamais aceitou a inerente superioridade de uma raça sobre outra e continuou sendo um abolicionista engajado. Tocqueville não tinha visto suficientemente o sul dos Estados Unidos para enriquecer seu pensamento através de uma contínua e bem-fundamentada observação das relações raciais. Assim sendo, tentou nesse capítulo avaliar apenas a ameaça que um conflito racial colocava para a democracia.

Tocqueville não foi imediatamente solidário com a angustiosa situação dos indígenas. Ele passou por momentos difíceis ao superar um preconceito que se devia ao fato de ver pela primeira vez indígenas embriagados pedindo esmolas no norte do estado de Nova York, um repúdio a sua visão romântica e rousseauniana de selvagens orgulhosos e independentes. Ele, entretanto, descartou suas ideias preconcebidas, chegando ao ponto de condenar severamente a política de Jackson — a remoção dos indígenas e o subsequente Caminho das Lágrimas, uma das primeiras manifestações que ele presenciou enquanto viajava no Mississippi. Denunciou-a como uma forma legal de extermínio.[151] Condenou a hipocrisia dos brancos ao impor pactos para as tribos e violá-los imediatamente. Denunciou a violência moral e física. Louvou os aspectos aristocráticos de coragem e honra na cultura dos indígenas americanos. Ele, entretanto, estava aparentemente resignado com os resultados. Ao formular a pergunta "poderiam os indígenas impedir os colonizadores brancos de usurpar suas terras e destruir sua antiga civilização?", a resposta, baseada em evidências, foi um não. Apesar de toda a tristeza que Tocqueville expressou, ele se distanciou dos indígenas, concluindo simplesmente que a "raça indígena" estava "condenada".[152]

Ao abordar os afro-americanos, Tocqueville se deu conta de uma situação potencialmente muito mais volátil e que poderia resultar numa ameaça não apenas para o sul como para a União. Como abolicionista, mas também como alguém que apoiava algumas medidas compensatórias para os senhores de escravizados, Tocqueville ponderou que a escravidão era um sistema venenoso tanto para os senhores quanto para os escravizados. Essa convicção levou-o a introduzir no fim de seu livro uma discussão sobre o conceito de "autointeresse", que ocuparia grande parte de suas futuras reflexões. Ele argumentou que era "autointeresse do senhor"[153] abolir a escravidão e perceber tão brevemente quanto fosse possível as vantagens do

O HOMEM QUE COMPREENDEU A DEMOCRACIA 145

trabalho livre, mesmo que ele, Tocqueville, se conscientizasse de que essa percepção era improvável.

Tocqueville previu que manter a democracia *branca* não era viável a longo prazo. Ele viu que os brancos tinham somente duas opções: "Ou libertar os negros e fundir-se com eles, ou manter-se distantes deles e mantê-los na escravidão tanto quanto fosse possível." Ele conjecturou que "qualquer medida intermediária levará iminentemente à mais horrível de todas as guerras civis e talvez à destruição de uma das duas raças".[154] Tocqueville publicou isso em 1835. Previu uma guerra racial no sul, não uma guerra entre estados, mas sua conjetura sobre um calamitoso desfecho era correta.

Ao terminar seu livro, Tocqueville deu prosseguimento a sua análise e ampliou-a. Ele temia que conflitos raciais e conflitos econômicos locais poderiam combinar-se e comprometer a própria sobrevivência da União. Durante sua visita, a divisão cultural e econômica entre o norte que se industrializava e onde a mão de obra era livre e o sul agrário e escravagista irromperam na esfera pública como se fossem rancorosas guerras de tarifas entre os industriais do norte e os fazendeiros do sul. Isso resultou no ataque à Constituição. A emergente crise de unificação ameaçou dividir o país, e John Calhoun argumentou que os estados poderiam aplicar a lei federal seletivamente. A narrativa de Tocqueville sobre a crise de nulificação, quando terminou seu livro, foi estranhamente imprecisa. Tocqueville não deu ao presidente Jackson, que acabou com a crise, o crédito que lhe era devido, mesmo se comunicando regularmente em Paris com Edward Livingston, que havia organizado a proclamação da nulificação de Jackson em 1832.[155] Tocqueville também não deu ouvidos a Sparks, que o avisou durante o verão de 1833 de que a crise havia terminado.[156] Ele queria enfatizar a subjacente fragilidade da União. Concluiu demonstrando ansiedade: "É difícil imaginar uma união duradoura entre dois povos, um deles pobre e fraco, o outro rico e forte, mesmo quando a força e a riqueza de um deles, como se sabe, não são a causa da fraqueza e da pobreza do outro."[157] O complexo edifício institucional da União poderia desmoronar caso os conflitos raciais e as divisões locais ocorressem ao mesmo tempo, e a democracia desapareceria no mesmo instante.[158]

No final dessa longa análise sobre a democracia, após reconhecer e chamar atenção para as sérias ameaças da desunião norte-americana e seu colapso, Tocqueville estava ansioso por retornar à sua principal mensagem relativa a uma democracia resiliente. Ele acreditava em sua visão otimista sobre costumes compartilhados. Reafirmou que "a sociedade existe somente quando os homens veem muitas coisas do mesmo modo e têm a mesma opinião sobre vários assuntos e, finalmente, quando os mesmos fatos dão origem às mesmas impressões e aos mesmos pensamentos".[159] Tocqueville repetiu sua convicção de que "as leis e acima de tudo os costumes poderiam permitir a um povo democrático permanecer livre".[160] Ele colocava os costumes acima das leis e mais uma vez evocou a ideia, apresentada na introdução, de que uma sociedade democrática que favorece o bem-estar de muitos é muito melhor do que uma sociedade aristocrática que favorece o brilho de alguns poucos.[161] Tocqueville recapitulou todos os motivos para a unidade como sendo um *consensus universalis* sobre o *princípio* republicano; compartilhou valores relativos ao mútuo reforço da igualdade e da liberdade; "o hábito de pensar por si e governar-se"; um espírito comercial compartilhado; e inúmeras inovações institucionais que "mantivessem vigorosos laços intelectuais".[162] Ele assegurou que o mundo enfrentava uma escolha entre a liberdade e a servidão. Os contemporâneos podiam ver facilmente que a Rússia havia optado pela servidão. Em vez disso, os Estados Unidos tinham a esperança de que "Deus reservou muitas coisas para nós".[163] Tocqueville sabia de que lado estava. Com seu livro, ele expôs sua própria visão da democracia.

5

Testando a igualdade norte-americana em oposição à desigualdade britânica

Tocqueville vivenciou mais uma vez momentos de ansiedade antes do lançamento, em janeiro de 1835, de seu livro *A democracia na América,* uma modesta edição de apenas quinhentos exemplares. Após se trancar no sótão da residência de seus pais para escrevê-lo, ele estava retornando à sociedade. Receando ser mal compreendido, ele escreveu a seu primo Camille d'Orglandes: "A melhor coisa que pode me acontecer é que ninguém leia meu livro, e ainda não perdi a esperança de que essa felicidade a mim pertencerá."[1] Seus entusiasmados leitores, contudo, não cooperaram. Tocqueville se tornou um intelectual célebre da noite para o dia. Seu livro foi discutido em círculos políticos e literários e suas opiniões foram valorizadas. Um perplexo Tocqueville ficou imaginando "se eles estão realmente falando de mim".[2]

As circunstâncias políticas eram propícias em relação a um livro sobre os Estados Unidos. O relacionamento entre norte-americanos e franceses passou por uma crise em 1835, durante uma longa e atribulada disputa sobre indenizações pela captura, por parte dos franceses, de navios norte--americanos durante o bloqueio napoleônico. Os franceses haviam prestado pouca atenção a esse assunto durante anos, mas quando Andrew Jackson tornou-se presidente, em 1829, ele declarou que era uma questão de honra nacional obrigar os franceses a pagar indenizações. Enviou William Cabell Rives como embaixador na França com a finalidade de resolver o assunto. Rives assinou em 1831 um tratado que obrigava o governo francês a dar conta de suas obrigações. Quando a Câmara se recusou repetidamente a providenciar a quantia necessária, Jackson nomeou seu secretário de Estado

Edward Livingston (a quem Tocqueville foi apresentado em Washington) como embaixador na França, em setembro de 1833, encarregando-o de resolver a questão. Esse esforço também não foi bem-sucedido. Frustrado e esperando desviar a atenção da censura que recebeu do Senado por remover do Banco dos Estados Unidos os depósitos federais, Jackson recorreu, em dezembro de 1834, a ameaças de "represálias", incluindo o confisco de propriedades francesas nos Estados Unidos. Essas medidas alarmaram os círculos políticos e comerciais da França.

No momento em que o livro *A democracia na América* foi lançado, as relações franco-americanas tinham chegado a um impasse completo. Os franceses pediam que Jackson se desculpasse por suas observações belicosas e os norte-americanos insistiam quanto ao pagamento. Embora ninguém quisesse a guerra, havia conversas a esse respeito. As relações diplomáticas formais foram suspensas. O embaixador Sérurier partiu de Washington em janeiro de 1835 e Livingston partiu de Paris em abril.[3] A celebridade de Tocqueville como conhecedor do governo norte-americano chegou ao ponto de a Câmara pedir sua opinião sobre a amplitude dos poderes do presidente norte-americano.[4] O confronto acabou sendo evitado. Jackson amainou sua retórica no fim de 1835 e a Câmara francesa consentiu em pagar o dinheiro que Luís Filipe tinha prometido havia muito tempo.[5]

Essa questão foi superada e serviu para aumentar a quantidade de leitores do livro de Tocqueville, muito embora poucos apreendessem seriamente a mensagem do autor sobre a democracia. Entre eles, dois personagens de projeção nacional, Chateaubriand e Royer-Collard, aclamaram a nova ciência política de Tocqueville. O grande romancista foi o primeiro a expressar entusiasmo pelo novo livro, promoveu-o e apresentou seu autor a pessoas bem posicionadas. É verdade que Chateaubriand estava prestigiando um membro de sua família, mas ele e Tocqueville tinham muitas coisas em comum, além do parentesco. Eles compartilhavam a convicção de que a democracia era inevitável. Ao enviar um exemplar do livro a seu famoso parente, Tocqueville invocou a recordação de como M. de Malesherbes, seu bisavô, "havia defendido perante o rei a causa da liberdade e ao mesmo tempo lutado pela igualdade de direitos, muito embora ele se incluísse entre os privilegiados". Chateaubriand respondeu afirmando que, com efeito, não havia como voltar atrás. "A ideia democrática é ubíqua: ela abre um túnel sob o trono e leva todos os aristocratas à ruína."[6]

O HOMEM QUE COMPREENDEU A DEMOCRACIA

Ambos também compartilhavam a convicção de que o catolicismo não só era compatível com a liberdade, mas que religião e democracia eram mutuamente indispensáveis. Conforme Chateaubriand colocou: "A liberdade pode ter salvado o mundo, mas enfrentará grandes dificuldades sem ajuda da religião."[7] Tocqueville sentiu o mesmo, muito embora tivesse perdido a fé de sua infância e adotasse uma visão instrumental da religião — uma visão que jamais lhe proporcionou alívio. Escrevendo da Filadélfia, Tocqueville confidenciou a Charles Stöffels a dor de viver sem uma verdade absoluta.[8] Ele revelou quase a mesma coisa aos leitores de A democracia na América ao se referir a homens que abandonam a fé que amam a fim de seguir dúvidas que levam à desesperança.[9] Em 1835, perturbado com a morte súbita de uma prima que era uma jovem mãe, ele sentiu desespero por ter se tornado pagão.[10] Apesar de sua tragédia pessoal quanto à fé, Tocqueville sentiu que era imperativo promover a harmonia entre o reino de Deus e a democracia. Com essa determinação, ele enviou ao abade de Lamennais um manuscrito de A democracia na América como um sincero "tributo" ao sacerdote que fundou L'Avenir e que finalmente foi banido por tentar reconciliar religião e democracia.[11]

A outra grande figura que surgiu como defensor de Tocqueville e de seu livro foi Royer-Collard, 42 anos mais velho que ele.[12] O idoso estadista considerou A democracia na América uma "fonte inexaurível de instrução e prazer" e elogiou-o amplamente. Comparou Tocqueville com Aristóteles e Montesquieu, e repetidas vezes disse isso publicamente.[13] Tocqueville, por sua vez, referiu-se a Royer-Collard como "o mestre do país" durante o período da Restauração.[14] Quando presidente da Câmara antes da Revolução de 1830, Royer-Collard se dirigiu à Coroa a fim de reafirmar os princípios de um governo parlamentar e uma interpretação liberal da Carta Régia.[15] Além disso, como ex-maître à penser da Escola Doutrinária (cuja intenção era combinar o governo parlamentar com a monarquia hereditária), Royer-Collard havia reunido o trabalho intelectual e político de um modo que Tocqueville queria emular. Os dois estavam empenhados em livrar o liberalismo da violência revolucionária. Queriam essencialmente implementar a promessa de 1789 sem decair até o caos de 1793. Tocqueville admirava a consistência de pensamento e de ação dele. Seus sentimentos redobraram após Royer-Collard condenar as leis de setembro que restringiam a liberdade de imprensa e implementavam outras medidas reacionárias, que o governo promulgou em 1835, depois que Fieschi tentou assassinar o rei Luís Filipe.[16] Tocqueville, que muito admirava Royer-Collard, disse a ele: "Sois o porta--voz não da *Magna Moralia*, mas da moralidade aplicada a grandes fins, o que faz toda a diferença."[17] Poderia Tocqueville alcançar essa harmonia de objetivos e de ação?[18]

Vários salões literários abriram suas portas para o genial escritor recentemente descoberto, apresentando-o a muitas pessoas importantes no plano da cultura e da política, que se tornariam amigas de Tocqueville durante toda a vida. O apogeu dos salões terminou com a Restauração porque muitos participantes daquela aristocrática cultura de diálogos eram legitimistas e haviam se tornado exilados políticos. Os salões, porém, continuavam sendo importantes lugares de reuniões, onde as elites interagiam com políticos, escritores, artistas, diplomatas, e que participavam de adiantados programas sociais, políticos e filosóficos. As anfitriãs exerceram um papel importante ao reunir convidados capazes de encontrar o que eles tinham em comum quanto a questões políticas ou literárias. Mary Clarke, uma jovem inglesa amiga de madame de Récamier, viu os salões parisienses como "o mais completo exercício de intercâmbio social".[19] Charles de Rémusat se referiu aos diálogos que essas anfitriãs estimulavam como uma manifestação de arte, e o crítico de literatura Sainte-Beuve os considerou equivalentes à literatura.[20]

Chateaubriand levou o novo autor à Abbaye aux Bois, o salão de madame Récamier, onde admiradores ouviram o grande homem ler trechos de suas *Mémoires d'outre tombe*, livro que ainda estava sendo escrito.[21] Lá Tocqueville foi apresentado a Jean-Jacques Ampère, filho do famoso cientista. Era um acadêmico que se dedicava à literatura, e eles deram início a uma amizade que se prolongou durante muitos anos. Tocqueville também ficou conhecendo Sainte-Beuve, amigo de Ampère, e o filósofo Pierre-Simon Ballanche, discípulo de Chateaubriand e Joseph de Maistre. Ballanche deu crédito ao cristianismo como uma força durante periódicas regenerações da sociedade ou "palingênesis".[22] No salão de Mary Clarke, também frequentado por Ampère, Tocqueville ficou conhecendo o moralista cristão Charles de Montalembert, o historiador François Magnet e o filósofo Victor Cousin. Ele interagiria com os três durante anos.[23]

O HOMEM QUE COMPREENDEU A DEMOCRACIA

Royer-Collard impulsionou ativamente a carreira de Tocqueville. Usou sua considerável influência sobre membros da Academia Francesa para que concedessem o Prêmio Montyon a sua obra *A democracia na América*.[24] Apresentou Tocqueville à duquesa de Dino em março de 1836. A duquesa, sobrinha por casamento de Charles Maurice de Talleyrand, acompanhou o diplomata, trinta anos mais velho que ela, ao Congresso de Viena e tornou-se sua amante. Em sua residência, no centro do aristocrático Faubourg Saint-Germain, ela mantinha um salão de onde influenciava a política das eleições para a Academia de Ciências Morais e Políticas e a Academia Francesa. Ela manifestou um autêntico interesse pelas chances de Tocqueville tornar-se um dia membro de ambas.[25]

Tocqueville também se beneficiou da influência de seu primo, o primeiro-ministro Louis Mathieu, conde Molé. O conde era notavelmente hábil. Conseguiu servir sob Napoleão, os Bourbon restaurados, e agora um rei da dinastia de Orléans.[26] Ele abriu as portas do salão de sua bem-educada amante, madame de Castellane, e do salão de madame d'Aguessau, sua tia.[27] Entre os salões mais literários a que Tocqueville compareceu destacou-se o de Virginie Ancelot.[28] Madame Ancelot era casada com um dramaturgo bem-sucedido, Jacques-François Ancelot. Em seu salão, Tocqueville encontrou-se novamente com Ballanche e Sainte-Beuve, bem como com Prosper Mérimée e Stendhal, entre aqueles que o frequentavam regularmente.[29] Tocqueville também frequentou o salão da princesa milanesa emigrada Belgiojoso, admirada devido a sua beleza, talento literário e liderança, no exterior, da causa da unificação da Itália.[30]

A anfitriã recepcionou Tocqueville porque ele falava brilhantemente e não apenas sobre os Estados Unidos. George Ticknor, de quem Tocqueville se tornou amigo em Boston e era bastante familiarizado com salões devido a suas visitas europeias, lembrou-se da facilidade de Tocqueville em manter um diálogo, em contraste com seu parco talento de orador.[31] Devido à pressão de madame Ancelot, Tocqueville, por sua vez, pressionou seus amigos para fazer resenhas de seus escritos na imprensa, mas ele tinha motivos para ficar apreensivo.[32] Tendo elevado a ambiguidade ao nível de uma técnica literária, ele reconheceu que apelou "a muitas pessoas cujos ideais são contrários aos meus não porque elas me entendem, mas porque extraem do contexto argumentos que se alinham com suas fugazes paixões".[33]

Muitos resenhistas aderiram ao programa de Tocqueville a favor de um novo liberalismo e apoiaram sua convocação no sentido de que "os cidadãos devem se envolver com a vida pública".[34] Um desses resenhistas era Léon Faucher, um jovem jornalista que compartilhava com Tocqueville e Beaumont um empenho em relação à reforma das prisões (mas se opunha a um confinamento solitário)[35] e que frequentava os mesmos círculos literários. Faucher publicou antecipadamente uma resenha em dezembro de 1834 na publicação que ele dirigia, *Le courrier français*, um órgão da "esquerda dinástica" (incluindo os orleanistas mais liberais). Faucher previu que *A democracia na América* "surpreenderia os leitores como uma revelação", pois eles descobririam "uma sociedade que não era composta nem por lordes ou por plebeus, nem por ricos ou pobres, apoiando-se somente nas fontes gêmeas do poder: esclarecimento e dedicação ao trabalho".[36] Mais reservado em sua resenha para *Le Temps*, Sainte-Beuve mesmo assim endossou a reivindicação de Tocqueville no sentido de se estabelecer uma nova ciência política. Como isso era uma parte importante da agenda de Tocqueville, este último redigiu uma breve nota de agradecimento.[37]

O leitor que mais o apoiou, Francisque de Corcelle, tinha sido ajudante de ordens do marquês de Lafayette na Guarda Nacional e era casado com uma de suas netas.[38] Sua leitura de *A democracia na América* na *Revue des deux mondes* apreendeu não somente o objetivo de Tocqueville como também a urgência de sua mensagem.[39] Corcelle tinha todas as condições de apreciar o livro. Durante a Restauração, participou da Carbonária, uma sociedade secreta que organizava oposição aos Bourbon.[40] Quando a Monarquia de Julho assumiu o poder, Corcelle expressou sua consternação diante da modéstia das reformas, denominando-as meras correções do princípio do poder divino dos reis. Ele denunciou a cegueira do governo em relação à soberania popular, a quem ele devia sua existência, e advogou um programa de regeneração social (tomando de empréstimo o vocabulário de Ballanche). Corcelle rejeitou o ecletismo de Cousin e a síntese de Hegel, opinando que eles não propunham princípios morais suficientemente fortes.[41] Como Lamennais, defendeu a separação da Igreja em relação ao Estado. Como Rousseau, exigiu que os direitos políticos estivessem em igualdade de condições com os direitos naturais. Ao mesmo tempo, Corcelle continuou sendo realista. Recusou-se a ser atraído por um pensamento utópico, fosse

O HOMEM QUE COMPREENDEU A DEMOCRACIA   153

ele a pseudorreligião de Saint-Simon, os "conventos" de Owen, os falanstérios de Fourier ou convocações que recompensavam "cada um de acordo com seu trabalho".[42] Para surpresa de ninguém, ele gostou de muitas coisas em *A democracia na América*.

Corcelle leu *A democracia na América* como uma revelação, conforme Faucher havia previsto. Ele endossou a ideia de uma implacável marcha em direção à igualdade e reconheceu a necessidade de uma nova ciência política que a *intelligentsia* da França até então não providenciara. Corcelle interpretou corretamente o livro de Tocqueville, o qual recomendava que a França "regularizasse seu movimento democrático" e "educasse sua sociedade" como a inevitabilidade da igualdade de condições, de tal modo que a democracia se sustentasse.[43] Tocqueville e Corcelle iniciaram uma amizade, de vez em quando perturbada por discordâncias, mas duradoura.

Um apoio inesperado foi o de alguns dos primeiros socialistas. O jovem Louis Blanc escreveu uma resenha penetrante de *A democracia na América*. Ele diagnosticou corretamente que o livro duraria porque, conforme colocou, "mais do que nunca, a sociedade modifica o indivíduo". Assim sendo, precisamos de "livros que encorajem os homens a buscar maior felicidade e virtude, modificando ativamente as leis que o dominam". Blanc não concordava com tudo que Tocqueville escreveu, longe disso. Ele, porém, entendeu que Tocqueville estava participando da luta contra o despotismo. Blanc aprovou especialmente a diferença que Tocqueville estabelecia entre um "governo" legítimo e uma "administração" invasiva, que ele via como uma "diferença esclarecedora" entre "poder" e "despotismo".[44]

Blanc poderia ter reparado em uma significativa falta de discernimento nas observações de Tocqueville sobre a democracia. A organização industrial, fundamental para o início do pensamento socialista, estava notoriamente ausente do olhar de Tocqueville. Ele havia baseado suas observações sobre os Estados Unidos de Jackson majoritariamente rural, enquanto os primeiros socialistas focalizavam as crescentes cidades industriais da Inglaterra e da França. No final de novembro de 1831, quando Tocqueville, aos 26 anos, descia o rio Ohio, observando as cabanas e os terrenos onde se cultivavam árvores, tecedores de seda de Lyon (os "Canuts") entraram numa grande e tumultuada greve de protesto. Louis Blanc, com 19 anos, um estudante empobrecido que escondia sua formação conservadora, estava ocupado ensinando grupos de trabalhadores em Arras, uma cidade localizada na maior região industrial do norte da França.

Tocqueville não achou adequado iniciar um diálogo com Louis Blanc, como fizera em relação a Corcelle; não que ele estivesse indiferente aos acontecimentos que mobilizaram Blanc. Quando o economista político Pellegrino Rossi em sua primeira conferência no Collège de France sugeriu que a sociedade estaria numa situação melhor se os Canuts de Lyon não tivessem filhos, ele e Kergorlay ficaram alarmados diante do fato de que o professor poderia estar ajudando o governo a estabelecer redes de repressão.[45]

Os motivos de Tocqueville para ignorar Blanc eram ideológicos e pessoais. Blanc acreditava que o Terror, que dizimou boa parte da família de Tocqueville, era justificado. Sobre isso não poderia haver entendimento, pois Blanc não reconhecia o Terror como despotismo. Ele sentiu que a convenção tinha sido "forçada a atacar seus inimigos externos com a espada e seus inimigos internos com o machado"; que "a vitória e o cadafalso" eram obrigatórios a fim de "salvar a França e o futuro", e isso era algo com que Tocqueville não concordava.[46] Com aristocrático distanciamento, Tocqueville se recusou a estabelecer um diálogo com pessoas que ele considerava inimigas da liberdade, especialmente aquelas muito distantes de seu círculo social. Durante a maior parte de suas carreiras, Tocqueville e Blanc se corresponderam, até que finalmente perderam contato durante a Revolução de 1848.

Louis Blanc não foi apenas um dos primeiros socialistas a reconhecer o valor de *A democracia na América* como foi o único a fazê-lo de forma impressa. Proudhon não recorreu a apaixonadas notas de leitura de *A democracia na América*, em parte devido à sua busca de uma definição mais ampla da democracia, que foi além do simples acesso ao sufrágio.[47]

Essas resenhas provaram que a mensagem de Tocqueville foi bem acolhida por reformistas dedicados. Outras resenhas publicadas em meios literários manifestaram louvores, mas não foram além de uma leitura superficial. Narcisse de Salvandy, historiador, romancista e deputado na Câmara, que estava na iminência de pertencer à Academia Francesa, chamou Tocqueville de "o Blackstone dos Estados Unidos" no ministerial *Journal des débats*. Tocqueville apreciou ser comparado ao autor de *Commentaires on the laws of England*, mas considerou que esse era o único mérito do artigo. "Não é possível encontrar uma análise mais ignorante do tema, nem uma análise

O HOMEM QUE COMPREENDEU A DEMOCRACIA 155

tão superficialmente elaborada", ele comentou.[48] Abel-François Villemain, secretário da Academia Francesa e grande mandarim da literatura francesa (Balzac foi seu aluno), se saiu melhor quando reciclou numa resenha a citação que ele havia escrito para o Prêmio Montyon. A lição para a Europa do livro de Tocqueville, ele explicou, foi que leis e ideias "devem aumentar gradualmente a igualdade entre os homens de um modo que promovam o autogoverno" e capacitem a "estabilidade" daquele tipo outrora alcançado sob a monarquia.[49] Villemain louvou Tocqueville por defender a justiça contra a vontade da maioria.

Ao mesmo tempo, os oponentes se ressentiram do conceito de Tocqueville porque os Estados Unidos eram um modelo para a França. Se a controvérsia sobre as indenizações aumentou o interesse pela obra de Tocqueville, também voltou a despertar sentimentos antiestadunidenses. Sob certos aspectos, os Estados Unidos jamais poderiam servir como modelo. O marquês de Custine, legitimista, rejeitou a ideia de uma democracia americana que "emergia do desígnio de Deus para as sociedades humanas" e a encarou como "a perigosa consequência da filosofia do século XVIII que interferia na religião de nossos pais", enquanto a *Gazette de France,* que era legitimista, reprovava o racismo norte-americano.[50] Ao mesmo tempo, o periódico de Philippe Buchez, criado recentemente, o *L'Européen — Journal des sciences morales et économiques*, expunha o preconceito católico liberal contra os protestantes, retratando a democracia norte-americana como "o egoísmo sob formas sociais".[51]

A mais significativa e duradoura rejeição foi devida aos vencedores de 1830. Como líderes políticos da Monarquia de Julho, eles estavam promovendo uma visão política diferente. Tocqueville não aceitou algumas delas. Adolphe Thiers, um historiador dotado de imensa energia, foi desprezado instintivamente por Tocqueville: "Aquilo que amo ele acha ridículo e desprezível; aquilo que ele ama, eu temo e desprezo."[52] Tocqueville deixou de admirar François Guizot, que se tornou conservador. Guizot e seus seguidores estabeleceram um profundo contraste entre a democracia norte-americana e a monarquia constitucional francesa. A democracia norte-americana estava servindo à maioria numérica. O governo da França, eles argumentaram, devia em vez disso representar a crescente classe média francesa ou burguesia. Os doutrinários alegavam que a burguesia (a qual formava sua base política) era a classe social mais bem preparada para a democracia, pois seus seguidores eram significativamente mais abertos do que aqueles da antiga aristocracia.

Tocqueville concordou com limites em relação à votação, não endossou o sufrágio norte-americano "universal" para os homens brancos e até mesmo elaborou um sólido ataque àquilo que ele denominava a tirania da maioria. No entanto, seu livro pró-estadunidense perturbou Guizot e seus seguidores, o que eles divulgaram, embora fosse preciso chegar a 1837 para que seus argumentos fossem publicados pela imprensa. Louis de Carné expressou a posição de Guizot mais amplamente em um longo ensaio publicado na *Revue des deux mondes* cujo título foi perfeito: "A democracia norte-americana e a burguesia francesa." Carné era contemporâneo de Tocqueville, fundou o jornal *Le Correspondant* em 1829, foi *conseiller général* do Finistério (acabou se tornando deputado, como Tocqueville) e um dos fundadores da Sociedade de Economia Caridosa, da qual Tocqueville participou. Em seu ensaio, Carné assinalou a "manifesta incompatibilidade entre nossas ideias e as ideias dos Estados Unidos". As condições nos dois países eram imensamente diferentes, ele explicou, pois a França não tinha um vale do Mississippi para o qual poderia enviar pioneiros empunhando machados. De grande importância, o advento de um governo da burguesia, outro desfecho da Revolução de Julho, incluía uma real chance de uma aliança com a Igreja, de que a França necessitava e que Tocqueville queria ver. Mediante a aliança, a burguesia desempenharia sua verdadeira e grande "missão providencial": "o aperfeiçoamento moral das classes baixas." Para Carné, a burguesia tinha um destino histórico e não podia de modo algum ser confundida com a "maioria numérica" que ocorria nos Estados Unidos.[53] Carné sentiu que as qualificações dos eleitores para votar na França, caso não houvesse falsificação, deveriam ser aumentadas, não diminuídas. Na realidade, limitar o direito de voto mantinha uma mobilidade suficiente para alimentar a ilusão de uma crescente inclusão. A visão predominante que Carné transmitiu distinguia a votação de outros direitos civis (tais como associações e liberdade de imprensa). Os eleitores precisavam possuir recursos financeiros significativos antes de expressar julgamentos políticos ao votar; porém, quando votavam, exerciam meramente uma função, mais do que exercer um direito aberto a todos.[54]

O HOMEM QUE COMPREENDEU A DEMOCRACIA 157

Carné se alinhava perfeitamente com Guizot, que se manifestou numa resenha de dois livros medíocres, um deles defendendo o *status quo*, o outro propondo uma república, que ele escreveu para a *Revue française*.[55] Guizot aproveitou a oportunidade para atacar Tocqueville, embora sem mencionar o nome dele. O mentor voltou-se contra o pupilo ao proclamar a missão histórica da burguesia. Ele enfatizou não a inevitabilidade da democracia, mas a urgência de limitar seu alcance. "Existem aqueles que nos dizem que, quando se trata de uma democracia contemporânea, podemos torcer a favor de tudo de que gostamos, discursar o quanto quisermos; que todas as nossas palavras, todos os nossos pensamentos de nada adiantarão; que tudo que temos diante de nós é algo definitivo, é uma conclusão a que se chegou previamente, diante do que somos impotentes para agir. O que está feito, feito está, sem dúvida. No entanto, ficaremos parados, deixando que os fatos se desenrolem? E se existe algo que podemos fazer ou dizer, estamos tão envolvidos conosco que será inútil nos manifestarmos?"[56] Tocqueville continuou sendo amigo de Carné, mas não perdoou Guizot, embora suas apreensões em relação à maioria numérica tornassem sua posição pessoal ambígua durante o prolongado debate sobre a participação política.

Novos direcionamentos: pobreza e pauperismo

O reconhecimento de Tocqueville como filósofo envolvido com a política fortaleceu sua resolução de tentar participar da política ele mesmo. Durante a Restauração, a idade mínima para se candidatar a um cargo público era 40 anos. A Tocqueville, nascido em julho de 1805, restavam apenas seis meses após a publicação de *A democracia na América*. A Carta Régia modificou essa exigência e a idade mínima passou a ser 30 anos. Ao dizer a Kergorlay que não tinha "um entusiasmo cego pela vida intelectual", aproximava-se o momento em que talvez ele poderia fundir a literatura com a política.[57] Ao enviar um exemplar de *A democracia na América* a seu primo Le Peletier d'Aunay, várias vezes presidente da Câmara, Tocqueville pediu desculpas pelo fato de que sua prosa refletia uma real ausência de experiência política. "Perdoe-me", ele escreveu, "se fui forçado a inclinar-me para a teoria, mas tenho apenas 29 anos."[58] Na dedicatória para Lamartine, Tocqueville reconheceu não somente "o primeiro poeta de nossa época", mas também "um estadista".[59] A oportunidade de entrar para a Câmara dos Deputados não surgiu imediatamente. Tocqueville teria de esperar vários anos antes que ocorresse sua primeira campanha eleitoral.

Ele precisava de um novo projeto após alguns meses de encontros sociais nos círculos literários de Paris. Tocqueville confidenciou a seu pai e a seu irmão Édouard que não conseguiria mais tolerar outras noitadas.[60] Ele estava levando ao limite sua frágil constituição e vivenciando momentos repetitivos de uma dolorosa gastrite, que chegavam a durar muitos dias. Mais tarde, ele resumiu suas condições para Mary Mottley: "Meu corpo é uma máquina que tem necessidade de repouso, porém o repouso é letal para o espírito que opera a máquina."[61] Tocqueville e Beaumont, que participaram ao mesmo tempo de muitos acontecimentos, concordaram que deviam preocupar-se menos com os salões e mais com seus novos livros: para Tocqueville, o já anunciado segundo volume de *A democracia na América;* para Beaumont, *L'Irlande*. Beaumont contava corretamente com os participantes dos salões "que se esquecem facilmente de você" para "recuperar subitamente uma prodigiosa memória na medida em que você retorne com um livro bem-sucedido".[62] Suficiente perda de tempo nos salões parisienses.

Enquanto os críticos debatiam *A democracia na América*, Tocqueville empreendeu novos direcionamentos de pesquisa. Voltou-se para questões de pobreza e pauperismo, que havia negligenciado durante suas viagens e seus escritos. Não ficou inteiramente claro por que Tocqueville, atendendo a uma sugestão de uma sociedade literária de Cherbourg, tornou o pauperismo o tema de sua primeira pesquisa após a publicação de *A democracia na América*, mas leu para aquela instituição, em abril de 1835, algo que havia escrito sobre o assunto.[63]

O conhecimento de Tocqueville sobre a pobreza era mínimo. Na infância, ele presenciou seu pai praticar a caridade ao distribuir pão para os pobres em Verneuil. Quando era um jovem magistrado, Tocqueville havia lido e anotado o livro de autoria de Jean-Baptiste Say intitulado *Cours complet d'économie politique* (1828-1829).[64] Leu-o novamente durante a viagem aos Estados Unidos, anotou algumas páginas iniciais, mas não o relevante trecho sobre o *secours publics* que constava do segundo volume, no qual Say liga a palavra *pauperismo* à pauperização que as Leis Britânicas sobre a Pobreza geraram presumivelmente ao tornar os donativos amplamente disponíveis.

O HOMEM QUE COMPREENDEU A DEMOCRACIA

Quando estavam nos Estados Unidos, Tocqueville e Beaumont registraram apenas poucas observações sobre os pobres. John Spencer, político de Nova York, explicou-lhes que os norte-americanos entendiam que o sistema de caridade inglês no âmbito das paróquias era excessivamente dispendioso e então começaram a pedir trabalho em troca de esmolas. Assim, um estabelecimento de Nova York empregou em colheitas aqueles a quem abrigava, a fim de cobrir as despesas com seu acolhimento.[65] Tocqueville e Beaumont registraram poucas pessoas destituídas nos Estados Unidos e dedicaram apenas um resumido anexo relativo à aplicação das leis sobre a pobreza em Maryland e Nova York.[66] Sua narrativa foi apenas descritiva e não oferecia quaisquer críticas ou sugestões relativas a reformas. Além disso, ambos demonstraram pouco interesse sobre o relatório das prisões em investigar o relacionamento entre pobreza e crime.

A primeira interação importante de Tocqueville com a política de bem-estar ocorreu em 1833, durante suas viagens à Inglaterra. Na companhia de lorde Radnor, um dos líderes do Partido Whig, ele participou da sessão de um tribunal que julgava casos de ajuda pública. Tocqueville criticou demais a política do governo inglês após observar pedintes receberem uma ajuda de que não precisavam de modo algum e os juízes de paz concordando com isso.[67] Ao mesmo tempo, não estava alheio em relação às causas da pobreza. Ele anotou em seu diário de viagem de 1833 que "a extrema disparidade no que se referia aos proprietários de terras" na Inglaterra contrastava com os pobres que nada possuíam.[68]

Tocqueville não incluiu quaisquer considerações sobre a pobreza baseado em seus rápidos encontros com ela nos Estados Unidos e na Inglaterra na edição de 1835 de *A democracia na América*, exceto ao se dirigir indiretamente a ela no último capítulo dedicado à raça. Em uma rara instância de anacronismo que tinha a ver com suas origens aristocráticas, Tocqueville usou a palavra *pobre* para descrever não o verdadeiro pobre, mas a maioria da população norte-americana que tinha de trabalhar a fim de viver confortavelmente.[69] Ele tomou conhecimento de que as leis referentes à partilha das heranças (abolição da linha sucessória) e a grande disponibilidade de terras localizadas na região do oeste impediram que os americanos encarassem a verdadeira pobreza e suas consequências no plano social.

160 OLIVIER ZUNZ

Devido ao fato de que sua experiência com a pobreza era limitada, Tocqueville voltou-se para as experiências de outros ao preparar sua comunicação para a *société savante* em Cherbourg. Tocqueville leu atentamente o livro de autoria de Alban de Villeneuve-Bargemont, intitulado *Économie politique chrétienne* (1834). Foi um livro que o influenciou, escrito por um conservador social, católico, legitimista e partidário da reforma agrária, que em tempos passados fora chefe do departamento do Norte, que se industrializava rapidamente. Tocqueville tomou de empréstimo a Villeneuve-Bargemont o principal paradoxo da pobreza moderna: a maior quantidade de pobres vive em países prósperos. A Inglaterra é o "Éden da civilização moderna", mas "um sexto dos habitantes daquele próspero reino vive às custas da caridade pública". No entanto, a "ignorante e grosseira" população de Portugal apresenta somente "um pobre para cada 25 habitantes".[70] Em seu livro, Villeneuve-Bargemont culpou Say, Adam Smith e Malthus por dar bons conselhos e nenhum trabalho ou pão para os pobres, e condenou os industriais e os grandes latifundiários britânicos, "uma classe arrogante e gananciosa que explorava a raça humana".[71] Tocqueville ficou mais impressionado do que Villeneuve-Bargemont com os teóricos, especialmente Malthus,[72] mas concordou com ele: a economia política deveria ser uma disciplina moral e não ser reduzida a um exercício sobre economia. Tocqueville escreveu a Kergorlay: "Embora todos os esforços da economia política de nossos dias me pareçam tratar de questões materiais, ressalte-se o lado mais imaterial dessa ciência [...] para nela incluir as ideias, os sentimentos de moralidade como elementos de prosperidade e felicidade [...] e reabilitar a espiritualidade na política."[73]

Villeneuve-Bargemont, que publicou seu livro em 1834, nada disse sobre a reforma da Lei da Pobreza que ocorria na Inglaterra e que foi aprovada naquele ano. Foi o conhecido de Tocqueville, Nassau Senior, em colaboração com Edwin Chadwick, ex-secretário de Jeremy Bentham, quem escreveu o relatório que resultou na reforma de 1834. Ao preparar seu texto, Tocqueville solicitou a Senior seu ensaio, uma cópia da legislação e alguns documentos a ela relacionados.[74] Senior e Chadwick não desafiaram o princípio elisabetano básico de proporcionar alívio aos pobres, porém persuadiram o Parlamento a impor um controle centralizado nas paróquias e proporcionar "auxílio" a espaços "comunitários" em vez de proporcioná-lo a residências.

O HOMEM QUE COMPREENDEU A DEMOCRACIA

Eles prestaram pouca atenção na vida espiritual dos pobres. Sua reforma implementou um sistema local de asilo de pobres, que tinham de merecer sua acolhida e era severo.[75]

Em *Ensaio sobre a pobreza*, Tocqueville descreveu em amplas linhas "um movimento gradual e irresistível" que se acelerava desde a Idade Média, que trouxe para o mundo "uma imensa quantidade de novas mercadorias" e deu origem à desigualdade moderna. Rousseau havia condenado essa evolução.[76] Tocqueville, em vez disso, aprovou-a, mas expôs que a grande expansão de novas necessidades implicava necessariamente a disponibilidade de novos bens, aumentando drasticamente o perigo de empobrecimento.

Ao reler a legislação e os textos de Senior, Tocqueville concluiu corretamente que a reforma inglesa de 1834 destinou-se a tornar o bem-estar tão pouco atraente quanto possível. "O objetivo da emenda da lei, não meramente na superfície, mas no âmago, era tornar o bem-estar público tão desagradável para os indigentes que eles desanimaram e não o buscaram."[77] Essa emenda da lei obrigava os indigentes a trabalhar nos temíveis moinhos onde o milho era triturado, um trabalho penoso que Charles Dickens denunciou em seu livro *Um cântico de Natal e outras histórias*. Apesar dos efeitos da lei, Tocqueville ainda adotou a indicação de Say, conforme fizera no relatório sobre as penitenciárias. Ele culpou a disponibilidade das esmolas dadas através das obras de caridade por perpetuar a pobreza e denominou-a *pauperismo*. Ao perpetuar as dependências e a caridade pública, acusou Tocqueville, isso foi "um dote de infâmias" que não criou um "laço moral" entre doadores e receptores capaz de promover a comunidade e a solidariedade.[78]

Tocqueville acabou rejeitando a posição que assumiu em seu relatório, mas somente depois de visitar a Inglaterra e a Irlanda, voltar a falar com Senior e ver de perto a verdadeira pobreza. Quando o político Prosper Duvergier de Hauranne escreveu para ele em 1837, solicitando um exemplar de seu livro, Tocqueville o enviou com relutância, recomendando que "o aceitasse por aquilo que ele é e então se esquecesse rapidamente dele", tão preocupado estava por ter tratado superficialmente "uma das maiores, senão *a* maior questão dos tempos modernos".[79]

Visitando a Inglaterra:
outro roteiro para a reforma

Tocqueville retornou à Inglaterra em 1835, dessa vez com Beaumont, a fim de "completar" sua educação política.[80] Essa viagem foi crítica para a compreensão de Tocqueville no que se referia à democracia. Após visitar a Inglaterra e a Irlanda, ele reformulou a segunda edição de *A democracia na América*. Anunciara aos leitores um livro sobre os costumes norte-americanos, como sequência daquele que escreveu sobre as instituições, mas então preferiu abordar a democracia em seus aspectos mais gerais, independentemente do lugar, e seu próprio programa político como "liberal de uma nova espécie".[81] Nos Estados Unidos, Tocqueville observou a pobreza apenas incidentalmente, mas a observação da evidente pobreza nas cidades industriais da Inglaterra e nas regiões campestres da Irlanda proporcionava uma nova visão da desigualdade na sociedade moderna.

Era o momento perfeito para uma visita. A Inglaterra estava realizando grandes reformas que propiciaram a fundação de um Estado moderno. Já em 1832, antes da primeira visita de Tocqueville, o Ato da Grande Reforma havia transformado o sistema eleitoral.[82] Em seguida, em 1833, foi promulgado o Ato sobre o Trabalho em Fábricas, que deu início à regulamentação do trabalho infantil, e a Emenda sobre a Lei da Pobreza, de 1834, que centralizaram a questão do bem-estar público. Quando Tocqueville e Beaumont chegaram, no dia 23 de abril de 1835, Sir Robert Peel e seu gabinete *tory* acabavam de renunciar. Os *whigs* haviam retornado, formando um segundo gabinete em Melbourne. O Ato de Prisões e o Ato de Reforma Municipal de 1835 criaram uma inspetoria nacional de prisões e municípios, e os inspetores eram pagos pelos contribuintes de impostos. Para o historiador G. M. Trevelyan, o último ato foi "o nível máximo do radicalismo benthamita atuando através da máquina *whig*".[83] Tocqueville, que estava em Londres durante o debate parlamentar sobre a reforma municipal, o narrou detalhadamente para seu primo Le Peletier d'Aunay e lhe explicou por que Robert Peel e os *tories* não podiam se opor seriamente a esse debate.[84] Toda essa atividade legislativa contribuiu para uma reforma democrática significativa, levando Tocqueville a observar: "Os *whigs* usaram a democracia como um instrumento até que o instrumento ultrapassou a mão que o guiava."[85]

O HOMEM QUE COMPREENDEU A DEMOCRACIA 163

Para ir ao encontro das pessoas no poder não existia melhor passaporte do que uma carta de apresentação do primeiro-ministro francês. O conde Molé já tinha feito muito para introduzir seu jovem primo nos círculos mais políticos, sociais e elegantes de Paris. Molé concordou em introduzi-lo (e, a pedido de Tocqueville, também Beaumont, que ele não conhecia) em suas contrapartidas britânicas. Molé escreveu cartas para dois dos mais influentes *whigs* da Inglaterra, lorde Lansdowne e lorde Holland. Lansdowne, que tinha sido amigo de Bentham, era amigo de Senior. Como lorde presidente do Conselho, ele tinha ajudado a viabilizar o Ato da Grande Reforma e acabava de retornar ao novo governo, assim como lorde Holland. Molé também enviou uma carta de apresentação ao general Sebastiani, embaixador da França na corte de Saint James.[86]

Tocqueville também estava estabelecendo conexões por conta própria, e recorreu a Senior para divulgar *A democracia na América* na Inglaterra. Senior imediatamente diminuiu expectativas ao avisar Tocqueville de que em seu país "há uma grande dificuldade em conseguir uma resenha de qualquer livro que exija muita reflexão",[87] mas sugeriu que enviasse exemplares antes de sua visita aos lordes Brougham e Lansdowne. Brougham, que havia sido lorde chanceler no primeiro gabinete de Melbourne, era um dos mais iconoclastas da aristocrática elite *whig*, especialmente ativo no movimento abolicionista. Senior também sugeriu várias publicações, incluindo o *Athenaeum* e *London Review*, de John Stuart Mill.[88]

No início, Londres pareceu sombria e melancólica para Tocqueville. No fim de abril e no final das tardes, as ruas ainda se assemelhavam a "túneis em minas iluminados por tochas", e o ar era "denso e úmido".[89] Graças, porém, a suas conexões, os dois viajantes foram acolhidos pelos mais elevados círculos políticos e sociais. No dia 28 de abril eles entregaram a carta de apresentação para lorde Lansdowne em sua mansão. No dia seguinte ele os visitou e convidou para um jantar.[90] No dia 4 de maio, jantaram com lorde Holland.[91] Em sua mansão, "um belo castelo gótico", eles conversaram com lorde Granville e o primeiro-ministro lorde Melbourne.[92] Lorde Brougham também tentou encontrar-se com o muito comentado jovem autor e seu amigo, mas não foi possível.[93] Tocqueville e Beaumont jantaram em sua residência três dias depois.[94] Tocqueville restabeleceu contatos com o devoto lorde Radnor,[95] que os convidou para almoçar em sua residência. Eles ficaram

164 OLIVIER ZUNZ

surpresos ao ver todos os empregados da casa se ajoelharem em torno do patrão enquanto ele rezava antes de servirem o almoço.[96]

Tocqueville e Beaumont comunicaram suas visitas não apenas para suas famílias, mas também para suas anfitriãs de Paris. Tocqueville explicou a madame Ancelot como os criados daquelas grandes residências aristocráticas os olhavam com desconfiança, pois eles chegavam a pé e não de carruagem, mas sua atitude mudava completamente depois que o anfitrião lhes dava as boas-vindas. Quando chegava a hora de ir embora, os criados se mostravam obsequiosos. Acontecia "a mesma coisa toda vez: acolhidos com nítida insolência na porta de entrada, extremamente bem-atendidos no salão e tratados com extrema reverência quando voltavam". Tocqueville também descreveu seu encontro com a filha de lorde Byron, lady Ada, que tinha 20 anos: "Eu deveria perceber o olhar do grande poeta nos olhos dela, o sorriso dele nos lábios dela, seus gestos nas sutilezas dos movimentos dela, tão vivaz era lady Ada na flor da idade."[97]

Em outras ocasiões eles compareceram a eventos políticos, com brindes que lembravam reuniões semelhantes nos Estados Unidos, mas agora na aristocrática Inglaterra. Tocqueville voltou a dizer a madame Ancelot, um pouco cáustico: "Participei de um grande jantar político presidido por lorde Brougham; éramos duzentos amigos íntimos, sentados num salão tão grande quanto uma igreja [...] Comer era mera desculpa; o verdadeiro objetivo do encontro era falar da Câmara dos Lordes, da Câmara dos Comuns, discutir magistrados, o exército, a imprensa, a educação pública."[98] De vez em quando Tocqueville e Beaumont frequentavam o Athenaeum, um "clube majestoso, num palácio magnífico, com belas estantes repletas de livros bem-selecionados e o melhor restaurante que se possa imaginar".[99] Eles também passaram alguns momentos com os *tories* como convidados de John Murray, fundador e mentor da *Tory Quarterly Review*.

Até mesmo os britânicos de classe média tinham um ar aristocrático, observou Tocqueville. Quando ele e Beaumont jantaram com um dono de fábrica, eles sentiram como se estivessem à mesa de um almotacel de Nova York ou da Filadélfia, exceto que o anfitrião invejava a aristocracia e zombava dos norte-americanos, que, segundo ele afirmava, não tinham noção do que eram bons modos quando participavam de reuniões seletas.

O HOMEM QUE COMPREENDEU A DEMOCRACIA 165

Toda aquela intensa atividade social foi temporariamente interrompida quando, como acabou acontecendo, ela prejudicou a frágil constituição de Tocqueville. Indisposto após um farto jantar oferecido por lorde Lansdowne, ele se refugiou no dia 10 de maio na residência de Henry Reeve, em Hampstead, um subúrbio situado na região noroeste de Londres.[100] Os dois foram apresentados em Paris havia alguns meses. Reeve, com 21 anos, parcialmente educado na Suíça e fluente em francês, com boas conexões de sua família na sociedade literária parisiense, participou por acaso de um jantar com Tocqueville, Sainte-Beuve, Ampère e Ballanche.[101]

Reeve tinha inclinações conservadoras e não estava disposto a prestar atenção em um livro sobre a democracia. No entanto, após conhecer o brilhante autor durante um jantar, ouvi-lo narrar irresistíveis histórias dos povos indígenas americanos e então ler seu livro, ele mudou de opinião. Decidiu que seria ele que o traduziria para o inglês e deu as boas-vindas a Tocqueville em Londres. Nascia uma colaboração que haveria de durar muito tempo. Tocqueville permaneceu com Reeve e a mãe dele até o dia 22 de maio. Insistiu com Beaumont para que permanecesse em Londres e o visitasse pouco. O médico da família e a mãe de Reeve cuidaram do paciente, enquanto Reeve aproveitou a oportunidade, revisou sua tradução e esclareceu certas ambiguidades enquanto Tocqueville estava disponível.[102]

Diálogos com intelectuais britânicos compatíveis exerceram uma influência duradoura no pensamento de Tocqueville. O encontro com John Stuart Mill, um ano mais novo do que ele, resultou numa colaboração histórica entre as duas maiores mentes de sua geração.[103] Embora ainda amplamente utilitário, Mill havia se distanciado de Bentham, que ele passou a considerar um reducionista. Mill recordou em sua autobiografia que *A democracia na América* "caiu nas minhas mãos" por acaso. Na realidade, Senior lhe enviara um exemplar. Após a leitura, ele estava ansioso para conhecer Tocqueville. Com efeito, Mill tinha acabado de incumbir Joseph Blanco White de escrever uma resenha sobre a tradução de Reeve de *A democracia na América* na *London Review*, que voltara a circular e que se fundiu com a *Westminster Review* no ano seguinte. White não deu conta da tarefa, que coube a Mill.[104] Sua resenha, publicada em outubro de 1835, foi a magistral apresentação de *A democracia na América* para o público britânico. Mill reproduziu muitos trechos importantes e alegrou-se por ver o livro em "trajes ingleses".[105] Mill naturalmente estava ansioso para recrutar Tocqueville como colaborador de sua revista, que concordou em escrever um texto substancioso sobre a transformação da França desde o Antigo Regime e também em contribuir com textos menores. Embora seu relacionamento viesse a ser testado por desavenças diplomáticas entre a Inglaterra e a França, os dois continuaram sendo admiradores mútuos.

Tocqueville e Beaumont também tiveram a oportunidade de passar momentos com proeminentes radicais e utilitários da época, bem como com os *whigs*, mais reformistas. Tocqueville retomou contatos com o romancista Edward Bulwer-Lytton e com John Bowring, membro do Parlamento e primeiro editor da *Westminster Review* de Bentham. Ele dialogou com francos e sinceros reformadores no Parlamento — Joseph Hume, John Roebuck e especialmente George Grote, um historiador que escreveu livros sobre a Grécia Antiga. A esposa de Grote, Harriet, tornou-se uma das amizades de Tocqueville que mais o apoiaram.[106]

Tocqueville admirou aquele pequeno grupo que se autodenominava radical e que não tinha contrapartida na França. Ao contrário dos franceses, aqueles radicais ingleses respeitavam os princípios da regra democrática, não estavam tentando impor sistemas utópicos a uma sociedade refratária, respeitavam o direito à propriedade como a base de uma sociedade civilizada, viam a necessidade política da religião e todos eram bem-educados. Tocqueville sentiu-se à vontade com eles, talvez porque, como ele, combinavam modos elitistas com ambições reformistas.[107] Reconheceu neles o tipo de político que gostaria de ser.

Tocqueville descreveu as prementes questões da época com seus novos amigos britânicos. Especialmente com Senior, Reeve e Mill, Tocqueville compartilhou seus temores quanto à centralização e seus efeitos negativos sobre a administração e a Justiça. Procurou entender até que ponto os ingleses estavam dispostos a centralizar suas instituições e como eles dividiam as responsabilidades entre as autoridades nacionais e locais. Acabou reconhecendo como um misto de tribunais centralizados e locais poderia atuar em conjunto de uma maneira que não havia compreendido em seu estudo sobre as leis consuetudinárias britânicas durante sua viagem aos Estados Unidos.[108] Havia muito mais do que ele percebeu sobre a reforma da Lei da Pobreza em seu *Ensaio sobre a pobreza*. Ao implementar um grau

O HOMEM QUE COMPREENDEU A DEMOCRACIA 167

de centralização, a nova lei limitava o controle abusivo da pequena fidalguia local em relação aos pobres.[109]

Mill procurou tranquilizar Tocqueville no sentido de que havia poucos motivos de preocupação sobre a centralização excessiva na Inglaterra, porque "a centralização se apoia em ideias gerais" e os ingleses, acrescentou Mill, "têm dificuldade em apreender ideias amplas e abstratas". Isso ajudou a explicar a observação de Tocqueville, que o intrigou, no sentido de que os ingleses davam muita importância a detalhes legais ao mesmo tempo que não se apegavam a grandes princípios.[110] Tocqueville não teve a oportunidade de se aprofundar em relação à teoria da centralização quando estava na Inglaterra, mas notou que essa era "uma questão importante que devia ser esmiuçada".[111]

Tocqueville impressionou a tal ponto aquele grupo de reformistas que eles providenciaram para que ele fosse testemunhar na Câmara dos Comuns em relação à prática francesa do voto secreto. Grote estava tentando reunir apoio para o voto secreto de um modo que limitasse a imensa influência que os grandes latifundiários exerciam sobre seus eleitores. Anterior a esse testemunho, o historiador constitucional Henry Hallam transmitiu a Tocqueville uma ampla visão sobre o suborno eleitoral. Então Tocqueville explicou detalhadamente a uma comissão parlamentar a conduta técnica das eleições na França.[112] O voto aberto, entretanto, continuou sendo lei durante os anos vindouros.

Tocqueville tentou sintetizar suas observações sobre a Inglaterra, porém considerou-as "mais complicadas do que suas observações sobre os Estados Unidos".[113] "Na América", ele disse ao conde Molé, "todas as leis emanam, por assim dizer, de uma única ideia. Toda a sociedade está baseada em um único fato, tudo flui de um princípio. Poder-se-ia comparar os Estados Unidos com uma grande floresta, com uma miríade de caminhos retos que a atravessam e todos conduzem ao mesmo local. A pessoa precisa apenas encontrar as encruzilhadas e tudo se tornará visível, basta um único olhar."[114] Mas na Inglaterra, argumentou Tocqueville, a reforma legal operava em conjunto de um modo que não entendeu ao estudar o direito consuetudinário durante a viagem aos Estados Unidos. Ele escreveu de Londres para Molé que "as ideias democráticas estavam exercendo rapidamente um impacto sobre a vida política, mas numa pausa quando se tratava da sociedade civil". Quanto a isso, a Inglaterra permanecia oposta à França. Um bom exemplo foi o Ato da Grande Reforma de 1832, que ampliou consideravelmente o direito do voto. "A reforma concederá poderes políticos à Câmara dos Comuns. Os pares do reino ainda podem direcionar a trajetória dos negócios, porém já não são mais os únicos árbitros."[115] No entanto, "o dinheiro e o privilégio ainda fortalecem a sociedade inglesa [...] Muito custa candidatar-se a um cargo, ser advogado, ser um JP [juiz de paz] ou exercer outro cargo não remunerado [...] estudar em Oxford ou Cambridge".[116] Além dos juízes de paz, não havia tribunais para os pobres. Enquanto nação, a Inglaterra se preocupava mais com a igualdade legal do que com a igualdade de condições. Tocqueville repetiu o mesmo argumento para seu primo Le Peletier d'Aunay: "Embora o movimento da democracia esteja parado no que se refere aos costumes e ideias dos ricos, ele continua operando através do sistema legal."[117] De modo geral, "o respeito que as pessoas têm pela riqueza na Inglaterra é motivo de desespero".[118]

Tocqueville também compartilhou sua visão sobre a disjunção entre a reforma legal e a reforma social com as pessoas com quem ele se encontrava. Camillo Cavour, aos 25 anos, futuro líder da unificação da Itália, foi à Inglaterra como parte de uma viagem pela Europa durante a permanência de Tocqueville. O jovem viajante conheceu Senior e chegou à residência do professor de Oxford quando ele dialogava com Tocqueville. Cavour tinha lido *A democracia na América* pouco antes de chegar à Inglaterra e considerou-a "a mais notável obra dos tempos modernos".[119] Ele jantou em Londres com Tocqueville, Reeve e Mérimée. Com eles também estava Sutton Sharpe, a quem Tocqueville se referiu como "um advogado muito sagaz", francófilo, amigo dos escritores Vigny, Mérimée e Stendhal, que ele conheceu em Paris no salão de madame Ancelot.[120] Na Inglaterra, Sutton frequentava os radicais *whigs*.[121] Durante aquele jantar, Cavour teve a oportunidade de ouvir Tocqueville elaborar sua teoria sobre "a Inglaterra dividida entre o acesso a direitos políticos para muitos e a concentração da riqueza nas mãos de alguns poucos". Ele anotou em seu diário que "essa anomalia não pode durar muito sem que haja grande perigo para o Estado".[122]

Que a democracia não penetrasse na sociedade era mais perceptível no que se referia à propriedade de terras. Tocqueville voltou a observar, como fizera em 1833, que na Inglaterra o camponês jamais se dispunha

O HOMEM QUE COMPREENDEU A DEMOCRACIA

a comprar terras porque jamais havia terras pequenas disponíveis.[123] Ao fazer novamente essa importante observação, Tocqueville desenvolvia ao mesmo tempo uma visão mais positiva do enfoque da Revolução Francesa na aquisição da terra. "A França sempre teve uma população diminuta de pequenos proprietários rurais e o desejo de ter uma terra é muito difundido entre o povo. Isso somente se tornou mais generalizado com a revolução", ele anotou. Na Inglaterra, porém, os homens estavam deixando o campo e indo para fábricas, onde todos os objetos desejáveis eram manufaturados "não apenas para consumo dos britânicos, mas para o consumo do mundo inteiro".[124]

Pobreza e desigualdade na Inglaterra industrial e na Irlanda rural

Munidos com a ideia de que a mudança legal não implicava mudança social, após os requintados jantares em Londres nas residências de aristocratas, Tocqueville e Beaumont percorreram várias regiões da Inglaterra industrial. Partiram de Londres no dia 24 de junho, chegaram a Coventry no dia 25 de junho, a Birmingham, a cidade do ferro, do cobre e do aço, no dia 26 de junho, e a Manchester, "a grande cidade manufatureira de tecidos e de fios de lã", no dia 30 de junho.[125] Em todas essas cidades eles viram a pobreza espalhada em todos os locais, não como um desfecho das leis sobre a pobreza, conforme Tocqueville imaginou um dia, mas devido à exploração industrial.

Tocqueville entrevistou alguns dos fabricantes que apoiaram com firmeza o decreto sobre as reformas, dispostos a marchar até Londres, armados caso fosse necessário, para forçar a concordância dos *tories*.[126] Ele fez inúmeras anotações relativas ao pagamento dos impostos locais, ao crescimento da população e outros indicativos demográficos e econômicos, mas não tentou se encontrar com nenhum líder trabalhista.[127]

Tocqueville e Beaumont observaram com especial acuidade a grande cidade industrial que Manchester era. Um médico local, o dr. James Phillips Kay, autor de *The moral and physical condition of the working classes in Manchester* (1832), os guiou.[128] O dr. Kay os levou a uma organização de caridade onde eles recolheram vários documentos, e em seguida à prefeitura. Levou-os também à Pequena Irlanda, onde viram "casebres mais do que precários onde 50 mil irlandeses se amontoavam [...] O próprio Dante não poderia ter inventado para os ricos malvados um tormento mais apavorante do que morar naquelas condições". Em seguida, o dr. Kay os levou para uma sociedade científica local onde houve muitos diálogos.[129]

Ao contrário de Engels, que conhecia cada beco, Tocqueville observou a cidade rapidamente, mas sua descrição da abjeta pobreza que ali reinava é tão vigorosa quanto as dele. Era daquele "escoadouro imundo" que "flui a maior quantidade da engenhosidade humana para fertilizar o mundo todo. Flui, daquele esgoto sujo, ouro puro. Aqui a humanidade atinge seu mais completo desenvolvimento e, o que há de mais brutal, aqui a civilização opera seus milagres, e o homem civilizado quase se transforma num selvagem".[130]

Por volta de julho eles estavam em Liverpool, uma cidade "destinada a se tornar o centro do comércio".[131] Lá a miséria não era imediatamente aparente, mas Tocqueville avaliou novamente que cerca de 50 mil pobres moravam em porões, a maioria da Irlanda, para onde ele e Beaumont viajariam em seguida.

Inspirado por Montalembert e por Duvergier de Hauranne, Tocqueville e Beaumont tinham desejado conhecer a Irlanda católica durante algum tempo. Montalembert havia elogiado o catolicismo irlandês, considerando-o exemplar em *L'Avenir*, em 1830, e promoveu a causa da Irlanda nos salões de Mary Clarke e de Virginie Ancelot em Paris.[132] Tocqueville e Beaumont estiveram em Dublin de 6 a 17 de julho, onde visitaram George Ticknor, seu amigo de Boston.[133] Em seguida viajaram para o sul. Se Tocqueville inicialmente achou difícil apreender o paradoxo da lei e da sociedade inglesa, ele não sentiu a menor dificuldade em entender a desagradável situação em que os irlandeses se encontravam: "Se quiserem saber o que é o espírito de conquista e o ódio religioso, combinados com os abusos da aristocracia sem nenhuma de suas vantagens, venham para a Irlanda."[134] Os extremos de riqueza e pobreza contrastantes estavam além daquilo que Tocqueville e Beaumont haviam imaginado. Após visitar um asilo de pobres em Dublin, Tocqueville registrou em seu diário a *Visão de dentro*: "O mais repugnante e odioso aspecto da destituição. Uma sala muito ampla, cheia de mulheres e crianças, cuja enfermidade e cuja idade as impedem de trabalhar. No chão,

O HOMEM QUE COMPREENDEU A DEMOCRACIA

mendigos estão deitados, misturados como porcos num lamaçal de seu chiqueiro. É difícil alguém não tropeçar em um corpo meio desnudo." Após essa visita, eles foram levados até a universidade, onde puderam admirar "um imenso e magnífico jardim, tão bem-cuidado como se fosse o jardim de um nobre. Um palácio de granito, uma soberba igreja, uma biblioteca maravilhosa. Lacaios trajados com libré, catorze docentes, setenta estudantes. Enormes fontes de renda. Homens de todas as religiões são educados lá. No entanto, somente membros da Igreja da Inglaterra podem administrar a universidade e receber suas rendas".[135]

Em conversas com Tocqueville, o bispo de Kilkenny comparou os irlandeses com os gregos quando estavam sob o domínio da Turquia.[136] A Irlanda era até certo ponto uma nação colonizada. Os irlandeses enviavam sua colheita e carne para a Inglaterra e comiam somente batata.[137] "Vá a Mayo", disse o bispo, "e o senhor deparará com milhares de homens quase mortos de fome. O marquês de Sligo tem, na mesma província, 70 mil acres de terras, cujo rendimento ele consome na Inglaterra. Não deveria a lei forçar esse homem a dar a seus conterrâneos parte de seu lucro? Por que há tanta gente morrendo de fome em Mayo? É porque os donos de terras acham que é de seu interesse aumentar seus pastos e, se podem ganhar um dinheiro a mais, zombam de nós disfarçadamente. Nos dias atuais, meu senhor, é interesse dos proprietários de terras tornar o povo tão miserável quanto possível, pois quanto mais o lavrador é ameaçado pela inanição, mais rapidamente ele se submeterá a cada condição que lhe querem impor. Façamos com que os donos de terras tenham interesse em melhorar as vidas dos pobres". Tocqueville notou que aquela longa tirada democrática foi ouvida com entusiasmo e várias vezes interrompida por gritos de "Ouçam!" por parte de outros convidados do bispo.[138]

M. W. Murphy, um advogado amigo do líder político Daniel O'Connell, acrescentou, ao conversar com Tocqueville, que os donos de terras ausentes se apegavam até mesmo a terras não cultivadas.[139] Tocqueville se deu conta, mais uma vez, de que a pobreza estava enraizada não na imoralidade, conforme ele argumentou ingenuamente em *Ensaio sobre a pobreza*, mas na história política. A extrema concentração da propriedade de terras nas mãos de pessoas de religião e origem nacional diferentes das multidões irlandesas criou um sistema de opressão próximo da escravidão. John Revans, secretário de uma comissão que investigava a possibilidade de estabelecer na Irlanda uma lei sobre a pobreza (que se tornaria uma realidade em 1837), juntou-se ao bispo de Kilkenny com a esperança de que semelhante lei fizesse os proprietários de terras perceberem que a autossuficiência econômica daqueles que as lavravam alinhava-se com seus próprios interesses. Isso era a criação ilusória de fatos que se desejaria fossem reais, concluiu Tocqueville. Na Irlanda, "não havia acordo moral entre pobres e ricos".[140] Somente os pobres ajudavam os pobres, o que resultava em um empobrecimento mais geral.

Ao viajarem pelo país era comum que Tocqueville e Beaumont procurassem abrigar-se da chuva. Tocqueville disse a sua prima Eugénie que se vissem numa casa apenas seres humanos, eles a evitavam em troca de uma casa que tivesse porcos em seu interior, pois um porco era sinal de que eles poderiam contar com um relativo conforto.[141] Ele acrescentou em tom de brincadeira: "Tenho um infinito respeito pelos porcos, mas duvido que tenha sido intenção da Providência torná-los companheiros cotidianos dos homens." Tocqueville concluiu que a Irlanda exibia "todos os males de uma aristocracia sem nenhuma de suas vantagens",[142] gerando extrema pobreza e sem assumir a culpa por isso.

Em contraste, Tocqueville deparou-se com outra grande instituição da Irlanda, a Igreja católica, uma força voltada para o bem, exatamente como Montalembert e Duvergier de Hauranne haviam narrado nos salões parisienses. A Igreja estava do lado dos pobres, não se preocupava com o fato de que a educação poderia diminuir a fé e se mostrava decidida a manter sua independência do governo. O bispo de Kilkenny disse a Tocqueville: "Eu perderia toda a esperança se o Estado quisesse me pagar [...] Isso romperia a união que agora existe entre o clero e o povo."[143] Tocqueville ouviu sacerdotes católicos irlandeses se manifestarem a favor da liberdade de imprensa como "a única arma a quem os oprimidos podem recorrer contra a opressão".[144] A Igreja irlandesa lhe pareceu personificar um ideal democrático que ele aprovava: a instrução, a separação da Igreja e do Estado, a liberdade de imprensa, a fé no futuro.

Tocqueville e Beaumont voltaram a Dublin no dia 9 de agosto a fim de presenciar sessões sobre estatística social em um encontro da Associação Britânica para o Avanço da Ciência.[145] Eles partiram da Irlanda no dia 13 de agosto. Beaumont foi para a Escócia e Tocqueville retornou à França, onde chegou no dia 16 de agosto.

O HOMEM QUE COMPREENDEU A DEMOCRACIA 173

Impaciente por explorar um novo território. Tocqueville usou sua fama como recurso para abordar um novo tópico em um lugar novo: a desigualdade na Grã-Bretanha. Durante alguns poucos meses ele obteve uma perspectiva sobre a pobreza, ausente em *A democracia na América*, bem como um conhecimento mais profundo sobre as instituições britânicas, seu sistema legal e as realizações da sociedade britânica. Tudo isso serviu de base para o segundo volume de *A democracia na América*. Ele encontrou modelos duradouros no grupo de reformistas de quem se tornou amigo e correspondeu-se com eles durante toda a sua vida. Mediante encontros e descrições sobre a Inglaterra e a Irlanda, Tocqueville fortaleceu seu pensamento comparativo e ampliou seu estudo sobre a democracia.

Tocqueville manteve cadernetas de anotações detalhadas durante suas viagens, nas quais registrava suas observações, conversas com informantes e impressões pessoais, e parte desses registros é notável, no que se refere a descrições. Embora tivesse confiado amplamente em suas cadernetas de anotações quando viajava pelos Estados Unidos, a fim de elaborar o primeiro volume de *A democracia na América*, ele não extraiu trechos de suas anotações na Inglaterra ou na Irlanda que fariam parte de uma nova edição, embora abrangesse o fenômeno mais amplo da revolução democrática, mas ele a divulgava como sendo um livro sobre os Estados Unidos. Houve outro motivo para Tocqueville se restringir a referências a locais específicos na Inglaterra e na Irlanda. Quando estavam em Londres, Tocqueville e Beaumont concordaram que não competiriam um com o outro. Um deles escreveria sobre os Estados Unidos, e o outro, sobre a Grã-Bretanha.[146] Um acordo semelhante e anterior levou Tocqueville a não publicar sua romântica descrição de uma floresta em Michigan, que ambos percorreram ("Quinze dias no deserto americano"), um anexo ao primeiro volume de *A democracia na América*. Beaumont recorreu a essa descrição para as cenas finais de *Marie*, seu romance que narrava a trágica história do amor proibido de um imigrante francês por uma norte-americana, marcado pelo terrível estigma de uma ancestralidade negra, embora visualmente imperceptível.

O que a Inglaterra inspirou Tocqueville incluiu em sua discussão mais geral sobre a democracia. Ele não abordou a questão relativa à indústria nos Estados Unidos, mas observou-a de perto na Inglaterra. Isso tinha sido uma séria omissão. No segundo volume de *A democracia na América* ele a

174   OLIVIER ZUNZ

corrigiu, ao teorizar sobre o grave perigo que uma aristocracia industrial emergente colocava para a democracia.[147] Ele basearia inteiramente seus argumentos em suas anotações sobre a Inglaterra industrial, sem jamais mencionar a Inglaterra. A viagem à Inglaterra ampliou o olhar de Tocqueville e o ajudou a incluir suas ricas observações antropológicas numa teoria sobre a política.

Mill também exerceu um papel nesse direcionamento à teoria política comparativa, obtendo a promessa de Tocqueville de escrever um ensaio teórico sobre a França. O eventual desfecho seria a primeira tentativa de Tocqueville de refletir sobre o Antigo Regime, antecipando e muito o famoso livro que ele escreveria sobre esse tema na década de 1850.[148]

Durante todo aquele tempo, Tocqueville ouviu falar pouco sobre os Estados Unidos. Talvez ele tivesse contado com Edward Livingston para divulgar seu livro quando voltasse dos Estados Unidos. Infelizmente, o ministro não demonstrou a menor intenção de interpretar nos Estados Unidos o papel que Chateaubriand e Royer-Collard estavam interpretando com muita eficácia na França. Apenas duas breves resenhas sobre *A democracia na América* foram publicadas nos Estados Unidos em 1835 e somente três em 1836. Uma delas foi significativa. A que constava da *North American Review* foi escrita por Edward Everett, ex-professor de Harvard, congressista de Massachusetts e pessoa de destaque no Partido Whig, cada vez mais importante. Ele havia conversado com Tocqueville primeiramente em Boston e depois em Washington. Elogiou-o por reconhecer "a necessidade de começar suas indagações" a partir das "corporações municipais", em particular as cidades da Nova Inglaterra e os estados separadamente, em vez de começar pelo governo federal, e por mostrar o poder da sociedade civil local em impedir a "praga da centralização". Tocqueville, que ainda receava ter cometido algum erro significativo, escreveu para Reeve: "Li esta [resenha] com extremo prazer. Passei tão pouco tempo nos Estados Unidos que não tive a menor oportunidade de um aprofundamento. Tive tão frequentemente de raciocinar por analogia, a exemplo de Cuvier com seus animais fósseis, que temi ter cometido um daqueles erros crassos que afastam aqueles leitores que conhecem o assunto. Este não é o caso, graças a Deus."[149]

A necessária precondição de uma crítica mais ampla sobre *A democracia na América* seria uma edição norte-americana, mas nenhuma editora

O HOMEM QUE COMPREENDEU A DEMOCRACIA

parecia estar interessada. No dia 6 de junho de 1837, Jared Sparks escreveu para Tocqueville: "Estou vexado e mortificado pelo fato de que uma edição de seu livro ainda não foi publicada nos Estados Unidos." Ele lembrou seu amigo de que o livro foi vendido na França ao mesmo tempo que o discutível livro *Controvérsias sobre indenizações*. Sparks indicou um segundo motivo para a falta de entusiasmo de uma edição norte-americana. Vários resenhistas britânicos enfatizaram os aspectos negativos da democracia norte-americana. "Nossos jornais", escreveu Sparks, "têm publicado partes das resenhas inglesas que contêm os trechos de sua obra mais sujeitos a objeções para os leitores norte-americanos, isto é, suas observações sobre os defeitos das instituições democráticas." Sparks tentou promover uma edição norte-americana, mas suas discussões com um editor de Boston não deram certo. Enquanto isso, Tocqueville procurava obter o aval de uma editora francesa para o livro de Sparks sobre o governador Morris.[150]

Tocqueville estava consciente de que as resenhas inglesas poderiam diminuir o interesse dos leitores norte-americanos. Enquanto estava em Londres ele ficou sabendo que os *tories* tinham se apropriado de seu livro e do livro de Beaumont (*Marie*) com a intenção de ressaltar as imperfeições da democracia norte-americana. Ele se queixou de que uma revista ultra-*tory*, *Black Magazine*, havia publicado trechos que o fizeram parecer um "*tory* enraivecido".[151] O quase fatal impedimento para uma edição norte-americana de *A democracia na América* ocorreu durante o famoso discurso do ex-primeiro-ministro Sir Robert Peel em Glasgow, em 1837, quando tomou posse do cargo de reitor da universidade. Ele proclamou o livro de Tocqueville como a evidência definitiva da absoluta tirania da maioria dos políticos norte-americanos e a opressão da minoria. Peel usou Tocqueville para reforçar suas alegações de que as instituições inglesas eram superiores a suas contrapartidas estadunidenses. O discurso de Peel provocou muitas contestações, incluindo aquela que Edward Everett enviou diretamente ao ex-primeiro-ministro, que havia se tornado líder da oposição. Everett havia elogiado *A democracia na América*, mas disse a Peel que, em relação ao tema da tirania da maioria, Tocqueville limitou-se a generalidades e "não apresentou fatos que ilustrassem o caráter daquela tirania".[152]

A ajuda nos Estados Unidos se deveu finalmente a John C. Spencer, o segundo informante mais importante de *A democracia na América*, a quem

Tocqueville conheceu no norte de Nova York. Spencer convenceu uma editora de Nova York a recorrer à tradução britânica. Até a década de 1890 os americanos não respeitavam as leis internacionais relativas aos direitos autorais e raramente pagavam esses direitos a autores estrangeiros. Tocqueville jamais foi pago pela edição norte-americana do seu livro.[153] Spencer escreveu o prefácio e algumas notas explanatórias. O livro foi lançado em 1838, quase quatro anos após as edições francesas e britânicas. Spencer, em suas notas para a edição norte-americana de *A democracia na América*, se esforçou o quanto pôde em relação ao capítulo sobre a tirania da maioria, explicando que Tocqueville estava criticando não os norte-americanos em geral, mas unicamente os jacksonianos e "a tirania do partido".[154] Quanto aos jacksonianos, eles rejeitaram totalmente as opiniões de Tocqueville e se juntaram aos *whigs*, numa rara demonstração de unidade. Thomas Hart Benton, senador pelo Missouri, tomou o cuidado de distinguir Tocqueville da "ralé dos escritores europeus que vêm para cá a fim de registrar os mexericos locais, divulgando-os na Europa como se fizessem parte da história norte-americana e difamando nossa hospitalidade". No entanto, o "Velho Bullion Benton, reconhecido por defender as posições dos jacksonianos, falou em nome de todos sobre as colocações de Tocqueville relativas à "tirania da maioria" nos Estados Unidos.[155] Benton, em vez disso, assinalou "a inteligência das massas" em conduzir o país. Esse equívoco não foi suficiente para incitar Tocqueville a publicar o segundo volume de *A democracia na América* e esclarecer sua posição?

6

Quando a teoria política se torna política

Quando estava para iniciar sua primeira campanha eleitoral para a Câmara francesa em março de 1837, Tocqueville explicou a Reeve que a aristocracia já morrera quando sua vida começou e a democracia ainda não existia, e que ele não tinha "nenhum dos preconceitos aristocráticos ou democráticos" que as pessoas lhe atribuíam. Em vez disso, estava "perfeitamente bem-equilibrado entre o passado e o futuro" e "não se direcionava instintivamente para um e outro".[1] Ele sentiu que estava numa boa posição para ingressar na política como alguém independente, que poderia aplicar imparcialmente a muito necessária e abrangente teoria da transformação de uma sociedade aristocrática em uma sociedade democrática.[2] Como político ou escritor, ele seria seu próprio guia, livre das pressões oficiais do governo quanto ao "*juste-milieu*" e de seus opositores legitimistas ou liberais. No entanto, a independência política provou rapidamente uma confiabilidade em relação à política eleitoral, mesmo que ela continuasse sendo uma vantagem ao se formular uma teoria política.

Uma nova fase da vida: casar por amor e estabelecer-se na Normandia

A família legitimista de Tocqueville foi a primeira a levar em consideração o compromisso de Alexis com a independência, que ele confirmou ao se casar com Mary Mottley (daqui por diante Marie), a inglesa de classe média que ele amou, mas que a família dele relutava em acolher. Tocqueville confidenciou à sra. Austin, tia de Reeve, que a família dele mal tolerava sua "audácia" ao escolher uma esposa, mas ele tinha grandes esperanças em um casamento que o ajudaria a combinar "duas coisas que não são facilmente unidas neste mundo — uma vida caseira e uma atividade intelectual intensa, tranquila e calma".[3]

A família não deveria ter ficado surpresa com a escolha de Alexis. Ele a anunciou virtualmente no primeiro volume de A democracia na América, quando ainda era um manuscrito, ao declarar sua admiração pelos modos que os norte-americanos respeitavam a "ligação matrimonial" e "subscreviam orgulhosamente o mais justo ideal da felicidade conjugal", em contraste com os europeus, que "desdenhavam as ligações naturais e os prazeres permissíveis".[4] Tocqueville jamais mudou de ideia. Ao aconselhar seu sobrinho Hubert sobre a perspectiva de casar, ele não hesitou em afirmar: "Não existe nada mais sólido e mais genuinamente enternecedor neste mundo do que a felicidade doméstica e a companhia de uma mulher que o entenda. Eu vivenciei muito ambas e fiquei convencido no que diz respeito a elas."[5] Tocqueville agiu com a convicção de que Marie era aquela que o apoiaria durante toda a vida quando interrompeu sua permanência, em meados de junho de 1835, para estar com ela durante três dias em Boulogne. Lá os padres da diocese local aconselhavam os visitantes ingleses que desejavam tornar-se católicos a registrar oficialmente sua renúncia ao protestantismo. Ao prosseguir nesse caminho, Marie esperava aumentar a possibilidade de que a família Tocqueville a aceitasse.[6] Alexis decidiu no último momento que iria com ela. Desmarcou um encontro que teria em Londres com John Stuart Mill para apoiar a conversão dela, de tal modo que Marie pudesse ver "com seus próprios olhos o ardor com que a amo".[7]

Seria amor? Foi o que Tocqueville disse a Marie, sem equívocos e repetidamente. Com seus amigos ele foi mais ambíguo. Em relação a Louis de Kergorlay, que havia denominado a potencial união de ambos uma desastrosa desigualdade, ele insistiu que era amor.[8] Para outros, Tocqueville admitiu sentir "uma profunda atração mais do que amor", mas declarou ter mudado de opinião porque Marie tinha "uma alma e um caráter elevados", capazes de proporcionar-lhe "a paz e a felicidade" de que necessitava após "uma vida aventurosa e caótica" (presumivelmente no plano emocional e sexual) que levara até então. Ele se deu conta de que Marie não tinha dinheiro e que

O HOMEM QUE COMPREENDEU A DEMOCRACIA · 179

ela era meramente "mais atraente do que bela", ao contrário de seu primo Camille d'Orglandes, cuja esposa era "deslumbrante e rica". Ele, porém, tinha gostos simples e não lhe importava uma vida repleta de pretensões sociais. Ao voltar de aventuras de descobertas em terras distantes, ele se sentiu muito confortável em casa, diante de uma lareira. Combinando seus meios modestos, ele e Marie podiam ser independentes e levar uma vida confortável, o que de fato era tudo que ele sempre esperara.[9]

Hervé de Tocqueville superou suas apreensões e apoiou seu filho mais novo. Depois de Édouard e Alexandrine demonstrarem certa ansiedade sobre como essa união afetaria a relação familiar entre eles, Alexis, da Irlanda, escreveu assegurando-os de que a simplicidade de Marie ajudaria a estreitar ainda mais esses laços.[10] Hippolyte e Émilie foram menos receptivos. Émilie prometeu apoiá-lo quando voltasse da Inglaterra e da Irlanda. Alexis recuperou-se na casa de seu irmão em Nacqueville. Após uma traumatizante travessia marítima que o deixou muito doente, Émilie nunca deu sequência à sua promessa.[11] O casamento foi realizado na igreja de Santo Tomás de Aquino, em Paris, com a presença de sua família e de poucos amigos. Louise-Madeleine, mãe de Tocqueville, enferma e aflita, tonou-se mais cordial em relação a Marie. Ela esteve presente alguns dias antes no cartório onde o contrato de casamento foi registrado, mas não na igreja, no dia do casamento. Kergorlay e Gustave de Beaumont foram testemunhas do contrato de casamento e da cerimônia civil e religiosa.[12]

Louise-Madeleine faleceu três meses depois. Um desolado Tocqueville refletiu sobre o destino dos Rosanbo, a família de sua mãe, cuja queda tinha paralelos com a grande transformação política que ele queria explicar. Tio Louis era agora o único sobrevivente daquela "tribo dizimada pela Providência". Tocqueville recapitulou o singular destino de seu tio. Louis de Rosanbo esteve presente quando seu "avô" (o grande Malesherbes), seus pais, uma irmã e um cunhado (irmão de Chateaubriand) morreram no cadafalso, viu outra irmã morrer prematuramente e agora contemplava sua outra irmã, Louise-Madeleine, que jamais se recuperou após aqueles acontecimentos, finalmente "sucumbir após vinte anos de desgraças".[13]

A família redistribuiu em parte seus bens, após o falecimento de Louise-Madeleine, que incluíam várias propriedades rurais na Normandia. Entre elas constava o castelo abandonado de Tourlaville, perto de Cherbourg, e

180 OLIVIER ZUNZ

suas dependências. Alexis, porém, tinha uma preferência declarada pelo castelo de Tocqueville, situado bem perto (também desabitado e em igual estado de abandono) e que agora caberia a Édouard. Tocqueville visitou rapidamente a propriedade em 1828 e novamente em 1833, antes de sua primeira viagem à Inglaterra. Ele gostou daquela "casa antiga, flanqueada por duas torres enormes, onde nada é confortável e nada é agradável ao olhar: quartos escuros, vastas chaminés que proporcionam mais frio do que calor [...] As paredes ao longo dos corredores, infiltradas, gotejam e o ar é abafado". Do lado de fora, "um vasto prado termina no oceano".[14] Édouard concordou em negociar imóveis com seu irmão mais novo. Ele e Alexandrine já estavam confortavelmente instalados em Baugy, uma propriedade perto de Compiègne que eles herdaram da família Olivier e onde Tocqueville continuaria a passar muito tempo até que ele e Marie tivessem condições de fazer melhorias na Normandia. Hippolyte também tinha o que dizer. Mediante o consentimento de seus irmãos mais velhos, Tocqueville no devido tempo herdaria o título de conde, pertencente a seu pai, associado às terras da propriedade (um título que Luís XVIII havia confirmado no início da Restauração), mas que ele sempre se recusou a usar.[15]

Os recém-casados enfrentaram dificuldades maiores do que as esperadas em se tratando de ajustamentos de personalidades. A bem-aventurança matrimonial não foi alcançada tão facilmente. Embora "um dia tudo acabará dando certo", Alexis disse a Édouard, eles estavam lutando contra uma tempestade.[16] Alexis procurava controlar-se, ao criticar cada passo de sua esposa. Amava-a tanto, ele explicou, que chegava ao ponto de desejar que ela fosse perfeita em tudo, e isso causou tristeza e ressentimento. Quando estavam na Normandia, Hippolyte e Émilie na vizinha Nacqueville pioraram a situação. "Hip", um marido infiel, tentou reparar seu relacionamento com sua esposa apoiando cada capricho dela, e isso resultou no fato de que Émilie demonstrava constantemente um ar de superioridade que reforçou os sentimentos de inadequação de Marie.

Alexis demonstrou consideração. Não fazia um ano que estavam casados eles viajaram para a Suíça a fim de cuidar da saúde de Marie. Ela sofria com uma severa dor menstrual. Seu esposo deixou de lado o trabalho sobre o prometido segundo volume de *A democracia na América* e levou-a para curar-se nas fontes de águas sulfurosas em Baden, Suíça, durante dois meses

O HOMEM QUE COMPREENDEU A DEMOCRACIA 181

e meio, no verão de 1836. Ele havia começado a trabalhar sobre a influência geral da democracia sobre as ideias no fim de 1835 e na primeira metade de 1836, mas partir para a Suíça enfraqueceu seu ânimo.[17]

O casal chegou a Baden no final de julho para que Marie começasse seu processo de cura. Por mais frustrante que fosse a interrupção de seu trabalho naquele momento, foi algo que acabou sendo benéfico. Tocqueville fez importantes observações comparativas na Suíça. Ele aguçou seu entendimento sobre o federalismo observando a assembleia legislativa suíça em Berna. Relatou a François de Corcelle que ele, assim como um americano, concebeu um desdém excepcional pela Constituição federal da Suíça "que dividiu a população em 22 nações diferentes".[18] A Suíça contrastava extraordinariamente com os Estados Unidos que ele descreveu no segundo volume de *A democracia na América*, onde o governo federal podia governar diretamente seus cidadãos sem se apoiar nos estados como intermediários. Ao encontrar-se com o embaixador da França em Berna, o duque de Montebello, Tocqueville ficou desalentado diante do ardor com que o governo francês detectava refugiados políticos na Suíça, o que reforçou seu empenho em lutar contra a repressão política na França.[19]

Com Marie no spa, Tocqueville, distante de seu estúdio, exaltou-se diante do fato de que não podia mais dar prosseguimento a seus textos, mas entregou-se à leitura de livros clássicos que ele havia muito tempo negligenciado: Platão, Aristóteles, Plutarco, Tomás de Aquino, Maquiavel, Montaigne, Bacon, Descartes, Pascal, Montesquieu e Rousseau.[20] A providencial leitura de Bossuet em *Histoire des variations des églises protestantes*, um livro que a duquesa de Dino admirou, também fazia parte da lista. Muitos títulos, sentia vergonha em admitir, ele estava lendo pela primeira vez. Comparou-se pesarosamente com "o marechal Soult aprendendo geografia quando era ministro das Relações Exteriores".[21] Ele trocou ideias sobre Platão com Royer-Collard, que tinha a vantagem de ser capaz de ler o texto no original grego.[22] *O príncipe*, de Maquiavel, um tratado que Tocqueville considerou "a arte do crime na política", inspirou, no entanto, sua aversão e o interessante pensamento de que Maquiavel "devia ter sido avô de sr. Thiers — isto diz tudo". O jornalista François-Adolphe Chambolle, em suas *Mémoires*, ficou imaginando o motivo pelo qual Tocqueville não gostava muito de Thiers. A animosidade começou quando Tocqueville leu a história da revolução, de muitos volumes e de autoria de Thiers, que justificava sem a menor crítica cada um de seus acontecimentos. Esse livro, Tocqueville refletiu, "provocou em mim um singular horror e uma violenta antipatia por seu autor. Vi o sr. Thiers como o homem mais perverso e perigoso entre todos os homens".[23] Ao refletir sobre o materialismo com Kergorlay, Tocqueville optou por um meio-termo honesto, algo entre a frouxidão moral do imperador romano Heliogábalo e o extremo rigor de São Jerônimo.[24] Kergorlay expressou somente desprezo por um posicionamento tão transigente.

A viagem, o repouso e os longos períodos que passaram juntos contribuíram muito para a harmonia conjugal. Tocqueville comunicou a Kergorlay "o inexpressível encanto de estar ao lado dela [Marie] durante um tempo tão prolongado".[25] Foi também nessa época que o casal se deu conta de que talvez não tivesse filhos. Tocqueville compartilhou a notícia com seus amigos mais íntimos, mas acabou se reconciliando com o fato. Ele disse a Édouard: "Eu queria apaixonadamente ter filhos, tal como os entendo, mas não tenho nenhum desejo ardente de tentar minha sorte na loteria da paternidade."[26]

Quando voltaram para o castelo de Tocqueville, Marie revelou ser uma senhora competente em relação àquilo que ela estava reconstruindo. Em agosto de 1837, havia tornado o castelo suficientemente habitável para que os Corcelle pudessem passar duas semanas lá, e os Beaumont os seguiram. Os pedreiros ainda estavam cuidando dos assoalhos e tetos na primavera de 1838. Dali a dois anos, Tocqueville pôde oferecer a Jean-Jacques Ampère, que havia se tornado recentemente seu amigo íntimo, um quarto tranquilo, com o nome dele inscrito na lareira.[27] Tocqueville amava os entornos pacíficos e uma vida tranquila, mas insistiu que os amigos os visitassem frequentemente. Ele disse a Corcelle que não tinha a menor intenção de se tornar "um moderno anacoreta numa nova Tebaida".[28] Marie restaurou não somente o castelo, mas também a tradição da *noblesse oblige*. Ela mandava fazer pão e o distribuía localmente para os pobres, como ocorria nos dias da Verneuil da infância de Tocqueville, quando o prefeito Hervé de Tocqueville mandava fazer pão semanalmente para os pobres e visitava os doentes.[29]

Ingressando na política

Alexis estava decidido a ingressar na política e concorrer à Câmara na primeira oportunidade que se apresentasse. A partir do momento em que se estabeleceu em Tocqueville, examinou a possibilidade de participar do Conseil Général eleito e que governava o departamento, que ele julgou ser a instituição que mais atendia as necessidades da população. Não era sua intenção abandonar a teoria política em favor da política, mas queria seguir uma carreira que contribuísse para seu mútuo enriquecimento. Ele disse a Édouard que exercer um cargo lhe daria, "a ele que estava afogado em teoria", uma oportunidade de "lidar com os interesses mais preciosos da população".[30] Isso era especialmente verdadeiro no que se referia às eleições locais, pois as credenciais para votar eram significativamente menores do que nas eleições nacionais.[31]

É motivo de surpresa o fato do quanto Tocqueville era tímido no início de sua abertura para a política. Apresentou um programa modesto numa circular eleitoral no início de outubro de 1836, quando estava na Normandia, entre temporadas na Suíça e em Baugy. Enviou-o em dezembro para eleitores de duas regiões (Beaumont e Pieux), comunicando que estava disponível para o Conseil Général. Como sua principal credencial, citou seu livro sobre os Estados Unidos. Ele também defendeu a educação pública "com a finalidade de abrir a mente para todas as inovações úteis", além de boas estradas.[32] As chances de sucesso de Tocqueville eram, entretanto, limitadas. A propriedade ainda estava desocupada e a participação disponível no Conseil representava duas regiões que não incluíam Tocqueville. Seus moradores, o que era natural, desconfiavam do herdeiro de uma antiga família aristocrática, que eles consideravam ser apenas mais um legitimista. Ao se dar conta disso, Tocqueville não realizou uma campanha.[33] Após Nicolas-Jacques Noel, um destacado comerciante, prefeito de Cherbourg e pessoa de destaque na sociedade local, ser eleito, Tocqueville desenvolveu um bom relacionamento com ele. Por exemplo, empenhou-se em escrever para Abel-François Villemain, membro da Academia Francesa, apoiando a indicação do prefeito de uma moradora local para o *prix de vertu* anual, concedido pela academia a uma pessoa de caráter exemplar. Embora não conhecesse Villemain pessoalmente, Tocqueville pensou que ele poderia ser receptivo a sua recomendação, pois Villemain havia concedido o Prêmio Montyon, da academia, ao seu *A democracia na América*.[34]

A instabilidade política de 1837 deu a Tocqueville a abertura de que necessitava para ser bem-sucedido em sua pretensão eleitoral. Thiers deixou de ser primeiro-ministro em agosto de 1836, após não conseguir convencer o rei e a Câmara de que a França devia invadir a Espanha em apoio à rainha regente em sua luta contra a oposição liberal. Um subsequente compartilhamento do poder entre Molé e Guizot foi repleto de atritos e desentendimentos, e não durou. Guizot deixou o gabinete em abril de 1837 e se opôs a Molé. Em um acréscimo ao sentimento de caos, Luís Napoleão tentou dar um golpe em Estrasburgo no dia 30 de outubro. Antes que o ano terminasse houve outra tentativa de assassinato do rei.

O pesado clima político ocasionou, nos dias 5 e 6 de maio de 1837, uma grande discussão na Câmara entre Odilon Barrot, líder da esquerda dinástica, e Guizot sobre o futuro do país. Tocqueville presenciou atentamente a discussão enquanto os protagonistas enfocaram as questões que ele abordou em seu livro sobre a democracia. Barrot, a quem mais tarde Karl Marx caracterizou como "o chefe da ala liberal da burguesia parlamentar", defendeu reformas, enquanto Guizot não se mostrava disposto a ir além do *status quo* de 1830.[35]

Barrot começou fazendo um discurso notável, questionando como os doutrinários podiam querer uma sociedade mais inclusiva enquanto insistiam na adoção de uma ordem política limitada.[36] Barrot defendia uma ampla extensão do sufrágio. Ele possivelmente não poderia endossar o conceito de que apenas 150 mil a 160 mil eleitores representavam a totalidade da classe média, para não mencionar a França como um todo. Ele expressou o amplo sentimento de que o conceito de *capacité* (uma pessoa sem riqueza que possuísse um status suficiente e/ou um conhecimento para que nela se confiasse) era muito restrito e lembrava eloquentemente à Câmara que no campo de batalha todas as classes pagaram com seu sangue a permanência da França no mundo.[37]

Ao responder, Guizot recorreu à expressão *"pays légal"* para designar o seleto grupo que ele acreditava que deveria exercer o direito de votar. Guizot argumentou que a carta constitucional de 1830 já concedia igual acesso a empregos públicos, liberdade de imprensa e liberdade individual para todos

O HOMEM QUE COMPREENDEU A DEMOCRACIA

os cidadãos, quer votassem ou não, mas atacou com firmeza aquilo que considerava a teoria revolucionária do sufrágio universal e a universalidade dos direitos políticos. Ele denunciou aquela espécie de igualdade como sendo um "absurdo". Colocou que somente um setor esclarecido da nação poderia exercer amplos direitos políticos. Havia cidadãos que não executavam trabalhos manuais, independentemente de um salário, e dotados de liberdade e lazer para dedicar-se a assuntos do Estado. Ele insistiu, entretanto, que uma pessoa não deveria confundi-los com a nobreza de outros tempos porque suas classes sociais eram muito mais amplas e aumentavam continuamente.[38]

Tocqueville sentiu corretamente que poderia adicionar uma perspectiva valiosa ao debate se pudesse participar dele. Enviou a Beaumont cartas detalhadas sobre o que estava acontecendo. Beaumont enfrentava uma gripe num apartamento infestado de parasitas em Londres. Tocqueville comunicou a seu amigo que Guizot baseou boa parte de suas argumentações na Câmara sobre o contraste que Louis de Carné havia estabelecido ao discutir o livro dele, Tocqueville, havia alguns meses, entre a "burguesia francesa" e a "maioria numérica" norte-americana. Thiers, Tocqueville relembrou, havia participado do debate e conseguiu diminuir as tensões ao sugerir que tudo aquilo de que se precisava para restaurar a confiança no governo era afrouxar as leis de setembro que restringiam as liberdades civis.[39]

Molé, que permaneceu em silêncio durante o debate, decidiu que precisava consolidar sua maioria, e então começou a se falar sobre a dissolução da Câmara. Tocqueville estava aguardando novas eleições a fim de ingressar na política, porém sentiu-se distanciado das principais pessoas que participaram do debate. Tocqueville não podia sequer imaginar envolver-se com a corrupção eleitoral do governo que seu primo Molé era tão competente em levar adiante. Quanto à questão do temperamento, ele não tinha a menor simpatia por Thiers. Guizot não era corrupto pessoalmente, apenas cúmplice. Victor Hugo certa vez sugeriu que se pensasse em Guizot como "uma mulher honesta que dirige um bordel".[40] Para Tocqueville, a questão era mais concreta. Guizot havia desistido da agenda liberal que outrora o inspirara. Tocqueville, que ainda não tinha sido eleito para participar da Academia das Ciências Morais e Políticas, não se dispunha sequer a dar créditos a Guizot por ter criado um espaço institucional para a filosofia política que era seu ofício. Possivelmente Tocqueville podia cogitar uma aproximação com Barrot, mas ele tinha sérias apreensões sobre a questão de ampliar a imunidade eleitoral, uma reforma que ocupava o primeiro lugar na agenda de Barrot. Ele era elitista demais para desistir de seu temor sobre a tirania da maioria.

O rei Luís Filipe demorou a dar autorização a Molé para dissolver a Câmara até o dia 3 de outubro, e a eleição foi marcada para o dia 4 de novembro de 1837. Tocqueville revelou suas aspirações políticas a Royer-Collard, indicando que, quando estava na Normandia, ele havia conversado cautelosamente com "muitas pessoas pertencentes ao *pays légal,* como o sr. Guizot diria". Havia sido cuidadoso em não abordar diretamente a questão das eleições, mas, quando lhe perguntavam, ele assinalava que aceitaria com gratidão um mandato, caso lhe fosse oferecido. Royer-Collard não ficou sensibilizado. Confirmou a possibilidade de uma iminente dissolução da Câmara, mas disse a Tocqueville que o julgava um homem de princípios elevados, cuja verdadeira vocação era escrever, e que ele deveria dedicar todo o seu tempo disponível a tornar o segundo volume de *A democracia na América* tão importante quanto o primeiro. Além disso, ele assinalou que os parcos dotes de Tocqueville como orador, piorados devido a uma voz que não se projetava, tornariam difícil e frustrante para ele atuar na Câmara.[41] Tocqueville resistiu ao conselho, não porque fosse teimoso, embora fosse. Ele tinha um autêntico desejo de contribuir para a mudança histórica que estava ajudando a diagnosticar, acreditando que poderia fazê-lo sem ter de comprometer-se com líderes em quem não confiava, mas não tinha imaginado como transformar suas ideias sobre a democracia em um programa político.

O primeiro-ministro Molé muito se empenhou em atrair seu jovem primo, a quem ele admirava, para a coalizão do governo, que estava empenhado em alargar, por meio de uma campanha de relações públicas. O casamento do duque de Orléans com a duquesa Hélène de Mecklenburg-Schwerin (no dia 30 de maio de 1817), desfecho de elaboradas negociações com várias cortes europeias, serviu aos propósitos de Molé, tornando-se a ocasião de adotar medidas liberais de reconciliação e de comemoração nacional antes do início de uma campanha eleitoral. Elas abrangiam desde a anistia a crimes políticos até as festividades em torno da suntuosa inauguração do Museu de Versalhes pelo rei Luís Filipe, que era dedicado a exibir "todas as glórias da França". Molé empreendeu essas medidas que precederam a dissolução da Câmara com a esperança de que novas eleições dariam ao governo uma maioria confiável.[42]

Em seguida, foi a vez dos favores. Em primeiro lugar, Tocqueville e Beaumont receberam de Narcisse de Salvandy, ministro da Instrução Pública e por ordem do rei, uma esplêndida relação de monumentos egípcios, compilados durante a expedição de Napoleão em 1798 (publicada entre 1802 e 1830, ao todo 22 volumes). O motivo oficial da dádiva foi o reconhecimento de que os dois haviam realizado o trabalho sobre as penitenciárias norte--americanas para o governo francês às suas próprias custas.[43] Em seguida, eles foram condecorados com a Légion d'Honneur, mediante a solicitação de Salvandy. O governo havia incluído Tocqueville e Beaumont entre as personalidades a quem coube essa honra, por ocasião do casamento do duque de Orléans. Os dois amigos pensaram seriamente em desistir "daquela tira de pano cujo preço é a subserviência", pois sua independência política poderia ficar comprometida. Tocqueville não estava disposto a "ostentar aquilo na lapela".[44] Eles acabaram seguindo o conselho de Royer-Collard e de Le Peletier d'Aunay e aceitaram a honraria. Somente Kergorlay, legitimista convicto, censurou aquela resistência inicial. Salvandy acabou apresentando a *croix* ao receber a visita de Tocqueville e de Beaumont em seu escritório.[45]

Tocqueville simplesmente se recusou a ser um "instrumento que alguém movimenta sub-repticiamente".[46] Após aceitar o livro sobre o Egito e a Légion d'Honneur, ele recusou um convite oficial para comparecer à inauguração, pelo rei Luís Filipe, do novo Museu de Versalhes e ao banquete que foi servido em seguida. A recusa de Tocqueville causou controvérsias. Um adversário político na Normandia acusou mais tarde Tocqueville de ter feito um jogo duplo, sugerindo que ele tinha inventado uma doença para justificar sua ausência nas cerimônias de inauguração do museu a fim de não ofender as autoridades, ao mesmo tempo que usava seu não comparecimento como um sinal de liberdade do governo. Um Tocqueville enfurecido respondeu ao difamador exigindo imediata retratação e até mesmo aludindo à possibilidade de um duelo, como se um impulso havia muito tempo esquecido de um passado aristocrático tivesse ressurgido. O adversário retratou-se.[47]

Com a decisão de candidatar-se a um cargo, Tocqueville sabia que tinha de se posicionar política e geograficamente. Ele explorou possibilidades eleitorais em Cherbourg, Paris, Versalhes e finalmente em Valognes, que não era longe de sua propriedade. É revelador perceber como Tocqueville se aproximava do eleitorado e quais questões estava preparado para abordar nos vários distritos onde poderia ser um candidato. Ser independente não era suficiente; ele também precisava enfrentar uma política eleitoral suja e fazer propostas concretas por ele formuladas — duas áreas em que o jovem Tocqueville era inexperiente.

Ao encontrar-se um ano antes com Eugène Stöffels em Metz, a caminho da Suíça, Tocqueville havia definido sua posição política como a de "um liberal de uma nova espécie", nem do lado dos "amigos da ordem" nem do lado dos "sujos democratas de nosso tempo". Stöffels não podia imaginar o que Tocqueville queria dizer com aquilo e ficou perturbado ao pensar que seu amigo poderia estar adotando princípios republicanos norte-americanos. Abstratamente, Tocqueville queria ver "o gosto pela liberdade desenvolver-se em todas as instituições políticas" do país, juntamente com "um gosto refinado pela justiça, um amor honesto pela ordem, e uma profunda e racional ligação com a crença moral e religiosa".[48] Tocqueville havia explicado esse sistema em *A democracia na América,* mas um livro tão complexo como aquele não era um programa fácil de seguir. Os liberais metódicos não tinham paciência em relação a raciocínios elaborados sobre "um liberal de uma nova espécie". Tocqueville se deu conta disso e disse a Beaumont que pouquíssimos recrutas potenciais "entre homens esclarecidos e os amigos da ordem que leram meu livro o entenderam".[49]

Ele tentou, portanto, ajustar sua retórica política aos diferentes lugares onde poderia concorrer. Cherbourg era uma escolha natural. Próxima do seu castelo, era uma grande cidade portuária, com um importante arsenal marítimo, e tinha uma posição estratégica no canal da Mancha. Tocqueville pensou em Cherbourg durante algum tempo. No começo do outono de 1836 ele julgou que concorrer por Cherbourg poderia tornar-se algo disponível. O representante local, o bonapartista conde de Bricqueville, cunhado de Hippolyte, enfrentava sérios problemas de saúde e indicou que poderia se aposentar. Tocqueville começou a identificar pessoas influentes e a imaginar como se aproximar delas e agradá-las. No entanto, substituir Bricqueville em Cherbourg era uma árdua tentativa, mesmo como um sucessor designado. Hippolyte Quénault, um competidor bem-posicionado, tinha tentado

O HOMEM QUE COMPREENDEU A DEMOCRACIA

remover Bricqueville desde 1834 e estava usando sua posição no Ministério da Justiça para trocar cargos no governo por votos. Isso era uma vantagem formidável, como Tocqueville sabia muito bem, pois "na Normandia, como em todos os lugares da França, as pessoas são famintas por empregos patrocinados e até mesmo as pessoas mais humildes. No distrito de Cherbourg, todos os empregos disponíveis — juízes de paz, coletores de impostos — são concedidos pelo sistema de distribuição de cargos públicos pelo partido vitorioso nas eleições".[50] Tocqueville considerava Quénault um puritano arrogante. Além disso, Quénault, nascido da união de um padre com uma freira locais, poderia contar com um significativo voto anticlerical na cidade, um motivo a mais para Tocqueville tentar derrotá-lo.[51] No entanto, Bricqueville acabou não deixando o cargo em 1836.

Após a dissolução, ocorrida em 1837, Tocqueville voltou novamente seu olhar para Cherbourg, pois esperava que dessa vez Bricqueville o deixaria concorrer em seu lugar. Ele aproveitou a oportunidade para investigar a vida dos trabalhadores no Arsenal da Marinha cujos interesses poderia representar. Na Inglaterra, Tocqueville havia desenvolvido uma nova sensibilidade em relação à vida da classe trabalhadora, e sua curiosidade sobre as associações que elas formavam foi um desfecho lógico de seu trabalho sobre associações em *A democracia na América*. Ao contrário do Arsenal da Marinha em Toulon, onde a socialista Flora Tristan faria um ativo proselitismo, não havia sinais de radicalização no Arsenal de Cherbourg. No entanto, as associações de trabalhadores se espalhavam. Não menos do que dez sociedades de ajuda mútua foram fundadas em Cherbourg entre 1836 e 1845.[52]

Tocqueville solicitou a Beaumont, que estava na Inglaterra em maio, que recolhesse informações sobre bancos de poupança na Escócia e consultasse o estatístico Charles Babbage em Londres sobre questões relacionadas com a vida da classe trabalhadora.[53] Tocqueville adquiriu naquela época muitas brochuras sobre bancos de poupança, sociedades de auxílio mútuo e sociedades de empréstimo na Inglaterra e na Escócia, além de histórias sobre bancos de poupança e como foram criados, primeiramente na Suíça, no final do século XVIII, e na Inglaterra e na Escócia, no começo do século XIX. Benjamin Delessert inaugurou o primeiro banco de poupança da França em 1818. Tocqueville anotou aquelas brochuras. Ele estudou o testemunho legislativo do matemático Charles Dupin datado de 1834 e suas aulas no Conservatoire Royal des Arts et Manufacture em 1837.

Elas proporcionaram informações detalhadas sobre os depósitos dos trabalhadores em bancos de poupança de diferentes regiões da França. Tocqueville também estudou atentamente o livro de Félix de Viville sobre Metz, publicado em 1834, o qual propunha aos trabalhadores um sistema que proporcionaria empréstimos com juros baixos e retornos atraentes relativos à poupança, uma alternativa às práticas exploradoras das lojas de penhores não regulamentadas. Em Metz, Viville estava na excepcional posição de dirigir uma loja de penhores e o banco de poupança da cidade. Reformista, enfatizava as origens filantrópicas das lojas de penhores, que desejava restaurar. Ele propôs utilizar as poupanças dos trabalhadores numa instituição que fizesse empréstimos a uma outra instituição, garantida com a segurança que uma pessoa que pedia um empréstimo dava a uma loja de penhores, fazendo com que os pobres fossem ao mesmo tempo credores e devedores. Tocqueville pretendia promover essa ideia inovadora em um segundo texto sobre o pauperismo que estava preparando para a Sociedade Acadêmica de Cherbourg, para a qual apresentou o primeiro texto, porém jamais o terminou, leu ou publicou.[54]

Toda essa atividade deu em nada, porque as perspectivas eleitorais em Cherbourg evaporaram-se quando Bricqueville voltou a apresentar sua candidatura. Enquanto isso, Quénault, promovido a Conselheiro de Estado, expandiu sua rede de patrocínios, capacitando-o a derrotar Bricqueville no dia da eleição.[55] No devido momento, entretanto, Tocqueville continuaria a investigar questões sociais na Normandia de um modo que refletisse um autêntico empenho em melhorar as condições sociais.

Seus amigos exploraram as possibilidades eleitorais no décimo distrito de Paris (que incluía o Faubourg Saint-Germain), porém isso também não se materializou.[56] As perspectivas eram maiores em Versalhes, onde seu pai tinha sido chefe de departamento, e onde ele iniciou uma carreira como aprendiz de magistrado em um tribunal. Tocqueville havia mantido as amizades e as ligações locais. Em relação à época vivida em Versalhes, ele permaneceu mais próximo de Louis Bouchitté, um filósofo que lecionava no *collège royal* local. Bouchitté chegou a ler *A democracia na América* quatro vezes antes da publicação.[57] O cunhado de Bouchitté, Baudry de Balzac, era

O HOMEM QUE COMPREENDEU A DEMOCRACIA

proprietário de um jornal local, *La presse de Seine-et-Oise*, e nele Tocqueville adquiriu um espaço para divulgar suas visões e opiniões.

Tocqueville não abordou questões políticas locais que diziam respeito aos moradores de Versalhes. Em vez disso aproveitou a oportunidade para expressar suas opiniões sobre a colonização da Argélia, o maior projeto nacional daqueles dias. Ele escreveu duas "cartas" sobre a Argélia, que foram publicadas em *La presse de Seine-et-Oise* em junho e agosto de 1837. Não havia nada de surpreendente em sua posição: ele participou de um consenso nacional quase completo, de Guizot a Louis Blanc, proclamando a colonização uma glória nacional.[58] Conforme ele colocou, "com tempo, perseverança, habilidade e justiça, não tenho a menor dúvida de que seremos capazes de erguer um grande monumento à glória de nosso país no litoral africano".[59] As cartas constituem a primeira declaração pública de Tocqueville como um ardente colonialista.

Tocqueville tinha um longo e duradouro interesse pela conquista da Argélia, que datava da participação de seu amigo Kergorlay na invasão militar. Já em 1833, com a conquista ainda incompleta, mas com a perspectiva da colonização em um futuro não muito distante, Tocqueville e Kergorlay tinham pensado em fazer investimentos na Argélia, adquirindo terras férteis na região das colinas de Argel, presumivelmente seguras, e atrair colonizadores para elas. Não deram sequência ao projeto, mas Tocqueville ficou suficientemente envolvido para recorrer a Silvestre de Sacy, um conhecido orientalista, e perguntou a ele o quão difícil seria aprender o árabe comum e pediu que o aconselhasse sobre o que deveria ler.[60]

Tocqueville concebeu suas cartas como resposta a panfletos de autoria de Amédée Desjobert (representante de Seine-Maritime), que havia adotado a opinião minoritária segundo a qual o colonialismo era incompatível com instituições representativas.[61] Tocqueville viu a Argélia como uma grande saída para colonos franceses que fugiam de uma vida medíocre imposta pela Monarquia de Julho. Eles encontrariam na Argélia oportunidades a eles negadas em seu país. Tocqueville escreveu as cartas durante os meses entre o tratado de paz, em Tafna, entre o general Bugeaud com Abd el-Kader e o bem-sucedido assalto do exército francês em Constantine e expressou otimismo em relação a uma colonização bem-sucedida, sem estabelecer um óbvio paralelo com o povoamento do oeste norte-americano que dele se poderia esperar. Tocqueville, no entanto, adotou um raciocínio que ouviu pela primeira vez dos pioneiros brancos norte-americanos. Ele notou que havia muita terra disponível na Argélia, pois "a população árabe é muito esparsa, ocupa muito mais terras do que seria possível cultivar a cada ano. A consequência é que os árabes vendem terras facilmente, cobram pouco por elas, e uma população estrangeira pode se estabelecer facilmente perto deles sem lhes causar sofrimento".

Tocqueville ainda não tinha visitado a Argélia, nem Desjobert. Ele ignorou convenientemente os múltiplos conflitos civis, religiosos e políticos entre os militares franceses e as autoridades civis e entre as populações francesas e locais. Isso lhe permitiu criar uma esperança irrealista numa mistura pacífica dos franceses com a população local árabe e berbere, que ele acreditava ocorrer na medida em que algumas regras básicas fossem seguidas. Tocqueville criticou como os janízaros otomanos tinham permanecido distantes da população, limitando-se a recolher impostos, apesar de uma população mista de kouloughlis (descendentes de casamentos entre janízaros e mulheres árabes). Ele imaginou que na Argélia francesa as diferentes populações acabariam "fundindo-se em um todo maior", apesar de suas diferenças culturais iniciais, mas ele não foi adiante em explicar como isso aconteceria. Contentou-se em declarar: "Se apenas a liderança política é comum a ambas as raças, porém tudo o mais é diferente durante um longo tempo, a fusão finalmente acontecerá, mediante um acordo." Mais tarde ele teria de revisar drasticamente essa predição equivocada e utópica.

Tocqueville, entretanto, comunicou, com muita correção, que simplesmente impor normas sociais e políticas francesas aos argelinos era algo destinado ao fracasso. "Acima de tudo, na Argélia", ele escreveu, "precisamos tomar cuidado para desistir desse gosto pela uniformidade que nos atormenta e nos darmos conta de que é tão perigoso quanto absurdo aplicar as mesmas leis a pessoas diferentes. Tocqueville também comunicou ao governo que "a organização tribal" era "a mais tenaz de todas as instituições humanas" e que não podia "ser retirada deles sem subverter suas ideias e seus sentimentos". Acrescentou: "Os árabes escolhem seus próprios líderes; devemos preservar esse privilégio. Eles têm uma aristocracia militar e religiosa; de modo nenhum podemos destruir isso."[62]

O HOMEM QUE COMPREENDEU A DEMOCRACIA 193

No fim, Tocqueville acabou não concorrendo nem por Cherbourg nem por Versalhes, mas por Valognes, outro distrito eleitoral situado a alguns quilômetros de sua propriedade, onde os eleitores locais o recrutaram ativamente para ele apresentar sua candidatura.[63] Uma vez escolhido, Tocqueville empenhou-se por Valognes. A sociologia política daquele distrito rural, mais do que ser colonizado, agora ditava sua estratégia política. Isso era algo familiar para Tocqueville, distante dos trabalhadores e colonos. O distrito de Valognes incluía os cantões de Valognes, Barneville, Bricquebec, Montebourg, Quettehou, Sainte Mère-Église e Saint-Saveur-le-Vicomte. Houve somente 457 votos apurados em 1837, o que significou que um entre cerca de trinta homens adultos votou. Três quartos dos eleitores eram *agriculteurs* (abastados fazendeiros, proprietários de terras e criadores de gado). Entre os demais eleitores, 7% eram burocratas, 10% exerciam profissões liberais, 8% eram comerciantes que tocavam seus próprios negócios, e todos eles eram proprietários de bens imóveis. Metade do eleitorado pagava um *cens* (imposto) entre 200 e 300 francos, porém 11% pagavam mais de mil francos.[64] Tocqueville lembrou a seus correspondentes que os eleitores pertenciam a "um pequeno número de homens esclarecidos e independentes"[65] e também que "o gradual desenvolvimento das instituições democráticas é o grande acontecimento de nossa época".[66] A realidade era que uma legislatura constrangida por um sistema eleitoral tão limitado seria capaz de desencadear uma revolução democrática.

Não residindo lá, Tocqueville empenhou-se em selecionar eleitores que ocupavam posições importantes em Valognes e confiou neles para um maior contato com o eleitorado. Paul Clamorgan, um advogado liberal, tornou--se seu agente eleitoral mais importante. Tocqueville também interagiu com Auguste-Irénée Moulin, prefeito e conselheiro-geral de Bricquebec, com Honoré Langlois, que também fazia parte do Conseil Général e tornou-se seu advogado pessoal, bem como com Zacharie Gallemand, Jacques-François Hervieu e Jacques-Louis-Auguste Marie-Deslongchamps. Todos eles faziam parte do Conselho dos Distritos. "É para pessoas como os senhores que eu trabalho", disse Tocqueville a Moulin. O inverso também era verdade. Os contatos de Tocqueville realizaram um considerável trabalho eleitoral a seu favor, com "madeireiros e açougueiros" que decidiriam a eleição.[67]

No dia 14 de outubro de 1837, Alexis distribuiu uma circular eleitoral em que apresentou um programa modesto.[68] Foi mais uma vez prudente e conservador. Informou aos eleitores que havia se estabelecido na vizinha Tocqueville e sugeriu, como fez anteriormente para o Conseil Général, que lessem seu livro sobre os Estados Unidos a fim de conhecer seu programa. Verificariam que ele advogava uma mudança gradual, era inimigo da revolução, defensor da liberdade de imprensa e de associação. Ambas as liberdades eram necessárias para que os cidadãos se expressassem e agissem conjuntamente. Tocqueville não acreditava no sufrágio nem propunha sua ampliação, apesar de seu empenho público pela democracia, mas defendia lutar contra a corrupção eleitoral. Ele também se insurgiu contra os generosos subsídios que o governo tinha concedido à família do rei Luís Filipe.

O oponente de Tocqueville, Jules Polydor Le Marois, já havia sido eleito. Era uma figura local abastada, cujo pai tinha sido ajudante de campo de Napoleão e enriquecera devido aos despojos da guerra. Le Marois não poupou despesas, tomando vinho e jantando com eleitores nas tavernas locais, estimulando seus sentimentos antilegitimistas e os convocando para adotar o lema "nada de nobres".[69]

Molé, que não desistia facilmente, ordenou ao chefe de departamento que pedisse aos funcionários públicos para votarem em Tocqueville. Ao tomar conhecimento daquela atitude, Tocqueville, que havia empreendido uma guerra contra a corrupção do governo, imediatamente notificou Molé que pretendia vencer a eleição por seus próprios méritos, sem apoio do governo, e insistiu que desse instruções de acordo com seu posicionamento.[70] Molé não teve opção e solicitou ao ministro do Interior Camille de Montaliver que apoiasse Le Marois, o qual alegava apoiar o governo ao mesmo tempo que afirmava sua lealdade à esquerda dinástica de Barrot. Le Siècle expôs a persistente duplicidade de Le Marois, mas Tocqueville permaneceu teimosamente independente.[71] Um exasperado Molé comunicou a ele que "isolamento não é independência".[72]

As eleições se aproximavam e um eleitor assinalou como era vago o programa de Tocqueville, cujo objetivo não era afastar os republicanos nem os legitimistas. Esses últimos votariam nele devido a seu nome e à história de sua família. Foi uma crítica astuta, pois, de fato, Tocqueville precisava do apoio de ambos para desafiar Le Marois. Infelizmente, a resposta de Tocqueville não atraiu nenhum dos dois. Ele declarou querer melhorar a monarquia constitucional, pela qual nem republicanos nem legitimistas ma-

O HOMEM QUE COMPREENDEU A DEMOCRACIA 195

nifestavam interesse.[73] Um segundo ataque levou Tocqueville a escrever uma resposta, mas o agente do correio local, que apoiava Le Marois, não enviou sua refutação. Ele providenciou que o agente do correio fosse repreendido, porém era tarde demais: perdera a eleição. Teve 210 votos, e Le Marois, 247. Foi um resultado respeitável, Tocqueville garantiu a Royer-Collard. De qualquer forma, ele ficou muito conhecido em Valognes, aonde voltaria regularmente a fim de manter suas pretensões.[74]

Tocqueville finalmente acabou sendo eleito para a Câmara em março de 1839, depois que a dissolução lhe ofereceu uma segunda oportunidade de candidatar-se. Nenhuma questão importante havia sido resolvida desde 1837. Àquela altura, Thiers, Barrot e Guizot haviam formado uma coalização temporária, mas poderosa, dedicada a acabar com o governo de Molé e criar uma Câmara mais independente da Coroa. Durante algum tempo a Câmara continuou a apoiar estreitamente Molé, porém um impasse acabou se estabelecendo. Lamartine captou o deprimente clima político ao dirigir-se da Câmara para o rei, em janeiro de 1839, afirmando: "A França está aborrecida. Deixaste que o país afundasse na letargia."[75]

Apenas um mês antes da dissolução, em 1839, Chateaubriand tinha batido à porta de Tocqueville sem se anunciar, a fim de ouvi-lo lendo trechos de seu manuscrito que estava sendo redigido.[76] O ancião ficou satisfeito, mas Tocqueville muito se empenhou para continuar a escrever com seus pensamentos voltados para a eleição. Após cinco ou seis horas ele disse a Beaumont: "A máquina não funcionará."[77] Com novas eleições anunciadas, Tocqueville aconselhou Beaumont a deixar de lado seu livro sobre a Irlanda, que ele estava escrevendo, e a regressar a Paris a fim de se encontrar com políticos de que necessitava, caso fosse empreender uma campanha por si só. "Essa é a nossa grande oportunidade. Seria um terrível fiasco perdê-la."[78]

Tocqueville voltou a concorrer em Valognes, onde era então bastante conhecido. Aprendeu também algumas lições de sua primeira campanha.[79] Declarou com voz alta e clara que não era um legitimista e que favorecia a separação entre a Igreja e o Estado, conforme ocorria nos Estados Unidos.[80] Sua família legitimista confirmou publicamente que Tocqueville falava a verdade.[81] Sua mensagem relativa a suas lealdades pessoais não continha a menor ambiguidade: "Eles dizem isso porque pertenço a uma família antiga e 'quero que o país retorne a antigos preconceitos, a antigos privilégios e a antigos procedimentos'. Isso não passa de odiosa calúnia, igualmente ridícula." Precisamos, "sem extinguir a monarquia, chegar lentamente, mas com firmeza, a um governo do país pelo país".[82] Tocqueville voltou a concorrer sem o apoio de um partido. Ele desafiou o governo como alguém independente, não como um membro da coalizão de Thiers-Barrot-Guizot, que ultrapassou o governo de Molé.

Le Marois pagaria por sua duplicidade pregressa. Embora Thiers continuasse a apoiá-lo, Barrot já não confiava mais nele e nenhum pedido de Le Marois obteve seu apoio.[83] Além disso, Tocqueville havia adotado alguns truques que constavam da cartilha de Le Marois. Não apenas adquiriu uma propriedade em Valognes, mas também passou a morar no bem localizado Hôtel du Louvre durante a campanha. Ele visitou os eleitores e pediu a Marie que se encontrasse com suas esposas.[84] Chegou mesmo a financiar alguns momentos de "gastronomia eleitoral", como ele a denominava.[85] No dia 2 de março, Tocqueville, que àquela altura tinha realizado uma respeitável campanha (embora ainda sem um sólido programa político), derrotou Le Marois por uma larga margem de votos — 318 a 240 — no primeiro turno da eleição. Ele prometeu atender todos os moradores de Valognes, fossem eles eleitores ou não.[86] Exausto, mudou-se para o castelo de Tocqueville a fim de repousar, mas lá foi assediado por visitantes e uma grande pilha de cartas o esperava. O descanso teria de ser adiado. Diante da perspectiva de entrar para a Câmara, Tocqueville escreveu para Beaumont: "Durante os próximos seis meses vou jogar o jogo da minha vida."[87] Para seu tio Rosanbo, preocupado devido ao fato de que seu sobrinho havia traído a causa legitimista, Tocqueville escreveu que estava seguindo sua consciência ao trabalhar para "o maior bem político de seus compatriotas".[88] Ao mesmo tempo, ele se preocupou com o fato de que suas responsabilidades políticas interfeririam no segundo volume de *A democracia na América*: "Preciso, custe o que custar, terminar esse livro. Ele e eu enfrentamos um duelo de morte. Preciso matá-lo ou então ele precisará me matar."[89]

Tocqueville como escritor

Desde a publicação de *A democracia na América*, Tocqueville imaginou uma sequência ambiciosa, na qual articularia uma ampla teoria sobre a demo-

O HOMEM QUE COMPREENDEU A DEMOCRACIA

cracia, tão ousada quanto sua campanha política fora tímida. No entanto, antes de tudo, ele se empenhou em satisfazer outros compromissos que havia assumido. Em 1836, antes de viajar para a Suíça, Tocqueville se esforçou em cumprir a promessa feita a Mill no sentido de contribuir para seu jornal. Mill tinha dado as boas-vindas à tradução de *A democracia na América* e Tocqueville estava ansioso para demonstrar sua gratidão. Ele enviou, de sua autoria, o texto *État social et politique de la France avant et après 1789* através do correio diplomático em fevereiro de 1836. Embora Tocqueville tivesse de deixar de lado o segundo volume de *A democracia na América*, aquele texto mostra que ele estava desenvolvendo os temas a que se dedicava. O ensaio era em parte uma reflexão sobre os destinos opostos da aristocracia britânica e francesa. Tocqueville afirmou a superioridade da britânica "ao fazer as classes democráticas acreditarem durante tanto tempo que o inimigo comum era o príncipe". Foi assim que a aristocracia britânica, ele explicou, foi poupada em relação a sua contrapartida francesa, que foi destruída, mediante uma poderosa aliança dos reis franceses e do povo contra a nobreza local. Apoiando-se em suas observações feitas durante a temporada que passou na Inglaterra, Tocqueville criticou o modo como a igualdade legal naquele país coexistia com demasiada frequência com a desigualdade social. Ele apresentou os franceses como seguidores de um caminho oposto. A Coroa francesa havia mantido formalmente a desigualdade social ao não tocar nos privilégios da nobreza, mas, ao contrário da Inglaterra, a igualdade social havia progredido na França. Não demoraria muito tempo para que os odiosos privilégios fossem desafiados. Com a Revolução Francesa acelerando drasticamente o acesso à propriedade de terras, os costumes se tornaram inevitavelmente mais democráticos porque "não existe nada mais favorável ao reino da democracia que a divisão de terras em pequenas propriedades independentes". Foi assim que a França se tornou "a nação mais realmente democrática da Europa", um tema que Tocqueville voltaria a abordar mais tarde em seu livro sobre o Ancien Régime.

Em seu ensaio, Tocqueville estabeleceu uma distinção entre a "liberdade aristocrática" e a "liberdade moderna". Ao contrário da liberdade aristocrática, a liberdade moderna não era uma reivindicação egoísta de privilégios, mas o desfecho de um direito mais amplamente compartilhado na medida em que a sociedade se tornava mais igual e a distinção entre as classes sociais desvaneceu. "Presume-se que todo homem recebeu da natureza a inteligência necessária para se conduzir em geral, é inerentemente capacitado para não ser controlado por seus semelhantes em tudo aquilo que diz respeito unicamente a ele e pode regular, mediante sua vontade, o próprio destino." Tocqueville afirmou: "É o único conceito justo de liberdade, moderno e democrático." Ele enfatizaria repetidamente essa questão no segundo volume de *A democracia na América*. Mill e John Bowring traduziram o ensaio e o publicaram no dia 1º de abril de 1836 na *London and Westminster Review*.[90] Mill solicitou contribuições adicionais de Tocqueville e ele conseguiu resenhar alguns livros, mas deixou bem claro a seu amigo britânico que precisaria se dedicar ao segundo volume de *A democracia na América*.

No entanto, havia outra tarefa pendente. Diante do renovado burburinho nos círculos governamentais sobre a construção e reforma das penitenciárias, Tocqueville e Beaumont sentiram que tinham uma oportunidade de influenciar aquela disposição através de uma nova edição de seu relatório sobre as prisões. Tocqueville dialogou, no final de 1835, com Thiers, então ministro do Interior, a respeito do plano do governo francês de construir em Limoges uma prisão com duzentas celas e uma prisão militar no castelo de Saint-Germain-en-Laye.[91] Como um perito digno de confiança, ele acompanhou o sucessor de Thiers, o conde de Montalivet, à prisão da Roquette e mostrou-lhe os planos de uma prisão norte-americana que William Crawford reproduziu em seu livro.[92] Ele recomendou que os prisioneiros deviam ser mantidos em celas individuais e que os arquitetos não deviam projetar estruturas tão monumentais.[93]

Tocqueville deixou que Beaumont escrevesse a maior parte do relatório original, mas dessa vez estava preocupado em relação a como seria recebido, e compôs pessoalmente boa parte do prefácio que introduziram no segundo volume. Eles notaram que os sistemas judiciais modernos estavam cada vez mais relutantes em aplicar a pena de morte, exercida somente em lugares remotos onde "aquele que executa se esconde como se fosse um condenado".[94] Eles se manifestaram energicamente contra as colônias penais, declarando que a Inglaterra não deveria mais enviar condenados às bárbaras prisões australianas de onde algumas vezes era possível fugir. Sendo a prisão o único futuro da punição, eles propuseram a ideia de que ela deveria ser um caminho para a reabilitação.

O HOMEM QUE COMPREENDEU A DEMOCRACIA 199

Tocqueville e Beaumont ainda não estavam em condição de recomendar o sistema da Filadélfia — um isolamento de 24 horas —, mas chegaram perto disso. Devido a motivos econômicos, eles defendiam uma versão do sistema de Auburn instituído em Wethersfield, que prescrevia o isolamento somente à noite e eliminava os açoites. Em outros países os reformistas defendiam uma orientação semelhante. William Crawford, seguindo na Inglaterra os passos de Tocqueville e Beaumont, também investigou as prisões norte-americanas e endossou o sistema de celas de prisão solitária. O Parlamento britânico adotou-o. Nicolaus Julius, na Alemanha, também apoiou essa ideia.

Foi somente em 1838 que Tocqueville e Beaumont finalmente decidiram se pronunciar a favor do sistema da Filadélfia, de completo isolamento. Àquela altura, outro reformista francês, Frédéric-Auguste Demetz, tinha visitado a Filadélfia e relatou que o confinamento solitário em nada prejudicava a sanidade ou a saúde dos prisioneiros, mas que funcionários em Wethersfield voltaram a adotar o uso do chicote, sem o qual eles não podiam garantir o silêncio e a ordem quando os condenados trabalhavam em conjunto. Embora Demetz "odiasse os Estados Unidos" e "condenasse tudo em três meses", disse Tocqueville, seu relatório sobre as prisões foi valioso, e o peso dos relatórios de Crawford, Julius e Demetz o levou a adotar para sempre o sistema da Filadélfia.[95]

Antecipando a implementação das reformas nas prisões francesas, o ministro do Interior Montalivet fez circular um questionário relativo ao tratamento dos prisioneiros e enviou-o ao Conseil Général de cada departamento, revivendo assim o debate entre os proponentes dos sistemas de encarceramento de Auburn e Filadélfia.[96] Ao recebê-lo, Honoré Langlois, membro do Conseil Général de La Manche e advogado pessoal de Tocqueville, procurou saber qual era a opinião de seu cliente e encarregou-se, sem notificá-lo, de publicar na imprensa local o amplo endosso ao sistema da Filadélfia que Tocqueville lhe enviou em caráter privado. A imprensa nacional reimprimiu-o imediatamente e ele passou a ser de conhecimento público.[97] Tocqueville pediu desculpas a Beaumont por não o consultar antes de divulgar suas opiniões, mas Beaumont concordou com suas colocações.[98] Nem todo mundo concordou, entretanto. Léon Faucher, autor da primeira resenha publicada sobre *A democracia na América* e respeitado conhecedor do sistema penitenciário, continuou afirmando que o confinamento solitário afetaria a saúde física e mental dos prisioneiros. Charles Lucas, que conhecia amplamente o sistema penitenciário, também se posicionou contra o sistema da Filadélfia. A reforma das prisões permaneceria objeto de tensos debates intensificados na década de 1840.[99]

Durante todo aquele tempo, a reputação de Tocqueville como autor e reformista só aumentava. Em 1838 o "gordinho jovial", como Tocqueville denominava Gosselin, seu editor, já enviava para ser impressa a décima reedição de *A democracia na América*.[100] A Academia das Ciências Morais e Políticas mostrou-se interessada em incluir aquela estrela em ascensão entre seus membros. A fundação daquela organização, em 1832, tinha sido o sonho de Guizot desde a Restauração. Sua ideia era reviver um setor do Institut de France de que o primeiro cônsul Bonaparte — que Tocqueville considerava ser "um dos maiores adversários da liberdade humana que o mundo jamais conheceu" — havia se afastado porque considerava seus membros ideólogos e sonhadores.[101] Pouco aliada do Estado, a nova Academia de Guizot tornar-se-ia um bastião do pensamento livre, embora não revolucionário. Era seu objetivo realizar pesquisas para o governo, promovendo o estudo da história e da economia para inspirar uma ação política mais baseada em princípios. A academia não exerceu um papel de grande importância nos debates políticos ou intelectuais sobre a nação, mas reconheceu e publicou estudos importantes tais como as pesquisas de Villermé sobre a higiene e as de Villeneuve-Bargemont sobre a pobreza, que influenciaram o primeiro texto sobre o pauperismo, de autoria de Tocqueville.

Convidado pela Academia de Ciências Morais e Políticas, Tocqueville fez uma apresentação para seus membros, em 1836, intitulada *Mémoire sur l'influence du pont de départ sur les sociétés*. Usando a oportunidade para chamar atenção sobre ideias contidas em *A democracia na América*, ele baseou a palestra no primeiro capítulo de seu livro.[102] Os membros da academia ficaram impressionados. O filósofo Victor Cousin chegou até mesmo a propor Tocqueville para ser eleito, sem conhecimento dele, embora a proposta não tivesse apoio suficiente. O historiador François Mignet, entretanto, manteve a proposta. Quando Pierre Laromiguière, um dos membros da geração mais antiga, faleceu em 1837, houve uma vaga no setor de filosofia. No intuito de atrair Tocqueville, a academia transferiu

Théodore Jouffroy para o setor de filosofia a fim de abrir um espaço no setor de moralidade, que seria apropriado para Tocqueville. Este leu num jornal uma notícia sobre o esforço em recrutá-lo e escreveu para Mignet afirmando que não queria ofender os membros da academia, mas também não queria parecer que estava pleiteando um cargo. Ambicioso, o jovem Tocqueville já havia demonstrado interesse de pertencer à Academia Francesa, porém não desejava que sua eleição para um setor menor do Institut de France diminuísse suas chances de juntar-se mais tarde ao grupo dos "imortais", o que ele declarou abertamente. Nos salões parisienses, espalhou-se rapidamente o boato de que o bisneto de Malesherbes não queria ser associado a uma instituição com menos prestígio.[103]

No início de janeiro de 1838, a Academia das Ciências Morais e Políticas elegeu Tocqueville com vinte votos contra dois, "contra minha vontade" (foi assim que ele protestou, talvez excessivamente, ao comunicar-se com Royer-Collard).[104] Nem por isso ele deixou de sentir-se gratificado por um voto a seu favor, contra Charles Lucas, reformista do sistema penitenciário, que tinha atacado sistematicamente Tocqueville e Beaumont em relação ao relatório deles sobre as prisões. Mignet, repleto de boas intenções, naturalmente ficou muito surpreso quando Tocqueville o informou de que estava ocupado demais e não podia participar de sessões na academia. "Retirei-me para o campo durante alguns meses a fim de poder terminar em paz a segunda e parte final de meu trabalho sobre a democracia nos Estados Unidos", escreveu a Mignet. Tocqueville participou de apenas seis dos cinquenta encontros em 1838 e não realizou leituras públicas e conferências, apesar das pressões de Mignet.[105] Finalmente, entretanto, Tocqueville se deu conta dos benefícios de tornar-se um membro e desempenhar um papel significativo no desenvolvimento da academia, justificando os esforços de Mignet.

A grande teoria

Durante todo aquele tempo, Tocqueville esperava realizar grandes progressos ao escrever o segundo volume de *A democracia na América* e oferecer ao mundo sua teoria da democracia como guia. Com esse livro ele queria "ressaltar a liberdade na sociedade democrática em que Deus decretou que

202 OLIVIER ZUNZ

temos de viver".[106] O objetivo era enaltecedor, mas seu trabalho foi lento e interrompido duas vezes devido a campanhas políticas.

Para evitar distrações em Paris e o incômodo das reformas no castelo, Tocqueville refugiou-se frequentemente no conforto de Baugy, a propriedade de Édouard e de Alexandrine perto de Compiègne, onde ele conseguia escrever. "Eu me tranco numa espécie de masmorra", relatou a Royer-Collard. "É, de fato, uma espécie de espaço mais modesto do que aquele que eu criei no castelo. Lá estou suspenso entre o céu e a terra, e os ruídos da casa não me perturbam."[107] Distante de distrações, Tocqueville tentou elaborar uma teoria da democracia que não era mais enraizada especificamente nos Estados Unidos, mas num processo mais generalizado de mudança política e social. Seria ele bem-sucedido ao explicar a base de um novo estado social? "Isso ainda precisava ser visto", disse a Royer-Collard. "Acaso os leitores preferirão os Estados Unidos e não a mim?"[108]

É difícil detectar com precisão a escrita das partes sucessivas do segundo volume de *A democracia na América*. Tocqueville raramente anotava a data daquilo que escrevia. Na maior parte do tempo ele escrevia em folhas soltas de papel, que mantinha de lado enquanto elaborava novamente suas ideias. Conforme explicou a Mill, "minha mente está repleta de coisas que não posso discernir numa ordem clara, e luto para ordenar minhas ideias uma por uma; quero apressar-me, porém prossigo com lentidão. Você sabe que não escrevo mecanicamente ou com uma pressa enlouquecida em direção a objetivos predeterminados. Sigo o fluxo natural das minhas ideias, permito-me ser guiado de boa-fé no que se refere à lógica dos argumentos. O resultado é que enquanto não acabar de escrever o livro, não sei para onde vou, nem sei se conseguirei chegar lá. Esse sentimento de dúvida acaba sendo insuportável".[109]

Após a Suíça, Tocqueville empenhou-se "como um demônio" a fim de recuperar o tempo perdido. "Jamais escrevi com tamanho ardor em toda a minha vida; penso em meu projeto noite e dia", ele escreveu de Baugy para Reeve.[110] Quando era convocado a ir a Paris a fim de participar de um júri, ele se enfurecia com a interrupção e imaginava como podia ter elogiado o sistema do júri como uma escola de democracia.[111] Designado pelo ministro da Educação Salvandy para fazer parte do Comité des Travaux Historiques (um comitê sobre publicações históricas), ele jamais compareceu aos encontros.[112] Tocqueville deparou-se com uma rotina produtiva em Baugy. Sentava-se à escrivaninha às 6 da manhã e trabalhava durante quatro horas. Então fazia uma pausa que durava de três a quatro horas, fazia alguns exercícios e voltava a escrever até a hora do jantar. Ele disse a Beaumont, curiosamente otimista: "Estou escrevendo muito lentamente, mas fazendo um bom trabalho. Sinto, porém, falta de companhias e de boas conversas. Gostaria que Louis e você estivessem aqui."[113]

Durante os dois anos seguintes, ele continuou a escrever, reservando alguns momentos para dedicar-se a leituras intensivas. A certa altura ele disse a Beaumont: "Há anos que não lia tanto e pensava tanto sobre o que estou lendo."[114] Ele animou seus amigos mais íntimos a falar sobre livros e ideias. Quando não conversava com Kergorlay, que o aconselhou a ler atentamente Pascal, Montesquieu e Rousseau, Tocqueville exprimia sua gratidão, dizendo ao seu amigo: "Está faltando um quarto autor, que é você."[115]

No segundo volume de *A democracia na América*, Tocqueville já não analisava mais os Estados Unidos da década de 1830, mas comparava os dois distintos "estados sociais" da aristocracia e da democracia. No início ele tinha o propósito de ser imparcial, mas tornou-se progressivamente ambivalente em relação aos dois estados sociais. Numa anotação escrita para si durante um revelador momento de introspeção, admitiu ser um aristocrata de coração que havia se tornado um democrata devido à razão. "Sou aristocrático por instinto", ele escreveu, "mas tenho uma preferência intelectual por instituições democráticas."[116] Tocqueville expressou seu conflito interior como um exemplo do crucial conflito social de sua época.

Sempre crítico, ele analisou com dureza os dois mundos. Denunciou os aristocratas por morar em aposentos à prova de som, distantes do barulho cotidiano das pessoas comuns. Como resultado, não demonstravam a menor empatia por pessoas que não pertencessem a sua classe. Madame de Sévigné, por exemplo, que considerava as aglomerações públicas o esporte de uma espectadora, "não tinha uma clara noção do que que significa sofrer quando alguém não é um nobre".[117] Esse era o tipo de insensibilidade que justificava revoluções. Contudo, Tocqueville presenciou homens e mulheres democráticos ignorando pessoas necessitadas ao seu redor, mas que declaravam empatia pela humanidade, num impulso talvez generoso, mas desprovido de empenhos específicos. Em tempos democráticos, Tocqueville notou um "excessivo enfraquecimento de setores da sociedade contra o todo". "Essa é uma das minhas opiniões fundamentais", ele escreveu para Reeve, quando o jovem advogado de Londres retocava a tradução do segundo volume de *A democracia na América*.[118]

Tocqueville reordenou várias vezes a organização da segunda edição. Em 1835, havia anunciado um livro inteiramente dedicado a "hábitos, ideias e costumes".[119] Ele foi fiel a suas palavras somente em duas das quatro partes do livro: a parte 1, sobre a "influência da democracia na evolução do intelecto americano"; e a parte 3, sobre "a influência da democracia sobre os costumes assim denominados". Na parte 2, sobre a "influência da democracia nos sentimentos dos americanos", Tocqueville forneceu a mais bem-enfocada exposição de sua teoria e reservou a parte 4 para escrever sobre "a influência que ideias e sentimentos democráticos exercem sobre a sociedade política", objetivando uma avaliação sobre o valor da democracia.

Ao expor sua teoria essencial da democracia na parte 2, Tocqueville reiterou muito o relacionamento entre igualdade e liberdade já proposto em 1835. Tocqueville se preocupava em repetir-se, porém era algo que não conseguia evitar. Era "o resultado necessário de um trabalho tão amplo realizado em dois estágios".[120] Ele explicou em termos abstratos, mas cuidadosamente elaborados: "Uma pessoa pode imaginar um ponto extremo no qual a liberdade e a igualdade se tocam e se tornam uma só. Suponhamos que todos os cidadãos façam parte de um governo e que cada um deles tem o igual direito de assim proceder. Então, como nenhum homem será diferente de seu semelhante, ninguém será capaz de exercer um poder tirânico. Os homens serão perfeitamente livres porque todos serão inteiramente iguais e todos serão perfeitamente iguais porque serão inteiramente livres. Esse é o ideal para que tendem as pessoas democráticas."[121] Porém, no mundo real, Tocqueville insistiu, as pessoas desejam tanto a igualdade que estão dispostas a sacrificar sua liberdade política por ela. Preferem limitar as oportunidades para todos a ver algumas pessoas indo adiante às custas de outras pessoas. Para combater essa forma degradante de submissão, é preciso que uma pessoa trabalhe constantemente em manter viva a liberdade política. Ele expressou novamente seu sentimento de que a liberdade era frágil e sacrificada muito facilmente pela busca da igualdade. Foi esse o axioma sobre o qual elaborou sua nova ciência política.

O HOMEM QUE COMPREENDEU A DEMOCRACIA   205

Nos capítulos centrais, Tocqueville formulou suas colocações teóricas mais rígidas e mais abstratas, contrastando aristocracia e democracia. Nesses capítulos já não constavam mais os exemplos específicos enumerados no primeiro volume de seu livro. Mediante propostas cuidadosamente elaboradas, Tocqueville explicou como o individualismo interferiu na aristocrática cadeia de solidariedade entre os homens, rompendo-a. Tocqueville foi um dos primeiros autores a empregar a palavra *individualismo*. Podemos datar sua adoção numa nota manuscrita sobre o método filosófico no dia 24 de abril de 1837.[122] Para ele, os Estados Unidos eram o campo perfeito do individualismo. Onde mais as posições fixas das sociedades tradicionais haviam desaparecido tão completamente? O norte-americano era um individualista, cuja obsessão em relação à riqueza começava a ser designada como uma característica nacional. Tocqueville sugeriu que seus negócios talvez não tivessem se baseado na cobiça, mas eram um meio de evitar a miséria moral que Pascal atribuiu à impaciência.[123]

No entanto aquele mesmo norte-americano evitava o perigo de aprisionar-se "na solidão de seu próprio coração" devido a sua longa prática de liberdade política.[124] As associações, no grande esquema teórico de Tocqueville, eram espaços de liberdade. No segundo volume do livro ele ampliou sua discussão, incluindo associações civis em adição a associações políticas, denominando a arte da associação "uma ciência fundamental".[125] As associações funcionavam como fonte da educação e base da ação. Ao juntar-se a elas, cidadãos que pensavam do mesmo modo exerciam sua liberdade de ação. Ao reagrupar-se "numa multiplicidade de pequenas sociedades privadas",[126] dominavam meios que não eram acessíveis para nenhum indivíduo. Em grupos pequenos, eles alcançavam melhor seus objetivos pessoais bem como os objetivos coletivos. Graças a seus hábitos de associação, os cidadãos democráticos poderiam evitar os perigos da homogeneização.

Tocqueville foi muito significativamente além do que dissera em 1835, recorrendo a outras palavras. Pela primeira vez estabeleceu uma forte e positiva conexão entre o "autointeresse" e o melhoramento coletivo. Denominou-a "autointeresse entendido adequadamente".[127] Durante suas viagens, observou os norte-americanos defendendo somente a si mesmos. Entretanto, mais tarde, afirmou que um "amor esclarecido" por si mesmo poderia levar as pessoas "a sacrificar parte de seu tempo e de sua riqueza" a favor do bem comum.[128] Empregando uma linguagem que se assemelhava à linguagem de Montesquieu, Tocqueville especulou que nos Estados Unidos (leia-se democracia) "o interesse" havia substituído "a virtude" como motivação de trabalhar para a comunidade, e esse era o caminho do futuro. Tornar o autointeresse para o benefício de todos, argumentou Tocqueville, era um desenvolvimento positivo para a civilização, porque, como impulso, era algo muito mais amplo do que a virtude. Uma pessoa não podia ser mais tolerante em relação à fraqueza humana.

Como parte do seu esforço de definir uma nova ciência política, Tocqueville tinha em mente expandir a comparação franco-americana que constava no primeiro volume do seu livro introduzindo um *tertium quid* — a Inglaterra. Ele solicitou a Beaumont que lhe enviasse um resumo do estudo de Chevalier sobre as fábricas têxteis de Lowell, que ele combinou com suas amplas observações sobre a Inglaterra industrial, com a finalidade de escrever em maio de 1847 um capítulo sobre a ameaça que uma nova aristocracia industrial colocava para a democracia.[129]

Ele antecipou essa segunda parte teórica com uma discussão sobre o impacto da democracia na vida do intelecto. Na parte 1 argumentou que os norte-americanos (individualistas e democratas) acreditavam somente em seu próprio raciocínio — eles eram produtos de um cartesianismo. Isso podia ser detectado facilmente lendo seus livros ou ouvindo seus discursos. Nos dias de hoje, os poetas se voltavam basicamente para introspeções pessoais a fim de representar a humanidade. Eles proclamavam: "Tenho de levar em consideração apenas eu."[130]

Tocqueville extrapolou essa observação no sentido de que autores numa sociedade democrática raciocinam apenas sobre causas gerais, enquanto numa sociedade aristocrática focalizam indivíduos superiores. Ele tomou de empréstimo ao marquês de Lafayette a ideia de que os historiadores em séculos democráticos enfatizam somente as causas gerais da mudança. Seguindo essa tendência, os oradores democráticos abandonaram palavras precisas, trocando-as por palavras genéricas.[131] Naqueles capítulos Tocqueville foi em alguns momentos culpado pela reificação que expunha — isto é, tornando "a igualdade um ser humano". Ele admitiu atribuir ao "estado social e à constituição política" mais daquilo pelo qual ambos eram responsáveis. Reconheceu "ter personificado a igualdade em vários lugares, afirmando que "a igualdade fazia certas coisas ou se abstinha de fazer outras coisas".[132]

O HOMEM QUE COMPREENDEU A DEMOCRACIA

Em seu capítulo sobre os costumes na terceira parte do livro, mostrou-se especialmente interessado por papéis de gênero. Ele observou que "o mesmo grande movimento social que está trazendo pai e filho, empregado e patrão, e, em geral, o inferior e o superior ao mesmo nível também está elevando a mulher e fará seu papel cada vez mais igual ao do homem", embora desempenhando claramente papéis distintos.[133] Durante a visita que fez no verão de 1837, Corcelle sugeriu que Tocqueville tornasse mais claros seus pensamentos sobre a influência da igualdade sobre os princípios de conduta.[134] Pouco depois que Corcelle partiu, Tocqueville reescreveu o capítulo sobre a igualdade dos homens e das mulheres numa democracia e leu a nova versão em agosto de 1837 para Beaumont, que pareceu ter ficado muito satisfeito.[135] As mais conservadoras feministas norte-americanas, que tinham fé em esferas separadas como meios de igualdade entre homens e mulheres, também a apreciaram. Em *A treatise on domestic economy for the use of young ladies at home, and at school*, Catherine Beecher aprovou efusivamente a específica compreensão de Tocqueville sobre a divisão do trabalho entre os sexos. Ele chegou à conclusão de que a "superioridade" das norte-americanas foi "basicamente responsável pela singular prosperidade e o crescente poder daquele povo".[136]

Tocqueville foi adiante e abordou um capítulo sobre os hábitos e costumes, "um assunto difícil para mim", ele disse a Corcelle, "pois jamais me sinto à vontade com os pequenos detalhes da vida privada. Assim, serei breve. Espero terminar este capítulo daqui a mais ou menos oito dias e então serei capaz de abordar os extensos capítulos com que encerro o livro".[137]

No entanto, quando retornou ao manuscrito em Baugy, no começo de 1838, após sua derrota eleitoral, ele ficou aturdido. Tinha dificuldade em teorizar o impacto da democracia sobre a ambição. Kergorlay foi passar quatro dias com ele e o ajudou. Naquela época, Tocqueville recordou com Beaumont, "eu estava envolvido num emaranhado de ideias de que não conseguia me libertar. Era um verdadeiro beco sem saída e ele me ajudou a sair dele numa questão de horas".[138] Acima de tudo, o progresso permanecia lento. O ânimo de Tocqueville falhava, até mesmo quando escrevia, em março de 1838, um derradeiro e famoso capítulo sobre o motivo pelo qual as revoluções se tornavam raras quando o conforto passava a ser o propósito de uma vida.[139] Era um argumento poderoso que Tocqueville publicou como um ensaio, intitulado "Des révolutions dans les sociétés nouvelles", na *Revue des deux mondes*, em meados de abril de 1840, exatamente quando seu livro estava para ser lançado. A predição pode ter parecido fantástica no momento em que tumultos desenfreados ameaçavam o regime. Tocqueville, entretanto, lançou o livro com muita lógica. O que ele quis dizer é que condições iguais davam origem a ideias e interesses idênticos e, portanto, limitavam as possibilidades de uma revolução. Assim sendo, uma pessoa não deveria temer a ampliação das liberdades civis — liberdade de falar e liberdade de associação — se não houvesse uma ameaça de revoluções. Poderíamos encarar a liberdade com serenidade e não ser complacentes com a repressão.

Em junho de 1838, Tocqueville ainda se queixava com Corcelle de que trabalhava lenta e tediosamente, atrapalhado por reformas em sua residência. "Terminar meu livro está me oprimindo e certamente minha visão ficará deformada se eu não encontrar o momento adequado de concluí-lo."[140] Tocqueville finalmente chegou ao fim, mas apenas depois da interrupção deliberada da campanha eleitoral de 1839. Na quarta parte, conclusiva, ele se permitiu fazer um julgamento sobre a democracia. Tinha pensado em expressar seus principais pensamentos em um prólogo substancial, mas decidiu não sobrecarregar o segundo volume com uma introdução que competiria com a substancial introdução que ele havia escrito no primeiro volume. Em vez disso, resumiu suas ideias em um breve epílogo.[141] Essa é a indicação mais clara de que dispomos de que Tocqueville tinha a intenção de que as duas edições fossem lidas como se fossem um trabalho único. Em sua longa parte conclusiva, Tocqueville aproximou da França as lições da história norte-americana. Insistindo novamente, conforme ocorreu no primeiro volume, que o hábito de autogoverno, adquirido mais cedo, no ponto de partida, determinou a trajetória da história norte-americana, Tocqueville explicou aos franceses que eles tinham de trabalhar em dobro para fazer a democracia funcionar, pois em vez disso tinham começado de um jeito errado. Iguais somente em sua falta de liberdade, os franceses "precisavam transformar ou coagir os antigos poderes. Isso os levou a fazer revoluções e inspirou em muitos deles um gosto desenfreado pela desordem".[142] O oposto era verdadeiro nos Estados Unidos, onde "a liberdade era antiga, e a igualdade, comparativamente nova".[143] Tocqueville insistiu em relação a essas sequências históricas opostas, como um meio de aconselhar seus

O HOMEM QUE COMPREENDEU A DEMOCRACIA

compatriotas que tinham de reverter sua trajetória. Somente se os franceses mudassem seu procedimento a igualdade poderia levar à "liberdade" mais do que à "servidão".[144]

Com o objetivo de deixar as coisas mais claras, Tocqueville enfatizou a necessidade de iniciativas individuais na democracia. Ele havia mostrado na parte teórica e central de seu texto que a democracia tinha rompido a cadeia aristocrática e com ela as hierarquias sociais. Ao concluir, viu uma multitude de indivíduos atomizados desprovidos de energia e iniciativa. Ele culpou a ampla indolência popular pelo fato de que o controle supervisório do Estado sobre as vidas dos cidadãos equivalia a um suave despotismo. Os homens democráticos submetiam-se à autoridade de "um imenso poder tutelar, que assume a responsabilidade de garantir seu prazer e cuidar de seu destino. Isso era absoluto, meticuloso, regular, previdente e suave. Seria semelhante à autoridade paterna caso seus objetivos fossem os mesmos, isto é, preparar os homens para a maioridade. Ao contrário, procurava somente mantê-los irrevogavelmente na infância".[145]

Além disso, Tocqueville execrou o diminuto valor teórico das artes e das ciências numa democracia utilitária. Em um raro momento em que fornece exemplos específicos, ele lembrou a seus leitores as grandes realizações intelectuais e individuais ao longo das eras. Arquimedes, tal como Plutarco o descreveu, foi um modelo a ser seguido. Arquimedes tinha "um espírito tão elevado" que sua obra foi puramente teórica; "ele jamais dignou-se a escrever quaisquer tratados sobre a construção de máquinas de guerra".[146] Em contraste, os norte-americanos se dedicavam somente a realizar trabalhos práticos. Eles não se arriscavam em formular abstrações científicas. Estavam ocupados demais em ganhar dinheiro. A sociedade norte-americana jamais poderia ter produzido um gênio como Pascal. "Se Pascal tivesse em mente apenas um grande lucro", insistiu Tocqueville, "não posso acreditar que ele teria sido capaz de concentrar os poderes de sua mente conforme fez para desvendar os segredos mais bem-guardados do Criador".[147]

Terminar o livro foi algo adiado não apenas por interrupções, mas porque Tocqueville reescrevia constantemente alguns trechos. Em novembro de 1838, enquanto revisava os capítulos iniciais sobre a influência da igualdade de condições sobre o método filosófico dos norte-americanos, que ele escreveu antes de ir para a Suíça, Tocqueville chegou ao ponto de não gostar tanto do que escrevera e simplesmente queimar aqueles capítulos e reescrevê-los partindo do zero, mantendo apenas a *"idée mère"*.[148] Até mesmo quando estava na iminência de enviar o manuscrito para ser impresso, no fim de 1839, Tocqueville ainda estava acrescentando novos fatos. Em relação a um fragmento sobre como a democracia afetava o relacionamento entre patrão e empregado, ele solicitou de Ampère no último minuto alguns exemplos literários que poderia usar a fim de realçar sua abordagem literária.[149]

No entanto, quando acabou de escrever o livro, Tocqueville deixou de equivocar-se entre seus dois mundos. Completar o livro foi algo que dois turnos eleitorais não conseguiram realizar. Após fazer muitas concessões, ele finalmente se posicionou do lado da democracia de um modo como não havia procedido até então. Em uma democracia, ele concluiu, as pessoas encontravam a verdadeira grandeza não em apoiar empreendimentos que beneficiavam apenas alguns poucos, mas sim a maioria. Tocqueville aludiu a isso ao longo de todo o livro, mas agora expunha suas convicções com firmeza: "A igualdade talvez seja menos elevada, porém é mais justa, e sua justiça é a fonte de sua grandeza e beleza."[150]

7

Uma síntese do pensamento e da ação

Após a grande obra teórica de Tocqueville ser publicada e com sua posição na Câmara garantida, Lamartine desafiou o autor a aplicar suas ideias. "Agora você agirá; você articulou seu pensamento. Agora precisa concretizá-lo."[1] Tocqueville reconheceu que havia deixado de lado a teoria com o objetivo de se aprofundar nela, conforme disse a Édouard: "A esfera inteiramente diversa da prática da política através do estudo de uma infinita multiplicidade de pequenos detalhes."[2] Ele, entretanto, estava relutante em fazer uma escolha. Talvez pudesse ter tentado seguir caminhos paralelos, um deles a filosofia política, e o outro, a política, mas em vez disso ele procurou fortalecer ambas. Acreditava que seria capaz de realizar uma síntese do pensamento e da ação e fazer seus princípios concretizar-se.

Manter independência na Câmara e nas eleições

Ele decidiu que, se tivesse de realizar essa proposta, sua trajetória precisaria ser independente. No entanto, em termos práticos, isso significava manter-se à parte. Consistente com sua promessa eleitoral, Tocqueville ingressou na Câmara dos Deputados, quando a sessão começou no dia 25 de março de 1839, determinado a ser independente. Não conseguia imaginar submeter-se às duas figuras predominantes da Câmara, Thiers ou Guizot. Tocqueville dizia a seus amigos: "Na realidade, ambos são antitéticos a meu modo de pensar e de sentir. Eu os desprezo." Ele se inclinava mais favoravelmente em relação a Barrot, mas ainda mantinha uma desconfiança e achava "repugnantes todos os partidos existentes". Disse a Royer-Collard: "O partido *liberal*, mais do que ser *revolucionário* — o único possível para mim —, não existe e não cabe a mim criá-lo."[3]

Para deixar claro que não daria satisfação a qualquer autoridade parlamentar, Tocqueville foi firme em relação a onde se sentaria na Câmara. "É uma questão da maior importância você decidir onde encostar seu traseiro", ele escreveu.[4] Apesar de suas preferências, havia muito poucos assentos disponíveis. Tocqueville compreendeu o poder da percepção pública. Havia um assento vazio na centro-esquerda, que em princípio era aceitável, mas porque ficava ao lado do assento do cunhado do ministro do Interior Montalivet, Tocqueville receou que isso pudesse ser um indício de que lhe era subserviente. Outro assento perto de Lamartine estava disponível, mas sentar-se ao lado dele poderia levar Tocqueville a ficar próximo demais dos legitimistas, com quem ele não teria nada a fazer. Tocqueville acabou sentando-se no assento 319, localizado entre o partido de centro-esquerda de Thiers e a esquerda dinástica de Barrot, mas a uma segura distância de ambos.[5] Um isolamento orgulhoso talvez fosse melhor do que misturar-se com coalizões insignificantes, mas não era a melhor forma de se iniciar uma carreira política.

Perdido na complexidade da política eleitoral com um argumento moral que ninguém queria ouvir

Tocqueville fracassou claramente em seu primeiro teste de influência ao ser nomeado em julho de 1839 para fazer parte de um comitê sobre a reforma eleitoral.[6] Em resposta à crescente opressão popular, a esquerda queria ampliar o eleitorado diminuindo as exigências no que se referia à franquia (o *cens*) e expandindo a classe social dos *capacités* que haviam sido dramaticamente restritos por ocasião da lei eleitoral de 1831. Oficiais da Guarda Nacional lideraram o movimento a favor dessa mudança.[7] Estavam ofendidos por não ser eleitores mesmo que fossem convocados regularmente para proteger o país. Tinham aliados republicanos influentes na Câmara (Arago e Garnier Pagès). Barrot e a esquerda dinástica eram igualmente receptivos, embora Guizot os acusasse de ser postuladores e de ostentar ares de grandeza. Tocqueville havia seguido iterações prévias dos debates, mas fora da Câmara. Agora tinha condições de manifestar-se.

O HOMEM QUE COMPREENDEU A DEMOCRACIA 213

Guizot e seus doutrinários conservadores se opunham à expansão do eleitorado. Conforme Charles de Rémusat, próximo de Thiers, explicou, eles insistiam em relação ao fato de que os eleitores possuíssem bens (basicamente terras) "como garantia de esclarecimento e independência".[8] Félix Le Peletier d'Aunay, primo mais velho de Tocqueville e seu protetor, afirmou que a Câmara sempre poderia consultar *capacités* (advogados, professores, intelectuais, notáveis locais), mas somente homens economicamente independentes eram imparciais em se tratando de votar em alguém.[9] O representante Duvergier de Hauranne foi quem melhor apresentou a refutação óbvia: se a representação devia permanecer tão seletiva, "a amostra escolhida pode ser suficientemente boa para se avaliar as carências e necessidades do país" e suscitar energias coletivas.[10] No entanto, a lei, conforme Louis Blanc colocou, "condenou a inteligência a ceder à riqueza".[11]

Tocqueville, surpreendentemente, também resistiu em ampliar o eleitorado. Ele anotou num diário: "Quanto à reforma eleitoral, este é meu sentimento: rejeito absolutamente quaisquer rebaixamentos quanto à qualificação de ter uma propriedade ou adições equivalentes." Manteve esse posicionamento ao longo da década de 1840.[12] Isso parece ser uma contradição inexplicável de um candidato que, durante sua campanha eleitoral na Normandia, havia imaginado progressivamente uma participação política mais ampla que levaria "ao governo do país pelo país".[13]

A primeira declaração pública de Tocqueville foi que ele se opunha a rebaixar as qualificações sobre a imunidade eleitoral, em oposição a um manifesto a favor de uma reforma eleitoral global que um grupo de deputados de esquerda apresentou, em seguida a encontros exploratórios na residência de Barrot.[14] Tocqueville, que havia comparecido apenas a um encontro, deparou com seu nome entre os signatários e apressou-se em enviar uma carta para *Le Siècle*,[15] na qual manifestava sua discordância, ao mesmo tempo que uma dissociação pública poderia correr o risco de eliminar seu frágil relacionamento com a esquerda.[16] Tocqueville insistiu, afirmando que não era contra todas as reformas sugeridas. Finalmente ele apoiou a supressão de pequenos distritos onde os políticos podiam intimidar mais facilmente os eleitores, mas se recusou a levar em consideração a diminuição da imunidade eleitoral enquanto houvesse uma ampla corrupção eleitoral. Ele pesquisou "uma lei eleitoral que não é mais radical, porém mais moral, e um sistema eleitoral que tornaria mais difícil a corrupção através de compromissos do governo".[17] Ele se empenhou em dar um fim a medidas destinadas a agradar os eleitores do tipo que Guizot apoiava. (Guizot declarou certa vez, ao discursar durante um banquete, que "aqueles que prestam seu firme e sincero apoio a políticas que beneficiem o interesse geral colherão os frutos de seus próprios interesses locais".)[18]

A seu favor, Tocqueville se concentrou mais nas realizações do governo do que na participação eleitoral, e isso era consistente com sua posição em *A democracia na América*. Ele jamais apoiou o sufrágio universal masculino nos Estados Unidos. Tocqueville temia que seus compatriotas franceses, ao contrário dos norte-americanos, fossem desprovidos de liberdade política. Sem esse hábito, aumentar o eleitorado levaria a uma versão francesa da tirania da maioria, não mitigada, como nos Estados Unidos, por um sistema de pesos e contrapesos, e ainda mais agravada pela corrupção. Dar um fim à corrupção era, portanto, o primeiro passo para aprender como viver em um sistema legal de representação.

Tocqueville ficou especialmente escandalizado diante do fato de que muitos de seus colegas na Câmara fossem funcionários públicos que deviam grande parte de sua subsistência ao governo. Não eram pessoas independentes e desinteressadas como ele. Cerca de 45% dos deputados ocupavam cargos tais como os de magistrados, oficiais do exército e funcionários de alto nível em vários ministérios. A maioria possuía propriedade suficiente para qualificar-se tendo em vista a imunidade eleitoral.[19] Como recebiam favores do governo, bem como seus distribuidores, eles votavam sistematicamente de acordo com o governo. Com tantos membros da Câmara reportando-se aos ministros, o perceptivo Duvergier de Hauranne referiu-se a "uma Câmara que representa mais os ministros do que o país".[20]

Tocqueville não poupou palavras ao denunciar "o gosto ilimitado dos franceses por empreguismo" e deputados que ingressavam na vida pública não para atuar na política, mas para progredir em suas carreiras.[21] Em fevereiro de 1840 a Câmara concordou em acolher uma proposta que Charles Gautier, deputado de Vosges, havia apresentado repetidamente, com a finalidade de excluir funcionários públicos dela. Tocqueville aproveitou a ocasião para tolher a carreira, como funcionários públicos, de deputados durante sua permanência na Câmara. Uma ideia correta, talvez, mas os representantes recentemente eleitos não conseguiam deixar de fazer discursos

O HOMEM QUE COMPREENDEU A DEMOCRACIA 215

bombásticos para os deputados que haviam entrado na Câmara "somente para tornar-se funcionários públicos ou obter uma promoção", como se fossem um bando de mercenários.[22] Se Tocqueville quisesse isolar-se na Câmara sem aliados entre conservadores ou reformistas, ele não poderia ter adotado uma postura melhor.

O que Tocqueville aprendeu ao longo daquele processo foi que a reforma, ainda que modesta, era quase impossível de ser implementada. Thiers, retornando ao poder em maio de 1840, abordou a questão da reforma eleitoral, pois receava que qualquer mudança da lei levaria automaticamente a uma convocação de novas eleições. Lamartine concluiu que se a capacidade de um líder político encarregado de governar era rejeitar quaisquer reformas, alguém poderia substituir o estadista por "um marco de pedra à beira de uma estrada".[23]

Um Tocqueville desapontado começou a imaginar se valia a pena o esforço exigido para ser eleito para a Câmara. Confidenciou a Kergorlay que a vida política de um representante não era melhor do que ele havia imaginado. "Receio que a época dos grandes homens e dos grandes acontecimentos chegou ao fim. E que o destino de nossa geração é nos esforçarmos sem parar e sem nenhuma glória confinados num formigueiro [...] Mal posso exprimir como é penoso levar uma vida política rodeado por pessoas inconstantes, por ideias superadas e por homens medíocres com quem se deve lidar a cada dia que passa, apesar do desprezo que eles inspiram. Muito me esforcei para chegar até aqui e agora que aqui estou lamento ter desistido da posição de filósofo observador, desespero-me por ter sido condenado a viver numa sociedade como esta, tendo como colegas gente tão desprezível."[24] No que se referia à Câmara, ele disse a Eugène Stöffels: "Não existe nada que seja verdadeiramente generoso em relação a isto, nada que faça o coração se acelerar. Numa palavra, não existe juventude nisso, até mesmo entre os jovens."[25]

O sentimento de indisposição era mútuo, isso não provocava surpresa. A maioria dos colegas da Câmara achava Tocqueville arredio e inamistoso, não o viam como um líder em potencial e pouco se esforçavam por apresentar-se a ele. Tocqueville conhecia apenas alguns pelo nome.[26] Parecia frágil e afetado, com seus óculos *pince-nez*. Seu talento de orador, que não impressionava, e mais seu receio de ficar em evidência produziam discursos que era melhor ler do que ouvir.[27]

A acolhida na literatura em cartas, na política e na imprensa: elogios, crítica e indiferença

A insatisfação não se limitava à Câmara. Tocqueville havia iniciado seu mandato com o segundo volume de *A democracia na América* quase pronto. Restava-lhe apenas esperar que editá-la impulsionaria sua visibilidade e aumentaria sua autoridade moral e sua influência. Ficou aparente, logo após sua publicação, que a maioria dos críticos não daria ao segundo volume de *A democracia na América* o endosso que eles dispensaram ao primeiro. Tocqueville havia desenvolvido uma abrangente teoria da democracia. Hoje seu livro é amplamente reconhecido como uma obra pioneira da ciência social moderna, mas naquela época era muito nova e muito abstrata. Somente seus admiradores a apreenderam amplamente.

Dois intelectuais próximos do autor reconheceram o segundo volume de *A democracia na América* como uma obra verdadeiramente inovadora, que oferecia uma teoria sobre a democracia moderna. John Stuart Mill, o amigo inglês, comemorou o fato. Tocqueville havia dito a Mill que queria mostrar "a influência da igualdade sobre as ideias e sentimentos dos homens".[28] Mill reconheceu que Tocqueville fizera muito mais: era "a primeira investigação analítica sobre a influência da democracia". Era um estudo a respeito "da influência da democracia sobre a sociedade no sentido mais amplo; sobre as relações da vida privada, sobre o intelecto, a moral e os hábitos e modos de sentir que constituem o caráter nacional". Além disso, Mill deu créditos a Tocqueville por ver que a democracia no mundo moderno era inevitável, pois "um homem não pode fazer os rios voltarem a suas nascentes" e que a democracia era "no todo desejável, mas desejável somente sob certas condições, e aquelas condições capazes, devido ao cuidado e à percepção dos homens, de ser realizadas, mas também capazes de não ser adotadas". Mill não concordou com todas as colocações de Tocqueville, mas isso pouco importou. Ele sentiu que o valor da obra de Tocqueville estava "menos nas conclusões do que no modo de chegar a elas".[29] Ao proporcionar uma abrangente visão da democracia, Tocqueville abriu um novo caminho de pensar sobre a sociedade. Na análise final, o que e como Tocqueville pensava sobre a sociedade era mais importante do que ele argumentava exatamente.

O HOMEM QUE COMPREENDEU A DEMOCRACIA   217

Na França, Royer-Collard, o mais velho líder político, que Tocqueville considerava um mentor, elogiou seu protegido por criar um novo tópico de reflexão e estudo. Royer-Collard apreciava Tocqueville pelo fato de ele impor-se "a tarefa da invenção" e realizá-la ao juntar todos os componentes da democracia em um todo coerente. Se o primeiro volume de *A democracia na América* era "descrição", o segundo volume agora era "invenção". Embora "invenção", Royer-Collard notou criticamente, ela é "dentro de certos limites, arbitrária". Tocqueville imaginou com toda credibilidade uma sociedade democrática em uma obra-prima de imaginação política.[30]

Outro amigo íntimo, Jean-Jacques Ampère, expressou sua admiração em um verso:

> *Pour conjurer ces maux nés de l'egalité*
> *Aimez, nous dites-vous, aimez la liberté!*[31]

A liberdade que Tocqueville amava não era nem a liberdade aristocrática dos privilégios nem a liberdade negativa dos direitos nem um exigente esforço pessoal para realizar grandes coisas — a liberdade positiva do esforço de que tudo o mais flui. Tocqueville acreditava que a liberdade assim concebida era uma "coisa sagrada" porque era "a *livre* escolha daquilo que é bom".[32]

Tocqueville, entretanto, perdeu aqueles leitores inteligentes que usaram o primeiro volume de *A democracia na América* para entender os Estados Unidos, mas que não estavam prontos para seguir as acrobacias teóricas do segundo volume. Pellegrino Rossi, professor de economia política no Collège de France, expressou uma reserva sobre a inclinação de Tocqueville pela abstração na *Revue des deux mondes*.[33] Um frustrado Tocqueville reconheceu esse defeito. "Quando eu falava somente a respeito da sociedade democrática nos Estados Unidos", ele disse a Mill, "isso era facilmente compreensível. Se eu tivesse falado de nossa sociedade democrática na França, tal como ela existe hoje, eu também teria sido compreendido. No entanto, partindo de ideias sobre a sociedade norte-americana e a sociedade francesa, eu pretendo descrever as características gerais das sociedades democráticas, sobre as quais ainda não existe um modelo completo. É quando perco o leitor comum. Somente homens muito acostumados a procurar verdades gerais e especulativas gostam de seguir-me nessa direção. Penso que o impacto comparativamente menor do meu livro provém desse pecado original do meu livro muito mais do que dos modos com que lidei com essa ou aquela parte do tema".[34]

Alguns críticos assinalaram inconsistências factuais como um meio de elaborar dúvidas sobre o modelo. Até mesmo bons amigos agiram assim. Nassau Senior escreveu para Tocqueville após uma leitura atenta: "Você parece considerar a França eminentemente democrática — e a Inglaterra eminentemente aristocrática. No entanto, muitas das qualidades que você descreve como marcas das sociedades democráticas parecem pertencer muito mais a nós, muito mais do que a você" — isto é, o desejo do "bem-estar", o "individualismo" e o "pacifismo".[35]

Ainda que o segundo volume de *A democracia na América* fosse mais sobre a democracia no abstrato do que sobre a democracia norte-americana, os leitores questionaram sua relevância em relação à França. O jornalista e crítico de literatura Samuel Silvestre de Sacy, filho do grande orientalista, foi um deles. Em uma resenha que Gustave de Beaumont lhe pediu para escrever e publicar no *Journal des Débats*,[36] ele reagiu ao novo livro demonstrando um visceral antiamericanismo. Sacy equivocou-se ao escrever que o projeto de Tocqueville era uma tentativa de transplantar diretamente para o solo francês a democracia de estilo norte-americano. Ele entendeu os Estados Unidos unicamente através das lentes de seus preconceitos. Embora Tocqueville tivesse omitido o trecho *"tirania da maioria"*, Sacy o atacou por usar como seu modelo um país "onde tudo, incluindo os sentimentos e as crenças, é regulamentado pela maioria. Denomino essa liberdade milimetrada uma forma escabrosa de escravidão — a mais escabrosa de todas: a escravidão moral". Sacy perguntou se alguém poderia ser livre num país onde, por exemplo, "os ricos se escondem para gozar sua riqueza" ou onde "homens inteligentes fingem ser estúpidos, pois sua superioridade pode custar-lhes alguns votos".[37] A essa irritada crítica de *A democracia na América* e dos Estados Unidos, Tocqueville respondeu, afirmando ter em mente um propósito mais elevado: "Mostrar a nossos contemporâneos que a fim de impedir que essa igualdade, que nós estimamos com toda correção, se torne o leprosário da raça humana, é preciso trabalhar incansavelmente para manter a elaboração de novas ideias, elevar as almas e mostrar que numa era democrática, que está apenas começando, a liberdade política não é somente bela, mas também necessária para que as nações se tornem grandes e até mesmo permaneçam civilizadas."[38]

O HOMEM QUE COMPREENDEU A DEMOCRACIA 219

Quanto aos defensores de esquerda da igualdade que elogiaram o primeiro volume de *A democracia na América*, dessa vez eles pareciam indiferentes. Homens como Louis Blanc, Proudhon e o radical Lamennais, que ao contrário de Tocqueville, confiavam no poder centralizado para proporcionar maior igualdade e proteger direitos básicos, não comentaram as novas especulações do autor. Para eles, o momento norte-americano de Tocqueville havia chegado ao fim. Blanc, que tanto o apoiava inicialmente, tornou-se interessado por questões relativas à organização do trabalho e permaneceu em silêncio em relação ao segundo volume. Proudhon também nada escreveu a respeito, como fizera havia cinco anos. Lamennais, que queria informar-se sobre os Estados Unidos em 1835, havia perdido qualquer interesse em 1840. Eles não perceberam que, assim como eles, Tocqueville preocupava-se com o bem-estar geral.[39]

O primeiro ano de Tocqueville na Câmara e a publicação de seu novo livro não garantiram para ele o domínio sobre os negócios públicos que ele tanto buscava. Tinha poucos ouvintes e leitores na Câmara e poucos leitores entre o público, mas ainda mantinha uma perspectiva clara sobre sua situação. Tocqueville se deu conta de que não havia obtido com o segundo volume de seu livro, de 1840, o sucesso alcançado pelo primeiro volume, de 1835, e que não podia contar com isso a fim de tornar-se benquisto pelos colegas da Câmara, que não demonstravam o menor interesse por seu exercício em economia política. Mesmo assim, ele tinha fé em seu trabalho e ficou satisfeito ao pensar que muitas pessoas de altos círculos literários o acolheram bem, conforme ele disse a Eugène Stöffels "como um grande esforço do espírito humano".[40]

Tocqueville sentia tamanha segurança sobre o significado do seu livro que procurou, apoiado na força de sua convicção, realizar sua ambição de ser eleito para a Academia Francesa, "essa sociedade acadêmica que é tudo o que permanece da antiga cultura e urbanidade da França".[41] Organizou cuidadosamente sua campanha tendo em vista a Academia Francesa. Enviou um exemplar do segundo volume de *A democracia na América* para madame Récamier. Ele se deu conta de que seu apoio e o de Chateaubriand eram indispensáveis, mas sabia que o idoso Ballanche, também amigo deles, tinha precedência. Em Londres, Henry Reeve deu de presente um exemplar ao embaixador (e acadêmico) Guizot, que ao responder declarou ter ficado decepcionado por não ver um segmento mais amplamente elaborado sobre o papel da religião na democracia. Royer-Collard já estava comprometido, pois, conforme disse à duquesa de Dino, havia se empenhado em votar em Jacques-François Ancelot.[42]

O falecimento do historiador Michaud, em setembro de 1839, abriu uma vaga, porém os acadêmicos concordaram com o fato de que Victor Hugo, que pleiteava seu ingresso havia algum tempo, tinha prioridade.[43] Havia outros membros adoentados. Beaumont disse a Tocqueville que estava seguindo "com interesse os relatos sobre a saúde do arcebispo de Paris 7".[44] Quanto a Tocqueville, ele esperava ser o sucessor de Louis de Bonald, cuja carreira gostaria de invocar, conforme a tradição requeria, em seu discurso de aceitação.

Os amigos estavam ajudando. François Mignet, que se empenhou na eleição de Tocqueville para a Academia das Ciências Morais e Políticas em 1838, providenciou para que ele visitasse alguns dos seus membros e até mesmo garantiu o voto de Thiers para ele. Abel-François Villemain estava viajando.[45] Tocqueville, por sua vez, solicitou a Victor Cousin que pressionasse o poeta Casimir Delavigne a fim de obter seu voto. Ele também pediu a Charles Stöffels que solicitasse o voto de "Lacretelle, aquele velho Anacreonte", um poeta que, como Stöffels, morava em Metz.[46] Aquele jogo de xadrez eleitoral durou um ano e meio, mas Tocqueville finalmente alcançou seu objetivo em dezembro de 1841, ganhando a eleição para um assento que havia sido ocupado pelo conde de Cessac, que comandou a temida conscrição do exército francês sob Napoleão. Em vez de elogiar Bonald, Tocqueville teria de confrontar o legado napoleônico ao ingressar na academia.[47]

Reeleição para um segundo mandato: rompendo finalmente o isolamento político

Ingressar na Academia Francesa foi algo que incrementou os interesses políticos de Tocqueville, pelo menos localmente na Normandia. O governo dissolveu a Câmara em junho de 1842 com o objetivo de fortalecer sua maioria. Isso significava que Tocqueville teria de voltar a fazer uma campanha em Valognes, a fim de manter seu assento. Guizot e Barrot, a quem Tocqueville havia desafiado, naturalmente apoiaram seu opositor, Le Marois, que tentava recuperar sua posição. "Eu estava enfrentando uma administração sem con-

O HOMEM QUE COMPREENDEU A DEMOCRACIA 221

trole e um opositor milionário", anotou Tocqueville. Ele teve de lutar contra a acusação renovada de ser um legitimista, "um carlista disfarçado", que "sob o pretexto do liberalismo [...] queria trazer de volta Henrique V".[48] *Le Globe* chegou até mesmo a divulgar especulações no sentido de que Tocqueville queria derrubar o governo.[49] Le Maron tratava seus eleitores com refeições deliciosas, enquanto Tocqueville, cuja saúde era frágil demais para enfrentar aqueles excessos culinários, esperava "que Deus possa inspirar os cidadãos da Baixa Normandia a não demorar muito tempo à mesa do jantar".[50] Tocqueville refletiu: "Há dias em que estou pronto para trocar as academias, a Câmara e todas as armadilhas da vanglória literária por uma suculenta refeição."[51] Tocqueville, entretanto, beneficiou-se de seu reconhecimento literário e das visitas de Marie a esposas de eleitores em Valognes, bem como sua ajuda em distribuir material eleitoral.[52] Ele insistiu que estava livre dos vínculos com qualquer partido, dizendo aos eleitores que "sua opinião sempre havia sido moderada e dinástica" contra os dois extremos: os sectários de 1793 e o regime de absolutismo".[53] Ele não era nem republicano nem legitimista, mas "um liberal, e nada além disso".[54] Tocqueville foi reeleito no dia 9 de julho de 1842, com 465 votos contra 177.[55] Em seguida a esse sucesso, ele também ganhou um assento no Conselho Geral do departamento em novembro, um posto que havia muito desejava, porque permitia um investimento pessoal na comunidade. Esfalfado devido a sua experiência com a política nacional, Tocqueville muito apreciou a oportunidade de envolver-se localmente, pois "então a pessoa descobre alguns dos bons lados do espírito humano".[56]

Ele teve mais sorte em suas manobras parlamentares durante o segundo mandato. Rompeu o isolamento e participou de uma coalizão. A inesperada sequência de acontecimentos ocorreu daí a alguns dias depois de sua reeleição, em julho de 1842, devido a um acidente fatal na carruagem onde estava o popular duque d'Orléans, aos 32 anos. O pai do duque, o rei, já tinha 69 anos. O filho do duque, o conde de Paris, subitamente herdeiro do trono, tinha somente 5 anos. O futuro da dinastia de Orléans tornou-se incerto. Seguiu-se um vigoroso debate parlamentar sobre uma provável regência. Guizot e o rei queriam resolver a questão garantindo que a regência caberia ao duque de Nemours, o segundo filho do rei, e não à esposa do duque, a duquesa de Orléans. Ela era filha do duque de Mecklenburg-Schwerin, e muitos ainda a consideravam alemã. Thiers ficou do lado do rei, e Guizot, a favor de Nemours, convencendo Barrot. Assumindo uma opinião oposta, Lamartine defendeu a duquesa.

Tocqueville também tinha uma opinião diferente, defendendo que eles adiassem o debate até que um regente fosse necessário, permitindo à Câmara avaliar a situação em um devido prazo e só então votando em quem deveria ser o regente. Tocqueville ocupou a tribuna e propôs que eles adiassem sua decisão. Ele sentiu que sua proposta não convenceu ninguém. Disse a Marie: "Eram quase 6 horas. A Câmara tinha pressa [em adiar]. Isso me perturbou. Aprendi mais uma vez por experiência, na noite passada, que não tenho talento para a improvisação, o que, neste governo, significa tudo."[57]

Tocqueville foi mais eficaz do que imaginou. Ele rompeu a aliança política entre Thiers e Barrot. Embora a Câmara aprovasse a abordagem do governo em relação à regência, Tocqueville foi capaz de convencer Barrot a juntar-se a ele no apoio à opção adiada. Enquanto Thiers controlasse Barrot na oposição ao governo de Guizot, Tocqueville queria "ficar sozinho no meu canto e não ser absorvido pela esquerda".[58] No entanto, Tocqueville conseguiu inesperadamente romper seu pacto, pelo menos temporariamente. Thiers sentiu-se traído. Isso deu a Tocqueville a oportunidade de propor uma parceria com Barrot. Tocqueville disse a Francisque de Corcelle que pensava agir "de acordo" com Barrot e com François-Adolphe Chambolle, que representava a Vendeia e editava o jornal *Le Siècle*, pró-Barrot, sob a condição de que Barrot se distanciasse de Thiers.[59] Tocqueville, sem usar meias palavras, perguntou a Barrot: "Conhece alguém na Câmara tão fundamentalmente intolerante quanto Monsieur Thiers? Mais antagonista aos direitos individuais? Alguém mais centralizador, mais decidido a alcançar seus fins recorrendo a quaisquer meios necessários?"[60]

Tocqueville poderia proporcionar a Barrot aquilo que Rémusat considerava ser um grupo muito pequeno, mas "distinto" de seguidores.[61] Havia entre eles amigos muito próximos de Tocqueville, também eleitos em 1839: Corcelle, que era cunhado de Rémusat, e Beaumont, que se tornou seu primo. Os três eram casados com netas de Lafayette. Inicialmente Tocqueville manteve distância de Rémusat, considerando-o próximo demais de Thiers, porém fez outras amizades na Câmara. Alguns membros o apreciavam especialmente: o advogado e economista Victor Lanjuinais, que representava a Loire inferior; Jean-Charles Rivet, ex-chefe de departamento eleito em Corrèze; Mathieu Combarel de Leyval, de Puy-de-Dôme. Tocqueville também se aproximou

O HOMEM QUE COMPREENDEU A DEMOCRACIA

dos advogados Jules Armand Dufaure e Alexandre-François Vivien, dois membros do gabinete do governo Soult que Luís Filipe havia formado após a insurreição de maio.[62] Marcando essa nova aliança com Barrot, Chambelle abriu as páginas do Le Siècle para Tocqueville. Numa série de seis artigos escritos em janeiro de 1843, Tocqueville explicou que queria implementar os princípios liberais de 1789 sem o espírito revolucionário de 1793. Em outras palavras, ele queria desradicalizar a esquerda separando "os princípios da revolução dos hábitos revolucionários".[63] Se Barrot liderasse esse movimento, Tocqueville o apoiaria.

O necessário, prescreveu Tocqueville a Barrot, era abandonar a retórica revolucionária e adotar um programa genuinamente liberal de "amar a liberdade por aquilo que ela é; respeitar sinceramente os direitos de nossos vizinhos mesmo quando isso é desagradável; refrear o poder governamental e limitar sua ação, mesmo quando esse poder estiver agindo sobre nossos próprios desejos; descentralizar gradual e razoavelmente a administração".[64] Barrot pareceu concordar com tudo isso. Ele comprometeu-se em rever as leis de setembro, que reforçavam a carta constitucional, garantindo independência para os júris, lutando contra a corrupção parlamentar e promovendo a moral na política.[65]

Vendo nessa nova aliança a esperança de seu futuro político, Tocqueville invocou uma vigorosa defesa das instituições liberais e a separação dos poderes. Durante um tempo longo demais, ele escreveu, a ameaça da revolução tinha sido usada como desculpa para suprimir as liberdades civis. No entanto, de fato, como ele explicou no segundo volume de A democracia na América, não havia revolução a temer nem a possibilidade realista de uma aliança renovada entre o povo e a burguesia, conforme aconteceu em 1789 e em 1830. A revolução havia engendrado uma complacente nação de burgueses que procuravam enriquecer de tal modo que tornava improváveis futuras revoluções. Minimizando a agitação republicana nas grandes cidades, Tocqueville viu uma França inclinada à oposição verbal, mas conservadora em seus hábitos. "Uma população composta por pequenos proprietários de terras mostra ser desafiadora sem impedimentos e oposicional, mas não poderíamos imaginar alguém menos inclinado a violar suas leis e derrubar o governo." Com a busca de um bem-estar que levaria a um quietismo político, observou Tocqueville, "a revolução, devido a seu desfecho, matou a revolução".[66]

O problema real, prosseguiu Tocqueville, não era a revolução, mas um governo que resultasse de uma sobrecarregada organização administrativa, que incluía 100 mil funcionários públicos, 400 mil soldados e marinheiros e mantinha Paris sob a vigilância de 60 mil baionetas.[67] O regime havia sido exigente em relação às liberdades civis atraiçoando o espírito de 1789 e 1830. Devido a seu enfoque virtualmente exclusivo na imunidade eleitoral, Tocqueville argumentou, a oposição havia perdido terreno em quase todos os lugares e desistido de garantias concedidas nas leis tutelares. Recuperar esses direitos e garantias era o único meio mediante o qual a nação adquiriria o hábito da liberdade, sem o qual não poderia haver democracia.

Lamentavelmente, a aproximação com Barrot e contra Thiers não durou. Thiers recuperou seu domínio sobre a esquerda e assim acabou controlando mais a imprensa, incluindo não somente *Le Constitutionnel*, mas também *Le Siècle*, no qual Tocqueville havia divulgado suas ideias. Após obter espaços em que expunha seus conceitos, Tocqueville não acolheu bem o fato de ser barrado. Resolveu continuar se comunicando e fortalecendo seu status mediante a combinação de um trabalho intelectual e político. Tocqueville não rompeu imediatamente com *Le Siècle*, mas aproveitou a oportunidade para adquirir em março de 1844 *Le Commerce*, um jornal progressista que divulgava temas ligados à indústria, ao comércio e à agricultura. Juntou suas forças com as de um grande làtifundiário, com cinco deputados (Corcelle, Viard, Combarel de Léyval, Dezeimeris e Lanjuinais, mas não Beaumont, que permaneceu em *Le Siècle*) e dois advogados a fim de obter os meios necessários. Eles mudaram o nome do jornal, que passou a ser *Le Commerce: Journal politique et litéraire* e o lançaram novamente.

Tocqueville era a força que liderava a aquisição. Escreveu para Reeve afirmando que planejava exercer uma "habitual influência" sobre o jornal, usando-o como um meio de divulgar suas ideias políticas.[68] Corcelle, seu amigo íntimo, agora era seu sócio. Eles contrataram como principal editor Arnold Scheffer, irmão do conhecido pintor Ary Scheffer, amigo de Corcelle da época dos carbonários e durante algum tempo secretário de Lafayette. Leitor atento das primeiras teorias socialistas, Scheffer tinha pleno conhecimento de como a condição das classes trabalhadoras piorava à medida que uma recessão econômica se aproximava. Tocqueville foi o autor do manifesto publicado em julho de 1844 e que acompanhava o relançamento do jornal. Ele afirmou que o jornal seria político, mas não partidário. "Sua missão

O HOMEM QUE COMPREENDEU A DEMOCRACIA 225

jamais será servir interesses especiais, mas fazer as ideias triunfarem."[69] *Le Commerce* seria a "única representação autêntica das ideias liberais".[70] Ao codiretor Corcelle, Tocqueville deixou claro que ele queria "criar um jornal de oposição independente de Monsieur Thiers, que pode combatê-lo em relação a grandes questões domésticas e externas".[71]

Ao ingressar no jornalismo, Tocqueville demonstrou sua crença no papel de uma imprensa livre, mesmo que, conforme aconteceu, ele tivesse pouco gosto em desempenhar aquela tarefa. Ele disse a Corcelle que tinha "o estilo e a mentalidade menos adequados para jornais que se possa imaginar".[72] Ele logo se deu conta de que as pessoas assinavam um jornal não necessariamente a fim de seguir o movimento das ideias, mas para distrair-se com sucessivos capítulos de romances. Por exemplo, o *Le Constitutionnel* alcançou ampla circulação devido aos *feuilletons* vagamente socialistas de Eugène Sue. Tocqueville manteve entendimentos nada bem-sucedidos com Honoré de Balzac, que ficara profundamente ressentido com a eleição dele para a Academia Francesa e não a sua. O ressentimento acabou sendo mútuo. Tocqueville referiu-se ao escritor como "o suíno da literatura".[73] Ele também não obteve sucesso em atrair Alexandre Dumas.[74] Tendo, porém, optado por uma cultura de alcance médio, Tocqueville estava decidido a promover sua causa através de artigos "cuja intenção, devido a uma constante repetição, era causar um efeito temporário [...] sobre apressados e ignorantes" leitores de jornais através de "argumentos simples, numa rápida leitura".[75]

Após romper o isolamento político, desafiando com sucesso a liderança da Câmara, e adquirir um jornal para influenciar diretamente a opinião pública, o próximo empreendimento de Tocqueville foi abordar o amplo tema do papel da religião na democracia. O que Tocqueville queria realizar acima de tudo em sua vida política, conforme ele disse a Corcelle e a seu irmão Édouard em várias ocasiões, era "reconciliar o espírito liberal com o espírito da religião, da nova sociedade e da Igreja".[76]

A reforma das prisões

Isso significava prosseguir na Câmara seu trabalho sobre a reforma das prisões. Àquela altura ele era muito conhecido no que se referia a esse tema. Seu estudo sobre as penitenciárias norte-americanas, cujo coautor foi Beaumont, resultou em várias edições e traduções. Tocqueville preparou em 1840 um relatório inicial para uma comissão *ad hoc* da Câmara sobre a reforma das prisões, no qual promoveu o sistema de isolamento na Pensilvânia sob a supervisão de um capelão como o caminho mais promissor para reformar criminosos. A ideia não era isolar os prisioneiros através de um modo cruel, mas criar condições de arrependimento individual mediante visitas regulares de um capelão, de um médico e de um professor, enquanto o trabalho diário mantinha juntos corpo e alma. Entre os membros de uma comissão, Beaumont, Lanjuinais e Duvergier de Hauranne aderiram ao relatório, mas o republicano moderado Hippolyte Carnot discordou.[77] O relatório, marcado para ser deliberado em junho de 1840, foi adiado sem definição de uma data, provocando em Tocqueville uma frustração significativa.

Embora deputados não aproveitassem a oportunidade de debater o relatório de Tocqueville, o ministro do Interior Agenor de Gasparin, que conhecia Tocqueville desde os tempos da Sociedade Abolicionista, ouviu-o independentemente e instituiu o sistema de isolamento numa base experimental na prisão juvenil de La Petite Roquette.[78] Lá os prisioneiros já não podiam mais se ver e desenvolver parcerias em ações criminosas. Recebiam instrução religiosa em suas celas individuais. Quando se tornou evidente e impraticável que o abade Crozes administrasse a Sagrada Comunhão para cada rapaz por vez, ele os reuniu na capela, onde eles receberam o sacramento com os olhos vendados.[79]

Baseado naquelas experiências e em outras, Tocqueville defendeu os benefícios do isolamento em um relatório mais amplo destinado à comissão em 1843. Tocqueville insistiu novamente que o sistema de isolamento tinha como objetivo uma reforma.[80] Explicou que o isolamento numa cela "exerce sobre a alma uma influência enérgica e salutar devido ao medo que ela inspira", especialmente durante os primeiros meses de solidão.[81] Além disso, Tocqueville endossou novas regras que proibiam nas prisões o uso de dinheiro e o consumo de vinho e de tabaco. Ele solicitou a presença de mais sacerdotes, para aconselharem os detentos e para realizarem cerimônias religiosas. "A fim de trazer estas coisas boas, sagradas e grandiosas, pensam que isso é possível sem o clero?", ele perguntou.[82] Acreditava que através de meios religiosos os franceses tinham a oportunidade de fomentar o objetivo prático de reinserção na sociedade.

O HOMEM QUE COMPREENDEU A DEMOCRACIA   227

Talvez a nova influência de Tocqueville fosse mais bem apreciada devido ao vigor da oposição que suas opiniões causaram. Beaumont, que não era membro da comissão da Câmara em 1843, esperava impedir a crítica ao relatório de Tocqueville elogiando-o em *Le Siècle*.[83] Ele, entretanto, enfrentou pareceres contrários por parte de entendidos em prisões e de colegas da Câmara. Através de uma mudança de opinião, Chambolle abriu as páginas de *Le Siècle* para Léon Faucher, que renovou seu ataque ao sistema de isolamento nas celas, o qual, conforme acreditava, induzia à loucura. Faucher chamou a atenção para os prisioneiros políticos detidos em Mont-Saint-Michel, entre eles os populares republicanos Armand Barbès e Louis-Auguste Blanqui, que tinham sido levados ao desespero. Tocqueville foi ao Mont-Saint-Michel, que não era distante de sua casa na Normandia, "para observar com meus próprios olhos aquilo que já sei, que o regime tão fatal para os detentos políticos ali mantidos, a quem Faucher se refere com má-fé e uma lógica invalidada, nada tem a ver com aquela reforma que tenho a intenção de introduzir na França".[84] Beaumont e Tocqueville escreveram uma constatação a Faucher, mas Chambolle não se incomodou em publicá-la.[85] Ao mesmo tempo, Charles Lucas partiu para outra linha de ataque, alegando que o isolamento funcionava somente para os austeros quacres da Pensilvânia.[86]

O relatório de Tocqueville provocou um debate na Câmara que durou várias semanas durante a primavera de 1844. Através de uma nova eloquência recentemente adquirida, a respeito da reabilitação, ele recorreu a suas opiniões sobre a religião católica empregando argumentos sobre os custos, o tamanho de uma prisão e o tempo que durava um encarceramento prolongado. "Todos os franceses católicos", Tocqueville argumentou, deviam apoiar o sistema de celas porque "é o único que oferece um compartilhamento mais amplo de ideias religiosas, de ideias católicas (consolo, educação, preces). Sem isolamento, o prisioneiro misturado com criminosos está "trancado em um inferno legal de que uma pessoa não emerge, após ingressar nele". O sistema celular não apenas derrota "esse paganismo desenfreado", mas é um meio de "secularizar o cristianismo", que redundará, insistiu Tocqueville, "na maior glória da Revolução Francesa". Com o sistema de celas, o legislador "que transfere os aforismos do cristianismo da esfera da religião para a esfera prática da lei", harmoniza-se com os desejos dos revolucionários. A primeira consequência da Revolução Francesa de Mirabeau não foi "precisamente essa ideia do melhoramento e da reabilitação no âmago do código penal?".[87] Mesmo através de críticas, o republicano Arago refutou, afirmando que não havia meios de os funcionários e o capelão de uma prisão proporcionar aos prisioneiros tempo suficiente para fazer com que o esquema de Tocqueville funcionasse. A Câmara aprovou boa parte do seu relatório e votou a favor da lei. No entanto, a Câmara dos Pares jamais agiu em relação aos votos da Câmara, inferior a ela, portanto a lei jamais surtiu efeito — mas Tocqueville fez com que sua voz fosse ouvida e suas ideias fossem levadas em consideração.

Educação: unindo religião e democracia

Levar a religião para as prisões foi apenas o primeiro passo. A ambição muito maior de Tocqueville foi conciliar a democracia com a religião. Na Câmara, Tocqueville perguntou: "O que é a democracia, a boa democracia, se não for o poderoso e constante esforço da sociedade em melhorar, elevar e adotar o mais alto padrão no que se refere ao destino de cada um de seus membros [...] O que é isto, se não for o cristianismo transladado na política?"[88] Os Estados Unidos haviam convencido Tocqueville de que a coexistência da religião e da democracia era necessária para a liberdade e a moralidade pública. Ele declarou, no primeiro volume de *A democracia na América*, que o exemplo norte-americano de tolerância religiosa constituía o indispensável exemplo de como "a religião mostrava o caminho que levava ao esclarecimento".[89] Tocqueville admirava especialmente o modo como os norte-americanos católicos adotavam o pluralismo religioso. No segundo volume ele generalizou, indo além dos Estados Unidos, e afirmou que "a natureza da alma humana levou os homens a desenvolver "uma concepção de Deus".[90] Havia finalmente chegado o tempo de reconciliar a religião com a democracia na França. Caso contrário, a França teria necessidade de "soldados e prisões, se a crença fosse abolida".[91]

Tocqueville teve a oportunidade de prosseguir e aprofundar seus pensamentos sobre religião e democracia na Academia das Ciências Morais e Políticas. Era um distanciamento bem-vindo da Câmara dos Deputados. Em 1841, atendendo uma ordem do governo, a academia fez um levantamento

O HOMEM QUE COMPREENDEU A DEMOCRACIA

geral (jamais finalizado) das ciências morais e políticas entre 1789 e 1830. A academia designou quatro de seus membros para realizar a pesquisa: Cousin (filosofia), Tocqueville (filosofia moral), Rossi (economia política) e Mignet (história) fornecendo a cada um deles os meios necessários para contratar um assistente de pesquisa. A fim de dar conta dessa tarefa, Tocqueville empreendeu uma pesquisa sobre as doutrinas morais e sua aplicação na política e na administração. Contratou como assistente Henri Charles Savoye, um jovem advogado que estudou na Alemanha, mas os dois não se deram bem no trabalho.[92] Em 1843, Tocqueville o substituiu por Arthur de Gobineau. Jovem escritor, desprovido de meios financeiros (futuro autor do *Essay on the inequality of the human race*), ele estava tentando se afirmar na sociedade parisiense. Através de manobras tenazes, Gobineau conseguiu ingressar em salões aristocráticos, foi apresentado a Ballanche e publicou alguns ensaios. Esses ensaios evidentemente chamaram a atenção de Tocqueville e ele o contratou.[93]

Os dois se preocuparam com a questão do papel mutável de questões espirituais em um mundo cada vez mais materialista, porém discordaram quanto à resposta. Tocqueville duvidava de sua fé, mas, no entanto, estava convencido de que para prosperar a sociedade precisava da religião. Ele atribuiu a crenças cristãs a ideia de direitos iguais e a obrigação daqueles que se encontravam numa situação melhor de ajudar os pobres. Louvou o cristianismo por tornar virtudes tais como a humildade e o compadecimento mais importantes do que a coragem e a honra. Ele deu créditos a crenças cristãs. Viu o desafio moderno como algo que reforçava as leis morais nesta vida, em vez de relegar a punição ou a recompensa à vida após a morte.

Gobineau, a quem Tocqueville encarregou de compilar evidências baseadas em documentos, em vez disso entendeu a moralidade moderna como uma consequência do século XVIII e minimizou suas raízes cristãs. Ele assinalou grandes diferenças entre a moralidade contemporânea e a moralidade cristã: a sociedade moderna objetivava eliminar o sofrimento, enquanto o cristianismo considerava o sofrimento sagrado. Na vida moderna, cada pessoa tinha o direito de trabalhar e deveria desejar que isso acontecesse; em vez disso o cristianismo mantinha o conceito de que o homem era condenado a trabalhar e somente Deus podia exercer um trabalho meritório.[94]

Tocqueville criticou repetidamente Gobineau por suas opiniões "absolutamente contrárias" e por apresentar ideias antigas como se fossem novas.[95]

230 OLIVIER ZUNZ

Tocqueville instigou Gobineau a pensar mais profundamente, a trabalhar mais rapidamente. Ele sempre manteve um tom de superioridade, acusando Gobineau de preguiça e referindo-se a sua geração como vítima "das epidemias dos tempos".[96] Entretanto, durante o procedimento de debater opiniões contrárias. Gobineau ajudou Tocqueville a aprofundar-se.[97]

Tocqueville e Gobineau, entretanto, concordavam em relação à necessidade de adotar costumes mais descontraídos na vida moderna. Tocqueville expressou claramente essa ideia no segundo volume de *A democracia na América*, argumentando que "um certo bem-estar do corpo é necessário para o desenvolvimento da alma [...] Foi necessário ligar este mundo com o outro, caso contrário um dos dois escaparia de nós".[98] Ele repetiu o mesmo para Gobineau: "Nossa sociedade distanciou-se muito mais da teologia do que da filosofia cristã. Desde quando nossas crenças religiosas se tornaram menos firmes e a visão do outro mundo se tornou mais obscura, a moralidade deve mostrar-se mais indulgente com as necessidades materiais e com os prazeres. É uma ideia que os sansimonianos exprimiam, acredito eu, ao afirmarem que *era necessário reabilitar a carne*".[99] O bem-estar era um desejo natural.

O diálogo acadêmico sobre o cristianismo acabou sendo um ensaio para um debate político muito mais amplo sobre a liberdade do ensino na França, implicou uma controvérsia pública: se as escolas católicas e um sistema leigo de educação, gerido pelo Estado, poderiam coexistir pacificamente. Tocqueville envolveu-se profundamente com esse debate político. Ele queria ver os educadores leigos e religiosos se respeitarem através de uma aliança democrática rejuvenecida.[100]

Os dois distintos sistemas de educação secundária, o leigo e o eclesiástico, que se desenvolveram durante a Monarquia de Julho, eram de tamanho quase igual. Os *collèges royaux* (escolas secundárias sob controle de uma universidade) educaram cerca de 18,7 mil estudantes, o que não foi mais significativo do que aproximadamente 18,5 mil estudantes matriculados em *petits séminaires* (escolas secundárias sob controle da Igreja). Além disso, outros 58 mil ou mais estudantes receberam alguma educação secundária numa ampla rede de instituições municipais e particulares. Começando aos 14 anos, os alunos dos *petits séminaires* eram solicitados a vestir uma batina e esperava-se que se formassem nos *grands séminaires* com o objetivo de se tornarem padres. Muitos nem vestiam batina nem se preparavam para o

O HOMEM QUE COMPREENDEU A DEMOCRACIA   231

sacerdócio. Não podiam, entretanto, fazer o exame de bacharelado administrado pelo Estado, a menos que completassem dois anos de estudo em um *collège royal* ou numa escola particular credenciada pelo Estado. Eram apenas cerca de cem estudantes. Em inúmeros casos isso significava que os formados em escolas católicas tinham de repetir dois anos, um requisito pouco atraente.[101]

No início do regime de julho parecia que os sistemas do Estado e da Igreja viveriam em relativo acordo. Tocqueville apreciou ver uma frágil reconciliação entre a Igreja e o Estado juntamente com uma renovada prática religiosa na população. Essa renovação era especialmente visível entre os jovens. "Muitos acreditam, todos gostariam de acreditar", escreveu Tocqueville em 1835 para seu amigo inglês lorde Radnor. Ele registrou uma grande participação nos sermões de domingo que "um jovem padre, dotado de rara eloquência", chamado Henri Lacordaire, fazia semanalmente na igreja de Notre-Dame.[102] Membros do gabinete talvez não tenham sido frequentadores de igrejas, mas o governo reafirmou a existência de numerosas ordens religiosas como "ordens reconhecidas".[103] Os dominicanos e os jesuítas, embora não reconhecidos formalmente, eram tolerados, conforme atestaram Lacordaire e a fama do influente padre Ravignan.

A tolerância do governo manifestou-se em relação à educação. A lei de Guizot, de 1833, sobre a educação primária, aprovou que as escolas primárias católicas fossem iguais às escolas do Estado, conformando-se com o espírito da carta constitucional de 1830, que havia prometido a liberdade da educação.[104] Alguns padres continuaram a adotar o sistema do Estado, a exemplo do abade Daniel, reitor da Academia de Caen, perto do castelo de Tocqueville.[105] A maioria dos Colégios Reais tinha capelães que neles residiam. Embora os anos da Restauração, quando o trono e o altar eram aliados, haviam terminado para sempre, ainda existia alguma interpenetração dos dois sistemas, bem como uma competição por estudantes entre as escolas reais e as escolas católicas, o que algumas vezes exigia arbitração. Em 1840, o próprio Tocqueville interveio na Normandia para impedir o bispo de Coutances de criar um *petit séminaire* em Montebourg devido à real ameaça ao bem estabelecido Collège Royal.[106]

Esse convívio cordial não durou. O espírito da Revolução Francesa ressurgiu. As autoridades das universidades, em exercício desde as reformas napoleônicas que regulamentavam a educação secundária, asseguraram que as escolas católicas poderiam doutrinar seus alunos contra o Estado. Elas receavam que educadores católicos estivessem invocando a liberdade a eles outorgada pela carta constitucional a fim de impor suas opiniões a crianças impressionáveis. Essa alegação estava ligada à insistência de Rémusat no sentido de estabelecer uma diferença fundamental entre a liberdade da imprensa e a liberdade do ensino. Ele argumentou que não deveria haver restrições relativas à imprensa porque "os leitores são homens, donos de seus pensamentos e ações, que não são coagidos em relação àquilo que leem e podem corrigir o viés de um jornal através de outro viés". O ensino não podia ter a mesma liberdade porque os estudantes ainda eram "crianças, submetidas a disciplinas e forçadas a ouvir exclusivamente as aulas que recebem". Um governo, portanto, não pode tolerar que os estudantes sejam doutrinados "no ódio em relação a suas instituições e líderes".[107]

Ao responder, os católicos acusaram os dirigentes das universidades pertencentes ao sistema do Estado de promover seus interesses institucionais adiante do direito legítimo dos pais de escolher as escolas que desejavam para seus filhos. Eles não acreditavam que as autoridades das universidades estivessem falando para a nação. Frisaram que em relação à liberdade de ensino, inscrita na carta constitucional de 1830, a universidade não tinha uma base legal para exercer autoridade sobre as escolas católicas. Charles de Montalembert e o abade Dupanloup muito insistiram quanto a essa questão.

Não foi uma surpresa o fato de que Tocqueville tentasse distanciar-se desses posicionamentos, que promoviam a diversidade e a competição na educação. Mais uma vez, entretanto, ele não conseguiu impedir de envolver-se com os desentendimentos. Conforme Kergorlay notou, Tocqueville não podia tolerar a ideia de Thiers "de submeter todas as crianças da nação a um único modo de ensinar, a fim de criar uma mente pública uniforme", mas ele também ressentiu o uso estratégico da educação, pelo clero, a fim de obter influência política e apagar boa parte da herança da Revolução Francesa.[108] O conflito entre os dois posicionamentos irrompeu quando o ministro da Educação Villemain tentou implementar a supervisão do Estado em relação aos *petits séminaires* em 1841. Villemain solicitou que os professores dos *petits séminaires*, até então sob a autoridade exclusiva dos bispos, obtivessem do prefeito local um certificado de moralidade e um

O HOMEM QUE COMPREENDEU A DEMOCRACIA

certificado de competência pedagógica.[109] O projeto de Villemain, tão logo chegou à Câmara dos Deputados, não teve a divulgação por um comitê (do qual Tocqueville participava),[110] e a grande maioria dos bispos solicitou a seu clero moderação em seus sermões. No entanto, os conflitos foram noticiados pela imprensa e os relacionamentos se complicaram. Montalembert tentou em vão moderar o militante Louis Veillot, editor do *L'Univers*, publicação católica conservadora, que circulava diariamente, em seus ataques às autoridades das universidades. Circulavam irados panfletos, incluindo um texto de setecentas páginas de autoria do cônego Desgarets, em Lyon, condenando o governo por ousar questionar as qualificações pedagógicas das pessoas que Deus escolheu para "*ter discípulos de todas as nações*".[111]

O meio universitário foi igualmente inflexível. Dois proeminentes historiadores do Collège de France, Jules Michelet e Edgar Quinet, iniciaram uma polêmica contra os jesuítas, querendo com isso designar todos os sacerdotes ou todos aqueles que resistiam ao controle da universidade no que se referia ao ensino. Em suas conferências, Michelet convocou os professores a tornar cada estudante "um ser livre, capaz de agir e de criar de acordo com sua própria vontade". Ele enumerou os modos como as escolas católicas, em vez disso, ensinavam "uma mentalidade de polícia" misturada com "as falas de Deus".[112] Quinet, por sua vez, afirmou que a missão do jesuitismo do século XIX era substituir a herança da Revolução Francesa por uma teocracia.[113] As autoridades eclesiásticas venceram uma etapa da contenda quando Guizot concordou em suspender as conferências de Quinet em 1843 e 1844. Isso afetou Tocqueville. Ele estava em excelentes termos com Michelet na Academia das Ciências Morais e Políticas. Em 1841, quando Michelet propôs que Quinet fizesse parte da faculdade do Collège de France, Tocqueville havia pressionado Villemain para indicá-lo. Em certa ocasião, durante as conferências de Quinet, Tocqueville lhe enviou um bilhete afirmando o quanto o apreciava por desafiar "a letargia da mente".[114]

Enquanto Tocqueville procurava seguir um caminho que o levasse a ocupar uma posição mais elevada, seu amigo Louis Bouchitté, dos dias de Versalhes, um filósofo católico que lecionava no *collège royal* local, propôs a ele uma abordagem que parecia promissora. Em 1840, Bouchitté publicou o livro *Histoire des preuves de l'existence de Dieu, considérées dans leurs príncipes les plus généraux, depuis les temps les plus reculés jusqu'au Monologium d'Anselme de Cantorbéry*, em que promovia a complementaridade da religião e da razão.[115] Tocqueville, que nunca demonstrou ter uma inclinação por especulações metafísicas, mas que se dispunha a promover o livro de seu amigo, conseguiu que Bouchitté fizesse conferências na Academia das Ciências Morais e Políticas e indicou sua nomeação para membro correspondente da academia. Tocqueville redobrou em 1842 seus esforços em relação a seu amigo, quando Bouchitté traduziu e organizou, de autoria de Anselmo, o *Monologium* (1076), escrito na Abadia du Bec antes que o monge beneditino normando se tornasse arcebispo da Cantuária. A publicação foi oportuna. Naquele notável ensaio, ele tinha introduzido "o racionalismo cristão" como Bouchitté o denominava, endossando o uso da razão ao se descobrir Deus — contanto que a fé viesse em primeiro lugar. Vista de uma perspectiva correta, argumentou Anselmo, a razão ajudou a confirmar a existência de Deus. Quando a fé precede a inteligência, a inteligência confirma a fé, uma proposta que Kant rejeitou, mas que Hegel, cuja obra Cousin introduziu na França, aceitou. O texto de Anselmo foi muito oportuno.

Tocqueville esperava que um endosso do racionalista Cousin ao católico Bouchitté sugeriria que os dois lados poderiam superar seu antagonismo e até mesmo abordar a educação a partir da mesma posição filosófica. Tocqueville não podia indicar diretamente o livro de seu amigo para o Prêmio Montyon porque, embora já eleito para a Academia Francesa, ele ainda não tinha sido empossado. Assim sendo, ele convenceu Cousin a fazê-lo. Ele também entrou em contato com Royer-Collard, que consentiu em ajudar somente se não tivesse que ler o livro de Bouchitté![116] Bouchitté não ganhou o prêmio, mas o apoio de Cousin foi promissor. Independentemente do empenho de Cousin em discutir a revelação; a filosofia ensinada em escolas públicas, sob sua liderança, permaneceu, conforme Rémusat explicou, "entre a fé e a descrença". Cousin buscava verdades cristãs generalizadas, mas era contido em relação ao cristianismo doutrinário.[117]

Ao mesmo tempo que Tocqueville ajudava a divulgar a interpretação de seu amigo relativa à visão teológica de Anselmo, líderes católicos, o primeiro entre eles Montalembert, recorreram ao texto de Anselmo para apoiar a agenda política católica. Convocando católicos para proteger escolas católicas do controle da universidade, Montalembert publicou um panfleto intitulado *Devoir des catholiques* (novembro de 1843). Havia na capa uma citação de Anselmo: "Não há nada neste mundo que Deus mais ame do que

O HOMEM QUE COMPREENDEU A DEMOCRACIA

a liberdade de sua Igreja."[118] Isso proveio não do trabalho teológico do santo nos dias em que era monge, mas da época em que foi arcebispo da Cantuária, quando resistiu corajosamente aos abusos do rei Guilherme II em relação à Igreja anglicana. Em outras palavras, Montalembert citou Anselmo como exemplo de uma luta contra o indevido controle do Estado.

O panfleto de Montalembert foi um sinal seguro de que a situação havia se deteriorado muito e que a tentativa de Tocqueville de ultrapassar a divisão entre Igreja e Estado havia fracassado. Tocqueville disse a Édouard em dezembro de 1843 que culpava a Igreja por querer não apenas independência do Estado, mas toda a "direção da educação".[119] Tocqueville comunicou-se com a Câmara um mês depois anunciando que a nova guerra se tornou "filosófica e religiosa".[120] Após censurar a Igreja, Tocqueville também condenou a universidade. Tomando de empréstimo um texto de Benjamin Constant, ele preocupou-se com o fato de que o Estado era o único encarregado da educação pública, "as opiniões serão ditadas pelo privilégio".[121]

Todos os jornais comentaram a manifestação de Tocqueville. *Le Siècle*, tentando desculpar-se pelo prejuízo causado pelo artigo de Faucher sobre as prisões, elogiou a manifestação de Tocqueville na Câmara devido a sua "gravidade" e "caráter elevado". *Le Constitutionnel*, mais reservado, defendeu Villemain, mas apreciou o modo como Tocqueville condenou "os discursos desenfreados" do clero. Nem todo crítico julgou que as contribuições de Tocqueville eram válidas. O governamental *Journal des Débats* julgou, o que era previsível, a manifestação de Tocqueville vazia e pretensiosa, enquanto o legitimista *L'Univers* considerou-a um amontoado de contradições.[122] Tocqueville, entretanto, foi muito claro e, como disse a Bouchitté, "a educação secular garante a liberdade de pensamento. A Universidade deve permanecer o principal centro da educação e o Estado tem de manter sua supervisão e até mesmo em relação àquelas escolas que ele não controla".

No entanto, Tocqueville também queria "uma séria competição que pudesse desenvolver-se emparelhada com a universidade". "A educação, como acontece com todas as coisas, deve se aperfeiçoar, estimular-se e regenerar-se de acordo com as regras da competição. É o que eu quero — nada mais, nada menos."[123] Após promover a tradução de Bouchitté do livro de Anselmo em 1842, Tocqueville dedicou-se a promover o ensaio de seu colega na Câmara Hyacinthe Corne, intitulado *De l'éducation publique dans ses rapports avec la famille et l'état*, tendo em vista o Prêmio Montyon. O deputado seu amigo argumentou que as escolas secundárias públicas deviam atrair estudantes "pela liberdade, não pelo monopólio, pela demonstração da excelência moral e científica e sem coerções a seus dirigentes".[124] A academia julgou o livro político demais para participar de uma competição.

A controvérsia atingiu patamares mais elevados à medida que Villemain redobrou seus esforços. Ele submeteu à Câmara dos Pares um novo projeto de reforma em fevereiro de 1844, que seus componentes adotaram em maio. Essa versão solicitava que os professores dos *petits séminaires* preenchessem as qualificações do Estado. No entanto, independentemente de suas credenciais, apenas professores de universidades foram designados para lecionar no bacharelado e o Estado manteve o direito de visitar e inspecionar escolas particulares a qualquer momento. Opondo-se a Villemain, o abade Dupanloup escreveu cartas públicas ao duque de Broglie, que supervisionava a aprovação da lei na Câmara dos Pares. O abade argumentou que a completa independência dos *petits séminaires* era integral para a missão da Igreja e sua capacidade de atrair jovens para o sacerdócio. Intrometer-se nisso seria prejudicar o chamado da Igreja e provocar um perigo ainda maior para os valores cristãos da nação, já abalados.[125]

Panfletos convocando os paroquianos a agir multiplicaram-se e alguns eram bem violentos. O tribunal, em março de 1844, condenou o abade Combalot a três meses de prisão devido a sermões incendiários que significavam "incitar o ódio entre as classes sociais" e a difamação de uma administração pública do governo. Veuillot, a quem Tocqueville culpou como "o principal autor" daquele mal, também foi mandado para a cadeia durante um mês.[126] Em abril, Montalembert declarou na Câmara dos Pares: "Somos filhos dos cruzados. Não recuaremos diante dos filhos de Voltaire"[127] e criou o Partido Católico com o objetivo de agrupar leigos (incluindo muitos pais que queriam enviar seus filhos para escolas católicas independentes) em comitês regionais a fim de promover o avanço da causa da Igreja. Thiers, encarregado de renovar a lei que os pares haviam promulgado, em vez disso queria multiplicar restrições ao clero. Propôs reverter os *petits séminaires* a seu status original como escolas para aqueles que desejavam ser padres e solicitou a renovação de pré-requisitos que tinham sido muito atenuados em 1841.[128]

Tocqueville expressou suas opiniões nas páginas do *Le Commerce*. Seus pensamentos em relação a esse tema se tornaram sua mais significativa con-

O HOMEM QUE COMPREENDEU A DEMOCRACIA

tribuição ao jornal. Ele reafirmou que "o Estado tem o direito de reforçar os padrões dos professores".[129] No entanto, ele criticou Villemain devido a seu reducionismo, por "esboçar em torno do espírito humano um círculo fixo e impedir que ele o deixe"; "forçamos todo mundo a aprender as mesmas coisas e do mesmo modo"; "confinamos a mente humana em um círculo restrito".[130] Tocqueville admitiu particularmente a Corcelle que "a declaração mais recente dos bispos tem sido realmente intolerável", sobretudo "a violência de seus insultos em relação a certas pessoas, o exagero de seus ataques à universidade [...] seus pensamentos secretos em dominar todo o sistema educacional".[131] Entretanto, a oposição parlamentar foi ainda mais nefanda — isto é, a coalizão Thiers-Barrot. Tocqueville reafirmou que a controvérsia sobre a educação era meramente uma cortina de fumaça. Ela se tornou a desculpa da esquerda por evitar as reais questões que debilitavam a sociedade. Invocando-as continuamente, Thiers poderia ter a esperança de assumir o governo sem comprometer-se com qualquer reforma profunda. As eleições continuaram sendo corruptas, as leis de setembro ainda se mantinham, as classes populares sofriam, a imprensa não era livre. O desvio era um velho truque. Constituía uma versão moderna do conto que Plutarco narrou sobre Alcebíades cortando o rabo de seu cachorro: "A velha história grega em disfarce moderno: enquanto os atenienses se preocupavam com o cachorro de Alcebíades, eles se esqueciam do comportamento do seu dono."[132]

Essa controvérsia pública causou uma profunda e dolorosa ruptura da amizade de Tocqueville com Beaumont. Ao longo de 1844, Tocqueville tentou convencer Beaumont a escrever para *Le Commerce* — incluindo uma detalhada resenha do livro *L'Irlande*, de autoria dele, porém Beaumont permaneceu fiel durante todo o ano a *Le Siècle*. Ele até substituiu momentaneamente Chambolle quando este quebrou a clavícula em um acidente numa carruagem.[133] No entanto, o vibrante artigo de Tocqueville foi demais para a aceitação de Chambolle. No início, *Le Siècle* se manteve em silêncio, talvez para não constranger Beaumont, mas a resposta estava chegando. *Le Siècle* acusou Tocqueville de ter atendido a convocação de Montalembert no sentido de manter ligações com "os filhos dos cruzados" e com "os membros leigos do *L'Univers* e com o Partido Legitimista" para abandonar a liberdade e trocá-la pelo despotismo e pela política clerical.[134] Como se quisesse provar que *Le Siècle* estava certo, *L'Univers* apressou-se em reproduzir o "notável" artigo de Tocqueville.[135] Para *Le Siècle*, toda a equipe do *Le Commerce* agora era composta por jesuítas e carlistas disfarçados.[136]

Após o ataque nominal de *Le Siècle* a Tocqueville, expondo-o como um legitimista, um perturbado Beaumont se recusou a escrever para o jornal, mas quase desistiu. Não queria parecer que estava ligado com Tocqueville.[137] No entanto, na mente de Tocqueville, a omissão de Beaumont de defendê-lo da acusação de legitimismo foi um ato imperdoável de traição. Um ofendido e um tanto rancoroso Tocqueville rompeu com seu amigo mais íntimo e confidente. Para seu companheiro de viagens que, sozinho, havia socorrido Tocqueville durante grandes manifestações de doença em Tennessee em 1831 e na Argélia em 1842 (ver o próximo capítulo), ele escreveu: "Preferiria que você tivesse me abandonado na mata virgem ou no acampamento de Eddis." Lembrou a Beaumont: "Tenho somente um ponto fraco. Meu nascimento e as opiniões de minha família levaram outros a acreditar que sou ligado com os legitimistas e com o clero." Ele acrescentou maliciosamente: "Ao contrário de você, eu não me casei com uma neta do general Lafayette."[138]

Os debates legislativos vocais e contenciosos e violentos argumentos na imprensa sobre as respectivas missões da Igreja e do governo causaram no final uma mudança tangível na política nacional. A batalha que havia mobilizado tamanha energia em breve revelou-se fútil. A sessão da Câmara dos Deputados terminou sem um voto sobre a proposta de Villemain e ele ficou profundamente perturbado. Quando chantagistas ameaçaram revelar ao público sua homossexualidade, o ministro tentou suicidar-se. Em um episódio de loucura na Place de la Concorde, ele confundiu muitas histórias de conspiração dos jesuítas, os amaldiçoou, agitou-se, inquieto, até ser preso e enviado para um asilo. Quanto a Tocqueville, seu acesso de raiva em relação à educação terminou sem nenhuma solução e com uma prezada amizade seriamente ameaçada.

A consciência social de Tocqueville: reforma e trabalho social

Grande parte das reflexões de Tocqueville sobre o cristianismo e a democracia foi sobre dar assistência àqueles que se encontravam em situações de

1. Castelo de Verneuil, próximo de Paris, onde Alexis de Tocqueville passou parte de sua infância.
Archives Départementales des Yvelines

2. Louise-Madeleine de Tocqueville.
Wikimedia

3. Alexis de Tocqueville quando criança.
Wikimedia

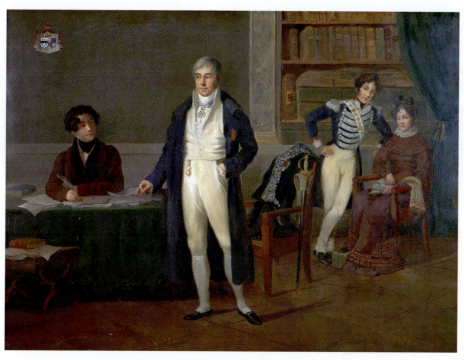

4. Uma cena de família. Hervé de Tocqueville orientando seu filho Alexis; Louise-Madeleine com Édouard, irmão mais velho de Alexis.
Archives Départementales, Maison de l'histoire de la Manche (Conseil Départemental), 57 Num-086-1. Foto por Alexandre Poirier

5. Sede da administração departamental em Metz, onde Alexis de Tocqueville morou com seu pai, chefe do Departamento de Moselle.
Arquivos Moselle

6. Hervé de Tocqueville.
Wikimedia

7. Alexis de Tocqueville.
Manuscritos de Tocqueville, 1802-1860. Universidade de Yale,
Biblioteca Beinecke de Manuscritos e Livros Raros

8. Louis de Kergorlay, primo de Alexis e seu amigo de infância.
Wikimedia

9. Mary Mottley, futura esposa de Alexis.
Wikimedia

10. Desenho de Gustave de Beaumont, em que aparece com Alexis de Tocqueville no lago Oneida, no vale Mohawk, Nova York.
Manuscritos de Tocqueville, 1802-1860.
Universidade de Yale, Biblioteca Beinecke de Manuscritos e Livros Raros

11. Desenho de Gustave de Beaumont. Indígenas choctaw atravessando o Mississippi, cena que ele e Alexis de Tocqueville testemunharam.
Manuscritos de Tocqueville, 1802-1860.
Universidade de Yale, Biblioteca Beinecke de Manuscritos e Livros Raros

12. Desenho de Gustave de Beaumont da igreja em Stockbridge, Massachusetts.
Manuscritos de Tocqueville, 1802-1860. Universidade de Yale,
Biblioteca Beinecke de Manuscritos e Livros Raros

13. Desenho de Gustave de Beaumont da Penitenciária Estadual do Leste, Filadélfia.
Manuscritos de Tocqueville, 1802-1860. Universidade de Yale,
Biblioteca Beinecke de Manuscritos e Livros Raros

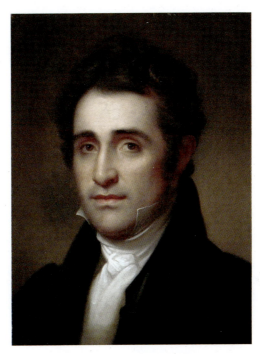

14. Jared Sparks por Rembrandt Peale, c. 1819.
Coleção de retratos da Universidade de Harvard. Doação de Lizzie Sparks Pickering

15. Virginie Ancelot.
Wikimedia

16. Gustave de Beaumont.
Wikimedia

17. Francisque de Corcelle.
Wikimedia

18. Jean-Jacques Ampère.
Wikimedia

19. John Stuart Mill.
Bibliothèque Nationale de France

20. Castelo de Tocqueville.
Archives Départementales, Maison de l'histoire de la Manche (Conseil Départemental), 57 Num-010

21. Escritório de Alexis de Tocqueville.
Archives Départementales, Maison de l'histoire de la Manche (Conseil Départemental), 3 Num-2021-004-061. Foto por Alexandre Poirier

22. Léon Juchault de Lamoricière, o único general em que Alexis de Tocqueville confiava.
Bibliothèque Nationale de France

23. Alexis de Tocqueville
por Honoré Daumier, 1849.
National Gallery of Art, Washington, D.C.

24. Pierre-Joseph Proudhon,
por Honoré Daumier, 1849.
Los Angeles County Museum of Art (Lacma)

25. Adolphe Thiers, por Honoré Daumier, 1849.
National Gallery of Art, Washington, D.C.

26. Odilon Barrot, por Honoré Daumier, 1849.
National Gallery of Art, Washington, D.C.

27. Retrato oficial de Alexis de Tocqueville por Théodore Chassériau, 1850.
Wikimedia

O HOMEM QUE COMPREENDEU A DEMOCRACIA · 239

desvantagem. Desde quando ele tentou escrever um segundo texto sobre o pauperismo quando encarava perspectivas eleitorais em Cherbourg, Tocqueville havia se envolvido com questões relativas ao pauperismo e ao bem-estar. Enquanto Gobineau estava perto dele na Academia das Ciências Morais e Políticas, ele o convenceu a dedicar-se àquelas questões. Ele disse a Gobineau, em setembro de 1843, que embora o cristianismo tivesse introduzido a ideia da caridade, o conceito estava evoluindo como resposta à complexidade da era industrial. A sociedade moderna, portanto, apoiava-se necessariamente no governo para corrigir a desigualdade e dar assistência aos mais fracos. Assim, Tocqueville solicitou a Gobineau que pesquisasse a caridade não somente na França, mas na Europa e, sobretudo, na Alemanha.[139] Gobineau levantou inúmeras referências relacionadas com a transformação do trabalho relativo à caridade desde o fim do século XVIII — fontes que se acrescentaram àquelas que Tocqueville havia coletado durante vários anos em instituições de assistência pública.[140] Ele documentou um grande aumento do número de instituições de caridade privadas desde 1816. Em 1828, as primeiras tentativas de organizar e de divulgar os esforços dessas instituições resultaram na fundação da Sociedade dos Estabelecimentos Caridosos e teve início uma pesquisa sobre as teorias científicas da caridade. Gobineau reuniu documentação sobre os trabalhos realizados em Hamburgo, Alemanha e em Berna, Suíça. Ele também localizou as recomendações do duque de la Rochefoucauld-Liancourt à Assembleia Constituinte relativas a um sistema centralizado de assistência pública, que nunca foi adotado, além de outros documentos.[141]

Tocqueville aproveitou a ocasião da momentânea contração econômica da França para que fosse dada assistência aos pobres nas páginas de *Le Commerce*. Ele e seus colegas estavam equipados para participar desse esforço. Corcelle tinha amplo conhecimento das finanças do governo e havia escrito sobre modos de tornar os impostos mais equitáveis.[142] Tocqueville consultou a legislação a fim de revisar os dados do censo demográfico e criar uma taxação de impostos mais justa.[143] Arnold Scheffer, editor-chefe do *Le Commerce*, era a pessoa mais informada sobre questões relativas à economia e ao trabalho social e o jornal abordava frequentemente questões ligadas à desigualdade. Alguns artigos citaram Ledru-Rollin, aprovando-o. O jornal publicou um artigo sobre os esforços em melhorar a saúde nas cidades. Outro artigo endossava o programa de Lamartine relativo a obras públicas e ao bem-estar. Um artigo invocava a ajuda do Estado para as associações de trabalhadores. Alguns artigos mencionavam favoravelmente a ênfase de Fourier e de Saint-Simon quanto aos benefícios da comunidade.[144] Infelizmente, esses artigos se incluíam entre os últimos de *Le Commerce*. A quantidade de seus leitores estava diminuindo. Os esforços objetivando atrair novos investidores e duas tentativas de lançar o jornal com um novo nome fracassaram e Tocqueville perdeu seu investimento.[145]

Todavia, essas expressões de um compromisso com o melhoramento social contribuíram para formular um programa político mais amplo que Tocqueville estava desenvolvendo. Ele deu prosseguimento a seus esforços na Normandia, no Conselho Geral de seu departamento, do qual se tornou o membro mais influente. Os dias em que ele resistiu à ideia da caridade pública terminaram havia muito tempo. Agora ele sentia que na ausência de um programa de bem-estar social, tal como as leis britânicas sobre a pobreza, cabia ao orçamento de seu departamento preencher o vazio e cabia às autoridades locais socorrer aqueles que passavam por necessidades. Tocqueville dedicou-se profundamente a elaborar quatro relatórios, resultado de uma profunda pesquisa, com a intenção de encorajar o departamento a sustentar crianças abandonadas e ajudar mães solteiras e seus filhos. Ele achou que nenhuma outra questão "cabia mais ao governo" do que o abandono de uma criança.[146]

Ao redigir esses relatórios, acompanhados de estatísticas sobre a mortalidade infantil, Tocqueville foi muito influenciado pelo trabalho do barão de Gérando, recentemente falecido. Gérando foi uma autoridade em relação a leis administrativas, havia apoiado instituições filantrópicas e foi autor de *De la bienfaisance publique*. Ele e Tocqueville tinham amigos em comum: Ballanche, Ampère e madame Récamier.[147] Gérando aconselhou eliminar as "torres" onde crianças podiam ser abandonadas anonimamente e substituí-las por centros de acolhimento onde as mães seriam ouvidas. Tocqueville adotou essa recomendação. Ele desenvolveu um sistema de aprendizado para crianças órfãs com atestados mensais de comparecimento. Sentiu curiosidade e dúvidas se os governos locais deviam ser responsáveis por fornecer a cada ano roupas para crianças abandonadas, devido às despesas e especialmente devido ao fato de que essas roupas eram frequentemente melhores do que aquelas que a mãe adotiva podia dar a seus próprios filhos.

O HOMEM QUE COMPREENDEU A DEMOCRACIA 241

Tocqueville também imaginou se "mães solteiras" deveriam receber pagamentos relativos a seu bem-estar mediante as condições de retidão moral e por quanto tempo isso duraria. Todas as recomendações de Tocqueville foram adotadas e, ao que parece, foram executadas. Por volta de 1847, dois terços dos *enfants trouvés* no departamento estudavam nas escolas.[148]

Depois que sua influência foi sentida na Normandia, Tocqueville decidiu empenhar-se por programas semelhantes na Câmara, cuja estrutura política havia mudado após as eleições de 1846. Tocqueville garantiu facilmente seu assento numa eleição que devolveu uma sólida maioria ao governo e inseriu no mapa político o Partido Católico de Montalembert. Esses ganhos foram obtidos às expensas da esquerda dinástica de Barrot, que perdeu trinta assentos.[149] Esses realinhamentos políticos deram a Tocqueville uma ocasião de empenhar-se por uma coalizão por ele estruturada, apoiando-se mais uma vez em seus poucos amigos na Câmara com o objetivo de constituir um pequeno grupo parlamentar com manifestações bem caracterizadas.

Tocqueville aproximou-se de Dufaure em 1846, ex-ministro de Obras Públicas, de quem ele se tornou amigo desde a primeira vez que participou da Câmara. Tocqueville propôs a Dufaure criar "uma associação de poucos homens de talento e coração a fim de permanecer fora da intriga política, dos grosseiros processos eleitorais e com enfoque nos interesses gerais e de longo termo do país". Ele acreditava que se fosse bem-sucedido, o grupo tinha o potencial de transformar-se "num partido que assumiria a principal missão de trabalhar ativamente e praticamente pelo bem-estar moral e material das classes mais baixas, sem colidir com seus preconceitos nem inflamar suas paixões, a fim de exercer um papel inteiramente novo e importante na vida pública". Tais reformas, até então, haviam sido deixadas a cargo do "pouco inteligente e egoísta desprezo da maioria conservadora", por um lado; e, por outro lado, aos "sonhos e paixões dos utópicos".[150] Para ser claro, Tocqueville insistiu que não poderia haver uma colaboração comprometedora com membros do atual governo. Estava também fora dos limites o Partido Legitimista. Tocqueville havia pedido a Corcelle, seu bom amigo e colega na Câmara, para "levar em consideração uma íntima união com Dufaure [...] como único meio de criar senão um partido, mas pelo menos uma reunião de homens que possam não ceder a Thiers e a Guizot e com dificuldade ainda maior, situar-se entre *Le Siècle* e *Le Journal des Débats*".[151]

242 OLIVIER ZUNZ

Tocqueville também estava disposto a manter sua conexão com Rivet, de Corrèze, embora Rivet não tivesse sido eleito em 1846. Beaumont, entretanto, permaneceu firme na área de Barrot. Apesar da mediação de amigos comuns, afetuosas palavras de reconciliação de Tocqueville e Beaumont e uma correspondência renovada, a ferida ainda estava aberta.[152]

Tocqueville trabalhou com aquele pequeno grupo de colegas da Câmara a fim de preparar uma plataforma política de reforma econômica e social como base para um possível partido da Nova Esquerda. Em suas notas de trabalho sobre a plataforma de um partido como esse, Tocqueville, pela primeira e última vez, levou em consideração as primeiras teorias socialistas, sérias e favoráveis. Ele leu e refletiu sobre "os diferentes sistemas de Owen, Saint-Simon, Fourier, as ideias agora denominadas socialistas na obra de Louis Blanc, em vários romances e até mesmo nas páginas passageiras de folhetins". Ele anotou os "gritos do povo ou pelo menos aqueles atribuídos ao povo" e a inovação de "propostos remédios: comunismo, organização trabalhista, falanstérios [...] Todos esses remédios assinalam a criação de uma nova ordem social que não tem precedentes no mundo". A Nova Esquerda esperava introduzir na Câmara uma ação planejada em conjunto a fim de "garantir que os pobres se beneficiem de uma ampla e legal igualdade".[153]

Tocqueville, entretanto, teve apenas poucas conversas com destacadas personalidades da esquerda. Entre os fourieristas, ele encontrou-se com Victor Considerant no salão de madame Ancelot, mas o encontro foi superficial. Ficou conhecendo o sansimoniano Gustave d'Eichtal, discípulo de Auguste Comte, que conseguiu que ele escrevesse artigos sobre a Grécia para *Le Commerce*. É provável que o Urbain que trabalhou brevemente no *Le Commerce* fosse de fato o discípulo de Saint-Simon chamado Ismaÿl Urbain.[154] Quando os recentes interesses de Tocqueville foram divulgados, o padre Enfantin, proeminente discípulo e líder da seita, enviou a Tocqueville o livro de sua autoria *Correspondance philosophique et religieuse*. Tocqueville respondeu afirmando que compartilhava com Enfantin "o profundo sentido das misérias de que os pobres padecem" e o objetivo de "desenvolver maior igualdade na terra com uma distribuição mais justa da riqueza".[155] Aqueles mesmos socialistas que haviam ignorado o segundo volume de *A democracia na América* agora liam regularmente em seus jornais os discursos de Tocqueville na Câmara dos Deputados.

O HOMEM QUE COMPREENDEU A DEMOCRACIA   243

Embora o relacionamento de Tocqueville com os socialistas não fosse
além de uma curiosidade mútua, sua consciência social, que se desenvolvia,
levou-o a participar de um grupo de católicos que promoviam a reforma
social sob a liderança de Armand de Melun. Ele assinou os *Annales de la
charité*, de Melun, em 1845. Além de defender sólidos empreendimentos, a
publicação enfocava a ciência e arte da caridade. Tocqueville e seu irmão
Édouard tornaram-se membros correspondentes da Sociedade de Economia
Caridosa, de Melun, por ocasião de seu primeiro encontro em janeiro de
1847, juntamente com Corcelle, Louis Comenin, Louis-René Villermé e o
abade Landman (que Tocqueville havia conhecido na Argélia).[156]

No esboço de seu programa preliminar para a Nova Esquerda, Tocqueville propôs uma dupla abordagem. Ele imaginava "expandir os direitos
políticos além da classe média" de tal modo que "as classes mais baixas se
tornem consistente e pacificamente interessadas pelos negócios públicos". E
então "tornar a sina intelectual e material dessas classes o principal objeto
dos cuidados e das preocupações do legislador".[157] Enquanto isso, Tocqueville continuava se dedicando a seus objetivos anteriores, que tornavam os
funcionários públicos confiáveis mediante a introdução do direito de pro-
cessá-los, trabalhando em reformar o Conseil d'État tornando-o um Poder
Judiciário independente, eliminar a fraude durante a votação e manter os
Conseils Généraux como instituições administrativas e não políticas.[158]

Então, como legislador e intelectual público, Tocqueville percorreu um
longo caminho que partia da inexperiência e o tornou uma voz respeitada.
Ele se empenhou em unir o pensamento e a ação enquanto tentava reconciliar a democracia com a religião. Embora seu compromisso com a ação
tivesse deixado poucos vestígios concretos, ele refletiu o suficiente sobre a
desigualdade para escrever com convicção: "Não há dúvida que um dia a
batalha política oporá aqueles que tudo têm àqueles que nada têm; o campo
de batalha será a lei da propriedade e sua modificação."[159]

8

Abolicionista, nacionalista e colonialista

A carreira política de Tocqueville deu grande relevo aos elementos conflitantes de sua própria identidade, entre o teórico político e o imperialista francês, entre o advogado da democracia e o advogado da conquista. Tocqueville queria ver a França recuperar seu papel de intermediária nos negócios mundiais e retomar seu lugar como uma presença, conforme havia sido nos dias perdidos da Nova França. Isso significava trabalhar dentro da Câmara dos Deputados e sem ela em relação à viabilidade de uma economia de longo prazo nas ilhas do Caribe francês; enfrentar o domínio dos mares por parte da Inglaterra; garantir que a França tivesse o que dizer em se tratando de tratados internacionais referentes ao Oriente Médio; e, o mais importante de tudo, promover a colonização francesa da Argélia. Tocqueville dedicou um tempo e uma energia imensos ao longo da década de 1840 a fim de restaurar a grandeza da França. Ele procurou ser ao mesmo tempo um patriota, um colonialista e um democrata, embora essas identidades fossem desprovidas de coerência. Tentou muitas e muitas vezes unir sua visão sobre o interesse nacional e os valores democráticos, mas chegou à conclusão de que essa fusão era insustentável.

A escravidão nas ilhas francesas do Caribe

Tocqueville foi capaz de reconciliar com maior facilidade seu desejo de grandeza da França com suas ideias de promover a abolição da escravidão nas colônias francesas. Sua primeira tarefa na Câmara foi participar de um comitê que tratou da abolição da escravidão nas ilhas francesas do Caribe.

O HOMEM QUE COMPREENDEU A DEMOCRACIA 245

A extensa legislação sobre a emancipação na Inglaterra, de 1833, que libertou mais de 800 mil escravizados em suas colônias, rejuvenesceu o abolicionismo francês. Tocqueville e Beaumont eram membros da elitista Sociedade para a Abolição da Escravidão (uma recriação, em parte, da Sociedade dos Amigos dos Negros dos anos revolucionários), que deu as boas-vindas aos dois autores, conhecidos por ter condenado a escravidão nos Estados Unidos. Naquela sociedade, Tocqueville e Beaumont foram apresentados a políticos que eram as vozes da abolição na Câmara. Entre eles os mais destacados eram o duque de Broglie, Victor Destutt de Tracy, Hippolyte Passy, Xavier de Sade e Alphonse de Lamartine. Victor Schoelcher, que lideraria o bem-sucedido movimento abolicionista francês em 1848, entrou para a sociedade mais tarde e lentamente assumiu posições radicais.[1] Os encontros da sociedade eram perfunctórios, limitavam-se à troca de documentos.[2]

A Câmara recebia regularmente petições relativas a uma emancipação parcial, mas esses esforços resultaram em pouca coisa. A Câmara submetia normalmente essas petições ao ministro das Colônias e/ou ao ministro da Marinha ou as debatia como parte de sua consideração sobre o orçamento colonial. Ocasionalmente nomeava uma comissão *ad hoc* com a finalidade de fazer recomendações. Embora os comissários demonstrassem frequentemente simpatia aos peticionários, os senhores de engenho do Caribe e seus credores em Bordeaux, Nantes e Saint-Malo mantinham sólidas alianças na Câmara (François Mauguin, barão Dupin), as quais garantiam que as petições circulassem unicamente entre uma comissão e outra sem que uma recomendação sempre fosse submetida ao voto.

Em 1838, um ano antes da eleição de Tocqueville, Passy, que desde então tornou-se ministro das Finanças, submeteu à Câmara uma moção cujo objetivo era libertar todas as crianças nascidas nas colônias, permitir que as pessoas escravizadas comprassem sua liberdade com um *pécule* (pecúlio) e reconhecesse os casamentos entre escravizados. Todas essas medidas visavam a uma emancipação progressiva. Após um caloroso debate na Câmara, Guizot presidiu uma comissão cuja finalidade era estudar a proposta, sendo Rémusat o relator. Em abril de 1838, em relação às recomendações que não foram submetidas à Câmara para serem votadas, a comissão opinou que o Estado francês assumisse a responsabilidade de implementar a abolição. A comissão também sugeriu que o Estado aguardasse até 1840, ano marcado para a emancipação nas colônias inglesas, a fim de formular uma política.[3] Como a Câmara nunca deu atenção à recomendação, Tracy reintroduziu a proposta de Passy em julho de 1839. Ela criou outra comissão, dessa vez tendo Sade como presidente e Tocqueville como relator.[4] Assim sendo, Tocqueville foi encarregado de reunir provas e de sugerir meios de emancipar escravizados na Martinica e em Guadalupe, remanescentes caribenhas do Império Francês, bem como a Guiana Francesa e La Réunion.

Tocqueville expressou em várias ocasiões seu desprezo pelo conceito de que uma "inata e permanente desigualdade entre a grande família humana podia existir".[5] Durante um discurso improvisado na Academia das Ciências Morais e Políticas, em 1839, Tocqueville caracterizou a escravidão como "injusta, imoral, violadora dos mais sagrados direitos da humanidade [...] um horrível abuso de poder, um desdém por todas as leis, a humana e a divina".[6] Ele sentiu um orgulho especial pelo fato de que os franceses haviam libertado seus escravizados durante a revolução, várias décadas antes que o movimento evangélico não conformista levasse a Inglaterra a agir assim. Tocqueville argumentou que os franceses tinham sido os primeiros a "espalhar o conceito em todo o universo de que todos os homens eram iguais diante da lei, assim como o cristianismo criou a igualdade de todos os homens perante Deus. Somos os legítimos autores da causa abolicionista".[7] Tocqueville reconheceu, entretanto, que o decreto de Napoleão, de 1802, que restaurava a escravidão nas colônias, apenas oito anos após a Convenção Revolucionária Francesa decretar sua abolição, travou o movimento abolicionista durante uma geração.

Como relator da comissão, Tocqueville aproveitou a oportunidade "para tratar um grande problema com uma pena de escrever na mão".[8] Tocqueville pressionou a abolição afirmando que "o *status quo* nos levará a perder as colônias".[9] De acordo com seu julgamento, a obsoleta indústria canavieira no Caribe francês não poderia sobreviver à crescente competição do açúcar de beterraba na França e o trabalho livre nas colônias inglesas. O governo inglês havia acelerado a emancipação encurtando o período de aprendizado a que todos os escravizados tinham de submeter-se. Os escravizados ingleses foram libertados em agosto de 1838, dois anos antes do que havia sido programado. Assim sendo, Martinica e Guadalupe se tornaram ilhas de escravidão em um mar de liberdade inglesa.

O HOMEM QUE COMPREENDEU A DEMOCRACIA 247

Essa questão ocupava a mente de Tocqueville enquanto ele argumentava a favor da abolição e a responsabilidade do Estado francês em arbitrar conflitos entre fazendeiros e homens livres. Tocqueville receava que as ilhas dominadas pelos ingleses atrairiam escravizados fugidos — e que um pequeno afluente no mar do Caribe, tal como o rio Ohio entre estados onde havia escravizados e ex-escravizados, nos Estados Unidos, provaria que isso não constituía um obstáculo. Além disso, como era possível que os fazendeiros não percebessem que uma revolta de escravizados poderia a qualquer momento destruir seu meio de vida e arruiná-los, nem se dar conta de que "as raças estão se fundindo, mas as classes sociais estão se aproximando cada vez mais"? Tocqueville pensou que era imperativo transformar o "Mediterrâneo do novo mundo" em um mar de liberdade e igualdade.[10]

Assumindo que a abolição era uma conclusão predestinada, independentemente das profundas e contrárias convicções dos fazendeiros, Tocqueville defendia a imediata e simultânea emancipação de todos os escravizados nas colônias francesas. Tracy e Passy haviam proposto um plano que permitiria que alguns escravos comprassem sua liberdade, mas Tocqueville notou que tal medida apenas introduziria uma nova divisão entre os poucos escravizados em condição de emancipar-se e entre aqueles que ainda eram cativos. Tocqueville também não apoiou a ideia de libertar as crianças antes de tudo, o que do mesmo modo dividiria os escravizados, ao perturbar e até mesmo cortar o laço natural entre mães e filhos.

Em seu relatório, adotou um tom desapaixonado com a esperança de minimizar a oposição colonialista.[11] Ele também procurou meios de facilitar a transição para os fazendeiros e agricultores. Após conversas com Nassau Senior, Tocqueville se deu conta de que os ingleses haviam implementado para ex-escravizados seu sistema de aprendizado não como um passo intermediário entre a escravidão e a liberdade, mas como um meio de compensar os fazendeiros ingleses.[12] Consciente dos limitados recursos do Estado francês, que não podiam equiparar-se com a generosa compensação que o governo inglês proporcionou, Tocqueville sugeriu, sem especificar como, que o governo desse um pagamento aos homens livres, mas mantivesse certa quantia a fim de indenizar os ex-senhores de escravizados. Detalhes desse plano seriam determinados durante a sessão legislativa de 1841.

Os fazendeiros franceses não ficaram convencidos. Pelo menos um deles invocou ninguém mais que Tocqueville, a quem ele denominou "o Montesquieu de nossos dias", argumentando *contra* a abolição. O vice-presidente do Conselho Colonial, conde de Mauny, senhor de engenho na Martinica, divulgou *A democracia na América* num panfleto que circulou na Câmara. Ele citou Tocqueville, o qual afirmou que "apesar de toda a incerteza do futuro", a realidade "certa" e "iminente" era que "os anglo-americanos, sozinhos, pesquisarão toda a vasta região situada entre a calota polar e os trópicos, e que se estende do Atlântico até os Mares do Sul". Manter a escravidão, concluiu Mauny, era a única possibilidade de competir com os ingleses e, ele acrescentou, de preservar "a suavidade do regime francês" em oposição à "crueldade do sistema inglês".[13] Talvez como se quisesse evocar o poder dos interesses coloniais, ele mantinha o panfleto de Mauny à mão em sua biblioteca.

Os interesses da escravidão na Câmara conseguiram que a proposta de Tocqueville não fosse levada em conta, o que era previsível. Ela jamais foi discutida por todos os deputados e, portanto, exerceu pouco impacto político. A Sociedade para a Abolição da Escravidão imprimiu-a sob a forma de um panfleto, que circulou precariamente na Inglaterra e nos Estados Unidos. Tocqueville, naquele momento, correspondia-se com seu amigo norte-americano Jared Sparks sobre o perigo de expandir a escravidão em territórios norte-americanos.[14] Mary Sparks traduziu o texto de Tocqueville e fez com que fosse publicado em Boston, em 1840. O único lugar onde a proposta de Tocqueville parecia ter alcançado repercussão foi na Louisiana, onde havia um grande contingente de fazendeiros franceses procedentes de São Domingos. O cônsul francês em Nova Orleans, alarmado, enviou um comunicado especial ao governo em Paris relativo ao temor de que "uma mera leitura de uma proposta" provocou por lá. Caso fosse aceita, "incitaria uma verdadeira revolução nas colônias e não deixaria de causar efeitos sobre o futuro dos Estados Unidos".[15]

Mantendo a prática de substituir uma comissão sobre o abolicionismo por outra, Thiers, primeiro-ministro em abril de 1840, pediu ao duque de Broglie (ex-presidente da Sociedade para a Abolição da Escravidão e ex-primeiro-ministro) para liderar um novo esforço. Tocqueville foi um dos mais ativos participantes da comissão de Broglie, que submeteu sua conclusão

O HOMEM QUE COMPREENDEU A DEMOCRACIA   249

em 1843. Ele considerou o relatório "uma obra-prima [...] que transmitia um amor sincero pela raça humana".[16]

A comissão de Broglie realizou um amplo inquérito que justificou largamente o elogio de Tocqueville, mas opinou que uma emancipação imediata não era politicamente aceitável. Broglie e sua equipe não apenas documentaram a situação existente nas ilhas francesas, mas levaram em consideração reformas institucionais realistas necessárias para transformar as colônias numa sociedade livre. Eles estudaram possíveis reformas dos tribunais, ajustes no reforço das leis e manejo das prisões, expansão do sistema escolar e encorajamento ao comparecimento nas igrejas a fim de cristianizar os escravizados libertos.

Tocqueville, por sua parte, continuou a argumentar a favor de uma completa emancipação, com o Estado francês responsável por organizar o trabalho, pagar os escravizados recém-libertos, autorizar a criação de associações civis, promover a prática religiosa e encorajar o casamento entre ex-escravizados. A abolição, para ele, parecia estar ao alcance, considerando a comparativamente pequena quantidade de escravizados no Caribe francês (um quarto de milhão *versus* três ou quatro vezes esse número de escravizados já emancipados nas colônias inglesas) e o fato de que havia somente uma indústria a ser regulamentada.

No fim, Tocqueville acabou transigindo. Broglie não conseguiu convencer os membros de sua comissão a elaborar uma recomendação unificada. A maioria (incluindo Tocqueville) recomendou que fossem dados às colônias dez anos para que se preparassem para a emancipação. Uma minoria optou por uma emancipação progressiva ao longo de vinte anos, começando por libertar as crianças e então permitir que os escravizados comprassem a liberdade com suas próprias economias. Nos dois casos, a França pagaria uma indenização significativa aos senhores de escravizados e garantiria um preço remunerador pelo açúcar colonial após a emancipação. O governo francês, entretanto, não estava pronto para agir em relação a qualquer proposta da comissão, preocupado com o custo da compensação para os senhores de escravizados, um problema ainda mais agravado por um terremoto de grandes proporções que atingiu Guadalupe em fevereiro de 1843.[17]

Como o relatório de Broglie não foi debatido na Câmara, a exemplo de relatórios precedentes, Tocqueville publicou suas descobertas e recomendações em vários artigos em *Le Siècle* no final dc 1843. A fim de assegurar a cooperação dos fazendeiros, ele comprometeu ainda mais sua posição inicial, propondo uma concessão adicional que não constava do relatório de Broglie. Os fazendeiros preocupavam-se com a competição dos ex-escravizados, que poderiam tornar-se fazendeiros bem-sucedidos. Isso havia acontecido na Jamaica inglesa, onde homens livres puderam comprar terras baratas após 1838. Para proteger as fazendas francesas de algo semelhante, Tocqueville sugeriu que homens livres não tivessem temporariamente a permissão de adquirir terras.[18]

As concessões de Tocqueville foram inadequadas para alterar a inflexível resistência das colônias até mesmo à ideia de uma mudança. As colônias persistiam em retratar a escravidão como um acordo social que operava a favor do "perpétuo e absoluto benefício" de todos.[19] O ministro da Marinha, almirante Mackau, membro mais temeroso e conservador da comissão de Broglie, provocou uma tempestade ao propor que o Estado francês pelo menos garantisse aos escravizados o direito de comprar sua própria liberdade com seu próprio dinheiro. Era uma proposta modesta para uma pequena reforma que prometia não ter efeito, pois não estabelecia o preço máximo que o senhor de escravizados podia pedir e requeria que o escravizado "liberto" permanecesse servindo a seu antigo dono durante cinco anos. Até mesmo essa tímida sugestão provocou inúmeras queixas das colônias e ultraje na Câmara dos Pares quando o almirante Mackau a propôs. Quando a Câmara dos Deputados aprovou a lei Mackau, em 1845, Tocqueville, que durante anos vinha pedindo muito mais, manifestou-se favoravelmente apenas porque a lei abria um pequeno caminho na resistência dos fazendeiros. Sua real inovação era que ela tornava possível ao Estado francês regulamentar pela primeira vez uma transação entre senhor e escravizado. Tocqueville pensou que uma inovação tão modesta foi pelo menos um passo na direção correta de envolver o governo na tarefa da emancipação, infindavelmente adiada.

Quando, entretanto, tratou-se de permitir que a marinha inglesa interferisse no tráfico de escravizados da França, Tocqueville estabeleceu limites. Por mais desejoso que estivesse de ver o fim da escravidão, seu comprometimento com a soberania nacional assumiu precedência em relação a seu abolicionismo.[20] Os navios patrulheiros ingleses policiavam diligentemente o tráfico escravagista no mar e não hesitavam em prender

O HOMEM QUE COMPREENDEU A DEMOCRACIA

capitães franceses e sua tripulação que levassem escravizados ao Caribe.[21] No entanto, Tocqueville abominava a ideia de ceder à Inglaterra qualquer autoridade sobre navios que ostentavam a bandeira da França. Nenhum navio patrulheiro inglês poderia ter autoridades irrestritas em abordar navios franceses e decidir se a tripulação deveria ser presa. Tocqueville admirou o projeto inglês de emancipação, mas isso não era motivo para deixar que a polícia inglesa infringisse os direitos da França. Ele estava determinado a dar um fim no domínio unilateral da Inglaterra sobre os mares, mesmo que isso significasse relaxar a caça ao tráfico humano ilícito.

Ao dirigir-se à Câmara em maio de 1842, Tocqueville argumentou que o direito de investigar (*droit de visite*) era um meio ineficaz de dar um fim à escravidão e provocava mais atos de selvageria. Ele assinalou ocasiões durante as quais os traficantes de escravizados escaparam da vigilância dos navios ingleses aumentando perigosamente a velocidade, após acolher tantos corpos quanto possível nos porões dos navios. Temendo ser presos, alguns jogavam centenas de escravizados no mar. Seria preciso encontrar outro meio de abolir o tráfico. Esse meio levava somente a "atrocidades". Tocqueville sugeriu que seria mais eficaz fechar os mercados de escravizados em Cuba e no Brasil.[22]

Em janeiro de 1843, Tocqueville redobrou seus esforços ao atacar na Câmara um tratado (ainda não ratificado) sobre direitos recíprocos de inspecionar navios no mar que Guizot, em nome da França, havia estabelecido com a Inglaterra, Prússia, Áustria e Rússia.[23] Tocqueville denunciou Guizot por conceder excessiva autoridade à Inglaterra sobre capitães franceses que deveriam prestar contas somente a tribunais franceses. Ele ensaiou cuidadosamente a oposição a Guizot, que declarou naquele dia.[24] Tocqueville não conseguiu provocar uma crise de gabinete, mas Guizot acabou renegociando o tratado de tal modo que dois países colaborariam em policiar os mares.

Tocqueville levantou objeções ao excessivo poder da Inglaterra. Como poderiam "as forças armadas de uma nação ter o extraordinário direito de prender criminosos de outra nação: e exatamente onde isso terá de ser feito? Em alto-mar, onde tudo pode acontecer e onde se pode esperar tudo".[25] Dada a história dos Estados Unidos com a Inglaterra, Tocqueville se dirigiu a seus amigos norte-americanos para dialogar com eles. Quando John Spencer foi nomeado secretário de Guerra na administração de Tyler, em 1841, Tocqueville escreveu a ele para expressar suas preocupações: "Nos dias de hoje, a Inglaterra é para os navegantes o que Luís XIV foi para a Europa do século XVII. Ela destrói muitos deles e ameaça os outros a seguir o mesmo destino."[26]

Os ataques de Tocqueville levaram lorde Brougham (que foi um de seus anfitriões na Inglaterra, em 1835) a puni-lo publicamente na Câmara dos Lordes assinalando que a Inglaterra respeitava os termos de um acordo de 1823 com os Estados Unidos sobre como policiar o tráfico de escravos e ridicularizando a "maravilhosa ignorância" de Tocqueville quanto a fatos precedentes. Tocqueville rebateu na imprensa, declarando que a ignorância estava do lado de lorde Brougham. Ele solicitou a seu tradutor inglês, Henry Reeve, que traduzisse sua resposta e pediu a Mill que a publicasse. O conflito foi escancarado. Tocqueville não se dispôs a ceder até mesmo uma pequena fração da soberania nacional em defesa da liberdade humana universal que ele declarava apoiar.[27]

Promovendo os interesses da França na crise do Oriente

A discussão sobre o tráfico de escravizados e o direito de investigá-lo foi parte de uma contenda maior entre França e Inglaterra, tendo em vista a supremacia internacional. Na primavera de 1839 essa contenda centralizou--se no futuro do Império Otomano e sua influência no Oriente Médio. A disputa quase levou a Inglaterra e a França à guerra. Tocqueville se tornou um estridente defensor da posição francesa, para grande consternação de seus amigos ingleses. Mill sentiu que as refletidas reações de Tocqueville a seus ataques à honra francesa eram impróprias para um teórico da democracia que deveria ter valores mais elevados. Como se tivesse o direito de ser controvertido, Tocqueville sentiu que tinha o direito de defender o prestígio internacional da França.

Os fatos são complicados, mas vale a pena segui-los com alguns detalhes. O sultão otomano Mahmud II já havia perdido a Grécia, que se tornou independente, e perdeu a Argélia para a França quando, na primavera de 1839, ele tentou recuperar a Síria, que seu ex-súdito, o paxá egípcio Meh-

O HOMEM QUE COMPREENDEU A DEMOCRACIA

met Ali, havia invadido e ocupado em 1832. Entretanto, no decorrer de alguns poucos dias, no fim de junho e começo de julho, o Egito derrotou completamente o exército otomano. Os otomanos entregaram sua frota aos egípcios em Alexandria.[28]

Quando essa dramática capitulação dos otomanos ainda ocorria, Tocqueville fez seu primeiro discurso na Câmara dos Deputados no dia 2 de julho de 1839. Ele ressaltou a influência europeia na Ásia como o "empreendimento do século", e argumentou que a França deixaria que os russos e os ingleses determinassem o futuro do Império Otomano; era uma questão de "honra nacional" que a França tivesse o que dizer em qualquer acordo estabelecido entre o sultão e o paxá.[29]

Ao analisar o conflito na Câmara, Tocqueville se deu conta de que a Rússia e a Inglaterra tinham diferentes objetivos em ficar do lado dos otomanos. O tsar Nicolau I protegeu até então a Sublime Porta, mas somente para aumentar seu alcance em seu território. Sua política expansionista não agradou a lorde Palmerston, secretário do Ministério das Relações Exteriores, que em vez disso procurou manter a integridade da Sublime Porta a fim de proteger as rotas de comércio inglesas em direção à Índia, além de outros interesses comerciais e estratégicos. Os franceses também tinham interesse nesse desfecho, mas ficaram do lado do Egito. Tocqueville assinalou que os franceses haviam mantido uma real presença no Egito durante muito tempo após a retirada de Napoleão. Havia numerosos oficiais franceses no exército egípcio, e influentes autoridades religiosas francesas construíam escolas no Egito. Ele apoiou uma aliança com Mehemet Ali, necessária para consolidar a presença francesa no Mediterrâneo e dominar a Argélia, ao mesmo tempo que impedia a Inglaterra de ter acesso à Índia através de Suez e dos Dardanelos. A guerra com a Inglaterra estava se tornando rapidamente uma indubitável realidade. Tocqueville levou seriamente em consideração essa ideia, deixando seus amigos ingleses consternados.

A inexperiência do jovem sultão encorajou Palmerston a promover uma resolução coletiva mais tarde, em 27 de julho de 1839, pela qual a Áustria, Prússia, Rússia, França e Inglaterra se reservavam o direito de participar de qualquer acordo entre Constantinopla e Alexandria. Ao mesmo tempo, a Inglaterra disputou com a França a influência sobre o Egito. Palmerston pediu a Mehemet Ali que devolvesse a Síria em troca do reconhecimento de

254 OLIVIER ZUNZ

sua soberania hereditária sobre o Egito. Na França, o marechal Soult (primeiro-ministro e ministro das Relações Exteriores) se opôs diretamente à Inglaterra, afirmando o total apoio francês à posição hereditária de Mehemet Ali não apenas no Egito como também na Síria conquistada.

A França e a Inglaterra estavam em uma trajetória de conflito. Soult requisitou o aporte financeiro da Câmara se acaso a luta contra a Inglaterra se tornasse uma necessidade. Demitiu-se em fevereiro de 1840 devido a uma inesperada crise orçamentária, e o rei Luís Filipe convocou Thiers, inicialmente conciliador em relação à Inglaterra, para substituí-lo. Tocqueville havia consultado Thiers em relação à crise. Verificou que ele dava mais importância em garantir a cooperação inglesa ao assegurar o Reno como fronteira leste da França — "um sonho glorioso" — do que defender o Egito e possivelmente promover uma intervenção militar. Thiers se dispunha — ou pelo menos foi o que disse a Tocqueville — a deixar que a influência da Inglaterra sobre o Egito crescesse, caso pudesse garantir a ajuda dela em relação à expansão do leste — um projeto que provocou brevemente na Alemanha uma renovada manifestação nacionalista antifrancesa.[30]

No entanto, de volta ao poder, Thiers mudou de opinião. Ele também deu prioridade aos interesses da França no Mediterrâneo e assumiu a defesa de Mehemet Ali. Tomar uma atitude beligerante em relação à Inglaterra tornou-se parte de um esforço maior de Thiers e de Rémusat, seu ministro do Interior, em reviver a lenda napoleônica. Eles providenciaram o retorno das cinzas do imperador de Santa Helena para a França e as enterraram com grande pompa numa recente sepultura imperial, sob o domo do Hôtel des Invalides. Preparando-se para a guerra, eles renovaram um projeto de defesa (que datava da Restauração) de cercar Paris com uma muralha militar a fim de proteger a capital de uma invasão estrangeira. A Câmara forneceu em abril os recursos necessários para a construção.[31]

Palmerston instituiu uma comissão europeia a fim de negociar uma solução para o conflito, mas Thiers secretamente encorajou negociações entre o sultão e o paxá. Ele ponderou que diálogos diretos eram mais prováveis de resultar em uma solução favorável ao paxá egípcio do que uma comissão europeia controlada por Palmerston. Essa proposta não ficou em segredo durante muito tempo. Um irado Palmerston reagiu. Mantendo Guizot apartado, então embaixador da França na corte de Saint James, ele

O HOMEM QUE COMPREENDEU A DEMOCRACIA   255

convenceu um relutante gabinete inglês a excluir a França da comunidade das nações europeias. Como resultado, não sendo a França convidada, Inglaterra, Rússia, Áustria e Prússia assinaram o Tratado de Londres (15 de julho de 1840) com o objetivo de destruir Mehemet Ali, a menos que ele se retirasse da Síria. Caso Mehemet Ali concordasse, os quatro grandes poderes também concordariam em respeitar sua reivindicação hereditária relativa ao Egito. Os franceses ficaram ultrajados por ter sido excluídos. Consideraram a nova aliança europeia uma dramática e importuna recordação da Santa Aliança contra Napoleão.[32]

Tocqueville não gostava de Thiers, tampouco de Napoleão. O segundo volume de *A democracia na América*, publicado em abril de 1840, exatamente quando Thiers retornava ao poder, era em boa parte um ataque ao despotismo napoleônico. Tocqueville, entretanto, punha a honra nacional em primeiro lugar. Ele adotou uma posição firme e a manteve. Escreveu para Thiers em julho de 1840 declarando seu apoio ao belicoso posicionamento do primeiro-ministro em relação à Inglaterra, declarando: "Sobra apenas um jeito de impedir a guerra: parecermos muito decididos a desencadeá-la." Foi de opinião que "fazer uma orgulhosa e dispendiosa demonstração disso parece ser algo sensato".[33] Enquanto isso, a retórica napoleônica de Thiers funcionava quase bem demais sobre a opinião pública. Ela gerou muito apoio popular a favor da guerra. Quando terminava o verão, um banquete a favor de uma reforma eleitoral, realizado nos arredores de Paris, terminou com gritos de "Mort aux Anglais".[34]

Em Londres, o embaixador Guizot ficou alarmado diante do que estava acontecendo. Ele temia que um renascido fervor nacionalista não apenas favorecia a guerra contra a Inglaterra, mas também constituía uma ameaça revolucionária para o governo francês. A guerra despertaria paixões revolucionárias domésticas e provavelmente destruiria o regime. Embora Palmerston o tivesse surpreendido, Guizot procurou um apaziguamento, atitude que provocou o desprezo de Tocqueville.

Uma guerra no Oriente Médio irrompeu quando os ingleses ameaçaram o Egito. Eles enviaram um ultimato a Mehemet Ali no sentido de que devolvesse ao sultão o território conquistado bem como a frota confiscada. Mehemet Ali nem sequer respondeu e a frota inglesa navegou em direção a Beirute. As tropas inglesas invadiram a Síria no dia 9 de setembro. Elas capturaram Beirute e Acra sem mais tardar. No início de novembro, Ibrahim, filho de Mehemet Ali, tinha evacuado toda a Síria.

Em Paris, Thiers ameaçou preparar a França para a guerra, a menos que Mehemet Ali tivesse imediatamente a garantia de sua soberania hereditária no Egito. "Se certas linhas forem cruzadas, é a guerra", ele declarou.[35] A Câmara aprovou fornecer recursos financeiros aos militares. Thiers, entretanto, estava perdendo gradualmente o apoio do rei, bem como o de membros influentes do gabinete. Reeve, que visitou Paris naquele momento, notou que não havia um consenso sobre a guerra entre pessoas que exerciam elevadas posições políticas. Ele relatou a lorde Lansdowne que Victor Cousin (que havia sido seu professor na Sorbonne e era agora o ministro de Instrução Pública de Thiers) se pronunciava a favor de uma sólida aliança com a Inglaterra contra a Rússia, o mesmo posicionamento de Broglie e Guizot. O conflito entre o rei e o gabinete, de um lado, e uma multidão beligerante, do outro, chegou ao cúmulo quando um trabalhador parisiense denunciou que a tirania real tentou assassinar o rei Luís Filipe em sua carruagem no dia 15 de outubro. Reeve relatou fleumaticamente: "Pouco antes do jantar o rei levou um tiro." Quanto ao rei, ele entendeu que sua inclinação em encontrar uma solução pacífica tornou-o muito menos popular entre o povo. "Matando-me, eles procuraram matar a paz",[36] considerou. Ele, porém, manteve sua trajetória. Exonerou seu *petit ministre* e o substituiu por Guizot e Soult na esperança de restaurar "um cordial e bom entendimento" entre França e Inglaterra, de acordo com a posição de Guizot de que "o principal interesse da Europa é a paz em todos os lugares e para sempre".[37]

Embora enfrentasse um conflito entre sentimentos beligerantes e conciliatórios em relação à Inglaterra, Tocqueville manifestou-se em defesa da honra nacional. Escreveu uma carta detalhada para Reeve no início de novembro de 1840 pleiteando que os ingleses parassem de humilhar a França, pois a situação poderia se deteriorar. Reeve, que chegou a conhecer muito bem Guizot em Londres (ele havia traduzido para o inglês seu livro sobre George Washington), acreditou na política de apaziguamento, mas também levou a sério a ansiedade de Tocqueville. Compartilhou a carta de Tocqueville com lorde Lansdowne, que avisou Melbourne, o primeiro-ministro, e Palmerston, secretário do Ministério de Relações Exteriores.[38] É difícil afirmar o quanto a intervenção de Tocqueville contribuiu para

O HOMEM QUE COMPREENDEU A DEMOCRACIA   257

diminuir as tensões, mas depois o gabinete inglês deu provas de ser mais conciliatório em relação à soberania de Mehemet Ali para com o Egito. No dia 27 de novembro de 1840, Mehemet Ali concordou com as condições inglesas de devolver a Síria ao sultão. O sultão, por sua vez, cedeu à pressão inglesa de deixar o paxá manter o Egito. Reeve concluiu o episódio notando que Palmerston tinha ou "um conhecimento superior" de que não haveria guerra com a França, ou "uma sorte superior".[39] Com a crise diplomática amainada, a França assinou em Londres, em julho de 1841, numa Europa pacificada, uma convenção com cinco cláusulas para manter o Bósforo e os Dardanelos fechados para navios de guerra em tempos de paz. Uma França submissa foi readmitida na comunidade das nações.

Mesmo enquanto a crise terminava, Tocqueville manteve em público um posicionamento belicoso. Ele declarou à Câmara, no dia 30 de novembro de 1840, ser imperdoável o fato de a França ter sido excluída de participar da transformação do Oriente. "Acham que uma grande nação pode testemunhar um grande espetáculo como esse sem fazer parte dele?" Censurou Guizot por contemporizar a situação e denunciou o temor do governo de enfrentar um radicalismo doméstico (que ele aliás compartilhava) como desculpa para não mobilizar o exército: "Um governo que não pode declarar guerra é um governo detestável."[40]

Os amigos ingleses de Tocqueville ficaram consternados. Reeve foi o primeiro a lhe comunicar esses humores. Tocqueville, no entanto, reafirmou seu posicionamento. Fazer concessões aos ingleses, ele explicou, equivalia a concordar publicamente que uma temerosa classe média francesa, que dominava a Câmara dos Deputados, estava correta ao valorizar seus interesses acima dos interesses da França — o que ele não poderia fazer. Em resposta, Reeve sentiu que Tocqueville admitiu o "velho erro girondino de participar de um partido equivocado com a finalidade de endireitá-lo".[41] Tocqueville, entretanto, persistiu em sua crença de que dessa vez a turba estava correta. Assim, viu que a melhor maneira de enfrentar um desfecho revolucionário era ficar ao lado dele. Pois, conforme declarou vigorosamente, "somente é possível dominar os vícios de um povo compartilhando suas virtudes".[42]

Mill não se convenceu com tanta facilidade de que não havia o que justificasse o fato de Tocqueville concordar com a beligerante atitude do povo francês. Havia elogiado muito o segundo volume de *A democracia na*

América, sem qualquer manifestação de Tocqueville a esse respeito. Quando ele finalmente escreveu para Mill, também se queixou da atitude dos ingleses em relação à crise. Um irritado Mill retrucou, afirmando que toda a crise tinha sido um jogo político entre alguns poucos políticos, mas que o povo inglês, ao contrário dos franceses, jamais se envolveu com aquela questão. "Enforquemos Palmerston e Thiers ao mesmo tempo, mas o povo não deve ser culpado." Senior também se manifestou, dizendo a Tocqueville que "se Mehemet Ali reinasse em Constantinopla e Alexandria ou se Mahmoud reinasse nesses dois países, não haveria duas pessoas de fora de Londres e dez pessoas em Londres que dariam a menor importância a isso".[43]

Mill denunciou abertamente a belicosa retórica de Tocqueville e a "fanática disposição dos franceses em relação à guerra", "uma explosão de napoleonismo" e "o ódio à Inglaterra". Felizmente, encararam um "caráter inglês" que "não se deixava intimidar" (presumivelmente pelo jogo duplo de Thiers).[44] Tocqueville, por sua vez, manteve sua posição, afirmando que se "a chance de acontecer uma guerra" tinha sido mitigada, o mesmo ocorreu com "a chance de uma nova e sincera aliança" entre as duas nações. Embora indicasse que "não poderia aprovar a linguagem revolucionária e propagandista" dos "partidários da guerra", ele ficou muito mais desconfiado em relação àqueles que "pediam em altos brados a paz" simplesmente porque preferiam seu próprio conforto. A guerra, insistiu Tocqueville, permanecia a solução para "o gradual abrandamento dos costumes" que atormentava o povo francês. Ninguém promove a grandeza construindo ferrovias. Uma nação que "caiu do nível a que seus antepassados a elevaram" requeria uma "atitude orgulhosa" caso pretendesse permanecer viva, e não "a fraqueza e o egoísmo" das classes médias. Tocqueville escreveu tudo isso em março de 1841.[45] Mill não se incomodou em responder.

Tocqueville terminou negando indiretamente a acusação de napoleonismo, devida a Mill, em seu discurso de ingresso na Academia Francesa em 1842, um ritual que marcou sua ascensão ao pináculo da ordem literária da França. A tradição contém desafios inesperados. A política eleitoral acadêmica exigia que Tocqueville elogiasse seu antecessor, que foi ninguém mais do que o conde Lacuée de Cessac, que escrevia sobre a arte militar, íntimo ajudante de Napoleão e cuja responsabilidade era supervisionar o recrutamento, tendo como consequência a morte de 80 mil jovens nos campos de

O HOMEM QUE COMPREENDEU A DEMOCRACIA 259

batalha, abatidos sistematicamente "como árvores cortadas numa floresta", conforme Chateaubriand disse.[46] Em um rascunho, Tocqueville disse que Cessac era um homem que "não concebia que poderia discutir com o imperador", mas em seu discurso fez uma timorata alusão a um "servo do absolutismo".[47]

Tocqueville percorria uma linha divisória ao elogiar simultaneamente as conquistas francesas e o amor pela liberdade. Embora tivesse de elogiar Cessac, deixou claro que Napoleão tinha ido longe demais. Tocqueville valorizou mais a liberdade do que a glória militar. Ele tinha curiosidade e dúvida de saber se o "servo" havia finalmente se dado conta de que o "patrão" desafortunadamente "substituiu a paixão por conquista pela paixão por liberdade" e "uma imensa revolução que havia começado a favor da liberdade terminou em despotismo".[48]

Houve duas objeções. A primeira do conde Molé, primo mais velho de Tocqueville e ex-primeiro-ministro, que outrora apoiou o imperador. Molé usou seu privilégio de saudar o novo membro da Academia Francesa afirmando que se Tocqueville tivesse vivido ao longo daqueles dramáticos acontecimentos ele teria sabido que Napoleão salvara a França do caos da revolucionária Convenção Nacional.[49] Uma objeção muito diferente chegou um pouco mais tarde, pelo correio. Mill, a quem Tocqueville enviou seu discurso de posse, não o admitiu. Ele ressentiu-se da subjacente e persistente belicosidade de Tocqueville em nome da "França e da civilização". Mill implorou: homens influentes como Tocqueville e, acima de tudo, todos os grandes teóricos da democracia tinham o dever de lembrar que a "glória nacional" não dependia da beligerância, mas da "industriosidade, da instrução, da moralidade e de um bom governo". Somente ao dar prioridade a esses fatores ganharia o respeito e prestígio diante de um mundo mais amplo. Sem eles, os "ingleses" entenderam que a França agia nada menos do que com uma "simples demonstração pueril". Um prestígio internacional e uma "civilização saudável exigiam mais do que isso". "A real importância de um país [...] não depende de barulhentas e impetuosas afirmações de importância" e Tocqueville não deveria fazer concessões às bravatas e à retórica de "uma nação de estudantes emburrados".[50]

Tocqueville não ouviu o amigo. Manteve seu posicionamento diante do fato de que os ingleses poderiam espalhar-se pelo mundo em nome da grandeza da França pela qual ele ansiava.[51] Dedicou-se a escrever vários artigos para *Le Commerce* no verão de 1844, afirmando a necessidade de limitar o controle da Inglaterra em tantos países. Defendeu a colonização francesa das ilhas da Polinésia a fim de que se contrapusesse à presença inglesa no Pacífico. Tocqueville apoiou, contra Guizot, a expulsão no Taiti do representante inglês Pritchard, que havia fomentado sentimentos antifranceses.[52] Embora preocupado com a abrangência da escravidão no oeste dos Estados Unidos, no começo de 1846 ele ficou do lado dos norte-americanos em sua disputa com a Inglaterra sobre a fronteira no Oregon, sabendo que seu sucesso desafiaria o domínio marítimo dos ingleses no Pacífico.[53] Então, em 1847, o grupo da Nova Esquerda de Tocqueville ameaçou o convívio cordial em relação a uma rivalidade franco-inglesa de influência no Mediterrâneo. Eles propuseram uma retificação do comunicado parlamentar à Coroa, instruindo Guizot a não satisfazer a Inglaterra, quando ela e a França se envolveram em um embate de influência com o casamento minuciosamente negociado do duque d'Aumale, filho do rei Luís Filipe, com a infanta, irmã da rainha da Espanha.[54]

Travando uma Guerra na Argélia

O teste mais amplo da grandeza francesa, conforme Mill desafiou Tocqueville a entender o termo, ocorreu na Argélia. Tocqueville estava profundamente envolvido com a implantação francesa no norte da África e foi quando seus instintos nacionalistas se conflitaram muito visivelmente com seus instintos democráticos. Foi também quando ele falhou muito claramente em encontrar um meio-termo satisfatório. Ao investigar a colonização, Tocqueville não estava inspirado, como seus amigos ingleses, por uma missão civilizatória. Quanto a Mill, o despotismo constituía "o meio legítimo de um governo lidar com bárbaros, contanto que o fim fosse seu progresso", pois para Tocqueville a colonização funcionava em benefício não dos "bárbaros", mas a favor dos colonizadores franceses. Tocqueville justificou a conquista por considerar a colônia um lugar onde os franceses poderiam se livrar da sedentária mediocridade em seu país, procurar uma vida melhor num lugar novo e finalmente exercer sua liberdade.[55] Eles poderiam realizar na Argélia a promessa democrática de que não podiam dar conta em casa.

O HOMEM QUE COMPREENDEU A DEMOCRACIA   261

Tocqueville empenhou-se desde o primeiro dia a favor de uma bem-sucedida conquista da Argélia. Kergorlay, seu amigo de infância, foi um dos
primeiros soldados a embarcar para lá. Seu irmão Hippolyte também queria
ir. Kergorlay e Tocqueville concordaram com o fato de que a conquista oferecia perspectivas políticas e econômicas. A França fortaleceria sua posição
no Mediterrâneo e desafiaria eficazmente a Inglaterra. A Argélia, além disso,
parecia ser uma oportunidade econômica fora de série. Embora a França
não fosse superpovoada e dispusesse de terras em quantidade suficiente, a
abundância de terras aráveis na Argélia era atraente. O país berbere havia
sido o granário de Roma na Antiguidade e agora seria da França. A região
de Tell, no norte da Argélia, recebia uma quantidade de chuva suficiente
para que a agricultura fosse bem-sucedida.[56]

Um amplo consenso colonial materializou-se na França. Abrangia desde
a família real à direita (o rei enviou seus filhos para combater na Argélia) até
os membros da Câmara dos Deputados situados mais à esquerda. Tocqueville, como a maioria de seus colegas da sociedade abolicionista francesa, não
tinha reservas em relação à conquista. Aqueles poucos membros da sociedade
que se opunham a ela, como Passy, agiam assim por motivos econômicos,
não por motivos morais. Na França, não apenas círculos liberais, mas também círculos comunitários e socialistas acolhiam o imperialismo. "Temos
o Mediterrâneo e a Argélia como algo que deve ser mantido", escreveu o
socialista Louis Blanc.[57]

Tocqueville abandonou rapidamente a utópica opinião que havia adotado
em sua primeira campanha eleitoral em 1837, segundo a qual os dois povos,
o francês e o árabe, haveriam de "misturar-se". Agora ele acreditava que
"os invasores têm de dominar inequivocamente o país". Tocqueville disse
a Léon Juchault de Lamoricière, colega de classe de Kergorlay na Escola
Politécnica, que como capitão do recentemente formado Batalhão Zuavo,
havia estabelecido unidades militares na Argélia, que "um povo conquis-
tando outro povo dificilmente é uma coisa nova neste mundo". Graus de
civilização costumam determinar os relacionamentos entre conquistador e
conquistado. "Vimos algumas vezes um povo altamente civilizado fundir-se
com um povo bárbaro, mas somente em casos em que os civilizados são
fracos, e os bárbaros, fortes. Em casos em que um dos dois é mais forte e
mais civilizado, ele não permite ser subordinado — ele repele o outro ou o

mata. Desejo fervorosamente que isso não aconteça na África, mas tenho pouca esperança de que as coisas sejam diferentes por lá."

Tocqueville passou a ver a Argélia como uma versão francesa das fronteiras norte-americanas.[58] Sua experiência com a democracia nos Estados Unidos justificava a colonização francesa do norte da África. A conquista deveria estimular as pessoas inteligentes a partir para uma aventura pioneira, como os norte-americanos que ele havia observado povoando o oeste. "Que grandes exemplos a serem seguidos! Esse povo avança 20 ou 25 quilômetros num deserto que se estende por quase 2 mil quilômetros. São esses americanos donos de propriedades, esses capitalistas de pequena escala que com grandes e diminutos recursos procuram sua fortuna nas fronteiras. É esse tipo de gente que devemos atrair para a Argélia."[59] Os franceses tinham uma oportunidade de adquirir na Argélia as capacidades colonizadoras que até então não possuíam. Muito cedo, por ocasião da conquista, Kergorlay imaginou que se "os colonos obtivessem grandes extensões de terra arável, isso produziria bandos de crianças que cultivariam o solo".[60]

Tocqueville leu o Corão em 1838, um ano após sua primeira campanha eleitoral, quando havia especulado se seria possível fundir as duas sociedades numa só ("*se confondre*"). Depois verificou que eram de fato "duas entidades discretas, profundamente separadas".[61] Os árabes não se converteriam ao cristianismo nem adotariam um Estado secular. O Corão, ao misturar a lei civil e a lei divina em um conjunto de preceitos, impediu a criação de uma sociedade civil que compartilhasse um estilo ocidental. Tocqueville disse a Arthur de Gobineau: "Tem havido poucas religiões no mundo tão fatais para os homens como a de Mohammed."[62] Entre os árabes, a justiça é praticada somente em nome de Deus, sem nenhum possível estímulo. As elites recebem um treino comum em um único texto, mesmo quando acabam se tornando imames, muftis ou qadis. Já os crentes são limitados a um culto de preces e a ouvir sermões.[63] Todos têm uma obrigação com a *jihad*, como foi evidenciado pela guerra de resistência que o santificado marabu Abd el-Kader estava promovendo contra os franceses. "Fundir esses dois povos seria o equívoco de um tolo."[64]

Ele não queria que os franceses reproduzissem no norte da África algo que se assemelhasse ao extermínio dos povos indígenas que colonizadores brancos cometeram no território norte-americano. Embora "os europeus

O HOMEM QUE COMPREENDEU A DEMOCRACIA   263

da América do Norte terminassem expulsando os indígenas de seus territórios", ele escreveu, "precisamos tomar cuidado para não fazer o mesmo *chez nous*".[65] Entretanto, ao mesmo tempo, Tocqueville tinha plena consciência ao reconhecer que os franceses enfrentavam imensas resistências. Ele ficou sabendo que logo no início da conquista os árabes determinavam qual tipo de guerra seria travada. Kergorlay havia explicado como era inútil recorrer aos pesados canhões franceses contra uma força móvel e que se dispersava rapidamente. Os beduínos eram ótimos cavaleiros e experientes atiradores. Os soldados que combatiam a pé também eram bons no manejo de espingardas. Os franceses precisavam aprender como lutar contra forças nômades e experientes que sabiam como recuperar-se rapidamente de uma derrota simplesmente reagrupando-se em outros lugares. Também precisavam aprender o que eram velocidade e mobilidade. Kergorlay havia sugerido ingenuamente, logo no início da conquista, que "temos de impor a eles nosso estilo de guerra e recusarmos o estilo deles contra nós", mas isso obviamente não aconteceria.[66] Kergorlay logo se deu conta de que para lutar contra os árabes de maneira eficaz, o exército francês precisaria recorrer a seus canhões mais leves, usados nas montanhas, como prelúdio a seus ataques com baionetas da infantaria. Nessas circunstâncias, Tocqueville acreditava que uma reação militar não seria suficiente. Ele sentiu que seria necessário recorrer de vez em quando à violência contra civis e destruir safras para forçar a submissão. Até mesmo antes de visitar a Argélia e constatar o que estava acontecendo, Tocqueville escreveu para Lamoricière: "Eu me incluo entre aqueles que compreendem e aprovam o tipo de guerra que estamos travando no momento."[67]

Tocqueville certamente levava em consideração alternativas para aquele tipo de guerra na Argélia. No entanto, os modelos de dominação sobre os quais refletia não se destinavam a estabelecer e fixar uma população de invasores. Sob o governo otomano, janissários e outros kouloughlis, ele havia mantido durante dois séculos a população autóctone do norte da África apartada entre si em todo o Magreb e coletado tributos de tribos separadas. Os otomanos jamais tentaram fixar-se na região.

Tocqueville também considerou a colonização da Índia um possível modelo para a França. Esse assunto o absorveu muito. Leu o que James Mill escreveu sobre a história da Índia. Anotou detalhes sobre o que o abade

264 OLIVIER ZUNZ

Dubois escreveu sobre o sistema de castas.[68] A estrita estrutura hierárquica de uma sociedade de castas possibilitou aos ingleses garantir seu domínio sobre o país, interagindo somente com alguns poucos príncipes. Tocqueville admirava o modo como os ingleses promoviam a rivalidade entre os governantes locais e conseguiam manter tudo sob controle. Ele teve a intenção de escrever um longo ensaio sobre essa questão para a *Revue des deux mondes*, mas nunca foi além de suas detalhadas anotações.

Aqueles modelos otomanos e ingleses de dominação não incluíam a ocupação de territórios. Tocqueville, entretanto, previu uma densa população francesa fixando-se na Argélia. A guerra com o objetivo de derrotar a *jihad* foi o primeiro passo. Então, em algum momento, a população civil haveria de se enfrentar. "No momento em que o trabalhador aparece atrás do soldado", previu Tocqueville, os árabes reconheceriam que os franceses vieram "não apenas para conquistá-los, mas para esbulhá-los". No esbulho, "a contenda já não era mais entre governos, mas entre raças".[69]

Tocqueville finalmente foi adiante ao empreender uma viagem à África, planejada durante muito tempo, para verificar a amplitude da questão que ele considerava ser "a mais importante entre os interesses da França no mundo".[70] No auge da crise no Oriente, ele disse a Lamoricière que uma "grande guerra" com a Inglaterra haveria de colocar em andamento a conquista da Argélia. Os franceses corriam o risco de perder "os primeiros frutos dos imensos sacrifícios que fizemos na África e que fazemos a cada dia que passa". Como a *grande guerre* com a Inglaterra não se materializou, Tocqueville partiu para a Argélia com seu irmão Hippolyte e Beaumont para dar conta pessoalmente da situação militar e administrativa. Solicitou a Lamoricière que garantisse que eles se encontrariam com "as pessoas mais capacitadas para nos mostrar os prós e os contras da questão, pondo ambos os lados em perspectiva".[71]

Eles desembarcaram em Argel no dia 7 de maio de 1841, onde Corcelle juntou-se ao grupo. Em Argel, Tocqueville registrou "uma prodigiosa mistura de raças e de costumes, árabes, *kabyles*, mouros, negros, *mahonnais*, franceses", e chegou até mesmo a reconhecer um som familiar dos Estados Unidos, "algo febril [...] tudo o que se ouve é o barulho de marteladas [...] é Cincinnati transportada para o solo africano".[72] Tocqueville ficou impressionado com a beleza da paisagem e com a limpidez do ar. Ele escreveu para

O HOMEM QUE COMPREENDEU A DEMOCRACIA   265

Victor Lanjuinais: "Durante esta época do ano, a África é à primeira vista uma maravilha de se ver. O clima é soberbo, a terra em torno de Argel é fértil. Em todos os lugares há lindas casas, rodeadas por arvoredos, laranjais e outras árvores frutíferas do sul. Percorremos grandes e belas estradas no interior que parecem ligar as províncias de um vasto império."[73] A seu pai, Tocqueville relatou que se sentia como se transportado para um episódio das mil e uma noites.[74] Manteve Marie, que precisava ser tranquilizada após certa desconfiança em relação à vida conjugal, a par de cada movimento. Tocqueville demonstrara sentir um grande entusiasmo ao prometer a sua esposa que estava sendo fiel. Embora "o clima quente excite os sentidos", ele "se comportava muito bem, palavra de honra". "Não cometi qualquer espécie de infidelidade, não sucumbi diante do que quer que seja [...] Verá até que ponto isso aconteceu diante do prazer que sentirei quando você estiver em meus braços."[75] Contudo, finalmente admitiu ter sido ocasionalmente infiel numa longa carta que escreveu um ano depois, e Kergorlay precisou intervir na vida privada de seu bom amigo convencendo Marie de que ela era a única mulher que seu marido amava e a única em que ele confiava.[76]

O entusiasmo inicial pelo clima, beleza e atividade da Argélia foi rapidamente substituído por uma colocação melancólica. Talvez a Argélia tivesse um grande potencial, porém não era um lugar que oferecia segurança. Tocqueville disse a Lanjuinais: "Percorra 15 quilômetros em qualquer direção e dois ou três homens sairão de trás dos arbustos onde estavam escondidos dispostos a cortar sua garganta. Como você bem pode imaginar, isso elimina o prazer de perambular por aí ou pelo menos o limita a áreas muito confinadas. Quanto a mim, tomei cuidado para não ir longe demais e contentei-me em observar a distância os penhascos do Sahel e as planícies do Metidja" — planícies que a tribo dos Hadjoute ainda estava devastando em obediência às ordens de Abd el-Kader.[77] Tocqueville escreveu a seu amigo, o jornalista Léon Faucher: "Não espere um rápido, explosivo e honroso fim da guerra; essa é uma ilusão de que oito dias passados na África o curarão."[78]

O grupo encontrou-se com o general Bugeaud, que acabava de voltar de Argel após pacificar a Medea e preparava uma expedição militar de Mostaganem até Tagdempt, os quartéis-generais que Abd el-Kader havia estabelecido na beira do deserto. Eles foram com Bugeaud até Mostaganem, onde Lamoricière os esperava. Lá chegando, Tocqueville, sempre à mercê de sua saúde frágil, sentiu-se fraco demais para prosseguir com o exército até Tagdempt. Hippolyte e Corcelle foram em frente, mas Beaumont voltou para Argel com Tocqueville através de Oran e Mers-el-Kebir. No dia 28 de maio embarcaram em um navio que percorria o litoral até Philippeville, com a intenção de ir até Constantine e visitar a região leste do país. A paz prevaleceu naquela região onde o exército francês recrutou regimentos de cavalaria ligeira de spahis entre os nativos.[79] Tocqueville sucumbiu a uma séria disenteria e voltou para a França no dia 10 de junho, um mês antes da data marcada.

Em contraste com as anotações que fez nos Estados Unidos, na Inglaterra e na Irlanda, apenas poucas anotações restaram de sua primeira viagem argelina. Temos, portanto, apenas um vislumbre de suas observações relativas a seus encontros com funcionários públicos, clero, soldados e marinheiros. Tocqueville registrou que o monsenhor Antoine-Adolphe Dupuch, bispo de Argel, tinha sido capaz de negociar uma bem-sucedida troca de prisioneiros com Abd el-Kader, semelhante a uma dramática repetição da "era das Cruzadas".[80] Ele apreciou fazer visitas na companhia de Louis-Adrien Berbrugger, um linguista e arqueólogo francês, favoravelmente inclinado às teorias comunais fourieristas, casado com uma argelina, e fundador de uma biblioteca e de um museu. Entre alguns comentários sobre os costumes locais, ele notou que a poligamia legal destinava um excesso de mulheres para alguns homens e, portanto, induzia os solteiros a praticar "o vício contra a natureza".[81]

Somente após chegar a Toulon, em junho, Alexis contou para sua esposa o quanto tinha ficado seriamente doente. Excetuando dois ou três dias após sua chegada a Argel, a viagem inteira foi feita sob demorado mal-estar, com violentos ataques de febre alta. Agora que estava de volta e a salvo, ele esperava se recuperar totalmente no momento em que estivessem juntos de novo em Tocqueville.[82]

Convalescendo em casa, Tocqueville refletiu sobre sua viagem. Ele escreveu um longo memorando intitulado *Travail sur l'Algérie*, unicamente em benefício de seu amigo Beaumont, que queria um registro das impressões de Tocqueville para um livro que ele tinha a intenção de escrever. Deixou também outras anotações pessoais que nos ajudam a seguir seu raciocínio. Sua prioridade era ganhar a guerra, mesmo que isso significasse assumir a

O HOMEM QUE COMPREENDEU A DEMOCRACIA 267

devastadora política do exército no sentido de arrasar a terra. Ele, entretanto, não queria que a guerra prosseguisse em todo o território da Argélia. Ao contrário de seu amigo Corcelle, não era a favor apenas de um diminuto povoamento do litoral.[83] Tocqueville preferiu que a França fosse seletiva na conquista. Não havia motivo algum para penetrar naquelas regiões da província de Oran que não estavam sob o controle da França. Não havia necessidade de estabelecer-se a oeste de Mostaganem, uma região suficientemente fértil, mas distante de Oran cinco dias de caminhada a pé, com a guerra espocando por todos os lados. Bône, no leste, devia ser evitada pelo motivo oposto: lá a população era amistosa em relação aos franceses e seria um erro crasso provocá-la.

Essas eram, porém, nuances geográficas. A questão era que Tocqueville queria que os franceses fossem bem-sucedidos em colonizar a Argélia e não havia como voltar atrás. De forma muito parecida com sua queixa sobre a França por ocasião de seu conflito com a Inglaterra, ele estava convencido de que "qualquer povo que renuncie àquilo que foi tomado dele para retirar-se e viver confortavelmente atrás de suas antigas fronteiras, proclama que sua grandeza anterior acabou. Ele entra de bom grado em seu período de declínio".[84] Assim, Tocqueville apoiava a brutal conquista que o general Bugeaud estava empreendendo, incluindo as táticas do exército relativas a razias e a queimas nas cavernas.[85]

Tocqueville não gostava de Bugeaud pessoalmente e fazia objeções a seu absenteísmo, bem como a seu caráter, que exibia "a vulgaridade e a comum violência do poder militar".[86] Ele tinha resolvido resistir a ser doutrinado na estratégia militar de Bugeaud, de uma conquista total, mas não poderia ter sido tão confiante. Apoiou Bugeaud ao se dar conta de que Abd el-Kader era um adversário formidável, "um homem extremamente notável", um "Cromwell muçulmano" capaz de angariar uma enorme lealdade. O exército acreditava que contra Abd el-Kader "somente o terror funcionará".[87] Tocqueville indicou a Beaumont, em suas anotações, que pessoalmente não desejava "recriar" um estilo "turco" de violência "que merecia a repulsa do mundo". No entanto, quando se tratava de queimar colheitas, de destruir silos ou de capturar "homens desarmados, mulheres e crianças", Tocqueville indicou que táticas tão desumanas eram "infelizes necessidades, mas aquelas que qualquer povo que queira desfechar uma guerra contra os árabes é obrigado a adotar".[88] Bem no início da conquista Kergorlay havia relatado como os árabes costumavam cortar a garganta de prisioneiros franceses e então vendiam as cabeças para o dei turco. Eles não compreendiam o motivo pelo qual os soldados franceses da mesma forma não cortavam a cabeça de seus prisioneiros árabes. Tocqueville invocou esses costumes locais para justificar uma violenta "campanha" contra "tribos que têm estado em guerras conosco". "Os costumes do país" sugeriam que tais métodos não eram "injustos".[89] Os franceses não dispunham de alternativas, precisavam vencer. Tocqueville permaneceu em silêncio publicamente no que se referia à violência do exército, sem endossá-la, mas também sem condená-la. No entanto, seu silêncio foi uma tácita aceitação da política de terra arrasada.

Em seguida à vitória e à pacificação, o passo seguinte seria os franceses se estabelecerem na Argélia, isto é, agricultores empreendedores ocupariam as terras, tornariam a Argélia seu lar e criariam uma sociedade civilizada.[90] Foi nesse momento que Tocqueville distanciou-se vocalmente do exército. Devido à colonização, ele acreditou que o exército devia dar um fim a seu domínio da colônia e a episódios de violência. Sugeriu que os franceses concentrassem seus esforços em Argel e em seu interior, a primeira região a ser reorganizada como um prolongamento da França.

Em seu memorando enviado a Beaumont, culpou o domínio militar por seu fracasso em criar condições para o estabelecimento de uma sociedade civil entre os colonizadores franceses. O governo norte-americano fornecera assistência aos pioneiros que se dirigiam para o oeste através de uma política de ocupação de terras. Em Michigan, Tocqueville observou como o escritório federal de terras estava ajudando os pioneiros norte-americanos a adquirir e desenvolver terras. Na Argélia, determinar quem era dono de determinado pedaço de terra tornou-se uma dor de cabeça. Lamoricière atestou que a região de Mitidja fora vendida por um preço demasiado alto. A terra, por conta de decisão judicial, atingiu o dobro do valor da área disponível na planície. Provar quem eram os verdadeiros donos tornou-se um problema insolúvel.[91]

Além disso, não havia na Argélia instituições políticas confiáveis. O sistema eleitoral, a liberdade de imprensa, o julgamento por um júri, talvez não necessários na "infância das sociedades", tornou-se indispensável para garantir "a liberdade de dispor da própria pessoa e da propriedade" e ga-

O HOMEM QUE COMPREENDEU A DEMOCRACIA 269

rantir a prosperidade.[92] O domínio militar, entretanto, eliminou todos os direitos dos colonos franceses. "Você se apodera de sua propriedade sem compensação, impõe-lhe todos os tipos de jurisprudência bárbara, detém prisioneiros sem mandado de prisão, encarcera-os sem recurso legal [...] Proíbe os colonos de ter uma imprensa livre, não lhes dá opção de onde podem educar seus filhos e elimina toda a sua participação em um governo local. Não escolhe nenhum de seus líderes, não paga tributos e pode ser banido a qualquer momento."[93] A Argélia, assim, foi uma parte da França em que os cidadãos não tinham nenhum direito francês. "O governo municipal, mesmo em princípio, não existe mais."[94] Tudo ocorria como se a parábola de Saint-Simon tivesse sido adotada na Argélia.[95]

Tocqueville escreveu para Faucher: "O que surpreende não é o fato de alguém ir para a Argélia, mas optar permanecer por lá." "No momento atual, é preciso ser louco."[96] A governança argelina estava nas mãos de generais e administradores que "em nome da França" põem "advogados ultracivilizados, mas corruptos" a serviço de suas "horripilantes finalidades".[97] "Deus nos ajude se a França um dia for governada pelos oficiais dos exércitos da África."[98] Em todos os lugares aonde ia, Tocqueville presenciava o caos administrativo, qualquer que fosse o governo.

"Estou convicto de que, enquanto o planejamento geral dos negócios for determinado por líderes militares, o trabalho de colonização com que estamos envolvidos aqui jamais acontecerá, ou será realizado precariamente."[99] O domínio militar é um meio, não um fim; o fim deve ser civil. Tudo que o exército precisa fazer é garantir que "eles podem exercer suas atividades agrícolas desarmados".[100] A África precisava de colonos livres para movimentar-se quando quisessem e sem qualquer espécie de impedimentos. Infelizmente, quando se trata de organização social, "homens teóricos", como o abade Landmann em Constantine, pregavam somente fourierismo e sansimonismo, isto é, "a destruição da vida individual". Por fim, Tocqueville denunciou um "absurdo" nível de centralização em Paris. Uma sociedade colonial requeria "razoável independência dos escritórios e repartições de Paris". Em vez disso, nada era feito localmente. "O diretor de finanças escreveu 9 mil cartas durante um ano para o ministro."[101] Sob tais circunstâncias, tornou-se impossível atrair para a Argélia nada além de especuladores e homens já muito endividados e de má reputação.

Como seria possível criar uma colônia civilizada, acrescentou Tocqueville, quando o poder estava nas mãos de "um governo turbulento, violento, tirânico, arbitrário e vulgar", de "um soldado que forja instituições civis enquanto anda por aí?".[102] Beaumont jamais escreveu o livro sobre a Argélia, como era sua intenção, mas escreveu uma versão enxuta do texto de Tocqueville, que foi publicada em 1842 em vários artigos de *Le Siècle* em resposta à requisição do general Bugeaud de aumentar para 80 mil as tropas francesas, e o objetivo do rei Luís Filipe de tornar a Argélia parte da França, e para sempre. Beaumont relembrou as principais colocações de Tocqueville. Após congratular o general Bugeaud por seus empreendimentos militares, Beaumont denunciou sua ambição de uma ocupação total. Seria melhor enfocar o poder militar francês onde os árabes poderiam reagrupar-se e tornar-se poderosos. Beaumont também atacou a fracassada tentativa do general de implantar uma colonização militar. Era preciso soldados a fim de proteger os colonos, não transformar soldados em colonos. O objetivo seria ter 60 mil fazendeiros franceses na África e não trezentos soldados-colonos, que se submeteriam a casamentos animados por ridículos toques de tambor. Era imperativo implementar na Argélia leis que a regessem a fim de substituir os arbitrários poderes de um governador-geral, planejar um sistema fiscal realista, não fazer com que os árabes pagassem impostos que não tinham como ser coletados, além de propriedades sem donos. Era inaceitável apresentar à Câmara dos Deputados um orçamento fantasioso de sessenta páginas. O que havia de mais crítico era o fato de que se a França precisasse perder entre 12 mil e 15 mil vidas anualmente, e hospitalizar 25 mil soldados doentes, isso teria de ser a favor de um grande empreendimento de que os franceses poderiam se beneficiar. A Argélia deveria ser um prolongamento da França, com elevada presença de franceses.[103]

Em abril de 1845, o marechal Soult criou finalmente uma administração civil para as províncias de Argel, Oran e Constantine. Tocqueville planejou visitar novamente a Argélia em 1846 a fim de constatar se o país havia progredido. Antes da segunda viagem, durante um muito animado debate na Câmara dos Deputados sobre o orçamento argelino, realizado em junho de 1846, Tocqueville expressou sua frustração diante da administração militar do general Bugeaud e seu desprazer com a ausência do militar na África.[104] Com seu colega Jules Armand Dufaure, do Partido da Nova Esquerda,

O HOMEM QUE COMPREENDEU A DEMOCRACIA

relator da comissão sobre a Argélia, Tocqueville estava numa boa posição para ajudar a organizar o debate na Câmara. Ao dirigir-se a seus colegas, Tocqueville afirmou que em relação ao que ele tinha lido e ouvido a respeito de quase tudo em todos os lugares, nada estava sendo feito para facilitar a colonização de civis. Homens e mulheres franceses comuns, tão visivelmente frustrados na França devido a expectativas que diminuíam, poderiam exercitar livremente seu espírito empreendedor na Argélia apenas se o exército francês facilitasse seu trabalho, em vez de causar empecilhos. "Medidas preparatórias tais como fazer levantamentos topográficos e dividir as terras em lotes não apresentavam qualquer grau de regularidade ou urgência." Até mesmo em Argel "uma pessoa vive o dia a dia, como se cada dia fosse a manhã após a conquista". "Em todos os lugares e sem exceção deparei-me com a ideia de que o marechal é hostil em relação à sociedade civil; existe algo que ele não entende ou quer entender."[105] Os poucos colonos na Argélia, relatou Tocqueville, viviam nas mais horríveis condições. "A população agrícola [...] simplesmente não existe." Nas aldeias que o exército criou, "metade dos habitantes morreu e a outra metade vive na miséria". Acima de tudo, "o governo está nas mãos de subalternos de segunda categoria que não tinham condição de povoar a Plaine St. Denis [nos subúrbios de Paris] mesmo que quisessem!".[106]

Tocqueville argumentou que uma pessoa deveria esperar de um governo somente uma organização geral relativa à colonização: "Providenciar segurança, cuidar do interior, construir estradas que se ligam, bem como com vários mercados, proteger a propriedade particular tão pacificamente quanto for possível." Isso seria suficiente, porém o exército traz colonizadores e cria aldeias, e então afirma que elas são prósperas diante de tantas evidências ao contrário. "Pegar um homem pobre da França e levá-lo para a Argélia, determinar onde ele vai morar, construir uma casa para ele, limpar o terreno para ele e encontrar algum outro pobre-diabo para ser seu vizinho — resumindo, foi o que fizemos no Sahel argelino —, isso me parece patentemente ridículo e absurdo [...] Precisamos desistir desse sistema de enfileirar os homens um por um e fixá-los na terra como se fossem aspargos. Isso me faz lembrar daquelas aldeias de papelão que Potemkin usava a fim de impressionar Catarina, a Grande, quando ela percorria o interior do país."[107]

Tocqueville anunciou ao general Bugeaud que faria outra visita[108] e preparou sua segunda viagem correspondendo-se novamente com Lamoricière, único oficial na Argélia em quem ele confiava. Retornou a Argel no dia 31 de outubro de 1846. Dessa vez, sua esposa Marie o acompanhou, mas ela permaneceu em Argel enquanto Tocqueville viajava com o general Bugeaud até Orléansville, onde Saint-Arnaud estava no comando. Em seguida, atravessou Dhara até Ténès, escoltado pelo tenente-coronel Canrobert, e prosseguiu até Oran para ver Lamoricière. Essa viagem durou um mês. Tocqueville retornou a Argel no dia 30 de novembro. Deixou novamente Marie nas duas primeiras semanas de dezembro a fim de visitar as colônias próximas. Já não estava mais escoltado por militares, mas por um jornalista francês chamado Auguste Bussière (que escreveu uma crônica sobre a viagem). Em sua companhia Tocqueville visitou as aldeias de Sahel e Mitidja. Ao regressar a Argel, no dia 10 de dezembro, ele e Marie embarcaram em um navio a vapor até Philippeville e Constantine. O tempo mudou em Bône, mas eles estavam em Constantine na noite de Natal como hóspedes do general Bedeau. Voltaram para a França no dia 29 de dezembro.[109]

Foi com Bussière que Tocqueville enfocou o estado da colonização e as condições em que viviam os colonos em suas aldeias. Ao contrário do artista e amigo Théodore Chassériau, que naquele momento pintava cenas da vida árabe,[110] Tocqueville estava preocupado acima de tudo com o destino dos fazendeiros franceses. Em todos os lugares aonde ia, ele fazia perguntas sobre a drenagem dos pântanos, a construção de estradas e a conservação das florestas. Anotou o tamanho dos rebanhos, estudou a demografia da população, a taxa de sobrevivência e os métodos de comunicação e administração praticados em colônias locais.

Nem o general Bugeaud nem qualquer outro oficial jamais visitou as aldeias percorridas por Tocqueville. Todos os habitantes de uma aldeia por onde passou, por exemplo, vieram de Hyères, na Provença. O governo construiu para eles um forte, mas nenhuma igreja ou escola. Em outro caso, o governo tinha sido responsável pelo povoamento de 36 lotes, mas dez foram abandonados e os colonos remanescentes não dispunham de capital e não conseguiam obter créditos. Em um terceiro lote, cinquenta famílias viviam numa aldeia que o exército criou em 1843. Não tinha escola e o fornecimento de água não era confiável. Das trinta crianças nascidas na aldeia, somente

O HOMEM QUE COMPREENDEU A DEMOCRACIA   273

três sobreviveram. Como Tocqueville disse a Lamoricière: "Não é assim que as nações são formadas."[111]

A questão da coabitação com os árabes se impunha, e muito. Tocqueville retornou de sua viagem em 1846 com uma clara percepção dos conflitos entre duas populações e com a intenção de apresentar à Câmara dos Deputados planos de reorganizar a colônia. Ele se tornou relator de dois artigos da legislação relativa à Argélia, introduzidos na Câmara no dia 27 de fevereiro de 1847, incluindo um que o general Bugeaud requisitou tendo em vista uma colonização militar adicional. Como se quisesse reviver uma dolorosa disputa, Beaumont, que viajou sozinho para a Argélia, queria ser o relator daqueles artigos. Tocqueville, irritado, perguntou a Corcelle: "Como Beaumont teve a ideia de passar por cima de mim e impedir-me de realizar um trabalho que elaborei tão cuidadosamente com a finalidade de entendê-lo, com um custo pessoal muito grande?" [112]

Em seu relatório de maio de 1847, Tocqueville registrou uma pacificação quase completa. Ele estava satisfeito com o fato de que o exército francês havia desempenhado seu mandato. A França dominava o país. A grandeza da França estava à mostra. Até mesmo "kabilas independentes", rodeados por todos os lados "por nossos colonos [...] estão começando a submeter-se a nossa influência e, ao que se diz, prontos para reconhecer nosso poder".[113] Abd el-Kader se renderia dentro de sete meses a ninguém menos que Lamoricière. Tocqueville invocou a criação de um ministério civil, não um ministério militar, para administrar o território. Propôs que futuros administradores argelinos recebessem uma educação que os prepararia para entender o "idioma, os costumes, a história do país que eles vão governar" — tal como "os ingleses fizeram na Índia", mesmo que não tivessem a intenção de se estabelecer naquele país.[114]

Tocqueville argumentou que a antidemocrática conquista dos árabes foi uma demonstração necessária do poderio militar francês. Agora, porém, ele sentia que os franceses tinham uma oportunidade única de criar sua própria versão norte-americana da ocupação de fronteiras e repetir a experiência democrática dos Estados Unidos em um lugar novo. Ele voltou a dizer que Philippeville e Argel estavam crescendo "como Cincinnati". Adaptando a linguagem de muitos pioneiros norte-americanos, Tocqueville argumentou que os colonos franceses poderiam desenvolver amplas regiões do país sem incomodar os nativos, considerando a grande disponibilidade de terras. Era, portanto, imperativo transformar imigrantes combativos em cidadãos livres com garantias da posse de uma propriedade, contar com um sistema de Justiça adequado, dar um fim a medidas arbitrárias de expropriação, e ter uma imprensa livre e um sistema administrativo funcional, baseado localmente.

Ao mesmo tempo, agora que os franceses tinham pacificado o país, eles precisavam manter uma coexistência pacífica com os árabes e não repetir "na metade do século XIX a história da conquista dos Estados Unidos". Em resumo, Tocqueville estava disposto a recorrer a quaisquer meios necessários para subjugar os árabes; mas, uma vez subjugados, queria tratá-los de um modo esclarecido. Em vez de reverter aos "sangrentos exemplos que a opinião da raça humana estigmatizou", Tocqueville pediu que os franceses agissem na Argélia respeitando "o esclarecimento que a Revolução Francesa espalhou pelo mundo". Fazer outra coisa seria perigoso. "Se cercarmos sua população não para conduzi-la a uma vida melhor e a um maior esclarecimento, mas para enrijecê-la e constrangê-la, as duas raças acabarão se desentendendo irremediavelmente."

Para que esse grandioso projeto funcionasse, Tocqueville imaginou pelo menos uma conversão dos árabes aos costumes franceses, ao mesmo tempo que mantinham uma hierarquia de relações definida entre as duas sociedades. Ele propôs a criação de uma elite árabe local proprietária de terras. Em uma estranha frase que somente Tocqueville podia elaborar, ele escreveu: "Preocupações humanitárias e orçamentárias se sobrepõem e se misturam."[115] Isso significava praticamente indenizar os árabes pelas terras deles tomadas, mas também, mais radicalmente, persuadi-los a abandonar a propriedade comunitária em troca da propriedade particular, algo que os norte-americanos não conseguiram fazer em relação aos indígenas de lá. Tocqueville anteviu uma grande revolução econômica e social que consolidaria os ganhos de uma revolução política e imaginou novos proprietários de terras endividados com a revolução que lhes deu terras.

No que dizia respeito ao poder político central, Tocqueville insistiu que ele ficasse inquestionavelmente "nas mãos dos franceses". Somente quando se tratava dos "poderes secundários do governo" Tocqueville recomendou que tais poderes "fossem exercidos pelos habitantes do país".[116] Empoderar líderes locais, mas não os levar a acreditar que são iguais a nós.

Em relação à educação, de acordo com sua crença na diversidade, recomendou Tocqueville: "Não forcemos os povos autóctones a frequentar nossas escolas, mas os ajudemos a reconstruir as suas, multipliquemos a quantidade de professores e criemos homens da lei e homens da religião, o que a civilização muçulmana não pode fazer mais do que [os franceses] podem." O objetivo em termos de uma reforma não é fazer com que os árabes e os muçulmanos tenham uma imagem malevolente dos franceses quanto a seus "hábitos", "ideias" ou "costumes", mas, em vez disso, permitir a criação de instituições que convenham à população árabe e muçulmana de forma mais adequada.[117]

Finalmente, Tocqueville redigiu um segundo relatório, com o objetivo de levar a Câmara dos Deputados a negar ao general Bugeaud um crédito de 3 milhões de francos para novos territórios agrícolas destinados aos militares que serviam ou tivessem servido na Argélia. A Câmara, ao negar esse crédito, levou Bugeaud a demitir-se no ano seguinte, claramente uma vitória para as colocações de Tocqueville, mas também seu último pronunciamento sobre aquela questão.[118]

Aproximadamente 110 mil europeus viviam na Argélia por ocasião do fim da Monarquia de Julho.[119] A história não tem sido favorável ao endosso de Tocqueville à expansão colonial, à tolerância de abusos militares e à exclusão dos autóctones do governo. Como foi possível a um grande teórico da democracia, perguntamos hoje, ser também o partidário de um colonialismo brutal? A questão não é tão anacrônica como parece. Tocqueville condenou o extermínio dos povos indígenas pelos colonizadores norte-americanos que proclamavam que todos os homens eram irmãos enquanto se apropriavam do continente. Possuído por um orgulho nacionalista, ele ficou do lado dos colonialistas franceses, ao mesmo tempo mantendo a esperança de que o estabelecimento da França na Argélia, caso fosse bem-sucedido, levaria a uma grande reserva de energia no povo francês e expandiria as possibilidades democráticas de autorrealização.

9

Oprimido (subjugado) no comando

A partir da insurreição popular de fevereiro de 1848 até o golpe de Luís Napoleão Bonaparte, em dezembro de 1851, Tocqueville viveu através da sequência da revolução, reforma e despotismo que ele descreveu em *A democracia na América* como sendo a calamidade da história da França. Mais uma vez banhos de sangue não levaram à esperança de uma democracia, mas, em vez disso, a um novo regime autoritário. Tocqueville concluiu que a doença política da França era crônica. "Em 1789, 1815 e até mesmo em 1830 era possível acreditar que a sociedade francesa havia sido afligida por uma daquelas doenças violentas depois das quais o corpo social foi restaurado e obteve um estado de saúde mais vigoroso e duradouro. Hoje ficou claro que a doença é crônica, que sua causa é mais profunda, que uma forma intermitente da doença durará mais tempo do que qualquer pessoa imaginou; que não é somente um governo específico que é impossível, mas quaisquer que sejam as formas duradouras de governo; e que estamos destinados, durante muito tempo, a oscilar entre despotismo e liberdade, sem ser capazes de tolerar um e outra permanentemente."[1]

Tocqueville registraria sua versão dos acontecimentos revolucionários e a chegada da Segunda República Francesa, ainda fresca nas recordações, em sua notável obra *Recollections*. Ele narrou sua própria história de como lidou com os interesses da França enquanto esteve brevemente numa posição de comando. Avaliou sua contribuição para a elaboração de uma nova Constituição como membro influente do Comitê Constitucional, e para o restauro dos poderes temporais do papa, durante seu mandato como ministro das Relações Exteriores. A narrativa de Tocqueville, que ele pretendia ser uma

O HOMEM QUE COMPREENDEU A DEMOCRACIA

reflexão pessoal (publicada postumamente), foi escrita quando sua saúde piorava, e surpreende diante de análises dispersas e retratos inesquecíveis que ele julgou severamente, mas com aquilo que ele sentiu ser uma "clara visão".[2] Não há quaisquer das dúvidas e apreensões que compartilhou com seus leitores, e ele também não demonstrou qualquer impedimento ao fazer julgamentos sobre outras pessoas. Em *Recollections*, todo mundo, independentemente de sua convicção política, é abordado o tempo todo. Autobiografia, no entanto, não é biografia. Tocqueville apresentou-se ao longo de suas memórias como alguém profundamente frustrado diante de volúveis e nada confiáveis colegas políticos. Ele refletiu apenas ocasionalmente sobre seus julgamentos e equívocos ou sobre seus compromissos com coalizões de conservadores antidemocráticos, compostas por legitimistas e orleanistas.

Tocqueville iniciou *Recollections* observando que sua posição na Câmara dos Deputados jamais tinha sido aprazível. Uma década de intenso (e às vezes importante) trabalho na reforma prisional, o pauperismo e a abolição da escravidão, seus esforços como divulgador desses temas e sua defesa da criação de colônias para os colonizadores da Argélia não haviam antecipado a "paixão de sua vida" pela liberdade política tanto quanto ele esperou.[3] Sua frustração iniciou-se em relação ao rei. Numa crítica descrição de Luís Filipe, Tocqueville argumentou que a "limitada" mente do rei e sua falta de "elevação e fôlego"[4] tinham paralelismo com as imperfeições de sua era e definia o tom dos acontecimentos futuros. Tocqueville não apreciou as incessantes demonstrações de poder, desprovidas de sentido, elaboradas por François Guizot, Adolphe Thiers, por seu primo Louis-Mathieu Molé e por outros líderes. Ele considerou Thiers, que achava o mais manipulador dos três, um covarde por ter fugido da Câmara dos Deputados quando ela foi invadida por insurgentes armados no dia 24 de fevereiro de 1848. Ele desmereceu as infindáveis atitudes de seus colegas em relação a coisas de pouca importância, sua falta de respeito pelas liberdades civis e suas paixões pelos ganhos mediante o desempenho de seus mandatos — o mesmo que "o dote da filha de alguém" ou "toda a fortuna" de alguma outra pessoa.[5]

Ao registrar sua versão da história, Tocqueville procedeu como se tivesse visto a revolução chegar antes de outros acontecimentos. Talvez haja alguma verdade nisso. Três semanas antes de a revolução se manifestar, Tocqueville declarou a seus colegas da Câmara: "Senhores, minha mais profunda convicção é esta: acredito que no momento estamos dormindo na cratera de

278 OLIVIER ZUNZ

um vulcão." Ele prosseguiu culpando-os: "Quando estudo outras épocas, outras eras e outras nações, buscando o verdadeiro motivo da queda da classe governante, registro este ou aquele acontecimento, este ou aquele homem, esta ou aquela causa acidental ou superficial, e o motivo efetivo que exclui os homens do poder é este: eles se tornaram indignos de exercê-lo."[6]

É igualmente verdadeiro que o próprio Tocqueville tinha ficado à parte da mudança política quando a campanha para ampliar o direito de voto manifestou-se em 1847. Embora temesse que os moderados perderiam o controle do movimento, tudo o que ele admitiu em *Recollections* é que não queria envolver-se com a "agitação" em torno de "banquetes" (encontros políticos particulares não oficiais que não requeriam autorização do governo) que os moderados Barrot, Duvergier de Hauranne e outras figuras da esquerda dinástica, incluindo Beaumont, haviam realizado a fim de promover uma reforma eleitoral modesta.[7] Na opinião de Tocqueville, a tentativa deles de alinhar-se com os republicanos, que só poderiam satisfazer-se com o sufrágio universal, foi mal orientada. Conforme ele predisse, a agenda radical prevaleceu, e os mais moderados se retiraram. Temendo os radicais, o governo dirigido por Guizot proibiu a realização de um banquete que seria realizado no dia 22 de fevereiro de 1848. Lamartine, porém, desafiou as ordens de Guizot e levou os republicanos até a Place de la Concorde, de onde eles prosseguiram ao longo da Rue de La Paix em direção ao Ministério das Relações Exteriores, no boulevard des Capucines. Em plena confusão, soldados atiraram nos manifestantes. Uma ampla rebelião eclodiu diante das notícias sobre o massacre. A Revolução de 1848 havia começado.

A fim de pacificar os republicanos, o rei Luís Filipe demitiu Guizot imediatamente e designou Thiers como primeiro-ministro, que por sua vez convocou Barrot para formar um gabinete de coalizão. Essa mudança do gabinete, uma medida de emergência, não funcionou melhor do que o exército do marechal Bugeaud em restaurar a ordem, quando a multidão colocou barricadas nos distritos do centro e do leste de Paris e invadiu a prefeitura. Luís Filipe abdicou do trono e, no fim do dia 24 de fevereiro, um governo provisório aboliu a monarquia e proclamou a república.

Embora Tocqueville tivesse sido até então um ardoroso crítico da Monarquia de Julho, diante de suas falhas, ele não se dispôs a presenciar sua extinção. Tocqueville endossou a protestante duquesa de Orléans, viúva do popular duque de Orléans, como regente até que seu filho de 9 anos pudesse

O HOMEM QUE COMPREENDEU A DEMOCRACIA 279

assumir o lugar do rei espoliado. A duquesa fez sua proposta à Câmara dos Deputados enquanto ocorriam ferozes batalhas nas ruas. Tocqueville recorreu a Lamartine, que havia desafiado a ordem de proibir o último banquete, a falar a favor da duquesa, mas o carismático poeta-político estava mais bem-informado. Tocqueville esperava salvar a monarquia constitucional. Em vez disso, uma multidão de insurgentes invadiu a Câmara e o partido real escapou (a duquesa acabou se refugiando com seus dois filhos na Alemanha, seus país natal). Lamartine e outros apressaram-se em nomear um governo provisório antes de deixar a Câmara dos Deputados (Palácio Bourbon) e ir para o Hôtel de Ville. Esse governo da república, durante um momento de breve euforia, adotou grandes medidas associadas a 1848 — oficinas nacionais de trabalho para os desempregados; a Comissão Luxemburgo (para pesquisar o trabalho); limites à duração do trabalho diário; sufrágio universal masculino; abolição da escravidão nas colônias; abolição da pena de morte por motivos políticos; e liberdade de imprensa e de reuniões.

Quando Tocqueville se retirou para seu lar, na tarde do dia 24 de fevereiro, o genial Jean-Jacques Ampère compartilhou com ele seus sentimentos de empatia em relação aos revoltosos vencedores. Ampère atribuiu a eles "desprendimento e até mesmo generosidade, bem como coragem", e ouviu Tocqueville, irado, prever não "o triunfo da liberdade", mas "sua derrota definitiva [...] estou dizendo a você que essa gente, a quem você admira tão ingenuamente, acaba de provar que é incapaz e não merece viver como homens livres". Tocqueville antecipou que insurgentes vitoriosos adotariam um programa de nivelamento social, que no seu modo de ver imporia um conformismo mortal. Após acaloradas discussões, os dois amigos concordaram em deixar que o futuro julgasse. Tocqueville observou que embora o futuro pudesse ser "um árbitro esclarecido e justo, infelizmente chega tarde demais".[8] No entanto, naquele momento, ele não queria que o futuro julgasse antes de mudar sua trajetória.

Ingressando na República: os Estados Unidos como modelo

Assim que o choque inicial passou, Tocqueville reconsiderou e decidiu tornar-se participante de uma experiência republicana histórica. Foi uma decisão pragmática, igual àquela que tomou quando proclamou sua fidelidade à Monarquia de Julho após a Revolução de Julho. Reconheceu o potencial dos acontecimentos revolucionários de efetuar aquela espécie de liberdade política que ele sempre defendeu e decidiu ingressar na República porque acreditava que isso lhe dava uma oportunidade de fazer suas ideias funcionarem. Os republicanos socialistas e precoces (*républicains de la veille*) que "estimulam autênticas paixões, exacerbam ciúmes e instigam a luta de classes" haviam, no entanto, criado para ele a oportunidade de direcionar o Estado na direção correta. Logo Tocqueville se tornaria um sincero convertido à República (*républicain du lendemain*). Conforme disse a Eugène Stöffels: "Agora a mente pode repousar; não existem mais duas estradas a seguir."[9] Ele esperava que a revolução traria a possibilidade de criar uma verdadeira democracia na França e que ele, como alguém versado na democracia, e que havia muito tempo tornou-se um político, tinha um papel a desempenhar nela. Permanecia, entretanto, a grande pergunta: que espécie de república ele, Tocqueville, concordaria em promover. Teria de ser um sistema político "que proporcionaria a cada indivíduo o maior compartilhamento possível de liberdade, esclarecimento e poder".[10] Tocqueville acreditou que o único sistema que preencheria essas condições era um estilo de democracia norte-americana.

Um mês após a Revolução de Fevereiro, Tocqueville lançou a décima segunda edição de *A democracia na América*. Em um novo prefácio, enfatizou que a democracia era inevitável e que a aristocracia estava em um beco sem saída.

> Releia este livro: em cada página você encontrará um solene aviso para todos os homens que a forma de sociedade e as condições da humanidade estão mudando, e que novos destinos são disponíveis. No início essas palavras foram inscritas assim: *O gradual desenvolvimento da igualdade é um fato providencial. Ela tem características essenciais: é universal, duradoura e prova diariamente que está acima do alcance dos poderes do homem. Nem um único acontecimento, nem um único indivíduo deixa de contribuir para seu desenvolvimento. É sensato acreditar que um movimento social que se originou no passado possa ser detido pelos esforços de uma única geração? Alguém pensa que a democracia, após destruir o feudalismo*

O HOMEM QUE COMPREENDEU A DEMOCRACIA   281

e vencer reis, será desencorajada pelos burgueses e pelos ricos? Ela
haverá de parar, agora que se tornou tão forte e seus adversários se
tornaram tão fracos?[11]

Tocqueville assim manifestou-se durante um banquete popular realizado em Cherbourg, no dia 19 de março. "Muitos de nós ainda estão atemorizados diante da palavra *república* porque suas mentes estão repletas exclusivamente de recordações de nossa própria história; e não levam em consideração tristes recordações de nossa própria história; e não levam em consideração o que aconteceu e ainda está acontecendo em várias regiões do mundo. Deixem que eles direcionem seu olhar para o outro lado do oceano Atlântico; descobrirão um grande povo que ocupa um território muito maior do que a França e que durante sessenta anos conta com instituições democráticas e republicanas." Ele descreveu os Estados Unidos tendo em vista unicamente objetivos eleitorais — uma visão estritamente idealizada, desprovida de qualquer perspectiva crítica ou de reconhecimento dos profundos conflitos raciais e setoriais que ressaltou em *A democracia na América*: "Nenhum país deste mundo pode nos proporcionar exemplos tão úteis ou inspirar esperanças tão legítimas. Nos Estados Unidos, a república não é uma ditadura exercida em nome da liberdade; é a liberdade em si, a autêntica e verdadeira liberdade de todos os cidadãos. É o sincero governo do país pelo país, o incontestado domínio da maioria, o que prevalece nele é a lei. À sombra das leis norte-americanas, a propriedade está garantida, a ordem é firmemente mantida, a indústria é livre, os gastos públicos não pesam, a tirania exercida por uma ou poucas pessoas é desconhecida, e assim tem sido há sessenta anos. Durante esses sessenta anos, enquanto a Europa tem enfrentado tamanha discórdia, guerra e revolução, os Estados Unidos republicanos e democráticos vivenciaram apenas alguns tumultos. Estou, portanto, embasado ao dizer-lhes que é preciso direcionar seu olhar para os Estados Unidos se estiverem buscando grandes exemplos a ser seguidos e grandes esperanças a ser concebidas." Tocqueville estava do mesmo modo animado por sua ambição relativa à grandeza da França, ocupando uma posição incontestada no mundo. É preciso ter em mente que, em Cherbourg, ele estava se dirigindo aos cidadãos de um grande porto marítimo, que se ressentiam da superioridade naval da Inglaterra. Tocqueville acrescentou com sagacidade: "Precisamos pedir algo mais dos Estados Unidos: precisamos juntar-nos a eles ao pedir a liberdade nos mares."[12]

Tocqueville demonstrou estar muito interessado em concorrer à eleição para a Assembleia Constituinte em abril de 1848, o primeiro teste de sufrágio masculino universal na França, e conseguiu ser eleito. Em suas anotações quando viajava nos Estados Unidos, ele lamentou que os norte-americanos podiam eleger para cargos públicos um personagem semelhante a David Crockett (isso foi quatro anos antes de Crockett se tornar o herói de Álamo). Agora, porém, para sua surpresa, o sufrágio universal masculino o energizou e ele empreendeu uma vigorosa campanha. Durante sua permanência na Normandia, declarou representar seu lar ancestral não como o lugar onde nasceu, mas como um contrato mediante o qual os moradores locais o encarregariam de defender seus interesses na nascente república. Um muito rejuvenescido Tocqueville expressou entusiasmo pela chegada de uma nova era nas cartas escritas para Marie, que havia permanecido em Paris. O desafio de persuadir eleitores chegou até mesmo a despertar sua latente eloquência, fosse ao anunciar seu programa de "liberdade e dignidade humana",[13] fosse ao combater republicanos radicais, a quem ele chamou de "fanáticos". Ele chegou até mesmo a aguentar "todas as irritantes e mesquinhas calúnias" e aquilo que ele denominou "guerras dos penicos".[14] Rejeitou com firmeza as acusações de que era um legitimista não assumido devido a sua ancestralidade e lealdade para com a família e os amigos. Também superou dificuldades financeiras temporárias. Temendo uma diminuição de dinheiro disponível durante a campanha, Tocqueville recomendou à esposa "separar imediatamente todo o dinheiro que pudermos para atravessar este momento difícil; não podemos esperar obter boa parte a partir de nossa renda". Deveriam, então, manter esse dinheiro somente "em moedas", pois notas poderiam rapidamente perder seu valor, e deveriam agir "sem contar nada para ninguém".[15]

Não havia como desviar-se da república. Conforme ele destacou com vigor na circular eleitoral que distribuiu no fim de março: "Não destruímos a antiga monarquia [...], a monarquia de dez séculos em três anos? A monarquia do ramo mais velho da família em três dias? A monarquia do ramo mais novo em três horas? Quem poderia esperar restaurar por meio de outra revolução um princípio do qual sobrou tão pouca coisa? Quem haveria de

O HOMEM QUE COMPREENDEU A DEMOCRACIA

querer fazer o esforço necessário para plantar em solo francês e talvez no sangue uma árvore que a experiência demonstrou não ter raízes?"[16] Além disso, Tocqueville passou a acreditar não apenas no futuro da República, mas também em sua capacidade de desempenhar um papel em seu desenvolvimento. Ele escreveu para Beaumont afirmando que "pode chegar um momento quando a oportunidade de uma ação gloriosa surgirá".[17]

Sob o sistema eleitoral de *scrutin de liste* (no qual os eleitores votam em chapas de candidatos e os vencedores são determinados pela porcentagem de cada chapa), várias organizações divulgaram listas de candidatos que apoiavam. Tocqueville conseguiu ser inserido em todas as listas importantes — até mesmo, ele disse a Marie, "à dos comissários [da república] que não ousaram excluir-me [...] O clero inseriu-me em sua lista, assim como os antigos conservadores. Os únicos indícios de relutância e hostilidade provieram de meus ex-colegas da oposição moderada, que deveriam querer-me, e muito. Entretanto, como você constatou, eles não tiveram escolha e seguiram o procedimento daquela oposição".[18]

A descrição de Tocqueville sobre a eleição realizada no domingo de Páscoa, no dia 23 de abril de 1848, tem sido citada frequentemente como um comovente relato da primeira experiência dos eleitores com o sufrágio universal masculino e a crença na sinceridade do empenho daquele descendente de uma tradicional família em relação à república.

> Os moradores locais sempre foram gentis, mas daquela vez eu os achei até afetuosos. Jamais fui tratado com maior respeito depois que cartazes dependurados em cada parede proclamavam claramente a igualdade. Devíamos votar como uma comunidade na cidade de Saint-Pierre, situada a uns 5 quilômetros de nossa aldeia. Na manhã da eleição, todos os eleitores — toda a população masculina acima dos 20 anos — reuniu-se diante da igreja. Os eleitores formavam uma fila dupla em ordem alfabética. Fiquei no lugar que correspondia a meu nome, pois sabia que em tempos e países democráticos uma pessoa não pode colocar-se na frente das outras, mas deve ser colocada lá por outras pessoas. Burros de carga e carroças seguiram aquela longa procissão, transportando os enfermos e incapazes que queriam nos acompanhar. Somente as mulheres e as crianças permaneceram onde estavam. Quando

chegamos ao alto da colina, num mirante em que se vê a localidade de Tocqueville, paramos durante alguns momentos. Sabia que esperavam que eu falasse e, assim, subi num montículo perto de uma vala e, com todo mundo em torno de mim, disse algumas palavras, inspirado pelas circunstâncias. Lembrei àquela boa gente a gravidade e a importância daquilo que ela estava na iminência de fazer. Aconselhei-os a não permitir que fossem abordadas ou distraídas por pessoas da cidade que poderiam tentar desencaminhá-las. Em vez disso, devíamos permanecer juntos, cada homem em seu lugar, até que todo mundo tivesse votado. "Ninguém deveria entrar numa casa a fim de comer ou secar-se (pois estava chovendo naquele dia) antes de cumprir seu dever." Eles proclamaram em voz alta que fariam o que eu pedi, e assim foi. Todo mundo votou junto, e tenho motivos para acreditar que quase todos eles votaram no mesmo candidato.[19]

O mais satisfatório para Tocqueville "é que não houve qualquer espécie de corrupção ou intimidação".[20] As poucas tentativas fracassaram. Tocqueville sentiu que obtivera um significativo apoio popular, o que a contagem de votos confirmou. Imediatamente após submeter-se à votação, Tocqueville partiu para Paris, onde ficou sabendo que fora eleito em terceiro lugar em sua circunscrição, depois de Léonor Havin e Narcisse Vieillard, candidatos apoiados pelo governo.[21] Acima de tudo, as eleições significaram a vitória dos conservadores e a decepção dos republicanos. Os radicais republicanos ocuparam menos de 10% dos assentos.[22] A Assembleia Constituinte elegeu um comitê de cinco membros executivos (Arago, Garnier-Pagès, Marie, Lamartine, Ledru-Rollin) para dirigir um governo liberal moderado, que de acordo com o resultado das eleições já não incluía o teórico socialista Louis Blanc nem o operário Albert.

A manifestação de entusiasmo de Tocqueville logo foi amortecida por uma ansiedade familiar. O conservador resultado da Assembleia renovou os protestos nas ruas, para os quais organizadores radicais incorporaram participantes ansiosos por ser incluídos entre os semi-inativos trabalhadores das oficinas nacionais, criadas havia somente alguns meses, com o elevado ideal de dar um fim ao desemprego. O programa resultou em grupos de trabalhadores espalhados pela cidade, sem trabalho, "bebendo, cometendo

O HOMEM QUE COMPREENDEU A DEMOCRACIA   285

adultério ou jogando baralho", sem nenhuma alternativa à vista.[23] O resultado foi que o governo passou a encarar as oficinas como uma ameaça à ordem e desenvolveu planos competitivos com o objetivo de reformá-las e eventualmente fechá-las.

Naquela situação, Tocqueville ficou firmemente do lado da ordem. Não ficou claro se no dia 16 de abril a marcha dos trabalhadores desde o Champ de Mars até a prefeitura foi uma comemoração ou um desafio à nascente república. O governo estava suficientemente preocupado e ordenou à Guarda Nacional — à qual Tocqueville se juntou novamente, como fizera em 1830 — que cercasse os manifestantes. Richard Rush, embaixador dos Estados Unidos sediado em Paris, lembrou-se da visita de Tocqueville a sua residência naquele dia, interrompendo abruptamente uma conversa, ao ouvir o *rappel* ressoando nas ruas. "Levantando-se da cadeira, ele me deixou, mal fez uma breve pausa e foi unir-se ao seu regimento dos guardas nacionais. Autor, homem genioso; independente em suas circunstâncias; dedicado aos estudos; pouco robusto. Ele, entretanto, vai buscar seu mosquete ao ouvir a primeira convocação de um tambor, a fim de integrar-se às fileiras."[24] No dia seguinte, Tocqueville escreveu para Nassau Senior: "Ontem, durante o dia inteiro (16 de abril), empunhei uma arma, não uma pena. Havia 30 ou 40 mil trabalhadores no Champ de Mars contra 100 mil da Guarda Nacional defendendo o governo provisório contra os 'comunistas'."[25]

Os protestos se tornaram menos frequentes. Tocqueville relembrou "aqueles dias repletos de ansiedade em relação ao que estava para acontecer. O exército e a Guarda Nacional reagiam diariamente em relação a novos alarmes. Artesãos e burgueses não ficaram mais em casa e, armados, dirigiam-se para as praças. Todo mundo esperava evitar um conflito, mas todos compartilhavam a vaga sensação de que o conflito era cada vez mais inevitável. A Assembleia Nacional estava tão obcecada com aquela ideia, que era como se as palavras *guerra civil* tivessem sido escritas nas quatro paredes da Câmara dos Deputados".[26] Em *Recollections*, Tocqueville narra a invasão da Assembleia pelos radicais, ocorrida no dia 15 de maio de 1848, sob o pretexto de uma demonstração a favor da independência da Polônia, durante a qual "o ridículo convivia com o aterrorizador". A ameaça de uma guerra de classes estava aparente naquele dia. Entre os gritos de "organizem o trabalho" e "obriguem os ricos a pagar impostos", várias pessoas carregaram Louis Blanc em seus ombros. Aquele homem baixinho, que havia criado a Comissão de Luxemburgo e promovido o que ele denominava direito de trabalhar, já não era mais um funcionário do governo e parecia estar assustado diante do que havia criado; seus apoiadores "seguravam suas pernas finas". [27]

Somente dali a alguns dias, em 21 de maio, o regime republicano comemorou-se, através de um desfile de tropas, ao mesmo tempo que encenava um espetáculo no Champ de Mars, completo, com "uma carruagem gigantesca puxada por dezesseis cavalos [...] transportando uma coroa de folhas de carvalho, a muda de um loureiro e um pé de oliveira, símbolos de força, honra e abundância [...] um arado rodeado por ramos de trigo e por flores. Camponeses e donzelas, todos vestidos de branco, entoavam canções patrióticas". Tocqueville e vários colegas estavam presentes, escondendo as armas que levavam, pois temiam por suas vidas. Durante o desfile, Tocqueville podia ver a "guerra civil" se aproximando. Ele imaginou "o dia em que todas aquelas baionetas brilhando sob a luz do sol (aproximadamente 200 mil) seriam empunhadas umas contra as outras".[28]

Um encontro ocasional com George Sand proporcionou a Tocqueville, que se rendeu imediatamente ao charme da romancista, um discernimento a mais sobre a iminente guerra de classes. Isso ocorreu durante um jantar que o amigo inglês de Tocqueville, Richard Monckton Milnes, membro do Parlamento e incentivador da literatura, organizou durante uma visita a Paris. Milnes havia convidado George Sand e o escritor Prosper Mérimée, sem saber que os dois tiveram um breve, mas desastroso relacionamento amoroso, que despertou comentários maliciosos no circuito dos salões literários. A inesperada reunião foi constrangedora, mas Tocqueville envolveu-a numa animada conversa, sentou-se ao seu lado durante o jantar e atraiu sua plena atenção. A romancista preveniu Tocqueville, dizendo: "Acredite em mim, se as lutas irromperem, vocês todos morrerão." Ela própria vinha temendo o pior desde a invasão da Assembleia, no dia 15 de maio. "Falamos durante uma hora sobre assuntos de domínio público; naqueles dias, as pessoas não conseguiam falar sobre outra coisa. Em todo caso, madame Sand era de certo modo um político ao abordar aquela questão. O que ela disse sobre a política causou em mim uma grande impressão. Foi a primeira vez que falei diretamente com uma pessoa tão disposta e tão capacitada para me contar o que estava acontecendo do lado dos nossos adversários. Os

O HOMEM QUE COMPREENDEU A DEMOCRACIA

partidários jamais se conhecem: juntam-se, sondam-se, atracam-se, mas não enxergam o outro." Tocqueville apreciou a "singularmente vívida e detalhada descrição da situação dos trabalhadores em Paris, sua organização, quantos eram, suas armas, seus preparativos, seus pensamentos, suas paixões e sua aterrorizante determinação. Achei que fosse uma caricatura, mas não era, como os próximos acontecimentos deixaram claro. Ela própria parecia temer o triunfo do povo e em termos um tanto solenes expressou a pena que sentia em relação ao destino que nos aguardava: 'Tente, Monsieur, persuadir seus amigos a não levar o povo para as ruas ao provocá-lo ou ofendê-lo, assim como espero persuadir meus aliados de que a paciência é uma virtude.'"[29]

A previsão de George Sand acabou acontecendo. A nascente república encarou uma gigantesca explosão de cólera dos trabalhadores a quem ela garantiu servir. Os trabalhadores voltaram a montar barricadas no dia 23 de junho para protestar contra o controverso fechamento das oficinas de trabalho nacionais, que duraram apenas quatro meses. Tocqueville manifestou-se a favor da violenta restauração da ordem que o ministro da Defesa, general Cavaignac, o general Lamoricière, seu amigo, e alguns outros organizaram durante os assim denominados dias de junho.[30] Cavaignac assumiu poderes ditatoriais a fim de terminar com aquilo que Tocqueville descreveu como "a maior e mais estranha revolta da história francesa e talvez de toda a história". A maior, porque durante quatro dias mais de 100 mil homens se envolveram na luta e cinco generais morreram; a mais estranha porque os insurgentes lutaram sem gritos de batalha, sem líderes, sem bandeiras, e ainda assim com uma coordenação maravilhosa e uma habilidade militar que surpreendeu até mesmo os oficiais mais experientes.[31]

Após certificar-se de que o pai e seus sobrinhos estavam bem, Tocqueville escreveu para Paul Clamorgan, seu agente eleitoral na Normandia: "Meu caro amigo, escrevo ouvindo o som dos canhões e o disparo das armas de fogo após o dia mais terrível e a noite mais cruel que você possa imaginar. Isto não é insurreição. É a mais terrível de todas as guerras civis, a guerra de uma classe contra outra classe, dos que nada têm contra os que tudo têm. Espero que predominemos. Os guardas nacionais das regiões em torno estão chegando em massa, junto com os regimentos de front. Só Deus sabe qual será o desfecho dessa grande batalha. Se formos derrotados — e acho que não seremos —, o que há de mais vermelho na república controlará

Paris. Se isso acontecer, a Assembleia deixará Paris em massa e convocará a França para que o país se arme. A França levará em consideração esse chamado, pois o que corre perigo não é a forma de um regime político, mas a propriedade, a família, a civilização — em resumo, tudo aquilo que faz com que valha a pena viver."[32] Cavaignac tentou iniciar uma repressão impiedosa, que Proudhon encarou como equivalente ao infame Dia de São Bartolomeu, o massacre dos protestantes ocorrido havia três séculos. Tudo terminou no dia 26 de junho.

Como interpretar a guerra de classes tem sido tema de profundos debates, ninguém expressou melhor o dilema de Tocqueville em meados de 1848 do que Karl Marx, ao contrastar fevereiro e junho. "Vinte e cinco de fevereiro de 1848", escreveu Marx em seu livro *As lutas de classe na França*, "garantiu a república para a França; o dia 25 de junho acarretou a revolução nela. E revolução, após junho, significava o fim da sociedade burguesa, enquanto, antes de fevereiro, significou o fim da forma de Estado."[33] Tocqueville apoiou fevereiro, mas rejeitou vigorosamente junho. Marx, é claro, queria que junho estivesse em evidência. Nenhum dos dois conseguiu o que desejava.

Marx, que em Colônia seguia todos os acontecimentos revolucionários, afirmou que Cavaignac havia derrotado os verdadeiros trabalhadores atrás das barricadas somente ao recrutar um exército dos mais pobres entre os pobres — o "lumpemproletariado", "ladrões e criminosos de todo tipo, que viviam no escalão mais baixo da sociedade", a maioria deles "jovens de 15 a 20 anos" — e fazendo com que ingressassem em "24 batalhões de Guardas Móveis, cada um com mil homens" e levando-os à vitória.[34]

Invertendo o diagnóstico de Marx, a burguesia viu a multidão combatendo do outro lado e alegou que os trabalhadores lutavam exclusivamente devido à ganância. Conforme Tocqueville afirmou numa carta para seu amigo Eugène Stöffels: "Diz-se frequentemente — e você ouve isso todos os dias — que os insurgentes de junho eram a escória da humanidade; apenas saqueadores que não valiam nada, motivados pelo amor à espoliação." Tocqueville, entretanto, não aceitava aquela opinião. "Isso certamente era verdade em relação a alguns, mas não em relação a todos eles. Meu Deus, gostaria que tivesse sido assim! Tais homens sempre são uma minoria, jamais prevalecem. A prisão e o cadafalso os eliminam." Tocqueville atestou que trabalhadores honestos tinham um desempenho satisfatório nos dois

O HOMEM QUE COMPREENDEU A DEMOCRACIA 289

lados.[35] Ele também notou, corretamente, que os generais Cavaignac e Lamoricière (cujo cavalo em que montava foi baleado durante a batalha)[36] talvez não tivessem sido capazes de acabar com as barricadas se tantos líderes revolucionários não tivessem sido presos ou se exilado após a invasão da Assembleia Nacional, no dia 15 de março.

Tocqueville indagou quais seriam os motivos daquela guerra de classes. Ele não os localizou na penúria em que viviam os trabalhadores, que ele reconheceu havia algum tempo durante seu trabalho em prol do bem-estar, mas na retórica socialista de seus líderes. Em vez de culpar um lumpemproletariado por trair os trabalhadores ou a burguesia, Tocqueville enfocou sua análise nas convicções ideológicas socialistas desempenhadas com sucesso. Ele sentiu que atrás das barricadas "muitos homens que lutavam para derrotar nossos direitos sagrados eram guiados por um conceito distorcido do significado de uma lei superior. Acreditavam sinceramente que a sociedade, ao organizar-se, se baseou na injustiça e queriam lhe dar uma nova base. Essa é uma espécie de religião revolucionária que não pode ser destruída por canhões e baionetas. Novos perigos nos aguardam e nossos problemas estão muito longe de acabar".[37]

Contra os revoltosos urbanos, numerosos grupos de camponeses vindos dos campos aderiram a Cavaignac. Tocqueville observou que Paris assemelhava-se a "uma sociedade dividida por uma luta revolucionária travada entre duas classes inimigas". Ele julgou que enquanto os agricultores pobres não fossem envolvidos por "aquilo que tinha sido inculcado nas cabeças dos trabalhadores urbanos, a ordem social e a civilização podem salvar-se".[38]

Escrevendo para Senior no dia 10 de abril, Tocqueville insistiu no fato de que socialistas irresponsáveis haviam inculcado expectativas irreais no populacho. "Não foram as ideias, mas as necessidades que causaram a grande revolta — ideias fantásticas que diziam respeito às condições relativas do trabalhador e do capital, teorias exageradas sobre o papel que o poder social poderia exercer nas relações entre o trabalhador e seu patrão, além de doutrinas ultracentralizadoras. Estas acabaram convencendo multidões que era poder do Estado não apenas salvá-las da miséria, mas também proporcionar-lhes conforto e prosperidade."[39] Embora Tocqueville tivesse prestado atenção no que os socialistas apregoavam nos meses que precederam a revolução, depois ele os censurou por ter "enchido a cabeça dos trabalhadores com expectativas quiméricas".[40]

290 OLIVIER ZUNZ

Ele concluiu que não havia uma conexão imaginável entre o socialismo e seu entendimento do que era a democracia. Qualquer valor que tivesse visto momentaneamente nos tratados utópicos que leu no fim da década de 1840 foram então rejeitados indiscriminadamente. Para socialistas que ameaçavam "invalidar não somente leis, ministros e governos, mas a própria sociedade, solapando as bases em que se apoiam", ele disse: "Assumam qualquer nome de sua preferência — *qualquer nome*, com exceção de *democratas*. Eu os proíbo de usar esse nome. Vocês não o merecem."[41]

Na tribuna, na Assembleia Nacional, Tocqueville denunciou o socialismo como fundamentalmente antidemocrático e grosseiramente materialista. Ele havia trabalhado sem descanso para ressaltar uma fusão dos valores democráticos e espirituais na sociedade, acabando por testemunhar no socialismo "um persistente, árduo e imoderado apelo às paixões materiais do homem". Alguns (Tocqueville estava se referindo a Saint-Simon) disseram que "era uma questão de reabilitar a carne". Outros (Fourier) afirmaram que "o trabalho, até mesmo o mais pesado, precisa ser não apenas útil, mas prazeroso". Ainda outros (Cabet, reformulado por Saint-Simon, Louis Blanc e Marx) disseram que "os homens devem ser pagos não por seus méritos, mas por suas necessidades". Para mais um outro (Proudhon), "o propósito do sistema socialista — e, em sua visão, o propósito da revolução de fevereiro — foi obter para cada pessoa o direito de um *ilimitado consumo*". Em resumo, todas as escolas do socialismo promoviam paixões materiais.

"Existe também uma segunda característica, um ataque, algumas vezes direto, algumas vezes indireto, mas sempre implacável, ao princípio da propriedade individual. Desde o primeiro socialista [Tocqueville estava citando Babeuf] que disse há cinquenta anos que a *propriedade é a origem de todo mal neste mundo*, até o socialista que ouvimos nesta tribuna [Proudhon] declarar que *propriedade é roubo*, todos os socialistas — ouso dizer todos — atacam direta ou indiretamente a propriedade individual."

Tocqueville acreditava que o socialismo, ao impor uma igualdade uniforme, eliminava a autonomia individual. "Aqui está a terceira e última característica, que se aplica a socialistas de todas as tendências e de todas as escolas: uma profunda desconfiança da liberdade, da capacidade de ponderar, da condição humana. O que caracteriza todos os socialistas é um esforço persistente, variado e incansável para mutilar, truncar e impedir a liberdade humana de todo modo possível. É a ideia de que o Estado deve

O HOMEM QUE COMPREENDEU A DEMOCRACIA

ser não apenas o dirigente da sociedade, mas também o senhor de cada indivíduo. Não! Seu senhor não, mas seu tutor, seu professor [...] o confisco da liberdade humana [...] uma nova forma de servidão."[42]

A contrastante visão de Tocqueville sobre a democracia foi diretamente inspirada em sua experiência norte-americana pessoal, que ele reformulou ocasionalmente. Os Estados Unidos eram um país onde não havia confusão entre democracia e socialismo, mas em vez disso um país cujo espírito da democracia e o espírito da religião juntavam-se. Em uma conversa quando se despedia de um grupo de discípulos de Cabet, que se denominavam socialistas icarianos, que estavam partindo da França e trocando-a pelos Estados Unidos com a esperança de criar uma comunidade no Texas, Tocqueville disse-lhes (ignorando convenientemente uma variedade de experiências comunitárias realizadas na década de 1840 nos Estados Unidos) que não esperassem que suas ideias se enraizassem onde a democracia prosperava, pois a real democracia e o socialismo eram simplesmente incompatíveis.[43]

Fórmulas norte-americanas para uma Constituição republicana francesa

Antes dos dias de junho, Tocqueville havia sido nomeado para integrar um importante comitê de dezoito integrantes da Assembleia Constituinte com a finalidade de elaborar uma Constituição republicana, em grande parte como reconhecimento de sua profunda compreensão da Constituição norte-americana. Tocqueville tinha assinalado seu empenho em relação a uma reforma constitucional na nova edição de *A democracia na América*, que publicou em março de 1848. Ele acrescentou ao livro um ensaio que havia lido na Academia das Ciências Morais e Políticas poucos meses antes de escrever sobre o acadêmico suíço Antoine-Elysée Cherbuliez. Naquele ensaio, Tocqueville contrastou a eficiência da grande federação dos estados norte-americanos com a paralisia vivenciada pela pequenina Suíça. Ele reafirmou o que já tinha explicado em *A democracia na América*: que as instituições federais americanas eram poderosas porque intervinham direta e *autonomamente* na vida dos cidadãos, sem mediação dos estados. O governo federal dos Estados Unidos tinha seu próprio sistema tribunalício, seu exército e daí por diante. Em contraste, a confederação suíça estava "reduzida a emitir ordens somente para governos locais, jamais diretamente aos cidadãos". Tocqueville concluiu que a confederação suíça "assemelhava-se a uma criatura dotada de vida, mas carente de órgãos".[44]

O ensaio de Cherbuliez foi relevante porque Tocqueville advogava um estilo norte-americano de separação dos poderes. Ele observou um profundo contraste entre a total falta de "separação ou até mesmo de relativa independência dos poderes legislativos, administrativos e judiciais" na Suíça e um acordo que prevalecia em um estado como Nova York, que mal tinha o tamanho daquele país, com sua legislatura bicameral e equilíbrio do poder. Tocqueville estava mostrando a seus colegas que após a revolução de fevereiro tinham a oportunidade de inscrever os princípios democráticos norte-americanos em uma nova Constituição republicana. Eles deveriam evitar a cilada suíça e seguir o exemplo norte-americano, onde "nenhum projeto pode se tornar lei até ser examinado por duas assembleias"; onde "a divisão dos poderes existe não somente na aparência, mas também na realidade"; onde todos os cidadãos gozam dos mesmos direitos; e onde "nada se assemelha a uma classe ou a um privilégio".[45] Esses controles e equilíbrios garantiam liberdade para todos, ao impedir que qualquer partido ou grupo reivindicasse uma participação dominante. Tocqueville valorizou a Constituição dos Estados Unidos pelo fato de ela dividir o poder entre os vários ramos do governo ao mesmo tempo que garantia uma autonomia significativa a vários níveis de autoridade.

Ele renovou seu diálogo com amigos norte-americanos. O primeiro deles foi John Spencer, legislador do estado de Nova York, que o fez tomar conhecimento da Constituição quando foram apresentados em Canandaigua, em 1832. Spencer, que desde então exercia o cargo de secretário de Guerra e do Tesouro, era um forte defensor de legislaturas bicamerais e reforçou as visões de Tocqueville. Ele escreveu para Tocqueville: "É a firme crença de nossos homens mais sensatos que é sob a Providência que devemos manter nossas instituições livres, mais do que a qualquer outra causa — e a instituição de duas Câmaras legislativas." Ele também lembrou que Benjamin Franklin havia rejeitado a legislatura unicameral que ele havia proposto para a Pensilvânia. Ela pouco durou, foi revogada e duas câmaras foram criadas.[46] Outros correspondentes norte-americanos concorreram, entre eles Robert Walsh, Richard Rush, George Bancroft e Edward Everett.[47]

O HOMEM QUE COMPREENDEU A DEMOCRACIA 293

O destacado jurista William Alexander Duer enviou a Tocqueville uma cópia de suas palestras sobre a jurisprudência constitucional dos Estados Unidos, aconselhando também "uma divisão da legislatura em dois setores coordenados, a fim de garantir a cautela e a deliberação necessárias para o decreto de leis abrangentes".[48]

Em *A democracia na América*, Tocqueville elogiou os Pais Fundadores por "ousarem propor a limitação [da liberdade] por estar seguros de que não tinham a menor vontade de destruí-la".[49] Tocqueville, entretanto, não esperava que seus colegas membros do comitê constitucional da República vivessem tempo suficiente para seguir o exemplo dos Pais Fundadores. Eles "tinham pouca semelhança com os homens que, com Washington na presidência, elaboraram a Constituição norte-americana havia sessenta anos — homens seguros de seus objetivos e profundamente familiarizados com os meios de alcançá-los". Com exceção de seu amigo íntimo Beaumont e seus colegas da Câmara dos Deputados Dufaure, Barrot e até certo ponto Vivien, tinha pouco respeito pela perspicácia deles. A maioria era composta por republicanos moderados. Corbon, que inicialmente trabalhava numa impressora tipográfica, tornou-se jornalista e sentava-se ao lado dos moderados na Assembleia. Havia somente três representantes da esquerda: Victor Considerant, Félicité de Lamennais e Armand Marrast. Tocqueville apelidou-os de "sonhadores quiméricos". Ao publicar *A democracia na América*, qualquer respeito que ainda tivesse por Lamennais deixou de existir. Agora ele o descrevia como "um padre sem batina", desprovido de determinação. Lamennais defendia as instituições locais em que Tocqueville acreditava, mas desistiu rapidamente da comissão constitucional em vez de lutar por suas ideias — ou pelo menos essa foi a conclusão de Tocqueville. Considerant, o outro Montagnard, "se fosse sincero, merecia ser internado num asilo". Mais moderado, Marrast era "uma variação do revolucionário francês, para quem a liberdade do povo sempre significou o despotismo exercido em nome do povo".[50]

Tocqueville desfechou um vigoroso ataque ao socialismo como parte do debate da Assembleia sobre inserir na Constituição a cláusula do "direito de trabalhar" que Louis Blanc havia promovido desde os primeiros dias da Segunda República. Antes da insurreição de junho, Tocqueville não levantou objeções quanto à possibilidade de uma cláusula como essa no preâmbulo da

Constituição, mas após o desastroso modo como a experiência terminou, ele denunciou vigorosamente essa ideia e levantou a possibilidade de caridade pública, que foi adotada na versão final ratificada em novembro de 1848.

Tocqueville dedicou muito tempo e esforço ao projeto constitucional e faltou a poucos encontros — e, assim mesmo, devido a algumas circunstâncias especiais que o afetaram pessoalmente, tal como comparecer ao enterro de Chateaubriand, realizado no dia 8 de julho de 1848.[51] Não obstante, Tocqueville não conseguiu convencer seus colegas membros do comitê a adotar o bicameralismo norte-americano. Ninguém queria opor-se a um regime centralizado, testado, que reconciliou a tradição monárquica com o governo jacobino e napoleônico, ou opor-se à opinião pública. Até mesmo Beaumont e Dufaure (o mais íntimo aliado de Tocqueville entre os participantes do Partido da Nova Esquerda) votaram a favor de um Legislativo unicameral. Somente Barrot e Vivien compartilharam a convicção de Tocqueville e apoiaram uma segunda câmara como a melhor esperança de impedir a República de "terminar na ruína".[52] Na França, todas as tradições políticas convergiam e se opunham à semelhante separação do poder.

No entanto, nem tudo estava perdido. Para a satisfação de Tocqueville, o princípio da separação do Poder Executivo e Legislativo prevaleceu quando se tratou dos poderes presidenciais, com o presidente eleito pelo sufrágio masculino universal em vez de ser eleito pela Assembleia. A legitimidade da eleição do presidente se deveu completamente ao povo.[53] Somente se nenhum candidato tivesse maioria absoluta a escolha reverteria à Assembleia (artigo 47).

Ao presidente, entretanto, não seria permitido prolongar seu mandato de quatro anos a fim de impedi-lo, no cargo, de dedicar tempo a sua reeleição (artigo 45). Essa foi a única crítica ao sistema norte-americano que Tocqueville admitiu — que um presidente durante seu mandato pudesse "recorrer ao poder do governo", "com seus imensos recursos" para garantir sua reeleição.[54] Ele logo rejeitaria essa cláusula, que Beaumont havia proposto inicialmente, pois um presidente forte poderia ser tentado a "violar a Constituição".[55] E foi exatamente o que aconteceu: a República terminou quando Luís Napoleão deu um golpe, em dezembro de 1851, devido a uma Constituição que o proibia de exercer um segundo mandato.

Com a Constituição que agora era lei, as eleições presidenciais foram marcadas para o dia 10 de dezembro. Tocqueville era um ardente apoiador

O HOMEM QUE COMPREENDEU A DEMOCRACIA   295

de Cavaignac, que havia participado do regime parlamentar transitório até as eleições. Mais tarde ele explicou que o considerava "a única pessoa que, possivelmente, quando chegasse o dia, poderia ser um intermediário entre republicanos e monarquistas".[56] Elogiou Cavaignac em um editorial publicado no jornal *Le Siècle* por manter a ordem interna e a paz externa. Ele, porém, não arriscou sua reputação por uma causa que acreditava "antecipadamente estar perdida".[57] Para Cavaignac, a única trajetória realista até a presidência era a aplicação do artigo 47 da Constituição. Seria um cenário plausível somente se concorresse com Lamartine, Ledru-Rollin e François-Vincent Raspail, mas não com Luís Napoleão, cada vez mais popular, tendo reaparecido no cenário político ganhando duas eleições suplementares para a Assembleia Nacional em setembro, após anos de exílio e prisão. Além de obter apoio popular, Luís Napoleão tornou-se o candidato favorito dos Burgraves — os influentes políticos do Partido da Ordem, como eram chamados, numa evocação à peça homônima de Victor Hugo —, que acreditavam que poderiam manipulá-lo. Thiers, o líder dos Burgraves, confidenciou a Tocqueville que "o homem está inteiramente em nossas mãos. Ele enxerga exclusivamente com nossos olhos. É uma espécie de cretino, que dispensaremos assim que não nos for mais útil. Com ele podemos virar a página napoleônica da Revolução de 1848, e então nos livraremos dele e prosseguiremos com aquilo que nos espera".[58] Isso acabou sendo uma ilusão. Uma vez eleito — e sua vitória foi esmagadora —, Luís Napoleão logo impôs sua autoridade.

Tocqueville ficou muito doente no começo de 1849 e solicitou sucessivos dias de licença na Assembleia.[59] Durante seu repouso na Normandia, mesmo acamado, continuou a influenciar a atuação de seus colegas. Embora distante, empenhou-se pela aprovação da proposição de Rateau, tal como foi apresentada por seu amigo Lanjuinais, para antecipar eleições legislativas, a que os republicanos resistiram pelo receio de perder mais mandatos. Tocqueville também preparou sua campanha de reeleição na Normandia. Agora considerava o sufrágio masculino universal "o único modo de governar a partir de uma posição de força", disse a Eugène Stöffels.[60] Com a eleição marcada para o dia 13 de maio de 1849, ele lançou uma circular eleitoral na qual reafirmava seu compromisso com a República, mas jurava que continuaria a opor-se ao socialismo. Os médicos o aconselharam não somente a repousar, mas a mudar de ambiente. Tocqueville foi para a Alemanha a fim de visitar Bonn, Colônia e finalmente Frankfurt, onde observou a contenda com as próprias revoluções alemãs. Não falar alemão foi um verdadeiro obstáculo, mas presenciou os debates e predisse corretamente que os príncipes, que ainda controlavam os exércitos, venceriam unicamente por causa da "violência, impaciência, indisciplina" e "do ódio à liberdade" dos partidos revolucionários.[61]

Tocqueville, ministro das Relações Exteriores

Beaumont aconselhou Tocqueville a voltar para a França a tempo de participar da nova e mais conservadora Assembleia Legislativa objetivando uma possível recomposição do gabinete.[62] Luís Napoleão confiava em Barrot, tendo em vista um segundo ministério, porém atualizado. Tocqueville, embora ainda se sentindo fisicamente fragilizado, planejou novamente ser ministro da Educação, para o qual não havia sido nomeado sob o regime provisório de Cavaignac. Contudo, Luís Napoleão nomeou o católico Alfred de Falloux. Após muito regatear, Tocqueville foi nomeado para o cargo de ministro das Relações Exteriores, mais prestigioso, ao mesmo tempo que garantia o cargo de ministro da Agricultura para seu amigo Lanjuinais, para ter certeza de que não seria isolado no gabinete. O desempenho de Tocqueville como ministro das Relações Exteriores durou curtos cinco meses, de 3 de junho até 29 de outubro de 1849.

Os primeiros dias no ministério implicaram uma surpresa desagradável. Quem teria pensado que assim que o "sr. América" se tornasse ministro das Relações Exteriores enfrentaria um imbróglio diplomático com os Estados Unidos? O secretário de Estado John Clayton havia pedido ao governo francês o retorno de Guillaume Tell Poussin, embaixador da França em Washington. Ele havia empregado uma linguagem ofensiva ao solicitar a censura a um comandante norte-americano da Marinha, que havia salvado uma embarcação francesa no golfo do México mas a reteve durante alguns dias devido à vã esperança de ser recompensado por isso.[63] Tocqueville não gostou de Poussin quando o livro de sua autoria *Considérations sur le prince démocratique qui régit l'union américaine et de la possibilité de son application*

O HOMEM QUE COMPREENDEU A DEMOCRACIA

à d'autres états, publicado em 1841, apresentou um retrato declaradamente favorável às relações de raça norte-americanas, em que refutava as visões de Tocqueville sobre a escravidão. Diferentemente de Tocqueville, Poussin não viu motivo algum para temer "qualquer luta entre a população branca e a população negra do sul dos Estados Unidos".[64]

Tocqueville desaprovou a conduta de Poussin. Seguiu-se, porém, uma comédia de erros. Clayton, que não tinha certeza de que Tocqueville chamaria Poussin de volta, dispensou-o, seguindo instruções do presidente Zachary Taylor. Isso tornou impossível para Tocqueville receber oficialmente o novo embaixador norte-americano, que não era nada menos do que William Cabell Rives, diplomata que havia negociado, em 1831, o tratado de indenização para Andrew Jackson enquanto Tocqueville visitava os Estados Unidos. Agora ele voltava para uma segunda nomeação em Paris. Na década de 1830, Rives era jacksoniano. Por volta de 1849, tornou-se um membro proeminente do Partido Whig. A disputa terminou e Rives foi nomeado embaixador, mas somente após Luís Napoleão mudar repentinamente de opinião. Isso deu um fim ao segundo desempenho de Barrot como embaixador e, portanto, à breve carreira de Tocqueville como ministro das Relações Exteriores. A ironia de o mais conhecido defensor dos princípios norte-americanos na França cortar relações diplomáticas com os Estados Unidos certamente não deixou de ser percebida por ele.

Durante seus meses como ministro das Relações Exteriores, Tocqueville muito se empenhou em manter sua independência de ação, lisonjeando estrategicamente o presidente, bem como Thiers e Molé, que achavam ter estatura suficiente para conduzir sua própria política de relações exteriores devido a sua posição na Assembleia. Ele recrutou Gobineau para assumir o cargo de chefe de equipe e nomeou amigos íntimos com quem podia contar para ocupar cargos diplomáticos da maior importância: Beaumont, embaixador em Viena (Rémusat, o primeiro escolhido por Tocqueville, recusou)[65] e Lamoricière, embaixador em São Petersburgo. Desenvolveu sua própria visão de uma França atenta em recalibrar o equilíbrio do poder entre países. Ele focalizou a Europa. Ao escrever suas *Recollections*, Tocqueville não considerou digno de menção seu estudo sobre o prolongado conflito entre o Uruguai e a Argentina, que poderia pôr em perigo as comunidades francesas locais.[66] Sentiu um orgulho muito maior pelo fato de ter ajudado a Itália, que tinha o anseio da unificação e da independência, a negociar termos com a dominante Áustria. Teve uma oportunidade de treinar para o desempenho desse papel durante o governo de transição de Cavaignac, que o encarregou de preparar uma possível negociação de paz entre o Piemonte, a Sardenha e a Áustria. Embora uma conferência planejada não se realizasse, Tocqueville tornou-se muito entendido em relação às complexidades do conflito.[67] Como ministro, obteve para o Piemonte a integridade do reino de Piemonte-Sardenha e uma indenização de guerra significativamente reduzida à Áustria — muito menor do que os piemonteses teriam garantido, sem a intervenção de Tocqueville, após suas sucessivas derrotas em relação aos austríacos em Custoza, em novembro de 1848, e em Novara, em março de 1849, na primeira guerra italiana de independência.[68]

Ele também queria fortalecer a fronteira leste da França. Sua recente visita à Alemanha o havia levado a considerar uma possível unificação da Alemanha não como uma ameaça à França, mas em vez disso como uma defesa da França contra os tsares. "Precisamos mudar nossos antigos preceitos e não termos receio de fortalecer nossos vizinhos de tal modo que possam um dia estar preparados para juntar-se a nós ao repelirmos quem nos subjuga", ponderou em *Recollections*.[69]

Tocqueville atribui-se o mérito de enfrentar o poder russo. Ele protegeu os refugiados húngaros (e poloneses) da Revolução de 1848 que se abrigaram na Turquia devido à cólera tanto do tsar quanto do imperador austríaco. Embora reconhecendo "o direito da Rússia de pedir à Sublime Porta que não se envolvesse e neutralizasse aqueles homens que planejassem danificá-la",[70] Tocqueville defendeu a decisão do sultão de acolher refugiados da Rússia por motivos humanitários. Também convenceu a Inglaterra a acolher o líder húngaro Lajos Kossuth. Durante todo aquele tempo ele trabalhou de perto com o gabinete inglês para dissuadir a Rússia e a Áustria de declararem guerra ao Império Otomano. Ao mesmo tempo, ele se empenhou em convencer a Suíça a não conceder indiscriminadamente asilo a revolucionários.

O grande acontecimento, durante o mandato de Tocqueville, foi a invasão de Roma, que o presidente havia ordenado pouco antes de formar o novo ministério, na esperança de restaurar o poder do papa Pio IX. Tropas francesas já estavam acampadas em Civitavecchia quando Tocqueville assumiu seu cargo.[71] Como ministro, ele, por conseguinte, tinha de implementar uma decisão já

O HOMEM QUE COMPREENDEU A DEMOCRACIA   299

tomada. Tocqueville redefiniu a missão de liberalizar a Igreja. Ele pressionou o papa Pio IX a fim de que "realizasse um progresso real, substantivo, relativo à lei civil e atuais poderes administrativos, controle judicial, instituições locais e regionais", e criar "uma assembleia que seja pelo menos um tanto representativa, pelo menos uma assembleia que controla o orçamento" — tudo isso "perfeitamente reconciliável com o governo do papado".[72] Ele recorreu a seus amigos ingleses para que seu governo reconhecesse que a França tinha razão em interferir em Roma a fim de servir à causa liberal no contexto da civilização moderna.[73] Tocqueville também tinha uma mensagem para os franceses católicos, que transmitiu diretamente a seu devoto colega Falloux, ministro da Educação e integrado à vida religiosa. Ele afirmou que o comportamento nada liberal do papa havia até então contribuído para o "profundo enfraquecimento do espírito religioso no mundo, um espírito que, mesmo falando em um nível puramente humano, dele necessitamos desesperadamente no caso de apoiarmos nossa sociedade disfuncional".[74]

Tocqueville esperava que Luís Napoleão, suspeito de ter sido um carbonário e de ter se empenhado pela unificação e independência da Itália, insistiria sobre as reformas democráticas de Pio IX. Tocqueville, entretanto, devia ter sabido que o presidente estaria mais interessado em impedir a Áustria de se intrometer com assuntos que diziam respeito a Roma do que com reformas constitucionais e institucionais tendo como objetivo limitar o absolutismo papal. Enquanto isso, a confusão que dizia respeito aos objetivos da França prevaleceu entre os revolucionários romanos. Giuseppe Mazzini, um de seus líderes, que tinha lido e admirado *A democracia na América*, denunciou publicamente Tocqueville de trair seus ideais e mentir sobre o propósito da expedição.[75] Tocqueville também foi criticado em Paris. A oposição alegou que a nova Constituição da França tinha sido violada, e Ledru-Rollin liderou uma manifestação nas ruas da capital, no dia 13 de junho de 1849. Ele atraiu poucos participantes — houve violência muito maior em Lyon —, mas o governo reagiu declarando estado de sítio em Paris. Membros da oposição foram presos ou forçados a refugiar-se no exterior para evitar a prisão.

Quanto a Francisque de Corcelle, amigo de Tocqueville, escolhido com muito cuidado para representar o país no Vaticano, a fé excedeu a geopolítica e a justiça social. Tocqueville o encarregou de conseguir concessões do papado, mas Corcelle havia se tornado um católico praticante. Em vez de seguir as instruções, ele se submeteu inteiramente ao papa. A decepção de Tocqueville criou uma grande tensão entre os dois amigos e colaboradores. Ele censurou seu enviado, avisando-o de que estava deixando "a corte de Roma nos divertir com promessas, como se fôssemos crianças, enquanto ela volta a praticar seus velhos abusos como se fossem assuntos liquidados". Tocqueville estava consternado diante da restauração, em Roma, da Inquisição e "dos tribunais do vicariato, os mais desonrosos tribunais do sistema jurídico romano [...] e a perseguição diante de nossos olhos de antigos membros do partido liberal".[76] Embora reafirmasse na Assembleia Nacional que o papa havia prometido realizar reformas adequadas em *Motu proprio*, Tocqueville sabia que esse não era o caso.[77] Ele perguntou a Corcelle: "Nossa especulação pode ser descrita como qualquer outra coisa que não seja um evidente fracasso. Peço a você que me mostre um sinal, um único sinal que possa ser considerado sem qualquer justificativa aparente como prova de nossa justa influência, como um ato que pode ser oferecido ao país como compensação do sangue derramado e do dinheiro gasto? Eles não existem. Não podemos dizer que eles nos recusaram isto, mas nos deram aquilo. Não, eles não nos deram *absolutamente* nada."[78]

A responsabilidade de Tocqueville cessou abruptamente quando, no dia 31 de outubro, Luís Napoleão dispensou todo o gabinete, sem aviso prévio, e enviou no mesmo dia uma mensagem à Assembleia Nacional, expressando seu desprazer com a falta de lealdade pessoal de seus ministros. No dia seguinte, um constrangido Tocqueville redigiu uma carta, que ele não enviou, em que expressava sua surpresa com o fato de que o presidente, até então, não havia manifestado quaisquer preocupações sobre a direção do gabinete.[79] Ele escreveu a Beaumont sobre suas suspeitas de que Luís Napoleão já estava planejando manter-se ilegalmente no poder. "O presidente se convenceu de que nós não apenas deixaríamos de dar assistência a ele no golpe de Estado final, mas também não permitiríamos que se preparasse para isso, e assim poderia agir sem nós quando esse dia chegasse, e também não permitiríamos seu desejo de governar e acima de tudo *parecer* que governava sozinho. Ele acreditava que nós estávamos permitindo que se refugiasse lentamente nas sombras e assim o país inteiro se esqueceria dele. Ele queria demonstrar sua completa independência de nós e da Assembleia Nacional. Foi por isso que escolheu um momento em que a maioria, com toda a segurança, era nossa,

O HOMEM QUE COMPREENDEU A DEMOCRACIA

e em vez de nomear ministros os líderes daquela maioria, voltou-se para as fileiras mais baixas do partido, procurando homens que poderia usar. Aqueles homens não se apropriariam de sua glória ou o impediriam de ser visto. Estes são os verdadeiros motivos do que aconteceu."[80]

A tragédia da história francesa

Refletir sobre sua exoneração foi penoso. O Natal de 1849 se aproximava e ele estava fora do poder durante quase dois meses. Tocqueville comparou o tempo em que foi ministro a "uma noite sem luar em dezembro, invadida pela neblina. Não apenas você não consegue enxergar o horizonte, também não consegue nem mesmo enxergar direito a calçada por onde anda. Os legisladores que lideram a sociedade são tão cegos quanto a sociedade que estão conduzindo através do atoleiro".[81] Distanciado do poder, Tocqueville confidenciou a Gobineau que estava mais uma vez deprimido. "O que você achará difícil de entender é o grau de apatia que se apoderou de mim. Quase não sou capaz de observar a vida como um espectador, pois um espectador pelo menos presta atenção, enquanto eu nem mesmo me dou o trabalho de espiar."[82] Ele manteve velhos amigos a distância. Sua única atividade no começo do ano foi revisar a décima terceira edição de *A democracia na América*, a última edição enquanto ele ainda vivia.[83]

Um motivo evidente da letargia de Tocqueville foi sua saúde, que piorava. No começo de março de 1850 ele passou pela experiência de cuspir sangue, o primeiro sinal da tuberculose que tiraria sua vida nove anos mais tarde. No fim de março, Tocqueville solicitou uma licença de seis meses da Assembleia e passou as primeiras cinco semanas inteiramente na cama, sob os cuidados de enfermeiros que se revezavam.[84]

A vida chegou a ser um impasse. Tocqueville, que tanto participou do debate sobre a educação, não compareceu à Assembleia para votar no dia 15 de março de 1850 sobre a lei Falloux, que institucionalizava a liberdade de ensino e garantia um assentamento *ex officio* para um bispo católico no conselho universitário de cada departamento. Tocqueville partiu de Paris em março, quando algumas poucas eleições suplementares voltaram a despertar temores de radicalismo. Já não estava mais envolvido quando, no dia

31 de maio de 1850, a maioria conservadora rescindiu o sufrágio universal e adotou restrições ao voto que reduziram o eleitorado a um terço. Karl Marx, escrevendo para o *Neue Rheinische Zeitung*, denunciou a lei como um ato de "ditadura burguesa".[85] Quanto a Tocqueville, ele considerou aquelas medidas causadoras de um fracasso, pois a questão do sufrágio universal havia trazido conservadores para a Assembleia. Ele, entretanto, não participou daquela rixa.

Somente no fim de abril de 1850, Tocqueville disse a Eugène Stöffels que havia recuperado alguma força e retomado parte de sua atividade política.[86] Em junho ou julho escreveu a primeira parte de suas *Recollections* em seu lar na Normandia. Presidente do Conselho Geral da Mancha, o órgão governamental que administrava o departamento,[87] Tocqueville recebeu oficialmente Luís Napoleão quando o presidente foi a Cherbourg como parte de seu percurso por várias regiões da França. Tocqueville pediu a ele, com grande empenho, que estabelecesse uma ligação ferroviária entre aquela cidade portuária normanda e Paris. O principal argumento de Tocqueville foi que a estrada de ferro seria um prolongamento da baía de Cherbourg por onde já entrava cerca de um quarto de todas as importações francesas (incluindo o algodão, destinado a um número crescente de manufaturas francesas). Esse encontro exigiu dele toda a força que havia recuperado.[88]

O alívio não durou muito tempo. Aconselhado por seus médicos, Tocqueville distanciou-se do clima frio e úmido da Normandia. Ele e Marie partiram para a Sicília no dia 31 de outubro de 1850 (Tocqueville tinha estado lá com Édouard em 1826) e pararam em Nápoles. Após uma viagem incômoda, decidiram permanecer em Sorrento, na baía de Nápoles. Lá Tocqueville sentiu-se isolado e solicitou a seus amigos que lhe dessem notícias sobre a política. Senior e Ampère visitaram Sorrento durante a convalescença de seu amigo, que durou seis meses. Tocqueville compartilhou com eles a leitura de trechos de *Recollections*, para a qual direcionou mais uma vez sua atenção. Não conseguia reconciliar-se com o fato de "vegetar" — isto é, "passar o tempo olhando o céu e o mar, um belo litoral e pedras antigas empilhadas".[89] Dedicou alguns pensamentos a imaginar como seria a vida após a política e, conforme comunicou a Kergorlay, começar a escrever "outra grande obra" de "literatura política" sobre "o longo drama da Revolução Francesa [...] que se estende de 1789 até o presente".[90]

O HOMEM QUE COMPREENDEU A DEMOCRACIA 303

Antes de retornar a Paris, em maio de 1851, Tocqueville alugou uma casinha em Versalhes, pertencente a seu amigo Jean-Charles Rivet, com a intenção de escrever lá a última parte de *Recollections* e repousar em um ambiente bucólico, indo ocasionalmente a Paris a fim de participar de algumas sessões importantes da Assembleia.[91] No dia 15 de maio, teve um encontro privado com o presidente para discutir a possibilidade de revisar a Constituição, exercer um segundo mandato consecutivo e evitar um provável golpe. Depois daquele encontro, Tocqueville dedicou-se a um esforço, aliás em vão, de revisar a Constituição com o objetivo de manter Luís Napoleão dentro de seus limites. Foi a última oportunidade de pôr sua marca na Constituição e ao mesmo tempo proteger a República. Ele presidiu o comitê parlamentar que introduziu uma emenda constitucional naquela questão em julho de 1851, mas enfrentou a oposição de membros da esquerda, que temiam uma Constituição menos republicana, e de conservadores, que se opunham ao direito de trabalhar e ao bem-estar. Embora o movimento a favor da revisão fosse forte, Tocqueville não conseguiu obter a exigida maioria de dois terços para eleger uma nova Assembleia Constituinte, que seria requisitada tendo em vista aquela mudança.[92]

Acreditava-se que Luís Napoleão simplesmente desafiaria a Constituição existente, promoveria uma campanha ilegal e seria reeleito. Tocqueville, receoso do despotismo, divulgou que votaria no príncipe de Joinville, terceiro filho de Luís Filipe, embora muitos entendessem que a candidatura de Joinville seria um possível prelúdio a uma outra restauração da monarquia, talvez uma fusão dos dois ramos da família real. Tocqueville pensou que os camponeses apoiariam Joinville, pois tinham vendido mais gado sob os Orléans do que sob qualquer outro regime. Uma forte demonstração a favor de Joinville enfraqueceria a autoridade de Luís Napoleão.[93] Mas logo a questão foi superada. Não houve eleição. Em vez disso, no dia 2 de dezembro de 1851, aniversário da coroação de seu tio Napoleão, Luís Napoleão optou pelo golpe que havia antecipado amplamente. Tocqueville e mais cinquenta membros da Assembleia foram detidos e levados para uma prisão. O golpe, no julgamento de Tocqueville, foi "um dos maiores crimes da história". Ele elaborou um relatório minucioso dos acontecimentos dramáticos da "força subvertendo a lei" e a brutal repressão em toda a França daqueles que resistiram ao novo poder, enviado ao jornal *Times* de Londres pela sra. Grote e lá publicado no dia 8 de dezembro de 1851.[94]

304   OLIVIER ZUNZ

Ao mesmo tempo, Tocqueville observou com grande tristeza que uma esmagadora maioria dos franceses simplesmente aceitou aquilo que Marx denominou o 18 de Brumário de Luís Bonaparte. Ele escreveu para seu irmão Édouard:

> O que me faz lamentar não ter ficado na cadeia por mais tempo, o que me levaria a me esconder amanhã na zona rural se eu pudesse encontrar um lugar sem nenhum francês, é o contato com as classes autodenominadas "honestas" e "distintas". Elas aceitam governos detestáveis não com resignação, conforme você diz, mas com prazer. Vejo isso nos olhos daqueles que falam comigo. Sim, nossas almas são tão despreparadas que não são apenas camponeses, burgueses ou comerciantes que negociam rapidamente a liberdade, a dignidade e a honra do país em troca de sua paz e sossego, além da garantia de poder continuar a vender suas mercadorias. Eu observo todo dia sentimentos tão vulgares e corações tão depravados entre os homens que se denominam a elite da nação. Não há necessidade de ir a Compiègne; os salões de Paris estão repletos deles. Estão entupidos com aqueles que se denominam aristocratas e com mulherzinhas temerosas quando evocam o que aconteceu em 1852, que tanto tremeram por causa de seus rendimentos, e agora se rejubilam diante de acontecimentos recentes que se multiplicam, assim como a ignomínia do novo regime.[95]

Para Tocqueville, a maldição da história francesa voltou a se aproximar: mais uma vez os franceses tinham sido incapazes de fazer uma república funcionar. A paixão dos radicais pela igualdade foi substituída pela ganância da burguesia de derrotar a democracia. Tocqueville preferia deixar a política a prestar fidelidade ao novo regime. Ele sentiu que os franceses mereceram a punição imposta por um ditador porque não defenderam seus direitos. Infelizmente, a política interferiu nos relacionamentos familiares. O golpe ocasionou uma grande discussão entre Tocqueville e seu irmão Édouard, que apoiava às escondidas Luís Napoleão, mesmo proclamando em voz alta seu apoio a "uma forma de liberdade que, enquanto for séria, também é contida por uma autoridade forte e respeitada".[96] O conflito tornou-se público quando o jornal *L'Union* atribuiu equivocadamente o apoio de Édouard a

O HOMEM QUE COMPREENDEU A DEMOCRACIA 305

Alexis, que solicitou à direção do jornal publicar uma correção.[97] Os dois irmãos trocaram cartas amarguradas expondo suas opiniões divergentes, concordando somente em manter Hubert, filho de Édouard, afastado de seu conflito e proteger seu privilegiado relacionamento com seu tio e padrinho. O sempre inconsistente Hippolyte também aderiu ao regime, o que levou Tocqueville a lhe escrever: "Essas ações são tão estranhas para mim como definir momentos de sua vida nos últimos vinte anos."[98] A solidariedade da família rompeu-se novamente por ocasião de seu desentendimento com sua esposa Marie. Excetuando aquele momento, não houve uma verdadeira reconciliação entre eles até o fim da vida de Alexis. Somente um idoso Hervé de Tocqueville se manteve distante daqueles conflitos.

Diante daquelas circunstâncias, Tocqueville juntou-se com seus amigos da Assembleia Nacional (Rivet, Barrot, Freslon, Vivien) solicitando ao conde de Chambord (herdeiro dos Bourbon que poderia tornar-se Henrique V) que se comprometesse com uma nova monarquia *constitucional*, que respeitasse verdadeiramente a liberdade, pois a República tinha falhado. Havia poucos anos, Tocqueville censurou seu irmão Hippolyte por visitar Chambord em Londres (acompanhando Chateaubriand). As circunstâncias, entretanto, eram diferentes. Agora o Partido Republicano tinha diminuído de forma drástica e praticamente desaparecido, disse Rivet. O socialismo ficou mudo durante algum tempo. Tocqueville e seus amigos retomaram a ideia de uma fusão (ou reconciliação) dos ramos reais dos Bourbon e Orléans. A Coroa caberia a Henrique V, e a sucessão, ao conde de Paris.[99] Isso pareceu ser um meio possivelmente viável de salvar um governo constitucional para a França. A fusão poderia opor grande parte da classe média do interior ao regime. Conforme Tocqueville explicou a Rémusat, "a classe média das cidades pequenas nos diz que, enquanto durar a discussão entre os príncipes, como é possível esperar que ela desfeche uma guerra contra o governo? Acreditam que estamos tentando abrir caminho para o socialismo?".[100] Tocqueville escreveu ao conde em meados de janeiro de 1852, solicitando que divulgasse "sua firme e definitiva intenção" de restabelecer na França, através de medidas apropriadas, "uma monarquia constitucional e representativa, com suas principais características, isto é: 1) a garantia da liberdade individual; 2) uma sincera representação nacional; 3) liberdade e completa divulgação das discussões parlamentares; e 4) real liberdade de imprensa".[101]

Chambord não apenas ignorou a proposta como também agravou a situação ao defender direitos feudais em um manifesto que divulgou mais tarde.

Nem o herdeiro dos Bourbon nem seus apoiadores tinham qualquer simpatia em relação à estratégia de Tocqueville. Os legitimistas extremados, próximos de Tocqueville, tais como os Kergorlay mais velhos, nem sequer dialogavam com ele. Quando Florian de Kergorlay faleceu, alguns anos mais tarde, Tocqueville decidiu não comparecer ao enterro, concluindo que sua presença não seria bem acolhida.[102] A ideia de uma fusão, entretanto, perdurou durante algum tempo. O duque de Nemours, segundo filho de Luís Filipe, visitou Chambord em Fröhsdorf no ano seguinte, mas a visita resultou em nada.

Tocqueville já não via mais uma trajetória nítida que possibilitasse realizar suas aspirações democráticas. Havia ingressado na política para canalizar suas convicções democráticas com reformas políticas cujo objetivo seria equilibrar a liberdade e a igualdade, mas sua esperança não obteve resultado. Ele finalizou sua vida política ao se dar conta de que a ciência política e a arte de governar eram, afinal, duas coisas muito diferentes. Sua tentativa de fundir a teoria política com a política real, que teve início em 1837, com sua primeira campanha eleitoral, terminou. Ele hesitara diante de uma revolução emergente, decidido a participar de um grande acontecimento histórico; vivenciou a frustração quando estava no poder; e no fim sentiu uma amarga decepção e raiva diante de seu fracasso. Ele admitiu para Édouard que "achava a vida quase insuportável". "Sinto como se fosse um estrangeiro em meu próprio país, rodeado por pessoas que não compartilham as ideias que considero indispensáveis para a dignidade humana. Pessoas que são frias para os sentimentos que, conforme penso, constituem minha estatura moral e sem os quais eu não quero existir."[103] A única evasão possível para Tocqueville era olhar de um modo diferenciado. Foi o que ele fez. Ele disse a Reeve: "Voltarei a trabalhar [...] a fim de esquecer o que aconteceu e perder o interesse, da melhor forma possível, por meu país e pelos tempos que vivemos."[104] Finalmente, a alguma distância dos acontecimentos dramáticos e tendo retornado a seus estudos, Tocqueville reconciliou-se com a ideia de que sua verdadeira vocação era ser um pensador, não um político. Ele disse fleumaticamente a seus colegas da Academia Francesa que até mesmo o grande Montesquieu teria sido um ministro medíocre.[105]

10

Uma revolução "amplamente formada pela sociedade a ser destruída"

Derrotado na política e às voltas com uma saúde em declínio, Tocqueville dedicou-se ao estudo da história durante seu exílio político. Ele tinha a intenção de abordar a preocupante volatilidade da França e sua repetida alternância entre regimes republicanos e despóticos, realçados pela Revolução Francesa e seu fracasso. O ciclo se repetia diante de seus próprios olhos quando Luís Napoleão Bonaparte impôs o Segundo Império em vez de compartilhar o poder sob a Segunda República. A ideia de Tocqueville, conforme ele havia expressado em Sorrento, era explicar como o tio, havia meio século, abriu o caminho para seu sobrinho ao construir o Primeiro Império sobre as cinzas da Primeira República.

A França como um Estado policial

Princípios democráticos já não se aplicavam mais após o golpe, e o príncipe presidente deixou isso bem claro ao adotar, de acordo com as palavras de Tocqueville, "a mais despótica Constituição que a França jamais teve". Aquela Constituição que Napoleão havia promulgado para estabelecer o consulado, em dezembro de 1799, era, ele pensou, mais liberal.[1] Um alarmado Tocqueville disse a Henry Reeve: "Temos de voltar aos dias do Terror e ao Comitê de Segurança Pública a fim de encontrar em nossa história algo remotamente semelhante com o que estamos vivendo agora."[2] Tocqueville

308 OLIVIER ZUNZ

mantinha seus amigos ingleses regularmente a par do que estava acontecendo. Eles o ajudaram no passado a publicar sua narrativa sobre o golpe no jornal *Times of London*. Tocqueville comunicou a Nassau Senior que "deportados políticos morrerão ardendo em febre em Cayenne [e Argel] caso sobrevivam à travessia".[3] Acrescentou para Harriet Grote que os adversários políticos do império estavam "condenados sem que houvesse um julgamento".[4] Também ficou horrorizado com os gratuitos e vingativos atos de retaliação praticados por Luís Napoleão, tais como as desapropriações realizadas em relação à família dos Orléans. Tocqueville direcionou sua cólera para Sébastien Boulatignier, um destacado jurista de quem se tornou amigo e apoiou a política local na Normandia. Agora era conselheiro de Estado e estava endossando aquela espalhafatosa desconsideração sobre os direitos de propriedade. Tocqueville cortou relações com ele.[5]

O círculo político de Tocqueville se reduziu nas semanas após o golpe. Amigos íntimos foram exilados. Lamoricière e Bedeau, os generais exonerados, se refugiaram na Bélgica.[6] Rémusat, Duvergier de Hauranne e Chambord foram para Londres, bem como Thiers, com quem agora Tocqueville simpatizava depois ter sido banido.[7] Os amigos mais íntimos de Tocqueville na Câmara dos Deputados, associados ao Partido da Nova Esquerda, incluindo Barrot, Freslon, Dufaure, Lanjuinais, Vivien e Rivet — todos partiram para um exílio doméstico. Vivien, com meios modestos, morou em Saint-Germain-en-Laye. Dufaure retirou-se para Saintonge durante algum tempo antes de retornar a Paris como advogado. Barrot, Freslon e Lanjuinais também se dedicaram ao exercício da advocacia, e Rivet agora dirigia a Estrada de Ferro do Oeste.[8] Concorrer a um cargo era impensável sob um governo que não autorizaria qualquer candidato a organizar um comitê eleitoral, imprimir e distribuir circulares e até mesmo promover campanhas. Se eleitos, os representantes não poderiam propor uma legislação nem exercer interpelação parlamentar.

Em uma carta enviada a Lanjuinais, Tocqueville ligou seu círculo de amigos políticos aos judeus medievais "que precisavam viver entre eles a fim de redescobrir seu torrão natal"[9] — não era uma comparação que se poderia esperar de um descendente da aristocracia e membro da Academia Francesa. Tocqueville usou outras imagens para descrever seu estado de espírito. A Lamoricière, exilado da França, escreveu afirmando que viver na

O HOMEM QUE COMPREENDEU A DEMOCRACIA

França era como "pilotar um navio em um rio quase seco. A água voltará, mas não durante muito tempo".[10] Enquanto isso, as pessoas precisavam tomar cuidado com o *le curieux*, como apelidaram o barulhento promotor público que podia abrir legalmente as cartas enviadas pelo correio e espionar cidadãos em relação aos quais não havia suspeitas.[11]

A família proporcionou pouco alívio. Tocqueville distanciou-se de seus irmãos, que tinham aderido ao regime.[12] Ele continuou a obter o apoio de seus amigos mais antigos, muitos da oposição. Kergorlay enfrentava enormes dificuldades financeiras. Felizmente Chabrol pôde ajudá-lo, graças ao dinheiro de sua família de banqueiros, e lhe ofereceu um emprego. Beaumont, agora sem o rendimento da Câmara dos Deputados, também enfrentava uma difícil situação. Tolhido por um aristocrático ressentimento em relação ao trabalho no comércio, ele se mudou para o campo, onde viveu modestamente, mas permaneceu dedicado a ajudar Tocqueville a atingir seus objetivos, tal como fizeram Ampère e Corcelle.[13] Infelizmente, Eugène Stöffels faleceu em julho de 1852, o primeiro a partir desde a temporada em Metz.[14]

Nessas circunstâncias tão restritas, Tocqueville refletiu sobre a popularidade do príncipe presidente e tentou entender o motivo pelo qual havia tão pouca discordância na França e nenhum meio de expressá-la. Em um nível geral, Tocqueville culpou o apelo nacional de Luís Napoleão em relação ao temor do socialismo que os republicanos radicais haviam inspirado. Como resultado, sentiu que a maioria da nação apoiava a expansão do Poder Executivo para garantir que o fantasma do socialismo, aquele desmancha-prazeres que ameaçava seu futuro, já não era mais visto. Tocqueville reconheceu, entretanto, que pessoas diferentes apoiavam o governo por diferentes motivos. Ele desenvolveu uma sociologia política da nação, subdividindo o país em classes específicas e avaliando os motivos pelos quais cada uma delas aceitava o novo regime autoritário.

Tocqueville voltou sua atenção primeiramente ao campesinato. Observou, na Normandia, que a estratégia política do presidente de garantir o sufrágio universal a fim de legitimar seu despotismo deu certo. Para Rémusat, em Londres, ele relatou: "O camponês permanece contente com a nova ordem das coisas. A ideia de que este governo é trabalho do povo, criado *por* e *para ele* está profundamente enraizada na mente dessa turba."[15] Tocqueville sentiu, entretanto, que essa crença era ilusória, enquanto o governo exercesse um rígido controle do processo eleitoral e do funcionamento da Câmara dos Deputados. O campesinato continuou sendo leal ao regime durante a Guerra da Crimeia, em 1853, levando um desiludido Tocqueville a notar sarcasticamente que os camponeses precisam "consolar-se, devido à perda de seus filhos, vendendo seu gado por um preço maior".[16]

O campesinato proporcionava apoio eleitoral, e o exército garantia a autoridade de Luís Napoleão. O resultado, Tocqueville disse a Corcelle e a Lamoricière, foi que "a verdadeira aristocracia do país agora é o exército, abusivo [...] ele domina a nação na ausência de todos os debates políticos".[17]

Com a economia indo bem, os círculos comerciais também aderiram ao regime, o que reforçou o desprezo que havia muito tempo Tocqueville sentia por eles. Criticou o governo por beneficiar-se de um clima "frenético" de especulação dos negócios e considerou empreendedores os atuais cortesãos, em busca de projetos de obras públicas e de outros contratos emanados do príncipe presidente.[18] A "aristocracia industrial", cuja chegada Tocqueville previu no segundo volume de *A democracia na América*, estava se apoderando de vários setores da economia. Os industriais e suas esposas, disse Tocqueville a Lamoricière, estavam se tornando "os grandes senhores e senhoras desta nova corte. Eles se entregam a toda espécie de extravagância, que sem dúvida piora devido à crescente autoridade de seu senhor".[19]

O governo também foi bem-sucedido ao contar com o clero católico. "Esses padres servis [*plats-pieds de prêtes*], que outrora gritavam 'Longa vida à República', agora provocam o tédio do seu senhor devido a suas lisonjas", escreveu Tocqueville, muito desanimado, a seu sobrinho Hubert.[20] O clero apoiou Luís Napoleão porque Filipe d'Orléans, conde de Paris, neto de Luís Filipe, ainda era jovem demais para governar e eles não podiam tolerar a perspectiva de que sua mãe, a duquesa d'Orléans, que era uma protestante alemã, assumisse a regência.[21]

Quanto aos legitimistas, Tocqueville reconheceu que eles não gostavam do regime, mas o preferiam ao regime do ramo mais novo. A fim de neutralizar sua oposição, chefes de departamento e prefeitos locais fizeram com eficácia favores à antiga nobreza e mantiveram a possibilidade de "dourar novamente seus brasões".[22]

Em todos os lugares aonde ia, Tocqueville observava a consolidação do governo do príncipe presidente. Ele disse a Charles Stöffels "que a loucura de 1848 resultaria em um governo cujos princípios que mantive durante

O HOMEM QUE COMPREENDEU A DEMOCRACIA

toda a minha vida me proibiriam de servi-lo".[23] Tocqueville demitiu-se em abril de 1852 do último cargo público que exerceu, o de servir seu eleitorado local no Conselho Geral da Mancha. Lamentou, mas sentiu que não tinha escolha. Explicou a Zacharie Gallemand, um rico proprietário de terras que havia sido seu agente eleitoral em Valognes: "Retorno à minha vida privada devido a um sentimento de autorrespeito que todos os homens dotados de bom gosto e de sólidos julgamentos deveriam entender."[24] Quando o governo autorizou inesperadamente eleições "cantonais" com a finalidade de preencher novamente cargos públicos, no dia 31 de julho e no dia 1º de agosto, Tocqueville se manteve firme em sua decisão e resistiu a pressões locais para retornar.[25]

Gradualmente Tocqueville planejou escrever um livro sobre história política relevante para a atual situação. Ele queria não apenas deixar um legado intelectual, mas também estabelecer a diferença de como seus compatriotas julgaram o estado atual das questões francesas. Receava que os franceses estivessem retomando uma sequência de acontecimentos que diagnosticara havia muito tempo — "eliminar ou coagir antigos poderes" em nome da igualdade e da liberdade, e então estabelecer um regime ditatorial enquanto ainda se reivindicava a "igualdade". Conforme Tocqueville argumentou em *A democracia na América*, os franceses "querem igualdade na liberdade e, se não puderem obtê-la, ainda a querem numa situação de escravidão".[26] Quando fez seu discurso de recepção na Academia Francesa em 1842, Tocqueville se referiu a uma imensa Revolução Francesa "empreendida em nome da liberdade, mas que terminou em despotismo".[27] Imaginou que explorar mais uma vez e com profundidade esse ciclo de liberdade e dependência — uma moléstia decididamente francesa — seria um tema adequado para um político-filósofo que temia o futuro do seu país e empenhava-se em ser ouvido.

Na solidão de sua convalescença, em Sorrento, em dezembro de 1850 — um ano inteiro antes do golpe de Napoleão Bonaparte e antecipando-o —, Tocqueville pensou em escrever um livro sobre a ascensão ilegal ao poder do mais velho dos Bonaparte. A ideia era mostrar como Napoleão "descobriu durante a revolução quais foram os mais demagógicos atos pertinentes ao despotismo e os retomou com naturalidade". Ele revelaria como "essa inteligência quase divina" tornou-se "empregada grosseiramente a fim de restringir a liberdade humana".[28]

312 OLIVIER ZUNZ

Ele, pelo contrário, explicaria por que os franceses "estavam prontos para sacrificar essa liberdade que a revolução nunca mais lhes prometeu a fim de obter finalmente o gozo de outros bens que ela lhes proporcionou".[29] Tocqueville escreveu para Kergorlay que desejava esboçar "um retrato" da sociedade formada pela revolução que facilitasse a ascensão de Napoleão ao poder. Por mais dramáticas que fossem as ações que levaram ao 18 de Brumário, ele não pretendia narrá-las, mas determinar o que tornou possível uma combinação de acontecimentos e de resultados. Ele pretendia selecionar "um conjunto de reflexões e de julgamentos" sobre "o longo drama da Revolução Francesa" a fim de explicar "como o império foi capaz de firmar-se numa sociedade criada pela revolução". Ele imaginava escrever "um misto de história, assim denominada apropriadamente, com a filosofia histórica [...] sendo o inimitável modelo desse gênero o livro de Montesquieu sobre a grandeza e o declínio dos romanos".[30]

Nada, Tocqueville sentiu, poderia ser mais relevante para a política praticada após 1848 do que um livro sobre as consequências de 1789. Ele concebeu esse projeto enquanto ainda escrevia *Recollections* sobre os acontecimentos que acabara de presenciar. Após vivenciar duas revoluções, em 1830 e em 1848, ele questionou o poder explanatório da teoria política à qual, até então, dedicou boa parte de seu tempo. Aprendeu como eram imprevisíveis os desfechos políticos. Não confiava mais em explicações sistemáticas e declarou: "Odeio sistemas absolutos que veem todos os acontecimentos históricos como dependentes de grandes e primeiras causas ligadas entre si numa sequência inelutável, banindo assim seres humanos individuais da história da raça humana. Considero tais teorias limitadas, em suas pretensões de grandeza, e falsas, com seus ares de verdade matemática." Ainda envolvido com a ciência política, ele acrescentou: "Também acredito firmemente que o acaso nada realiza sem que a base não tenha sido estabelecida antes de mais nada. Fatos anteriores, a natureza das instituições, a disposição das mentes e o estado em que se encontram os costumes são os materiais com que o acaso improvisa os efeitos que achamos tão surpreendentes e terríveis de contemplar."[31] Tocqueville então quis escrever uma história que fosse de grande complexidade, mais analítica do que narrativa — mas não daquela espécie que reconta mecanicamente acontecimentos que ocorrem uns após outros, tais como Thiers escreveu e que ele desprezou. Sabia que algum dia

O HOMEM QUE COMPREENDEU A DEMOCRACIA   313

diria a Hubert que "uma pessoa não pode jamais ter certeza quanto a todos os fatos".[32]

Passaram-se dois anos. Em janeiro de 1852, depois de não conseguir que a Assembleia revisasse a Constituição e o golpe de Luís Napoleão Bonaparte sendo um fato consumado, Tocqueville voltou à indagação que havia elaborado em Sorrento. Como os franceses podiam desistir tão facilmente da liberdade obtida através de uma revolução e submeter-se a um déspota? Sem que ele tivesse conhecimento, naquele momento Karl Marx estabelecia um paralelismo semelhante entre 9 de novembro de 1799 e 2 de dezembro de 1851 em um brilhante ensaio, intitulado *O 18 de Brumário de Luís Bonaparte*, publicado em 1852. Marx escreveu, o que causou admiração, que os golpes dos dois Napoleões, tio e sobrinho, provaram que a história se repete "primeiro como tragédia e em seguida como farsa". No devido momento, Tocqueville fez a seguinte colocação: "A história é uma galeria de obras de arte onde há poucos originais e muitas cópias."[33]

O caminho seguido por Tocqueville foi complexo, a fim de acrescentar sua colocação a comentários cada vez mais amplos sobre a Revolução Francesa elaborados por seus contemporâneos. Um historiador muda frequentemente de direcionamento durante uma ampla pesquisa. Documentos até então desconhecidos esclarecem a atuação de personagens e de acontecimentos. Encontros intelectuais proporcionam promissores roteiros de pesquisas. Tópicos inicialmente ignorados assumem um significado urgente. A existência de anotações minuciosas e a correspondência mantida por Tocqueville revelam sua formidável jornada intelectual no que se referiu à descoberta e à escrita, incluindo um íntimo conhecimento da aristocracia, enriquecido por toda uma vida de estudos e de ações comprometida com a democracia.

Tocqueville, o que não foi inesperado, precisou superar seu desânimo após o golpe para conseguir continuar seu projeto. Queixoso, ele comunicou a Beaumont que uma *maladie de l'âme* [doença da alma] o impedia de se dedicar a qualquer trabalho.[34] Entretanto, como era muito comum, mesmo ao declarar-se incapaz de concentrar-se, estava realizando avanços importantes. Daquela vez adotou o regime de ir toda tarde à Biblioteca Nacional, onde ficava lendo durante três ou quatro horas. Sem um programa definido, começou a investigar a política do Diretório.[35] Ele tomou notas do primeiro e influente panfleto de 1796, de autoria do jovem Benjamin Constant, intitulado *Da força do governo atual da França e da necessidade de apoiá-lo* e alguns poucos livros subsequentes. Os argumentos de Constant eram a favor de "uma República estabelecida sobre uma base sólida" ao "retornar à observância das leis", com a proteção aos mesmos conceitos e reconhecendo os mesmos direitos dos cidadãos[36] Em vez disso, o Diretório degenerou e ocorreu um desacordo rancoroso entre políticos radicais e a oposição que levou a um golpe inicial do 18 Frutidor, Ano V (4 de setembro de 1797). Naquele dia, vários membros do Diretório convocaram o exército para eliminar do poder legislativo monarquistas e contrarrevolucionários. Tocqueville viu naqueles acontecimentos dramáticos, cuidadosamente narrados no livro de Antoine Thibaudeau intitulado *Mémoires sur la convention et le directoire*, publicado em 1824, uma "analogia perfeita" com os conflitos que precederam o dia 2 de dezembro de 1851. "É como se você estivesse lendo a história dos últimos seis meses",[37] anotou Tocqueville. Em cada caso, o Partido Republicano tornou-se "um terceiro partido honesto em busca de um ideal e uma república que retrocede, debatendo-se entre aqueles que queriam o Terror e aqueles que queriam a monarquia, tentando laboriosamente fazer a República sobreviver sem republicanos".[38] Tocqueville leu então as memórias de Lafayette, que seu amigo Corcelle editou, a fim de entender a atração de um jovem general Bonaparte pelos muitos franceses que esperavam retornar à França após suas campanhas.[39]

Tocqueville interrompeu com relutância essa leitura a fim de preparar um discurso a ser realizado na Academia de Ciências Morais e Políticas. Como seu presidente em 1851, ele tinha a honra de declarar quem eram os premiados, cerimônia realizada anualmente. A cerimônia, marcada para o dia 6 de dezembro de 1851, quatro dias após o golpe, foi adiada para o início de abril de 1852. Tocqueville queixou-se, mas seu discurso foi decisivo para seu programa intelectual.[40] Nele Tocqueville expôs qual era o papel do intelectual na sociedade.

Embora não acreditasse mais na possibilidade de uma fusão coerente entre a política e a ciência política para a elaboração de políticas concretas, ele argumentou que os cientistas políticos tinham uma tendência mais ampla. Após explicar a limitada sobreposição entre a ciência política e a política em termos práticos, enfatizou seu mútuo enriquecimento em termos morais. Viu os intelectuais como pensadores que se situavam acima

O HOMEM QUE COMPREENDEU A DEMOCRACIA   315

da ação e proporcionavam uma estrutura mais ampla para a vida política. Conforme explicou, "a ciência política gera ou pelo menos dá forma àquelas ideias gerais que constituem a atmosfera intelectual de uma sociedade. A mente de quem governa e a dos governados recorre profundamente a essa fonte e estabelece os princípios de suas condutas a partir dela com relutância e algumas vezes até mesmo com má vontade".[41]

Em seu estimulante discurso, Tocqueville declarou que a missão da teoria política era restaurar a fé nas instituições democráticas e identificou a Academia de Ciências Morais e Políticas como a instituição apropriada para acolher seus praticantes. Muito tempo se passou depois dos dias em que Tocqueville encarou com desdém essa instituição. Agora ele a considerava uma possibilidade de esperança. Permaneceu publicamente proeminente durante aqueles anos nas duas academias do Institut de France, a Academia Francesa, à qual pertencia, e a Academia de Ciências Morais e Políticas. Como ambas eram centro de um pensamento liberal, o governo tentou silenciar seus membros. O fato mais notável foi a demissão dos dois grandes mandarins da filosofia e da literatura acadêmicas da Monarquia de Julho, os professores e catedráticos Victor Cousin e Abel-François Villemain (este havia se recuperado de um esgotamento nervoso) depois que se recusaram a jurar fidelidade ao regime. Para Cousin foi a repetição de um fato, pois ele vivenciou esse mesmo destino durante a Restauração dos Bourbon (ver capítulo 1). A missão da Academia de Ciências Morais e Políticas foi servir o governo em pesquisas relacionadas com as ciências sociais, mas o autoritário governo populista de Luís Napoleão não tinha o que fazer com elas. Assim sendo, o ministro da Educação Hippolyte Fortoul tentou bloquear, em 1855, a eleição de Barrot.[42] Malsucedido, Fortoul recorreu a outro esquema: desconsiderou as regras que governavam o recrutamento de novos membros através de uma eleição e nomeou novos membros, escolhidos a dedo, que diluiriam a oposição. Villemain denominou-os "a guarnição".[43] Na opinião de Tocqueville, o governo estava privando-se da "influência dos mais capacitados, sensatos e honestos setores da nação".[44]

Do império à revolução

Com a primavera, chegou o momento de partir para a Normandia, onde Tocqueville queria começar a escrever. Os Tocqueville partiram de Paris em maio de 1852. A caminho, visitaram os Beaumont, em Beaumont la Chartre, e os Corcelle, em Beaufossé.[45] Ampère foi encontrá-los em Tocqueville. Tocqueville contou para Reeve que "Ampère trabalha na parte superior da torre, e eu, no segundo andar".[46] Ele estava ansioso por começar a escrever o livro sobre a ascensão de Napoleão que havia esboçado em Sorrento. Confessou a Beaumont que ainda não dispunha de informações suficientes, mas que estava procurando obtê-las "com um desespero repleto de energia".[47] Embora sem revelar exatamente o que tinha em mente, Tocqueville comunicou a seu pai — autor de um livro sob o reinado de Luís XV e outro sobre o reinado de Luís XVI — que estava voltando a escrever a fim de permanecer envolvido com o destino da nação. "Isso também é política", ele escreveu, "pois o senhor pode imaginar muito bem que não estarei lidando com livros sobre os povos medos ou os assírios."[48]

Tocqueville utilizou as anotações que havia feito na Biblioteca Nacional para esboçar dois capítulos curtos sobre a meteórica ascensão de Napoleão: "Como a República Estava Pronta Para Aceitar um Senhor" e "Como a Nação, Embora Não Sendo Mais Republicana, Continuava Sendo Revolucionária". Tocqueville analisou as posições políticas de campos opostos no Diretório. Ele enfatizou como "os monarquistas, que perceberam que a nação tinha ficado desgostosa com a liberdade, pensaram que ela estava pronta para retornar ao Antigo Regime". Eles fracassaram, anotou, "ao cometer o erro que as pessoas derrotadas sempre cometem, que é acreditar que são amadas porque seus sucessores são odiados, sem se dar conta de que é muito mais fácil uma pessoa permanecer fiel a seus ódios do que a seus amores. A França, que deixou de amar a República, permaneceu profundamente ligada com a Revolução".[49] Tocqueville sentiu-se bem em relação a seu progresso. Disse a Kergorlay: "Tenho um gosto por retratar o período que precedeu o 18 de Brumário e os estados mentais que levaram a esse golpe de Estado. Acho [...] apesar de grandes divergências, inúmeras semelhanças com o período que estou descrevendo e com o período que estamos atravessando." Ele disse a Beaumont: "Escrevi esses dois textos com grande entusiasmo, transmitindo emoções quase contemporâneas, o que muito me surpreendeu."[50]

O HOMEM QUE COMPREENDEU A DEMOCRACIA   317

Tocqueville, entretanto, queria fazer algo mais do que suscitar emoções. Ele pretendia determinar o que levou os franceses a desistir de uma liberdade obtida com dificuldade e entregar seu futuro aos cuidados de um déspota. Ao afirmar que as pessoas contavam com Napoleão a fim de proteger seus ganhos, ele perguntou quais avanços materiais elas obtiveram durante a revolução. Muito antes que historiadores profissionais pesquisassem métodos quantitativos para o estudo dos rumos da economia e da mudança social, Tocqueville tentou encontrar uma resposta para essa difícil indagação.[51] Ele investigou várias categorias de lucro financeiro do campesinato, incluindo a abolição dos direitos feudais e a disponibilidade de terras baratas confiscadas durante a revolução. Tentou "estabelecer o valor das terras confiscadas que as pessoas herdaram, os direitos feudais anulados, os impostos ofensivos e onerosos que foram mantidos ou até mesmo o valor, inteiramente fictício, das contas correntes".[52] Tocqueville disse a Freslon: "Quero tomar conhecimento não das dívidas da classe vencida [os emigrados], mas das dívidas das classes vitoriosas, da burguesia rural, do campesinato e dos pequenos proprietários de terras."[53]

Tocqueville empreendeu realizar um ambicioso levantamento de "velhos livros de registro e de outros registros empoeirados". Solicitou a Gallemand informações sobre a situação financeira dos moradores de Valognes antes e depois da revolução. Gallemand foi incapaz de localizar quaisquer dados locais, mas remeteu a Tocqueville o útil *Traité historique et pratique des droits seigneuriaux*, do feudalista Joseph Renaudon, o que ajudou Tocqueville a pesquisar a história da abolição dos direitos feudais.[54] Tocqueville também pediu ao arquivista local de Saint-Lô que obtivesse dados relevantes sobre os levantamentos topográficos que a Assembleia Constituinte requisitou em 1790 a fim de estabelecer um imposto sobre a propriedade de terras, mas o arquivista não teve tempo de realizar uma pesquisa tão difícil. Kergorlay enviou a seu amigo algumas informações preliminares por ele obtidas, relativas a terras em torno da propriedade rural de sua família, em Fosseuse, que indicavam uma antiga subdivisão de terras, mas disse a ele que era difícil calcular o exato lucro material obtido pelo campesinato.[55] Seguindo uma sugestão de Kergorlay, Tocqueville comparou os mapas de propriedade de terras feitos antes e após a revolução com os mapas de sua região de Saint-Pierre-Église e localizou em ambos um subsequente aumento.

Ele concluiu que "numa grande parte da França, as pessoas possuíam mais terras do que imaginamos comumente. Esses descontentes proprietários de terra, que hoje se abrigam no socialismo, já constituíam um significativo elemento da revolução".[56] Isso estava de acordo com a observação de Necker, de que "havia um *número imenso* de pequenas propriedades rurais na França antes da revolução", e confirmou a observação do autor inglês Arthur Young, em suas viagens pela França, sobre "a grande divisão de terras entre os camponeses".[57]

A pesquisa nos arquivos foi útil, mas inconclusiva, em relação a saber quanta independência os camponeses obtiveram durante o século XVIII. Alguns meses mais tarde, Tocqueville teve a sorte de ler um texto excelente, submetido à Academia de Ciências Morais e Políticas, que havia promovido uma competição sobre ensaios. O autor, um jovem professor de Lyon, C. Dareste de la Chavanne, escreveu sobre "a condição das classes agrícolas na França desde o século XIII até a Revolução de 1789". Dareste documentou um significativo afrouxamento de obrigações feudais no século XVIII, o que confirmou a hipótese de Tocqueville de que a revolução surgiu durante um período de relaxamento de abusos feudais, maior reconhecimento de direitos individuais e aumento de propriedades pertencentes a camponeses. Esses acontecimentos tornaram ainda mais inaceitável a sobrecarga feudal que ainda durava e despertou o ódio ao Antigo Regime, uma questão que Tocqueville haveria de enfatizar em *O Antigo Regime e a revolução*: "Nem sempre aquilo que vai de mal a pior leva a uma revolução. O que costuma acontecer é que as pessoas que suportam as leis mais opressivas sem se queixar, como se não as sentissem, rejeitam essas leis quando seu peso é aliviado."[58]

Por volta de outubro de 1852, com a umidade se espalhando pelo antigo solar da Normandia, era tempo de regressar a Paris. Os Tocqueville foram morar no apartamento de Hervé de Tocqueville, na Place de la Madeleine.[59] Tocqueville esperava dar continuidade a seu trabalho na Biblioteca Nacional enquanto levava uma vida social modesta, com um ocasional jantar na cidade ou visitando o salão de madame de Circourt — o que não aconteceria, pois ele ficou seriamente doente. A pleurisia o manteve acamado durante dois meses. Tocqueville recuperou-se no exato momento em que Luís Napoleão Bonaparte estava sendo coroado como Napoleão III, no dia 2 de dezembro

O HOMEM QUE COMPREENDEU A DEMOCRACIA 319

de 1852, um acontecimento que ele fez questão de ignorar. Necessitando de mais sol e luz do que o apartamento de seu pai proporcionava, os Tocqueville mudaram-se em dezembro para uma "casinha ensolarada" na Rue de Courcelles, na região oeste de Paris, onde o escritor fez um inventário de tudo o que havia realizado até então.[60]

Ao estudar a questão da propriedade de terras, Tocqueville já havia começado a desviar seu olhar de Napoleão e direcionou-o para as origens da revolução. Começou a ler os escritos de Edmund Burke, que tiveram o efeito de levá-lo a se interessar cada vez mais sobre o período pré-revolucionário. Não há indício de diálogos prévios com seus amigos ingleses que enfocavam a aristocracia inglesa, nem sobre o fato de que Tocqueville tivesse a intenção de algum dia ler Burke. Ele se deparou acidentalmente com Burke enquanto lia o diário de Ampère sobre a temporada que passou em Nova York e Boston, em 1851, e que publicou no número de janeiro de 1853 da *Revue des deux mondes*. Tocqueville estava muito disposto a lê-lo. Jared Sparks foi um dos anfitriões de Ampère em Boston, um dos mais valiosos informantes de Tocqueville, e agora era reitor da Universidade Harvard. Devido a uma feliz coincidência, Sparks acabava de informar a Tocqueville que a universidade estava concedendo a Ampère um reconhecimento honorário — uma bem-recebida renovação de uma amizade norte-americana num momento em que Tocqueville fez objeções à política expansionista dos Estados Unidos e a seu "espírito de conquista e espoliação".[61]

Não foi, entretanto, o ensaio de Ampère que levou Tocqueville a tornar a revolução o foco de seus estudos, mais do que a ascensão de Napoleão ao poder, mas o ensaio de Rémusat, publicado no mesmo número da *Revue des deux mondes*. O ensaio era um estudo sobre a carreira literária e o pensamento de Edmund Burke, com particular atenção a *Reflexões sobre a revolução na França*, publicado em 1790. Burke considerou a revolução um acontecimento catastrófico, escavando "um vazio onde a França outrora existiu". Rémusat reagiu, recorrendo a Mirabeau, e replicou: "Esse vazio é um vulcão."[62] Um Tocqueville intensamente curioso começou a manter um engajamento intelectual crítico com as ideias de Burke e, em consequência, prosseguiu sua investigação sobre as condições do povo francês "quando a revolução surpreendeu o mundo".[63]

320 OLIVIER ZUNZ

A condenação da revolução, devida a Burke, ocasionou uma enérgica contestação de Tocqueville, que durante muitos anos, em sua carreira legislativa, tinha não somente admitido mas também apreciado os princípios de 1789 que animaram o povo francês, especialmente quando escreveria em seu livro *O Antigo Regime e a revolução*: "Foi o início da revolução [...] quando o amor da igualdade coexistiu com o amor da liberdade; quando tiveram a esperança de estabelecer instituições que não somente eram democráticas, mas também livres; quando se empenharam em destruir privilégios, mas também reconhecer e consagrar direitos. Foi uma época de juventude, entusiasmo e orgulho, de paixões generosas e sinceras, que serão eternamente recordadas, apesar de seus erros, e que durante muitos anos perturbarão o sono daqueles que procuram corromper e subjugar a humanidade."[64] Tocqueville sentiu que Burke não compreendeu o significado mais amplo da revolução. "As características de um acontecimento, a universalidade, o sentido de finalidade e de irreversibilidade na revolução escaparam-lhe inteiramente. Ele permaneceu enterrado em um mundo antigo — seu estrato inglês — e não conseguiu apreender algo novo e universal que está assumindo uma forma."[65]

No entanto, ao contrário de outros exacerbados críticos da revolução, tais como Mallet du Pan e Joseph de Maistre, que Tocqueville leu e rejeitou,[66] Burke acabou se revelando um espírito afim, com quem Tocqueville compartilhou várias e profundas percepções. Algo que chamou especial atenção de Tocqueville foi a afirmação de Burke de que os franceses não "se ajustavam a viver em liberdade", exatamente o que Tocqueville disse repetidamente ao proclamar os Estados Unidos como um exemplo a ser seguido. Burke argumentou que os franceses se incluíam entre os povos que "precisam ter uma mão forte como a de seus antigos senhores para coagi-los" e que faltava aos franceses aquilo que denominou "um certo lastro de moderação que os qualificasse para a liberdade" — em vez disso, abusavam de sua liberdade, recentemente adquirida, tendo em vista fins nada liberais.[67] Tocqueville concordou inteiramente com ele.

Outro ponto de convergência entre Tocqueville e Burke foi como eles julgaram o papel dos filósofos na realização da Revolução Francesa. Em seu discurso presidencial na Academia de Ciências Morais e Políticas, em abril de 1852, Tocqueville endossou o papel do filósofo político como um

O HOMEM QUE COMPREENDEU A DEMOCRACIA   321

defensor, expressando suas ideias em um fórum público, mas também se preocupou com a falta de uma real experiência política desse filósofo. Referindo-se aos filósofos do século XVIII, Tocqueville notou que eles eram homens "inteiramente afastados da vida pública, mas que mesmo assim plantaram nas mentes de nossos antepassados aquelas sementes de inovação das quais brotaram subitamente tantas instituições políticas e direitos civis desconhecidos de seus predecessores".[68] Ele concordou com Burke no que se referia à falta de experiência daqueles filósofos, suas tendências centralizadoras em nada liberais e a defesa, por parte deles, de uma total reconstrução da sociedade, em vez de uma política de compromisso e reforma. Tocqueville também concordou com um irado Burke ao condenar o confisco de propriedades eclesiásticas durante a revolução. Ele expressou uma profunda preocupação sobre a influência corruptora da "revolução filosófica" que precedeu a Revolução Francesa numa contínua correspondência com Corcelle. Tocqueville acabou dedicando um capítulo inteiro de *O Antigo Regime e a revolução* àquela questão.

Tocqueville, entretanto, ainda não tinha um plano consolidado. Em meados de 1853, desenvolveu diferentes partes do seu projeto, porém permaneceu sem uma clara percepção da natureza do livro que escreveria e de seu principal argumento. Obteve novas informações sobre o estado da sociedade antes de 1789 e compreendeu que os franceses eram mais livres e mais prósperos na véspera da revolução do que nunca tinham sido, mas por esse motivo menos inclinados a tolerar a desigualdade. Ele também compreendeu melhor o final de uma história que ia até 1799, com o 18 de Brumário, pois o período foi objeto de suas investigações.

Seu progresso, entretanto, foi prejudicado por sua saúde, que se deteriorava. Seus pulmões eram frágeis e ele estava sentindo contínuos incômodos estomacais que o incapacitaram. Aconselhado pelos médicos, ele e Marie começaram a planejar uma longa temporada em alguma região da França onde o clima fosse mais temperado. Os Tocqueville pensaram nos benefícios proporcionados pela região do vale do Loire. O dedicado Beaumont partiu à procura de uma casa adequada, que encontrou em Saint-Cyr-sur-Loire, uma aldeia situada do outro lado do rio de quem vinha de Tours. A casa tinha tudo o que os Tocqueville queriam — ensolarada, sem umidade, um quintal agradável —, bem como algumas poucas coisas que não queriam de modo algum, tais como uma infestação de percevejos, que encontraram ao chegar, o que os forçou a trocar todos os colchões e cortinas. Pierre Bretonneau, um médico respeitado, especializado em pulmões, morava na vizinhança e ficou atento ao paciente.[69] Com exceção do médico e de algumas poucas visitas do arcebispo (em breve cardeal) Morlot, não havia contato algum com os moradores locais. No entanto, como aconteceu nos dias de Sorrento, alguns poucos amigos os visitaram. Beaumont e Corcelle não estavam longe. Ampère e Dufaure compareceram. Entre os parentes próximos de Tocqueville, apenas Hervé, que tinha 81 anos, esteve presente, mas uma crise de gota abreviou sua permanência.[70] O peripatético Senior chegou da Inglaterra. Ele e Tocqueville visitaram juntos Azay-le-Rideau e Chenonceaux (mas não Chambord, onde o exilado herdeiro dos Bourbon ainda tinha seu castelo!).[71]

Senior encorajou Tocqueville a reler o que Blackstone escreveu sobre a aristocracia inglesa, mas não ficou nem um pouco satisfeito com o resultado dessa leitura. Achou o pretenso gênio de Blackstone "empobrecido, demonstrando pouca liberdade de pensamento, limitada capacidade de discernimento",[72] mas aceitou sua colocação de que a nobreza inglesa não se tornou uma casta fechada. Em contraste com os franceses, os ingleses não abandonaram suas residências rurais e obrigações locais para viver na corte do rei, nem mantiveram privilégios excessivos que pudessem inflamar sentimentos locais. Senior prosseguiu dando informações adicionais procedentes do historiador Thomas Macaulay, relativas a como um vasto grupo de cavalheiros sem título continuava a aumentar a nobreza. Não é que a nobreza inglesa fosse particularmente receptiva no que se referia a recém-chegados, como Tocqueville concluiu em *O Antigo Regime e a revolução*, ao afirmar que "seu formato era mal definido, e seus limites, desconhecidos".[73]

A sra. Grote passou dez dias, em fevereiro de 1854, numa hospedaria local. Ela registrou suas conversas diárias com Tocqueville, relatando que ele estava apreensivo quanto a se retirar da vida pública, mas que então considerava ter uma oportunidade maior de criar um "roteiro permanente sobre o decorrer do progresso humano" através de seus escritos.[74] Tocqueville estava muito empenhado em escrever, mas ainda não tinha em mente um livro de maior alcance. Precisava de tempo para ler e desejava aperfeiçoar seu estilo. Criou uma pequena biblioteca, "um livro para cada um dos

O HOMEM QUE COMPREENDEU A DEMOCRACIA 323

grandes escritores de nosso idioma". Retornando aos conselhos que o abade Lesueur, seu professor particular quando criança, lhe dera havia muito
tempo, ele estudou os grandes pregadores de sermões do século XVII e leu
pela primeira vez *Sermon sur la fausse conscience*, de autoria de Bourdaloue,
publicado em 1684.[75]

Durante todo aquele tempo, enquanto meditava sobre o que tinha aprendido com Burke e Dareste, Tocqueville começou a investigar as teorias dos
économistes do século XVIII ou fisiocratas. Ele estava indo para onde os
indícios o levavam. Começando por admitir que o povo francês adquiriu
gradualmente a liberdade no que se referia a direitos feudais, ele quis entender mais sobre as políticas que aqueles reformistas influentes tinham aconselhado o Estado a seguir, a fim de substituir um sistema feudal desgastado.
Tocqueville já conhecia alguma coisa a respeito dos fisiocratas através do
livro de autoria de Jean-Baptiste Say, *Cours complet d'économie politique*,
que ele e Beaumont leram atentamente quando atravessavam o Atlântico
em 1831. Ele relembrou que Say criticou severamente o estudo unilateral
da terra, de autoria dos fisiocratas, como a principal fonte da riqueza e dos
impostos, e que considerou irremediavelmente limitado. Antes de se mudar
para Tours, Tocqueville fez anotações sobre os seis volumes das obras reuni-
das de Turgot, o fisiocrata e ministro de Luís XVI. Eles incluíam a narrativa
de sua intendência como agente do rei (1761-1774) na província de Limousin.
Ele chegou à conclusão de que Turgot "foi o pai da raça burocrática que
conhecemos" e isso significava "gosto pela ordem, pela uniformidade, pela
igualdade, tudo isso sob o controle da burocracia". Tocqueville, entretanto,
equilibrou seu julgamento. Reconheceu em Turgot "grandes qualidades de
coração e mente".[76] Tocqueville respeitou alguns poucos superintendentes
do novo regime. Entre eles, o filantropo Jean-Baptiste de Montyon, que
endossou os prêmios acadêmicos recebidos por Tocqueville e agora era o
supervisor de sua distribuição. Seu julgamento, entretanto, era rigoroso.
Em Saint-Cyr-sur-Loire, Tocqueville leu uma ampla coleção dos escritos
de *économistes*, intitulada *Physiocrates*, compilada por Eugène Daire, *De
l'administration provinciale et de la reforme de l'impôt*, de autoria de Guil-
laume-François Le Trosne e do Mirabeau mais velho, *L'ami des hommes*. O
que o surpreendeu foi o desdém daqueles pensadores por uma participação
popular oculta pelo zelo deles em relação à igualdade.[77]

Ler os economistas do século XVIII foi essencial para a compreensão da política pública, mas Tocqueville realizava pouco progresso em compreender a conexão orgânica entre o Antigo Regime e a Revolução Francesa. Àquela altura, tudo que Tocqueville pôde dizer a Beaumont é que tinha a esperança de escrever "um livro que valesse a pena ser lido".[78] Sem qualquer plano definido, ele informou a Freslon que havia refletido o suficiente sobre o Antigo Regime para conceber apenas "um breve capítulo de trinta páginas" como introdução a um livro sobre a revolução, mas que não era suficiente para explicar em que sentido o Antigo Regime "guiou a revolução que o destruiu". Pelo menos naquele momento abandonou Napoleão e em vez disso queria focalizar "o que levou a revolução a manifestar-se na França em vez de manifestar-se em outros lugares", mas ele ainda não tinha encontrado uma argumentação e não se sentia seguro sobre como proceder."[79]

O momento decisivo

A mudança aconteceu no dia em que Tocqueville percorreu uma estrada que passava por sua residência na aldeia e ia até a cidade de Tours. Ele atravessou a ponte sobre o rio Loire, entrou no arquivo local da sede departamental e conheceu Charles de Grandmaison, um jovem empreendedor e arquivista. Grandmaison, que teve o prazer de dar as boas-vindas a um destacado visitante a quem admirava pessoalmente, lera *A democracia na América*. Já cruzara com Tocqueville nas salas de leitura da Biblioteca Nacional e do Institut de France. O encontro foi positivo, pois Grandmaison tinha acabado de examinar e catalogar a documentação da Intendência Real de Tours. Agora, pela primeira vez, Tocqueville poderia examinar os intrincados detalhes da documentação do arquivo, despojada de narrativas de cronistas ou opiniões de filósofos, relativa à interação diária entre a burocracia real e o povo sob o Antigo Regime. Após descobrir fichas manuscritas abundantes e detalhadas, além de uma volumosa correspondência, Tocqueville relatou a Freslon: "Em Tours, encontrei não apenas um tesouro raro, mas uma preciosa matéria-prima que me ajudaria a dar conta de meu empenho (quanto a isso, acredito que as mesmas descobertas podem ser feitas em todos os arquivos das antigas sedes de departamento). É uma miscelânea de diferentes elementos que pro-

O HOMEM QUE COMPREENDEU A DEMOCRACIA 325

porcionam a um analista atento uma noção muito clara de como diferentes tipos de negócios eram realizados, de como todos eles se combinavam para moldar a burocracia estatal e até mesmo esclarece as ações dos participantes. É uma contribuição para um estudo muito curioso. Penso que mais ninguém teria a coragem de levar adiante um projeto como esse, nem a paciência de completá-lo. Há uma enorme quantidade de pó a ser inalado inutilmente."[80] Tocqueville adotou uma rotina de verão, indo a pé todos os dias aos arquivos de Tours. Ao chegar, Tocqueville reservava uma hora e meia para conversas generalizadas com o extremamente culto arquivista. Em seguida, estudava cuidadosamente os dossiês que Grandmaison lhe trazia para estudar. Ele os consultava no escritório de Grandmaison, que o arquivista tornou disponível a fim de garantir privacidade. Tocqueville compilou mais de 330 páginas de anotações entre julho e novembro de 1853.[81]

Obter uma detalhada compreensão do funcionamento da intendência foi algo crítico para a epifania de Tocqueville no sentido de que a profunda transformação da França ocorreu antes e não depois da revolução. Ninguém apreendeu melhor a profundidade das percepções de Tocqueville e o espírito de sua jornada intelectual do que Rémusat, ao escrever uma resenha de *O Antigo Regime e a revolução*, publicada na *Revue des deux mondes* pouco depois que o livro foi editado: Tocqueville "sabia muito bem, quando começou seu trabalho, que os franceses de 1789 se empenharam mais do qualquer outro povo em cortar seu destino pela metade, por assim dizer, escavando um profundo abismo entre aquilo que aconteceu e aquilo que eles queriam que viesse a acontecer. Tocqueville jamais duvidou que esse abismo correspondia a um momento decisivo, sem possibilidade de retorno, e que era impossível reviver o que a revolução tinha destruído. Entretanto, numa tentativa de recuperar por meio de seu intelecto o que tinha sido destruído, Tocqueville insistiu naquilo de que já havia desconfiado, isto é, que a mudança pela qual nossa sociedade passou era mais profunda do que tudo indicava. Investigando o distante passado do país, aquela mudança parecia ser o resultado de causas antigas e permanentes, menos um evento revolucionário do que uma consequência histórica. A revolução não tinha transformado tanto a França com a mesma intensidade com que ela mostrou o país para si mesmo".[82]

Engajado em descobrir toda aquela atividade oculta em arquivos, Tocqueville se deu conta do quanto se preparou para aquela especial investigação sobre o desempenho da burocracia francesa durante o Antigo Regime. Hervé de Tocqueville havia sido chefe de departamento, a versão moderna do intendente do Antigo Regime, e seu filho cresceu observando o pai em Metz e em outros lugares como representante da autoridade real sob a Restauração. A centralização burocrática foi algo com que Tocqueville sempre se envolveu. Poder-se-ia até mesmo denominá-la uma obsessão. Quando esteve nos Estados Unidos, Tocqueville escreveu para seu pai solicitando detalhes sobre o desempenho da administração centralizada na França a fim de contrastá-la com a centralização norte-americana que ele estava observando.

Tocqueville havia atacado a centralização considerando-a inimiga da liberdade. Quando Reeve traduziu o segundo volume de *A democracia na América*, Tocqueville insistiu: "Você pode estar certo de que o grande perigo das eras democráticas é a destruição ou o excessivo enfraquecimento de *partes* da sociedade contra *toda* ela [...] Esta é uma das minhas opiniões fundamentais, muitas de minhas ideias convergem para ela. Em relação a essa questão cheguei a uma completa convicção, e o principal objetivo do meu livro é transmitir essa convicção para o leitor."[83]

Em 1836, em seu ensaio intitulado "Condição Política e Social da França", escrito mediante solicitação de John Stuart Mill para a *London and West minister Review*, Tocqueville já havia criticado o crescimento, durante o Antigo Regime, da "tirania administrativa".[84] Entretanto, naquela época, ele considerava a liberdade local intacta, pelo menos como um ideal, na França do século XVIII. Quase duas décadas depois, em 1853, Tocqueville vasculhou documentos pré-revolucionários em uma repartição da prefeitura de Paris e encontrou provas de uma administração real que cada vez mais se intrometia em questões locais, e os intendentes superaram gradualmente os nobres na segunda metade do século XVIII. Ele começou a perceber que o "regime administrativo do consulado e do império não é uma criação, é uma restauração".[85]

Apesar dessas descobertas, ler os documentos da intendência de Tours no verão e no outono de 1853 foi um choque. Tours revelou a profunda interferência nos detalhes da vida cotidiana das pessoas comuns por parte de intendentes burocráticos que a administração real enviou ao assim de-

O HOMEM QUE COMPREENDEU A DEMOCRACIA 327

nominado *pays d'élection* e especialmente o que eles obtiveram durante os quarenta anos anteriores à revolução. "A França era governada por trinta intendentes."[86]

Os documentos mostraram que os intendentes tinham plena autoridade sobre o pagamento de impostos para melhorar os recursos locais, tais como a construção de estradas. Eles, e não os fazendeiros, criaram sociedades agrícolas. Controlavam a tal ponto a vida local que os jornais das regiões diminuíram de tamanho devido à falta de atividades a ser divulgadas. Em outras palavras, Tocqueville alegou ter descoberto os mecanismos a que a administração real costumava recorrer a fim de apoderar-se dos recursos da vida local muito antes da centralização promovida por Napoleão. "Sob o Antigo Regime, a situação era exatamente como é hoje: sem cidades, aldeias, vilarejos, povoados, por menor que fossem, sem hospital, manufaturas, conventos, escolas, em todas as regiões da França, que pudessem lidar com seus negócios e administrar suas propriedades como achassem conveniente. Então, como agora, todos os cidadãos franceses trabalhavam submetidos à tutela do governo, e se a insolência do mundo ainda se manifestaria, ela contudo já existia."[87]

Esse retrato era um tanto forçado, como muitos leitores assinalaram. Havia localidades que ainda tinham considerável latitude. O próprio Tocqueville admitiu que muitas regras que detectou eram rígidas somente em teoria. Ele caracterizou "o Antigo Regime, resumidamente" como algo com "regras rígidas", mas "práticas frouxas" — uma colocação que um leitor pode facilmente perder de vista, de tal modo que Tocqueville manteve persuasivamente sua colocação.[88] Além disso, ficou sabendo que a burocracia se espalhava desigualmente em todas as regiões. Ele dedicou um anexo às poucas regiões independentes do ponto de vista da administração do Estado, tais como o Languedoc, e as considerou "uma contrastante lição de esperança política".[89]

Tocqueville considerou a centralização do governo o recurso elementar que o rei usou para diminuir a influência da nobreza francesa: "Como o senhor foi despojado de seus antigos poderes, ele deixou de lado suas obrigações anteriores." Ele, entretanto, mantinha seus antigos privilégios. Esses privilégios, em épocas feudais, tinham sido justificados como pagamento de serviços prestados. "Os nobres detinham privilégios inúteis e prerrogativa onerosas, mas mantinham a ordem pública, administravam a Justiça, reforçavam a lei, ajudavam os necessitados e se encarregavam de cuidar de negócios comuns." Os intendentes, entretanto, deram um fim a esse relacionamento de reciprocidade. "Quando a nobreza para de fazer essas coisas, seus privilégios parecem mais opressivos, até que se torna impossível compreender por que existiram."[90]

Tocqueville argumentou que no Antigo Regime, muito antes da revolução, os habitantes das aldeias se apegaram a "formas esvaziadas" de uma vida comunitária outrora vibrante. Ele afirmou que a centralização na França não foi uma consequência, mas uma causa da Revolução Francesa. Ao assinalar a perda da autonomia comunitária, que agora incumbia a intendentes, Tocqueville relembrou ter acreditado que liberdades locais eram uma característica "peculiar do Novo Mundo". Agora, entretanto, descobriu que a França também as conhecera antes da ocorrência da centralização. Ao estabelecer o contraste entre as cidades rurais livres dos Estados Unidos e as comunidades francesas "subjugadas", Tocqueville concluiu que sua semelhança era tão próxima daquela que pode existir "entre um indivíduo que ainda vive e um cadáver".[91]

Ele fez, ainda, outra descoberta importante ao longo de suas pesquisas: "A contínua intervenção do poder administrativo na esfera do Poder Judiciário." Ele reconheceu que "quaisquer casos que interessassem às autoridades públicas ocorreram perante um tribunal administrativo".[92] Tocqueville notou, nos Estados Unidos, a independência dos juízes em relação ao poder administrativo como uma garantia de liberdade e presumiu que isso ocorreu tradicionalmente na França pelo menos até as reformas de Napoleão. Agora, porém, ele sabia que "aquilo que denominamos "justiça administrativa" (que é ao mesmo tempo juiz e parte interessada) não foi uma criação de Napoleão, mas "o Antigo Regime preservado com naftalina. Assim que falamos em termos de contratos, isto é, de um engajamento formal entre um indivíduo e o Estado, o Estado decide em relação àquilo que lhe diz respeito. Um axioma como esse, desconhecido da maioria das nações modernas, foi considerado sagrado por um intendente do Antigo Regime, assim como foi por sua posterior encarnação, o chefe de departamento". Tocqueville disse a Freslon: "Lendo a correspondência dos ministros de Luís XV, a pessoa começa a discernir um agrupamento de embriões ondulantes, destinados a

O HOMEM QUE COMPREENDEU A DEMOCRACIA

tornar-se professores da lei administrativa imperial, pequeninos Cormenin, Macarel e Boulatignier quando eram meros espermatozoides." Tocqueville declarou a Rivet, em tom irônico, que seus estudos o haviam preparado "para abrir um curso cujo objetivo e estudar a lei administrativa na época do Antigo Regime".[93]

Após algumas poucas semanas passadas nos arquivos, Tocqueville tomou conhecimento das inovações burocráticas napoleônicas. Ficou sabendo que Napoleão não havia imposto sua restritiva regra administrativa a fim de consertar os danos causados pela revolução. Essa teoria de Napoleão como salvador foi aquela que o conde Molé invocou em resposta ao discurso de aceitação que Tocqueville fez ao ingressar na Academia Francesa, em 1842. Ao contrário, o governo burocrático e uniforme de Napoleão, em relação à liberdade, foi meramente um retorno ao Antigo Regime. Quase no fim de agosto, Tocqueville comunicou a Grandmaison, o arquivista de Tours que ele e Marie tinham convidado para jantar, que havia decidido escrever um amplo livro sobre o Antigo Regime. Mais tarde, Tocqueville deu créditos a Grandmaison por ajudá-lo a conectar "tudo aquilo que meus anteriores estudos me ensinaram não ter conexão" e encontrar "a ligação entre regras" que ele estava procurando.[94]

O próximo procedimento lógico de Tocqueville foi verificar como os franceses reagiram àquele despotismo burocrático. Assim, ele voltou a consultar o *Cahiers de doléances* (caderno de queixas), escrito para a convocação dos Estados Gerais em 1789, e o *Résumé général, ou Extrait des Cahiers*, compilado por Louis-Marie Prudhomme (a que ele recorreu a fim de preparar seu artigo, publicado em abril de 1836 na *London and Westminster Review*, de John Mill). Nesses livros, a população local, em múltiplas paróquias, registrava queixas e pedidos intermediados por legistas e outras pessoas notáveis, os quais poderiam solicitar que seus representantes nos Estados Gerais os apresentassem eventualmente ao rei. Os reis leram ocasionalmente essas solicitações durante o Antigo Regime, e Luís XVI, mediante uma ordem de seu ministro de Finanças Loménie de Brienne, decidiu atender a uma dessas solicitações em 1789, algo que não foi feito durante 175 anos. Em outubro de 1853, Tocqueville começou a ler milhares de queixas, selecionou algumas e isso resultou no capítulo intitulado "Como aquilo que foi escrito no Cahiers submergiu profundamente nas mentes das classes mais baixas".

Tocqueville encontrou nos cadernos, dispostos separadamente, aquilo que estava procurando, o que se referia à nobreza, clero e *tiers état*. Ele não registrou os numerosos exemplos de camponeses expressando seu descontentamento em relação à nobreza.[95] Não procurou provas de que a revolução foi o resultado da rebelião contra odiados aristocratas. Selecionou boas provas de que as três ordens (povo, nobreza e clero) reconheceram o poder opressivo da centralização, e todas reagiram contra ela. Tocqueville argumentou que "a educação e o estilo de vida já tinham criado mil semelhanças entre o burguês e o nobre" e que "Paris, que cada vez mais tornou-se a única tutora da França, impôs finalmente um molde e um estilo comum a todo intelecto".[96] Muitos cadernos de queixas, independentemente do fato de procederem da nobreza, do clero e do Terceiro Estado, invocavam direitos humanos inalienáveis, exigiam processos corretos e solicitavam um "pacto social" que mantivesse o governo responsável em relação às pessoas. Além disso, Tocqueville se deu conta de que as três ordens aceitavam a centralização dos costumes quando solicitavam reformas. Em vez de defender liberdades locais, todas elas queriam de certo modo apoderar-se do centro do poder.

Com todos esses tópicos finalmente enfocados e muitas provas a sua disposição, Tocqueville começou a escrever. Em novembro de 1853 ele disse a Ampère: "Estou num precipício. Queira Deus que eu encontre forças para ultrapassá-lo."[97] Ele acrescentou no dia 1º de janeiro de 1854: "Esbocei o primeiro capítulo, sobre o objetivo da revolução, comecei a esboçar o segundo capítulo relativo aos principais componentes que a caracterizam." Ao achar que suas "montanhas de anotações oprimem, sufocam",[98] Tocqueville, quando estava em Tours, decidiu ousadamente ignorá-las e dedicar-se inteiramente a escrever os esboços do segundo livro (sobre o declínio das prerrogativas feudais) e do terceiro livro (sobre a influência dos homens de letras).[99] Ele escreveu para Beaumont: "Estou bem na minha trajetória, embora enfrentando altos e baixos. Espero ter alguns capítulos para ler para você durante a primavera. A configuração do livro está se tornando mais clara para mim."[100]

Tocqueville, havia muito tempo, esperava investigar se a Alemanha tinha vivenciado uma evolução semelhante no século XVIII. Ele estava naturalmente inclinado a estabelecer relações entre os países, e comparou

O HOMEM QUE COMPREENDEU A DEMOCRACIA 331

a França com a Inglaterra e os Estados Unidos, mas nunca países do leste, com exceção de sua excursão a Frankfurt, a fim de observar a assembleia legislativa, em 1849. No outono de 1852, mediante recomendação de Harriet Grote, Tocqueville deu início a uma correspondência com Charles von Bunsen, embaixador da Alemanha na corte de Saint James, para que ele o orientasse sobre fontes alemãs.[101] Também começou a estabelecer uma ampla correspondência com o diplomata Alphonse de Circourt, a quem logo deu o apelido de seu "dicionário", no que se referia a fontes alemãs, e uma correspondência com o igualmente culto Gobineau.[102] Em Tours, Tocqueville muito se empenhou em aprender o alemão, dedicando três horas por dia a essa tarefa com a ajuda de um professor. Foi sua intenção dominar aquela "língua diabólica", com seus sons guturais, achando que era um tormento a que ele se impôs, mas era sua intenção ter acesso direto a documentos alemães.[103] Tocqueville sentiu que chegou a um nível razoável de leitura daquele idioma e recuperou força física suficiente para viajar mais uma vez quando ele e Marie (que falava alemão)[104] partiram de Tours com a finalidade de passar o verão de 1854 na Alemanha.

O trajeto dos Tocqueville foi interrompido por algumas paradas, primeiramente em Beaumont la Chartre, onde Marie deixou com os Beaumont um envelope que continha apólices e ficaria num lugar seguro.[105] O casal passou vários dias em Paris no apartamento do pai de Tocqueville, na Place de la Madeleine.[106] Molé, Cousin, Villemain e Mignet contavam com a disponibilidade de Tocqueville a fim de elegerem para a Academia Francesa o bispo liberal Félix Dupanloup, em oposição aos desejos do imperador e dos membros anticlericais, Mérimée (que se vangloriava de não ter sido batizado) e Sainte-Beuve. Tocqueville e seus amigos prevaleceram.[107] Após uma breve visita ao pai de Tocqueville, em Clairoix (perto de Compiègne), o casal partiu para a Bélgica. Eles tiveram o prazer de encontrar-se com Lamoricière em Bruxelas e com Bedeau em Spa. Chegaram a Bonn no dia 17 de junho, onde tiveram a satisfação extra de receber a visita de seu amigo inglês Henry Reeve, que estivera em Aix, e a visita de George Cornewall Lewis e de sua esposa Theresa.[108]

Circourt havia providenciado várias cartas de apresentação. Uma delas era para a condessa Von Oriola, dama da alta sociedade, que poderia abrir portas para o casal em círculos aristocráticos. Outra era para Friedrich

Christoph Dahlmann, historiador na Universidade de Bonn, que havia sido membro da assembleia legislativa em Frankfurt, em 1848, e poderia ser seu guia no mundo acadêmico.[109] Tocqueville ficou frustrado, pois apesar de todos os seus esforços em Tours ele não conseguia entender os alemães: "Era como se eles falassem a língua dos iroqueses, indígenas americanos." Entretanto, deparou-se "com uma grande biblioteca e ainda melhor, tendo em vista meus objetivos, com uma excelente universidade" cujos professores foram muito solícitos.[110] Hugo Hälschner e Ferdinand Walter (este participou da Assembleia Nacional em Berlim, em 1848) foram especialmente acolhedores.[111] O que mais agradou Tocqueville é que eles confirmaram suas suspeitas. Ele disse a Freslon: "O que eu estou aprendendo sobre as antigas instituições e o antigo estado social da Alemanha é, quase sem exceção, aquilo que imaginei."[112] A nobreza permaneceu mais poderosa e manteve mais credibilidade na Alemanha do que em relação à França. Ao contrário da França, a propriedade de terras permaneceu associada a governar o povo. Os tribunais dos nobres eram mais resilientes na Alemanha, onde não havia tribunais administrativos. Havia menos ressentimento em relação aos nobres, pois eles ainda pagavam tributos, em vez do serviço militar que outrora teriam de prestar.[113]

Tocqueville achou aquilo que foi procurar. Como a Alemanha tinha persistido em defender direitos feudais, o país não enfrentou uma revolução. A lei romana, que havia penetrado na Alemanha, serviu para manter a servidão durante séculos.[114] No final do século XVIII, os camponeses alemães ainda faziam parte do "estoque" das propriedades agrícolas, conforme ocorria durante a Idade Média. Não lhes era permitido retirar-se; eram punidos nos tribunais, devido a acusações de preguiça; não podiam mudar de domicílio ou se casar sem permissão de seu senhor; e em boa parte de seu tempo, e durante três dias da semana, tinham de executar trabalhos compulsórios.[115] Além disso, a falta de religião havia se tornado uma geral e ardente paixão na França, mas a Alemanha continuou sendo muito religiosa, como Mirabeau também notou.

Somente as províncias do Reno eram comparáveis com a França em termos de erosão da nobreza. "Desse fato emanaram sentimentos e ideias que predispuseram aquela gente a uma revolução, numa amplitude muito maior do que a de outras regiões da Alemanha." Isso foi uma prova adicional em apoio à grande teoria de Tocqueville segundo a qual as revoluções

O HOMEM QUE COMPREENDEU A DEMOCRACIA 333

acontecem somente quando as pessoas estão vivendo razoavelmente bem. Ele fez esta colocação muito sucintamente em *O Antigo Regime e a revolução*: "Quanto mais melhorava a situação dos franceses, mais eles a consideravam insuportável."[116]

No dia 19 de agosto, Tocqueville e Marie precisaram interromper sua estadia em Bonn e viajar até Bad Wildbad, uma cidade na Floresta Negra conhecida por suas termas. Marie estava com reumatismo na mão direita, muito dolorido, e precisava ser tratada. Em Wildbad, distante de suas fontes de informação, Tocqueville sentiu-se desencorajado em relação a sua viagem, mas na verdade já havia chegado às conclusões necessárias. Além disso, o leal Ampère fora ao encontro dos Tocqueville depois de uma longa trajetória através do norte da Itália e da Baviera, infestadas pela cólera, a fim de fazer companhia ao casal e providenciar alguém que os acompanhasse em sua viagem de volta.[117]

Tocqueville retornou à França em outubro de 1854. Em Paris, reuniu toda a sua documentação e todos os seus livros e os transportou para uma casinha que ele e Marie alugaram em Compiègne, perto da residência de seu pai, em Clairoix. Em Compiègne, Tocqueville elaborou uma matriz de índices para seu arquivo com a finalidade de consultar as fichas, selecionando-as cuidadosamente. Ele fez progresso suficiente e escreveu para Beaumont no dia 11 de janeiro. "Espero concluir em dois ou três meses o que se tornará a primeira parte do livro",[118] isto é, a parte sobre o Antigo Regime que ele tinha a intenção de pôr em relevo.

No começo de 1855, Tocqueville refletira, com todos os pormenores, sobre o livro em que abordou o Antigo Regime. Em Tours, concebeu um novo tipo de história social/institucional, imediatamente removido da extensa narrativa sobre a política nacional e indispensável para compreendê-la. No prefácio, afirmaria que determinara "o modo como os negócios públicos eram conduzidos, como as instituições funcionavam realmente, como as várias classes se relacionavam verdadeiramente umas com as outras, a condição e os sentimentos daqueles segmentos da população que ainda não eram vistos nem ouvidos, e a verdadeira base de opiniões e costumes". Ele então estabeleceria comparações entre a Inglaterra e a Alemanha a fim de explicar por que a revolução irrompeu na França e em nenhum outro lugar. A maior parte desse livro de Tocqueville estava finalizada. Permaneceu,

334   OLIVIER ZUNZ

porém, aquilo que era o maior desafio: tornar relevante seu sofisticado estudo, baseado em arquivos, sobre a sociedade e as instituições na véspera da revolução, tendo em vista dinâmicas revolucionárias. Quem atuou naquele teatro social de tal modo que a revolução irrompeu? Por qual motivo "todo mundo [ficou] descontente, insatisfeito, ansioso com sua situação, querendo que ela fosse mudada"?[119]

Enquanto procurava uma resposta plausível, Tocqueville precisou dar conta de alguns contratempos. Em abril-maio de 1855, ele e Marie se mudaram novamente e fixaram-se em Paris, onde Tocqueville realizou mais algumas pesquisas e ajudou a resolver algumas questões para a Academia Francesa.[120] Em junho, o casal visitou os Beaumont e os Corcelle. Tocqueville leu vários capítulos para os Beaumont e a acolhida foi favorável. No fim do mês ele e Marie foram para o castelo de Tocqueville pela primeira vez em três anos, onde tiveram de enfrentar uma manutenção negligenciada, fazer algumas reformas e prepará-lo para ser habitado anualmente. Tocqueville cuidou de alguns negócios para seu pai, que ainda era proprietário de parte das terras do entorno. Tocqueville escreveu para ele, referindo-se à manutenção e a algumas questões ligadas à agricultura.[121] Tudo isso levou tempo.

Quando finalmente conseguiu retornar mais uma vez a seu manuscrito, Tocqueville não consultou arquivos a fim de encontrar neles indícios de uma iminente revolução. Em vez disso, permaneceu com firmeza no plano das ideias. Ao ler suas anotações em Tours já tinha decidido que os fisiocratas eram reformistas que se interessavam mais em impor seus projetos preferidos do que em legitimar as diversas necessidades do povo. Tocqueville constatou na atividade dos reformistas todas as ideias de centralização e tirania para as aniquilar em nome da liberdade. Os fisiocratas promoveram o espírito de tirania para o maior bem da sociedade. Apesar de suas boas intenções, Tocqueville explicou que eles queriam impor suas opiniões, que frequentemente não eram nada mais do que "um disparate literário no lugar de um verdadeiro entendimento dos homens".[122] Os fisiocratas argumentaram que na sociedade que planejavam não haveria necessidade de poderes equivalentes porque alcançariam uma simbiose perfeita entre o interesse geral e o privado. Tocqueville citou Quesnay ao afirmar que "o sistema de contra-ataques no governo é uma ideia fatal".[123] Ele reconheceu, nas propostas dos fisiocratas, um regime autoritário e perigoso sendo ela-

O HOMEM QUE COMPREENDEU A DEMOCRACIA 335

borado. "Esses reformistas têm boas intenções, querem ajudar a sociedade, mas só pensam em confiscar o Estado, apropriar-se de sua autoridade e impor reformas unilaterais."

Por mais criteriosa que fosse a opinião de Tocqueville sobre os fisiocratas, deu-se conta de que as ações deles não poderiam ser responsáveis pela revolução. Deveria ter havido uma força muito maior atuando. Enquanto estava em Tours, Tocqueville fez inúmeras anotações relativas ao livro de autoria de Necker intitulado *De l'administration des finances de la France* (1784). Ele ficou impressionado como o ministro de Finanças, no reinado de Luís XVI, descreveu o "supremo poder da opinião pública quando a revolução se aproximava". Necker referiu-se àquela opinião como se ela fosse "um poder invisível".[124] Tocqueville ficou muito interessado por aquele conceito de poder invisível e começou a especular quem realmente o concebeu e estimulou.

Consistente com seu discurso acadêmico sobre a ciência política e com a vigorosa análise de Burke, Tocqueville argumentou, sem ter muitos indícios, que "homens de letras do século XVIII" — existiam muitos —, com seu "gosto por teorias abstratas e gerais sobre o governo", tornaram-se irrefletidamente influentes em seu incansável esforço de substituir "os complexos e tradicionais costumes que governavam a sociedade em que viviam por certas regras simples e elementares, que podiam ser deduzidas através da razão e da lei natural". Suas ideias não permaneceram "confinadas em algumas cabeças filosóficas". Em vez disso, infiltraram-se nas massas e assumiram "a substância e o calor de uma paixão política".

Tocqueville afirmou que os filósofos tinham se tornado capazes de "inflamar as imaginações até mesmo de mulheres e camponeses".[125] Victor Hugo, mais tarde, em *Os miseráveis*, fez quase a mesma alusão, quando o personagem Gavroche cantou nas barricadas montadas em 1830: "*C'est la faute à Voltaire. C'est la faute à Rousseau.*" ("A culpa é de Voltaire, a culpa é de Rousseau"). Embora Tocqueville muito se empenhasse em reconhecer a grande diversidade do pensamento filosófico, ele antecipou uma teoria da hegemonia, na qual algumas ideias bem-difundidas de repente se tornaram amplamente aceitas — e quanto a isso não houve um retorno.

Tocqueville muito se dedicou a elaborar esses capítulos quando estava na propriedade de sua família, mas foi alvo de muitas críticas. Marie queixou-se, em agosto de 1855, que achou o capítulo "Como os Homens de Letras se Tornaram Líderes Políticos" incompleto e apático.[126] Clémentine de Beaumont também não ficou convencida. Tocqueville reformulou a última parte do livro. Disse a Beaumont que isso exigiu dele "muita reflexão, trabalho e preocupações".[127] Seu amigo inglês George Cornewall Lewis criticou o modo como ele abordou o espírito voltariano, e a correspondência entre ambos esclarece muito o que Tocqueville determinou provar. Lewis concordou com Tocqueville quanto ao fato de Voltaire ter atacado "o cristianismo em cada variedade de formas e em cada variedade de ocasiões", mas insistiu que Voltaire limitou seus ataques à religião. Lewis assinalou corretamente que Voltaire pouco se ocupou com a política e que não era hostil em relação à ordem estabelecida das coisas. Tocqueville admitiu que Voltaire "não compartilhou opiniões definitivas relativas ao governo", mas reafirmou que ele havia "desonrado as bases sobre as quais a sociedade então se apoiava" e "preparou as mentes para uma revolução", mas o que ele queria era uma "regeneração", isto é "uma profunda e radical mudança das leis civis e políticas que haviam prevalecido em sua época". Somente depois que muitas cartas foram trocadas, Lewis reconheceu nos escritos de Voltaire "aquele tom de depreciação e vilipêndio" que Tocqueville queria ridicularizar.[128]

Diante da exigência de livrar-se do que era antigo e recomeçar tudo, que os filósofos promoveram e a que o povo aderiu, explicou Tocqueville, o governo fez algumas reformas, mas também com imensas concessões, o que somente teve o efeito de agravar as tensões. Por exemplo, Luís XVI de fato havia criado assembleias provinciais do tipo que Turgot solicitou, nas quais as comunidades podiam compartilhar com os intendentes decisões relativas a impostos e outras questões locais. No entanto, o governo daquele rei continuou sendo incapaz de implementar reformas sem transmitir às pessoas comuns um inabalável sentido de superioridade do governo. Os poderosos demonstraram seu desrespeito por aqueles que não tinham poderes até mesmo quando os ouviam. Tocqueville escreveu que, de certo modo, todos se comportaram como madame Duchâtelet, que de acordo com o secretário de Voltaire, "sentia-se muito bem quando se despia na frente de sua criadagem, tendo em vista a ausência de provas incontestáveis de que alguns eram homens".[129]

O HOMEM QUE COMPREENDEU A DEMOCRACIA   337

Quando estava terminando seu manuscrito, Tocqueville enfrentou momentos de desencorajamento e, ocasionalmente, fortes dores estomacais; porém, jamais agiu com "tanta obstinação, paixão e tristeza", conforme disse a Ampère.[130] Ele finalizou o manuscrito, excetuando o prefácio e as notas, no fim de janeiro de 1856. No dia 5 de fevereiro, Tocqueville retornou a Paris a fim negociar um contrato de publicação. Ele esperava "vivenciar muitas sensações desagradáveis e muita agitação mental", mas graças a Louis de Loménie, professor de literatura, amigo e colega de Ampère no Collège de France, Tocqueville teve condições de assinar um contrato com o editor, que lhe adiantou 2 mil francos, baseando-se numa venda mínima de 2 mil exemplares.[131] No fim de fevereiro, Tocqueville teve de recopiar todo o manuscrito porque o tipógrafo Didot considerou a caligrafia "indecifrável".[132]

Tocqueville, Lévy e Beaumont hesitaram quanto ao título do livro. Beaumont, achando que seria uma continuidade de *A democracia na América*, sugeriu *Democracia e liberdade na França*. Lévy foi quem propôs *O Antigo Regime e a revolução*. Tocqueville hesitou, mas Lévy resolveu a questão enviando pelo correio sua opção numa circular remetida a milhares de assinantes em potencial.[133] Os Beaumont ajudaram e releram o manuscrito. Tocqueville propôs um acordo com eles, mediante o qual receberiam o texto impresso dos 25 capítulos bem como o anexo, com comentários sobre seu formato e substância. Em seguida, o enviariam a Tocqueville, que, em Paris, finalizaria as correções. Tudo isso deveria ser feito no prazo de seis dias a fim de estar de acordo com o contrato de publicação.[134]

Somente depois que as provas foram corrigidas Tocqueville completou o prefácio (que Loménie comentou) e as notas de final de capítulo, ambos destinados a fornecer ao leitor amplas informações sobre as pesquisas realizadas em arquivos. A publicação foi adiada uma semana devido ao luto de Tocqueville ante a morte súbita de seu pai.[135] No dia 19 de junho de 1856, o livro *O Antigo Regime e a revolução* ficou pronto. Logo seus leitores contestariam — ou não — a ousada argumentação de Tocqueville e a evidência significativa, embora parcial, de que a revolução surgira "amplamente formada pela sociedade a ser destruída", mas "adicionando a selvageria de seu espírito".[136]

11

Catolicismo e liberdade

Tocqueville iniciou seu estudo sobre o Antigo Regime apenas com a única intenção de preparar-se para uma análise mais ampla da Revolução Francesa. Ele, entretanto, deparou com tantas coisas que o cativaram que pôs de lado seu projeto inicial e escreveu um livro extremamente original, delineando os elementos da França do século XVIII que levaram ao estágio de uma revolução. Embora esse livro abordasse a história da Revolução Francesa apenas indiretamente e com alusões a ela, Tocqueville não havia abandonado seu projeto original. Nas páginas de conclusão de *O Antigo Regime e a revolução*, referiu-se à tarefa que o aguardava. Estudaria os modos imprevisíveis de como as "igualmente sinceras" e "igualmente vigorosas" paixões pela liberdade e igualdade que os franceses sentiram "surgiram ao mesmo tempo, e logo se fundiram e emergiram, cada uma delas animando a outra, e acabaram inflamando o coração da França".[1] Ele estava quase pronto para assumir aquela tarefa que era um desafio, mas antes precisava recuperar a energia gasta na publicação de *O Antigo Regime e a revolução*, avaliar sua receptividade por um público amplo e reorganizar sua própria vida a fim de retomar seu trabalho.

De volta a Tocqueville: uma pausa necessária

Tocqueville retirou-se para a Normandia depois de enterrar seu amado pai e publicar seu livro tão esperado. Gustave de Beaumont declarou que os Tocqueville regressavam "ao lar após enfrentar terríveis tempestades".[2] Tocqueville precisava descansar e retirar-se de uma capital barulhenta que estava

O HOMEM QUE COMPREENDEU A DEMOCRACIA   339

sendo erigida — o barão Haussmann estava construindo bulevares em toda a cidade. Na Normandia, Tocqueville fez uma pausa momentânea. Disse a seus amigos que não tinha sido tão preguiçoso durante vinte anos e que ele e Marie planejavam passar pelo menos oito meses por ano em Tocqueville, agora que não tinha mais quaisquer obrigações políticas que o retivessem em Paris.[3]

Havia muitos motivos para estar contente. Relacionamentos com a família, outrora distantes, estavam sendo retomados. Tocqueville estava otimista diante de uma possível amizade entre Marie e Émilie, esposa de Hippolyte. Marie chegou até mesmo a concordar em passar quatro dias em Nacqueville em outubro — um grande acontecimento, considerando que os dois irmãos permaneciam em contato, mas havia dez anos que suas esposas não se viam.[4] Discórdias conjugais ameaçaram brevemente Tocqueville, quando a mulher que ele amou em sua juventude em Metz (ver capítulo 1), Rosalie Malye, ressurgiu inesperadamente. Agora madame Begin, ela enfrentara momentos difíceis e aproximou-se de Tocqueville solicitando ajuda financeira. Ele discutiu seriamente com Kergorlay a possibilidade de ajudar Rosalie. Kergorlay adiantaria o dinheiro, que Tocqueville reembolsaria em pequenas parcelas, sem o conhecimento de sua esposa, que anotava as despesas da família.[5] Rosalie, não tendo uma resposta imediata, não renovou seu pedido. Tocqueville conseguiu esconder o incidente de Marie, que pela primeira vez não desconfiou de nada. Muito ocupada, ela supervisionava amplas reformas no castelo e fora dele.[6]

Antes de Tocqueville partir de Paris, ele e Beaumont enviaram cópias revistas de *O Antigo Regime e a revolução* a jornais e a amigos. Os amigos de Tocqueville foram efusivos em seus elogios e alguns, a exemplo de Charles de Rémusat, chegaram até mesmo a imprimi-los. Somente Kergorlay, excessivamente crítico, fez reparos quanto ao estilo, sublinhando alguns poucos trechos que, no seu modo de ver, refletiam "um pensamento muito complicado, que apenas levaria a impressões mais do que a ideias precisas". Tocqueville reconheceu a exatidão daquela crítica, admitindo para seu amigo de infância existir "certa lacuna entre meu estilo e o estilo dos grandes escritores".[7] Em relação a outros comentários, tinha certeza de que sua linguagem estava correta. Escreveu para Francis Lieber, que em tempos passados considerou malfeita a tradução norte-americana sobre o relatório das prisões, que lesse *O Antigo Regime e a revolução* em francês, porque "a melhor tradução nunca é nada mais do que uma cópia insignificante".[8]

340 OLIVIER ZUNZ

Tocqueville estava para ler os comentários de John Stuart Mill. Seu relacionamento com ele distanciou-se após a crise no Oriente (ler o capítulo 8), presumivelmente devido às reservas de Harriet Mill sobre Tocqueville. Ele pediu à sra. Grote que enviasse uma cópia de *O Antigo Regime e a revolução* a Mill e aguardou impacientemente uma resposta.[9] Quando finalmente leu o livro, aproveitou a demora e o releu. Mill incluía-se entre os poucos que reconheciam a unidade das obras de Tocqueville — como ele continuou a investigar em *O Antigo Regime e a revolução* a tese fundamental de *A democracia na América* —, a mútua sobreposição de liberdade e igualdade necessária para que a democracia fosse bem-sucedida. Ele enviou seu parecer que Tocqueville tanto aguardava. Mill notou que Tocqueville levou seu grande esquema conceitual a novas alturas: "Se esta obra não acrescenta novas visões àquelas que brilham em seu *A democracia na América*, é porque talvez ela faça algo melhor, reproduzindo as mesmas imagens com algo adicional e com novas aplicações." Tocqueville, aliviado, respondeu: "Enquanto não recebi sua aprovação, jamais fiquei seguro de ter agido corretamente."[10]

A maioria dos críticos franceses, entretanto, não considerava *O Antigo Regime e a revolução* uma continuação de *A democracia na América*, pois seu enfoque era a herança da Revolução Francesa. Eles deram as boas-vindas a *O Antigo Regime e a revolução*, considerando-o um ataque a um regime que retornava à França o despotismo que, segundo se supunha, a revolução abolira. O duque d'Aumale, filho de Luís Filipe, chegou a comentar que o leitor "assimilava" no livro de Tocqueville "um sincero horror à tirania". Os republicanos foram da mesma opinião dos orleanistas quanto a esse comentário, enquanto manifestavam suas objeções à ideia de que o Antigo Regime dera origem à revolução. A única crítica, o que era previsível, ficou por conta dos principais defensores da autoridade — os católicos conservadores e ultramontanos e, é claro, os bonapartistas. A maioria dos jornais dedicou um espaço substancial ao livro.[11]

Enquanto isso, *O Antigo Regime e a revolução* estava sendo vendido com rapidez. Em meados de setembro, a primeira edição inteira — 2,2 mil exemplares — e a metade da segunda edição estavam esgotadas. Foi melhor do que as vendas de textos de Victor Hugo no mesmo período e também foi financeiramente vantajoso.[12] Tocqueville chamou a atenção de leitores que, como ele, contemplavam com ansiedade um regime autoritário que assumia novamente o poder. Ele disse à católica liberal Sofia Swetchine, dama da sociedade, que "uma longa prática me ensinou que o sucesso de um livro se deve muito mais às ideias que o leitor já tem em mente do que àquilo que o autor escreve".[13]

Um rejuvenescido Tocqueville podia desejar novamente a vinda de dias melhores. Havia cinco anos que a doença dificultara muito sua vida. Ele convalesceu no vale do Loire, recuperando a energia, e dispunha apenas de arquivos empoeirados para estimular seu intelecto. Ele se livrou de um exílio doméstico, então gozando um sucesso literário que lhe proporcionou uma renovada autoridade em relação às mais variadas opiniões. Os leitores reconheceram em Tocqueville não apenas um adversário do regime autoritário, mas também um grande defensor do espírito de 1789. Em *O Antigo Regime e a revolução* Tocqueville endossou, sem o menor equívoco, a fase inicial da revolução. Encarou-a como um raro e emocionante momento de unidade nacional. Demonstrou em seu livro que a revolução não era tão revolucionária quanto os revolucionários acreditavam e que, na noite de 4 de agosto de 1789, os revolucionários não tinham abolido o Antigo Regime, mas apenas suprimiram formalmente ou reduziram drasticamente privilégios feudais. No entanto, ele se referiu à força do espírito revolucionário que se apoderou da nação, uma força tão extraordinária que aquilo que a causou "tornou-se incompreensível devido à força de seu sucesso".[14]

Convicções pessoais

Ao escrever *O Antigo Regime e a revolução,* e durante o período de reflexão e renovação depois que o livro foi publicado, Tocqueville questionou suas crenças. Permaneceu decidido a explorar sua fé e desejou simultaneamente ver a Igreja católica aberta para acolher reformas liberais. Pensou que seu amigo Francisque de Corcelle poderia ser um guia espiritual. Em 1850, solicitou a Corcelle: "Se você tem uma receita para a fé, dê de presente para mim, pelo amor de Deus! Como é que a vontade pode afetar os livres movimentos do espírito? Se a crença fosse uma questão de vontade, há muito tempo eu seria um devoto. Ou melhor, sempre teria sido, pois para mim a dúvida é um dos males mais insuportáveis da vida. Sempre a considerei pior do que a morte e preferível somente à doença."[15] Corcelle, entretanto, perdeu sua credibilidade como mentor após submeter-se, sem a menor crítica, a regras papais autoritárias (ver capítulo 9), cegas às aspirações do povo por liberdade e igualdade. Ao defender o poder temporal do papa numa série de artigos em 1856, ele solicitou a aprovação de Tocqueville, que não respondeu, pois não queria perder um amigo em se tratando de uma disputa que ambos não poderiam resolver.[16]

Tocqueville também pensou em entrar em contato com Louis Bouchitté para trocar sérias visões sobre a religião. Bouchitté era um velho amigo dos dias de Versalhes, um filósofo com profundos conhecimentos de teologia, que escreveu com muita autoridade sobre Santo Anselmo da Cantuária (ver capítulo 7), e que no momento pesquisava a iconografia religiosa do pintor Nicolas Poussin. Tocqueville respeitava Bouchitté. Ele tentou mais de uma vez que Bouchitté fosse eleito membro correspondente do setor filosófico da Academia de Ciências Morais e Políticas, mas não conseguiu convencer Victor Cousin, vulgo "Platão" e o "ditador" do setor, a facilitar a eleição.[17] Tocqueville confidenciou a Bouchitté o quanto estava perturbado pelo "destino daquele ser singular que denominamos homem, a quem foi dada suficiente inteligência para ver a miséria de sua condição, mas não o suficiente para mudá-la". Eles poderiam conversar no castelo de Tocqueville, o lugar perfeito "para empreender um estudo metafísico: um repouso profundo entre as grandes criações de Deus, altas árvores no litoral, o oceano, um local silencioso cujos moradores vivem como os beneditinos".[18] Tocqueville, que não tinha muitos conhecimentos de filosofia, não conseguiu que seu amigo participasse de uma discussão ontológica para a qual ele não se sentia suficientemente preparado.[19]

Em meados de 1850, Tocqueville encontrou inesperadamente o guia espiritual por quem tanto ansiava na russa Sofia Swetchine. Convertida ao catolicismo, madame Swetchine foi morar em Paris em 1816, após ter sido amiga de Joseph de Maistre quando ele foi embaixador do rei da Sardenha em São Petersburgo. Em 1826, madame Swetchine abriu seu salão para receber a elite católica liberal e ultramontana. Uma qualidade que Tocqueville admirou nela foi seu apoio a um catolicismo mais liberal, que permaneceu respeitoso da tradição católica. Ela foi uma das primeiras pessoas a assinar *L'Avenir*, o jornal de Lamennais que tentava a reconciliação entre "o catolicismo e a liberdade", conforme seu título indicava. Depois da condenação papal a *L'Avenir*, madame Swetchine consolou Henri Lacordaire, o jovem e atuante sacerdote na Catedral de Notre-Dame, desanimado diante daquela

O HOMEM QUE COMPREENDEU A DEMOCRACIA 343

condenação. Ela apoiou sua decisão de ingressar na Ordem Dominicana e restabelecê-la na França.[20] Ao mesmo tempo, deu assistência ao beneditino dom Guéranger quando ele se propôs a reconstruir Solesmes e promover o canto gregoriano como um valioso substituto da liturgia galicana. Ela chegou até mesmo a interferir quando Montalembert e Lacordaire se desentenderam e ajudou-os a fazer as pazes. Seu eclético salão também atraiu católicos empenhados em realizar um trabalho social, notavelmente Frédéric Ozanan, que fundou a Sociedade de São Vicente de Paula, e Armand de Melun.[21] Madame Swetchine foi da maior importância no plano político ao ajudar o ministro Falloux a redigir a Lei Falloux relativa à liberdade do ensino, que foi submetida à Assembleia Nacional em 1850.

Tocqueville provavelmente conheceu-a em 1853. Eles começaram a corresponder-se em 1855, o que rapidamente resultou numa admiração mútua, até ela falecer em 1857. Após não conseguir estabelecer um diálogo sobre a fé com dois amigos íntimos, Corcelle e Bouchitté, Tocqueville finalmente encontrou em madame Swetchine uma pessoa culta, disposta a ouvir e a levar a sério suas crenças e dúvidas. Tocqueville relatou a ela as circunstâncias em que perdeu a fé durante sua juventude (ver capítulo 1). Madame Swetchine apressou-se em reanimá-lo, cujo poderoso intelecto ela admirava profundamente e cuja busca da fé ela encorajou. Ela insistiu que a dúvida era algo normal, não uma patologia, mas na realidade um saudável caminho em direção à crença.

Tocqueville tinha ideias definidas sobre o lugar da Igreja na sociedade. Enquanto esteve nos Estados Unidos ele se deu conta de que era necessário estabelecer uma linha divisória entre o reino de Deus e os reinos da terra. Observara diretamente que "quanto menos a religião e seus ministros se envolverem com um debate político, mais influentes as ideias religiosas se tornarão".[22] Em *A democracia na América*, ele formalizou essa ideia e apresentou a separação entre a Igreja e o Estado como o melhor caminho para que o espírito de liberdade coexistisse com o espírito da religião numa democracia. Em seu livro sobre o Antigo Regime, ele refletiu o quanto uma Igreja rica foi corrompida e tornou-se um apoio da monarquia absoluta. Ao mesmo tempo, Tocqueville sempre tinha argumentado e continuava a acreditar que a universalidade da Igreja católica a tornava mais adequada para a democracia.

Tocqueville acolheu muito bem a oportunidade de aprofundar questões ligadas à Igreja com pessoas que pensavam como ele no salão de madame

Swetchine. Ele aprovou especialmente os esforços do grupo no sentido de moderar e possivelmente silenciar Louis Veuillot. Ele se tornou a voz mais estridente da fé católica, que proclamava frequentemente como nada além do que a submissão à autoridade do papa. Em seu jornal, *L'Univers*, ele fazia da Igreja a inimiga da liberdade. Tocqueville disse a Corcelle que achava Veuillot, "participante da Igreja, um dos mais perigosos inimigos que existem neste mundo".[23] Entretanto, o que não causava surpresa, Tocqueville não deixava de criticar outras pessoas que madame Swetchine convidava. Ele estava sempre precavido em relação a Montalembert, sem nunca ter certeza de que pensavam a mesma coisa no que se referia a reconciliar Igreja e democracia. Tocqueville disse a Corcelle que admirava o talento de Falloux no que se referia à política; no entanto, questionava sua sinceridade.[24] Votou a favor dele na ocasião de sua eleição para a Academia Francesa, encorajado por madame Swetchine, mas sempre manteve uma distância entre eles. Sempre coerente, Tocqueville não participou do debate galicano e ultramontano que dividiu a maioria dos católicos franceses. Ele disse a Corcelle: "Nunca soube exatamente o que significava ser um galicano ou um ultramontano, simplesmente porque todos os católicos moderados deviam pedir simultaneamente que a Igreja reconhecesse a independência nacional no que se referia a questões temporais e aceitasse o controle papal sobre assuntos que diziam respeito a ela."[25]

Madame Swetchine e Tocqueville sempre concordaram em defender o cristianismo como uma forma de libertação individual em vez de uma cega submissão à autoridade do papa. Ela acreditava no poder da fé de ressaltar a catolicidade e superar a atomização da sociedade moderna. Ela afirmou que "o cristianismo transformou o mundo através da transformação da consciência [...] Ele procura apenas a salvação das almas, mas devido a uma admirável reação em cadeia — numa abordagem que é ao mesmo tempo indireta e infalível — que atua sobre atos individuais e sobre a sociedade como um todo". Madame Swetchine insistiu: "O cristianismo não se identifica com nenhum regime político; seu caráter de universalidade não permitirá que isso aconteça."[26] Conforme Melun observou, Tocqueville "estava se tornando cristão novamente, enquanto ouvia madame Swetchine, uma pessoa em quem ele encontrou, conforme o próprio afirmou, uma combinação de ausência de santidade e de gênio".[27]

O HOMEM QUE COMPREENDEU A DEMOCRACIA 345

Enquanto Tocqueville envolvia madame Swetchine com assuntos espirituais e o lugar político da religião organizada, ele teve uma séria discussão com seu ex-secretário Arthur de Gobineau sobre a fundamental igualdade de todos os homens. O debate, que começou quando Tocqueville ainda estava em Saint-Cyr-sur-Loire, foi ao mesmo tempo profundo, penoso e durou muito tempo. Gobineau, que tinha sido protegido por Tocqueville e foi chefe de equipe, era agora *premier sécretaire* da legação da França em Berna, que havia se tornado recentemente a capital da Confederação Suíça. Gobineau, sentindo-se isolado em Berna, começou a ler livros sobre histórias da civilização bem como tratados científicos sobre raça. Seus estudos resultaram em seu livro *Essay on the inequality of races*, cuja impressão ele custeou, entre 1853 e 1855.[28]

Tocqueville sempre considerou Gobineau um obstinado e lhe era grato por seu leal desempenho na Academia de Ciências Morais e Políticas e no ministério. Assim, concordou em promover sua carreira e suas ambições intelectuais. Tocqueville, entretanto, não tinha como endossar o recente posicionamento de Gobineau sobre raça. A disputa, no início, foi moderada. Em 1852, Gobineau pediu a Tocqueville que opinasse sobre a interpretação do naturalista Georges-Louis Leclerc, conde de Buffon, tal como ela foi registrada pelo biólogo Pierre Flourens (secretário perpétuo da Academia das Ciências e colega de Tocqueville na Academia Francesa). Após a leitura do texto, Tocqueville concluiu que Flourens, assim como Buffon, acreditava na "unidade da espécie humana". A prova de Flourens foi aquela que Buffon já havia apresentado — isto é, que as diferentes raças "misturam-se e geram perpetuamente descendência". As muitas e diferentes características entre os homens são consequência não de diferentes origens, mas do clima, da alimentação e de modos de viver.[29] Buffon e Flourens contrastaram a unidade das espécies entre os homens com a diversidade das espécies entre os animais. Buffon já tinha enfatizado que um burrico e uma égua, embora muito semelhantes na aparência e, portanto, parecendo ser da mesma espécie, podiam gerar somente uma mula infértil, e isso era uma prova de que eles pertenciam a diferentes espécies.

Tocqueville acreditou que a questão já tinha sido resolvida até receber em Tours os dois primeiros volumes do tratado de Gobineau, no qual ele afirmava que "as raças negra, amarela e branca" tinham distintas origens,

346 OLIVIER ZUNZ

capacidades desiguais e degeneravam constantemente através de uma infeliz mistura. Gobineau estava prevendo "uma decadência sem cura",[30] na qual os seres humanos regrediriam através da infusão de um sangue inferior, sem nenhuma esperança de recuperar a pureza primitiva, uma característica que era encontrada somente em alguns grupos de "arianos". As migrações e a mistura das raças seriam, assim, a causa do declínio e do eventual colapso das civilizações "no dia em que o elemento étnico primordial se encontrar tão submerso e subdividido mediante as contribuições de raças desconhecidas que faltará sua potencialidade e poder suficiente [para se manifestar]".[31]

Não ficou claro até que ponto Tocqueville teve a paciência de ler o livro de Gobineau. Ele disse a Beaumont que não conseguia terminar aquela leitura.[32] Com Alphonse de Circourt e Corcelle, ele chamou o pensamento de Gobineau de "filosofia barata" e julgou que a leitura do livro seria impossível (felizmente!).[33] Gobineau, porém, insistiu em ter uma resposta de Tocqueville, que naquele momento estava muito ocupado, pesquisando os arquivos de Tours. Gobineau também contava com seu ex-mentor para apoiá-lo em seu desejo de ingressar na Academia de Ciências Morais e Políticas.

Tocqueville ficou preocupado e não mediu palavras quando finalmente lhe escreveu, em novembro de 1853. Admitiu que "certamente, entre as diferentes famílias que compõem a raça humana, existem certas tendências, certas aptidões próprias que resultam de milhares de causas diferentes. Entretanto, o fato de que essas tendências, essas capacidades deveriam ser insuperáveis jamais foi provado e ninguém será capaz de prová-lo". A fim de esclarecer melhor sua colocação para Gobineau, Tocqueville imaginou que "Júlio Cesar, se tivesse tempo, teria escrito um livro para provar que os selvagens que ele havia conhecido na Bretanha não pertenciam à mesma raça dos romanos e que estes estavam destinados pela natureza a governar o mundo, enquanto os selvagens estavam destinados a vegetar em algum canto".

Tocqueville encarou a doutrina de Gobineau como "uma espécie de fatalidade, de predestinação". Ele se opôs a Gobineau através de sua crença inteiramente oposta de que "o destino dos homens, seja o do indivíduo, seja o das nações, depende do que eles querem ser". Tocqueville rejeitou as doutrinas filosóficas de Gobineau porque elas implicavam "uma vasta limitação, até mesmo completa abolição da liberdade humana". Ele concluiu: "Existe um mundo inteiro entre nossas crenças."[34] Tocqueville havia feito comentários

O HOMEM QUE COMPREENDEU A DEMOCRACIA   347

semelhantes ao escrever para Charles Stöffels: "A classificação das raças por seus traços físicos é uma doutrina materialista, e o materialismo, assim como um cadáver, jamais produzirá algo mais do que milhares de vermes."[35] Um estudo sobre o declínio das civilizações não modificaria esse fato.

Tocqueville não havia terminado. Ele sentiu que Gobineau era um tolo se não soubesse que suas teorias eram perigosas e que as palavras tinham consequências. Acrescentou um rigoroso aviso, de notável precisão, escrevendo para Gobineau: "Tenha certeza de que se as massas, cujo raciocínio sempre segue os caminhos mais corriqueiros, aceitarem suas doutrinas, isso as levaria a pensar não nas raças, mas nos indivíduos, e nas aptidões sociais com todo tipo de potencialidades." As teorias de Gobineau não eram apenas "muito falsas", eram também "muito perniciosas".[36] Tocqueville previu especificamente que o livro seria bem acolhido pelos senhores de escravos nos Estados Unidos e pelos alemães em sua exaltação da raça ariana. Ambas as previsões foram dramaticamente verdadeiras.

Conforme Tocqueville previu, Gobineau logo tomou conhecimento de uma tradução norte-americana de seu livro, em janeiro de 1855. Ele estava de partida para a Pérsia, recentemente contratado para participar como secretário de uma missão francesa, após desempenhar um controverso cargo em Berna. Josiah Nott, um reputado cirurgião e especialista em febre amarela, de Mobile, Alabama, foi autor de um estudo, com George Gliddon, intitulado *Types of mankind*, datado de 1854. Seu objetivo foi abordar as criações das diferentes raças humanas, ou *poligênese*. Nott referiu-se aos existentes setores do conhecimento, fisiologia, craniologia, biologia e assim por diante, a fim de apresentar seus conceitos, e convocou Louis Agassiz, zoólogo da Universidade Harvard, o qual, sem endossar a poligênese, contribuiu para aquele estudo com um ensaio sobre os diferenciados tipos humanos que habitavam diferenciadas "províncias zoológicas".[37] Assim como Gobineau, Nott enfatizou os destrutivos efeitos da mistura de raças. Para ele, isso não era um exercício intelectual e estético para ser admirado pelos eruditos da Academia de Ciências Morais e Políticas. Nott tentou apresentar uma evidência instrumental no sentido de que "mulatos", isto é, aqueles considerados "de raça misturada", eram menos capazes de resistir e viviam menos do que negros e brancos, e que as mulheres "multirraciais" costumavam ser incapazes de engravidar. Nott contratou um jovem protegido, o suíço

Henry Hotze, com a idade de 21 anos, para traduzir o livro de Gobineau, que ele acolheu como uma oportunidade de evocar a autoridade de um sábio francês "que não poderia ser acusado de ter preconceitos bairristas".[38]

Gobineau queixou-se, aliás corretamente, afirmando que a tradução era extremamente seletiva. Ficou incomodado com o fato de que Nott e Hotze haviam deturpado alguns trechos do livro e adicionado notas para transformar a obra em "uma máquina de guerra contra os 'negrófilos'", isto é, os abolicionistas, e disse a seu amigo Anton von Prokesch-Osten, o representante da Áustria na assembleia legislativa de Frankfurt, que certos norte-americanos "acreditam que estou encorajando-os a ameaçar seus negros".[39] Isso foi exatamente o que Tocqueville preveniu e foi somente o começo de uma longa história de instrumentalização das teorias de Gobineau, inclusive pelos nazistas — um triste destino para um esteta isolado que, ingênuo, queria que outros acreditassem que ele estava apenas recorrendo a um interessante argumento histórico.

Gobineau, persistente, novamente pediu apoio para sua candidatura à Academia de Ciências Morais e Políticas, uma solicitação que Tocqueville contemporizou, criando obstáculos. Ele pediu a Gobineau que submetesse à academia um relato sobre a Pérsia, que foi o que ele fez, pois tinha aprendido a falar o persa. Tocqueville notou que ele se tornou o único diplomata francês "capaz de falar o idioma de Zoroastro enquanto representava a França".[40] Cansado das pressões de Gobineau, Tocqueville, em janeiro de 1857, enviou a Rémusat, que conhecia Gobineau, o caloroso endosso de uma possível candidatura dele, sugerindo que o novo setor de política que o ministro Fortoul criou, com a esperança de enfraquecer a oposição política na instituição (ver capítulo 10), não faria objeções. Gobineau jamais foi eleito para ingressar na Academia de Ciências Morais e Políticas, e Tocqueville pediu a ele que não abordasse mais o tema das relações raciais.

Tocqueville estava cada vez mais consciente dos perigos do preconceito racial. Em 1856, acolheu muito bem uma solicitação da abolicionista Maria Chapman para endossar a Sociedade Feminina Antiescravidão, de Boston, e contribuir para sua publicação atual, *The Liberty Bell*, uma denúncia da escravidão, que afirmava que "Deus concede a liberdade do livre-arbítrio, sem distinção, para todos aqueles que vivem neste mundo".[41] Tocqueville preocupou-se com o fato de que a eleição de James Buchanan assinalou o triunfo das forças favoráveis à escravidão, ao mesmo tempo que comentava

O HOMEM QUE COMPREENDEU A DEMOCRACIA 349

com prazer, numa carta enviada a seu amigo abolicionista, o senador Charles Sumner, a vitória dos candidatos que defendiam o livre acesso às terras na legislação do Kansas. Ele deu as boas-vindas a Sumner em Paris e em Tocqueville, em maio de 1857, quando o senador viajava pela Europa, ainda se recuperando do súbito mal-estar que o acometeu e que quase o matou no Senado dos Estados Unidos, após ele denunciar a escravidão.[42]

Em junho de 1857, Tocqueville viajou para Londres para pesquisar sobre a revolução, quando aconteceu a Revolta dos Cipaios. Tocqueville estava jantando na residência de lorde Granville, presidente do conselho, "quando notícias sobre a rebelião indiana chegaram pelo telégrafo". Conforme Tocqueville relatou mais tarde, "o barulho da revolta da Índia irrompeu como uma trovoada durante toda aquela quietude". Em relação ao fato de rebeldes cipaios matarem a população inglesa local, Tocqueville comentou: "Desconheço ter existido na história uma tragédia como essa desde a época de Mitrídates, quando houve o massacre dos romanos na Ásia."[43] Marie ficou profundamente preocupada durante meses em relação à situação na Índia, o que levou Tocqueville a se dar conta de que sua esposa permanecia tão profundamente inglesa![44]

Tocqueville manteve silêncio em relação a questões coloniais durante quase dez anos, mas aquilo o abalou. Em seu último comentário sobre a Argélia, em 1847, finalmente expressou alguma preocupação sobre a violência que o exército continuava a exercer sobre os argelinos, embora permanecesse defensor da colonização civil dos franceses e por garantir a eles uma significativa autonomia administrativa (ver capítulo 8). Agora, rodeado de amigos ingleses que se preocupavam com o futuro do Império Britânico, Tocqueville retornou ao tema do colonialismo e compartilhou seus pensamentos sobre as opções que os ingleses tiveram na Índia. Esses pensamentos concorriam com sua atual pesquisa sobre o universalismo cristão e a igualdade humana.

Tocqueville tinha um longo e duradouro interesse pela Índia. Outrora pensara em escrever um ensaio sobre a colonização inglesa da Índia e somente a dificuldade de fazer a viagem e visitar o país o forçaram a deixar o projeto de lado.[45] Para seus amigos ingleses que confrontavam a rebelião, Tocqueville expressou um apoio inequívoco. Ele insistiu que não deveriam deixar de assegurar o domínio inglês. Qualquer abrandamento do controle na Índia seria um sinal de declínio nacional. Ele disse a lady Theresa Lewis: "A perda da Índia diminuiria o lugar da Inglaterra entre as nações do mundo [...] Não tem havido nada tão extraordinário sob o sol do que a conquista e especialmente o governo da Índia pelos ingleses. Nenhum outro lugar da terra convida os homens a contemplar aquela pequena ilha da qual os gregos nem sequer sabiam o nome. Acha, minha senhora, que um povo, após ocupar um lugar tão imenso na imaginação da raça humana, pode retirar-se subitamente com impunidade?"[46]

Entretanto, Tocqueville já não estava tão entusiasmado em relação ao projeto colonial ocidental. Embora tivesse tolerado a brutalidade do exército francês na conquista da Argélia, ele achava que os ingleses foram moderados em relação à rebelião. Recomendou (em vão, levando em consideração a brutal repressão exercida pelos ingleses) que não ultrapassassem medidas "legítimas". Referindo-se ao sentimento de superioridade dos ingleses, ele disse a lady Theresa, cujo esposo participava do gabinete: "Você tem o direito de ser o senhor daqueles selvagens impiedosos somente porque é melhor do que eles."[47]

Recordando seus estudos sobre as leis e os costumes indianos, Tocqueville expressou empatia pela cultura local, o que muito faltou em suas visões sobre a Argélia. Ele censurou seus amigos ingleses devido ao desprezo que sentiam por hábitos que não fossem os deles. Mesmo com boas intenções, ele observou, os ingleses tinham um modo de "exasperar, devido a sua *conduta*, até mesmo aqueles súditos que suas leis favorecem".[48] Tocqueville interpretou a rebelião como a "revolta do barbarismo contra a arrogância".[49] O desrespeito gerou a negligência. Tocqueville julgou que seus amigos ingleses não fizeram o suficiente em relação à população local. Ele escreveu a lorde Hatherton que "por mais de um século os ingleses fracassaram em proporcionar ao povo hindu aquilo que se poderia esperar devido ao esclarecimento daquele povo e de suas instituições".[50]

Extremamente importante é o fato de que Tocqueville reviu seu prolongado empenho em relação ao estabelecimento de colônias (Canadá, Argélia). No caso da Argélia, ele sempre favoreceu uma política de colonização e queria torná-la parte da França. Discutiu com o marechal Bugeaud a questão de que a autoridade deveria ser exercida por um governo civil, não por um governo militar, bem como a concessão de muita autonomia local aos colonos. Quanto a isso, ele determinou uma diferença entre estabelecer uma colônia

O HOMEM QUE COMPREENDEU A DEMOCRACIA   351

e governá-la. Quando Henry Reeve sugeriu na *Edinburgh Review* que mais cidadãos ingleses deveriam estabelecer-se na Índia porque a hostilidade se deveu à ação do exército, não à população inglesa local ou aos príncipes, Tocqueville — o que foi uma surpresa — chegou até mesmo a sugerir que os ingleses deveriam ser impedidos de comprar terras na Índia.[51]

Tocqueville poderia ter se convencido de que os ingleses exerceriam um governo mais eficiente do que o dos líderes locais, e que até mesmo os indianos prefeririam um governo inglês aos governos de seus príncipes, mas ele não pensava que a população local encararia os colonos do mesmo modo. Baseado na experiência francesa da colonização da Argélia, Tocqueville disse que se "um governo estrangeiro prejudica somente um sentimento nacional fraco, o colono estrangeiro prejudica ou parece que prejudica através de milhares de modos diferentes os interesses particulares de todos os homens". Revelando uma significativa mudança de opinião em relação à colonização — que pode ter sido o motivo de seu longo silêncio sobre essa questão —, ele acrescentou: "Não tenho dúvida alguma de que os árabes e os kabylas da Argélia estão mais irritados pela presença dos nossos colonos do que pela presença dos nossos soldados."[52] Ele agora acreditava que o domínio geopolítico era uma coisa e que a colonização era outra coisa. Ainda apoiou o primeiro, mas expressou sérias reservas em relação ao segundo.

A Revolução Francesa

Com questões relativas à igualdade universal que ocupavam seus pensamentos, Tocqueville retomou seu projeto mais amplo. Ele havia anunciado em *O Antigo Regime e a revolução* que explicaria na sequência "como um governo poderoso e muito mais absoluto do que aquele que a revolução suprimiu apoderou-se e concentrou todo o poder, suprimiu todas as liberdades pelas quais havia sido pago um preço elevado e pôs em seu lugar imitações inúteis".[53] Tocqueville queria determinar por que e como a notável unidade engendrada pela revolução foi destruída tão rapidamente e como foi possível que os franceses, após derrotar o absolutismo e criar uma república consagrada à liberdade e à igualdade, tinham desistido tão facilmente do seu projeto. Como foi que os franceses, em nome de sua nova versão da igualdade, submeteram-se a um absolutismo renascido sob Napoleão? Tocqueville já havia esboçado capítulos curtos sobre o 18 de Brumário (ver capítulo 10) e no verão de 1856 se animou novamente, após ler um estudo de autoria de Friedrich Perthes, um editor alemão. Perthes, depois de aderir aos ideais universais da Revolução Francesa, resistiu arduamente à invasão e ao governo napoleônico. O editor François Buloz queria um ensaio sobre Perthes para publicá-lo na *Revue des deux mondes*, mas Tocqueville acabou abandonando o projeto após detalhadas anotações.[54] Decididamente Buloz não teve sorte de arrumar uma cópia com Tocqueville, que jamais acabou de escrever seu ensaio sobre a Índia que prometeu enviar.

Tocqueville queria respeitar a cronologia dos acontecimentos que levaram à revolução e a sua fase inicial. Decidiu escrever a imediata sequência do livro que acabara de publicar. Comunicou ao bibliotecário do Institut de France que precisava compilar fontes que cobrissem o período que teve início no dia 1º de janeiro de 1787 ("para escolher uma data exata").[55] Ele queria investigar em ordem cronológica a luta da corte real com os *parlements* (tribunais de leis); a assembleia de notáveis; toda espécie de reformas tentadas pela Coroa; a convocação dos Estado Gerais; seu encontro, no dia 5 de maio de 1789; sua transformação numa Assembleia Nacional (dia 17 de junho, renomeada em 9 de julho como Assembleia Constituinte) e o dramático Juramento do Jogo de Pela (*Serment du Jeu de Paume*) no dia 20 de junho de 1789, durante o qual os participantes decidiram não dissolver sua assembleia até que uma Constituição fosse estabelecida.

Como acadêmico e ex-ministro, Tocqueville recebeu o tratamento preferencial que esperava dos bibliotecários. O bibliotecário do Institut de France e o bibliotecário da Biblioteca Imperial atenderam Tocqueville, enviando para a Normandia centenas de panfletos revolucionários, e assim ele pôde envolver-se com a argumentação do início da revolução no conforto de sua casa. Naquele outono, ele também adquiriu os Atos da Assembleia Constituinte, que Tocqueville considerou "os mais produtivos e autênticos documentos", a fim de obter uma compreensão sobre aquele período.[56] Em novembro-dezembro de 1856, esboçou em um "capítulo zero", no qual enfatizou as questões para as quais queria dar uma resposta: "Por que a Reforma se transformou tão rapidamente numa Revolução? Como as classes mais baixas se tornaram subitamente tão furiosas? O que dizer do poder

O HOMEM QUE COMPREENDEU A DEMOCRACIA 353

que liderava [a luta]?" Ele resolveu ler e esclarecer aquelas questões numa estrita ordem cronológica. Talvez olhando metodicamente os detalhes "as ideias fundamentais surjam".[57]

Ele logo se deu conta de que os bibliotecários, por mais atenciosos que fossem, não poderiam enviar todo o material de que necessitava. Decidiu passar quatro meses na capital com a finalidade de aprofundar suas pesquisas em bibliotecas e arquivos. Os Tocqueville partiram da Normandia no fim de março de 1857. Foram morar em Chamarande (Essonne), próximo de Vaux-le-Vicomte, sul de Paris, para ficar mais perto da idosa sra. Belam, tia de Marie. Alugaram um apartamento num castelo construído por François Mansard (cujos alicerces foram projetados por Le Nôtre). O ministro do Interior, duque de Persigny, um dos conspiradores do golpe de Luís Napoleão, tinha adquirido a propriedade, que estava em mau estado, e começou a reformá-la. Tocqueville notou a ironia: Persigny agora era proprietário do castelo após ter sido seu carcereiro. De Chamarande, toda semana ele ia até Paris e lá trabalhava durante várias horas.[58]

Os Tocqueville viajaram para a Inglaterra em junho para pesquisar uma ampla coleção de panfletos revolucionários depositados no Museu Britânico. Isso possibilitou um encontro com os amigos que acolheram seu livro com um verdadeiro dilúvio de congratulações e louvores. Combinando lazer e trabalho, Tocqueville passou alguns momentos na companhia dos Senior, Grote, Reeve e Lewis. Todos tinham visitado os Tocqueville durante viagens anteriores a Paris, Normandia, Sorrento, Tours e Alemanha. Tocqueville fez várias e curtas visitas ao campo, nas residências dos Grote e de lorde Radnor, com quem ele fez amizade durante sua primeira visita à Inglaterra, bem como à propriedade de lorde Hatherton, um conhecido recente, que fez questão de levar seu visitante a sua fazenda modelo, situada em Teddesley, Staffordshire. Aquelas visitas sociais foram esplêndidas, mas Tocqueville precisou cancelar um jantar com Nassau Senior devido a uma dolorosa indisposição estomacal.[59]

O bom amigo de Tocqueville, George Cornewall Lewis, chanceler do Erário, providenciou encontros com pessoas muito bem-situadas. No mesmo jantar na residência de lorde Granville, onde tomou conhecimento da Revolta dos Cipaios, lorde Clarendon, secretário de Estado do Ministério das Relações Exteriores (e cunhado de Lewis) informou Tocqueville de que o príncipe Albert queria conhecê-lo.[60] Ele propôs data e hora que, no entanto, precisaram ser mudadas porque Tocqueville teve um compromisso anterior com a família Orléans, que estava exilada na Inglaterra. Quando o encontro finalmente ocorreu, Tocqueville ficou profundamente grato ao saber que o príncipe consorte tinha lido *O Antigo Regime e a revolução* com todo cuidado e precisão.

A sra. Grote providenciou um encontro com o historiador Thomas Macaulay, que Tocqueville estava ansioso para conhecer.[61] No entanto, o ostensivo motivo de sua viagem à Inglaterra — os arquivos do Museu Britânico — acabou sendo uma decepção. A magnífica sala de leitura do museu, cuja reforma terminou em maio daquele ano, tornar-se-ia o local de trabalho favorito de inúmeros grandes escritores. Karl Marx, cujos interesses continuaram a entremear-se com os de Tocqueville, renovou seu documento de ingresso na sala de leitura em junho de 1857, e assim o tempo que ali passava provavelmente coincidiu com a presença de Tocqueville, embora os dois não tenham sido apresentados.[62] Contudo, a coleção de panfletos revolucionários franceses ainda não tinha sido catalogada e assim ficou muito difícil pesquisá-la. Lorde Clarendon facilitou as pesquisas, concedendo a Tocqueville permissão especial para ler a correspondência diplomática inglesa relativa ao período 1787-1793 e providenciou que fossem copiados documentos importantes para que lhe fossem remetidos. Agora Tocqueville não poderia se interessar mais pelos boatos que circulavam na França segundo os quais os ingleses, durante anos, procuraram criar desordens e confusões no que dizia respeito a assuntos franceses.[63]

Atravessar o canal da Mancha foi uma feliz interrupção da rotina de Tocqueville. Quase diariamente ele enviava uma carta para Marie relatando suas atividades e como era bem-tratado. Também teve a rara oportunidade de ficar conhecendo melhor, em Londres e Portsmouth, Joe Mottley, um dos irmãos de Marie, e sua família. Para promover a carreira naval de seu cunhado, Tocqueville escreveu uma carta de recomendação para o primeiro lorde do Almirantado, Sir Charles Wood. Sir Charles mostrou-se tão disposto a agradá-lo que tomou providências para que um pequeno navio transportasse Tocqueville, seu único passageiro, até Cherbourg, no início de agosto, uma honra única, que completava a gentileza com que ele atendeu seu pedido.[64]

O HOMEM QUE COMPREENDEU A DEMOCRACIA 355

Foi depois de seu retorno da Inglaterra que Tocqueville começou a escrever a história da Revolução Francesa. Ele abordou o projeto com uma visão geralmente otimista. Como sua doença impediu para sempre que completasse seu projeto, podemos apreciar somente aquilo que Tocqueville obteve das pesquisas parciais que realizou.

Tocqueville começou a indexar suas anotações na Normandia em setembro de 1857. Voltou a trabalhar novamente e com afinco, sem incomodar-se com reformas na casa, preocupando-se de vez em quando com questões financeiras. Em novembro, o pânico financeiro nos Estados Unidos deixou-o alarmado. Temendo a perda de ações ferroviárias que havia adquirido em 1848, ele pediu a seu amigo, o senador Sumner, que investigasse qual seria o destino das ferrovias Central Michigan e Galena-Chicago.[65]

Ter pleno conhecimento das narrativas sobre a Revolução Francesa não foi nada fácil. Tocqueville escreveu para Pierre Freslon, em fevereiro de 1857, que "a revolução (aquele movimento imenso que nos transportou do Antigo Regime para onde estamos agora) ainda é um objeto sem forma, indistinto, mas tão vasto que a mente se expande e fica empolgada diante dele".[66] Parecia ter realizado apenas um longo progresso quinze meses mais tarde, em maio de 1858, quando confidenciou a Kergorlay: "Minha mente fica exausta tentando conceber esse objeto com clareza e encontrar os meios de descrevê-lo com precisão. Apesar de todas as explicações relativas à Revolução Francesa, existe algo em seu espírito e em suas ações que é inexplicável. Pressinto onde está o objeto oculto; no entanto, por mais que eu tente, não consigo levantar o véu que o envolve."[67]

Tocqueville contou com poucos guias. Concluíra, havia muito tempo, que os historiadores proporcionavam muitos fatos e poucas percepções. Ao ler a história da revolução, de autoria de Thiers, assim que ela foi publicada, queixou-se de que o autor documentou uma série de acontecimentos, "mas leríamos em vão o período que se estende de 1787 a 1789 para termos uma ideia que nos guie".[68] Além disso, na narrativa de Thiers, os acontecimentos ocorriam um após o outro, como se sua sucessão fosse inevitável. No segundo volume de *A democracia na América*, Tocqueville rejeitou aquele modo de escrever história. "Não contentes em mostrar como foi que as coisas aconteceram, [historiadores em épocas democráticas] também gostam de mostrar que elas não poderiam acontecer diversamente. Eles contemplam

356   OLIVIER ZUNZ

uma nação que chegou a certo estágio em sua história e discordam que ela foi obrigada a seguir o caminho que as levou até onde elas se encontram. É mais fácil mostrar como poderiam ter seguido um caminho melhor do que aqueles caminhos que as levaram até lá."[69] Ele estava atacando não somente Thiers, mas também Mignet, cujo nome Tocqueville mencionou nas notas redigidas para cada capítulo. Contrastou sua ideia de necessidade, de fatalidade, com sua própria busca de explicações perfeitamente compatíveis com a liberdade humana.[70]

A fim de evitar essa armadilha e elevar a atividade humana, Tocqueville, encorajado com sua experiência nos arquivos em Tours, insistiu em trabalhar exclusivamente a partir de fontes primárias, sem referir-se a qualquer guia situada além de seu julgamento. Queria ler tantos panfletos e brochuras originais quanto fosse possível a fim de captar o diálogo entre atores políticos como se estivesse na companhia deles e sentir suas mutáveis disposições, mesmo correndo o risco de apenas descobrir caminhos que outros haviam descrito. Tocqueville explicou seu método em 1856, numa carta enviada a Duvergier de Hauranne, um dos organizadores de um banquete realizado durante a campanha ocorrida em 1848, desculpando-se por não ter lido a primeira parte de sua *Histoire du gouvernement parlementaire em France*:

> Quando eu tenho qualquer espécie de assunto para discutir, é quase impossível ler quaisquer livros que foram escritos sobre a mesma questão. Entrar em contato com as ideias de outras pessoas é algo que me agita e me perturba, chega até mesmo a ser penoso [...] É inacreditavelmente difícil para mim encontrar fatos em documentos de época. Obtenho frequentemente, através de uma intensa labuta, o que eu poderia ter encontrado facilmente seguindo outro caminho. Essa colheita foi realizada laboriosamente, como se estivesse num espaço exíguo, e examinasse com extremo cuidado, numa revisão geral, todos aqueles conceitos que adquiri. Eu os comparo, estabeleço uma ligação entre eles e então faço com que minha regra seja desenvolver as ideias que me ocorreram durante esse longo empenho, sem levar em consideração quaisquer conclusões a que algumas pessoas poderiam chegar. Não é que eu seja extremamente sensível à opinião de diferentes leitores, mas a

O HOMEM QUE COMPREENDEU A DEMOCRACIA

experiência me ensinou que assim que pretendi escrever a partir de uma perspectiva preconcebida a fim de sustentar uma tese, perdi absolutamente qualquer talento verdadeiro, e não me foi possível fazer algo que valesse a pena se eu me limitasse a tentar transmitir com clareza tudo aquilo que fosse mais pessoal, mais real em relação às minhas impressões e opiniões.[71]

As alegações de Tocqueville são parcialmente críveis. Sua obra tinha a configuração de uma tese, seguindo um esquema que ele desenvolveu cuidadosamente em Sorrento. Concebeu inicialmente a revolução como uma tentativa fracassada de introduzir a igualdade e a liberdade situadas em dois regimes absolutistas. Além disso, Tocqueville não viveu em um espaço à prova de som, dialogando apenas com fontes primárias. Ele não hesitou em consultar pessoas competentes, acrescentando a suas anotações comentários sobre os diálogos que manteve ou precisaria manter com (até mesmo) Thiers ou Molé sobre determinadas questões.[72] Ao longo dos anos, Tocqueville aproximou-se bastante de Mignet, com quem costumava se corresponder abordando questões relativas à Academia de Ciências Morais e Políticas. E, apesar de certas reservas, admirava seu trabalho. Ele poderia com toda certeza ignorar as descuidadas e inconsistentes histórias relativas aos girondinos, de autoria de Lamartine, mas prestou atenção às obras de Michelet e Louis Blanc. Tocqueville mantinha diálogos com Michelet desde pelo menos 1840. Os dois eram colegas na Academia de Ciências Morais e Políticas. Atendendo às sugestões de Michelet, certa vez Tocqueville solicitou, com muita ênfase, que ele instituísse uma cátedra para Edgar Quinet no Collège de France. Tocqueville leu o quarto volume da *História da França*, de Michelet, que o autor lhe enviou. Em retribuição, remeteu para Michelet o segundo volume de *A democracia na América*.[73] Embora ambos debatessem vigorosamente a questão da liberdade de ensino, Tocqueville apoiou parcialmente Michelet e Quinet em relação a certos aspectos do tema (ver capítulo 7). Não é possível saber até que ponto Tocqueville tinha familiaridade com a monumental história da Revolução Francesa, publicada entre 1847 e 1853, em boa parte baseada em fontes primárias. No entanto, ele era consciente da sensibilidade e da simpatia do autor por *le peuple* quando a revolução eclodiu.

Podemos ter certeza, entretanto, que Tocqueville tinha familiaridade com algumas das histórias de Blanc sobre a revolução, escritas quando o autor estava exilado em Londres. Ele pesquisou os mesmos panfletos que Tocqueville teve a esperança de investigar. Tocqueville discutiu com Sumner, com muita admiração, sobre a pesquisa de Blanc e disse-lhe em Paris, em 1857: "Thiers não é um bom escritor; quanto ao estilo, Louis Blanc é brilhante."[74] Tocqueville e Blanc observaram-se sentados em lados opostos da Câmara dos Deputados durante toda a sua carreira política, mas tinham uma consideração mútua. Blanc releu — também com muita admiração — *A democracia na América* e, embora Tocqueville satirizasse os *antics* em *Recollections*, ele o respeitava.

Comparar brevemente o que Tocqueville escreveu sobre a revolução com o que foi escrito por Michelet e Blanc é um meio imperfeito, mas útil, de enfatizar a originalidade de Tocqueville e sua contribuição. Apesar de longos capítulos preliminares, Michelet e Blanc iniciaram suas detalhadas narrativas sobre a revolução somente a partir de 1789 e as finalizaram com a queda de Robespierre em Termidor. Eles se voltaram de forma modesta para os primeiros sinais da Revolução sob a monarquia e não se voltaram de modo algum para o império napoleônico, que Tocqueville pretendia abordar. Michelet teve a visão mais ampla sobre a revolução, declarando que "foi a própria vida da França que se envolveu com sua preparação e deu um significado ao seu desdobramento". Blanc apresentou uma análise política extremamente detalhada, porém resumida, da revolução. Ao criticar seu rival, Michelet observou que Blanc tentou "encerrar aquele oceano nos estreitos limites de um claustro jacobino".[75]

Tocqueville levou apenas dois meses — dezembro de 1857 a janeiro de 1858 — para esboçar versões preliminares de sete capítulos que integrariam o primeiro livro da nova edição. Ele narrou o que aconteceu em 1787 e 1788 resumindo capítulos, sem neles inserir evidências e elaborando temas já discutidos em *O Antigo Regime e a revolução*.[76] Queria detalhar a cronologia dos acontecimentos e investigar seus primeiros momentos. O esboço do primeiro e curto capítulo dava uma visão geral da situação na Europa, com especial enfoque na Alemanha, em 1787. O esboço do segundo capítulo descrevia o popular estado mental na França em 1787. Em seguida, no terceiro capítulo, narrou a disputa da Coroa com os *parlements* (tribunais de leis), em julho de

O HOMEM QUE COMPREENDEU A DEMOCRACIA   359

1787, e sua subsequente dissolução e restabelecimento, em setembro de 1788. Lendo muito a respeito dos debates que os magistrados nobres realizaram nos *parlements*, Tocqueville ficou impressionado como havia sido intensa sua retórica contra a Coroa *anterior* à revolta democrática.[77] Ao esboçar o quarto capítulo, enfatizou a dramática queda da popularidade dos *parlements*. No esboço do quinto capítulo, abordou o *Cahiers de doléances,* ou caderno de queixas, e prosseguiu abordando as disputas sobre tipos de representação no esboço do capítulo seis. Dedicou-se então a esboçar, no capítulo sete, o "sublime momento" do encontro dos Estados Gerais, ocorrido no dia 5 de maio de 1789.

Todos os três historiadores — Michelet, Blanc e Tocqueville — concordaram em relação aos temas desse último capítulo. O encontro dos Estados Gerais foi um momento sublime. Tocqueville falou em nome dos três quando comemorou a clareza e o consenso dos momentos revolucionários. Na ocasião da abertura dos Estados Gerais ele explicou que

> não existia um francês que não acreditasse que tinha em suas mãos não o destino do seu país, mas o futuro de sua espécie [...]. As pessoas fizeram o supremo esforço de concordar. Em vez de verificar em que elas se diferenciavam, elas tentaram concentrar-se naquilo que elas queriam ter em comum [...]. A fim de destruir o poder arbitrário, de levar a nação de volta à posse de si mesma, garantir os direitos de todo cidadão, tornar a imprensa livre, tornar inviolável a liberdade individual, atenuar as leis, fortalecer os tribunais, garantir a tolerância religiosa, destruir os obstáculos relativos ao comércio e à indústria — era isso o que todos queriam [...]. Esse primeiro espetáculo foi curto, mas de uma beleza incomparável. Jamais a memória humana dele se esquecerá [...]. Aqueles primeiros dias de 1789 [deixaram] uma marca indestrutível.[78]

Michelet e Blanc tinham chegado à mesma conclusão. Tocqueville, entretanto, destacou-se ao prestar extrema atenção às primeiras manifestações políticas de uma revolução, e foi assim que deixou um registro duradouro, embora controverso, sobre a historiografia da Revolução Francesa.

Tocqueville diagnosticou uma revolução aristocrática em 1787 e 1788, que precedeu a Revolução de 1789, uma ideia que os historiadores continuam discutindo.[79] Ele deu créditos à nobreza por ser a agente inicial da revolução. "A nobreza foi a primeira a ingressar, e com muita ousadia, na luta comum contra o poder absoluto do rei", ele escreveu. Além disso, Tocqueville encarou a nobreza liderando uma resistência unificada. Os "escritores, que eram os mais vigorosos contra o despotismo", emergiram de seu meio porque eram os mais humilhados e oprimidos pelo *intendant*, que Tocqueville descreveu detalhadamente em *O Antigo Regime e a revolução*. Assim, "em quase todos os lugares, as novas ideias tiveram nos nobres seus principais apoiadores. Os nobres lideraram a resistência devido a seus próprios interesses, sim, mas também desposaram sinceramente — pelo menos no início — algo como ideais e liberdades constitucionais republicanos". Com "corações mais orgulhosos" e "almas mais acostumadas a olhar direta e mais atentamente os grandes da terra", eles estavam mais equipados do que as pessoas comuns para enfrentar os déspotas em nome da liberdade.[80]

Talvez Tocqueville estivesse recorrendo a uma sugestão do livro de seu pai sobre o reinado de Luís XVI, no qual Hervé de Tocqueville argumentou que "foram as classes altas que deram o sinal [da revolução] sem prever que em breve elas se tornariam vítimas do fogo que atearam".[81] Talvez Tocqueville também tenha ajustado contas com Guizot, que pouco elogiou *O Antigo Regime e a revolução*. Guizot escreveu para Tocqueville que "ele achou *O Antigo Regime e a revolução* tão verdadeiro quanto útil e tão útil quanto verdadeiro. É firme quanto ao espírito da época, mas independente desse espírito". Ele declarou, entretanto, que o considerou enviesado, exatamente como *A democracia na América*: "Deparo-me em seu livro com as mesmas características que se encontram em sua grande obra sobre os Estados Unidos. Você descreve e julga a democracia moderna como um aristocrata subjugado, convencido de que aquele que o subjuga está certo."[82] Que melhor resposta oferecer a Guizot do que dar créditos aos "subjugados" que iniciaram a grande transformação?

Tocqueville argumentou que, no começo, a revolução estava nas mãos dos nobres, sobretudo porque não conseguia encontrar evidências relativas a ela em nenhum outro lugar. Emergindo de sua intensa leitura de fontes, ele declarou: "Nenhum sinal que eu possa ver [...] mostra que a população ainda estava se manifestando [...] Essa vasta parte da nação estava muda e aparentemente invisível. Nas próprias cidades, as classes mais baixas

O HOMEM QUE COMPREENDEU A DEMOCRACIA 361

demonstravam pouco envolvimento com as emoções das classes mais altas e inicialmente permaneceram indiferentes às agitações em torno delas." Tocqueville também enfatizou a inexperiência do "Terceiro Estado, que seria representado nos Estados Gerais, e não era mais composto somente pela burguesia urbana, conforme havia ocorrido em seu último comício em 1614, mas por 20 milhões de camponeses espalhados por toda a superfície do reino. Esses camponeses jamais tinham se preocupado no que dizia respeito a assuntos públicos. Para eles, a vida política não era sequer lembrada".[83]

Para Tocqueville, a burguesia foi se envolvendo progressivamente enquanto a luta prosseguia, mas no primeiro momento não havia indícios de uma guerra de classes. "No começo, as pessoas falavam sobre equilibrar melhor os poderes, ajustar melhor as relações de classes"; "logo elas caminharam, correram e aderiram à ideia de uma pura democracia."[84]

Enquanto Tocqueville viu uma progressão relacionada a uma revolução popular, Michelet assinalou o principal papel que as pessoas comuns desempenharam desde o início. Contrastando com Tocqueville, Michelet argumentou que o povo — apesar de sua pouca experiência sobre a democracia — aderiu imediatamente àquele momento. Michelet transmitiu uma admiração quase mística pelo povo: "Esse povo, embora tão despreparado, demonstrou instintos muito confiáveis [...] Ele soube, na presença de seus senhores, sem abandonar seus padrões de deferência ou atitudes de humildade, como designar eleitores adequados, que por sua vez indicaram representantes corretos e dignos de confiança." Além disso, havia padres que cuidavam de suas paróquias, muito hostis em relação a seus bispos. Enquanto isso, moradores de cidades tinham "vívida percepção de seus direitos" e "mostravam-se dispostos a exercê-los [...] É um fenômeno admirável".[85]

Blanc reconheceu o papel da nobreza em resistir à Coroa, o que foi interessante. Ele notou que o povo a acatava, mas denunciou os nobres por rejeitar medidas apoiadas pelo povo que teriam reduzido privilégios e equalizado o peso do pagamento de impostos. Blanc considerou essa aparente passividade do Terceiro Estado prova de uma antiga adesão popular à reforma, quando "a moralidade forjou e introduziu desejos materiais e vulgares no coração do povo". Para Blanc, o povo, apartado, respeitou a "majestade dos princípios invocados".[86] Tocqueville não estava tomando de empréstimo da esquerda esse argumento. Em suas notas, expressou perplexidade diante da "ingenuidade de alguns revolucionários de hoje", que acreditam que "é fácil fazer um povo muito civilizado suportar pacientemente o desconforto inseparável de uma grande mudança política" em nome de ideais elevados.[87] Tocqueville acreditava ser mais provável que o povo simplesmente aplaudisse qualquer pessoa decidida a opor-se à monarquia.

Tocqueville deixou apenas anotações de leituras, não uma narrativa preliminar de uma segunda parte que abrangeria o período "Desde a tomada da Bastilha no dia 14 de julho de 1789 a levantes no campo e até o fim da Assembleia Constituinte", em setembro de 1791. A maioria daquelas anotações se estende de março a maio de 1858. Tocqueville permaneceu em Paris para trabalhar, mas escrevia dia sim, dia não para sua esposa, narrando o tempo que passava na biblioteca e nos arquivos, contando para ela ocasionais encontros no Institut de France com seus amigos íntimos, Beaumont, Circourt, Corcelle, Rivet, Dufaure, Lanjuinais, Freslon e Senior. Em seus melhores dias, chegava a examinar até setenta panfletos na parte da manhã. Nos piores, sentia-se pronto para desistir, "perdido num oceano de papéis, sem avistar nenhum litoral".[88]

É possível perceber nas anotações como Tocqueville viu a ampla intensidade do espírito revolucionário emergir do Terceiro Estado nesse segundo período. Ele reconheceu o desenvolvimento de "teorias gerais interligadas e que formavam um único corpus doutrinário, uma espécie de evangelho político em que cada princípio se assemelhava a um dogma [...] ardentemente proclamado, algo inteiramente novo na história".[89] Isso ocorreu quando Tocqueville se deu conta do verdadeiro radicalismo de 1789, incorporado não somente na efetiva dissolução da monarquia, mas também na declaração dos direitos do homem. Para Tocqueville, o principal documento para entender esse espírito revolucionário foi o panfleto que o abade Sieyès publicou antes do encontro do Estado Geral, em janeiro de 1789. Intitulado *Qu'est-ce le tiers état* [O que é o Terceiro Estado], o panfleto excluiu radicalmente da nação uma nobreza socialmente inútil.[90] Tocqueville enfatizou as principais colocações de Sieyès como emblemáticas da chegada de um novo radicalismo. "O Terceiro Estado forma uma nação completa", escreveu Sieyès. "Não apenas a nobreza e o clero são inúteis, mas também prejudiciais. Eles, portanto, deveriam ser exterminados", pois a nobreza é "uma casta sem função, sem utilidade", uma inimiga bárbara do povo no

O HOMEM QUE COMPREENDEU A DEMOCRACIA   363

âmago da nação francesa". "Somente o Terceiro Estado deveria estar formando uma Assembleia Nacional."[91]

Tocqueville considerou a união da burguesia e das classes baixas um fato consumado na ocasião da Fête de la Fédération [Festa da Federação], no dia 14 de julho de 1790. Ele viu os moderados adotarem as ideias radicais de Rousseau e se oporem ao sistema de poder intermediário, elaborado por Montesquieu. Rousseau "tornou-se e continuaria a ser o único professor da revolução em sua juventude". Até mesmo o centrista e líder monarquista Jean-Joseph Mounier, embora conhecedor de instituições inglesas, apoiou uma simples assembleia.[92] Tocqueville registrou que o girondino Brissot de Warville era uma rara exceção que defendia o bicameralismo, não somente porque morou na Inglaterra, mas também porque percorreu os Estados Unidos. Todos os outros que alegavam seguir um modelo norte-americano, observou Tocqueville, eram meramente "os piores imitadores que adotaram os princípios abstratos da Constituição norte-americana sem entender a necessidade de certa aplicação conservadora daqueles princípios que haviam sido elaborados nos Estados Unidos". Em suas anotações sobre a revolução, Tocqueville retomou um tema que havia abordado mais de uma vez em *A democracia na América* relativo à necessidade de limitar a liberdade a fim de protegê-la.[93] A revolução, no entanto, continuou a adotar o culto à soberania absoluta.

Isso é quase tudo o que Tocqueville foi capaz de registrar em suas anotações antes que a doença voltasse. É impossível saber como teria conectado o radicalismo de 1789, que ele apreendeu tão bem, com o radicalismo de 1793, "o vírus de uma nova e desconhecida espécie" para o qual ele jamais retornou.[94] Suas reflexões sobre o Terror são fragmentadas e desprovidas de originalidade, embora aquele episódio da revolução evocasse a mais trágica das recordações de sua família (ver o prólogo). Tocqueville mantinha a lembrança de seu bisavô guilhotinado. Ele escreveu para sua prima Eugènie de Grancey, em 1857, que "sempre se arrependeu por não ter um retrato do senhor de Malesherbes" porque "o teria colocado no lugar mais belo de sua casa".[95] No entanto, quase não mencionava Malesherbes em suas anotações sobre a revolução.[96] Também não sabemos como Tocqueville teria reelaborado seus primeiros esboços sobre a tomada do poder por Napoleão Bonaparte durante o 18 de Brumário.

Cannes: o fim

No fim de julho de 1858, Tocqueville escreveu para Harriet Grote: "Faz um mês que cuspi sangue. Oito anos atrás, uma terrível doença começou do mesmo modo."[97] A tuberculose retornou e Tocqueville sentiu rapidamente seus efeitos, que o debilitaram. O verão de 1858 foi tranquilo. Os únicos acontecimentos relevantes foram a inauguração, em agosto, da estrada de ferro Paris-Cherbourg e as grandes e novas docas no porto de Cherbourg. Tocqueville havia divulgado a ferrovia e provavelmente teria apreciado encontrar-se com a rainha Vitória e conversar novamente com o príncipe Albert, que participaram da inauguração. No entanto, como o imperador estava presente, ele boicotou as festividades. Hyppolite e Émilie, que não tinham tais impedimentos, estavam presentes e se destacaram entre os convidados locais, enquanto Tocqueville levou os Beaumont e os Rivet até o alto do castelo de seu irmão e cunhada, situado em Tourlaville, para que eles observassem as cerimônias a distância.[98] Mais tarde, ele ficou muito aborrecido quando o jornal local confundiu Émilie com Marie entre aquelas que se destacaram no baile da inauguração.[99]

Mas isso foi apenas um pequeno vexame em comparação ao que aconteceria. Tocqueville passou boa parte do outono viajando de Tocqueville a Paris para consultar seu médico e se tratar.[100] Em outubro, ele e Marie acataram as ordens do médico e se mudaram para o sul. Viajaram para Cannes, que estava se tornando um elegante local da moda na Riviera. Infelizmente, a queda da temperatura, as ventanias e os atrasos tornaram a viagem exaustiva. Tocqueville estava perigosamente debilitado quando chegaram, e Marie não conseguia livrar-se de uma forte gripe.[101]

Assim que se estabeleceram na Villa Montfleury, em Cannes, ela procurou a ajuda de três freiras locais, Irmãs da Misericórdia, para cuidar de Tocqueville. Um jovem e tímido seminarista comparecia no fim da tarde para ler alguns livros em voz alta para eles. Durante cinco semanas, do fim de dezembro até o começo de fevereiro, Tocqueville progressivamente tornou-se incapacitado. Tinha dores constantes, muita dificuldade para dormir e estava cada vez mais impossibilitado de ler, escrever e até mesmo de falar.[102] Hippolyte, ao saber que seu irmão mais novo estava seriamente doente, foi morar na Villa Montfleury a fim de ajudá-lo. Tocqueville não fez vista grossa

O HOMEM QUE COMPREENDEU A DEMOCRACIA

para o fato de que seu irmão, quando estava ao seu lado, associava-se com os bonapartistas locais. Ele o descreveu como uma pessoa de "caráter fraco, mas coração de ouro".[103] Hippolyte era indispensável. Marie, ainda incapaz de livrar-se da gripe, perdeu boa parte da voz e podia ajudar muito pouco.

Tocqueville teve uma rápida melhora em fevereiro e março de 1859. Imediatamente após ser editado, John Stuart Mill enviou-lhe um exemplar do livro de sua autoria, intitulado *Sobre a liberdade*, em que ele reconheceu a grande influência que a teoria da tirania da maioria, formulada por Tocqueville, exerceu sobre seu pensamento. Tocqueville, que voltou a corresponder-se, escreveu para ele no dia seguinte e com muita clareza em relação ao seu companheirismo intelectual quando pesquisavam em conjunto: "Não tenho dúvida alguma de que a cada momento, na área da liberdade, teríamos sido incapazes de ir adiante sem que um ajudasse o outro." Ele acrescentou ter ouvido boatos de que Harriet falecera, mas não tinha certeza.[104] Se ainda tivesse energia suficiente para começar a ler *Sobre a liberdade*, Tocqueville teria observado a comovente dedicação de Mill a sua esposa, mulher de uma "inigualável sabedoria".

Durante algumas semanas, Tocqueville fez caminhadas diárias.[105] Voltou a ler, recebeu algumas visitas, entre as quais a de lorde Brougham, que morava em Cannes quando não estava no Parlamento em Londres. Tocqueville e Brougham tiveram uma discussão sobre o controle do tráfico de escravizados e a soberania nacional (ver capítulo 8), mas isso já tinha sido esquecido. Mediante solicitação de Senior, Brougham disponibilizou sua biblioteca para Tocqueville.[106] O ex-embaixador alemão na corte de Saint James, Charles von Bunsen, que também passava temporadas em Cannes, visitou-o no fim de fevereiro.[107] Tocqueville certa vez o consultou a respeito da história da Alemanha. Eles conversaram sobre o perigo de uma guerra entre a França e a Áustria, pois o imprevisível e aventureiro Napoleão III havia se aliado ao Piemonte a fim de libertar a Lombardia-Vêneto.

Durante aqueles últimos momentos de atividade social e intelectual, Tocqueville voltou a se corresponder com Duvergier de Hauranne e cumprimentou-o sobre seu livro que abrangia a Restauração. Comunicou a Freslon no fim de fevereiro que estava lendo em inglês a autobiografia de Edward Gibbon (o livro provavelmente fazia parte da biblioteca de Brougham!). Aconselhou seu amigo Corcelle a aceitar o noivado de sua filha, e sua prima Eugènie de Grancey a orientar seu filho a respeito das dificuldades no exército durante a batalha da Cochinchina. Também deu alguns conselhos a respeito do matrimônio a seu querido sobrinho Hubert.[108]

Tocqueville aparentemente vinha se recuperando e Hippolyte partiu de Cannes no dia 28 de fevereiro. Entretanto, sem a presença de um parente em casa, os Tocqueville entraram em pânico. Tocqueville literalmente suplicou a Beaumont que o visitasse e no dia 4 março de 1859 escreveu para ele em letras maiúsculas: "VENEZ, VENEZ, VENEZ!"[109] Marie reforçou seu pedido escrevendo uma carta urgente para Clémentine. É claro que Beaumont chegou imediatamente e passou todo o mês de março com eles, mas foi embora no dia 5 de abril, sem saber que seu amigo estava se aproximando do fim.

Durante suas últimas semanas de vida, Tocqueville manifestou que queria partir deste mundo como católico. Era algo consistente com suas muitas tentativas ao longo dos anos de recuperar a fé que conhecera na juventude. O bispo Dupanloup foi visitá-lo em março enquanto estava na região e celebrou uma missa no quarto de Tocqueville. O bispo aconselhou o sacerdote local, o abade Gabriel, a fazer visitas regulares à Villa Montfleury. As freiras encorajaram seu paciente a conhecer o abade e a confiar nele.[110]

Em 6 de abril, um dia depois da partida de Beaumont, diante da insistência de Marie, Tocqueville se confessou com o abade Gabriel e daí a alguns dias ele e Marie comungaram. Beaumont, que não estava presente para testemunhar aquele momento, declarou mais tarde e confidencialmente que era provável que Tocqueville cedera à pressão de Marie e que sua confissão e comunhão não eram provas de que havia recuperado sua fé.[111] Se Tocqueville reconciliou-se amplamente com sua fé católica, é algo que não precisa ser resolvido. Não há, porém, motivos para duvidar da sinceridade de um gesto completamente consistente com suas aspirações.

Alexis decidiu ficar completamente de acordo com Marie durante as últimas horas que compartilharam. Ele dissera a Marie, repetida e consistentemente, que ela era a única mulher que amara, e então reafirmou. Kergorlay, seu amigo de infância e confidente, que chegou a Cannes após a partida de Beaumont, permaneceu ao lado da cama de Tocqueville. O irmão Édouard e o sobrinho e protegido Hubert chegaram a tempo na Villa Montfleury. Jean-Jacques Ampère ainda estava a caminho, vindo da Itália, quando Alexis de Tocqueville faleceu, no dia 16 de abril de 1859.

EPÍLOGO

Os últimos anos da vida de Tocqueville foram marcados por seu temor de que a experiência democrática poderia estar falhando. A França estava sob um regime autoritário. Nos Estados Unidos, divididos quanto à questão da escravidão, a democracia parecia ser inadequada diante dos desafios que o país enfrentava. Certamente, Tocqueville expressou temores sobre a viabilidade a longo prazo da experiência democrática norte-americana desde seu início. Em *A democracia na América* ele levantou dúvidas a respeito da capacidade de a democracia norte-americana superar conflitos econômicos entre o norte e o sul que levaram a uma crise de nulificação, à abolição da escravidão e à ausência de leis nos territórios. Tais temores ressurgiram com mais intensidade na década de 1850, quando a crise política se instalou.

Alguns amigos norte-americanos tentaram acalmar seus temores. Um deles, Edward Vernon Childe, formado pela Universidade Harvard, durante muito tempo fora correspondente em Paris de jornais de Nova York. Tocqueville admirou sua esposa, Catherine Mildred, irmã mais moça de Robert E. Lee, que mantinha em Paris um salão aonde gostava de comparecer, e também desenvolveu grande afeto pelo filho deles.[1] Em janeiro de 1857, decorridos alguns meses de seu retorno aos Estados Unidos, Childe escreveu de Boston para Tocqueville, que lhe transmitiu suas mensagens de amizade a Jared Sparks e Edward Everett. Referindo-se à situação da nação, Childe tranquilizou-o, declarando que os separatistas eram fanáticos que não representavam ameaça. Ele não sentiu "qualquer apreensão relativa ao desmembramento da União" e informou que os estados livres encaravam "as desvairadas contorções dos demagogos do sul do mesmo modo que um adulto encara os caprichos de uma criança".[2]

O abolicionista de Massachusetts, senador Charles Sumner, que tinha visitado Tocqueville na Normandia, viu batalhas se aproximando. Sumner escreveu para Tocqueville em 1858 que a escravidão "tinha desmoralizado nosso governo e introduzido princípios da força bruta em todos os lugares vulgares [...] e agora, meu caro amigo, se você ouvir que a República norte-americana foi abusada, isso se deve aos maléficos procedimentos em relação à escravidão, e digo que aqui existem boas pessoas decididas a fazer cessar essa fonte de nossas preocupações".[3]

É claro que Sumner estava correto, e Childe, errado. Em 1861, apenas dois anos após o falecimento de Tocqueville, onze estados do sul tinham se separado da União dos Estados Unidos. Em sua nova confederação, os brancos podiam apegar-se a sua crença de que a liberdade ainda era capaz de manter os negros escravizados. Com efeito, eles esperavam ampliar a escravidão até mais longe, para o oeste. A desigualdade, não a igualdade, era a pedra angular do seu conceito de liberdade.

A guerra iminente fez com que os nortistas, especialmente os abolicionistas da Nova Inglaterra, se voltassem para Tocqueville com intenso interesse. Sua proposta de que todas as pessoas são responsáveis por organizar a sociedade passou a ser muito enfocada. Quando Tocqueville viajava pelos Estados Unidos em 1831-1832, a ele pareceu que os dois princípios de liberdade e igualdade poderiam ser congruentes naquele país e na França. Agora a Guerra Civil questionava tudo, e a importância da teoria essencial de Tocqueville finalmente foi apreendida por seus leitores norte-americanos.

Em 1861, Gustave de Beaumont publicou o livro *Oeuvres et correspondance inédites d'Alexis de Tocqueville*, dois volumes de cartas e ensaios inéditos. Houve grande receptividade dos leitores.[4] Após sua publicação em Paris, o respeitado crítico literário Sainte-Beuve, que nem sempre concordava com Tocqueville, escreveu uma resenha favorável, reconhecendo que ele tivera algumas poucas e fundamentais percepções quando ainda jovem. Conforme Sainte-Beuve afirmou, com relutância, mas também com grande precisão, Tocqueville "começou a pensar antes de saber o que quer que fosse".[5] Muito daquilo que Tocqueville compreendeu sobre a democracia no início de sua vida adulta ele o fez observando os norte-americanos.

Os volumes editados da correspondência e dos ensaios chegaram rapidamente ao conhecimento de Charles Eliot Norton, um antiescravagista radical e brâmane de Boston, historiador de arte e tradutor de Dante. Muito mais jovem que Tocqueville, ele o conheceu quando viajava pela Europa. Norton escreveu uma resenha detalhada, publicada em *The Atlantic*, na qual recapitulou a vida e as obras de Tocqueville, enfatizando seu conceito de como a democracia deveria funcionar.

O HOMEM QUE COMPREENDEU A DEMOCRACIA   369

Norton abordou a proposta essencial de Tocqueville e reformulou-a como uma simples pergunta que deveria ser objeto de meditação dos norte-americanos: "Pode a igualdade, que ao dividir os homens e reduzir as massas a um mesmo nível facilita a implantação de um despotismo, seja ele individual ou coletivo, promover e garantir a liberdade?" Para não deixar nenhuma dúvida nas mentes dos assinantes da *Atlantic* em relação a acontecimentos que estavam se expandindo nos Estados Unidos, Norton enfatizou que "as ações de Tocqueville em prol da liberdade não terminariam após sua morte. Sempre que os homens se empenham em pensamento ou em ações para apoiar a liberdade e a lei, fortalecer instituições baseadas em princípios de justiça, garantir liberdades estabelecidas e defender o governo sob o qual se encontram, os ensinamentos de Tocqueville serão prezados e sua memória será honrada".[6] As ideias de Tocqueville necessitavam do surgimento de uma ameaça real para ganhar o reconhecimento de sua força total.

Os esforços de Norton ao evocar Tocqueville foram divulgados imediatamente em vários jornais da Nova Inglaterra durante os anos da Guerra Civil. *A democracia na América* tornou-se a lente através da qual a secessão e o futuro da União dos Estados Unidos podiam ser vistos e explicados. Para os leitores da Nova Inglaterra o capítulo sobre a raça assumiu finalmente o significado daquilo que Tocqueville pretendeu ser: um aviso do perigo que a escravidão apresentava para a União dos Estados Unidos.[7]

Os amigos de toda uma vida que Tocqueville fez em Boston eram defensores da União e apoiavam firmemente o presidente Abraham Lincoln. A tragédia da guerra afetou-os profundamente. Francis Lieber, por exemplo, resgatou do campo de batalha seu filho mais velho, que perdeu um braço lutando a favor da União, e ficou sabendo que outro filho morreu defendendo a Confederação.[8] O custo de preservar a União e expandir a democracia era visto no cemitério onde foram enterrados aqueles que morreram nos campos de batalha em Gettysburg, em novembro de 1863. É uma coincidência simbólica que Edward Everett, amigo de Tocqueville, tenha sido o principal orador daquele acontecimento. Político do norte favorável aos escravocratas do sul antes da guerra, Everett tornou-se um apaixonado defensor da União. Ele foi a escolha unânime, como orador, de dezessete governadores de estados da União, que o recomendaram aos organizadores da cerimônia.[9] Everett falou durante duas horas sobre o significado histórico da heroica

Batalha de Gettysburg diante do presidente, que tinha sido convidado para falar em seguida. Quando chegou a vez de Lincoln, ele reafirmou em um discurso que se tornou imortal devido a sua eloquência e brevidade, que os Estados Unidos, "como uma nova nação, concebeu a liberdade e dedicou-se à proposta de que todos os homens são criados como seres iguais". Após a carnificina da guerra, com a União ainda enfrentando um grave perigo, Lincoln reafirmou o que Tocqueville considerou ser o propósito da democracia.

Nos anos posteriores à Guerra Civil, Sumner fez muito para consolidar a reputação de Tocqueville como um visionário. Reportou-se a um trecho do último livro de autoria de Tocqueville, *Prophetic voices concerning America* (1874). Ele saudou Tocqueville por reconhecer a unidade do povo norte--americano como "algo inteiramente novo neste mundo, cujas implicações dificilmente a imaginação consegue perceber a amplitude", ao mesmo tempo prevendo o "perigo" que a União enfrentaria "mediante a escravidão e as pretensões dos estados".[10]

Tocqueville teve uma vida curta. Morreu com 53 anos, entre duas grandes tragédias nacionais que ele não presenciou: o Terror revolucionário na França, que dizimou sua aristocrática família; e a Guerra Civil dos Estados Unidos, que quase arrasou a república que Tocqueville adotou como seu modelo de democracia. Se tivesse vivido muitos e muitos anos, ele teria testemunhado, como Marx, a guerra de classes em 1871, que ele tanto temeu em 1848 e que poderia devastar a França. Esse acontecimento muito possivelmente teria agravado suas dúvidas a respeito de reconciliar a democracia (ou a igualdade, em seu vocabulário) com a liberdade.

No entanto, as dúvidas de Tocqueville jamais enfraqueceram suas resoluções. Como escritor, desenvolveu suas ideias em parte devido a sua beleza, mas principalmente como instrumentos do aperfeiçoamento humano. Como político, Tocqueville empenhou-se em transformar suas complexas teorias a fim de que se tornassem uma política concreta. Seu pensamento foi radical na tentativa de superar, mais do que reconciliar, ideias e propósitos conflitantes. Ele tinha padrões exigentes, que aplicou com extremo rigor a si mesmo, aprofundando constantemente seus julgamentos. Seu método foi intrinsecamente comparativo — ele se referiu a vários lugares do mundo com a finalidade de formular e testar suas ideias contra sistemas diferentes. Compreendeu os Estados Unidos tão bem que sua obra ajudou os norte-

O HOMEM QUE COMPREENDEU A DEMOCRACIA

-americanos a dar um sentido a sua experiência com a democracia. Embora jamais deixasse de se queixar de que a dúvida o incapacitava, Tocqueville direcionou sua ansiedade para uma força criativa e transferiu sua paixão pela liberdade para uma profunda e exigente valorização da democracia.

BIBLIOGRAFIA

TRADUÇÕES PARA O INGLÊS DOS TEXTOS DE ALEXIS DE TOCQUEVILLE

On the Penitentiary System in the United States and Its Application in France, com Gustave de Beaumont, tradução de Francis Lieber (Filadélfia, 1833). Reimpresso com uma introdução de Thorstein Sellin e prefácio de Herrman R. Lantz (Carbondale: Southern Illinois University Press, 1964). Nova tradução de Emily Katherine Ferkaluk (Cham: Palgrave Macmillan, 2018).

Democracy in America, ed. Olivier Zunz, tradução de Arthur Goldhammer, 2 vol. (Nova York: Library of America, 2004.) Abreviada nas notas como DA I para o volume de 1835 e DA II para o volume de 1840.

Democracy in America, ampliado com os esboços e notas manuscritas sobreviventes, ed. Eduardo Nolla, tradução de James T. Schleifer, 4 volumes. (Indianápolis: Liberty Fund, 2010).

Recollections: The French Revolution of 1848 and Its Aftermath, ed. Olivier Zunz, tradução de Arthur Goldhammer (Charlottesville: University of Virginia Press, 2016).

The Ancien Régime and the French Revolution, ed. Jon Elster, tradução de Arthur Goldhammer (Cambridge: Cambridge University Press, 2011), abreviado nas notas como AR.

The Old Regime and the Revolution, ed. François Furet e Françoise Mélonio, tradução de Alan Kahan, vol. 2 (Chicago: University of Chicago Press, 1998), abreviado nas notas como OR.

Alexis de Tocqueville and Gustave de Beaumont in America: Their Friendship and Their Travels, ed. Olivier Zunz, tradução de Arthur Goldhammer (Charlottesville: University of Virginia Press, 2010), abreviado nas notas como Tocqueville e Beaumont.

Tocqueville on America after 1840: Letters and Other Writings, tradução e ed. de Aurelian Craiutu e Jeremy Jennings (Nova York: Cambridge University Press, 2009).

374 OLIVIER ZUNZ

The Tocqueville Reader: A Life in Letters and Politics, ed. Olivier Zunz e Alan S. Kahan (Oxford: Blackwell, 2022).

Memoir on Pauperism, tradução de Seymour Drescher, com introdução de Gertrude Himmelfarb (Chicago: Ivan R. Dee, 1997).

Journeys to England and Ireland, ed. J. P. Mayer, tradução de George Lawrence e K. P. Mayer (1958; reimpressão, New Brunswick, NJ: Transation Books, 1988).

Alexis de Tocqueville's Journey in Ireland, July-August, 1835, tradução de Emmet Larkin (Washington, DC: Catholic University of America Press, 1990).

Writings on Empire and Slavery, tradução e ed. de Jennifer Pitts (Baltimore: Johns Hopkins University Press, 2001).

EDIÇÕES FRANCESAS DAS OBRAS DE TOCQUEVILLE

Em 1951, uma Comissão Nacional Francesa (Comission Nationale Pour la Publication des Oeuvres d'Alexis de Tocqueville) começou a reunir as obras completas do autor a fim de ser impressas e com supervisão da editora Gallimard. O projeto levou sete anos de trabalho editorial e os últimos volumes ficaram prontos na primavera de 2021. Talvez o empreendimento não tivesse chegado ao fim se o Departamento de Incêndios de Cherbourg não tivesse sido capaz de extinguir, após uma longa batalha repleta de acidentes, um incêndio que ocorreu na propriedade da família em 1954 e destruiu a maior parte do seu interior. Milagrosamente a escadaria central de pedra protegeu o estúdio de Tocqueville e o *chartrier* de arquivos, situado acima do estúdio, na torre principal, dando tempo aos bombeiros, que os recuperaram. Também foram salvos durante aquela noite fatal alguns documentos de Malesherbes, bisavô materno de Tocqueville, diretor do comércio de livros durante o reinado de Luís XV e amigo dos filósofos. A correspondência de Luís XIV com Vauban, seu mestre de fortificações militares e outro antepassado de Tocqueville, também escapou das chamas.

As *Oeuvres complètes* da editora Gallimard abrangem 32 volumes dispostos em oito tomos. *Oeuvres complètes* está abreviada nas notas como OC.

Tomo I. *De la démocratie en Amérique*, 2 vols., 1951, ed. J.-P. Mayer (OC I:1; OCI:2).

Tomo II. *L'ancien régime et la révolution*, 2 vols., 1952, *1953*, ed. J.-P. Mayer (OC II:1) e André Jardin (OC II:2).

Tomo III. *Écrits et discours politiques*, 3 vols. 1962, 1985, 1990, ed. André Jardin (OC III:1; OC III:2; OC III:3).

O HOMEM QUE COMPREENDEU A DEMOCRACIA 375

Tomo IV. *Écrits sur le système pénitentiaire en France et à l'étranger,* 2 vols. 1984, ed. Michelle Perrot (OC IV:1; OC IV:2).

Tomo V. *Voyages,* 2 vols., ed. J.-P. Mayer (OCV:1, *en Sicile et aux États-Unis*) e J.-P. Mayer e André Jardin (OC V:2, *en Angleterre, Irlande, Suisse, et Algérie*).

Tomo VI. *Correspondance anglaise,* 3 vols., 1954, 1991, 2003, ed. J.-P. Mayer e Gustave Rudler (OC VI:1, *Correspondance d'Alexis de Tocqueville avec Henry Reeve et John Stuart Mill*; Hugh Brogan, A. P. Kerr e Lola Mayer (OC VI:2, *Correspondance et conversation d'Alexis de Tocqueville et de Nassau William Senior*) e A. P. Kerr (OC VI:3, *Correspondance anglaise*).

Tomo VII. *Correspondance étrangère, Amérique-Europe continentale,* 1 vol., 1986, ed. Françoise Mélonio, Lise Queffélec e Anthony Pleasance, OC VII).

Tomo VIII. *Correspondance d'Alexis de Tocqueville et de Gustave de Beaumont,* 3 vols., 1967. Ed. André Jardin (OC VIII:1; OC VIII:2; OC VIII:3).

Tomo IX. *Correspondance d'Alexis de Tocqueville et d'Arthur de Gobineau.* 1 vol., 1959, ed. M. Degros (OC IX).

Tomo X. *Correspondance et écrits locaux,* 1 vol., 1995, ed. Lise Queffélec-Dumasy (OC X).

Tomo XI. *Correspondance d'Alexis de Tocqueville avec P.-P. Royer-Collard et avec J.-J. Ampère,* 1 vol., 1970, ed. André Jardin (OC XI).

Tomo XII. *Souvenirs,* 1 vol., 1964, ed. Luc Monnier (OC XII).

Tomo XIII. *Correspondance d'Alexis de Tocqueville et de Louis de Kergorlay,* 2 vols., 1977, ed. André Jardin (OC XIII:1; OC XIII:2).

Tomo XIV. *Correspondance familiale,* 1 vol., 1998, ed. Jean-Louis Benoit e André Jardin (OC XIV).

Tomo XV. *Correspondance d'Alexis de Tocqueville et de Francisque de Corcelle; correspondance d'Alexis de Tocqueville et de Madame Swetchine,* 2 vols., 1983, ed. Pierre Gibert (OC XV:1; OC XV:2).

Tomo XVI. *Mélanges,* 1 vol., 1989, ed. Françoise Mélonio (OC XVI).

Tomo XVII. *Correspondence à divers,* 3 vols., 2021, ed. Françoise Mélonio e Anne Vibert (OC XVII:1; OC XVII:2; OC XVII:3).

Tomo XVIII. *Correspondance d'Alexis de Tocqueville avec Adolphe de Circourt et avec Madame de Circourt,* 1 vol., ed. A. P. Kerr (OC XVIII).

A Biliothèque de la Pléiade (Paris: Gallimard) publicou três livros de Tocqueville (Oeuvres ou OP nas notas) (para *Oeuvres* Pléiade). Editores dos livros da Pléiade revisaram seletivamente textos publicados anteriormente em OC.

Tomo 1. *Voyages et écrits academiques et politiques,* 1991, ed. André Jardin, Françoise Mélonio e Lise Queffèlec.

376 OLIVIER ZUNZ

Tomo 2. *De la démocratie en Amérique*, 1992, ed. André Jardin, Jean-Claude Lamberti e James T. Schleifer.

Tomo 3. *État social et politique de la France avant et depuis 1789, L'ancien régime et la révolution, Esquisses de* L'ancien régime et la révolution [*Considérations sur la révolution*], *Souvenirs*, 2004, ed. François Furet e Françoise Mélonio.

Pode-se ler uma ampla seleção das cartas de Tocqueville em *Tocqueville: Lettres choisies, Souvenirs*, ed. Françoise Mélonio e Laurence Guellec (Paris, Gallimard, 2003), abreviada nas notas como LC.

As cartas de Beaumont enviadas dos Estados Unidos estão disponíveis em *Gustave de Beaumont: Lettres d'Amérique*, ed. André Jardin e G. W. Pierson (Paris, Presses Universitaires de France, 1973).

Gustave de Beaumont publicou uma seleção, em dois volumes, das obras de seu amigo intitulada *Oeuvres et correspondance inédites d'Alexis de Tocqueville* (Paris, 1861), seguida por um nono volume intitulado *Oeuvres complètes d'Alexis de Tocqueville publiées par Madame de Tocqueville* (Paris, 1865-67). Os dois volumes tornaram-se os tomos V e VI do conjunto de nove volumes. A abreviatura nas notas para um ocasional uso da edição mais antiga é OCB.

A fim de facilitar o acesso do leitor aos escritos de Tocqueville, as notas proporcionam referências em inglês e francês sempre que possível.

Nomes que recorrem nas notas foram abreviados assim:

AG	Arthur de Gobineau	JSM	John Stuart Mill
AT	Alexis de Tocqueville	LK	Louis de Kergorlay
ET	Édouard de Tocqueville	LNB	Luís Napoleão Bonaparte
GB	Gustave de Beaumont	RC	Pierre-Paul Royer-Collard
HT	Hervé de Tocqueville		

Os Archives de la Manche em Saint-Lô mantêm uma coleção ampla e digitalizada dos arquivos pessoais de Tocqueville, disponíveis em: https://www.archives-manche.fr. A Biblioteca Beinecke de Manuscritos e Livros Raros, na Universidade de Yale, tem uma ampla coleção de escritos de Tocqueville e de Beaumont.

NOTAS

PRÓLOGO

1. Thomas Paine, *Rights of Man: Being an Answer to Mr. Burke's Attack on the French Revolution* (Londres, 1791), p. 71.
2. "Mon instinct, mes opinions", in *The Tocqueville Reader: A Life in Letters and Politics*, ed. Olivier Zunz e Alan S. Kahan (Oxford: Blackwell, 2002), 219; *Oeuvres complètes* (de agora em diante OC) III: 2, 87.
3. Alexis de Tocqueville (de agora em diante AT). *Democracy in America*, ed. Olivier Zunz, trans. Arthur Goldhammer (Nova York: Library of America, 2004) (de agora em diante DA I [1835] ou DA II [1840]), II, 586; *Oeuvres* Pléiade (de agora em diante OP) II: 613-14.
4. DA II, 581; OP II: 607.
5. AT a Chateaubriand, janeiro de 1835, OC XVII: 1, 216. Sobre Malesherbes, ver Françoise Mélonio, "Tocqueville: Aux origines de la démocratie française", in *The French Revolution and the Creation of Modern Political Culture*, ed. François Furet e Mona Ozouf (Oxford: Pergamon, 1987), 3:596; e David A. Bell, "Malesherbes et Tocqueville: Les origines parlementaires du libéralisme français", *The Tocqueville Review/La revue Tocqueville* 37, n. 2 (2006): 273:82.
6. *Mémoires de Hervé Clérel, comte de Tocqueville, 1772-1856*, ed. Jean-Louis Benoît, Nicolas Fréret e Christian Lippi (Saint-Lô: Archives départementales, Maison de l'histoire de la Manche, Conseil départemental de la Manche, 2019), 172.
7. DA I, 3; OP II: 3.
8. AT para Reeve, comparar 5 de junho de 1836, OC VI:1, 34 até 15 de novembro de 1839, OC VI: 48. Alguns acadêmicos contestam que Tocqueville não gostava nem da democracia nem dos Estados Unidos. De acordo com Arthur Kaledin, Tocqueville viu nos Estados Unidos "uma sociedade inerte

378 OLIVIER ZUNZ

[...], uma cultura sem qualquer senso de ordem e limites [...], um Inferno democrático": *Tocqueville and His America: A Darker Vision* (New Haven, CT: Yale University Press, 2011), 71; Hugh Brogan, mais moderado, denominou Tocqueville "um divulgador do legitimismo": *Alexis de Tocqueville: A Life* (New Haven, CT: Yale University Press, 2006), 264.

9. AT para Orglandes, 29 de novembro de 1834, em *Alexis de Tocqueville and Gustave de Beaumont in America: Their Friendship and Their Travels*, ed. Olivier Zunz, tradução de Arthur Goldhammer (Charlottesville: University of Virginia Press, 2010), 563; pensou-se inicialmente que a carta foi escrita para Louis de Kergorlay e publicada em OC XIII:1, 173-75; nova atribuição em OC XVII: 1, 213; *Tocqueville: Lettres choisies, Souvenirs*, ed. Françoise Mélonio e Laurence Guellec (Paris, Gallimard, 2003), 311.

10. AT para Louis Peletier de Rosanbo, 13 de março de 1839, OC XIV, 209.

11. AT para Chateaubriand, janeiro de 1835, OC XVII: 1, 216.

1. APRENDENDO A DUVIDAR

1. Alexis de Tocqueville (de agora em diante AT), *Democracy in America*, ed. Olivier Zunz, tradução de Arthur Goldhammer (Nova York: Library of America, 2004) (de agora em diante DA I [1835] ou DA II [1840]), I, 31; *Oeuvres Pléiade* (de agora em diante OP): II:29.

2. Chateaubriand, *Mémoires d'outre-tombe*, Bibliothèque de la Pléiade (Paris: Gallimard, 1951), 1:576.

3. Chartrier, Château de Tocqueville, 154 AP III (Sénozan).

4. *Mémoires d'Hervé Clérel, comte de Tocqueville*, 1772-1856, ed. Jean-Louis Benoît, Nicolas Fréret e Christian Lippi (Saint-Lô: Archives départementales, Maison de l'histoire de la Manche, Conseil départemental de la Manche, 2019), 167.

5. Chartrier, Château de Tocqueville, 154, AP I B, 154, AP III.

6. *Mémoires d'Hervé de Tocqueville*, 175n97, citando o registro oficial em Verneuil.

7. As estimativas variam: 2,4 milhões de homens foram recrutados entre 1804 e 1814. Ver *Napoléon et l'empire*, ed. Jean Misler (Paris, 1968), 2:175.

8. *Mémoires d'Hervé de Tocqueville*, 177.

9. Nassau Senior, "Conversations", 2 de maio de 1857, OC VI:2, 470.

10. Nassau Senior, "Conversations", 24 de agosto de 1850, OC VI:2, 301.

O HOMEM QUE COMPREENDEU A DEMOCRACIA   379

11. Chateaubriand, *Mémoires d'outre-tombe*, 576.

12. AT para Lady Lewis, 6 de maio de 1857, OC VI:3, 237; ver também AT para Corcelle, 3 de dezembro de 1853, OC XV:2, 87.

13. Um sacerdote que se recusou a prestar um juramento de fidelidade ao Estado em 1790 em relação à Constituição Civil do Clero. Ver David A. Selby, *Tocqueville, Jansenism, and the Necessity of the Political in a Democratic Age: Building a Republic for the Moderns* (Amsterdam: Amsterdam University Press, 2015), 63-65.

14. AT para Grancey, 28 de dezembro de 1856, OC XVII: 3, 362; *Tocqueville: Lettres choisies, Souvenirs*, ed. Françoise Mélonio e Laurence Guellec (Paris, Gallimard, 2003), (de agora em diante LC), 1226.

15. Lesueur para AT, 8 de setembro de 1814 (1821?), in Jean-Louis Benoît, *Tocqueville moraliste* (Paris: Honoré Champion, 2004), 571.

16. AT para Sofia Swetchine, 10 de setembro de 1850, OC XV: 2, 292.

17. AT para Hubert, 7 de março de 1854, OC XIV, 296.

18. AT para Lesueur, 4 de abril de 1814, OC XIV, 40.

19. Ver alistamento militar de Édouard e Hippolyte em OC XIII:1, 46.

20. AT para Lesueur, 6 de julho de 1816 [1817], OC XIV, 42.

21. André Jardin, *Tocqueville: A Biography*, tradução de Lydia Davis com Robert Hemenway (Baltimore: Johns Hopkins University Press, 1998), 16.

22. Guillaume Bertier de Sauvigny, *La restauration* (Paris, Flammarion, 1955), 156-65.

23. AT para Freslon, 8 de julho de 1858, OC XVII:3, 501-4; LC, 1310-12.

24. Pierre Karila-Cohen, *L'état des esprits: L'invention de l'enquête politique en France* (1814-1848) (Rennes: Presses Universitaires de Rennes, 2008), 141-44.

25. François Guizot, *Mémoirs pour servir à l'histoire de mon temps* (Paris, 1860), 3:14; Karila Cohen *L'état des esprits*, 139.

26. Chartrier, Château de Tocqueville, 154 AP I C (Tocqueville C), Préfecture de la Moselle.

27. Chartrier, Château de Tocqueville.

28. Chartrier, Château de Tocqueville.

29. Ver Jardin, *Tocqueville*, 59.

30. Lesueur para AT, 27 de julho de 1820 [1821?] in Benoît, *Tocqueville moraliste*, 587-88.

31. Louis de Kergorlay (de agora em diante LK), "Étude littéraire sur AT", OC XIII:2, 360 e AT ms. Nota in DA II, parte 3, cap. 2 in edição crítica de DA,

por Eduardo Nolla, tradução de James Schleifer (Indianápolis: Liberty Fund, 2009), 4:996.

32. AT para Alexis Stöffels, 4 de janeiro de 1856, OC XVII:3, 230; LC, 1142.

33. LK para AT, 16 de maio de 1823, OC XIII;1, 62.

34. Lesueur para AT, 8 de setembro de 1824, in Benoît, *Tocqueville moraliste*, 573. A data pode estar errada, pois AT já havia admitido sua perda de fé para Lesueur em 1821 ou 1822; ver OC XIV, 43-33.

35. AT para Charles Stöffels, 22 de outubro de 1831, OC XVII:1, 126; LC, 239.

36. AT para Swetchine, 26 de fevereiro de 1857, OC XV:2, 313-16.

37. OC XIV, 43n3; ver Jardin, *Tocqueville*, 570-58.

38. Excetuando seu nome, Louise Charlotte Meyer, ver LC, 102.

39. OC XIII:1, 79n2.

40. LK para AT, 16 de maio de 1823, OC XIII:1, 60.

41. Lesueur para AT, 12 de fevereiro, 13 de fevereiro, 24 de abril e 3 de maio de 1823 in Benoît, *Tocqueville moraliste*, 566-67.

42. Lesueur para Édouard, 14 de setembro de 1822, in Benoît, *Tocqueville moraliste*, 54.

43. AT para Hubert, 12 de janeiro de 1854, OC XIV, 291-92.

44. Jean-Louis Benoît, *Tocqueville: Un destin paradoxal* (Paris: Bayard, 2005), 40.

45. LK para AT, 4 de junho de 1825, OC XIII:1, 84.

46. Louis Liard, *L'enseignement supérieur en France, 1789-1893* (Paris, 1894, 2:147.

47. LK para AT, 14 de março de 1822, OC XIII:1, 43.

48. Não encarregado de uma diocese.

49. Liard, *L'enseignement supérieur*, 162.

50. Paul Gerbod, "La vie universitaire à Paris sous la restauration, de 1820 a 1830", *Revue d'histoire moderne et contemporaine* 13 (jan.-mar. 1966): 31, 35.

51. Liard, *L'enseignement supérieur*, 162.

52. OC XVI, 33-37.

53. OC V:1, 37-54.

54. AT para Édouard e Alexandrine, 6 de abril de 1830, OC XIV, 62.

55. *Mémoires d'Hervé de Tocqueville*, 358.

56. R. M. Milnes, *Commonplace Books*, OC VI:3, 320.

57. Hugh Brogan, *Alexis de Tocqueville: A Life* (New Haven, CT: Yale University Press, 2006), 77.

O HOMEM QUE COMPREENDEU A DEMOCRACIA 381

58. OP I:26.

59. AT para LK, 23 de julho de 1827, OC XIII:1, 106-107.

60. AT para Gustave de Beaumont (de agora em diante GB), 1828 ou 1829, OC VIII:1, 75.

61. AT para GB, 18 de março de 1829, OC VIII:1, 76; 25 de outubro de 1829, OC VIII:1, 91-93.

62. Louis Passy, *Le marquis de Blosseville: Souvenirs* (Evreux, 1898), 70.

63. Jardin, *Tocqueville*, 83.

64. AT para LK, 30 de março de 1828, OC XIII:1, 133.

65. AT para LK, 18 de julho de 1827, OC XIII:1, 107-8.

66. OC XVI, 67, 72.

67. OC XVI, 54, 65.

68. OV XVI, 77-84.

69. Karila Cohen, *L'état des esprits*, 281.

70. LK para AT, 28 de julho de 1828, OC XIII:1, 140-41.

71. Encontram-se várias espécies de melodrama na correspondência entre AT e LK, OC XIII:1, 91-151.

72. Ross Carroll, "The Hidden Labors of Mary Mottley, Madame de Tocqueville", *Hypatia* 33 (outono de 2018):645.

73. AT para GB, 5 de outubro de 1828, OC VIII:48-49.

74. AT para GB, 7 de dezembro de 1828, OC VIII:1, 72.

75. AT para GB, 19 de setembro de 1829, OC VIII:1, 86.

76. AT para GB, 5 de outubro de 1828, OC VIII:1, 62, 50.

77. AT para GB, 5 de outubro de 1828, OC VIII:1, 63, 69.

78. AT, *État social et politique de la France avant et depuis 1789* (1836), OP III:28.

79. AT para GB, 5 de outubro de 1828, OC VIII:1, 50; François Guizot, *The History of Civilization in Europe* (1846), ed. Larry Siedentrop, tradução de William Hazlitt (Indianápolis: Liberty Fund, 1997), 62.

80. AT para GB, 20 de agosto de 1829, OC VIII:1, 80; ver Robert T. Gannett Jr., *Tocqueville Unveiled: The Historian and His Sources for the Old Regime and the Revolution* (Chicago: University of Chicago Press, 2003), 19.

81. OC XVI, 482-83, tradução de Hugh Brogan, *Tocqueville*, 93.

82. OC XVI, 494.

83. Brogan, *Tocqueville*, 116; "séance du 8 mai 1830", OC XVI, 516.

84. AT para Charles Stöffels, 22 de abril de 1830, in Robert Gannett Jr., "Tocqueville and the Local Frontiers of Democracy" in *Tocqueville and Local Frontiers of Democracy*, ed. Ewa Atanassow e Richard Boyd (Cambridge: Cambridge University Press, 2013), 323; OC XVII:1, 60-61, LC, 145.

85. OC XVI, 534.
86. Brogan, *Tocqueville*, 104.
87. Passy, *Blosseville*, 108.
88. AT para Édouard e Alexandrine, 6 de maio de 1830, OC XIV, 67-68.
89. Bertier de Sauvigny, *Restauration*, 437.
90. AT para Édouard e Alexandrine, 6 de maio de 1830, OC XIV, 68.
91. Bertier de Sauvigny, *Restauration*, 443-45.
92. Passy, *Blosseville*, 123.
93. Passy, *Blosseville*, 124.
94. AT para Mary Mottley, 29 de julho de 1830, OC XIV, 375.
95. Passy, *Blosseville*, 130; AT para Eugène Stöffels, 18 de outubro de 1831, em GB, *Oeuvres complètes d'Alexis de Tocqueville publiées par Madame de Tocqueville* (Paris, 1865-67) (de agora em diante OCB), V:420-21. George W. Pierson, *Tocqueville in America* (1938; reimpresso em Baltimore: Johns Hopkins University Press, 1996), 26.
96. AT para Mary Mottley, 30 de julho de 1830, OC XIV, 375.
97. *Récits d'une tante: Mémoires de la comtesse de Boigne née d'Osmond*, ed. Charles Nicoullaud, 3ª ed. (Paris, 1908), 4:6.
98. Passy, *Blosseville*, 130.
99. AT teve de repetir o juramento em outubro quando a posição de *auditeur* foi substituída pela posição de *suppléant*, uma posição ainda não remunerada, não uma promoção.
100. AT para Mary Mottley, 17 de agosto de 1830, OC XIV:176.
101. AT para Auguste Henrion, 17 de outubro de 1830, OC XVII:1, 68.
102. GB, "Notice" em OCB V:8.
103. Benoît, *Destin paradoxal*, 44-45.
104. AT para GB, 4 de outubro de 1829, OC VIII:1, 88-89; 25 de outubro de 1829, OC VIII:1, 95.
105. AT para Charles Stöffels, 4 de novembro de 1830, in *Alexis de Tocqueville et Gustave de Beaumont in America: Their Friendship and Their Travels*, ed. Olivier Zunz, tradução de Arthur Goldhammer (Charlottesville: University of Virginia Press, 2010) (de agora em diante *Tocqueville and Beaumont*), 34; OC XVII:1, 69-70; LC, 158-60.
106. Benjamin Franklin, citado in René Rémond, *Les États-Unis devant l'opinion française: 1815-1852* (Paris, Librairie Armand Colin, 1962), 2:532.
107. Chateaubriand, *Oeuvres romanesques et voyages*, Bibliothèque de la Pléiade (Paris, Gallimard, 1969), 1:681; Marc Fumaroli, *Chateaubriand: Poésie et terreur* (Paris: Éditions de Fallois, 2003), 621.

O HOMEM QUE COMPREENDEU A DEMOCRACIA 383

108. Ver *Plaidoyer prononcé par M. Mérilhou, avocat, à láudience du Tribunal de police correctionnelle de Paris, le 17 Janvier 1818: pour M. Charles-Arnold Scheffer, auteur de l'ouvrage intitulé de l'état de la liberté en France, prévenu d'écrits séditieux, suivi de la défense prononcée par l'accusé* (Paris, 1818); e Arnold Scheffer, *Histoire des États-Unis de l'Amérique septentrionale* (Paris, 1825), 228.

109. Catherine Duprat, "Punir et guérir", in *L'impossible prison: Recherches sur le système pénitentiaire au XIX siècle*, ed. Michelle Perrot (Paris: Éditions du Seuil, 1980), 65-122.

110. André Normandeau, "Pioneers in Criminology: Charles Lucas, Opponent of Capital Punishment", *Journal of Criminal Law, Criminology and Political Science* 61 (1970): 218-28.

111. Brogan, *Tocqueville*, 143-44.

112. Passy, *Blosseville*, 160.

113. Guillaume Tusseau, "Sur le panoptisme de Jeremy Bentham", *Revue française d'histoire des idées politiques* 19 (2004): 3-38; sobre Howard, ver Thorsten Sellin, "Introduction", in *On the Penitentiary System in the United States and Its Application in France*, prefácio de Herman R. Lantz (Carbondale: Southern Illinois University Press, 1964).

114. Michelle Perrot, "Introduction", in OC IV:1, 10-12.

115. AT para GB, 14 de março de 1831, in *Tocqueville and Beaumont*, 5; OC VIII:1, 104-7; Pierson, *Tocqueville in America*, 36.

116. AT para Eugène Stöffels, 28 de julho [junho], in *Tocqueville and Beaumont*, 47, OC XVII:1, 94.

117. AT para GB, 29 de outubro de 1829, OC VIII:1, 93.

2. "TUDO AQUILO QUE SE REFERE AOS NORTE-AMERICANOS É EXTRAORDINÁRIO"

A citação do título do capítulo vem de Alexis de Tocqueville (de agora em diante AT), *Democracy in America*, ed. Olivier Zunz, tradução de Arthur Goldhammer (Nova York: Library of America, 2004) (de agora em diante DA I [1853] ou DA II [1840]), I, 323; *Oeuvres* Pléiade (de agora em diante OP) II: 322.

1. Gustave de Beaumont (de agora em diante GB) para seu pai, 25 de abril de 1831, in *Alexis de Tocqueville and Gustave de Beaumont in America: Their*

384 OLIVIER ZUNZ

Friendship and Their Travels, ed. Olivier Zunz, tradução de Arthur Gold-hammer (Charlottesville: University of Virginia Press, 2010) (de agora em diante *Tocqueville and Beaumont*), 6; GB, *Lettres d'Amérique, 1831-1832*, ed. André Jardin e George W. Pierson (Paris: Presses Universitaires de France, 1973), 28.

2. AT para sua mãe, 24 de outubro de 1831, in *Tocqueville and Beaumont*, 151; OC XIV, 144; AT para Louis de Kergorlay (de agora em diante LK), 29 de junho de 1831, in *Tocqueville and Beaumont*, 57; OC XIII:1, 236; apenas fragmentos do caderno de anotações de Beaumont chegaram até nós.

3. AT, DA I, 349; OP II: 350.

4. AT, DA I, 7; OP II:8. Ver Raymond Aron, "Tocqueville retrouvé", *The Tocqueville Review/La revue Tocqueville* 1, n. 1 (1979): 8-23; Raymond Boudon, "L'exigence de Tocqueville: La 'science politique nouvelle'", *The Tocqueville Review/La revue Tocqueville* 37, n. 2 (2006): 14-34; Harvey C. Mansfield Jr. e Delba Winthrop, "Tocqueville's New Political Science" in *The Cambridge Companion to Tocqueville*, ed. Cheryl B. Welch (Cambridge: Cambridge University Press, 2006), 81-107.

5. James Fenimore Cooper, *Notions of the Americans: Picked Up by a Travelling Bachelor* (Filadélfia, 1828), 72.

6. AT para sua mãe, 14 de maio de 1831, in *Tocqueville and Beaumont*, 8, OC XIV, 81.

7. GB para sua mãe, 14 de maio de 1831, in *Tocqueville and Beaumont*, 13; GB, *Lettres d'Amérique*, 36.

8. AT para sua mãe, 15 de maio de 1831, in *Tocqueville and Beaumont*, 11; OC XIV, 85.

9. Ver Gibbons v. Ogden, 22 US 1, 1824. Ver também DA I 427; OP II:430, sobre os temores de Tocqueville de que se os estados adotassem costumes próprios eles se desuniriam.

10. Sean Wilentz, *The Rise of American Democracy: Jefferson to Lincoln* (Nova York: Norton, 2005), 529; AT para sua mãe, 14 de maio de 1831, in *Tocqueville and Beaumont*, 9; OC XIV, 82.

11. AT, DA II, 534; OP II: 563.

12. AT para sua mãe, 15 de maio de 1831, in *Tocqueville and Beaumont* 9; OC XIV, 82.

13. Ver notas biográficas em *The Encyclopedia of New York City*, ed. Kenneth T. Jackson (New Haven, CT: Yale University Press, 1995).

14. George W. Pierson, *Tocqueville in America* (1938; reimpresso em Baltimore: Johns Hopkins University Press, 1996), Anexo B, 782-83.

O HOMEM QUE COMPREENDEU A DEMOCRACIA 385

15. GB para seu pai, 16 de maio de 1831, in *Tocqueville and Beaumont*, 18-19; GB, *Lettres d'Amérique*, 44; Edwin G. Burrows e Mike Wallace, *Gotham: A History of New York City to 1898* (Nova York: Oxford University Press, 1999), 445.

16. GB para seu pai, 16 de maio de 1831, in *Tocqueville and Beaumont*, 15; GB, *Lettres d'Amérique*, 39.

17. GB para seu pai, 16 de maio de 1831, in *Tocqueville and Beaumont*, 15; *Lettres d'Amérique*, 39-40; Pierson, *Tocqueville in America*, 63.

18. GB para seu pai, 16 de maio de 1831, in *Tocqueville and Beaumont*, 18; *Lettres d'Amérique*, 44.

19. "Conversation with Mr. Livingston", Caderno de anotações em ordem não alfabética in *Tocqueville and Beaumont*, 211; OP I:32.

20. Burrows and Wallace, *Gotham*, 475.

21. Anteriormente Castle Clinton, forte construído entre 1808 e 1810 numa ilha artificial rochosa no porto de Nova York, transformado na década de 1820 em um centro de diversões populares, até tornar-se em 1855 um centro de registro de imigrantes.

22. AT para Lesueur, 18 de maio de 1831, in *Tocqueville and Beaumont*, 26; OC XIV, 95.

23. "Reforms Schools (Maisons de refuge)", capítulo 1 da parte 3 de GB e AT, *On the Penitentiary System in the United States and Its Application in France*, tradução de Francis Lieber (Filadélfia, 1833), in *Tocqueville and Beaumont*, 471; OC IV:1, 253.

24. GB e AT, *Le système pénitentiaire aux États-Unis et son application en France et à l'Étranger* (Paris, 1833), OC IV:1, 167n1.

25. Pierson, *Tocqueville in America*, 86.

26. AT para Le Peletier d'Aunay, 7 de junho de 1831, in *Tocqueville and Beaumont*, 443; OC XV II:1, 80; *Tocqueville: Lettres choisies, Souvenirs*, ed. Françoise Mélonio e Laurence Guellec (Paris: Gallimard, 2003) (de agora em diante LC), 178.

27. AT, "Pénitentiaires", Caderno de anotações em ordem alfabética in *Tocqueville and Beaumont*, 330; OP I:223.

28. AT para Lesueur, 28 de maio de 1831, in *Tocqueville and Beaumont*, 27; OC XIV, 97.

29. Fundado em 1783 por oficiais do Exército Continental que serviram durante a Guerra Revolucionária.

30. GB para seu irmão Achille, 18 de junho de 1831, in *Tocqueville and Beaumont*, 42; GB, *Lettres d'Amérique*, 66.

31. AT para Lesueur, 28 de maio de 1831, in *Tocqueville and Beaumont*, 25; OC XIV, 95.

32. GB para sua mãe, 7 de junho de 1831, in *Tocqueville and Beaumont*, 14; GB, *Lettres d'Amérique*, 60.

33. GB para Achille, 18 de junho de 1831, in *Tocqueville and Beaumont*, 42; *Lettres d'Amérique*, 66.

34. AT para Chabrol, 16 de julho de 1831, in *Tocqueville and Beaumont*, 80; OC XVII:1, 100. LC, 206.

35. Sobre Livingston, ver Burrow e Wallace, *Gotham*, 484.

36. AT para Chabrol, 18 de maio de 1831, in *Tocqueville and Beaumont*, 23; OC XVII:1, 77.

37. AT para Chabrol, 7 de outubro de 1831, in *Tocqueville and Beaumont*, 139; OC XVII:1, 109.

38. Pierre Manent, "Guizot et Tocqueville devant l'ancien et le nouveau", in *François Guizot et la culture politique de son temps*, ed. Marina Valensise (Paris: Gallimard, 1991), 146.

39. AT para Orglandes, 29 de novembro de 1834, in *Tocqueville and Beaumont*, 563; OC XVII:1, 213; LC, 311.

40. AT para Chabrol, 20 de junho de 1831, in *Tocqueville and Beaumont*, 46; OC XVII:1, 93; LC, 190.

41. O Tribunal de Apelação de Nova York anulou o julgamento de Kent com a finalidade de proteger acordos monetários descabíveis, contanto que as partes entrassem de acordo.

42. "Conversation with Mr. Gallatin", 10 de junho de 1831, Caderno de anotações em ordem não alfabética 1, in *Tocqueville and Beaumont*, 213; OP I:34.

43. AT para sua mãe, 15 de maio de 1831, in *Tocqueville and Beaumont*, 10-11; OC XIV, 83-84.

44. AT para LK, 29 de junho de 1831, in *Tocqueville and Beaumont*, 52; OC XIII:1, 229.

45. Burrows e Wallace, *Gotham*, 531; Mark A. Noll, "Tocqueville's America, Beaumont's Slavery, and the United States in 1831-32" *American Political Thought 3* (outono de 2014): 273-302.

46. AT para LK, 19 de junho de 1831, in *Tocqueville and Beaumont*, 50; OC XIII:1, 227.

47. AT, "Conversation with Mr. Wainwright, Anglican Minister", in *Tocqueville and Beaumont*, 331; OP I:225.

48. AT para LK, 29 de junho de 1831, in *Tocqueville and Beaumont*, 50; OC XIII:1, 227.

O HOMEM QUE COMPREENDEU A DEMOCRACIA 387

49. AT para LK, 18 de maio de 1831, in *Tocqueville and Beaumont*, 20; OC XIII:1, 224.

50. AT para Chabrol, 9 de junho de 1831, in *Tocqueville and Beaumont*, 38; OC XVII:1, 88; LC, 185.

51. AT para Eugène Stöffels, 28 de junho de 1831, in *Tocqueville and Beaumont*, 49; OC XVIII:1, 96.

52. GB para sua mãe, 7 de junho de 1831, in *Tocqueville and Beaumont*, 33-34; GB, *Lettres d'Amérique*, 59-60.

53. AT para LK, 18 de maio de 1831, in *Tocqueville and Beaumont*, 21; OC XIII:1, 224.

54. AT para LK, 29 de junho de 1831, in *Tocqueville and Beaumont*, 49; OC XIII:1, 225-26.

55. AT para Édouard, 28 de maio de 1831, in *Tocqueville and Beaumont*, 24; OC XIV, 92.

56. AT para LK, 29 de junho de 1831, in *Tocqueville and Beaumont*, 55; OC XIII:233-34.

57. GB para seu irmão Jules, 4 de julho de 1831, in *Tocqueville and Beaumont*, 60-61; *Lettres d'Amérique*, 76-77.

58. John Niven, *Martin Van Buren: The Romantic Age of American Politics* (Newtown, CT: America Political Biography Press, 1983), 109-10; Herbert D.A. Donovan, *The Barnburners: A Study of the Internal Movements in the Political History of New York State and of the Resulting Changes in Political Affiliation, 1830-1832* (Nova York: New York University Press, 1925), 7-25; para a economia política da distribuição ver L. Ray Gunn, *The Decline of Authority: Public Economic Policy and Political Development in New York, 1800-1860* (Ithaca, NY: Cornell University Press, 1998), 99-143.

59. GB para Jules, 4 de junho de 1831 in *Tocqueville and Beaumont*, 62-63; GB, *Lettres d'Amérique*, 79.

60. GB para sua irmã Eugènie, 14 de julho de 1831, *in Tocqueville and Beaumont*, 72-7; GB, *Lettres d'Amérique*, 90-91.

61. AT para Chabrol, 16 de julho de 1831, in *Tocqueville and Beaumont*, 78-79; OC XVII:1, 98-99; LC, 205.

62. GB para Jules, 4 de julho de 1831, in *Tocqueville and Beaumont*, 62; GB, *Lettres d'Amérique*, 79.

63. Daniel Walker Howe, *What Hath God Wrought: The Transformation of America, 1815-1848* (Nova York: Oxford University Press, 2007), 382.

64. Beaumont escreveu uma nota a esse respeito em *Marie*; ver *Tocqueville and Beaumont*, 545-46. AT não se manifestou sobre o movimento. Sobre o

388 OLIVIER ZUNZ

fervor antimaçônico daquela época, ver Kevin Butterfield, *The Making of Tocqueville's America and Association in the Early United States* (Chicago: Chicago University Press, 2015), 171-82.

65. GB para Jules, 4 de julho de 1831, in *Tocqueville and Beaumont*, 62; GB, *Lettres d'Amérique*, 78.

66. Nathan Miller, *The Enterprise of a Free People: Aspects of Economic Development in the New York State during the Canal Period, 1792-1838* (Ithaca, NY: Cornell University Press, 1962), 77-91.

67. GB para Eugènie, 4 de julho de 1831, in *Tocqueville and Beaumont*, 77; GB, *Lettres d'Amerique*, 95.

68. AT para Chabrol, 16 de julho de 1831, in *Tocqueville and Beaumont*, 79; OC XVII:1, 99; LC, 205.

69. GB para Eugènie, 14 de julho de 1831, in *Tocqueville and Beaumont*, 73; GB, *Lettres d'Amerique*, 92.

70. Whitney R. Cross, *The Burned Over District: The Social and Intellectual History on Enthusiastic Religion in Western New York, 1800-1850* (Ithaca, Nova York: Cornell University Press, 2015); ver também Paul E. Johnson, *A Shopkeeper's Millennium Society and Revivals in Rochester, NY: 1815-1837* (NY: Hill and Wang, 1978); e Mary P. Ryan, *Cradle of the Middle Class: The Family in Oneida County, New York, 1790-1865* (Nova York: Cambridge University Press, 1981).

71. GB para Eugènie, 14 de julho de 1831, 4 de julho de 1831, in *Tocqueville and Beaumont*, 69; GB, *Lettres d'Amerique*, 87.

72. AT se deu conta da influência da religião evangélica muito mais tarde. Foi somente num esboço de DA II, parte 2, capítulo 12, que ele descreveu uma cena de zelo evangélico que ele imaginou ocorrer numa capela metodista, mas ele não a incluiu em seu texto final, ver OP II, 1123-24 (cena traduzida em parte in Leo Damrosch, *Tocqueville's Discovery of America* [Nova York: Farrar, Straus and Giroux, 2010], p. 52). AT provavelmente tomou como modelo um encontro dos *shakers* que ele presenciou fora de Albany.

73. GB para Jules, 4 de julho de 1831, in *Tocqueville and Beaumont*, 67; GB, *Lettres d'Amérique*, 84.

74. Cooper, *Notions of the Americans*, 247.

75. GB para Eugènie, 14 de julho de 1831, in *Tocqueville and Beaumont*, 75; GB, *Lettres d'Amerique*, 84.

76. AT, "Two Weeks in the Wilderness (de agora em diante "Two Weeks"), in *Tocqueville and Beaumont,* 402; OP I:361.

O HOMEM QUE COMPREENDEU A DEMOCRACIA 389

77. A escritora alemã Sophie von La Roche escreveu uma cena fictícia; ver Victor Lange, "Visitors to Lake Oneida: An Account of the Background of Sophie von La Roche's Novel *Ersecheinungen am See Oneida*", *Symposium: A Quarterly Journal in Modern Literature* 2, n. 1 (1948): 48-78. Quando criança, AT leu a tradução francesa da adaptação de Campes, intitulada "Voyage au Lac Oneida" na Bibliothèque géographique et instructive des jeunes gens, ou Recueil de voyages intéressants dans toutes le parties du monde. Pour l'instruction et l'amusement de la jeunesse (Paris: J.-E.-G. Dufour, 1802-3).

78. AT, "The Journey to Oneida Lake" in *Tocqueville and Beaumont*, 399; OP I:355-56, 358-59.

79. AT para Émilie, 15 de julho de 1831, in *Tocqueville and Beaumont*, 87; OC, XIV, 121.

80. AT para sua mãe, 17 de julho de 1831, in *Tocqueville and Beaumont*, OC XIV, 118.

81. AT, "Conversation with Mr. Elam Lynds, in Syracuse", 7 de julho de 1831, Caderno de anotações em ordem não alfabética 1, in *Tocqueville and Beaumont*, 114; OP I:35-36.

82. Celas solitárias em Auburn inicialmente eram três, mediam somente oito polegadas e meia por sete polegadas e meia, mas logo foram consideradas pequenas demais, ver New York Writers Project, *New York: A Guide to the Empire State* (Nova York: Oxford University Press, 1940), 199.

83. AT e GB para o ministro do Interior da França, 14 de julho de 1831, in *Tocqueville and Beaumont*, 449; OC IV:2, 22.

84. AT, "Conversation with Mr. Elam Lynds, in Syracuse", 7 de julho de 1831, Caderno de anotações em ordem não alfabética 1, in *Tocqueville and Beaumont*, 216; OP I:38.

85. AT e GB para o ministro do Interior da França, 14 de julho de 1831, in *Tocqueville and Beaumont*, 451; OC IV:2, 23.

86. AT, "Second Conversation with Elam Lynds", 7 de julho de 1831, Caderno de anotações em ordem não alfabética 1, in *Tocqueville and Beaumont*, 217-18; OP I:39-40.

87. Edward Livingston, *Code of Procedure: For Giving Effect to the Penal Code of the State of Louisiana* (Nova Orleans, 1825) e *Code of Reform and Prison Discipline: Being the Third Part of the System of Penal Law Prepared for the System Prepared for the State of Louisiana* (Nova Orleans, 1826).

88. AT teria um encontro com Edward Livingston em Washington, DC, no fim da viagem, mas não ficou claro se AT associou-o aos Livingston com quem

390 OLIVIER ZUNZ

fizera amizade em Nova York, pois AT se referiu a ele apenas como vindo de Louisiana. No início de sua carreira, Livingston enfrentou dificuldades políticas em Nova York e mudou-se para Louisiana.

89. OC IV:1, 202, 204-5.

90. AT para Émilie, 25 de julho de 1831, in *Tocqueville and Beaumont*, 88; OC XIV, 122.

91. AT, "Conversation with Mr. Spencer, Canandaigua", 17 e 18 de julho de 1831, Caderno de anotações em ordem não alfabética 1, in *Tocqueville and Beaumont*, 219; OP I:43. Spencer era um jacksoniano antes de aderir aos Republicanos Nacionais. Em setembro de 1831, o partido antimaçônico tentou estabelecer-se em uma base permanente; ver Lee Benson, *The Concept of Jacksonian Democracy: New York as a Test Case* (Princeton, NJ: Princeton University Press, 1961), 57. Uma única página do diário de Beaumont que chegou até nós, com data de setembro de 1831, menciona erroneamente apenas uma grande divisão entre Jackson e o Partido Republicano Nacional, acrescentando que suas diferenças políticas não afetaram a política local e reafirmando que os debates políticos norte-americanos não tinham relevância para a Europa, in *Tocqueville and Beaumont*, 133.

92. AT, "Conversation with Mr. Spencer, Canandaigua", 17 e 18 de julho de 1831, Caderno de anotações em ordem não alfabética 1, in *Tocqueville and Beaumont*, 118; OP I:41-42.

93. AT, "Two Weeks", in *Tocqueville and Beaumont*, OP I:361.

94. AT, "Indians", 19 de julho de 1831, Caderno de anotações em ordem alfabética A, *Tocqueville and Beaumont*, 125-26; OP I:215-17.

95. AT, "Two Weeks", in *Tocqueville and Beaumont*, 403-4; OP I:162-64.

96. AT, 22 de julho de 1831, Caderno de anotações 2, in *Tocqueville and Beaumont*, 295; OP I:152.

97. John T. Fierst, "Return to 'Civilization': John Tanner's Troubled Years at Sault Ste. Marie", *Minnesota History* 50 (primavera de 1986); 23-36.

98. *A Narrative of the Captivity and Adventures of John Tanner (US Interpreter at the Sault de St. Marie) During Thirty Years Residence among the Indians in the Interior of North America*, preparado para ser impresso por Edwin James (Nova York, 1830); *Mémoires de John Tanner ou trente annés dans les deserts de l'Amérique du Nord*, tradução de Ernest de Blosseville (Paris, 1880).

99. AT para Chabrol, 17 de agosto de 1831, in *Tocqueville and Beaumont*, 112; OCXVII:1, 101; LC, 216.

O HOMEM QUE COMPREENDEU A DEMOCRACIA 391

100. AT para Grancey, 10 de outubro de 1831, in *Tocqueville and Beaumont*, 142; OC XVII:1, 112; LC, 232.

101. AT, 23 de julho de 1831, Caderno de anotações 2, in *Tocqueville and Beaumont*, 296; OP I:153. Mais tarde, na Filadélfia, AT teria um encontro com seu irmão mais velho Nicholas, presidente do Segundo Banco dos Estados Unidos, que estava disposto a lutar contra Andrew Jackson.

102. Sem mencionar a Ordenação de Terras de 1785 ou a Ordenação do Noroeste de 1787.

103. GB para Chabrol, 2 de agosto de 1831, in *Tocqueville and Beaumont*, 92; GB, *Lettres d'Amérique*, 112.

104. AT, "Two Weeks" in *Tocqueville and Beaumont*, 407; OP I:368.

105. AT para Chabrol, 17 de agosto de 1831, in *Tocqueville and Beaumont*, 112; OC XVII:1, 101; LC, 216.

106. AT para Chabrol, 17 de agosto de 1831, in *Tocqueville and Beaumont*, 113; OC XVII:1, 102; LC, 217.

107. AT, "Two Weeks", in *Tocqueville and Beaumont*, 408; OP I:309.

108. AT, "Two Weeks", in *Tocqueville and Beaumont*, 412; OP I:375.

109. GB para Chabrol, 2 de agosto de 1831, in *Tocqueville and Beaumont*, 93-94; GB, *Lettres d'Amérique*, 109; "Two Weeks", in *Tocqueville and Beaumont*, 416-47; OP I:381. AT mencionou esposas corajosas nas fronteiras, e a difusão da literatura, com Shakespeare e Milton nas prateleiras das cabanas. No Tennessee, ele mencionou algo semelhante, numa pobre região do sul, acrescentando a escravidão. Além disso, "o espírito filosófico, argumentador do inglês existe aqui como existe em todos os Estados Unidos" e "também existe uma surpreendente difusão de cartas e jornais." AT, "Kentucky, Tennessee", Caderno de Anotações E, in *Tocqueville and Beaumont*, 361; OP I:286.

110. AT, "Two Weeks", in *Tocqueville and Beaumont*, 418; OP I:383.

111. GB para Chabrol, 2 de agosto de 1831, in *Tocqueville and Beaumont*, 94; GB, *Lettres d'Amérique*, 113.

112. AT, "Two Weeks" in *Tocqueville and Beaumont*, 412, 422, 425; OP I:375, 388-89, 392.

113. AT, "Two Weeks", in *Tocqueville and Beaumont*, 429; OP I:398.

114. AT, "Two Weeks", in *Tocqueville and Beaumont*, 432; OP I:401.

115. AT, "Two Weeks, in *Tocqueville and Beaumont*, 432-33; OP I:401-3.

116. AT, 22 de julho de 1831, Caderno de Anotações 2, in *Tocqueville and Beaumont*, 295-96; OP I:152.

392 OLIVIER ZUNZ

117. AT, "Two Weeks", in *Tocqueville and Beaumont*, 434-35; OP I:404-6.
118. AT, "Two Weeks", in *Tocqueville and Beaumont*, 440; OP I:413. AT emprega a mesma linguagem numa carta para Eugène Stöffels, 18 de outubro de 1831, in *Oeuvres complètes d'Alexis de Tocqueville publiées par Madame de Tocqueville* (Paris, 1865-67); V;420-24 e OC XVII:1, 123-24.
119. GB para Achille, 11 de agosto de 1831, in *Tocqueville and Beaumont*, 101-2; GB, *Lettres d'Amérique*, 120.
120. Um belo texto, repleto de um imaginário romântico, num estilo que evoca Chateaubriand e não a clássica restrição de DA, publicado postumamente por Beaumont em 1861.
121. GB para Achille, 11 de agosto de 1831, in *Tocqueville and Beaumont*, 104; GB, *Lettres d'Amérique*, 121-22. As anotações da excursão de AT e GB são corroboradas no diário da excursão de um turista inglês que estava a bordo, Godfrey T. Vigne, que escreveu dois relatos publicados no *Detroit Courier* de 18 de agosto e de 1º de setembro de 1831, bem como no livro de sua autoria intitulado *Six Months in America* (Filadélfia, 1833), 137-49.
122. Ver Keith R. Widder, *Battle for the Soul: Métis Children Encounter Evange- lical Protestants at Mackinaw Mission, 1823-1837* (Lansing: Michigan State University Press, 1999), 91-93.
123. "Conversation with Mr. Mullon", Caderno de Anotações 1, in *Tocqueville and Beaumont*, 222; OP I:46.
124. No inverno de 1780, transportando seus pertences através do lago coberto de gelo. A atual cidade de Mackinaw era despovoada até 1857; a Michili- mackinac de hoje não existia durante a visita de AT e GB.
125. GB para Achille, 11 de agosto de 1831, in *Tocqueville and Beaumont*, 100; GB, *Lettres d'Amérique*, 119-20.
126. AT, "Conversation with Major Lamard", 12 de agosto de 1831, Caderno de Anotações 1, in *Tocqueville and Beaumont*, 225; OP I:50.
127. GB para Achille, 11 de agosto de 1831, in *Tocqueville and Beaumont*, 108; GB, *Lettres d'Amérique*, 126.
128. AT, 12 de agosto de 1831, Caderno de Anotações 2 in *Tocqueville and Beau- mont*, 306; OP I:165.
129. AT para Émilie, 7 de setembro de 1831, in *Tocqueville and Beaumont*, 125- -26; OC XIV:131-32.
130. AT para sua mãe, 21 de agosto de 1831, in *Tocqueville and Beaumont*, 114- -15; OC XIV:126-27.
131. AT para Dalmassy, outro jovem magistrado em Versalhes, final de agosto de 1831, in *Tocqueville and Beaumont*, 118; OC XVII:1, 104.

O HOMEM QUE COMPREENDEU A DEMOCRACIA 393

132. GB para seu pai, 5 de setembro de 1831, in *Tocqueville and Beaumont*, 120; GB, *Lettres d'Amérique*, 141.

133. AT, 27 de agosto de 1831, Caderno de Anotações A, in *Tocqueville and Beaumont*, 316; OP I:202.

134. AT, 31 de agosto de 1831 e "General Remarks", 1º de setembro de 1831, Caderno de Anotações A, in *Tocqueville and Beaumont*, 321-22; OP I: 202, 207, 209-10. Para uma visão geral de Tocqueville sobre o Canadá, ver Simon Langlois, "Alexis de Tocqueville, un sociologue au Bas-Canada", *The Tocqueville Review/La revue Tocqueville* 27 n. 2 (2006): 553-73; Claude Corbo, "Présentation", Alexis de Tocqueville, *Regards sur le Bas-Canada* (Montréal: Typo, 2003), 7-46; Corbo, *Tocqueville chez les perdants* (Montreal: Del Busso, 2016).

135. AT, "Conversation with Mr. Neilson", 27 de agosto de 1831, Caderno de Anotações 1, in *Tocqueville and Beaumont*, 229; OP I:54.

136. GB para seu pai, 5 de setembro de 1831, in *Tocqueville and Beaumont*, 121--22; GB, *Lettres d'Amérique*, 142.

137. AT, 29 de agosto de 1831, Caderno de Anotações A, in *Tocqueville and Beaumont*, 321; OP I:209.

138. AT, 29 de agosto de 1831, Caderno de Anotações A, in *Tocqueville and Beaumont*, 317; OP I:204.

139. AT para Émilie, 7 de setembro de 1831, in *Tocqueville and Beaumont*, 126; OP I:204.

140. AT para Lesueur, 7 de setembro de 1831, in *Tocqueville and Beaumont*, 124; OC XIV:129.

141. GB para seu pai, 5 de setembro de 1831, in *Tocqueville and Beaumont*, 119; *Lettres d'Amérique*, 140.

142. AT, "Conversation with Mr. Neilson", 27 de agosto de 1831, Caderno de Anotações 1, in *Tocqueville and Beaumont*, 231; OP I:58.

143. GB para seu pai, 5 de setembro de 1831, in *Tocqueville and Beaumont*, 120; GB, *Lettres d'Amérique*, 140.

144. AT para Hervé de Tocqueville, 14 de agosto de 1831, in *Tocqueville and Beaumont*, 110; OC XIV:124.

145. AT, 29 de agosto de 1831, Caderno de Anotações A, in *Tocqueville and Beaumont*, 319; OP I:205.

3. UMA ROTA DE COLISÃO NA DEMOCRACIA

1. AT para Freslon, 30 de julho de 1854; OC XVII:3, 164-66 e LC, 1107.
2. AT, 20 de setembro de 1831, "Massachusetts", Caderno de Anotações A, in *Tocqueville and Beaumont*, 6, 329; OP I:223.
3. GB para Jules, 16 de setembro de 1831, in *Tocqueville and Beaumont*, 128; GB, *Lettres d'Amérique, 1831-1832*, ed. André Jardin e George W. Pierson (Paris: Presses Universitaires de France, 1973), 46.
4. AT para Grancey, 10 de outubro de 1831, in *Tocqueville and Beaumont*, 140; OC XVII:1, 110; LC, 230.
5. GB para Jules, 16 de setembro de 1831, in *Tocqueville and Beaumont*, 128; GB, *Lettres d'Amérique*, 146.
6. AT para Chabrol, 7 de outubro de 1831, in *Tocqueville and Beaumont*, 138; OC XVII:1, 108.
7. AT, "General Remarks", 18 de setembro de 1831, Caderno de Anotações I, Boston, in *Tocqueville and Beaumont*, 234; OP I:61.
8. GB para Jules, 16 de setembro de 1831, in *Tocqueville and Beaumont*, 130; GB, *Lettres d'Amérique*, 148.
9. George W. Pierson, *Tocqueville in America* (1938; reimpressão em Baltimore: Johns Hopkins University Press, 1996), 362; Robert A. McCauchey, *Josiah Quincy, 1772-1864: The Last Federalist* (Cambridge, MA: Harvard University Press, 1974); Samuel Eliot Morison, *Harrison Gray Otis, 1765--1848: The Urbane Federalist* (Boston: Houghton Mifflin, 1969).
10. Morison, *Harrison Gray Otis*, 219-21.
11. David B. Tyack, *George Ticknor and the Boston Brahmins* (Cambridge, MA, Harvard University Press, 1967), 90-128.
12. Frank Freidel, *Francis Lieber: Nineteenth Century Liberal* (Baton Rouge: Louisiana State University Press, 1947.
13. AT, 12 de setembro de 1831, Caderno de Anotações 2 e 3, in *Tocqueville and Beaumont*, 240; OP I:70.
14. GB para Jules, 16 de setembro de 1831; fragmentos do diário de GB in *Tocqueville and Beaumont*, 129, 132; GB, *Lettres d'Amérique*, 147, 151.
15. "Second Reply to Hayne", janeiro de 1830, in *American Speeches: Political Oratory from the Revolution to the Civil War* (Nova York: Library of America, 2006), 233.
16. AT, 1º de outubro de 1831, Caderno de Anotações 2 e 3, in *Tocqueville and Beaumont*, 243; OP I:75.

O HOMEM QUE COMPREENDEU A DEMOCRACIA 395

17. Van Wick Brooks, *The Flowering of New England*, edição revista (Nova York: E. P. Dutton 1940), 122.

18. AT, 29 de setembro de 1831, Caderno de Anotações 2 e 3, in *Tocqueville and Beaumont*, 241-42; OP I:72-73. Com a colaboração de Alexander Everett, ex-embaixador dos Estados Unidos na Espanha.

19. AT para HT, 7 de outubro de 1831, in *Tocqueville and Beaumont*, 138; Caderno de Anotações 2 e 3, in *Tocqueville and Beaumont*, 242; OP I:73.

20. AT, *Democracy in America*, tradução de Arthur Goldhammer, ed. Olivier Zunz (New York Library of America, 2004), DA I [1835] ou DA II [1840]), I, 45; OP II:44.

21. "Observations by Jared Sparks on the Government of Towns in Massachusetts", in Herbert B. Adams, "Jared Sparks and Alexis de Tocqueville", *Johns Hopkins University Studies in Historical and Political Science* 10, n. 12 (1898): 22-23.

22. AR para HT, 7 de outubro de 1831, in *Tocqueville and Beaumont*, 182; OC XIV:138.

23. Samuel Freeman, *The Town Officer; or, The Power and Duty of Selectmen, Town Clerks... and Other Town Officers, as Contained in the Laws of the Commonwealth of Massachusetts*, 7ª ed. (Boston, 1808).

24. AT para Sparks, 2 de dezembro de 1831, in *Tocqueville and Beaumont*, 182; OC VII:36-37.

25. DA I, 42-43.

26. Sparks para AT, 11 de janeiro de 1832, in "Observations by Jared Sparks", 17.

27. "Observations by Jared Sparks", 7.

28. DA I, 68; OP II:65.

29. AT para Sparks, 2 de dezembro de 1831, in *Tocqueville and Beaumont*, 82--84; OC VII, 37.

30. Ver Johann N. Neem, *Creating a Nation of Joiners: Democracy and Civil Society in Early National Massachusetts* (Cambridge, MA: Harvard University Press, 2008), 21-22, 67-68, 154-55, 186n5.

31. "Observations by Jared Sparks", 25; Barnes v. First Parish in Falmouth, 6 Mass, 400 (1810).

32. Em 1819, em um famoso sermão pregado na ordenação de Sparks em Baltimore, ver Daniel Walker Howe, *The Unitarian Conscience: Harvard Moral Philosophy, 1805-1861*, com nova introdução (Middletown, CT: Wesleyan University Press, 1988), 100-101; Paul K. Conkin, *American Originals: Homemade Varieties of Christianity* (Chapel Hill: University of North Carolina Press, 1997), 67-73.

33. Dwight para AT, Boston, 16 de setembro de 1831, Caderno de Anotações 1, in *Tocqueville and Beaumont*, 233; OP I:61.

34. 2 de outubro de 1831, Caderno de Anotações 2 e 3, in *Tocqueville and Beaumont*, 245; OP I:78.

35. AT para Chabrol, 16 de outubro de 1831, in *Tocqueville and Beaumont*, 157; OC XVII:130; LC, 143-44; GB disse o mesmo para seu pai no dia 29 de junho de 1831; *Tocqueville and Beaumont*, 57; GB, *Lettres d'Amérique*, 72.

36. Ver H. Richard Niebuhr, *The Social Source of Denominationalism* (Nova York, 1929), e *The Kingdom of God in America* (Nova York: Willet, Clark & Co., 1937); Nathan O. Hatch, *The Democratization of American Christianity* (New Haven, CT: Yale University Press, 1989).

37. Pierson, *Tocqueville in America*, 428-30; *Reports of the Prison Discipline Society, Boston*, vol. I, *1825-1835* (Boston, 1855); sobre separar os prisioneiros, 11-12.

38. GB para Jules, 16 de setembro de 1831, in *Tocqueville and Beaumont*, 131; GB, *Lettres d'Amérique*, 149; AT, 11 e 18 de setembro de 1831, Caderno de Anotações 2 e 3, in *Tocqueville and Beaumont*, 237-38, 140-1; OP I:66-68, 71; Marjorie B. Cohn, *Francis Calley Gray and Art Collecting in America* (Cambridge, MA: Harvard University Art Museums, 1986), 82-93.

39. GB e AT, *On the Penitentiary System in the United States and Its Application in France*, tradução de Francis Lieber (Filadélfia, 1833), in OC IV:1, 360-65.

40. DA I, 314-15; OP II:313-15.

41. GB, fragmentos de um diário, setembro de 1831, in *Tocqueville and Beaumont*, 132; GB, *Lettres d'Amérique*, 150.

42. AT, "Mores", 21 de setembro de 1831, Caderno de Anotações, B, in *Tocqueville and Beaumont*, 337; OP I:242.

43. GB para sua mãe, 7 de junho de 1831, in *Tocqueville and Beaumont*, 35; GB, *Lettres d'Amérique*, 61. AT e GB, *On the Penitentiary System in the United States and Its Application in France* (1833) in OC IV:1, 245.

44. AT para Alexandrine, 18 de outubro de 1831, in *Tocqueville and Beaumont*, 147-48; OC XIV, 141.

45. AT para não identificado, 8 de novembro de 1831, in *Tocqueville and Beaumont*, 166; OC XVII:142-43.

46. AT para Chabrol, 19 de novembro de 1831, in *Tocqueville and Beaumont*, 168; OC XVII:1, 144-45.

47. AT para sua mãe, 24 de outubro de 1831, in *Tocqueville and Beaumont*, 150; OC XVI:143.

O HOMEM QUE COMPREENDEU A DEMOCRACIA 397

48. GB para seu pai, 16 de outubro de 1831, in *Tocqueville and Beaumont*, 147; *Lettres d'Amérique*, 165.

49. GB para seu pai, 16 de outubro de 1831, in *Tocqueville and Beaumont*, 146; GN, *Lettres d'Amérique*, 164.

50. AT para Chabrol, 16 de outubro de 1831, in *Tocqueville and Beaumont*, 156-57; OC XVII:129-30; LC, 242.

51. AT, 6 de novembro de 1831, Caderno de Anotações 5, in *Tocqueville and Beaumont*, 310; OP I:177.

52. GB para Jules, 16 de setembro de 1831, in *Tocqueville and Beaumont*, 126; GB, *Lettres d'Amérique*, 143; AT, "Convention", 14 de outubro de 1831, Caderno de Anotações B, in *Tocqueville and Beaumont*, 334; OP I:233-34.

53. "Convention", 14 de outubro de 1831, Caderno de Anotações B, in *Tocqueville and Beaumont*, 334; OP I:233-34; Daniel Peart, *Lobbyists and the Making of US Tariff Policy, 1816-1861* (Baltimore: Johns Hopkins University Press, 2018), 102.

54. Sobre a Responsabilidade Fiscal e as preparações militares, Sean Wilentz, *The Rise of American Democracy: Jefferson to Lincoln* (Nova York: Norton, 2005), 384.

55. AT, Boston, 1º de outubro de 1831, Caderno de Anotações 2 e 3, in *Tocqueville and Beaumont*, 143; OP I:74, Peart, *Lobbyists*, 105.

56. Peart, *Lobbyists*, 104.

57. AT, "Convention, Id.", 14 de outubro de 1831, Caderno de Anotações B, in *Tocqueville and Beaumont*, 335; OP I:234.

58. AT, "Association", 10 de outubro de 1831, Caderno de Anotações B, in *Tocqueville and Beaumont*, 333; OP I:234.

59. AT, 3 de novembro de 1831, Caderno de Anotações 2 e 3, in *Tocqueville and Beaumont*, 333; OP I:101.

60. AT conheceu John Biddle, irmão de Nicholas, em Detroit, onde ele era o agente territorial, mas não ficou claro se AT conectou esses dois informantes.

61. 18 de novembro de 1831, Caderno de Anotações 2 e 3, in *Tocqueville and Beaumont*, 265; OP I:104.

62. John Quincy Adams, "January 28, 1832", *Diaries, 1821-1848* (Nova York: Library of America, 2017), 287.

63. AT, "Great and Minor Parties", 14 de janeiro de 1832, Caderno de Anotações E, in *Tocqueville and Beaumont*, 342; OP I:257-58; DA I:199; OP II: 195-96.

64. Sobre as complexas negociações de Biddle com os *whigs*, ver Thomas Paine Govan, *Nicholas Biddle: Nationalist and Public Banker, 1786-1844* (Chicago: University of Chicago Press, 1959), 160-74.

65. A convenção de um Partido Antimaçônico foi realizada em Baltimore, Maryland, em 26 de setembro de 1831, e a ela compareceram 96 representantes de dez estados, que pela primeira vez indicaram um candidato para presidente, uma prática que em breve seria adotada pelos republicanos nacionais, então democratas.

66. AT, 3 de novembro de 1831, Caderno de Anotações 2 e 3, in *Tocqueville and Beaumont*, 260-61; OP I:98-99.

67. AT, 27 de outubro de 1831, Caderno de Anotações 2 e 3, in *Tocqueville and Beaumont*, 250; OP I:84.

68. AT, 5 de novembro de 1831, Caderno de Anotações 2 e 3, in *Tocqueville and Beaumont*, 263; OP I:102.

69. AT, 16 de outubro de 1831, Caderno de Anotações 2 e 3, in *Tocqueville and Beaumont*, 249; OP I:82.

70. AT, 5 de novembro de 1831, Caderno de Anotações 2 e 3, in *Tocqueville and Beaumont*, 263-64; OP I:103.

71. AT, 2 de novembro de 1831, Caderno de Anotações 2 e 3, in *Tocqueville and Beaumont*, 260; OP I:97.

72. AT, 1º de novembro de 1831, Caderno de Anotações 2 e 3, in *Tocqueville and Beaumont*, 257; OP I:94.

73. AT, 18 de outubro de 1831, Caderno de Anotações 2 e 3, in *Tocqueville and Beaumont*, 251; OP I:86.

74. AT para LK, 29 de junho de 1831, in *Tocqueville and Beaumont*, 50; OC XIII:1, 227.

75. AT para Chabrol, 26 de outubro de 1831, in *Tocqueville and Beaumont*, 159-60; OC XVII:1, 133; LC, 246.

76. GB para a cunhada Félicie, 26 de outubro de 1831, in *Tocqueville and Beaumont*, 152; GB. *Lettres d'Amérique*, 169.

77. François-Alexandre-Fréderic, duque de La Rochefoucault et Liancourt, *Des prisons de Philadelphie: Par un Européen* (Paris, 1796); J. P. Brissot, *Nouveau voyage dans les États-Unis de l'Amérique septentrionale* (Paris, 1791), 2:161-89.

78. *Acts of the General Assembly Relating to the New Eastern State Penitentiary: And the New Prisons of the City and County of Philadelphia* (Filadélfia: J. W. Allen, 1831), 3.

O HOMEM QUE COMPREENDEU A DEMOCRACIA   399

79. Norman Johnston, *Eastern State Penitentiary: Crucible of Good Intentions* (Filadélfia: Philadelphia Museum of Arts, 1994), 35.

80. AT e GB para o ministro do Interior da França, 10 de novembro de 1831, in *Tocqueville and Beaumont*, 463; OC IV:2, 38.

81. AT e GB, trechos do relatório de Tocqueville e Beaumont, *On the Penitentiary System and Its Application in France*, constam do Anexo 7: Study of the Philadelphia Penitentiary (outubro de 1831) in *Tocqueville and Beaumont*, 490; OC IV:1, 339. A prisão continha apenas detentos na época da visita, mas daí a dois meses foram encarceradas nela duas mulheres afro-americanas; ver Leslie Patrick, "Ann Hinson: A Little Known Woman in the Country's Premier Prison, Eastern State Penitentiary, 1831", *Pennsylvania History: a Journal of Mid Atlantic Studies* 67 (verão de 2000): 361-75.

82. Ver Roger Boesche, "The Prison: Tocqueville's Model for Despotism", in *The Western Political Quarterly* 33 (dezembro de 1980), 552; Jane Brox, *Silence: A Social History of One of the Last Understood Elements of Our Lives* (Boston: Houghton Mifflin Harcourt, 2019), 8-9, sobre Charles Williams, um agricultor negro de 18 anos, encapuzado e preso em sua cela em 1829.

83. AT e GB, trechos de Tocqueville e Beaumont, *On the Penitentiary System and its Application in France*, Anexo 7: Study of Philadelphia Penitentiary (outubro de 1831), in *Tocqueville and Beaumont*, 490; OC IV:1, 339.

84. AT e GB, ao ministro do Interior da França, 10 de novembro de 1831, in *Tocqueville and Beaumont*, 401-62; OC IV:2, 30-37.

85. AT e GB, trechos de Tocqueville e Beaumont, *On the Penitentiary System and its Application in France*, Anexo 7: Study of Philadelphia Penitentiary (outubro de 1831), in *Tocqueville and Beaumont*, 482, 483, 486; OC IV:1, 328, 330-1, 334.

86. AT e GB para o ministro do Interior da França, 10 de novembro de 1831, in *Tocqueville and Beaumont*, 456; OC IV:2, 30.

87. Thomas B. McElwee, *A Concise History of Eastern State Penitentiary of Pennsylvania Together with a Detailed Statement of the Proceedings of the Committee Appointed by the Legislature* (Filadélfia, 1835), 18, 143.

88. GB para Félicie, 16 de outubro de 1831, in *Tocqueville and Beaumont*, 153; GB, *Lettres d'Amérique*, 169.

89. AT, 19 de outubro de 1831, Caderno de Anotações 3, in *Tocqueville and Beaumont*, 308; OP I:173-74.

90. AT, 17 de outubro de 1831, Caderno de Anotações 2 e 3, in *Tocqueville and Beaumont*, 250; OP I:85.

400 OLIVIER ZUNZ

91. GB para Achille, 8 de novembro de 1831, in *Tocqueville and Beaumont*, 163; GB, *Lettres d'Amérique*, 175-76.

92. AT para sua mãe, 14 de outubro de 1831, in *Tocqueville and Beaumont*, 151; OC XIV, 144.

93. GB para Achille, 8 de novembro de 1831, in Tocqueville and Beaumont, 161; GB, Lettres d'Amérique, 173.

94. GB para Achille, 8 de novembro de 1831, in *Tocqueville and Beaumont*, 161; GB, *Lettres d'Amérique*. 173.

95. AT, 5 de novembro de 831, Caderno de Anotações 2 e 3, in *Tocqueville and Beaumont*, 263; OP I:102.

96. 25 de novembro de 1831, Caderno de Anotações 3, in *Tocqueville and Beaumont*, 310; OP I:178.

97. Aberto em 1826, *Tocqueville and Beaumont*, 464n6 e Pierson, *Tocqueville in America*, 543-44.

98. GB, fragmentos do seu diário, dezembro de 1831, in *Tocqueville and Beaumont*, 175; GB, *Lettres d'Amérique*, 200.

99. Ohio, Caderno de Anotações E, in *Tocqueville and Beaumont*, 356; OP I:279.

100. Cincinnati, Caderno de Anotações E, in *Tocqueville and Beaumont*, 359; OP I:283.

101. Frances Trollope, *Domestic Manners of the Americans* (1839; Nova York: Dodd, Mead, 1901), 2:64. Ela se queixou de que a ausência de negros tornava difícil achar empregados.

102. Ohio, Caderno de Anotações E, in *Tocqueville and Beaumont*, 357; OP I:279-80.

103. Segunda conversa com Mr. Walker, Caderno de Anotações 2 e 3, in *Tocqueville and Beaumont*, 270; OP I:110. Assim, William Henry Harrison (1773--1841) destacou-se como um guerreiro indígena no noroeste e solidificou sua fama com sua vitória em Tippescanoe em 1811, foi governador do território de Indiana, deputado e senador no Congresso dos Estados Unidos e ministro plenipotenciário na Colômbia, foi derrotado localmente em sua candidatura ao Senado em 1831, após retornar à sua fazenda em Ohio em 1829.

104. Caderno de Anotações 2 e 3, in *Tocqueville and Beaumont*, 267, 273; OP I:107, 114.

105. DA I:398n35; OP II:400n.

106. AT para HT, 20 de dezembro de 1831, OC XIV, 156; DAI, 399; OP I:401.

107. 14 de outubro de 1821, Caderno de Anotações 3, in *Tocqueville and Beaumont*, 307; OP I:171.

O HOMEM QUE COMPREENDEU A DEMOCRACIA   401

108. "Alexis de Tocqueville at Sandy Bridge", The Historical Marker Database, https://www.hmdb.org/m.asp?m=52647, acesso em 16 de julho de 2021.

109. Com exceção de uma breve visita fora do barco. "Report of the Plantations of Louisiana." "Hoje, dia 31 de dezembro de 1831, visitei uma bela plantação canavieira no Mississippi, a 240 quilômetros de Nova Orleans. Nela são empregados setenta escravizados. Disseram-me que sua renda é de aproximadamente 5 ou 6 mil dólares anuais, livres de todas as despesas, ou de 25 a 30 mil francos." Caderno de Anotações E, in *Tocqueville and Beaumont*, 342; OP I:258.

110. AT para HT, in *Tocqueville and Beaumont*, 191; OC XIV, 156-57.

111. Kentucky, Caderno de Anotações E, in *Tocqueville and Beaumont*, 362; OP I: 287-88.

112. Em relação a esta dura realidade, ver Edmund S. Morgan, *American Slavery, American Freedom* (Nova York: Norton, 1975).

113. AT para sua mãe, 25 de dezembro de 1831, in *Tocqueville and Beaumont*, 193; OC XIV:158.

114. Eleições, Caderno de Anotações E, in Tocqueville and *Beaumont*, 351-52; OP I:272.

115. AT para sua mãe, 25 de dezembro de 1831, OC XIV, 160-61 e DA I:174-75; OP II:377.

116. Indígenas, Caderno de Anotações E, in *Tocqueville and Beaumont*, 343; OP I: 259.

117. Marquis James, *The Raven: A Biography of Sam Houston* (Austin: University of Texas Press, 2016).

118. Indígenas, Caderno de Anotações E, in *Tocqueville and Beaumont*, 345; OP I: 261-62.

119. Conversa com M. Guillemin, Caderno de Anotações 2 e 3, in *Tocqueville and Beaumont*, 278; OP I:120.

120. Conversa com M. Mazureau, Caderno de Anotações 2 e 3, in *Tocqueville and Beaumont*, 176-77; OP I:117-19.

121. Pierson, *Tocqueville in America*, 628, ver também conversa com M. Guillemin, in *Tocqueville and Beaumont*, 277-80; OP I:180.

122. Conversa com Mr. Brown. Caderno de Anotações 2 e 3, in *Tocqueville and Beaumont*, 251-52; OP I:85-87.

123. AT para Chabrol, 16 de janeiro de 1832, in *Tocqueville and Beaumont*, 200; OC XVII:1, 157.

402 OLIVIER ZUNZ

124. Conversa com M. Guillemin, Caderno de Anotações 2 e 3, in *Tocqueville and Beaumont*, 279; OP I:121.

125. Conversa com Gilpin, Caderno de Anotações 1, in *Tocqueville and Beaumont*, 366; OP I: 297.

126. Joseph McIlvaine, advogado, enviou três memorandos para AT em fevereiro de 1832, um sobre os códigos penais, um sobre o sistema judicial na Pensillvânia e um sobre Louisiana, descritos em Pierson, *Tocqueville in America*, 530-35; ver também *Tocqueville and Beaumont*, 366-67.

127. Mark Fernandez, "Edward Livingston, America, and France Making Law", in *Empires of the Imagination: Transatlantic Histories of the Louisiana Purchase*, ed. Peter J. Kastor e François Weil (Charlottesville: University of Virginia Press, 2009), 239-67; "Common Law", Caderno de Anotações F, in *Tocqueville and Beaumont*, 381.

128. Caderno de Anotações 3, 2 de janeiro de 1832, OP I:182.

129. AT para Édouard, 10 de janeiro de 1832, in *Tocqueville and Beaumont*, 204; OC XIV:165.

130. Conversa com advogado de Montgomery, Caderno de Anotações 2 e 3, in *Tocqueville and Beaumont*, 282; OP I:124-26.

131. Conversa com Mr. Poinsett, Caderno de Anotações 2 e 3, in *Tocqueville and Beaumont*, 283-90; OP I:126-36.

132. 29 de dezembro de 1831, Caderno de Anotações E, in *Tocqueville and Beaumont*, 349; OP I:266.

133. Knoxville, 8 de janeiro de 1832, Caderno de Anotações 3 e 5, in *Tocqueville and Beaumont*, 312; OP I:184-85; DA I:370; OP II:372.

134. Conversa com Mr. Poinsett, Caderno de Anotações 2 e 5, in *Tocqueville and Beaumont*, 288; OP I:133.

135. GB para sua mãe, 22 de janeiro, in *Tocqueville and Beaumont*, 203; GB, *Lettres d'Amérique*, 212.

136. John Quincy Adams, "January 28, 1832", *Diaries*, 287; e 24 de janeiro de 1832, in *Tocqueville and Beaumont*, 290-91; OP I:136-37.

137. GB para sua mãe, 20 de janeiro de 1832, in *Tocqueville and Beaumont*, 201-2; GB, *Lettres d'Amérique*, 210.

138. AT para GB, abril de 1832, OC VIII:1, 111; AT para Édouard, 20 de janeiro de 1831, in *Tocqueville and Beaumont*, 204; OC XIV:165.

O HOMEM QUE COMPREENDEU A DEMOCRACIA 403

4. ESCREVENDO SOBRE OS ESTADOS UNIDOS EM ORDEM INVERSA: PRIMEIRO AS PRISÕES, EM SEGUIDA A LIBERDADE

1. AT para Chabrol, 24 de janeiro de 1832, in *Tocqueville and Beaumont*, 207; OC XVII:1, 159.
2. AT foi encontrá-los no dia 10 de abril. OC VIII:1, 113 (visitando em 6 de abril, mas definitivamente lá no dia 10 de abril).
3. Ver H. A. C. Collingham, *The July Monarchy: A Political History of France, 1830-1848* (Londres: Longman, 1988), 67-68 e OC VIII:1, 111n16.
4. AT para Blanche de Kergorlay, 10 de abril de 1832, OC XIII:1, 249.
5. Collingham, *The July Monarchy*, 68.
6. James T. Schleifer, *The Making of Tocqueville's* Democracy in America, 2ª ed. (Indianápolis: Liberty Fund, 2000), 13.
7. Se Beaumont pudesse ir ao encontro deles em Saint Germain, mas isso foi impraticável. AT para GB, 10 de abril de 1832, OC VIII:1, 115.
8. Sua depressão começou nos Estados Unidos, onde ele se descreveu como alguém que se sentia "tomado por uma espécie de grande estupidez no último mês que passei nos Estados Unidos"; AT para GB, 4 de abril de 1832, OC VIII:1, 111.
9. AT para GB, 4 de abril de 1832, OC VIII:1, 112.
10. AT para Eugène Stöffels, 22 de abril de 1832, OC XVII:1, 171.
11. Chateaubriand, *Mémoires d'outre-tombe*, Bibliothèque de la Pléiade (Paris: Gallimard, 1951), 2:520.
12. Louis Blanc dedicou grande parte de seus estudos sobre a década a um tema jamais resolvido; ver seu *Histoire de dix ans, 1830-1840* (Paris, 1882), 182-202.
13. Alguns especularam que o duque pode ter morrido devido a um desempenho erótico que não deu certo. Ver Émile Lesueur, *Le dernier Condé: Louis-Henri-Joseph de Bourbon* (Paris: Libraire Félix Alcan, 1937), 253, 267; Emmanuel Maury, *Le dernier des Condé: La vie romanesque d'un prince de France* (Paris: Tallandier, 2019), 315-17.
14. Lesueur, *Le dernier Condé*, 261.
15. GB para AT, 17 de maio de 1832, OC VIII:116-18. O pai legítimo de GB em breve ajudaria seu filho financeiramente.
16. AT ao procurador-geral, 21 de maio de 1832, in Gustave de Beaumont, *Oeuvres complètes d'Alexis de Tocqueville publiées par Madame de Tocqueville* (Paris, 1865-67), V:36.

17. AT para Chabrol, 24 de janeiro de 1832, OC XVII:1, 159.

18. GB para AT, 17 de maio de 1832, OC VIII:1, 117.

19. Nota introdutória, OC XIII:1, 247-48.

20. J. Lucas Dubreton, *La princesse captive: La duchesse de Berry, 1832-1833* (Paris: Librairie Académique Perrin, 1925).

21. André Jardin, *Tocqueville: A Biography*, tradução de Lydia Davis e Robert Hemenway (Baltimore: Johns Hopkins University Press, 1998), 188-89.

22. Nota introdutória, OC XIII:1, 247-48.

23. GB para AT, 3 de setembro de 1837, OC VIII:1, 224-25.

24. A segunda de três cartas. Cópia na biblioteca de AT em Tocqueville.

25. AT, "Note préparée et non publiée à l'occasion de l'élection du 10 juillet 1842", OC III:2, 71.

26. AT, "Discours prononcé en faveur de M. Louis de Kergorlay, le 9 mars 1833", OC XIII:1, 325-26.

27. AT para GB, 4 de abril de 1832, OC VIII:1, 113.

28. GB para AT, 17 de maio de 1832, OC VIII:1, 118.

29. GB e AT, Relatório sobre as penitenciárias, OC IV:2, 56.

30. AT para Blanche de Kergorlay, n.d., OC XIII:1, 251-54.

31. AT, "Examen du livre de M. de Blosseville", *De la question des colonies pénales*, OC IV:2, 62-63; GB e AT, *On the Penitentiary System in the United States and Its Application in France, 1833*, tradução de Emily Katherine Ferkaluk (Cham: Palgrave Macmillan, 2018), xliin17; OC IV:1, 153n13. No relatório sobre as penitenciárias, AT e GB sugeriram que adotar o modelo holandês de estabelecer colônias agrícolas na França proporcionaria uma solução para ex-prisioneiros: *On the Penitentiary System*, 114 e Anexo 4: Colônias Agrícolas, 197-200; OC IV:1, 244 e anexo I, 309-312.

32. "Notes sur les prisons de Genève et de Lausanne, 1832", OC IV:2, 65, 70.

33. "Notes sur les prisons de Genève et de Lausanne, 1832", OC IV:2, 64-66.

34. AT para Blanche de Kergorlay, 16 de junho de 1832, OC XIII:1, 255.

35. GB, "Visite de la Prison de la Roquette", 7 de agosto de 1832, OC IV:1, 464-65.

36. "Maison de refuge de la rue de l'Oursine", OC IV:2, 76-77.

37. "Maison de Saint Lazare"; "Maison de correction de l'hôtel de Bazencourt"; OC IV:1, 79-83.

38. AT, *Tocqueville and Beaumont in America*, 474-75; OC IV:1, 257.

39. AT para Chabrol, 19 de novembro de 1831, in *Tocqueville and Beaumont*, 167-68; OC XVII:1, 144.

O HOMEM QUE COMPREENDEU A DEMOCRACIA   405

40. AT empregou a palavra *"rédacteur"*, AT para Droz, 26 de junho de 1841, OC XVII:2, 131 (Michelle Perrot atribui Mignet como o destinatário; ver OC IV:1, 23).

41. Essas *"pièces justificatives"* foram perdidas.

42. Michelle Perrot, "Introduction", OC IV:1, 21.

43. GB e AT, *On the Penitentiary System*, 66; OC IV:1, 206.

44. LK para AT, 17 de janeiro de 1833, OC XIII:1, 316.

45. AT para GB, 12 de abril de 1832, OC VIII:1, 113.

46. GB e AT, *On the Penitentiary System*, 67; OC IV:1, 207.

47. GB e AT, *On the Penitentiary System*, 104; OC IV:1, 234.

48. GB e AT, *On the Penitentiary System*, 102, 113; OC IV:1, 232-33, 243.

49. GB e AT, *On the Penitentiary System*, 105; OC IV:1, 235-36.

50. GB e AT, *On the Penitentiary System*, 111; OC IV:1, 241.

51. "Útil para o aperfeiçoamento dos costumes" foi também a frase de AT ao submeter sua candidatura à Academia Francesa, AT para Pierre Antoine Lebrun, 29 de junho de 1841, OC XVII:2, 133.

52. DA I; 60; OP II:58.

53. GB e AT, *On the Penitentiary System*, 36. OC IV:1, 183.

54. Richard Avramenko e Robert Gingerich, "Democratic Dystopia: Tocqueville and the American Penitentiary System", *Polity 46* (janeiro de 2014): 56, 80; Sheldon S. Wolin, *Tocqueville between Two Worlds: The Making of a Political and Theoretical Life* (Princeton, NJ: Princeton University Press, 2001), 384.

55. DA I:50; OP II:49.

56. GB e AT, *On the Penitentiary System*, 67. OC IV:1, 107.

57. GB e AT, *On the Penitentiary System*, tradução de Francis Lieber (Filadélfia, 1833), 47-48; OC IV:1, 196.

58. AT para LK, 1824, OC XIII:69, 74.

59. Jardin, *Tocqueville*, 176.

60. GB para AT, 7 de agosto de 1833, OC VIII: 119; respectivamente a personificação da Inglaterra e da Nova Inglaterra.

61. Seymour Drescher, *Tocqueville and England* (Cambridge, MA: Harvard University Press, 1964), 23; Regina Pozzi, "Guizot et Tocqueville face à l'histoire anglaise", *The Tocqueville Review/La revue Tocqueville*, 22, n. 2 (2001): 155-67.

62. AT para LK, 18 de outubro de 1847, OC XIII:2, 209.

63. Citação em George W. Pierson, "Le 'second voyage' de Tocqueville en Amérique", in *Alexis de Tocqueville, Livre du Centenaire, 1859-1959* (Pa-

406 OLIVIER ZUNZ

ris: CNRS, 1960), 71; tradução de Seymour Drescher em *Tocqueville and England* (Cambridge, MA: Harvard University Press, 1964), 36.

64. AT para Mary Mottley, julho de 1833, OC XIV:385.

65. GB e AT, *On the Penitentiary System*, xxxix; OC IV:1, 152.

66. Say atribuiu o termo *pauperismo* à Lei dos Pobres britânica presumivelmente originada ao tornar doações amplamente disponíveis. *Cours complet d'économie politique pratique* (Paris, 1829) 5:352, 388; AT não registrou essa obra em seu Caderno de Anotações; OC XVI, 425-34. Ver também Seymour Drescher, *Dilemmas of Democracy: Tocqueville and Modernization* (Pittsburgh: University of Pittsburgh Press, 1968), 103, 104, 109; Michel Drolet, "Democracy and Political Economy: Tocqueville's Thoughts on J.-B. Say and T. R. Malthus", *History of European Ideas*, 29, n. 2 (2003): 159-81.

67. AT para sua mãe, 7 de agosto de 1833, OC VIII, 172.

68. AT para GB, 13 de agosto de 1833, OC VIII:1, 124.

69. AT para Hervé de Tocqueville, de agora em diante HT, 14 de agosto de 1833, OC XVI:173-73; AT para Pisieux, julho de 1833, OC XVII:1, 190-91.

70. AT para HT, 24 de agosto de 1833, OC XIV, 173-74.

71. AT para Charles Stöffels, 31 de julho de 1834, OC XVII:1, 204; *Tocqueville: Lettres choisies, Souvenirs*, ed. Françoise Mélonie e Laurence Guellec (Paris, Gallimard, 2003), 301.

72. AT, *Journeys to England and Ireland*, ed. J. P. Mayer, tradução de George Lawrence e J. P. Mayer (reimpressão, 1979; New Brunswick, NJ: Transaction Books, 1988), 43; OP I, 420.

73. AT, *Journeys to England and Ireland*, 44-45; OP I, 421-23.

74. AT para Mary Mottley, 17 de agosto de 1833, OC XIV, 389.

75. Drescher, *Tocqueville and England*, 38-49.

76. AT para HT, 24 de agosto de 1833, OC XIV, 174; AT para Senior, 24 de março de 1834, OC VI:2, 65. Ver também S. Leon Levy, *Nassau W. Senior, 1790-1864: Critical Essayist, Classical Economist and Adviser of Governments* (Newton Abbot, UK: David & Charles, 1970); Richard Swedberg, *Tocqueville's Political Economy* (Princeton, NJ: Princeton University Press, 2009), 87-91.

77. Karl Marx, "La dernière heure de Senior", *Le Capital* in *Oeuvres, Économie I*, Bibliothéque de la Pléiade (Paris: Gallimard, 1965), 778-84.

78. AT para Mary Mottley, OC XIV, 392.

79. AT, "Voyage em Angleterre de 1833", OP I, 429-31; AT para Mary Mottley, 30 de agosto de 1833, OC XIV, 391-94.

80. AT para HT, 24 de agosto de 1833, OC XIV, 174.

O HOMEM QUE COMPREENDEU A DEMOCRACIA 407

81. AT, *Journey to England and Ireland*, 71-72; OP I, 455.

82. Thomas Jefferson para James Madison, 6 de setembro de 1789, in *The Papers of Thomas Jefferson*, vol. 15 (Princeton, NJ: Princeton University Press, 1958). Ver também Joyce Appleby, "Jefferson and His Complete Legacy", in *Jeffersonian Legacies*, ed. Peter S. Onuf (Charlotesville: University Press of Virginia, 1993), 13.

83. Eram administradores e juízes locais que o rei selecionava entre a aristo-cracia local. Ver Drescher, *Tocqueville and England*, 42.

84. AT, *Journeys to England and Ireland*, 51-54, OP I, 431-33 e *Mémoire sur le paupérisme*, OC XIV, 134. Ver também Ronald K. Huch, *The Radical Lord Radnor: The Public Life of Viscount Folkstone, Third Earl of Radnor (1779--1869)* (Minneapolis University of Minnesota Press, 1977), 137-38.

85. AT, *Journeys to England and Ireland*, 61-62; OP I, 444.

86. AT, *Journeys to England and Ireland*, 59-61; OP I, 441-42.

87. AT, *Journeys to England and Ireland*, 67; OP I, 449-50.

88. AT para GB, 13 de agosto de 1833, OC VIII:1, 124-26; Jardin, *Tocqueville*, 192-93.

89. AT, "Les desseins d'une nouvelle revue", OC III:2, 35-39.

90. AT para LK, 28 de setembro de 1834, OC XIII:1, 361-62.

91. Lise Queffélec, Notice de la Pléiade, l'Irlande, OP I: 1407.

92. AT para Mary, 18 de abril de 1858, OC XIV, 638.

93. Edição crítica de Eduardo Nolla de *Democracy in America*, tradução de James T. Schleifer (Indianápolis: Liberty Fund, 2010), 1: 14u.

94. DA I, 6-7; OP II:7; DA II, 525; OP II:554.

95. DA I, 6; OP II:7; ver também Pierre Gibert, "Tocqueville et la religions: entre reflection politique et confidences épistolaires", *The Tocqueville Review / La revue Tocqueville 27*, n. 2 (2006): 133-48; David A. Selby "Tocqueville's Politics of Providence: Pascal, Jansenism and the Author's Introduction to *Democracy in America*", *The Tocqueville Review / La revue Tocqueville 32*, n. 2 (2012): 168-90.

96. AT, "Mon instinct, mes opinions", OC III:2, 87.

97. DA I, 15; OP II:15.

98. Schleifer, *The making of Tocqueville's* Democracy in America, 7-9, 13, 17.

99. AT para Mary Mottley, 18 de abril de 1858, OC XIV, 638.

100. AT para LK, novembro de 1833, OC XIII:1, 344.

101. LK para AT, outubro de 1834, OC XIII:1, 366. Ver também Daniel Gordon, "Tocqueville and Linguistic Innovation", in *The Anthem Companion to*

408 · OLIVIER ZUNZ

Alexis de Tocqueville, ed. Daniel Gordon (Londres: Anthem Press, 2019), 65-87.

102. AT para LK, 10 de novembro de 1836, OC XIII:1, 418.

103. AT para Eugène Stöffels, 31 de julho de 1834, OV XVII:1, 205; LC, 302.

104. GB para Senior, 26 de agosto de 1860, OC VI:2, 503; ver também Laurence Guelec, "Tocqueville écrivain", in *Tocqueville et la literature*, ed. Françoise Mélonio e José-Luis Diaz (Paris: Presses de l'Université, Paris-Sorbonne), 110.

105. AT para GB, 24 de outubro de 1834, OC VIII:1, 144.

106. Senior, "Conversations", 25 de agosto de 1850, OC VI:2, 303.

107. Pierre Rosanvallon, *Le moment Guizot* (Paris: Gallimard, 1985), 255-62. Sobre a independência de AT em relação a Chateaubriand ao escrever DA I, ver Françoise Mélonio, "Tocqueville and the French", in *The Cambridge Companion to Tocqueville* (Cambridge: Cambridge University Press, 2006), 343.

108. Nolla, *Democracy in America*, 2:348h.

109. Nolla, *Democracy in America*, 2:508y.

110. AT para Chabrol, 19 de novembro de 1831, OC XVII:1, 144.

111. C. A. Sainte-Beuve, "Nouvelle correspondance inédite de M. de Tocqueville, lundi, 18 décembre 1865", in *Nouveaux lundis*, 2ª ed. (Paris, 1874), 320-21.

112. DA I, 29; OP II:28.

113. DA I, 31, OP II:30. Montesquieu, "l'esprit général de la nation", *Esprit des lois*, 19, n. 4 e 5 (1748); LK para AT, 5 de agosto de 1832, OC XIII:1, 274-75.

114. DA I: 52; OP II:50. Montesquieu disse: "Laws, customs, and various usages of all peoples"; ver Melvin Richter, "The Uses of Theory: Tocqueville's Adaptation of Montesquieu", in *Essays in Theory and History* (Cambridge, MA: Harvard University Press, 1970), 79; Montesquieu, "Essai sur les causes qui peuvent affecter les esprits et les caractères", in *Oeuvres* (Paris: Bibliothèque de la Pléiade, 1951), 2:39-68, Sobre a quarta palestra de Guizot, ver Nolla, *Democracy in America*, 1:18a.

115. DA I:36, 35; OP II:33, 34.

116. Nolla, *Democracy in America*, 1:58.

117. DA I:48; OP II:46. Para a "Liberdade positiva" de Isaiah Berlin, ver *Two Concepts of Liberty: An Inaugural Lecture Delivered before the University of Oxford on 31 October 1958* (Oxford: Clarendon Press, 1958).

118. Possivelmente como reação aos escritos de Pascal, para AT, o anjo é mais forte do que a fera. Ver Alan S. Kahan, "Democratic Grandeur: How Tocqueville Constructed His New Moral Science in America", in *Tocqueville's*

O HOMEM QUE COMPREENDEU A DEMOCRACIA 409

Voyages: The Evolution of His Ideas and Their Journey beyond His Time, ed. Christine Dunn Henderson (Indianápolis: Liberty Fund, 2014), 186-87.

119. DA II, 105 ("touch and become one") OP II:607 ("se touchent et se confondent").

120. DA I, 275; OP II:275.

121. DA I, 60; OP II:59.

122. DA I, 63; OP II:61.

123. DA I, 68; OP II:65.

124. AT para Senior, 24 de março de 1834, OC VI:2, 66.

125. James W. Ceaser, "Alexis de Tocqueville and the Two-Founding Thesis", *The Review of Politics* 73 (primavera de 2011): 219-43.

126. DA I, 96; OP II:94.

127. DA I, 133; OP II:131.

128. DA I, 177; OP II:176.

129. Sobre a diferença entre governo e administração, ver "centralização" in "Fragment", *La Nouvelle Revue Française*, 13 (1959), 762-64.

130. DA I, 185; OP II:184.

131. DA I, 180; OP II:180-81.

132. DA I, 172; OP II:171.

133. DA I, 152; OP II:151.

134. Publius, "The Federalist X", 22 de novembro de 1787, in *The Debate on the Constitution, Part One* (Nova York: Library of America, 1993), 405.

135. DA I, 215; OP II:213.

136. DA I, 220; OP II:217.

137. DA I, 107; OP II:106.

138. DA I, 363; OP II:365. Ver também Arthur Goldhammer, "Tocqueville, Associations, and the Law of 1834", *Historical Reflections* 35 (inverno de 2009), 74-84.

139. DA I, 362-63; OP II:364.

140. DA I, 316; OP II:217.

141. DA I, 316; OP II:315-316.

142. DA I, 331, 315; OP II:331, 314.

143. DA I, 323; OP II:322.

144. DA I, 328; OP II:327.

145. DA I, 289-81; OP II:281.

146. DA I, 16; OP II:17.

410 OLIVIER ZUNZ

147. Podemos acrescentar John Tanner, que aparece numa nota de rodapé como tendo transmitido a Tocqueville suas recordações do tempo em que viveu entre indígenas americanos; DA I, 16, 382n18; OP II:16, 184n.
148. DA I, 293; OP II:292.
149. DA I, 271; OP II:272.
150. DA I, 288; OP II:288.
151. DA I, 391; OP II:393.
152. DA I, 376; OP II:379.
153. DA I, 403; OP II:405.
154. DA I, 416; OP II:418.
155. DA I, 218-19, 44in, 450-52; OP II:215-16, 453-55.
156. Schleifer, *The Making of Tocqueville's* Democracy in America, 146.
157. DA I, 440; OP II:443.
158. AT admitiu ter errado em relação a essa questão numa nota escrita em 1838. Schleifer, *The Making of Tocqueville's* Democracy in America, 37.
159. DA I, 431; OP II:433-34.
160. DA I, 364; OP II:366.
161. Sobre os costumes e as leis, ver "Fragment", 762, mas especialmente DA I, 315, 331; OP II:314, 331.
162. DA I, 460; OP II:463; DA I, 471; OP II:475; DA I, 444; OP II:447.
163. DA I, 323; OP II:322. Sobre a liberdade e a servidão, DA I, 476; OP II:480 — uma comparação muito discutida na época. Ver Nolla, *Democracy in America*, 2:656h.

5. TESTANDO A IGUALDADE NORTE-AMERICANA EM OPOSIÇÃO À DESIGUALDADE BRITÂNICA

1. AT para Orglandes, 29 de novembro de 1834, in *Tocqueville and Beaumont*, 563; OC XVII:1, 213; LC, 311.
2. AT para Eugène Stöffels, 16 de fevereiro de 1835, OC XVII:1, 224; LC, 313.
3. René Remond, *Les États-Unis devant l'opinion française, 1815-1852* (Paris: Librairie Armand Collin, 1962), 2:795-96.
4. AT, "Notes sur les pouvoirs du président des États-Unis", OC XVI:85-87.
5. John Belohlavek, *Let the Eagle Soar! The Foreign Policy of Andrew Jackson* (Lincoln: University of Nebraska Press, 1985), 90-126.

O HOMEM QUE COMPREENDEU A DEMOCRACIA   411

6. AT para Chateaubriand, janeiro de 1835; Chateaubriand para AT, 11 de janeiro de 1835, OC XVII:1, 215-17.

7. Chateaubriand, *Mémoires d'outre-tombe*, Bibliothèque de la Pléiade (Paris: Gallimard, 1951), 2:921.

8. AT para Charles Stöffels, 22 de outubro de 1831, OC XVII:1, 125-27; LC, 238-40.

9. DA I, 345, *Oeuvres* Pléiade (de agora em diante OP), II:346.

10. AT para Grancey, 4 de outubro de 1835, OC XVII:1, 359. Ele empregou a palavra *"mécreant"* (descrente).

11. AT para Lamennais, 24 de janeiro de 1835, OC XVII:1, 220. Para uma visão do ultramontanismo liberal, ver Austin Gough, *Paris and Rome: The Gallican Church and the Ultramontane Campaign, 1848-1853* (Oxford: Clarendon Press, 1986), 64-66. Sobre o catolicismo liberal de Lamennais, ver Émile Perreau-Saussine, *Catholicism and Democracy: An Essay in the History of Political Thought*, tradução de Richard Rex (Princeton, NJ: Princeton University Press, 2012), 59-60, 69-70.

12. AT para Freslon, 8 de julho de 1858, OC XVII:3, 501-4; LC, 1309-12.

13. Jean-Claude Lamberti, *Tocqueville and the Two Democracies*, tradução de Arthur Goldhammer (Cambridge, MA: Harvard University Press, 1989), 122, 133, 283n59.

14. AT para John Stuart Mill, 1841, OC VI:1, 334.

15. Para uma boa biografia resumida, ver Lamberti, *Tocqueville and the Two Democracies*, 131; Aurelian Craiutu, *Liberalism under Siege: The Political Thought of the French Doctrinaires* (Lanham, MD: Lexington Books, 2003), 89-90.

16. 13 de outubro de 1836, OC XI, 24; sobre Royer-Collard (de agora em diante RC) rompendo com Guizot, e este apegando-se à política de resistência, ver Lamberti, *Tocqueville and the Two Democracies*, 127.

17. AT para RC, 28 de agosto de 1835, OC XI, 11.

18. Charles de Rémusat, "De l'esprit de réaction: Royer-Collard et Tocqueville", *Revue des deux mondes* 35 (15 de outubro de 1861): 777-813.

19. Pamela Law, "Mary Clarke and the Nineteenth-Century Salon", *Sidney Studies* (2008): Kathleen O'Meara, *Madame Mohl: Her Salon and Her Friends; A Study of Social Life in Paris* (Boston, 1891); Anne Martin-Fugier, *La vie élégante ou la formation du Tout-Paris, 1815-1848* (Paris: Fayard, 1990); Steven D. Kale, *French Salons: High Society and Political Sociability from the*

412 OLIVIER ZUNZ

Old Regime to the Revolution of 1848 (Baltimore: Johns Hopkins University Press, 2004).

20. Marc Fumaroli, "La conversation", in *Trois institutions litttéraires* (Paris: Gallimard, 1994), 111-210.

21. AT para Senior, 24 de agosto de 1850, OC VI:2, 301.

22. Pierre-Simon Ballanche, *Essai de palingénésie sociale* (Paris, 1827); ver também, de Lucien Jaume, *Tocqueville: The Aristocratic Sources of Liberty*, tradução de Arthur Goldhammer (Princeton, NJ: Princeton University Press, 2013), 214. Ampère leu o livro *Hilda* para madame Récamier; Ampère para AT, 15 de outubro de 1839, OC XI, 132-33.

23. Esse era um círculo social restrito. Mary Clarke desposou Julius Mohl, um orientalista alemão, discípulo de Silvestre de Sacy, que se tornou colega de Ampère no Collège de France. Sobre os Mohls, ver OC XI, 135n7. Victor Cousin foi o sucessor de Royer-Collard na cátedra de Filosofia na Sorbonne.

24. Abel Villemain, "Rapport sur les concours de l'Académie française en 1836", in *Discours et mélanges littéraires*, nova edição (Paris, 1860), 278; AT com Beaumont já tinham sido premiados. RC para AT, 10 de junho de 1836, OC XI, 16-17. Beaumont ganhou o segundo prêmio *ex aequo*. AT para Reeve, 5 de junho de 1836, OC VI:1, 34. André Jardin, *Tocqueville: A Biography*, tradução de Lydia Davis com Robert Hemenway (Baltimore: Johns Hopkins University Press, 1988), 227.

25. *Memoirs of the Duchesse de Dino (mais tarde Duchesse de Talleyrand et de Sagan) 1836-1840*, ed. Princesa Radziwill, nascida Castellane (Londres: Heinemann, 1910), 2-23.

26. Jacques-Allain de Sédouy, *Le comte Molé ou la séduction du pouvoir* (Paris: Librairie Académique Perrin, 1994).

27. Mérimée disse a respeito dela que ela não conseguia fazer o que quer que fosse com simplicidade, muito se assemelhando a um caranguejo que não consegue andar em linha reta, citado em OC VIII:1, 219n5.

28. Sophie Marchal, "Une correspondance inédite de Balzac autor d'une amitié de Salon: Virginie Ancelot", *L'Année balzacienne* 2 (2001): 269-82; AT para Ancelot, 8 de dezembro de 1857, OC XVII:3, 446-47.

29. Madame Ancelot, *Um salon de Paris, 1824 à 1864* (Paris, 1866), 79.

30. Jonathan Beecher, *Victor Considerant and the Rise and Fall of French Romantic Socialism* (Berkeley: University of California Press, 2001), 84, 86. Ver também Lise Queffélec e Françoise Mélonio, "Introduction: Tocqueville et l'Europe", in OC VII, 265; OC XV:1, 62n8.

O HOMEM QUE COMPREENDEU A DEMOCRACIA 413

31. George Ticknor, *Life, Letters, and Journals of George Ticknor* (1876; reimpressão em Boston: Houghton Mifflin, 1909), 2:366-67.

32. AT para GB, 14 de julho de 1834, OC VIII:1, 141-42; AT solicita a Bouchitté uma resenha em *Le Temps*, ver OC XVII:1, 218, 15 de janeiro de 1835.

33. AT para Eugène Stöffels, 21 de fevereiro de 1835, OC XV II:1, 225; LC, 315.

34. At para Eugène Stöffels, 5 de outubro de 1836, OC XV II:1, 309; LC, 366.

35. Uma polêmica em relação ao confinamento solitário surgirá em 1843.

36. Léon Faucher, *Le courrier français*, 24 de dezembro de 1834, n. 358.

37. AT para Sainte-Beuve, 8 de abril de 1835, OC XVII:1, 231; ver também Lucien Jaume, *Tocqueville: The Aristocratic Sources of Liberty*, tradução de Arthur Goldhammer (Princeton, NJ: Princeton University Press, 2008), 190-91.

38. Pierre Gibert, "Introduction", OC XV:1, 21.

39. Francisque de Corcelle, "De la démocratie américaine", *Revue des deux mondes*, 4ª série, 2 (1835): 739-61.

40. Os carbonários franceses tomaram de empréstimo seu nome da sociedade napolitana, mas não tinham alguma conexão com ela; ver Guillaume Bertier de Sauvigny, *La restauration* (Paris: Flammarion, 1955), 179-82.

41. Cousin estava apresentando Hegel aos leitores franceses a fim de justificar a política do *juste milieu* de pragmatismo e compromisso.

42. François de Corcelle, *Documents pour servir à l'histoire des conspirations* (Paris, 1831), 53, 84.

43. Corcelle, "De la democratie américaine", 742.

44. Louis Blanc, "De la démocratie en Amérique", *Revue républicaine: Journal des doctrines et des intérêts démocratiques* 5 (1835): 115, 153.

45. LK para AT, 10 de setembro de 1834, OC XIII:1, 353-54.

46. Blanc, "De la démocratie en Amérique", 161; ver também Stephen W. Sawyer, *Demos Assembled: Democracy and the International Origins of the Modern State, 1840-1880* (Chicago: Chicago University Press, 2018), 159-84.

47. Françoise Mélonio, *Tocqueville and the French*, tradução de Beth G. Reps (Charlottesville: University of Virginia Press, 1998), 41-43.

48. AT para HT, 7 de maio de 1835, OC XIV, 177-78.

49. Abel Villemain, "Rapport sur le concours de l'Académie française en 1836", 280; Mélonio, *Tocqueville and the French*, 31.

50. Alphonse de Custine, *L'Espagne sous Ferdinand VII* (Paris, 1838), 2:355; Mélonio, *Tocqueville and the French*, 38.

51. Ver Mélonio, *Tocqueville and the French*, 44.

52. AT para GB, 14 de dezembro de 1846, OC VIII:1, 603.

414 OLIVIER ZUNZ

53. Reimpresso como um capítulo em Louis Joseph Marie de Carné, *Des intérêts nouveaux en Europe depuis la révolution de 1830* (Paris: F. Bonnaire, 1838), 97, 103, 159.

54. Pierre Rosanvallon, *Le moment Guizot* (Paris: Gallimard, 1985), 105-40.

55. Édouard Alletz, *De la démocratie nouvelle, ou des moeurs et de la puissance des classes moyennes en France* (Paris, 1837); Auguste Billiard, *Essai sur l'organisation démocratique de la France* (Paris, 1837).

56. François Guizot, "De la démocratie dans les sociétés modernes", *Revue française* 3 (15 de outubro de 1837): 195-96.

57. AT para LK, 4 de outubro de 1837, OC XIII:1, 479.

58. AT para Le Peletier d'Aunay, meados de janeiro de 1835, OC XVII:1, 219.

59. AT para Lamartine, 1835, OC XVII:1, 222.

60. AT para Édouard, 13 de junho de 1837, OC XIV:196.

61. AT para Marie, 12 de junho de 1841, OC XIV, 435. Queixa constante — ver AT para Corcelle, 10 de junho de 1837, OC XV:1, 77-78.

62. GB para AT, 28 de janeiro de 1838, OC VIII:1, 280.

63. *Memoir on Pauperism,* tradução de Seymour Drescher, com uma introdução por Gertrude Himmelfarb (Chicago: Ivan R. Dee, 1997); OC XVI, 17-39.

64. AT para GB, 7 de dezembro de 1828, OC VIII:1, 72.

65. *Tocqueville and Beaumont*, 220-21; OP I:44-45.

66. OC IV:1, anexo 3, 319-22, e notas em 574-75.

67. AT, *Journeys to England and Ireland*, ed. J. P. Mayer, tradução de George Lawrence e J. P. Mayer (reimpressão, 1979; New Brunswick, NJ: Transaction Books, 1988), 51-54; OP I:431-33; ver também AT, *Memoir on Pauperism*, 64; OC XVI, 134.

68. AT, *Journeys to England and Ireland*, 72; OP I:455.

69. DA I, 240. Sentindo que havia algo estranho nessa escolha de palavras, Tocqueville assinalou com um asterisco que ele estava empregando o termo *poor* somente num sentido relativo.

70. AT, *Memoir on Pauperism*, 37-38; Michael Drolet, *Tocqueville, Democracy and Social Reform* (Londres: Palgrave Macmillan, 2003), 95-111; Eric Keslassy, *Le libéralisme de Tocqueville à l'épreuve du paupérisme* (Paris: L'Harmattan, 2000), 95; Françoise Mélonio, "Introduction", OC XVI, 21.

71. Alban de Villeneuve-Bargemont, *Économie politique chrétienne, ou, Recherches sur la nature et les causes du paupérisme, en France et en Europe, et sur les moyens de le soulager et de le prévenir* (Paris, 1834), 1:7, 23.

O HOMEM QUE COMPREENDEU A DEMOCRACIA 415

72. AT para de Thun, 2 de fevereiro de 1835, OC VII, 283.

73. AT para LK, 28 de setembro de 1834, OC XIII:1, 361-62.

74. AT já havia solicitado a Senior esse relatório (concluído em fevereiro de 1844) para, no máximo, início de março, mas não ficou claro se Senior o enviou.

75. Joseph Persky, "Classical Family Values Ending the Poor Laws as They Knew Them", *Journal of Economic Perspectives* (inverno de 1997): 185-86.

76. AT, *Memoir on Pauperism*, 46; OC XVI, 123, 119n.

77. AT, *Journeys to England and Ireland*, 208; OP I:599.

78. AT, *Memoir on Pauperism*, 60, 68; OC XVI, 136, 131.

79. AT para Duvergier de Hauranne, 4 de maio de 1837, OC XVII:1, 320.

80. AT para Nassau Senior, maio de 1835, OC VI:2, 75.

81. AT para Eugène Stöffels, 24 de julho de 1836, OC XVII:1, 296; LC, 354.

82. David Cannadine, *Victorious Century: The United Kingdom, 1800-1906* (Nova York: Viking, 2017), 153.

83. Richard Reeves, *John Stuart Mill, Victorian Firebrand* (Londres: Atlantic Books, 2007), 88, 513n20; George Macaulay Trevelyan, *British History in the Nineteenth Century* (Londres: Longmans, Green, 1922), 244.

84. AT para Le Peletier d'Aunay, 7 de junho de 1835, OC XVII:1, 246.

85. AT, *Journeys to England and Ireland*, 80; OP I:466.

86. AT para Molé, 19 de abril de 1835, OC XVII:1, 232.

87. Senior para AT, 17 de fevereiro de 1835, OC VI:2, 66.

88. AT, por sua vez, pressionou Senior para divulgar o livro na *Edinburgh Review*, na *Quarterly* e na *Westminster Review*. OC VI:2, 66-67.

89. AT para Ancelot, 28 de abril de 1835, OC XVII:1, 233; LC, 320; AT para HT, 29 de abril de 1835, OC XIV, 175.

90. AT para HT, 1º de maio de 1835, OC XIV, 176.

91. AT para Marie, 5 de maio de 1835, OC XIV, 397.

92. Seymour Drescher, *Tocqueville and England* (Cambridge, MA: Harvard University Press, 1964), 55-56.

93. AT para HT, 1º de maio de 1835, OC XIV, 176.

94. AT para Marie, 5 de maio de 1835, OC XIV, 397.

95. AT para HT, 1º de maio de 1835, OC XIV, 176.

96. AT, *Journeys to England and Ireland*, 82; OP I:468.

97. AT para Ancelot, 28 de abril e 17 de maio de 1835, OC XVII:1, 234, 241; LC:320-21.

98. AT para Ancelot, 19 de junho de 1835, OC XVII:1, 249.

416 OLIVIER ZUNZ

99. AT para HT, 29 de abril de 1835, OC XIV, 175.

100. AT para Senior, 10 de maio de 1835, OC XVII:1, 235.

101. John Knox Laughton, *Memoirs of the Life and Correspondence of Henry Reeve, 1813-1895* (Londres: Longmans, Green and Co., 1898).

102. AT para Alexandrine, 22 de maio de 1835, OC XIV, 179-80.

103. AT, *Journeys to England and Ireland*, 81-82; OP I:466-67; Byung-Hoon Suh, "Mill and Tocqueville: A Friendship Bruised", *History of European Ideas*, 42 (2016): 55-72.

104. John Stuart Mill, *Autobiography* (1873), ed. John M. Robson (Londres: Penguin Books, 1989), 149; ver OC VI:2, 72n2.

105. Mill ao concluir "De Tocqueville on Democracy in America", *London Review* 1 (outubro de 1835) (equivalente a *Westminster Review*, n. 30).

106. Drescher, *Tocqueville and England*, 56.

107. AT, *Journeys to England and Ireland*, 86-87; OP I:472-73.

108. Quando estava nos Estados Unidos, AT leu, de autoria de Charles Cottu, *De l'administration de la justice criminelle en Angleterre et de l'esprit du gouvernement* (Paris, 1820); ver Caderno de Anotações F, in *Tocqueville and Beaumont in America*, 391.

109. AT, *Journeys to England and Ireland*, 205-9; OP I:596-600.

110. AT, *Journeys to England and Ireland*, 81-82; OP I:466-67.

111. AT, *Journeys to England and Ireland*, 77-78; OP I:463-64.

112. AT, *Journeys to England and Ireland*, 83-84, 210-32; Drescher, *Tocqueville and England*, 55, 82n22; 29 de maio de 1835, conversa sobre suborno com Mr. Hallam, OP I:469-70; testemunho na Câmara dos Comuns, William Henry Ord lidera a entrevista, 22 de junho de 1835, OC XVI, 88-111.

113. AT para HT, 7 de maio de 1835, OC XIV, 178.

114. AT para Molé, agosto de 1835, in Gustave de Beaumont, *Oeuvres complètes d'Alexis de Tocqueville publiées par Madame de Tocqueville* (Paris, 1865-67), VII:135, datada de setembro de 1835, in OC XVII:1, 253. Ver também DA II, 723-24; OP II:744.

115. AT para Molé, 19 de maio de 1835, OC XVII:1, 236; LC: 326-27.

116. AT, *Journeys to England and Ireland*, 90-92; OP I: 478-79.

117. AT para Le Peletier d'Aunay, 7 de junho de 1835, OC XVII: 1, 248.

118. AT para Marie, 5 de maio de 1835, OC XIV, 397.

119. Arthur James White, *The Early Life and Letters of Cavour, 1810-1848* (Oxford: Oxford University Press, 1925), 116.

120. AT, "Voyage en Angleterre et en Irlande de 1835", OP I:480.

O HOMEM QUE COMPREENDEU A DEMOCRACIA   417

121. Doris Gunnell, *Sutton Sharpe et ses amis français* (Paris: Champion, 1925), 15.

122. White, *The Early Life and Letters of Cavour*, 130.

123. AT, *Journeys to England and Ireland*, 92; OP I: 480.

124. AT para Molé, 19 de maio de 1835, OC XVII:1, 238; LC, 328.

125. AT, *Journeys to England and Ireland*, 104; OP I:500.

126. AT, *Journeys to England and Ireland*, 95; OP I:491.

127. AT, *Journeys to England and Ireland*, 98-99; OP I:495. Em relação a líderes trabalhistas como Richard Carlile, William Cobbett ou Henry Hunt, ver E. P. Thompson, *The Making of the English Working Class*, com revisões (Londres: Pelican Books, 1963).

128. Drescher, *Tocqueville and England*, 67.

129. AT para Marie, 1º de julho de 1835, OC XIV, 398.

130. AT, *Journeys to England and Ireland*, 107-8; OP I:504.

131. AT, *Journeys to England and Ireland*, 110; OP I:507.

132. Charles de Montalembert, "Lettre sur le Catholicisme en Irlande", janeiro de 1831, in Marie-Hélène Pauly, *Les voyageurs français en Irlande au temps du romantisme* (Paris: Librairie Gabriel Enault, 1939), 87.

133. AT para Sparks, 11 de setembro de 1835, OC VII, 62-63.

134. AT, *Journeys to England and Ireland*, 26; OP I:518.

135. *Alexis de Tocqueville's Journey in Ireland: July-August 1835*, traduzido e editado por Emmet Larkin (Washington, DC: Catholic University of America Press, 1990), 24-25; OP I:517-518.

136. *Journey in Ireland*, 62; OP I:538.

137. *Journey in Ireland*, 29; OP I:522.

138. *Journey in Ireland*, 79; OP I:551.

139. *Journey in Ireland*, 22-23; OP I:515.

140. *Journey in Ireland*, 29; OP I:521.

141. AT para Grancey, 26 de julho de 1835, OC XVII:1, 251-52; LC, 339.

142. *Journey in Ireland*, 29; OP I:521.

143. *Journey in Ireland*, 59; OP I:543.

144. *Journey in Ireland*, 121; OP I:567.

145. Em agosto, 10-13; OC XIV, 189n2; ver Michel Drolet, "Tocqueville's interest in the social", *History of European Ideas*, 31, n. 4 (2005): 451-71.

146. AT para HT, 7 de maio de 1835, OC XIV, 178-79; Jardin, *Tocqueville*, 239.

147. Sobre AT, consciente da visita de Michel Chevalier a Lowell e de sua própria omissão em DA I, ver GB para AT, 17 de maio de 1837, OC VIII:1, 189.

148. AT, "Political and Social Condition of France", *The London and Westminster Review* (abril-julho de 1836): 137-69.

149. Edward Everett, "De Tocqueville's Democracy in America", *North American Review* 43, n. 92 (julho de 1836): 198-99; AT para Reeve, 21 de novembro de 1836, OC VI:1, 36; AT para GB, 22 de novembro de 1836, OC VIII:1, 175.

150. Herbert Baxter Adams, "Jared Sparks and Alexis de Tocqueville", *Johns Hopkins University Studies in Historical and Political Science* 16, n. 12 (dezembro de 1898), 601; AT para Sparks, 14 de fevereiro de 1837; OC VII, 63-64.

151. AT para Marie, 5 de maio de 1835, OC XIV, 397-98.

152. "From Mr. Everett, March 29, 1837", in *Sir Robert Peel from His Private Papers*, ed. Charles Stuart Parker (Londres, 1899), 2:333-35. Peel continuaria a descrever as obras de AT como se fossem ligadas aos *tories*, conforme Mill escreveu para AT no dia 11 de maio de 1840, relativamente a DA II, ver OC VI:1, 328.

153. Um esforço inicial para negociar com Tocqueville o pagamento de direitos autorais não deu certo; ver AT para Spencer, 20 de setembro de 1838 e 12 de setembro de 1839, in OC VII, 70-72, 77-80.

154. Alexis de Tocqueville, *Democracy in America*, ed. John C. Spencer, tradução de Henry Reeve (Nova York, 1838), 452.

155. Thomas Hart Benton, *Thirty Years' View; or, A History of the Working of the American Government for Thirty Years, from 1820-1850* (Nova York: Appleton, 1854), 1, 227-28.

6. QUANDO A TEORIA POLÍTICA SE TORNA POLÍTICA

1. *Tocqueville and Beaumont*, 573; AT para Henry Reeve, 12 de março de 1837, OC VI:1, 57-58.

2. AT para Greg, 1º de outubro de 1858; OC VI:3, 307.

3. AT para Austin, 16 de novembro de 1835, OC VI:3, 49 (texto conhecido somente em inglês)

4. DA I, 336; OP II:337.

5. AT para Hubert, 23 de fevereiro de 1857, OC XIV, 329.

6. André Jardin, *Tocqueville: A Biography*, tradução de Lydia Davis com Robert Hemenway (Baltimore: Johns Hopkins University Press, 1998), 232.

7. AT para LK, 6 de julho de 1835, OC XIII:1, 377.

8. LK para AT, 18 de agosto de 1833, OC XIII:1, 333-34.

O HOMEM QUE COMPREENDEU A DEMOCRACIA   419

9. AT para Camille d'Orglandes, 14 de outubro de 1835, OC XVII:1, 261; LC, 143; AT para Charles Stöffels, 16 de outubro de 1835, OC XVII:1, 262-63, poucos dias antes do casamento.

10. AT para Édouard e Alexandrine, 12 de julho de 1835, OC XIV, 181-182.

11. AT para GB, 16 de agosto de 1835, OC VIII:1, 155.

12. OC XIII: 377n5.

13. AT para Grancey, 11 de janeiro de 1835, OC XVII:1, 266.

14. AT para Marie, fim de julho de 1833, OC XIV, 384-85.

15. Jardin, *Tocqueville*, 5.

16. AT para Édouard, 3 de outubro de 1826, OC XIV, 193.

17. AT para GB, 14 de junho de 1836, OC VIII:1, 160.

18. AT para Corcelle, 27 de julho de 1836, OC XV:1, 70; AT, *Voyages en Suisse*, OP I:622n2.

19. AT para GB, 30 de julho de 1836, VIII:1, 163.

20. James T. Schleifer, *The Making of Tocqueville's Democracy in America*, 2ª ed. (Indianápolis: Liberty Fund, 2000), 33.

21. GB, "Notice", in *Oeuvres complètes d'Alexis de Tocqueville publiées par Madame de Tocqueville*, V:52.

22. Pierre-Paul Royer Collard (de agora em diante RC), para AT, 18 de setembro de 1836, OC XI:23.

23. Michel Auguste (vulgo François-Adolphe) Chambolle, *Retours sur la vie: Appréciations et confidence sur les hommes de mon temps* (Paris: Plon-Nourrit, 1912), 143; AT para LK, 5 de agosto de 1836, OC XIII:1, 390; AT para RC, 25 de agosto de 1836, OC XI, 19; AT para RC, 6 de dezembro de 1836, OC XI, 29; AT, primeiras anotações de leituras de Thiers, OC XVI, 537-40.

24. AT para LK, 5 de agosto de 1836, OC XIII:1, 389. AT elaborou seu esboço para DA II; ver a edição crítica de Eduardo Nolla de *Democracy in America*, tradução de James T. Schleifer (Indianápolis: Liberty Fund, 2009), 3:960; Agnès Antoine, *L'impensé de la démocratie: Tocqueville, la citoyenneté et la religion* (Paris: Fayard, 2003) 160; Alan Kahan, "Tocqueville and Religion: Beyond the Frontier of Christendom", in *Tocqueville and the Frontiers of Democracy*, ed. Ewa Atanassow e Richard Boyd (Cambridge: Cambridge University Press, 2013), 93.

25. AT para LK, 10 de outubro de 1836, OC XIII:1, 410.

26. Ver AT para LK, novembro de 1833, OC XIII:1, 345. AT para Corcelle, 9 de outubro de 1838, OC XV:1, 102; AT para Édouard, 2 de setembro de 1840, OC XIV, 214.

420 OLIVIER ZUNZ

27. AT para Corcelle, 2 de setembro de 1837, OC XV:1, 85; AT para Ampère, 27 de setembro de 1840, OC XI:145.

28. AT para Corcelle, 25 de junho de 1838, OC XV:1, 100.

29. Charles H. Pouthas, "A. de Tocqueville représentant de la Manche", in *Alexis de Tocqueville: Livre du Centenaire, 1859-1959* (Paris: Editions du Centre national de la recherche scientifique, 1960), 25; Nassau Senior, "Conversations", OC VI:2, 285.

30. AT para Édouard, 3 de outubro de 1836, OC XIV, 195.

31. Pierre Rosanvallon, *Le moment Guizot* (Paris: Gallimard, 1985), 125-26.

32. AT para eleitores dos cantões de Beaumont e des Pieux, 1836, OC X, 729-30.

33. Embora não fosse um candidato formal em lugar nenhum, 52 eleitores votaram em AT em Cherbourg, para o Conselho Geral; AT para um jornalista, dezembro de 1836, OC X, 56-57.

34. AT para Noël-Agnès, outono de 1836, OC X, 54.

35. Laurent Theis, *François Guizot* (Paris: Fayard, 2008), 59; Karl Marx, *Le 18 Brumaire de Louis Bonaparte* (1852), in *Oeuvres* (Paris: Bibliothèque de la Pléiade, 1994), 4:457.

36. Aurelian Craiutu, *Liberalism under Siege: The Political Thought of the French Doctrinaires* (Lanham, MD: Lexington Books, 2003), 113.

37. "Discours de M. Odilon Barrot", in *Chefs-d'oeuvre de l'éloquence française et de la tribune anglaise*, 5ª ed., ed. Abbé Marcel (Paris, 1844), 360; *Mémoires posthumes de Odilon Barrot*, 3ª ed. (Paris, 1875), 1: 316-17.

38. "Discours de M. Guizot", in Marcel, *Chefs-d'oeuvre de l'eloquence française*, 365-66.

39. GB para AT, 11 de maio de 1837; AT para GB, 14 de maio de 1837, OC VIII: 1, 179-80, 183-86. Ver também Melvin Richter, "Tocqueville and Guizot on Democracy: From a Type of Society to a Political Regime", *History of European Ideas* 30 (2004): 61-82.

40. Conforme é citado por André Jardin, "La chute du régime de juillet", in *François Guizot et la culture de son temps*, ed. Marina Valensise (Paris: Hautes Études, Gallimard, Le Seuil, 1991).

41. AT para RC, 29 de junho de 1837; RC para AT, 21 de julho e 21 de novembro de 1837, OC XI, 35, 38, 54.

42. AT para GB, 26 de maio de 1837, VIII:1, 192.

43. AT para Hervieu, 17 de maio de 1837, OC X, 60.

44. AT para Édouard, 13 de junho de 1837, OC XIV, 196; AT para GB, 9 de julho de 1837, OC VIII:1, 205.

O HOMEM QUE COMPREENDEU A DEMOCRACIA　　421

45. AT para RC, 8 de junho de 1837, OC XI, 31-33; AT para GB, 24 de dezembro de 1837, OC VIII:1, 274.

46. AT para GB, 14 de maio de 1837; GB para AT, 15 de junho de 1837, OC VIII:1, 184-85, 198-200.

47. AT para Corcelle, 5 de junho de 1837, OC XV, 82-83.

48. Eugène Stöffels para AT, 16 de julho de 1836, OC XVII:1, 290-94; AT para Eugène Stöffels, 24 de julho de 1836, OC XVII:1, 196; LC 352-55.

49. AT para GB, 16 de outubro de 1836, OC VIII:1, 170-71.

50. AT para GB, 16 de outubro de 1836, OC VIII:1, 169-70.

51. Jardin, *Tocqueville*, 286-88.

52. Jean Quellien, "Um millieu ouvrier réformiste: Syndicalisme et réformisme à Cherbourg à la 'Belle Époque'", *Le mouvement social* 127 (1984): 65-88. Sobre Flora Tristan, ver Maurice Agulhon, *Une ville ouvrière au temps du socialisme utopique: Toulon de 1815 à 1851* (Paris: Mouton, 1970), 154-64.

53. AT para GB, 16 de maio de 1837, OC VIII:1, 185.

54. Esboço do segundo texto sobre o pauperismo in OC XVI, 140-57; brochuras com ele relacionadas e mantidas encadernadas na biblioteca de Tocqueville em Tocqueville. Ver também Eric Keslassy, *Le libéralisme de Tocqueville à l'epreuve du pauperism* (Paris: L'Harmattan, 2000), 196; Michael Drolet, *Tocqueville, Democracy and Social Reform* (Houndsville, UK: Palgrave Macmillan, 2003), 144-46, 157.

55. AT para Édouard, 13 de junho de 1837, OC XIV:197; AT para GB, 15 de novembro de 1841, OC VIII:1, 452-53.

56. GB para AT, 3 e 22 de setembro e 15 de outubro de 1837, OC VIII:1, 218, 232, 243.

57. AT para GB, 26 de maio de 1837, OC VIII:1, 192; AT para Bouchitté, 15 de janeiro de 1835, OC XVII:1, 218.

58. François Guizot, *Mémoirs pour servir à l'histoire de mon temps* (Paris, 1865), 7:126; Louis Blanc, *Histoire de dix ans, 1830-1840* (Paris, 1844), 45.

59. AT, "Second Letter on Algeria", 22 de agosto de 1837, in Alexis de Tocqueville, *Writings on Empire and Slavery*, tradução de Jennifer Pitts (Baltimore: Johns Hopkins University Press, 2001), 24; OC III:1, 151.

60. LK para AT, 20 de setembro de 1833, OC XIII:1, 140; Jean-Jacques Chevalier e André Jardin, "Introduction", OC III:1, 12-13.

61. Amédée Desjobert, *La question d'Alger: Politique, colonisation, commerce* (Paris: Dufaure, 1837).

62. AT, "Second Letter on Algeria", 23 de agosto de 1837, Pitts, 23-24; OC III:1, 149-51.

63. AT para RC, 19 de outubro de 1837, OC XI, 44-49.

64. Estimativas de André-Jean Tudesq, "Preface", OC X, 18-20. Tudesq afirma que em 1837 havia 457 eleitores (247 votaram em Le Marois), 12.

65. AT para Lesdos, 5 e 15 de dezembro de 1836, OC X, 55.

66. AT para Lelut, 3 de novembro de 1837, OC X, 79.

67. AT para Moulin, setembro de 1837, OC X, 72; AT para Clamorgan, 9 de outubro de 1847, OC X, 431.

68. AT, "À MM. Les électeurs de l'arrondissement de Valognes", 14 de outubro de 1837, OC III:2, 41-44.

69. AT para GB, 12 de novembro de 1837, OC VIII:1, 262. Le Marois usou o título de conde que Napoleão havia concedido a seu pai; a nobreza do Ancien Régime mantinha distância da *noblesse d'empire* criada por Napoleão.

70. AT para Molé, 18 de setembro de 1837, OC XVII:1, 346-47; LC, 392-93; GB para AT, 22 de setembro de 1837, OC VIII:1, 230-33.

71. AT para Corcelle, 17 de janeiro de 1738, OC XV:1, 95.

72. Molé para AT, 14 de setembro de 1837, in OCB, 1861, 2:76; também em Sainte-Beuve, *Les causeries du lundi* (7 de janeiro de 1861) (Paris, 1885), 110. Mais tarde AT também rejeitou a disposição de Lamartine de ingressar em seu *parti social*; ver GB para AT, 10 de junho de 1838, OC VIII:1, 299-300n3.

73. AT, "Réponse à un anonyme se disant électeur et qui a adressé une lettre à messieurs les électeurs, le 31 octobre 1837", OC III:2, 46.

74. AT para RC, 14 de novembro de 1837, OC XI, 51-52.

75. Alphonse de Lamartine na Câmara, em 10 de janeiro de 1839, *Journal de la France et des Français* (Paris: Gallimard, 2001).

76. AT para GB, 31 de janeiro de 1839, OC VIII:1, 337-38.

77. AT para GB, 6 de janeiro de 1839, OC VIII:1, 332.

78. AT para GB, 1º de fevereiro de 1839, OC VIII:1, 339.

79. AT, "À messieurs les électeurs de l'arrondissement de Valognes", OC III:2, 51.

80. AT para Clamorgan, 1º de janeiro de 1839, OC X, 106.

81. GB para AT, 16 de fevereiro de 1839, OC VIII:1, 352.

82. "À messieurs les électeurs de l'arrondissement de Valognes", OC III:2, 52; ver Jean-Claude Lamberti, *Tocqueville and the Two Democracies*, tradução de Arthur Goldhammer (Cambridge, MA: Harvard University Press, 1989), 137-38.

83. GB para AT, 9 e 11 de fevereiro de 1839, OC VIII:1, 341, 347.

O HOMEM QUE COMPREENDEU A DEMOCRACIA 423

84. Jean-Louis Benoît. *Tocqueville: Un destin paradoxal* (Paris: Bayard, 2005), 199.

85. AT para Corcelle, 9 de outubro de 1838, OC XV:1, 102; AT para GB, 30 de setembro de 1838, OC VIII:1, 316.

86. AT, "Allocution à la suite de son élection le 2 mars, 1839", OC III:2, 56-57.

87. AT para GB, 11 de março de 1839, OC VIII:1, 364.

88. AT para Rosanbo, 13 de março de 1839, OC XIV:207.

89. AT para GB, 8 de outubro de 1839, OC VIII:1, 380.

90. AT, "Political and Social Condition of France", tradução de John Stuart Mill e John Bowring, *The London and Westminster Review* 3 (abril-julho de 1836), 155, 157, 159, 166; OP III:24, 25, 28, 36. Ver também François Furet, "Tocqueville et le problème de la révolution française", in *Penser la révolution française,* edição revista (Paris: Gallimard, 1983), 173-211.

91. OC IV:1, 466-70.

92. AT para Faucher, abril-julho de 1836, OC XVII:1, 283-84.

93. AT para "Un membre de la Société des sciences morales de Seine-et-Oise", 29 de março de 1836, OC XVII:1, 277-82.

94. OC IV:1, 95, 111.

95. AT para GB, 26 de maio de 1837, in *Tocqueville and Beaumont,* 492-93; OC VIII:1, 194-95.

96. Montalivet enviou sua circular em agosto de 1838 aos Conseils généraux. OC IV:1, 529, nota relativa à p. 115.

97. OC IV:2, 93-100.

98. AT para GB, 19 de outubro de 1838, OC VIII:1, 318-21; GB para AT, 25 de outubro de 1838, OC VIII:1, 324.

99. Michelle Perrot, "Introduction", OC IV:1, 27.

100. AT para GB, 11 de dezembro de 1837, OC VIII:1, 271.

101. Rosanvallon, *Moment Guizot,* 226.

102. Françoise Mélonio, "Introduction", OC XVI, 16.

103. *Memoirs of the Duchesse de Dino, 1836-1840,* ed. Princesa Radziwill (nascida Castellane) (Londres, 1910), 28.

104. AT para RC, 21 de outubro de 1839, OC XI, 87-88.

105. AT para Mignet, 8 de janeiro de 1838, OC XVII:1, 369-70; AT para GB, OC VIII:1, 294-95.

106. DA II, 822; OP II:841.

107. AT para RC, 6 de dezembro de 1836, OC XI, 29.

108. AT para RC, 30 de agosto de 1838, in *Tocqueville and Beaumont,* 578; OC XI, 71.

OLIVIER ZUNZ

109. AT para John Stuart Mill, 9 de novembro de 1836, OC VI:1, 314.

110. AT para Reeve, 11 de novembro de 1836, in *Tocqueville and Beaumont*, 571-72; OC VI:1, 35.

111. AT para Castellane, dezembro de 1837 ou janeiro de 1838, OC XVII:1, 366.

112. AT para Salvandy, 2 de janeiro de 1838, OC XVII:1, 369.

113. AT para GB, 22 de novembro de 1836, OC VIII:1, 174.

114. AT para GB, abril de 1838, OC VIII:1, 291.

115. AT para LK, 10 de novembro de 1836, OC XIII:1, 418.

116. AT, "Mon instint, mes opinions", c. 1841, in *The Tocqueville Reader: A Life in Letters and Politics*, ed. Olivier Zunz e Alan S. Kahan (Oxford: Blackwell, 2002), 219; OC III:2, 87; Roger Boesche, *The Strange Liberalism of Alexis de Tocqueville* (Ithaca, NY: Cornell University Press, 1987) 264-66.

117. DA II, 658; OP II:679.

118. AT para Reeve, 3 de fevereiro de 1840, in *Tocqueville Reader*, 158; OC VI:1, 52.

119. DA I, 15; OP II:16.

120. Fragmento citado em James T. Schleifer, *The Making of Tocqueville's Democracy in America*, 2ª ed. (Indianápolis: Liberty Fund, 2010), 36n.

121. DA II, 581; OP II:607.

122. Alexis de Tocqueville, *Democracy in America*, ed. Eduardo Nolla, tradução de James T. Schleifer (Indianápolis: Liberty Fund, 2010), 3:709u; ver também Jean-Claude Lamberti, *La notion d'individualisme chez Tocqueville* (Paris: Presses Universitaires de France, 1970).

123. Ver Pierre Manent, *Tocqueville and the Nature of Democracy*, tradução de John Waggoner (Lanham, MD: Rowman & Littlefield, 1996), 68; Peter Augustine Lawler, *The Restless Mind: Alexis de Tocqueville on the Origin and Perpetuation of Human Liberty* (Lanham, MD: Rowman & Littlefield, 1993), 77.

124. DA II, 587; OP II:614.

125. DA II, 599; OP II:625.

126. DA II, 709; OP II:729.

127. DA II, 610; OP II:635

128. DA II, 611; OP II:636.

129. Michel Chevalier, *Lettres sur l'Amérique du Nord* (Paris, 1836), cartas XII e XIII; AT para GB, 3 de dezembro de 1836, OC VIII:1, 176.

130. DA II, 559; OP II:589. Ver também Claude Lefort, *Ecrire à l'épreuve du politique* (Paris: Calmann-Lévy, 1992), 55.

O HOMEM QUE COMPREENDEU A DEMOCRACIA 425

131. Ver Laurence Guellec, *Tocqueville et les langages de la démocratie* (Paris: Honoré Champion, 2004), 202.

132. DA II, 552; OP II:582.

133. DA II, 705; OP II:725.

134. Sobre 12 de agosto de 1837, ver Nolla, *Democracy in America*, 4:106.

135. AT para Corcelle, agosto de 1837, OC XV:1, 86.

136. DA II, 708; OP II:729. Ver também Lisa Pace Vetter, "Sympathy, Equality and Consent: Tocqueville and Harriet Martineau on Women and Democracy in America", e Delba Winthrop, "Tocqueville's American Woman and 'The True Conception of Democratic Progress'", in *Feminist Interpretation of Alexis de Tocqueville*, ed. Jill Locke e Eileen Hunt Botting (University Park: Pennsylvania State University Press, 2009), 151-76 e 177-97, respectivamente.

137. AT para Corcelle, 2 de setembro de 1837, OC XV:1, 86.

138. AT para GB, 18 de janeiro de 1838, OC VIII:1, 279.

139. DA II, 3, 21, carta escrita em março de 1838, de acordo com a data no manuscrito; ver Lamberti, *Tocqueville and the Two Democracies*, 143; AT para Corcelle, 25 de junho de 1838, OC XV:1, 100-101.

140. AT para Corcelle, 25 de junho de 1838, OC XV:1, 100-101.

141. AT para RC, OC XI, 67, 71.

142. DA II, 814; OP II:833.

143. DA II, 797; OP II:816.

144. DA II, 834; OP II:854.

145. DA II: 818; OP II:837; ver também Steven B. Smith, "Tocqueville's Two Despotisms", *The Tocqueville Review / La revue Tocqueville* 27, n. 2 (2006): 44-63.

146. DA II, 526; OP II:555.

147. DA II, 525; OP II:554.

148. AT para GB, 5 de novembro de 1838, OC VIII:1, 325; AT para Corcelle, 20 de dezembro de 1838, OC XV:1, 105.

149. AT para Ampère, 17 de setembro de 1839, OC XI, 128-29, 134-35.

150. DA II, 833; OP II:852.

7. UMA SÍNTESE DO PENSAMENTO E DA AÇÃO

1. Lamartine para AT, 1840 (carta sem data, mas escrita após o mês de abril), OC XVII:2, 102.

2. AT para Édouard, 21 de agosto de 1842, OC XVI, 228.

426 OLIVIER ZUNZ

3. AT para RC, 27 de setembro de 1841, OC XI, 107-8.

4. AT para Corcelle, 10 de março de 1839, OC XV:1, 125.

5. Jean-Claude Lamberti, *Tocqueville and the Two Democracies*, tradução de Arthur Goldhammer (Cambridge, MA: Harvard University Press, 1989), 281n39.

6. AT para GB, 4 de agosto de 1839, OC VIII:1, 370.

7. A. (Michel Auguste, vulgo François-Adolphe), *Retours sur la vie: Appréciations et confidence sur les hommes de mon temps* (Paris: Plon-Nourrit, 1912), 130.

8. Charles de Rémusat, "Rapport, 20 juillet 1839, Proposition Gauguier relative aux fonctionnaires députés", *Annales du Parlement Français* 2 (Paris, 1841), 2:232.

9. Le Peletier d'Aunay, "Rapport, 6 janvier 1840, Proposition Gauguier relative aux fonctionnaires deputés", *Annales du Parlement Français* (Paris, 1841): 244.

10. Prosper Duvergier de Hauranne, *De la réforme parlementaire et de la réforme électorale*, 2ª ed. (Paris, 1837), 198.

11. Citado em Pierre Rosanvallon, *Le moment Guizot* (Paris: Gallimard, 1985), 130-31n3.

12. AT, "Notes pour un discours", 1842. OC III:2, 208.

13. AT, "À Messieurs les électeurs de l'arrondissement de Valognes", OC III:2, 52.

14. AT para RC, 8 de agosto de 1839, OC XI, 80-81; AT para GB, 4 de agosto de 1839, OC VIII:1, 370.

15. OC VIII:1, 373n2.

16. AT para GB, 4 de agosto de 1839, OC VIII:1, 371; AT para Corcelle, 4 de setembro de 1839, OC XV:1, 135.

17. AT citado em R. Pierre Marcel, *Essai politique sur Alexis de Tocqueville* (Paris, 1910), 211.

18. Tocqueville citando Guizot, "Discussion sur les fonds secrets", 2 de março de 1843, OC III:2, 385.

19. Louis Girard, William Serman, Édouard Cadet e Rémi Gossez, *La Chambre des députés en 1837-1839* (Paris: Publications de la Sorbonne, 1976), 14-17, 23-26.

20. Duvergier de Hauranne, *De la réforme parlementaire*, 153.

21. AT, "Discussion de l'adresse", 18 de janeiro de 1842, OC III:2, 201.

22. AT, "La proposition Gauguier sur les incompatibilités parlementaires", 7 de fevereiro de 1840, OC III:2, 243.

O HOMEM QUE COMPREENDEU A DEMOCRACIA   427

23. Chambolle, *Retour sur la vie*, 195.

24. AT para LK, 12 de agosto de 1839, OC XIII:2, 64.

25. AT para Eugène Stöffels, 14 de julho de 1840, OC XVII: 2, 89 e LC, 458.

26. Nassau Senior, "Conversations", 21 de agosto de 1850, OC VI:2, 293-94.

27. AT para Ampère, 18 de janeiro de 1842, OC XI, 157.

28. AT para John Stuart Mill (de agora em diante JSM), 14 de novembro de 1839, OC VI:1, 326.

29. JSM, *The Edimburgh Review*, 145 (outubro de 1840): 3-5.

30. RC para AT, 29 de agosto de 1840, OC XI, 93.

31. Ampère para AT, OC XI:136; versos, OC XI, 141-42. ("To counter the negative effects of equality, be sure to love, you tell us, to love liberty.")

32. AT, *Journeys to England and Ireland*, ed. J. P. Mayer, tradução de George Lawrence e J. P. Mayer (New Brunswick, NJ: Transaction Books, 1988), 117; OP I, 514.

33. Ver OC XI, 137n5.

34. AT para JSM, 18 de dezembro de 1840, OC VI:1, 330.

35. Nassau Senior para AT, 27 de fevereiro de 1841, OC VI:2, 89-90.

36. GB para AT, 25 de agosto de 1840, OC VIII:1, 426.

37. Revisão por Silvestre de Sacy do segundo volume de *Democracy in America*, in Lucien Jaume, *Tocqueville: The Aristocratic Sources of Liberty*, tradução de Arthur Goldhammer (Princeton, NJ: Princeton University Press, 2008), 332.

38. AT para Sacy, 18 de outubro de 1840, in Jaume, *Tocqueville*, 336.

39. Ver Helena Rosenblatt, *The Lost History of Liberalism: From Ancient Rome to the Twenty-First Century* (Princeton, NJ: Princeton University Press, 2018), 108-10.

40. AT para Eugène Stöffels, 14 de julho de 1840, OC XVII:2, 90; LC, 459.

41. AT para Guiraud, 8 de janeiro de 1842, OC XVII:2, 167.

42. RC para AT, 28 de outubro de 1839, OC XI, 88-89; Ampère para AT, 15 de outubro de 1839, OC XI, 131; AT para Ampère, 21 e 24 de dezembro de 1841, OC XI, 155-57; Guizot para AT, 28 de outubro de 1839, OC XVII:2, 82.

43. AT para GB, 8 de outubro de 1839, OC VIII:1, 379-80.

44. GB para AT, 26 de outubro de 1839, OC VIII:1, 394; ver também OC XI, 146n1.

45. GB para AT, 5 de agosto de 1841, OC VIII:1, 441; AT para GB, 23 de outubro de 1839, OC VIII:1, 388.

428 OLIVIER ZUNZ

46. AT para Cousin, início de fevereiro de 1841, OC XVII:2, 122; AT para Charles Stöffels, 17 de agosto e 16 de novembro de 1841, OC XVII:2, 139, 158-59.

47. AT para Blosseville, 25 de dezembro de 1841, OC XVII:2, 162; ver também Hugh Brogan, *Alexis de Tocqueville: A Life* (New Haven, CT: Yale University Press, 2006), 402-6.

48. AT para Charles Stöffels, 13 de julho de 1842, OC XVII:2, 182 (Henrique V, conde de Chambord e duque de Bordeaux), ver também AT para Corcelle, 9 de junho de 1842, OC XV:1, 153.

49. AT, "À messieurs les électeurs de l'arrondissement de Valognes", junho de 1842, OC III:2, 59.

50. AT para Corcelle, 16 de julho de 1840, OC XV:1, 146.

51. AT para a marquesa de Leusse, 29 de agosto de 1842, OC XVII:2, 187.

52. AT para Marie, 14 de julho de 1842, OC XIV:456.

53. AT, "À M.M. les électeurs de l'arrondissement de Valognes", 8 de julho de 1842, OC III:2, 74.

54. AT, "À M.M. les électeurs de l'arrondissement de Valognes", junho de 1842, OC III:2, 61.

55. André Jardin, Tocqueville: *A Biography*, tradução de Lydia Davis com Robert Hemenway (Baltimore: Johns Hopkins University Press, 1998), 315.

56. AT para Corcelle, 19 de outubro de 1842, OC XV:1, 161.

57. AT, "Discussion sur la loi de régence", 18 de agosto de 1842, OC III:2, 137-47; AT para Marie, 19 de agosto de 1842, OC XIV, 471.

58. AT para GB, novembro-dezembro de 1842, in Marcel, *Essai politique*, 339.

59. AT para Corcelle, 1º de setembro de 1842, OC XV:1, 160.

60. AT para Barrot, 16 de setembro de 1842, OC XVII:2, 192; LC, 500.

61. Charles de Rémusat, *Mémoires de ma vie*, ed. Charles H. Pouthas (Paris: Plon, 1962), 4:46-47; sobre Rémusat como um profundo pensador da democracia, ver Aurelian Craiutu: *Liberalism under Siege: The Political Thought of the French Doctrinaires* (Lanham, MD: Lexington Books, 2003), 115; Rosanvallon, *Le moment Guizot*, 54.

62. A Société républicaine des saisons, sob a liderança de Barbès e Blanqui, promoveu agitações na prefeitura e nas delegacias de polícia em Paris, numa tentativa fracassada e violentamente reprimida de estabelecer uma república no dia 12 de maio de 1839.

63. AT, "Lettres sur la situation intérieure de la France", OC III:2, 119; ver também AT para GB, 15 de dezembro de 1842, OC VIII:1, 488.

O HOMEM QUE COMPREENDEU A DEMOCRACIA   429

64. AT para Barrot, 16 de setembro de 1842, OC XV II:2, 195; LC, 504.

65. As leis de setembro (1835), após a tentativa de Giuseppe Fieschi assassinar o rei Luís Filipe; Barrot para AT, 11 de outubro de 1842, in Marcel, *Essai politique*, 482-86.

66. "Lettres sur la situation intérieure de la France", OC III:2, 100-101.

67. "Lettres sur la situation intérieure de la France", OC III:2, 107-8.

68. AT para Reeve, 16 de julho de 1844, OC VI:1, 75.

69. AT, "Manifeste pour la Nouvelle équipe du Commerce", 24 de julho de 1844, OC III:2, 124.

70. AT para GB, 3 de outubro de 1845, OC VIII:1, 564-65.

71. AT para Corcelle, 13 de agosto de 1844, OC XV:1, 183.

72. AT para Corcelle, 19 de outubro de 1842, OC XV:1, 162.

73. AT para Corcelle, 13 de agosto de 1844, OC XV:1, 185; ver também Françoise Mélonio, "Préface", in *Tocqueville et la littérature*, ed. Françoise Mélonio e José-Luis Diaz (Paris: Presses de l'Université Paris-Sorbonne, 2005), 7.

74. Jardin, *Tocqueville*, 392.

75. AT para Corcelle, 17 de setembro de 1844, OC XV:1, 195.

76. AT para Corcelle, 15 de novembro de 1843, OC XVI:1, 173; AT para Édouard, 6 de dezembro de 1843, OC XIV, 236. Ver também David A. Selby, "The Path Not Taken: Tocqueville, the Freedom of Education e Alfred Stepan's 'Twin Tolerations' in France, 1843-50", *Journal of Church and State* 55 (2012): 640-68.

77. Relatório sobre o sistema penitenciário preparado para 20 de junho de 1840 (impresso em 1841). Não está em OC IV:2; uma cópia se encontra nos Archives de la Manche.

78. AT, "Observations sur le mémoire de M. Ch. Lucas rélatif au régime parlementaire". Academia de Ciências Morais e Políticas, fevereiro de 1844, OC IV:2, 185, 189.

79. Abade Crozes para AT, 13 de maio de 1844, OC IV:2, 305-7.

80. AT, "Rapport fait au nom de la Comission chargée d'examiner le projet de loi sur les prisons, session de 1843", OC IV:2, 119.

81. AT, "Observations sur le mémoire de M. Ch. Lucas", OC IV:2, 135.

82. AT, "Projet de discours sur les affaires religieuses", 1844, OC III:2, 593.

83. GB, quatro artigos, 7, 9, 22 de setembro e 2 de outubro de 1843, in *Le Siècle*, OC IV:1, 473-89.

84. AT para Corcelle, 11 de dezembro de 1843, OC XV:1, 175. A Abadia do Mont-Saint-Michel foi usada como prisão naquela época.

85. GB para AT, 9 de dezembro de 1843, OC VIII:1, 516-17.

86. AT, "Observations sur le mémoire de M. Ch. Lucas", OC IV:2, 184; AT para Bouchitté, 13 de abril de 1844, OC XVII:2, 257; ver também nota de Michelle Perrot, OC IV:2, 388; Jean-Louis Benoît, *Tocqueville moraliste* (Paris: Honoré Champion, 2004), 582.

87. AT, "Interventions en qualité de rapporteur de la loi sur la reforme des prisons", 24 de abril de 1844, OC IV:2, 223, 226.

88. AT, "Projet de discours sur les affaires religieuses", OC III:2, 593.

89. DA I, 47; OP II:45.

90. DA II, 501; OP II:530.

91. AT, "Idées de discours", outubro de 1844, OC III:2, 551.

92. AT para Savoye, 25 de abril de 1841, OC XVII:2, 128-29.

93. Jean-Jacques Chevalier, "Introduction", OC IX, 9.

94. AT para Arthur de Gobineau (de agora em diante AG), 22 de outubro de 1843, OC IX, 67-69.

95. AT para AG, 2 de outubro de 1843, OC IX, 57.

96. AT para AG, 8 de agosto de 1843 e 4 de outubro de 1844, OC IX, 43 e 74, respectivamente.

97. AT contava com AG para obter sumários de obras de Kant, Saint-Simon, Godwin e Darwin, além de relatos sobre seus respectivos desempenhos na evolução do pensamento moral. Apesar de JSM considerar os utilitários ingleses os mais importantes contribuintes para o diálogo moderno sobre a ética, AT ainda não os dominava e ainda solicitava a AG resumos da obra de Bentham em 1843. AG para AT, 2 de outubro de 1843, OC IX, 56-57.

98. *Democracy in America* como parte da "asneira [*sic*]", os fragmentos que Tocqueville dispensou. Ver a edição crítica de Eduardo Nolla, tradução de James Schleifer (Indianápolis: Liberty Fund, 2009), 3:961.

99. AT para AG, 5 de setembro de 1843, OC IX, 46.

100. Sonia Chabot, "Education civique, instruction publique et liberté de l'enseignement dans l'oeuvre d'Alexis de Tocqueville", *The Tocqueville Review/ La revue Tocqueville*, 17, n. 1 (1996), 211-49.

101. R. P. Lecanuet, *Montalembert: La liberté d'enseignement* (Paris, 1909), 2:198.

102. AT para lorde Radnor, 3 de maio de 1835, OC VI:3, 42.

103. Rémusat, *Mémoires*, 4:59.

104. No dia 29 de março de 1837, Guizot propôs, mas não foi bem-sucedido, uma lei que favorecesse a liberdade de educação no nível da escola secundária, profundamente analisada em esboços de artigos para *Le Commerce*. AT

O HOMEM QUE COMPREENDEU A DEMOCRACIA 431

escreveu em outubro de 1844; ver AT, "Articles sur la liberte d'enseignement", OC III:2, 527-49.

105. OC XIV, 238n3.

106. AT para Clamorgan, 7 de março de 1840, OC X, 155n4.

107. Rémusat, *Mémoires*, 4:69.

108. LK para Marie, 9 de outubro de 1844, OC XIII:2, 151-52. LK havia reconhecido a prosa e o estilo de AT no jornal *Le Commerce*.

109. Lecanuet, *Montalembert*, 2:153.

110. Jardin, *Tocqueville*, 363.

111. Abade Desgarets, *La charte et la liberté de l'enseignement* (Lyon: Librairie
chrétienne, 1843), 12.

112. Jules Michelet e Edgard Quinet, *Des Jésuites*, 6ª ed. (Paris, 1844), 69, 13. Ver
também Joan Wallach Scott, *Sex and Secularism* (Princeton, NJ: Princeton
University Press, 2018), 38-39.

113. Michelet e Quinet, *Des Jésuites*, 264.

114. AT para Quinet, 19 de junho ou 3 de julho de 1843, OC XVII:2, 222.

115. A History of Proofs of God's Existence, Considered in their Most General
Principles, from the Most Ancient Times to Anselm of Canterbury's *Monologium*.

116. AT para Cousin, 21 de março de 1842, OC XVII:2, 171. Mais tarde, AT
promoverá o livro de Bouchitté sobre Poussin, também para o Prêmio
Montyon, novamente sem sucesso.

117. Rémusat, *Mémoires*, 4:60.

118. *"Nihil magis diligit Deus in hoc mundo quam libertatem Ecclessiae suae."*

119. AT para Édouard, 6 de dezembro de 1843, OC XIV, 237.

120. AT, "Discussion de l'adresse", 17 de janeiro de 1844, OC III:2, 487.

121. AT, Notas sobre "Liberté d'enseignement", OC III:2, 558.

122. *L'Univers*, 18 de janeiro de 1844; *Le Siècle*, 18 de janeiro de 1844; *Le Constitutionnel*, 18 de janeiro de 1844.

123. AT para Bouchitté, 4 de fevereiro de 1844, OC XVII:2, 246-47.

124. M. H. Corne, *De l'éducation publique dans ses rapports avec la famille et
avec l'état* (Paris, 1844), vii, uma opinião que AT compartilhou amplamente;
ver sua "Discussion dans un bureau de la Chambre", OC III:2, 510.

125. Abade Dupanloup, segunda carta para M. le duc de Broglie, 18 de janeiro
de 1844 (brochura na biblioteca de Tocqueville).

126. *Procès de M. L'Abbé Combalot, précédé d'une introduction par M. Louis
Veuillot* (Paris, março de 1844), VI; AT para Édouard, 6 de dezembro de

1843, OC XIV, 238. Ver também Waldemar Gurian, "Louis Veuillot", *The Catholic Historical Review* 36 (janeiro de 1951): 385-414.

127. Lecanuet, *Montalembert*, 2:190.

128. Ver Monsenhor Dupanloup, *Défense de la liberté de l'église* (Paris, 1861), 168; AT, "Annexe du 2ème article", OC III:2, 537n1.

129. AT, esboço de artigo "Sur la liberté d'enseignement ", escrito para *Le Commerce*, mas que não foi publicado, OC III:2, 534.

130. AT, "La liberté d'enseignement", *Le Commerce*, 28 de julho de 1844, OC III:2, 514.

131. AT para Corcelle, 15 de novembro de 1843, OC XV:1, 173.

132. AT, "Polémiques à propos de la liberté d'enseignement", *Le Commerce*, 28 de novembro de 1844, OC III:2, 564.

133. AT, ainda em bons termos com Chambolle, visitou-o durante a recuperação deste último; ver Chambolle, *Retours sur la vie*, 205.

134. AT, AT, "Polémiques à propos de la liberté d'enseignement", 28 de novembro de 1844, OC III:2, 560-61n2; ver também Jean-Louis Benoît, *Tocqueville: Un destin paradoxal* (Paris: Bayard, 2005), 247-48.

135. Ver OC III:562n2.

136. Ver OV VIII:1, 543n1.

137. GB para AT, 10 de dezembro de 1844, OC VIII:1, 553.

138. AT para GB, 9 de dezembro de 1844, OC VIII:1, 548-9.

139. AT para AG, 5 de setembro de 1843, OC IX, 47; AT para AG, 2 de outubro de 1843, OC IX, 61.

140. AT, "Rapport sur les enfants trouvés, 1843. Rapport fait au nom de la Comission d'administration générale", 28 de agosto de 1843, OC X, 593-607.

141. A Assembleia Constituinte se reunia desde 9 de julho de 1789 até 30 de setembro de 1791; OC IX, anexo 4, 352.

142. Corcelle, "De l'impôt progressif", *Revue des deux mondes* (abril de 1833): 63-87.

143. AT, "Note sur l'affaire du recensement et en général sur les impôts direct. Incident sur l'appel aux conseils généraux", setembro de 1841, OC III:2, 187-93.

144. Roger Boesche, *Tocqueville's Road Map* (Lanham, MD: Lexington Books, 2006), 193.

145. Jardin, *Tocqueville*, 390. AT para Marie, 1846, OC XIV:502. No outono de 1845, Tocqueville juntou-se a duas outras tentativas de lançar outros jornais, primeiramente *Le Soleil* e em seguida *Le Pays*. Ele ajudou a definir objetivos ambiciosos para eles, ambos propondo uma apaixonada defesa

O HOMEM QUE COMPREENDEU A DEMOCRACIA   433

da liberdade de imprensa, liberdade de associação, liberdade de ensino e a adoção de propósitos concretos para vários ministérios, mas nenhuma das duas tentativas deu certo. Ver "Prospectus du *Soleil,* supplement au *Commerce* du 16 septembre 1845" e "*Le Pays,* journal des intérêts nationaux, prospectus du 14 octobre de 1845", OC XVII:2, 17, 323-34.

146. AT, "Rapport sur les enfants trouvés", 19 de setembro de 1846, OC X, 691.

147. Michael Drolet, *Tocqueville, Democracy and Social Reform* (Houndmills, UK: Palgrave Macmillan, 2003), 171; OC XIV, 286n4.

148. Drolet, *Tocqueville,* 161; Edmond L'Hommedé, *Un département français sous la monarchie de juillet: Le Conseil Général de la Manche et Alexis de Tocqueville* (Paris: Boivin, 1933), 138-45.

149. AT para GB, 20 de julho de 1846, OC VIII:1, 577.

150. AT para Jules Dufaure, 2 de setembro de 1846, OC XV:2, 374; Jardin, *Tocqueville,* 398.

151. AT para Corcelle, 25 de setembro de 1846, OC XV:1, 216.

152. AT para GB, 28 de outubro de 1846, OC VIII:1, 592-94; GB para AT, 16 de novembro de 1846, OC VIII:1, 596-600; AT para GB, 14 de dezembro de 1846, OC VIII:1, 601-6.

153. AT, "Fragments pour une politique sociale" e "Question financière", outubro de 1847, OC III:2, 737, 744.

154. *Bulletin des Amis de la société d'Ismaÿl Urbain* 6 (dezembro de 1994).

155. AT para Enfantin, 10 de novembro de 1847, OC XVII:2, 422-23; LC, 592.

156. Eric Keslassy, *Le libéralisme de Tocqueville à l'epreuve du paupérisme* (Paris: L'Harmattan, 2000), 213.

157. AT, "Question financière", outubro de 1847, OC III:2, 737.

158. AT, "De la responsabilité des agents du pouvoir", 16 e 27 de fevereiro de 1845, OC III:2, 156, 162-67; "Discussion du budget de la marine", 28 de junho de 1843, OC III:2, 227-35.

159. AT, "De la classe moyenne et du peuple", outubro de 1847, OC III:2, 740.

8. ABOLICIONISTA, NACIONALISTA E COLONIALISTA

1. Ver Lawrence C. Jennings, *French Anti-slavery: The Movement for the Abolition of Slavery in France, 1802-1848* (Cambridge: Cambridge University Press, 2000), 56-58 para a lista dos membros da sociedade.

2. Alexis de Tocqueville para Corcelle, 9 de fevereiro de 1836, OC XV:1, 59.

434 OLIVIER ZUNZ

3. AT, "L'émancipation des esclaves", OC III:1, 100-101.

4. Jennings, *French Anti-slavery*, 124-26.

5. AT para Eckstein, 8 de março de 1838, OC XVII:1, 377.

6. AT, Discurso improvisado, Academia de Ciências Morais e Políticas, in *Le phare de la Manche*, 26 de maio de 1839, OC XVI, 167.

7. AT, "Intervention dans la discussion de la loi sur le régime des esclaves dans les colonies", abril de 1845, OC III:1, 124-25.

8. AT para LK, 3 de julho de 1839, in Pierre Marcel, *Essai politique sur Alexis de Tocqueville* (Paris, 1910), 315.

9. "L'émancipation des esclaves", *Le Siècle*, 22 de outubro de 1843, OC III:1, 81.

10. AT, "Rapport fait au nom de la commission chargée d'examiner la proposition de M. de Tracy, relative aux esclaves des colonies", 23 de julho de 1839, OC III:1, 81, 87.

11. AT para Royer-Collard, 21 de outubro de 1839, OC XI, 87-88.

12. Senior para AT, 25 e 26 de junho de 1839, OC VI:2, 86-89.

13. Conde de Mauny, *Appel à l'honneur national* (Paris, 1839), 97, 99, de AT, DA I, 473-74; OP II:478.

14. AT para Sparks, 13 de outubro de 1840, *in Alexis de Tocqueville and Gustave de Beaumont in America: Their Friendship and Their Travels*, ed. Olivier Zunz, tradução de Arthur Goldhammer (Charlottesville: University of Virginia Press, 2010), 593.

15. *Tocqueville and Beaumont on Social Reform*, ed. e tradução de Seymour Drescher (Nova York, Harper & Row, 1968); 98-99n; Seymour Drescher, *Dilemmas of Democracy: Tocqueville and Modernization* (Pittsburgh: University of Pittsburgh Press, 1968), 184n50.

16. AT para GB, 9 de agosto de 1843, OC VIII:1, 506.

17. AT, "L'émancipation des esclaves", *Le Siècle*, 14 de dezembro de 1843, OC III:1, 106, 106n1.

18. AT, "L'émancipation des esclaves", *Le Siècle*, 6 de dezembro de 1843, OC III:1, 104-5.

19. AT, "Intervention dans la discussion de la loi sur le régime des esclaves dans les colonies", 30 de maio de 1845, OC III:1, 116.

20. AT, em seu discurso "Discussion du budget" na Câmara dos Deputados, 20 de maio de 1842, OC III:2, 328.

21. Os franceses foram ativos no tráfico de escravizados durante muito tempo, transportando ilegalmente quase 80.000 escravizados para as regiões

O HOMEM QUE COMPREENDEU A DEMOCRACIA 435

caribenhas entre 1814 e 1831, mas os tratados franco-britânicos relativos ao direito mútuo de investigar traficantes suspeitos reduziram parte desse tráfico nos primeiros dias da Monarquia de Julho. Jennings, *French Anti-slavery*, 32.

22. AT, em seu discurso "Discussion du budget" na Câmara dos Deputados, 20 de maio de 1842, OC III:2, 326-27, 332.

23. AT, "Discours prononcé à la Chambre des députés, le 28 janvier 1843, dans la discussion du projet d'adresse au roi", 28 de janeiro de 1843, OC III:2, 338-52, especialmente 345.

24. Ele havia indagado a seu amigo Nassau Senior se um ministro inglês poderia manter tecnicamente sua posição se o Parlamento o desabonasse. AT para Senior, 14 de dezembro de 1842; Senior para AT, 20 de dezembro de 1842, OC VI:2, 93-96.

25. AT, "Discours prononcé à la Chambre des députés, le 28 janvier 1843, dans la discussion du projet d'adresse au roi", 28 de janeiro de 1843, OC III:2, 345.

26. AT para Spencer, 10 de novembro de 1841, in *Tocqueville on America after 1840: Letters and Other Writings*, ed. Aurelian Craiutu e Jeremy Jennings (Cambridge: Cambridge University Press, 2009), 58-60; OC VII:85.

27. *Le Constitutionnel* publicou a carta de AT para Brougham em 18-19 de fevereiro de 1843; ver AT para Reeve, 20 de fevereiro de 1843, OC VI:1, 70-71. Ver também cartas de AT enviadas em fevereiro de 1843 para Brougham e JSM, OC VI:1, 339-44.

28. John Knox Laughton, *Memoirs of the Life and Correspondence of Henry Reeve* (Londres: Longmans, Green and Co., 1898), 118.

29. AT, "Premier discours sur la question d'Orient", 2 de julho de 1839, OC III:2, 265; "Ordre des idées", 1840, OC III:2, 279.

30. AT, "Projet du discours sur l'alliance anglaise, ordre général des idées", OC III:2, 436; conversa com M. Thiers, 2 de junho de 1839, OC III:2, 269-71; James Brophy, "The Rhine Crisis of 1840 and German Nationalism", *Journal of Modern History* 85, n. 1 (março de 2013): 1-35.

31. AT apoiou a ideia, mas se absteve, objetando o quanto a lei era vaga; "Fortification de Paris" (1841), OC III:2, 665-66.

32. François de Corcelle, *Documents pour servir à l'histoire des conspirations, des partis et des sectes* (Paris, 1831), 28, 50.

33. AT para Thiers, 31 de julho de 1840, OC XVII:2, 94.

34. O incidente ocorreu em Châtillon, um subúrbio de Paris, no dia 31 de agosto de 1840. Ver *Journal de la France et des Français* (Paris: Gallimard, 2001),

1520; ver também Paul Thureau-Dangin, *Histoire de la monarchie de juillet* (Paris, 1912), 4:232.

35. Thureau-Dangin, *Histoire de la monarchie de juillet*, 4:247.

36. Laughton, *Memoirs*, 1:125, 130, 132.

37. *Journal de la France et des Français*, 1522.

38. AT para Reeve, 7 de novembro de 1840, OC VI:1, 62-63; ver também A. P. Kerr, "Introduction", in OC VI:3, 8-9.

39. Laughton, *Memoirs*, 1:140-41.

40. AT, "Second discours sur la question d'Orient", 30 de novembro de 1840, OC III:2, 290, 300.

41. Laughton, *Memoirs*, 1:137.

42. AT para Reeve, 7 de novembro de 1840, OC VI:1, 64.

43. JSM para AT, 30 de dezembro de 1840, OC VI:1, 332; Senior para AT, 27 de fevereiro de 1841, OC VI:2, 90.

44. JSM para AT, 30 de dezembro de 1840, OC VI:1, 333.

45. AT para JSM, 18 de março de 1841, OC VI:1, 334-36.

46. F. A. de Chateaubriand, *De Buonaparte, des Bourbons et de la necessité de se rallier à nos princes légitimes, pour le bonheur de la France et celui d'Europe* (Paris: Mame frères, 1814), 24.

47. "Discours de M. de Tocqueville prononcé dans la séance publique du 21 avril 1842 en venant rendre seance à la place de M. le comte de Cessac", OC XVI, 256-57.

48. "Discours de M. de Tocqueville", OC XVI, 259, 267.

49. "Réponse de M. Molé", OC XVI, 270-80.

50. JSM para AT, 9 de agosto de 1842, OC VI:1, 138.

51. Richard Boyd, "Tocqueville and the Napoleonic Legend", in *Tocqueville and Local Frontiers of Democracy*, ed. Ewa Atanassow e Richard Boyd (Cambridge: Cambridge University Press, 2013), 265.

52. AT, "Quatre articles sur Tahiti", *Le Commerce* (verão de 1844), OC III:2, 403-20.

53. AT, "Projet de discours sur l'affaire de Oregon", OC III:2, 441-48.

54. AT, "Discussion sur l'amendement Dufaure-Billaut à l'adresse enjoignant par un paragraphe additionnel de ne rien céder aux anglais en compensation des mariages espagnols", 2 de fevereiro de 1847, OC III:2, 459-61.

55. John Stuart Mill, "On Liberty", in *On Liberty and Other Writings*, ed. Stefan Collini (Cambridge: Cambridge University Press, 1989), 13. Ver também Jennifer Pitts, *A Turn to Empire: The Rise of Imperialism in Britain and*

O HOMEM QUE COMPREENDEU A DEMOCRACIA 437

France (Princeton, NJ: Princeton University Press, 2005), 200; e Prata Bahnu Mehta, "Liberalism, Nation and Empire, the Case of J. S. Mill", in *Empire and Modern Political Thought*, ed. Sankar Muthu (Cambridge: Cambridge University Press, 2012), 232-60. Para os franceses, ver Tzvetan Todorov, *On Human Diversity: Nationalism, Racism, and Exoticism in French Thought*, tradução de Catherine Porter (Cambridge, MA: Harvard University Press, 1993), 195; Cheryl B. Welch, "Out of Africa: Tocqueville's Imperial Voyages", in *Tocqueville's Voyages: The Evolution of His Ideas and Their Journey beyond His Time*, ed. Christine Dunn Henderson (Indianápolis: Liberty Fund, 2014), 304-34.

56. Uma descrição declaradamente lisonjeira; ver Jennifer Sessions, *By Sword and Plow: France and the Conquest of Algeria* (Ithaca, NY: Cornell University Press), 208-11.

57. Louis Blanc, *Histoire de dix ans, 1830-1840* (Paris, 1882), 2:893.

58. Uma posição que ele compartilhou com os sansimonianos; ver Michel Chevalier, *Lettres sur l'Amérique du Nord* (Paris, 1836), carta XIII.

59. AT para Lamoricière, 5 de abril de 1846, OC XVII:2, 358. *Tocqueville: Lettres choisies, Souvenirs*, ed. Françoise Mélonio e Laurence Guellec (Paris: Gallimard, 2003), 567.

60. LK para AT, 8 de julho de 1830, OC XIII:1, 199.

61. AT, "Essay on Algeria, October 1841", Alexis de Tocqueville, *Writings on Empire and Slavery*, tradução de Jennifer Pitts (Baltimore: Johns Hopkins University Press, 2001), 111 (de agora em diante Pitts, *Writings*); OP I:752.

62. AT para Gobineau, 22 de outubro de 1843, OC IX, 69.

63. AT, "Notes prises avant le voyage d'Algérie et dans le courant de 1840", OC III:1, 174, 181-83.

64. AT, "Essay on Algeria, October 1841", in Pitts, *Writings*, 111; OP I:752.

65. AT, "First Report on Algeria, 1847", in Pitts, *Writings*, 144; OP I:818.

66. LK para AT, 28 de junho de 1830, OC XIII:1, 197.

67. AT para Lamoricière, 20 de dezembro de 1840, OC XVII:2, 113.

68. "Notes prises sur le livre de l'Abbé Dubois", OP I:1019-36.

69. AT, "Essay on Algeria, October 1841", 83; OP I:718-19.

70. AT, "Intervention in the Debate over the Appropriation of Special Funding (1846)", in Pitts, *Writings*, 127; OC III:1, 305.

71. AT para Lamoricière, 20 de dezembro de 1840 e 30 de março de 1841, OC XVII:2, 113, 125.

438 OLIVIER ZUNZ

72. AT, "Notes to the Voyage to Algeria in 1841", in Pitts, *Writings*, 56; OP I:659.

73. AT para Lanjuinais, 16 de maio de 1841, OC XVII:2, 130.

74. AT para HT, 12 de maio de 1841, OC XIV, 216.

75. AT para Marie, 23 de maio de 1841, OC XIV, 428.

76. AT para Marie, agosto de 1843, OC XIV, 479; LK para Marie, 30 de agosto de 1843, OC XIII:2, 115.

77. AT para Lanjuinais, 16 de maio de 1841, OC XVII:2, 130.

78. AT para Faucher, 5 de julho de 1841, OC XVII:2, 134-35.

79. AT, "Notes to the Voyage to Algeria in 1841", 54-55; OP I:682-83.

80. AT, "Notes to the Voyage to Algeria in 1841", 43; OP I:667.

81. AT, "Notes to the Voyage to Algeria in 1841", 54; OP I:683.

82. AT para Marie, 12 de junho de 1841, OC XIV, 435.

83. "Opinion de M. François de Corcelle, deputé de l'Orne, sur les crédits supplémentaires et extraordinaires de 1841-1842", Câmara dos Deputados, sessão de 4 de abril de 1842, brochura na biblioteca de AT.

84. AT, "Essay on Algeria, October 1841", 59; OP I:691.

85. Ver alguns debates sobre a questão: Jean-Louis Benoît respondeu em *Res Publica* a Olivier Le Cour Grandmaisons, de junho de 2001, in *Le monde diplomatique*, "Quand Tocqueville justifiait les boucheries", reimpresso em Jean-Louis Benoît, *Tocqueville moraliste* (Paris, Honoré Champion, 2004), 553-61. Françoise Melónio reportou-se ao livro de Michel Onfray intitulado *Tocqueville et les Apaches: Indiens, Nègres, Ouvriers, Arabes et autres hors-la loi* (Paris: Autrement, 2017), in "Tocqueville sous le signe du ressentiment", *Commentaire* 1 (2018): 236-40.

86. AT, "Notes to the Voyage to Algeria in 1841", 57; OP I:687.

87. AT para HT, 23 de maio de 1841, OC XIV, 219; AT, "Essay on Algeria, October 1841", 64; OP I:697; AT, "Notes to the Voyage to Algeria in 1841", 56; OP I:686.

88. AT, "Essay on Algeria, October 1841", 70-71; OP I:704. Para uma discussão da violência na Argélia no contexto mais amplo da história francesa, ver Kevin Duong, *The Virtues of Violence: Democracy against Disintegration in Modern France* (Nova York: Oxford University Press, 2020), 53-82.

89. AT, "Essay on Algeria, October 1841", 85; OP I:721.

90. AT, "Intervention in the Debate over the Appropriation of Special Funding (1846)", 118; OC III:1, 294.

91. OP I:1519n1.

92. AT, "Essay on Algeria, October 1841", 111, 113; OP I:752, 755.

O HOMEM QUE COMPREENDEU A DEMOCRACIA 439

93. AT, "Notes prises avant le voyage d'Algérie et dans le courant de 1840", OC III:1, 206.

94. AT, "Essay on Algeria, October 1841", 98; OP I:736.

95. Henri de Saint-Simon argumentou com muito vigor que a França poderia perder pessoas poderosas, mas não trabalhadores produtivos, pois as pessoas que se beneficiam do trabalho dos outros são parasitas e podem ser dispensadas facilmente, mas as pessoas engajadas em um trabalho produtivo são indispensáveis para a sociedade.

96. AT para Faucher, 5 e 15 de julho de 1841, OC XVII:2, 134, 136.

97. AT, "Notes prises avant le voyage d'Algérie et dans le courant de 1840", OC III:1, 197.

98. AT, "Essay on Algeria, October 1841", 78; OP I:713

99. AT, "Essay on Algeria, October 1841", 108; OP I:748.

100. AT, "Notes to the Voyage to Algeria in 1841", 37; OP I:660.

101. AT, "Essay on Algeria, October 1841", 89, 96-97; OP I:726, 734-35.

102. AT, "Essay on Algeria, October 1841", 78, 96; OP I:712, 734.

103. GB, *Le Siècle*, 26 e 30 de novembro e 3, 7 e 11 de dezembro de 1842.

104. AT, "Intervention in the Debate over the Appropriation of Special Funding (1846)", 117-28; OC III:1, 292-307.

105. AT para Dufaure, 6 de novembro de 1846, OC XVII:2, 379; LC, 568.

106. AT, "Intervention in the Debate over the Appropriation of Special Funding (1846)", 119, 123; OC III:1, 295, 300.

107. AT para Lamoricière, 5 de abril de 1846, OC XVII:2, 358; LC, 566.

108. AT para Marie, 19 de agosto de 1846, OC XIV:496-97.

109. Auguste Bussière, "Le Maréchal Bugeaud et la colonisation de l'Algérie: Souvenirs et récits de la vie coloniale en Algérie", OP I:907-53.

110. Ver Françoise Mélonio, "Le choc des civilisations: Chassériau et Tocqueville en Algérie", in *Chassériau: Um autre romantisme* (Paris: La Documentation Française; Musée du Louvre, 2002), 171-91; Valbert Chevillard, *Un peintre romantique: Théodore Chassériau* (La Rochelle: Rumeur des ages, 2002).

111. AT, "Voyage en Algérie (novembro-dezembro de 1846)", OP I:766, 768, 773; AT para Lamoricière, 5 de abril de 1846, OC XVII:2, 358; LC, 566.

112. AT para Corcelle, 4 de março de 1847, OC XV:1, 228.

113. AT, "First Report on Algeria, 1847", 132; OP I:801.

114. AT, "First Report on Algeria, 1847", 148; OP I:822.

115. AT, "First Report on Algeria, 1847", 145-46; OP I:819-20.

116. AT, "First Report on Algeria, 1847", 138; OP I:810.

440 OLIVIER ZUNZ

117. AT, "First Report on Algeria, 1847", 142; OP I:815.
118. AT, "Report by M. de Tocqueville on the Bill Requesting a Credit of Three Million Francs for Algerian Agricultural Camps", in Pitts, *Writings*, 174-98; OP I:874-905.
119. Philippe Vigier, *La monarchie de juillet* (Paris: Presses Universitaires de France, 1962), 106.

9. OPRIMIDO (SUBJUGADO) NO COMANDO

1. Alexis de Tocqueville para Eugène Stöffels, 21 de julho de 1848, in AT, *Recollections: The French Revolution and Its Aftermath*, ed. Olivier Zunz, tradução de Arthur Goldhammer (Charlottesville: University of Virginia Press, 2016) (de agora em diante *Recollections*), 245-46; OC XVII:2, 463; Tocqueville: *Lettres choisies, Souvenirs*, ed. Françoise Mélonio e Laurence Guellec (Paris, Gallimard, 2003) (de agora em diante LC), 635.
2. *Recollections*, 4; *Souvenirs (1850-1851)*, in OP III:728. Ver Arthur Goldhammer, "Tocqueville's Literary Style", in *Recollections*, XXIX-XXVI; ver também L. E. Shiner, *The Secret Mirror: Literary Form and History in Tocqueville's Recollections* (Ithaca, NY: Cornel University Press, 1988).
3. *Recollections*, 47, OP III:779.
4. *Recollections*, 5, OP III:730.
5. *Recollections*, 23, OP III:750.
6. *Recollections*, 12, OP III:736.
7. *Recollections*, 14, OP III:739.
8. *Recollections*, 49, OP III:781-82; ver outra discussão relativa a este fato tal como foi registrada por Nassau Senior em 11 de fevereiro de 1851, OC VI:2, 347.
9. AT para Eugène Stöffels, 7 de março de 1848, OC XVII:2, 451.
10. AT, "On Socialism", in *Recollections*, 242; OC III:3, 195.
11. AT, prefácio para a 12ª edição de *Democracy in America*, in *Alexis de Tocqueville and Gustave de Beaumont in America: Their Friendship and Their Travels*, ed. Olivier Zunz, tradução de Arthur Goldhammer (Charlottesville: University of Virginia Press, 2010) (de agora em diante *Tocqueville and Beaumont*), 652.
12. *Recollections*, 225-26; OC III:2, 44-46.
13. *Recollections*, 77, OP III:816.

O HOMEM QUE COMPREENDEU A DEMOCRACIA   441

14. AT para Marie, 23 de março de 1848, in *Recollections*, 229; OC XIV, 519.
15. AT para Marie, 30 de março de 1848, in *Recollections*, 230; OC XIV, 530.
16. "Circulaire électorale", in *Recollections*, 225-26; OC III:3, 40.
17. AT para GB, 22 de abril de 1848, in *Recollections*, 231; OC VIII:2, 13.
18. AT para Marie, 30 de março de 1848, in *Recollections*, 230; OC XIV:529.
19. *Recollections*, 69; OP III:807.
20. AT para William Rathbone Greg, 17 de julho de 1853, in *Recollections*, 232; OC VI:3, 155.
21. Os dois eram comissários da República; ver Jean-Patrice Lacam, *Tocqueville et la republique: Récit d'un ralliement et de combats* (Paris: L'Harmattan, 2020), 82; Sharon B. Watkins, *Alexis de Tocqueville and the Second Republic, 1848-1952: A Study in Political Practice and Principles* (Lanham, MD: University Press of America, 2003), 37.
22. Gareth Stedman Jones, *Karl Marx: Greatness and Illusion* (Cambridge, MA: Belknap Press of Harvard University Press, 2016), 269.
23. Jones, *Karl Marx*, 310.
24. Richard Rush anotou isso em 16 de abril de 1848, in *Recollections of a Residence at the English and French Courts* (Londres, 1872), 463.
25. AT para Senior, 17 de abril de 1848, OC VI:2, 103. Ver também narrativa desse episódio in *Le Peletier necrology*, 6 de abril de 1855, OC XVI, 418 e *Recollections*, 109-10; OP III:858.
26. *Recollections*, 93-94; OP III:838.
27. *Recollections*, 86-87; OP III:829.
28. *Recollections*, 91-92; OP III:834.
29. *Recollections*, 95-96; OP III:841.
30. AT concordou com o retrato favorável de Corcelle em relação a Cavaignac (AT para Corcelle, 1º de janeiro de 1858, OC XV:2, 214-15), porém GB discordou (GB para AT, 11 de janeiro de 1858, OC VIII:3, 533).
31. *Recollections*, 96-97; OP III:842.
32. *Recollections*, 243; OC X, 468-69.
33. Karl Marx, *The Class Struggles in France, 1848-1850* (Londres, 1895), 60.
34. Marx, *Class Struggles in France*, 50.
35. AT para Eugène Stöffels, 21 de julho de 1848, OC XVII:2, 463; LC, 635-36. Ver também Roger Boesche, "Tocqueville and Marx Not Opposites", *The Tocqueville Review/La revue Tocqueville* 35, n. 2 (2014): 167-96.
36. AT para Zacharie Gallemand, 25 de junho de 1848, in *Recollections*, 244; OC X, 469-70.

37. AT para Eugène Stöffels, 21 de julho de 1848, OC XVII:2, 463-64; LC, 636. Para um contraste com Marx, ver Leonard Krieger, "Marx and Engels as Historians", in Krieger, *Ideas and Events: History*, ed. M. L. Brick (Chicago: University of Chicago Press, 1992), 305-6.

38. AT para Claude Raudot, 15 de julho de 1848, OC XVII:2, 461.

39. AT para Senior, 10 de abril de 1848, OC VI:2, 101.

40. AT para Eugène Stöffels, 7 de março de 1848, OC XVII:2, 452.

41. *Recollections*, 12; OP III:736; AT, "On Socialism", in *Recollections*, 142; OC III:3, 195.

42. *Recollections*, 236-38; OC III:3, 170-71.

43. Claudia Elzey, "Shifting Landscapes of Association: Tocqueville and the Utopian Socialists", texto apresentado em seminário, Universidade da Virgínia, 2015.

44. AT, "On Cherbuliez's *Democracy in Switzerland*", from *Séances et travaux de l'Académie des sciences morales et politiques*, 15 de janeiro de 1848, in *Tocqueville and Beaumont*, 645; OC XVI, 217.

45. *Tocqueville and Beaumont*, 640-41; OC XVI, 212-13.

46. Spencer para AT, 10 de junho de 1848, in *Tocqueville on America after 1840: Letters and Other Writings*, ed. Aurelian Craiutu e Jeremy Jennings (Cambridge: Cambridge University Press, 2009), 93-96.

47. Ver OC VII, 122n.

48. Duer para AT, 1º de julho de 1848, in Craiutu e Jennings, *Tocqueville on America after 1840*, 97.

49. DA I, 172; OP II:171.

50. *Recollections*, 119-21; OP III:870-72.

51. AT para Adolphe Billault, 8 de julho de 1848, OC XVII:2, 458.

52. *Recollections*, 234; OC III:3, 84. A Décima Sétima Emenda à Constituição dos Estados Unidos instituiu a eleição direta dos senadores; DA I, 173, 229-30. OC II:171-72, 227.

53. *Recollections*, 242; OC III:3, 217.

54. DA I, 153-54; OP II, 152.

55. "Procès-verbaux de la Commission de la Constitution de 1848", in *Recollections*, 235; OC III:3, 99.

56. AT para Freslon, 9 de dezembro de 1857, OC XVII:3, 449.

57. Sobre 15 de novembro de 1848; *Recollections*, 194; OP II:962.

58. *Recollections*, 215; OP III:984.

59. AT para Clamorgan, OC X, 503-4.

60. AT para Eugène Stöffels, 9 de março de 1849, OC XVII:2, 489; LC, 649.

O HOMEM QUE COMPREENDEU A DEMOCRACIA 443

61. AT para Rivet, escrevendo de Frankfurt, 17 de maio de 1849, OC XVII:2, 500.

62. O Montagne também havia obtido assentos; ver Hugh Brogan, *Alexis de Tocqueville: A Life* (New Haven, CT: Yale University Press, 2006), 477-78. AT retornou a Paris em 25 de maio de 1849, quatro dias antes da abertura da sessão legislativa.

63. Mary Wilhelmine Williams, "John Middleton Clayton", in *The American Secretaries of State and Their Diplomacy*, ed. Samuel Flagg Bemis (Nova York: Alfred A. Knopf, 1928), 19-31.

64. Guillaume Tell Poussin, *The United States: Its Power and Progress* (Filadélfia: Lippincot, Grambo and Co., 1851), 424; *Considérations sur le principe démocratique qui régit l'union américaine et de la possiblité de son application à d'autres états* (Paris, 1841), 173. Sobre a questão relativa a Poussin, ver Craiutu e Jennings, *Tocqueville on America after 1840*, 409-54.

65. AT para Rémusat, 4 de julho de 1849, OC XVII:2, 517.

66. OC III:2, 31-32, 369-93; ver também André Jardin, *Tocqueville: A Biography*, tradução de Lydia Davis e Robert Hemenway (Baltimore: Johns Hopkins University Press, 1998), 446-48.

67. AT para GB, 19 de outubro de 1848, OC VIII:2, 69.

68. AT para d'Azeglio, 19 de julho de 1849, e AT para Bois le Comte, 23 de julho de 1849, OC XVII:2, 530, 536.

69. *Recollections*, 173; OP III:937.

70. AT para Lamoricière, 1º de outubro de 1849, OC XVII:2, 629.

71. Senior, "Conversations", 15 de fevereiro de 1851, OC VI:2, 352.

72. AT para Alphonse de Rayneval, que tinha estado com o papa em Gaëte, 2 de julho de 1849, OC XVII:2, 509.

73. AT para Reeve, 30 de junho e 5 de julho de 1848, OC VI:1, 102-5; Reeve para AT, 6 de julho de 1849, OC VI:, 3, 334-35.

74. AT para Falloux, 22 de julho de 1849, OC XVII:2, 534.

75. Giuseppe Mazzini, *A Letter to Messrs. De Tocqueville and de Falloux, Ministers of France* (Londres, 1849).

76. AT para Corcelle, 4 de agosto de 1849, OC XV:1, 34.

77. "Déclaration sur le *Motu próprio* et l'amnistie décrétés par le gouvernement pontifical", *Moniteur universel*, 19 de outubro de 1849, OC III:3, 345-65.

78. AT para Corcelle, 2 de setembro de 1849, OC XV:1, 374.

79. AT para Luís Napoleão Bonaparte, 1º de novembro de 1849, OC III:3, 411-12.

80. AT para GB, 4 de novembro de 1849, OC VIII:2, 232.

444 OLIVIER ZUNZ

81. AT para Pauline de Leusse, 22 de dezembro de 1849, OC XVII:2, 662.

82. AT para Gobineau, 7 de janeiro de 1850, OC IX, 101.

83. AT para Laurent-Antoine Pagnerre, 6 de março de 1850, OC XVII:2, 670.

84. AT para Barrot, 3 de abril de 1850; AT para Mignet, 17 de abril de 1850, OC XVII:2, 670-71.

85. Nos artigos que Marx publicou no *Neue Rheinische Zeitung* em março de 1850, ele intitulou aquelas crônicas *The Class Struggles in France, 1848-1850*.

86. AT para Eugène Stöffels, 28 de abril de 1850, OC XVII:2, 673-74.

87. OC XV:2, 182n.

88. AT para Lanjuinais, 13 de setembro de 1850, OC XVI:2, 690-91; AT registrou que a população rural recebeu o presidente com frieza, gritando "Vive la République". Ver o discurso de AT em 6 de setembro de 1850, quando se dirigiu ao presidente, in OC X, 709-11, OC III:3, 191-92 e seu relatório inicial intitulado "Rapport sur le projet de chemin de fer de Paris à Cherbourg, 1844", in OC X, 622-47.

89. AT para Rivet, 3 de dezembro de 1850, OC XVII:2, 700.

90. AT para Louis de Kergorlay, 13 de dezembro de 1850, OC XIII:2, 231.

91. AR para Rivet, 3 de dezembro de 1850, OC XVII:2, 700.

92. Nassau Senior, "Conversations", OC VI:2, 346, 366; AT para Senior, 27 de julho de 1851, OC VI:2, 132-35.

93. AT para Dufaure, 4 de outubro de 1851, OC XVII:2, 729; LC, 724-25.

94. OC VI:1, 119-29.

95. AT para Édouard de Tocqueville (de agora em diante ET), 7 de dezembro de 1851, in *The Tocqueville Reader: A Life in Letters and Politics*, ed. Olivier Zunz e Alan S. Kahan (Oxford: Blackwell, 2002), 261-62; OC XIV, 272; Compiègne era a sede da corte de Napoleão III.

96. ET era candidato às eleições legislativas em 1852; ver Jardin, *Tocqueville*, 49; ET para AT, OC XIV, 275.

97. Jardin, *Tocqueville*, 445; AT para o redator de *L'Écho de L'Oise*, 13 de fevereiro de 1852, OC XVII:3, 28.

98. AT para Hippolyte, dezembro de 1852, OC XIV, 287-88.

99. O ramo mais novo permaneceu hesitante; ver Alphonse de Circourt para AT, 9 de dezembro de 1853, OC XVIII, 124.

100. AT para Rémusat, 22 de março de 1852, OC XVII:3, 33; LC, 1033.

101. Zunz e Kahan, *The Tocqueville Reader*, 263-64; OC III:3, 469.

102. AT para LK, junho de 1856, OC XIII:2, 297.

103. AT para ET, 7 de dezembro de 1851, 261-62; OC XIV, 272.

O HOMEM QUE COMPREENDEU A DEMOCRACIA 445

104. AT para Reve, 9 de janeiro de 1852, OC VI:1, 133-34.
105. "Discours prononcé à la séance publique anuelle de l'Académie des sciences morales et politiques du 3 avril 1852", OC XVI, 231.

10. UMA REVOLUÇÃO "AMPLAMENTE FORMADA PELA SOCIEDADE A SER DESTRUÍDA"

1. AT para GB, 1º de fevereiro de 1852, OC VIII:3, 18.
2. AT para Reeve, 9 de janeiro de 1852, OC VI:1, 132.
3. Senior, "Conversations", 8 de janeiro de 1952, OC VI:2, 390.
4. AT para Grote, 30 de outubro de 1856, OC VI:3, 225.
5. AT para Boulatignier, 8 de novembro de 1852, OC XVII:3, 68-69.
6. AT para Lamoricière, 12 de maio de 1832, OC XVII:3, 45-48.
7. AT para Rémusat, 22 de março de 1852, OC XVII:3, 30-36; LC, 1030-36.
8. AT para Lanjuinais, 18 de abril de 1952, OC XVII:3, 45; AT para Montalembert, 1º de dezembro de 1852, OC XVII:3, 75-76; AT para Rivet, 19 de junho de 1853, OC XVII:3, 95.
9. AT para Lanjuinais, 11 de junho de 1852, OC XVII:3, 50-51.
10. AT para Lamoricière, 2 de abril de 1852, OC XVII:3, 38.
11. AT para Corcelle, 21 de novembro de 1852, OC XV:2, 61.
12. AT para Hyppolite, OC XIV, fim de dezembro de 1852, 288; AT para ET, 14 de fevereiro de 1852, OC XIV, 277.
13. Correspondência de AT e GB entre 15 e 29 de abril de 1853, OC VIII:3, 105-16.
14. AT para Charles Stöffels, 30 de julho de 1852, OC XVII:3, 59.
15. AT para Rémusat, 22 de março de 1852, OC XVII:3, 31; LC, 1031.
16. AT para Lavergne, início de julho de 1855, OC XVII:3, 203.
17. AT para Corcelle, in *The Tocqueville Reader: A Life in Letters and Politics*, ed. Olivier Zunz e Alan S. Kahan (Oxford: Blackwell, 2002); OC XV:2, 54; AT para Lamoricière, 12 de maio de 1852, OC XVII:3, 46.
18. AT para Corcelle, 1º de janeiro de 1853, OC: XV:2, 71.
19. AT para Lamoricière, 24 de novembro de 1852, OC XVII:3, 73; LC, 1060.
20. AT para Hubert, 1854, OC XIV, 290.
21. AT para Rémusat, 22 de março de 1852, OC XVII:3, 33-34; LC, 1033-34.
22. AT para Hubert, OC XIV, 1854, 290.
23. AT para Charles Stöffels, 30 de julho de 1852, OC XVII:3, 60.

446 OLIVIER ZUNZ

24. AT para Gallemand, 19 de julho de 1852, OC X, 565.

25. AT para GB, 4 de agosto de 1852, OC VIII:3, 66.

26. DA II, 584; OP II:611.

27. "Discours de M. de Tocqueville prononcé dans la séance publique du 21 avril 1842 en venant rendre séance à la place de M. le comte de Cessac", OC XVI, 267.

28. AT, "Notes on the French Revolution and Napoleon", in *The Old Regime and the Revolution*, ed. François Furet e Françoise Mélonio, tradução de Alan Kahan (Chicago: University of Chicago Press, 1998) (de agora em diante OR), II:185; OP III:635.

29. OR II:206; OP III:658.

30. AT para LK, 15 de dezembro de 1850, OC XIII:2, 231; ver também Melvin Richter, "Tocqueville, Napoleon and Bonapartism", in *Reconsidering Tocqueville's Democracy in America*, ed. Abraham Eisenstadt (New Brunswick, NJ: Rutgers University 1988), 110-45.

31. AT, *Recollections*, 44-45; OP III:776.

32. AT para Hubert, 23 de fevereiro de 1857, OC XIV, 329.

33. Marx, em relação ao *The 18th Brumaire of Louis Bonaparte* (1852), AT, *The Ancient Regime and the French Revolution*, ed. Jon Elster, tradução de Arthur Goldhammer (Cambridge: Cambridge University Press, 2011) (de agora em diante AR), 65, OP III:107.

34. AT para GB, 13 de janeiro de 1852, OC VIII:3, 12.

35. AT para GB, 7 de março de 1852, OC VIII:3, 32; AT, "Notes Taken on the Register of Deliberations of the Directory of the National Archives. May 1852; Transcripts of the Directory", in OR II:232-37; OP III:685-90.

36. Robert T. Gannet Jr., *Tocqueville Unveiled: The Historian and His Sources for* The Old Regime and the Revolution (Chicago: University of Chicago Press, 2003), 32-33; Benjamin Constant, *Observations on the Strength of the Present Government of France and upon the Necessity of Rallying Round It* (Londres, 1797), 7. Constant tentou separar a Revolução e o Terror; ver Dennis Wood, "Benjamin Constant: Life and Work", in *The Cambridge Companion to Constant*, ed. Helena Rosenblatt (Cambridge: Cambridge University Press, 2009), 7. Sobre ocasionais semelhanças entre Constant e Tocqueville, ver Olivier Meuly, *Liberté et société: Constant et Tocqueville face aux limites du libéralisme moderne* (Genève: Librairie Droz, 2002), 120.

37. OR II:214; OP III:667.

38. OR II:209; OP III:661-62.

O HOMEM QUE COMPREENDEU A DEMOCRACIA 447

39. Gannet, *Tocqueville Unveiled*, 32.

40. AT para GB, 7 de abril de 1852, OC VIII:3, 39.

41. "Discours prononcé à la séance publique anuelle de l'Académie des sciences morales et politiques du 3 avril 1852 par M. de Tocqueville, président de l'Academie", 3 de abril de 1852, OC XVI, 233.

42. AT para Mignet, 31 de janeiro de 1855, OC XVII:3, 187.

43. AT para Gobineau, 24 de janeiro de 1857, OC IX, 278.

44. AT para Lamoricière, 24 de novembro de 1852, OC XVII:3, 74; LC, 1062.

45. AT para Corcelle, 30 de maio de 1852, OC XV:2, 57.

46. AT para Reeve, 8 de agosto de 1852, OC VI:1, 134.

47. AT para GB, 1º de julho de 1852, OC VIII:3, 58.

48. AT para HT, 24 de julho de 1852, OC XIV, 283.

49. OR II:200-201; OP III:652.

50. AT para LK, 22 de julho de 1852, OC XIII:2, 244; AT para GB, 24 de agosto de 1852, OC VIII:3, 71.

51. AT para LK, 22 de julho de 1852, OC XIII:2, 244.

52. LK para AT, 2 de agosto de 1832, OC XIII:2, 246-47.

53. AT para Freslon, 7 de setembro de 1852, OC XVII:3, 64.

54. AT para Gallemand, 28 de agosto de 1852, OC X, 569-70; Gannet, *Tocqueville Unveiled*, 45.

55. LK para AT, 2 de agosto de 1852, OC XIII:2, 246-47.

56. AT para LK, 22 de julho de 1852, OC XIII:2, 244.

57. AR, 32-33; OP III:72-83.

58. Gannet, *Tocqueville Unveiled*, 48; AR, 157; OP III:202.

59. AT para Charles Stöffels, 30 de julho de 1852, OC XVII:3, 60; AT para Theodore Sedgwick, 4 de dezembro de 1852, OC VII, 147.

60. AT para madame de Circourt, 18 de setembro de 1852, OC XVIII, 85-86; AT para Corcelle, 17 de dezembro de 1852, OC XV:2, 65.

61. AT para Sparks, 11 de dezembro de 1852, in *Tocqueville and Beaumont*, 602-3; OC VII, 148-49.

62. Charles de Rémusat, "Burke: Sa vie, ses écrits", *Revue des deux mondes* 32, n.1 (1853): 490.

63. AR, 27; OP III:69, Ver também Ralph Lerner, "Tocqueville's Burke, or Story as History", in *Tocqueville and Local Frontiers of Democracy*, ed. Ewa Atanassow e Richard Boyd (Cambridge: Cambridge University Press, 2013), 74.

64. AR, 4; OP III:46.

448   OLIVIER ZUNZ

65. OC II:2, 340-41,

66. Gannet, *Tocqueville Unveiled*, 66.

67. Edmund Burke para o conde de Claremont, 9 de agosto de 1879, in *Selected Letters of Edmund Burke,* ed. Harvey C. Mansfield (Chicago: Chicago University Press, 1984), 251.

68. "Discours prononcé à la séance publique anuelle de l'Académie des sciences morales et politiques du 3 avril 1852 par M. de Tocqueville, président de l'Académie", 3 de abril de 1852, OC XVI, 233.

69. GB para AT, 19 de abril de 1853, OC VIII:3, 110; AT para GB, 4 de junho de 1853, OC VIII:3, 128.

70. Gannet, *Tocqueville Unveiled*, 80; AT para GB, 6 e 26 de agosto, 6 de setembro, 3 e 10 de outubro de 1853, OC XVIII:3, 138, 144, 147, 153 e 156, respectivamente; AT para Jules Dufaure, 12 de outubro de 1853, OC XVII:3, 111; AT para Corcelle, 20 de fevereiro de 1854, OC XV:2, 96.

71. AT para GB, 23 de março de 1854, OC VIII:3, 199; Nassau Senior, "Conversations", 6 de abril de 1854, OC VI:2, 422-23.

72. AT para Senior, 2 de julho de 1853, OC VI:2, 160-61.

73. AR, 86; OP III:128.

74. AT para GB, 16 de fevereiro de 1854, OC VIII:3, 188-89; Harriet Grote in OC VI:2, 415.

75. AR para Corcelle, 31 de dezembro de 1853, OC XV:2, 89.

76. OC II:2, 383-84; OR II:305; AT para Corcelle, 31 de dezembro de 1853, OC XV:2, 88-89.

77. AT para GB, 1º de julho de 1853, OC VIII:3, 132-33; Gannet, *Tocqueville Unveiled*, 101-4.

78. AT para GB, 28 de dezembro de 1853, OC VIII:3, 178.

79. AT para Freslon, 30 de julho de 1854, OC XVII:3, 165; LC, 1108.

80. AT para Freslon, 9 de junho de 1853, OC XVII:3, 92; LC, 1066.

81. Gannett, *Tocqueville Unveiled*, 83.

82. Charles de Rémusat, "L'ancien régime et la révolution par M. de Tocqueville", *Revue des deux mondes* (1º de agosto de 1856): 652-70.

83. AT para Reeve, 3 de fevereiro de 1840, OC VI:1, 52-53.

84. AT, "Political and Social Condition of France", *London and Westminster Review,* 1º de abril de 1836, 163; OP III:33. Ver também François Furet, *Penser la révolution française* (Paris: Gallimard, 1983), 173-211.

85. Gannett, *Tocqueville Unveiled*, 59.

O HOMEM QUE COMPREENDEU A DEMOCRACIA 449

86. AR, 42; OP III:83.

87. AR, 54; OP III:96.

88. AR, 66; AT, OP III:109.

89. François Furet e Françoise Mélonio, "Introduction", OR I:74; OP III:1011.

90. AR, 45, 37; OP III:87, 78.

91. AR, 52; OP III:93.

92. AR, 56; OP III:98.

93. AT para Freslon, 10 de agosto de 1853, OC XVII:3, 105; AT para Rivet, 23 de outubro de 1853, OC XVII:3, 113.

94. AT para Charles de Grandmaison, citado em Charles de Grandmaison, *Alexis de Tocqueville en Touraine: Préparation du livre sur l'ancien régime, Juin 1853-Avril 1854; Notes et souvenirs intimes* (Paris, 1893), 29.

95. François Furet, *La révolution, 1770-1814*, Collection "Pluriel" (Paris: Hachette, 1988), 1:123; Pierre Goubert e Michel Denis, *Les François ont la parole*, Collection "Archives" (Paris: Julliard, 1964).

96. AR, 79; OP III:120.

97. AT para Ampère, 18 de novembro de 1853, OC XI, 227.

98. AT para Ampère, 1º de janeiro de 1854, OC XI, 232.

99. As duas partes deste livro foram combinadas numa única parte quando o AR foi publicado pela primeira vez em 1856; elas foram separadas somente em edições posteriores.

100. AT para GB, 29 de janeiro de 1854, OC VIII:3, 186.

101. AT para von Bunsen, 2 de janeiro de 1853, OC VII, 328.

102. Senior, "Conversations", 1º de maio de 1857, OC VI:2, 466.

103. AT para Lavergne, 31 de outubro de 1853, OC XVII:3, 118.

104. Alphonse de Circourt sobre AT, agosto de 1859, OC XVIII, 560.

105. AT para GB, 12 de maio de 1854, OC VIII:3, 213.

106. AT para HT, 12 de maio de 1854, OC XIV, 298.

107. Austin Gough, *Paris and Rome: The Gallican Church and the Ultramontane Campaign, 1848-1853* (Oxford: Clarendon Press, 1986) 231; AT para Gobineau, 30 de julho de 1856, OC IX, 267.

108. AT para Corcelle, 10 de junho de 1854, OC XV:2, 102; AT para Lanjuinais, 30 de junho de 1854, OC XVII:3, 161; AT para GB, 6 de agosto de 1854, OC VIII:3, 229.

109. Circourt para AT, 4 de junho de 1853, OC XVIII, 170-71.

110. AT para Rivet, 25 de junho de 1854, OC XVII:3, 160; AT para Freslon, 30 de julho de 1854, OC XVII:3, 164.

111. AT para Ampère, 21 de junho de 1854, OC XI, 246-47; Circourt para AT, 15 de julho de 1856, OC XVIII, 318n.

112. AT para Freslon, 30 de julho de 1854, OC XVII:3, 165; LC 1108.

113. AR, 35, 85; OP III:75-76, 127,

114. Gannett, *Tocqueville Unveiled*, 207n106.

115. AR, 31-32; OP III:71-72.

116. AR, 157; OP III:202; ver também Jon Elster, *France before 1789: The Unraveling of an Absolutist Regime* (Princeton, NJ: Princeton University Press, 2020), 6.

117. AT para Senior, 19 de setembro de 1854, OC VI:2, 172-73; Ampère para AT, 27 de julho de 1854, OC XI, 248; AT para Ampère, 24 de agosto de 1854, OC XI, 251.

118. AT para GB, 11 de janeiro de 1855, OC VIII:2, 262.

119. AR, 153; OP III:197.

120. Gannett, *Tocqueville Unveiled*, 140.

121. AT para HT, 18 e 23 de agosto, e 6 de outubro de 1855, OC XIV, 309-13.

122. OR II:371; OP III:445.

123. AR, 144; OP III:188.

124. Gannett, *Tocqueville Unveiled*, 106.

125. AR, 128-29; OP III:170-71.

126. OP III:1060n.

127. AT para GB, 24 de abril de 1856, OC VIII:3, 394.

128. Lewis para AT, 31 de julho de 1856, OC VI:3, 203; AT para Lewis, 13 de agosto de 1856, OC VI:3, 210; Lewis para AT, 3 de novembro de 1856, OC VI:3, 226; Mona Ozouf, "Régénération", in *Dictionnaire critique de la révolution française*, ed. François Furet e Mona Ozouf (Paris: Flammarion, 1988), 821-31.

129. AR, 16; OP III:207.

130. AT para Ampère, 25 de novembro de 1855, OC XI, 302.

131. AT para GB, 31 de janeiro e 17 de fevereiro de 1856, OC VIII:3, 360, 370.

132. AT para GB, 22 de fevereiro de 1856, OC VIII:3, 373.

133. GB para AT, 8 de março de 1856, OC VIII:3, 377-78; AT para GB, 17 de março de 1856, OC VIII:3, 379.

134. Gannett, *Tocqueville Unveiled*, 142.

135. AT para Lieber, 1º de setembro de 1856, OC VII, 178.

136 AR, 4, 169; OP III:46, 215.

O HOMEM QUE COMPREENDEU A DEMOCRACIA 451

11. CATOLICISMO E LIBERDADE

1. AT, *The Ancient Regime and the French Revolution*, ed. Jon Elster, tradução de Arthur Goldhammer (Cambridge: Cambridge University Press, 2011) (de agora em diante AR), 182; *L'ancien régime et la revolution*, in OP III:228-29.
2. GB para AT, 25 de junho de 1856, OC VIII:3, 417.
3. AT para Rivet, 20 de janeiro de 1857, OC XVII:3, 367.
4. AT para GB, 19 de outubro de 1856, OC VIII:3, 440.
5. AT para LK, 28 de agosto de 1856, OC XIII:2, 307-10.
6. AT para Hubert, 23 de fevereiro de 1857, OC XIV, 328.
7. AT para LK, 28 de agosto de 1856, OC XIII:2, 308-9.
8. AT para Lieber, 1º de setembro de 1856, OC VII, 178.
9. AT para Grote, 30 de outubro de 1856, OC VI:3, 223; Byung-Hoon Suh, "Mill and Tocqueville: A Friendship Bruised", *History of European Ideas* 42 (2016): 55-72.
10. JSM para AT, 15 de dezembro de 1856; AT para JSM, 19 de dezembro de 1856, OC VI:1, 350-51.
11. Françoise Mélonio, *Tocqueville and the French*, tradução de Beth G. Raps (Charlottesville: University of Virginia Press, 1998), 98-99.
12. GB para AT, 8 de julho de 1856, OC VIII:3, 423; AT para Corcelle, 15 de novembro de 1856, OC XV:2, 186; AT para Freslon, 20 de agosto de 1856, OC XVII:3, 305; LC, 1189.
13. AT para Swetchine, 7 de janeiro de 1856, OC XV:2, 269. Sobre a acusação ao Segundo Império, ver Richard Herr, *Tocqueville and the Old Regime* (Princeton, NJ: Princeton University Press, 1962), 118-19.
14. AR, 14; OP III:56.
15. AT para Corcelle, 1º de agosto de 1850, OC XV:2, 29. AT havia tomado nota dos mesmos pensamentos anteriormente, em Filadélfia; ver capítulo 3.
16. AT para GB, 5 de setembro de 1856, OC VIII:3, 435.
17. GB para AT, 8 de julho de 1856, OC VIII:3, 423; AT para Ampère, 18 de setembro de 1856, OC XI, 346.
18. AT para Bouchitté, 8 de janeiro de 1858; 21 de outubro de 1855, OC XVII:3, 461, 220.
19. Agnès Antoine, *L'impensé de la démocratie: Tocqueville, la cittoyenneté et la religion* (Paris: Fayard, 2003), 176.

452   OLIVIER ZUNZ

20. Tatyana V. Bakhmetyeva, *Mother of the Church: Sofia Svechina, the Salon, and the Politics of Catholicism in Nineteen-Century Russia and France* (DeKalb: Northern Illinois University Press, 2016), 177, 184.

21. George Armstrong Kelly, *The Humane Comedy: Constant, Tocqueville, and French Liberalism* (Cambridge: Cambridge University Press, 1992), 114-33.

22. Alexis de Tocqueville, "Conversation with Mr. Mullon", Caderno de Anotações, 1, in *Alexis de Tocqueville and Gustave de Beaumont in America: Their Friendship and Their Travels*, ed. Olivier Zunz, tradução de Arthur Goldhammer (Charlottesville: University of Virginia Press, 2010), 221-22; OP I:46.

23. AT para Corcelle, 13 de novembro de 1856, OC XV:2, 183.

24. AT para Corcelle, 23 de outubro de 1854, OC XV:2, 121.

25. AT para Corcelle, 10 de março de 1857, OC XV:2, 199-200; ver também Austin Gough, *Paris and Rome: The Gallican Church and the Ultramontane Campaign, 1848-1853* (Oxford: Clarendon Press, 1986), 61-79; Émile Perreau-Saussine, *Catholicism and Democracy: an Essay in the History of Political Thought*, tradução de Richard Rex (Princeton, NJ: Princeton University Press, 2012), 69-80.

26. Alfred de Falloux, *Madame Swetchine: Sa vie et son oeuvre*, 10ª ed. (Paris, 1869), 229-30.

27. *Mémoires du vicomte Armand de Melun*, ed. conde Le Camus (Paris, 1891), 1:174.

28. Jean Gaulmer, "Introduction", in Arthur de Gobineau, *Oeuvres*, Bibliothèque de la Pléiade (Paris, Gallimard, 1983), 1:ix-lvii.

29. AT para AG, 15 de maio de 1852, OC IX, 197.

30. Gaulmier, "Introduction", 1:xi.

31. AG, *Essai sur l'inégalité des races humaines* (Paris, 1853), in *Oeuvres*, 162-63.

32. AT para GB, 29 de janeiro de 1854, OC VIII:3, 186.

33. AT para Corcelle, 10 de junho de 1854, OC XV:2, 104-5; AT para Adolphe de Circourt, 15 de outubro de 1853, OC XVIII, 110.

34. AT para AG, 17 de novembro de 1853, in Alexis de Tocqueville, *The European Revolution and Correspondence with Gobineau*, ed. e trad. John Lukacs (Garden City, NY: Doubleday, 1959), 226-30; OC IX, 202-3.

35. AT para Charles Stöffels, 14 de abril de 1842, OC XVII:2, 176.

36. AT para AG, 17 de novembro de 1853, OC IX, 202.

37. Edward Lurie, *Louis Agassiz: A Life in Science* (Baltimore: Johns Hopkins University Press, 1988), 264.

O HOMEM QUE COMPREENDEU A DEMOCRACIA · 453

38. Reginald Horseman, *Josiah Nott of Mobile: Southerner, Physician and Racial Theorist* (Baton Rouge: Louisiana State University Press, 1987), 87, 207.

39. Michael D. Bidiss, *Father of Racist Ideology: The Social and Political Thought of Count Gobineau* (Nova York: Weybright and Talley, 1970), 147.

40. AT para Rémusat, 28 de janeiro de 1857, OC XVII:3, 373.

41. Alexis de Tocqueville, "Testimony against Slavery", *The Liberty Bell: By Friends of Freedom* 14 (1856): 29-30.

42. AT para Charles Sumner, 14 de novembro de 1857, OC VII:198; Edward L. Pierce, *Memoir and Letters of Charles Sumner* (Boston, 1893), 3:548-49.

43. AT para Pisieux, 21 de setembro de 1857, OC XVII:3, 428; LC, 1263.

44. AT para Reeve, 22 de setembro de 1857, OC VI:1, 236; AT para Lady Theresa Lewis, 5 de agosto de 1857, OC VI:3, 259-60.

45. AT para Hatherton, 27 de novembro de 1857, OC VI:3, 281.

46. AT para Theresa Lewis, 18 de outubro de 1857, OC VI:3, 275.

47. AT para Theresa Lewis, 18 de outubro de 1857, OC VI:3, 275-76.

48. AT para Grancey, 8 de outubro de 1857, OC XVII:3, 431; LC, 1268.

49. AT para Reeve, 30 de janeiro de 1858, OC VI:1, 255.

50. AT para Hatherton, 27 de novembro de 1857, OC VI:3, 281.

51. AT para Reeve, 30 de janeiro de 1858, OC VI:1, 253-54.

52. AT para Hatherton, 6 de março de 1858, OC VI:3, 288-90.

53. AR, 4, OP III:47.

54. AT para GB, 6 de agosto de 1856, OC VIII:3, 428n; Alexis de Tocqueville, *The Old Regime and the Revolution*, ed. François Furet e Françoise Mélonio, tradução de Alan Kahan, 2 volumes (Chicago: Chicago University Press, 1998) (de agora em diante OR), II:168-77; OP III:618-30.

55. François Furet e Françoise Mélonio, "Introduction", OR II:5-6; OP III:1121.

56. AT para Duvergier de Hauranne, 1º de setembro de 1856, OC XVII:3, 316; LC, 1201.

57. OR II:28; OP III:456.

58. AT para Lanjuinais, 11 de fevereiro de 1857; AT para Rémusat, 14 de março de 1857; AT para Freslon, 9 de dezembro de 1857; AT para Rivet, 24 de dezembro de 1857, OC XVII:3, 377, 389, 448-49, 456.

59. Senior, "Conversations", 1857; OC VI:2, 481-86; AT para Senior, 10 de julho de 1857, OC V:2, 201.

60. AT para Marie, 27 de junho de 1857, OC XIV, 607.

61. AT para Marie, 25 de junho de 1857, OC XIV, 605; AT para Senior, 2 de julho de 1853, OC VI:2, 161.

454 OLIVIER ZUNZ

62. Colin Higgins, "Seeing Sights That Don't Exist": Karl Marx in the British Museum Round Reading Room", *Library and Information History* 33, n. 2 (2017): 81-96.

63. AT para Reeve, 8 de agosto de 1857, OC VI:1, 232-45; AT para Pisieux, 21 de setembro de 1857, OC XVII:3, 427; LC, 1262.

64. AT para Marie, 22 de julho de 1857, OC XIV, 625.

65. AT para Sumner, 14 de novembro de 1857, OC VII, 217-18.

66. AT para Freslon, 3 de fevereiro de 1857, OC XVII:3, 374.

67. AT para LK, 16 de maio de 1858, OC XIII:2, 338.

68. AT, "Notes sur la révolution française de Thiers", OC XVI, 537.

69. DA II, 572; OP II:600.

70. AT, *Recollections: The French Revolution of 1848 and Its Aftermath*, ed. Olivier Zunz, tradução de Arthur Goldhammer (Charlottesville: University of Virginia Press, 2016), 45; OP III:776.

71. AT para Duvergier de Hauranne, 1º de setembro de 1856, in *The Tocqueville Reader: A Life in Letters and Politics,* ed. Olivier Zunz e Alan S. Kahan (Oxford: Blackwell, 2002), 273-74; OC XVII:3, 315-16; LC, 1200-201.

72. OR II:237-39; OP III:690-92.

73. AT para Michelet, fevereiro de 1840 e 27 de abril de 1840, OC XVII:2, 68-69, 71-72.

74. Pierce, *Memoir and Letters of Charles Sumner*, 3:531-32.

75. Jules Michelet, "Préface", outubro de 1868, in *Histoire de la révolution française*, Bibliothèque de la Pléiade (Paris: Gallimard, 2019), 2:1109-10.

76. Furet e Mélonio, "Introduction", OR II:8-9; OP III:1124.

77. Keith Baker, "Tocqueville's Blind Spot? Political Contestations under the Old Regime", *The Tocqueville Review/La revue Tocqueville* 27 (2006): 265-66.

78. OR: 67-68; OP III:504-6.

79. R. R. Palmer, "Introduction", in *The Two Tocquevilles: Father and Son; Hervé and Alexis de Tocqueville on the Coming of the French Revolution* (Princeton, NJ: Princeton University Press, 1987), 31. Historiadores têm debatido se uma "reação aristocrática" contra o absolutismo real ocorreu durante o Ancien Régime.

80. OR II:46; OP III:479-80.

81. Hervé de Tocqueville, *Survey of the Reign of Louis XVI* in Palmer, *The Two Tocquevilles*, 92; *Coup d'oeil sur le régne de Louis XVI: Depuis son avènement à la couronne jusqu`à la séance du 23 juin 1789: Pour faire suite à l'histoire philosophique du règne de Louis XV* (Paris, 1850), 277.

O HOMEM QUE COMPREENDEU A DEMOCRACIA   455

82. François Guizot para AT, 30 de junho de 1856, carta reproduzida parcialmente em OC XVI, 343n; também em Lucien Jaume, *Tocqueville: The Aristocratic Sources of Liberty*, tradução de Arthur Goldhammer (Princeton, NJ: Princeton University Press, 2013), 285-86.

83. OR II:49, 64; OP III:482, 500.

84. OR II:57; OP III:492.

85. Michelet, *Histoire de la revolution française*, 72-73.

86. Louis Blanc, *Histoire de la revolution française*, 12 volumes. (Bruxelas, 1847-62), 2:179.

87. OR II:203; OP III:655.

88. AT para Marie, 18 de abril de 1858, OC XIV, 637.

89. OR II:162; OP III:610-11.

90. David Bien, "Aristocratie", in *Dictionnaire critique de la révolution française*, ed. François Furet e Mona Ozouf (Paris: Flammarion, 1988), 639-52.

91. OR II:98-99, 103; OP III:537-38, 542.

92. OR II:57, 108; OP III:492, 548.

93. DA I, 172; OP II:171.

94. AT para LK, 16 de maio de 1858, OC XIII:2, 337.

95. AT para Grancey, 18 de novembro de 1857, OC XVII:3, 444.

96. Com a notável exceção de seu ensaio datado de 1836, intitulado "Political and Social Condition of France", escrito por solicitação de JSM para a *London and Westminster Review*; OP III:1-40.

97. AT para Grote, 23 de julho de 1858, OC VI:3, 294-95.

98. AT para Milnes, 22 de julho de 1858, OC VI:3, 293-94; AT para Hubert, 28 de julho de 1858, OC XIV, 349; AT para GB, 21 de maio de 1858, OC VIII:3, 569-70.

99. AT para Ampère, 30 de agosto de 1858, OC XI, 408-9.

100. AT para Édouard, 16 de setembro de 1858, OC XIV, 351-52.

101. André Jardin, *Tocqueville: A Biography* (Baltimore: Johns Hopkins University Press, 1998), 525.

102. AT para Lanjuinais, 7 de fevereiro de 1859, OC XVII:3, 551; LC, 1327-28.

103. AT para GB, 24 de dezembro de 1858, OC VIII:3, 613.

104. AT para JSM, 9 de fevereiro de 1839, OC VI:1, 351-52.

105. AT para Lanjuinais, 10 de março de 1859, OC XVII:3, 561.

106. AT para Brougham, março de 1849, OC VI:1, 283-84.

107. AT para Duvergier de Hauranne, 25 de fevereiro de 1859, OC XVII:3, 558.

456 OLIVIER ZUNZ

108. AT para Corcelle, 23 de fevereiro de 1859, OC XV:2, 242-43; AT para Grancey, 3 de dezembro de 1858, OC XVII:3, 536-37; AT para Hubert, 17 de março de 1859, OC XIV, 369-70.
109. AT para GB, 4 de março de 1869, OC VIII:3, 616.
110. John Lukacs, "The Last Days of Alexis de Tocqueville", *The Catholic Historical Review* 50 (julho de 1964): 155-70.
111. Senior, "Conversations", 1860, com GB e Mignet, OC VI:2, 502-3.

EPÍLOGO

1. "Portrait de Mme. Childe née Lee par M. de Tocqueville", OC VII, 249-51.
2. Childe para AT, 13 de janeiro de 1857, in *Tocqueville on America after 1840: Letters and Other Writings*, ed. Aurelian Craiutu e Jeremy Jennings (Cambridge: Cambridge University Press, 2009), 199.
3. Sumner para AT, 7 de maio de 1858, in Craiutu e Jennings, *Tocqueville on America after 1840*, 289.
4. *Oeuvres et correspondence inédites d'Alexis de Tocqueville*, ed. Gustave de Beaumont, 2 vols. (Paris, 1861) [tornaram-se os volumes 5 e 6 dos 9 volumes de OCB, 1864-66].
5. Charles-Augustin Sainte-Beuve, "Oeuvres et correspondance inédites de M. de Tocqueville", 31 de dezembro de 1860, in *Causeries du lundi*, 3ª ed. (Paris, 1885), 15:105.
6. Charles Eliot Norton, "Alexis de Tocqueville", *Atlantic Monthly* 8 (1861): 551-57; ver James Turner, *The Liberal Education of Charles Eliot Norton* (Baltimore: Johns Hopkins University Press), 87.
7. Olivier Zunz, "Tocqueville and the Americans: *Democracy in America* as Read in Nineteenth-Century America, in *The Cambridge Companion to Tocqueville*, ed. Cheryl B. Welch (Cambridge: Cambridge University Press, 2006), 374-78.
8. Frank Freidel, *Francis Lieber: Nineteenth-Century Liberal* (Baton Rouge: Louisiana State University Press, 1947), 325-26.
9. Matthew Mason, *Apostle of Union: A Political Biography of Edward Everett* (Chapel Hill: University of North Carolina Press, 2016), 301-6.
10. Charles Sumner, *Prophetic Voices Concerning America* (Boston, 1874), 160--164.

AGRADECIMENTOS

Muito antes da minha pretensão de narrar a vida de Alexis de Tocqueville, fui apresentado a seus escritos pelo falecido François Furet — o mais competente dos guias — quando o conheci na efervescente Paris de 1968. Dezenove anos mais velho do que eu, Furet exerceu uma profunda influência sobre meu desenvolvimento de historiador. Dez anos mais tarde comecei a lecionar no Departamento de História da Universidade da Virginia e tive outro significativo encontro com Tocqueville, ao ajudar o sociólogo Theodore Caplow a fundar a Sociedade Tocqueville, dedicada a estudos comparativos de mudança social e a lançar *The Tocqueville Review,* agora em seu quadragésimo quarto ano. Em 1985, Ted e eu organizamos um simpósio na Biblioteca do Congresso com o objetivo de comemorar os 150 anos da publicação de *A democracia na América*, de autoria de Tocqueville, quando Furet juntou-se a nós.

Mantive minha pesquisa focada na história social, intelectual e institucional dos Estados Unidos modernos durante aqueles anos, contente por ser um "tocquevilliano domingueiro". Entretanto, mediante uma série de competentes colaborações, acabei ficando mais envolvido em relação a estudos tocquevillianos. Cada novo projeto foi uma experiência de aprendizado. Alan S. Kahan e eu apoiamos a publicação de *The Tocqueville Reader* (Blackwell, 2002). Arthur Goldhammer, *extraordinaire* tradutor, solicitou-me em 2002 que revisasse sua tradução, que estava sendo feita, de *A democracia na América* (Library of America, 2004). Aquela importante tarefa forçou-me a abordar o processo de pensamento de Tocqueville de um novo modo. Então, como presidente da Tocqueville Society, em 2005, colaborei com Françoise Mélonio, em Paris, e Frank M. Turner, em Yale, para organizar encontros acadêmicos em comemoração do bicentenário do

458 OLIVIER ZUNZ

nascimento de Tocqueville. Realizamos esses encontros na Normandia, no Centro Cultural de Cerisy, e nos Archives Départementales de la Manche em Saint-Lô, perto do lar ancestral de Tocqueville; em Paris, na Academia de Ciências Morais e Políticas; e em New Haven, na Biblioteca Beinecke de Manuscritos e Livros Raros da Universidade Yale. Cada um desses encontros proporcionou-me a oportunidade de trocar ideias com os acadêmicos que estudavam Tocqueville no mundo todo. Muitos desses diálogos transformaram-se em duradouras amizades.

Art Goldhammer e eu começamos a trabalhar edições críticas dos escritos de Tocqueville: *Alexis de Tocqueville and Gustave Beaumont in America: Their Friendship and Their Travels* (University of Virginia Press, 2010). Codirigimos um seminário de verão para professores universitários em 2016. Àquela altura, numerosos amigos observaram que chegara o momento de dispor tudo isso a fim de ser apreciado e de escrever uma biografia, um setor da história que nunca abordei. Jean-Guillaume e Stéphanie de Tocqueville me convidaram para passar uma temporada em seu lar, que havia sido de Alexis de Tocqueville, explorar seus tesouros arquivísticos e desenvolver um sentimento especial em relação aos entornos da Normandia de Tocqueville.

Escrevi esta biografia com o amplo apoio de meu lar acadêmico, a Universidade da Virgínia, onde revi Tocqueville para muitos alunos, que testemunharam sua habilidade de nunca envelhecer e inspirar leitores a elaborar novos pensamentos. O Departamento de História daquela universidade, que combina o ensino com a busca de uma excelência acadêmica, facilitou minha pesquisa de muitas maneiras. O Instituto de Estudos Avançados da universidade recebeu-me generosamente como um de seus antigos professores e se disponibilizou para mim enquanto eu estava esboçando e voltando a esboçar meu manuscrito. Agradeço de todo o coração a James Davison Hunter e Ryan S. Olson sua ilimitada acolhida no instituto.

Algumas pessoas especiais ajudaram-me generosamente. Claudia Euzey-Aiken, que já havia trabalhado comigo na edição de *Recollections*, de autoria de Tocqueville, reviu diligentemente muitas partes deste livro e comentou os esboços de alguns capítulos, ao mesmo tempo que exercia uma carreira relevante no planejamento urbano. Tive muita sorte de tê-la ao meu lado. Maxwell Pingeon, que fazia seu doutorado em estudos religiosos, foi um destacado assistente de pesquisas e revelou-se especialmente capacitado

O HOMEM QUE COMPREENDEU A DEMOCRACIA

para traduzir cartas inéditas de Tocqueville. Françoise Mélonio, que dirige a comissão francesa da publicação das obras completas de Tocqueville (ver a Nota sobre as Fontes), compartilhou comigo o material ainda não publicado quando tive necessidade. Maurice Kriegel e Eric Crahan comentaram os primeiros esboços. Conforme ocorreu com meus livros anteriores, meu velho amigo Charlie Feigenoff leu todo o manuscrito com cuidado e com críticas, assim como fizeram Art Goldhammer, Jay Tolson e Priya Nelson. Alexis Blin, que traduziu este livro para o francês, também sugeriu algumas melhorias. Tenho em relação a todos eles uma dívida imensa e, ao mesmo tempo, total responsabilidade sobre deficiências de fatos e julgamentos que permanecem.

Minha esposa, Christine, meus filhos Emmanuel, Sophie e o esposo de Sophie, LaDale, e seus filhos Henry, Lila e Ernest, ajudaram-me mais do que eles imaginam.

Olivier Zunz
Charlottesville, Virgínia

ÍNDICE

Nota: No índice, AT é Alexis de Tocqueville, GB é Gustave de Beaumont, DA I é *A democracia na América* (1835), DA II é *A democracia na América* (1840) e *ARR* é *O Antigo Regime e a revolução.*

A

Abd el-Kader, 191, 262, 265, 266, 267, 273 *ver também* Algéria

Abolição pela Grã-Bretanha, 245, 246, 249-52; *ver também* escravidão

abolicionistas: e Argélia, 261; Estados Unidos, 57, 348-49, 368-69; para as ilhas caribenhas francesas, 244-50; *ver também escravidão*

Academia de Ciências Morais e Políticas: doutrinas morais e política, 229-31; eleição de AT, 184-85; ensaio de AT sobre Cherbuliez, 291-92; ensaio de Dareste, 318; ingresso na, 342; palestra de AT sobre a escravidão, 246; palestra de AT sobre o intelectual na sociedade, 314-15; palestras de Bouchitté, 233; política de votos, 151; sob Luís Napoleão, 315; tentativa de Gobineau de ingressar nela, 346, 348

Academia Francesa: colegas de AT na, 345; comunicação com colegas, 306; discurso de ingresso de AT, 258, 311, 329; eleições para a, 219-20, 224; expectativas de AT de ingressar na, 201; política de votação, 151; Prêmio Montyon, 45, 124, 151, 183; *prix de vertu,* 183; resenhas de DA I, 154; sob Luís Napoleão, 315; vencedores do Prêmio Montyon, 234, 235

Adams, John Quincy: carreira política, 83-84; convidado, 112; sobre a escravidão, 84, 104, 107; sobre facções, 92-94, 139

Agassiz, Louis, 347

Aguessau, Marie-Catherine Lesmoignon, marquesa de, 151

Albany, Nova York, 52-63

Albert (vulgo A. Martin), 284

Albert, príncipe consorte da Inglaterra, 353, 364

Alcebíades, 237

Alcorão, 262

Alemanha: feudalismo, 332-33; unificação, 298; viagens de AT a (1849), 296, 331; viagens de AT a (1854), 330-33

americanos negros, 99, 102, 110, 145; *ver também* escravidão

Ampère, Jean-Jaques: aposentadoria, 309; comunicação com AT, 210, 279, 330, 337; conhecidos mútuos com AT, 165, 240, 337; convidado de AT, 182, 302, 316, 322, 333; crítica de DA II, 217; em salões, 150; ensaio sobre a

462 OLIVIER ZUNZ

visita aos Estados Unidos, 319; morte de AT, 366; revolução de, 279

Ancelot, Jacques-François, 151, 164, 168, 220

Ancelot, Virginie, 151, 170, 242

Anselmo da Cantuária, 234, 235

Antigo Regime e a revolução, O: a pesquisa em arquivos, 316-18, 324-30; pesquisa em livros, 321-23; pesquisa na Alemanha, 330-33; planejamento e pesquisa, 311-14; recepção à pesquisa, 325-26, 339-41; sua escrita, 316, 330, 333-37; *ver também* Revolução (1789)

— TEMAS ABORDADOS: aristocracia britânica, 322; causas da Revolução Francesa, 324-29; causas das revoluções, 318, 332-33; filósofos, 320-21, 335-36; Igreja e Estado, 343; justiça administrativa, 328-29; significado da revolução, 320-21

aquisição de terras/propriedade de: Estados Unidos, 71, 268; França, 168-69, 197; Inglaterra, 168-69; Irlanda, 171; na Argélia, 268

Arago, Étienne, 212, 228, 284

Argélia: aquisição de terras/propriedade de, 268; cartas sobre (1837), 191; coexistência com árabes, 273-75; colonização, 260, 268; conquista da, 40-41, 260-63, 265-69, 272-74; modelos de colonização, 263-64; opiniões de AT sobre a colonização, 191-92, 273-75; 350-51; visita de AT (1841), 264-66; visita de AT (1846), 272-73; *ver também Travail sur l'Algérie* (AT)

Argentina, 297

aristocracia: Alemanha, 332-33; aristocracia industrial, 173-74, 206, 310;

e democracia, 203-05; e igualdade, 130-31, 197-98; e liberdade, 11-12, 196-98; França, 22-23, 322-23, 328, 359-60; Inglaterra, 36-37, 125-29; transformação na França, 12-13; *ver também* feudalismo

Aristóteles, 181

Arquimedes, 209

Astor, John Jacob, 60

Austin, Sarah, 177-78

Austin, William, 88

Áustria, 255, 298

Avenir, L' (jornal), 129, 149, 170, 342

B

Babbage, Charles, 189

Babeuf, Gracchus, 290

Bacon, Francis, 181

Ballanche, Pierre-Simon, 150, 151, 219, 229, 240

Baltimore, Maryland, 91, 95-96

Balzac, Honoré de, 35, 155, 225

Bancroft, George, 292-93

Barante, Prosper de, 36

Barbès, Armand, 227

Barclay, James J., 47

Barrot, Odilon: aposentadoria, 308; comitê constitucional, 293-94; como chefe de ministros, 296, 297; controvérsia sobre a liberdade de ensino, 237; e monarquia constitucional, 305-06; eleição para a Academia de Ciências Morais e Políticas, 315; política e a coalizão Thiers-Barrot-Guizot, 194-95, 196; política e debates sobre a reforma, 184, 180, 211-12; política, 220, 222-24, 241, 242; Revolução de 1848, 278

Barthe, Félix, 47

O HOMEM QUE COMPREENDEU A DEMOCRACIA   463

Baudry de Balzac, Jean-Baptiste, 190

Beauharnais, Josephine de, 20

Beaumont, Achille Bonnin de la Bonninière, 100

Beaumont, Clémentine Bonnin de la Bonninière, 222, 336, 366; *ver também* Beaumont, família

Beaumont, família, 182, 316, 331, 334, 337, 364

Beaumont, Gustave Bonnin de la Bonninière de: acordo de não competição com AT, 173; amizade com AT, 34, 36, 179, 182, 322, 362, 366; apoio para a duquesa de Berry, 117; cartas e ensaios publicados por AT, 368-69; comitê constitucional, 293, 294; como autor, 49, 158-59, 173, 270; como embaixador, 297; como promotor, 43, 115-16; crenças políticas, 118-19; durante a epidemia de cólera, 114; e *ARR*, 334, 337, 339; e o movimento abolicionista, 297; esboço de leituras de DA I, 131; na Câmara, 222, 224, 226-27, 238, 242, 273; prêmio da Légion d'Honneur, 187; reforma das prisões e relatório sobre as penitenciárias, 119-26, 198-200; reforma das prisões, 45-46, 226-27; retorno de AT à Normandia, 338; Revolução de 1848, 278; rompimento da amizade com AT, 237, 242; sob Luís Napoleão, 309; sobre a fé de AT, 366; viagem com AT à Argélia, 264, 266; viagem com AT à Inglaterra, 162-70; viagem com AT à Irlanda, 170-72; *ver também* Tocqueville, Alexis de, viagens aos Estados Unidos e ao Canadá

— NOS ESTADOS UNIDOS: discordâncias com AT sobre observações, 64; sobre Albany, Nova York, 63; sobre Azariah Flagg, 62; sobre Boston, 81; sobre o Canadá, 79; sobre o caráter norte-americano, 62-63; sobre diplomatas franceses, 91; sobre aquisição de terras, 71; sobre o encontro com o presidente Jackson, 112; sobre relações raciais, 100; motivos para viajar, 48; sobre a religião e o comércio, 61-62; sobre a intolerância religiosa, 75; esboços por, 58; sobre turistas, 74; Alexis de Tocqueville, viagens nos Estados Unidos e no Canadá; *ver também* Estados Unidos; Tocqueville, Alexis de, viagens aos Estados Unidos e ao Canadá

— COMUNICAÇÃO COM AT, 37-38, 47, 114, 127, 129, 132, 188, 189, 195-96, 203, 206, 207, 220, 266, 267, 268, 283, 296, 300, 316, 324, 333, 336, 346

Beaumont, Louis de, 41

"Bébé". *Ver* Lesueur, Christian ("Bébé")

Bedeau, Marie Alphonse, 308, 331

Beecher, Catherine, 207

Begin, François, 36

Begin, Rosalie. *Ver* Malye, Rosalie

Belam, Elizabeth, 353

Belgiojoso, Cristina, 151

Bentham, Jeremy, 46, 97, 162-63, 165

Benton, Thomas Hart, 176

Berbrugger, Louis-Adrien, 266

Berry, Charles-Ferdinand d'Artois, duque de, 26

Berry, Marie-Caroline de Bourbon Sicile, duquesa de, 26, 116-18

Biblioteca Nacional, 313-14

Biddle, John, 71-72

Biddle, Nicholas, 93-94, 111

Blackstone, William, 322

Blaize, Candide, 36

Blanc, Louis: AT denúncia de, 185; crítica de DA I, 153-54; crítica de DA II, 219; direito de trabalhar, 293; eleição na Assembleia Constituinte, 284; história da revolução, 357-59; leitura de AT, 242; reforma eleitoral, 213; revolta dos trabalhadores (1848), 285; sobre a colonização, 191, 261; *ver também* socialismo/socialistas

Blanqui, Louis-Auguste, 227

Blosseville, Ernest de: comunicação com AT, 39, 56; e a reforma das prisões, 45, 120; e Revolução de 1830, 41, 42; relacionamento com AT, 34, 129; tradução por, 71

Bonald, Louis de, 220

Bordeaux, duque de (conde de Chambord), 116, 117, 305-06

Bossuet, Jacques Bénigne, 27, 181

Boston, Massachusetts, 81-83, 84-89, 91, 121

Bouchitté, Louis, 34, 96, 190, 233-34, 235, 342

Boulatignier, Sébastien, 308, 329

Bourbon, família: abdicação, 37; conspirações contra a Monarquia de Julho, 114-18; conspirações contra os Orléans, 114-19; durante a Restauração, 22-26, 152; no exílio, 322; questões relativas à sucessão, 305-06; Revolução de 1830 contra, 42

Bourbon, Louis-Henri, duque de, 115

Bourdaloue, Louis, 27, 323

Bowne, Walter, 51, 52

Bowring, John, 166, 198

Bretonneau, Pierre, 322

Bricqueville, Armand, conde de, 188-90

Brissot de Warville, Jacques Pierre, 97, 363

Britânico, Museu, 353, 354

Broglie, Victor, duque de, 245, 248-50, 256

Brooks, Van Wyck, 84

Brougham, barão Brougham e Vaux, 163, 252, 365

Brown, James, 96, 107

Buchanan, James, 348

Buchez, Philippe, 155

Buffalo, Nova York, 69

Buffon George-Louis Leclerc, conde de, 345

Bugeaud, Thomas Robert: na Argélia, 191, 265, 267, 270, 272-73, 275, 350; na Fortaleza de Laye, 117; Revolução de 1848, 278

Bulfinch, Charles, 82

Buloz, François, 352

Bulwer-Lytton, Edward, 166

Bunsen, Charles von, 331, 365

Burke, Edmund, 319-20, 321

Bussière, Auguste, 272

Byron, Ada, 164

C

Cabet, Étienne, 290

cadernos de queixas, 329-30

Calhoun, John C., 92, 145

Cambreleng, Churchill, 60

Campe, Joachim-Heinrich, 65

Canadá, 78, 80

Canrobert, François Certain de, 272

Carlos X: controle das universidades, 31; corte de, 115; entronização, 33; invasão da Argélia, 40-41; políticas de, 37; Revolução de 1830, 39-40

Carné, Louis de, 156-57, 185

O HOMEM QUE COMPREENDEU A DEMOCRACIA   465

Carnot, Hippolyte, 226

Carroll, Charles, 95, 100

Carroll, James, 95

Casa de Reforma (sul de Boston), 89

Castellane, Cordélia de, 151

castelo de Tocqueville, 20, 36, 125-27, 179-80, 182, 316, 334, 339

Catarina, a Grande, imperatriz da Rússia, 271

catolicismo: aceitação do catolicismo por AT, 366; compatibilidade com a liberdade 149; Irlanda, 170; *ver também* Igreja católica

católicos: Partido Católico, 241; preconceito contra protestantes, 155; salão para, 342-44

Cavaignac, Louis-Eugène, 287, 288, 289, 295, 298

Cavour, Camillo, 168

centralização: como causa da revolução, 324-29; dúvidas de AT sobre a, 55, 85; França 137, 294, 326-29; Guizot sobre, 39; Inglaterra, 128-29; nas prisões, 123

César, Júlio, 346

Cessac, Jean-Gérard Lacuée, conde de, 220, 258

Chabrol, Ernest de, 34, 43, 129, 309; comunicação com AT, 49, 55, 58, 72, 87, 90, 107, 121, 133

Chadwick, Edwin, 160

Chambolle, François-Adolphe (Michel--Auguste), 181-82, 222, 227, 237, 308

Chambord, Henri, conde de (duque de Bordeaux), 116, 117, 201-02

Channing, William Ellery, 87

Chapman, Maria Weston, 348

Chase, Salmon, 102

Chassériau, Théodore, 272

Chateaubriand, Aline-Thérèse de (Aline-Thérèse de Rosanbo, tia de AT), 13

Chateaubriand, Christian de (primo de AT, criado pelo pai de AT), 13

Chateaubriand, François René, visconde de: apoio para tentativa de golpe, 116; assistência a AT, 47, 150; como embaixador, 39; como ministro do Exterior, 26; crítica de DA I, 148--49; encorajamento para DA II, 195; influência sobre os escritos de AT, 132; morte, 294; povos indígenas americanos como figuras míticas, 65; relacionamento com a família de AT, 21; sobre George Washington, 45; sobre Verneuil, 20

Chateaubriand, Geoffroy de (primo de AT criado pelo pai de AT), 13

Chateaubriand, Jean-Baptiste de (esposo da tia de AT), 13

Châtelet, Émilie du, 336

Cherbourg, França: aspirações políticas de AT, 188-90; associações de trabalhadores na, 29; ferrovia até, 302, 364

Cherbuliez, Antoine-Elysée, 291-92; ensaio sobre (AT), 291-92

Cherry Hill, Prisão de (Penitenciária Estadual do Leste), 97-98

Chevalier, Michel, 89, 206

Childe, Catherine Mildred, 367

Childe, Edward Vernon, 367, 368

Cícero, 27

Cincinnati, Ohio, 101-02

Circourt, Alphonse de, 331, 346, 362

Circourt, Anastasie de, 318

Clamorgan, Paul, 193, 287

Clarendon, George William Frederick Villiers, lorde, 353, 354

Clarke, Mary, 150, 170

classe média, 36, 59, 95, 127, 150, 155, 164, 170, 177, 184, 243, 257-59, 305

Clay, Henry, 83

Clay, sr. (agricultor na Georgia), 89

Clayton, John, 296-97

Clérel, Guillaume (Clarel), 37

Combalot Théodore (abade), 236

Combarel de Leyval, Mathieu, 222, 224

Commerce, Le (jornal), 224-25, 236, 237, 239-40, 242, 260

Comte, Auguste, 242

Condorcet, Nicolas de Caritat, marquês de, 68

Considerant, Victor, 242, 293

Constant, Benjamin, 235, 313-14

Constituição dos Estados Unidos, 109, 136-38, 291-96

Constitutionnel, Le (jornal), 224, 225, 235

Coolidge, Joseph, Jr., 108

Cooper, James Fenimore, 46, 47, 49, 65

Corbon, Claude Antime, 293

Corcelle, família, 182, 316, 334

Corcelle, Francisque de: amizade com AT, 182, 309, 316, 321, 334, 341-42, 362; caridade por, 243; com AT na Argélia, 264-66; com *Le Commerce*, 224, 239; como editor, 314; crítica de DA I, 152-53; enviado ao Vaticano, 299-300; esboço e leituras de DA II, 207; na Câmara, 222, 241; sob Luís Napoleão, 309
— COMUNICAÇÃO COM AT, 181, 207, 208, 222, 225, 237, 273, 300, 310, 321-22

Cormenin, Louis, 243, 329

Corne, Hyacinthe, 235

Courrier français, Le (jornal), 152

Cousin, Victor: Academia de Ciências Morais e Políticas, 200, 229, 342; Academia Francesa 220, 331; controvérsia sobre a liberdade de ensino, 234; crise do Oriente, 256; demissão da universidade, 31, 315; filosofia de, 152; nos salões, 150

Coutances, bispo de, 231

Cranche, John Mary Joseph, 96

Crawford, William, 198, 199

Creoules na Louisiana, 108

Crimeia, Guerra da, 310

Crockett, Davy, 104, 282

Cromwell, Oliver, 267

Crozes, Abraham Sébastien, 226

Curtis, Jared, 88

Custine, Astolphe-Louis-Léonor, marquês de, 155

Cuvier, Georges, 174

D

Dahlmann, Friedrich Christoph, 332

Damas-Crux, Catherine-Antoinette de (avó paterna de AT), 22

Daniel, Jacques-Louis, abade, 231

Dante, Alighieri, 170, 368

Dareste de la Chavanne, C., 318

Decazes, Élie-Louis, 25-26, 45

Delavigne, Casimir, 220

Delessert, Benjamin, 189

Demetz, Frédéric-Auguste, 199

democracia na América, A (1835): comentários de AT sobre, 16-17; décima-segunda edição (1848), 137, 176, 291; edição norte-americana (1838), 174-76; escrita de, 100, 112, 130-36; fundamento lógico para estudar os Estados Unidos, 19; ideias preliminares para, 58; incompreensão de,

O HOMEM QUE COMPREENDEU A DEMOCRACIA 467

176; objetivo de AT ao escrever, 129; receptividade de, 147, 148-57, 165, 200, 357; receptividade na Inglaterra, 174-76; receptividade nos Estados Unidos, 174-76; sua influência na teoria política norte-americana, 139; sua renovação durante e após a Guerra Civil, 368-70; *ver também* Estados Unidos; *A democracia na América* (1840); Tocqueville, Alexis de, ideias e crenças
— TEMAS ABORDADOS: advogados, 141; ameaças à União, 111, 143-46, 367; aplicabilidade como modelo norte-americano na França, 122; associações políticas e civis, 91-94, 138-42; ausência de organização industrial, 153; caráter nacional, 134; Constituição dos Estados Unidos, 136-38;costumes compartilhados, 59, 141, 146; costumes sexuais, 178; dúvida religiosa, 149; escravidão, 102-03 (*ver também* escravidão); governo versus administração, 85, 136; governos locais, 59; hábitos cordiais, 136, 141; igualdade como nivelação, 12, 130, 135; igualdade dos prisioneiros, 124; igualdade e democracia, 130, 176; igualdade na liberdade, 311; liberdade de associação, 62; liberdade e igualdade, 124, 134-35; liberdade nas instituições políticas, 188; limites da liberdade, 293, 363; o júri, 141; partidos políticos, 93-94; pobreza, 159; poder da maioria, 84; ponto de partida, 85; povos indígenas americanos, 133-43 (*ver também* povos indígenas americanos); pragmatismo, 141; previsão

do domínio anglo-americano, 248; relacionamento com os estados da federação, 58, 92; relações raciais, 102, 110, 143-46; religião e liberdade, 57; separação da Igreja e do Estado, 343; sufrágio universal, 214; tirania da maioria, 142-43, 175, 176; tolerância e esclarecimento, 228
democracia na América, A (1840): elaboração de, 173; escrita de, 201-10; historiografia, 355; planos para sua divulgação, 158-59; recepção, 1216-20, 243, 257-58; reconcepção de, 162; *ver também* Estados Unidos; *A democracia na América* (1835); Tocqueville, Alexis de, ideias e crenças
— TEMAS ABORDADOS: aristocracia industrial, 173-74, 206, 310; artes teóricas e ciências, 209; associações, 205; autogoverno, 208; autointeresse, 205; democracia e aristocracia contrastadas, 203-06; despotismo suave, 38, 209; individualismo, 205; iniciativas individuais, 208; liberdade e igualdade, 204-08; papéis de gênero, 206-07; revoluções, 207-08, 223; vida do intelecto, 206
"Des révolutions dans les sociétés nouvelles" (AT), 208
Descartes, René, 181
descentralização; *ver* centralização
Desgarets, Nicolas, cônego, 233
Desjobert, Amédée, 191
Detroit, Michigan, 70-71
Dezeimeris, Jean-Eugène, 224
Dickens, Charles, 161
Didot, Firmin, 337
Dino, Dorothée de Courlandes, duquesa de, 151, 181, 220

direito ao trabalho, 229, 286, 293, 303

doutrinários: monarquia parlamentar, 149; reações a DA I, 155; reconciliação, 25; reforma eleitoral, 184, 213; reformas universitárias, 31-33

Drake, Daniel, 102

Dublin, arcebispo de, 127

Dubois, Jean-Antoine, abade, 264

Duchâtelet, Émilie; ver Châtelet, Émilie du

Duer, William Alexander, 293

Dufaure, Jules Armand: amizade com AT, 322, 362; aposentadoria, 308; comitê constitucional, 293, 294; na Câmara, 223, 241, 270

Dumas, Alexandre, 225

Dupanloup, Félix, 232, 236, 331, 366

Dupin, Charles, barão, 190, 245

Duponceau, Pierre-Étienne, 95, 99

Dupuch, Antoine-Adolphe, 266

Durant de Saint André, Esprit André, barão, 51

Duvergier de Hauranne, Prosper: comunicação com AT, 161, 356, 365; influência sobre AT, 170; no exílio, 308; nos salões, 172; reforma das prisões, 226; reforma eleitoral, 213, 214, 278

Dwight, Louis, 88, 89

E

économistes (fisiocratas), 323, 335

Edwards, senhorita (viajante), 54

Egito e crise do Oriente, 253-60

Eichtal, Gustae d', 242

Emancipação; ver abolição pela Grã--Bretanha; abolicionistas

Emmet, Robert, 54

Enfantin, Barthélemy-Prosper, 242

Engels, Friedrich, 170

Enghien, Louis- Antoine, Henri de Bourbon, duque de, 115

epidemia de cólera, 113-14

Erie, Canal, Nova York, 63, 66, 69

escravidão: ilhas do Caribe francês, 263-71; *ver também* abolicionistas; preconceito racial; tráfico de escravizados

— NOS ESTADOS UNIDOS: como fonte dos problemas norte-americanos, 96; economia sob a escravidão, 102-04; expansão da, 248; justificativa da, 106-07; opressão racial, 99; primeiros encontros de AT com a, 90; psicologia inter-racial, 109-10; rio Ohio, entre estados livres e estados escravagistas, 247; temor sobre uma guerra de raças, 100, 109-10

Estados Unidos: aquisição de terras, 71, 268; associações políticas e civis, 91--94; autogoverno local, 85, 86; bicameralismo legislativo, 68; brindes em jantares, 52, 55; caráter nacional, 134, 216; cidades, 56; comércio 49, 58, 61, 63, 89, 91-92; Constituição como modelo para a França, 291-96; costumes sexuais, 56, 89, 107; crise de nulificação, 92, 145; democracia jacksoniana, 49; descentralização, 85-86; diferenças de classe, 52; diversidade étnica e racial, 73; diversidade racial, 70, 73; divisões políticas, 62, 82-84, 93-94, 95; escolhas eleitorais, 102; escravidão, 84, 91, 99-100, 102--04, 107, 109-10, 248; governança, 67--68; Guerra Civil, 367-71; Guerra de 1812, 70; inauguração do cemitério de Gettysburg, 369-70; Judiciário, 56, 68, 328; júris, 89; liberdade de

imprensa, 68; liberdade e igualdade, 368, 369; mapas das viagens de AT, 8-10; moinhos têxteis de Lowell, 206; movimento abolicionista, 57, 348-49, 368-69; mulheres, 55, 107, 207, 348; natureza em, 65-66, 77; navegação interestadual, 50; negros livres, 109, 110; pânico financeiro (1857) 355; pobreza, 158; elogios dos franceses, 45; populismo na política, 90, 95; princípios constitucionais e legais, 68; princípios legais, 167; prosperidade como ameaça à União, 110; relacionamento federal-estadual, 92, 145; relações de raça, 69, 99-100, 102, 107, 109, 110; relações franco-americanas, 148, 296-97; residentes franceses, 90, 106, 107; Segundo Banco dos Estados Unidos, 62, 93, 102, 148; sistema legal na Louisiana, 107-08; sistema legal, 55-56, 67, 107-08; socialismo, 290; sufrágio universal, 104; violência no sul, 102; *ver também democracia na América, A* (1835); *democracia na América, A* (1840); nativos-americanos; prisões e reforma das prisões *abaixo*; religião *abaixo*; Tocqueville, Alexis de, viagens aos Estados Unidos e ao Canadá
— PRISÕES E REFORMA DAS PRISÕES: Boston, 88, 121; Cadeia da Walnut Street (Pensilvânia), 97; modelo da Pensilvânia, 97-99, 123, 199; Nova York, 53; Penitenciária de Sing Sing (Nova York), 53, 66; Penitenciária Estadual do Leste (Pensilvânia), 47, 97-99; Penitenciária Estadual do Oeste (Pensilvânia), 101; Prisão Esta-

dual de Auburn (Nova York), 66-67; Prisão Estadual de Wethersfield (Connecticut), 90, 199; relatório sobre o sistema penitenciário (AT e GB) 119-25, 198-200, 225-26; sistema de Auburn, 53, 66-67, 88, 90, 123, 199; *ver também* prisões e reforma das prisões
—RELIGIÃO: associações, 139; conversão de povos indígenas americanos, 74, 75; e comércio, 49, 61; Igreja católica, 57, 68, 96; Igreja e Estado, 86-88; intolerância denominacional, 73, 75; protestantismo, 57, 64-65, 86-88, 96; quacres, 97, 122; *shakers*, 64
État social et politique de la France avant et après 1789 (AT), 197, 326-27
Européen, L' (periódico), 155
Everett, Alexander, 83-84
Everett, Edward, 111, 174, 175, 292, 367, 369

F
Falloux, Alfred de, 296, 299, 343, 344
Faucher, Léon, 152-53, 199, 227, 265, 269
Ferdinando VII da Espanha, 26
Ferté Meun, Elizabeth de la (prima de AT), 113
Feuchères, Sophie Dawes, baronesa de, 115
Feudalismo: Canadá, 79; França, 80, 317, 318; Alemanha, 332-33; *ver também* aristocracia
Fieschi, Giuseppe Marco, 150
Filadélfia, Pensilvânia: associações políticas e civis, 90-94; convenção antitarifa, 91-92, 139-40; descrição da, 90; negros livres, 99; religião em, 96-97; residentes franceses em, 90-91
Finley, Ebenezer, 95

470   OLIVIER ZUNZ

Finney, Charles Grandison, 64, 69
Fisch, Nicholas, 54
Fish, Preserved, 51
Fisiocratas (*économistes*), 323, 334-36
Flagg, Azariah, 60, 62
Flourens, Pierre, 345
Fortoul, Hippolyte, 315, 348
Fourier, Charles, 240, 242, 290
França: abuso de poder, 120, 150; ameaças da revolução e governança, 223--24; aquisição de terras/propriedade de, 168-69, 197, 318; ascensão da burguesia, 155-57; associações de trabalhadores, 189-90; associações políticas, 141; centralização, 136-37, 294, 324-29; colonização da Argélia (*ver* Argélia); colonização das ilhas caribenhas, 244-52; colonização das ilhas da Polinésia, 260; condução das eleições, 167; conflito trabalhista em Lyon, 153; Constituição (1848), 276; controvérsia sobre a liberdade de ensino, 233-38, 301, 343; crise no Oriente, 252-60; doutrinas morais e política, 228-30; enfermidade política, 276, 311-12; epidemia de cólera, 91, 113-14; guerra de classes, 370; Igreja e Estado, 32, 141, 228-38; instabilidade política, 114, 184-87; invasão da Espanha, 26; invasão de Roma, 298-301; modelo dos Estados Unidos para a, 155; movimento abolicionista nas ilhas caribenhas, 244--50; período do Terror (1793-1794), 12-13, 35, 154, 363, 370; política da Restauração, 23-26; política do Diretório, 313-14, 316; preconceito contra protestantes, 155; questão da sucessão, 221-22; reforma das prisões, 45-47, 225-28 (*ver também* prisões e reforma das prisões); reforma eleitoral, 184-85, 212-15, 281-84, 301; reformas universitárias da Restauração, 31-33; relações franco-americanas, 250, 252-60; religião e reforma das prisões, 123, 225-28; revoltas dos trabalhadores (1848), 285-91, 370; Revolução de 1830, 42; Revolução de 1848, 277-79; serviço civil, 30, 214; sob Luís Napoleão, 307-09; sociologia política da, 309-11; tentativa de golpe contra a Monarquia de Julho, 116-18; tirania da maioria, 143; tráfico de escravizados, 250-52; *ver também Antigo Regime e a Revolução Francesa, O*; Revolução (1789)
franco-americanos, 106, 107;
franco-canadenses, 73, 78-80, 81, 106-07;
Franklin, Benjamin, 91, 292
Frayssinous, Denis-Luc, 31-32, 43
Freslon, Pierre: amizade com AT, 362; aposentadoria, 308; comunicação com AT, 317, 324, 328, 332, 355, 365; e monarquia constitucional, 305-06
Fulton, Julia, 55
Fulton, Robert, 51

G

Gabriel (abade), 366
Gallatin, Albert, 56-57, 58
Gallemand, Zacharie, 193, 311, 317
Garnier-Pagès, Louis-Antoine, 212, 284
Gasparin, Agénor de, 226
Gauguier, Charles, 214
Gazette de France, 155
Gérando, Joseph Marie, barão de, 47, 240
Gettysburg, inauguração do cemitério de, 369-70

Gibbon, Edward, 365

Gilpin, Henry Dilworth, 47, 108

Gliddon, George, 347

Gobineau. Arthur de: assistente de AT, 229-30, 239, 297; comunicação com AT, 262, 331; preconceito racial, 345--48

Gosselin, Charles, 200

Grã-Bretanha: abolição da escravidão, 245, 246, 249-50; colonização da Índia, 263-64; crise do Oriente, 252-56; interferência no tráfico de escravizados, 250-52; *ver também* Inglaterra

Grancey, Eugénie de (prima de AT), 22, 71, 82, 172, 363, 366

Grandes Lagos, 74-78

Grandmaison, Charles de, 324-25, 329

Granville, lorde. *Ver* Leveson-Gower, George e Earl Granville

Gray, Francis Calley, 89

Gregório XVI, papa, 129

Grote, George, 166, 167, 353

Grote, Harriet, 166, 322, 331, 353, 354; comunicação com AT, 308, 340, 364

Guarda Nacional (França): reforma eleitoral, 212; revolta dos trabalhadores (1848), 180-81; Revolução de 1830, 41

Guéranger, Proposer (Dom), 343

Guerra Civil dos Estados Unidos, 367-71

Guilherme II, vulgo Guilherme, o Ruivo, 235

Guillemin, François, 106

Guizot, François: controvérsia sobre a liberdade de ensino, 231, 233; crise do Oriente, 254, 255-57; crítica de DA I e *ARR*, 360; crítica de DA I, 155-56; crítica de DA II, 219; debates sobre a abolição, 245-46; fundação da Academia de Ciências Morais e Políticas, 200; opinião de AT sobre, 56, 134, 277; palestrante de universidade, 32, 36, 38-39, 124, 125; política e a coalizão Thiers-Barrot-Guizot, 195, 196; política, 184-86, 194-97, 203, 204-05, 224; relações franco-inglesas, 260; Revolução de 1830, 41; Revolução de 1848, 278; secretário-geral do Ministério do Interior, 25; sobre a civilização, 38; sobre a colonização, 191; sobre o estado social, 38; tratado naval, 251; visita com Sparks, 84

H

Hallam, Henry, 167

Halschner, Hugo, 332

Hamilton, Alexander, 138

Harris, Martha, 103

Harris, Zephaniah, 103-04

Hart, Nathaniel C., 53

Harvard, Universidade, 319

Hatherton, Edward John Littleton, primeiro barão, 350, 353

Haussmann, Georges-Eugéne, barão, 339

Haviland, John, 53, 97

Havin, Léonor, 283

Hegel, George Wilhelm Friedrich, 152, 234

Heliogábalo, 182

Henrion, Mathieu, 27, 42-43

Henrique V, 221, 305; *ver também* Chambord, Henri, conde de

Henrique VIII, 37

Hervieu, Jacques-François, 193

história da Inglaterra (AT) (carta a GB), 37

história da Revolução Francesa (AT) (incompleta ao falecer), 351-63

472   OLIVIER ZUNZ

Holland, Henry Richard Fox, terceiro barão, 163

Horácio, 27

Hotze, Henry, 348

Houston, Sam, 105-06, 139

Howard, George, 95

Howard, John, 46, 997

Hugo, Victor, 185, 220, 335, 340

Hume, Joseph, 166

I

Ibrahim, paxá, 256

Igreja católica: Canadá, 80; Estados Unidos, 57, 68, 96; Irlanda, 172; poderes temporais do papa, 299-300; *ver também* catolicismo, católicos;

— NA FRANÇA: apoio a Luís Napoleão, 310; conselhos universitários, 301; controvérsia sobre a liberdade de ensino, 230-38; e governo representativo, 28, 129 (*ver também* Swetchine, Sofia); Igreja e Estado, 140

ilhas do Caribe francês, 244-52

ilhas franco-caribenhas, 244-52

Império Otomano, 40, 192, 252-60, 263--64, 298

Índia, 349-51

Ingersoll, Charles Jared, 92

Inglaterra: aquisição de terras/propriedade, 168-69; aristocracia, 36-37, 125-29, 322; centralização, 128-29, 166-67; Londres, 162-69; pobreza e política do bem-estar, 159-60; reformas, 162-63, 167-68; Revolta dos Cipaios, 349-51; cidades industriais, 169-70, 206; viagens de AT (1833), 125-29, 158-59; viagens de AT (1835), 162-70; viagens de AT (1857), 349-51, 353-54; *ver também* Grã-Bretanha

intendentes/intendência, 323-29, 336, 360

Irlanda, 161-62, 170-73

Itália, 32-33, 298-301, 302

J

Jackson, Andrew: crise de nulificação, 92, 145; nomeações por, 52; oposição a, 83-84; relações franco-americanas, 147-48; remoção de povos indígenas, 105-06; secretário pessoal de; Segundo Banco dos Estados Unidos, 62, 93

Jefferson, Thomas, 83-84, 128

Jerônimo, São, 182

Joinville, príncipe de. *Ver* Orléans, François-Ferdinand-Philippe, príncipe de Joinville

Jouffroy, Théodore, 201,

Journal des débats (jornal), 154, 218, 235, 241

Julius, Nikolaus, 199

K

Kant, Immanuel, 234

Kay, James Phillips, 169-70

Kent, James, 56, 131

Kergorlay, Blanche Césarine Marie,

Kergorlay, Florian de, 120, 306

Kergorlay, Louis de (primo de AT): amizade com AT, 23, 27, 179, 265, 268; auxiliar de pesquisa para AT, 317; carreira militar, 29, 30-31, 40, 42, 263, 268; conselho a AT, 36, 187, 339; crítica a *ARR*, 339; crítica ao relatório sobre as prisões, 122; e o investimento argelino, 191; esboço de leituras de DA I, 131-32; posicionamento de AT sobre a educação, 253-54; reação

O HOMEM QUE COMPREENDEU A DEMOCRACIA   473

a Rossi, 154; Revolução de 1830, 42; tentativa de golpe contra a Monarquia de Julho, 116-19; — COMUNICAÇÃO COM AT, 29--30, 31, 34, 35, 49, 57, 59, 122, 131-32, 160, 178, 182, 187, 203, 207, 215, 302, 309, 312, 316, 339, 355

Kilkenny, bispo de, 171, 172

King, James Gore, 54

King, Rufus, 54

Kossuth, Lajos, 298

L

La Bruyère, 27

La Cretelle, Jean-Charles Dominique, 220

La Petite Roquette, prisão, 121, 198, 226

La Rochefoucauld, François de, 27

La Rochefoucauld-Liancourt, François--Alexandre-Frédéric, duque de, 97, 239

Lacordaire, Henri, 231, 342-43

Lafayette, Gilbert du Motier, marquês de, 41, 46, 52, 152, 206, 314

Lamard (major), 76

Lamarque, Jean Maximilien, 120

Lamartine, Alphonse de: comitê executivo da Assembleia Constituinte, 284; cópia de DA I enviada para, 157; eleições presidenciais, 295; história dos girondinos, 357; movimento abolicionista, 245; na Câmara, 195, 211, 212, 240; política, 215, 222; Revolução de 1848, 278, 279

Lamennais, Félicité de, 149, 152, 219, 293, 342

Lamoricière, Léon Juchault de: como embaixador, 297; comunicação com AT, 263, 264, 273, 308, 310; na Ar-

gélia, 261, 268, 272, 273; no exílio, 308, 331; Revolução de 1848, 287, 289

Landmann, (abade), 243, 269

Langlois, Honoré, 193, 199

Lanjuinais, Victor: amizade com AT, 362; aposentadoria, 308; comunicação com AT, 265, 308; e Le Commerce, 224; na Assembleia, 295; na Câmara, 222; no gabinete, 296; reforma das prisões, 226

Lansdowne, Henry Petty Fitzmaurice, marquês de, 163, 165, 256

Laromiguière, Pierre, 200

Latrobe, Benjamin, 308

Latrobe, John, 93

Le Marois, Jules Polydor, 194-95, 196, 220

Le Nôtre, André, 353

Le Peletier d'Aunay, Charles (primo de AT e esposo da tia de AT), 13

Le Peletier d'Aunay, Félix (primo da mãe de AT): assistência a AT, 46; comunicação com AT, 113, 162, 168; conselho a AT, 122, 187; cópia de DA I enviada para, 157; recuperação de propriedades, 20; reforma eleitoral, 213

Le Peletier d'Aunay, Guillemette (tia de AT), 13

Le Trosne, Guillmaume François, 323

Ledru-Rollin, Alexandre, 239, 284, 295, 299

Lee, Robert E., 367

Legião de Honra, 187

legitimistas: AT acusado de participar dos, 183, 221, 237-38, 282; na família de AT, 133, 177-78, 187; monarquia constitucional, 43; eleições, 194; e salões literários, 150; oposição a AT,

306; conspiração contra os Orléans, 114-19; reações a DA I, 155; durante a Restauração, 23; apoio a Luís Napoleão, 310; atitudes de AT em relação aos, 17, 34, 118-19, 127, 129, 177, 195-96, 212, 221, 241, 277

Lesueur, Christian ("Bébé"), 21-22, 29, 82, 323

Leveson-Gower, George e Earl Granville, 163, 349, 353

Lévy, Michel, 337

Lewis, George Cornewall, 331, 336, 353

Lewis, Theresa, 331, 350, 353

Lieber, Francis, 82-83, 99, 125, 339, 369

Lincoln, Abraham, 83, 369, 370

Lingard, John, 36, 126

Lippitt, Francis, 131

Liverpool, Inglaterra, 170

Livingston, Edward P., 60

Livingston, Edward: como embaixador na França, 131; como grande informante, 111, 142; comunicação com AT, 131, 145; e códigos legais de Louisiana, 108; promoção de DA I, 174; reforma das prisões, 47, 67, 97

Livingston, família, 58

Livingston, John R., 55

Livingston, Robert, 51, 111

Locke, John, 86

Loménie de Brienne, Étienne-Charles de, 329

Loménie, Louis de, 337

Louisiana, sistema legal, 107-08

Louvel, Louis-Pierre, 26

Lucas, Chrles, 45, 46, 200, 201, 227

Luís Filipe I: casamento, 186-87; como general do exército, 42; crise do Oriente, 254, 256-57; dissolução da Câmara (1837), 186; entronização,

42; Museu de Versalhes, 186, 187; opinião de AT a respeito, 277; política na Argélia, 270; questões de sucessão, 115, 221; Revolução de 1848, 278; tentativa de golpe contra ele, 116-18; tentativas de seu assassinato, 150, 256-57; tratado com os Estados Unidos, 148

Luís XIV, 252

Luís XV, 12, 316, 328, 374

Luís XVI, 12, 23, 328, 335, 336, 360

Luís XVIII, 22, 24, 25

Lynds, Elam, 63, 66, 67

Lyon, França, 141, 153-54

M

Macarel, Louis Antoine, 329

Macaulay, Thomas, 322, 354

Mackau, Ange René Armand, barão de, 250

Mackinac, ilha de, Michigan, 75

maçons, 62, 68

Madison, James, 84, 108, 137, 138

Mahmud II, 252-54, 255

Maistre, Joseph de, 150, 320, 342

Malesherbes, Chrétien-Guillaume de Lamoignon (bisavô de AT), 12-13, 118, 148, 363

Mallet du Pan, Jacques, 320

Malthus, Thomas Robert, 160

Malye, Rosalie, 29, 31, 35, 339

Manchester, Inglaterra, 169-70

Mansard, François, 353

Maquiavel, Nicolau, 181

Marie de Saint Georges Pierre, 280

Marie-Deslongchamps, Jacques-Louis--Auguste, 193

Marrast, Armand, 293

Marshall, John, 50

O HOMEM QUE COMPREENDEU A DEMOCRACIA 475

Marx, Karl: no salão de leitura do Museu Britânico, 354; sobre a Revolução de 1848, 288; sobre Barrot, 184; sobre o golpe de Luís Napoleão, 324-25; sobre os golpes de Napoleão, 313; sobre restrições ao voto, 302; sobre Senior, 128

Massachusetts, Penitenciária Estadual de, 88

Mather, Cotton, 134

Mauguin, François, 245

Mauny, conde de, 248

Mazureau, Étienne, 107

Mazzini, Giuseppe, 299

McIlvaine, Joseph, 108

McLane, Louis, 112

McLean, John, 102

Mecklenburg-Schwerin, Frederick-Louis, duque de, 221

Mecklenburg-Schwerin, Hélène de. *Ver* Orléans, Hélène, duquesa d'Orléans,

Mehemet Ali 252-55, 257

Melbourne, William Lamb, segundo visconde, 163, 256

Melun, Armand de, 243, 343, 344

Memoir on Pauperism (AT), 161, 167, 171-72; segunda *Memoir on Pauperism* (AT) *inacabada*, 206, 257

Mémoire sur l'influence du point de départ sur les sociétés (AT), 200

Mérimée, Prosper, 151, 168, 286, 331

Metz, reformas em, 190

Meyer, Louise Charlotte, 29

Michaud, Joseph-François, 220

Michelet, Jules, 233, 357-58, 361

Michigan, 70-77

Mignet, François, 150, 200-01, 220, 356

Mill, Harriet, 340, 365

Mill, James, 263

Mill, John Stuart: colaboração com AT, 180-82; como editor, 163, 174, 197-98, 326; comunicação com AT, 202, 217, 257-58, 259-60, 365; crítica de *ARR*, 340; crítica de DA I, 165-66; crítica de DA II, 216; reação ao posicionamento de AT sobre a crise do Oriente, 252, 340; sobre a missão civilizatória, 260; tirania da maioria, 365

Milnes, Richard Monckton, 33, 286

Mirabeau, Honoré Gabriel de Riqueti, conde de, 227-319

Mirabeau, Victor de Riqueti, marquês de (o primogênito), 323

Mitrídates VI Eupator, 349

Modelet, Dominique, 79, 80

Mohammed, 262

Mohawk, vale, Nova York, 63, 89

Molé, Louis-Mathieu, conde: Academia Francesa, 259, 329, 331; comunicação com AT, 167-68, 357; durante a pós-revolução, 20; e o avanço na carreira de AT, 151, 163; membro da Assembleia, 297; morte da filha, 113; opinião de AT sobre, 277; política, 184, 185, 186-87, 194-95; sobre o *Conseil Général* de Seine-et-Oise, 33

Monarquia de Julho: conspirações contra, 114, 116-19; reações a DA I, 155-56; *ver também* Luís Felipe I; Revolução de 1830

Mondelet, Charles, 79, 80

Montaigne, Michel de, 181

Montalembert, Charles, conde de: controvérsias sobre a liberdade de educação, 232-33, 234-35, 236, 237; e Lacordaire, 343; e *L'Avenir* (jornal), 129, 170; Partido Católico, 241; nos salões, 150, 170, 172, 344

476 OLIVIER ZUNZ

Montalivet, Camille de, 45-46, 194, 198, 199

Montboissier, Françoise Pauline de, 20

Montebello, Napoléon Auguste Lannes, duque de, 47, 181

Montesquieu, Charles Secondat, barão de la Brède e de, 35, 107, 132, 134, 137, 181, 203, 206, 312, 363

Montreal, Canadá, 79

Mont-Saint Michel, prisão do, 227

Montyon, Jean-Baptiste, 323

Montyon, prêmio, 45, 124, 151, 184, 234, 235; *ver também* Academia Francesa

Morgan, William, 62

Morlot, François-Nicholas Madeleine, 322

Morris, governador, 84, 175

Morse, J. O., 52

Mottley, Joe, 354

Mottley, Mary (depois Marie de Tocqueville); *ver* Tocqueville, Marie de (Mary Mottley quando solteira)

Moulin, Auguste Irénée, 193

Mounier, Jean-Joseph, 363

mulheres nos Estados Unidos: abolicionistas, 266; concubinas, 107; estereótipos de AT, 55; feministas, 207

Mullon, James (padre), 76

Murphy, M. W., 171

Murray, John, 164

N

Napoleão I, Napoleão Bonaparte: análise de AT, 316-17; burocracia, 329; derrota de, 22, 23; execução do duque d'Enghien, 115; na Rússia, 84; no Egito, 253; opinião de AT sobre 258; restauração da escravidão, 246; seus apoiadores na família de AT, 19;

voltou a ser enterrado na França, 255

Napoleão III, Luís Napoleão Bonaparte: alianças, 365; coroação, 318; e Itália, 299; gabinete (1849), 296, 300; golpe por (1851), 294-95, 302-03; governo de, 15, 307-09; tentativa de golpe por (1837), 184

Necker, Jacques, 318, 335

Neilson, John, 79-80

Nemours, Louis d'Orléans, duque de, 221-22, 306

Neuville, Hyde de, 47

Nicolau I da Rússia, 253

Noel-Agnès, Nicolas Jacques, 183

Normandia, reformas na, 240-41

Norton, Charles Eliot, 368

Nott, Josiah, 347-48

Nova Esquerda, Partido, 242-43, 260, 270, 294, 308

Nova Inglaterra, 61, 81-90, 134

Nova Orléans, Louisiana, 100, 106-07, 248

Nova York, cataratas do Niágara, 78

Nova York, cidade de, 50-59

Nova York, Estado de, 60-70, 79, 159

O

O'Connel, Daniel, 171

Oeuvres et correspondance (AT) (publicadas postumamente), 368

Olivier, Augustin-Charles-Alexandre, barão, 41, 113

Olivier, Louise Denis, baronesa, 41, 113

Oneida, lago de, Nova York, 65, 66

On the Penitentiary System in the United States and the Applications to France (AT e GB), 119-25, 198-200, 226-27

Orglandes, Camille d' (primo de AT), 16, 56, 147, 179

Oriente, crise no, 252-80

O HOMEM QUE COMPREENDEU A DEMOCRACIA   477

Oriola, Maximiliane Marie Catherine, condessa de, 331

Orleanistas, 31, 138, 277, 340

Orléans, Ferdinand-Philippe, duque de, 187, 221, 278

Orléans, François-Ferdinand Philippe, príncipe de Joinville, 303

Orléans, Hélène d' (Hélène de Mecklenburg-Schwerin), 187, 221, 278-79, 310

Orléans, Henrique de, duque de Aumale, 115, 260, 340

Orléans, Luís Filipe de, duque de; *ver* Luís Filipe I

Orléans, Filipe de, conde de, Paris, 221, 306, 310

Orléans, família: conspiração contra, 114-19; expropriação da, 308; oposição à, 310; questões ligadas à sucessão, 221-23, 303-05; Revolução de 1848, 278-79

Otis, Harrison Gray, 82-83

Owen, Robert, 242

Ozanan, Frédéric, 343

P

Paine, Thomas, 11

Palmer, Charles, 51

Palmerston, Henry John Temple, terceiro visconde de, 253, 254, 255, 257

Papineau, Louis-Joseph, 79

Paris, Philippe d'Orléans, conde de, 221, 308, 310

Parkman, Francis, 70

Pascal, Blaise, 130, 132, 181, 203, 205, 209

Passy, Hippolyte, 245-46, 247, 261

Patterson, Daniel, 112

Peel, Robert, 162, 175

Penitenciária Estadual do Leste (Pensilvânia) 97-98

Penitenciária Estadual do Oeste (Pensilvânia), 101

penitenciária, relato sobre (AT e GB), 119-25, 198-200, 226-27

Pensilvânia, modelo de prisões, 97-99, 122, 199, 226; *ver também* Estados Unidos; prisões e reforma das prisões

Perier, Casimir, 66, 98, 113

Perry, Matthew, 70

Persigny, Victor, duque de, 353

Perthes, Friedrich, 352

Peyronnet, Pierre-Denis, conde de, 41

Pio IX, papa, 298-99

Pisieux, Laurette de (prima de AT), 126, 127

Platão, 181

Plutarco, 181, 209, 237

pobreza e pauperismo: Estados Unidos, 158; Inglaterra, 169-70; Irlanda, 169--72; pesquisa sobre, 158-61, 167, 190, 238-43

Poinsett, Joel Roberts, 109-10

Poissy, prisão de, 46

Polignac, Jules Auguste Armand Marie, príncipe de, 29

Polinésia, ilhas da, 260

Pontiac, Michigan, 72

Potemkin, Grigori Aleksandrovich, 271

Poussin, Guillaume Tell, 296-97

Poussin, Nicolas, 342

povos indígenas americanos: atitudes de AT em relação a, 133, 143-44; cherokees, 104-06; choctaws, 104-105, 143-44; como guias para AT, 72-73, 104; conversão ao cristianismo, 75-76; creeks, 106; encontros com, 65, 69, 75-77; extermínio de, 262--63; ideias preconcebidas de AT, 65, 75-77; independência da mente, 110;

perda de terras por, 70; propriedade comunitária, 274; psicologia inter-racial, 109-10; Red Jacket, 68-69; relocação forçada, 104-06, 143-44

Power, John, 57-79

preconceito racial, 345-49; *ver também* escravidão

Presse de Seine-et-Oise, La (jornal), 191

Prime, Mathilda, 54

Prime, Nathaniel, 51, 54

prisões e reforma de prisões: Inglaterra, 162-63, 199; Suíça, 119-20; *ver também* Estados Unidos, prisões e reforma das prisões

— NA FRANÇA: campo de trabalho de Toulon, 119; debate na Câmara dos Deputados, 225-28; em comparação a penitenciárias suíças, 119-20; em Poissy, 46; inovação americana, 121-25; La Petite Roquette, 121, 197, 226; outras instituições penais, 121-22; prisão em Mont-Saint-Michel, 227; relatório de AT e GB, 119-25, 159, 197-200, 225-26

Pritchard, George, 260

Prokesch-Osten, Anton von, 348

Proudhon, Pierre-Joseph, 154, 219, 288, 290

Prudhomme, Louis Marie, 329

Prússia, 255

Q

quacres, 96

Quebec, Canadá, 78

Quénault, Hyppolyte, 188-89, 190

Quesnay, François, 334

Quiblier, Joseph-Vincent, 79, 80

Quincy, Josiah, 82

Quinet, Edgard, 233, 357

Quintiliano, 27

Quotidienne, La (jornal), 117

R

Racine, Jean, 27

Radnor, William Pleydell Bouverie, terceiro conde de, 128, 159, 163, 231, 353

Randolph, Virginia Jefferson, 112

Raspail, François Vincent, 295

Rateau, Jean-Pierre, 295

Ravignan, Gustave Xavier de, 231

Récamier, Juliette de, 150, 219, 240

Recollections (Souvenirs — AT) (publicado postumamente), 276-78, 285, 297, 298, 302, 358

Red Jacket, 68-69

Reeve, Henry (tradutor de AT): amizade com AT, 165, 331; apresenta DA II para Guizot, 219; como fonte para AT, 166; comunicação com AT, 16, 174, 177, 202, 204, 224, 306, 326; conhecidos mútuos com AT, 168; crise do Oriente, 256; escritor, 351; tradução por, 252

relações franco-americanas, 147-48, 296-97

religião: Canadá, 80; e democracia, 58, 149, 228; França, 31, 123, 136, 155, 226-27, 228-38; Irlanda, 170-72; *ver também* Estados Unidos, religião nos; Igreja católica

Rémusat, Charles de: Academia de Ciências Morais e Políticas, 348; comunicação com AT, 305, 308-09; controvérsia sobre a liberdade de ensino, 232; crise do Oriente, 254; crítica a *ARR*, 325, 339; debates sobre a abolição, 245-46; embaixada recusada por, 297; ensaio sobre Burke, 319;

O HOMEM QUE COMPREENDEU A DEMOCRACIA 479

no exílio, 308; política, 222; reforma eleitoral, 213; sobre os salões, 150

Renauldon, Joseph, 317

republicanos (França): agitação por, 108, 223; AT sobre, 314; atitudes de AT em relação a, 194, 221, 293; conspirações contra a Monarquia de Julho, 102; desaparecimento de, 285; eleições, 265, 275; oposição à dinastia dos Bourbon, 15; recepção de *ARR*, 319; reforma das prisões, 209, 210; reforma eleitoral, 195, 278

Revans, John, 171

Revolução (1789): direitos do homem, 362; e princípios constitucionais norte-americanos, 362-63; encontro dos Estados Gerais, 358-60; espírito de 1789, 149, 223, 320, 341, 358-59, 362--63; histórias da 360-62; o papel dos *économistes*, 323-24, 334-35; papel dos filósofos, 320-21, 335-36; papel dos intendentes, 324-29, 336, 360; período do Terror, 12, 35, 154, 363, 370; revolução aristocrática (1787, 1788), 359-60; *ver também Antigo Regime e a Revolução Francesa, O*

Revolução de 1830, 41-42, 53, 74-75

Revolução de 1848, 277-79;

Revolução Francesa; *ver* Revolução (1789)

revoluções, causas das, 206-07, 223, 318, 332-33

Revue des deux mondes: ensaio sobre Burke, 319; ensaios por AT (incompletos) 264, 325-26; ensaios por AT, 208; resenhas de *ARR*, 325-26; resenhas de DA I, 152, 155-56, 217

Richard, Gabriel, 73

Richards, Benjamin W., 95

Richardson, Samuel, 21

Riker, Richard, 51, 57-58

Rives, William Cabell, 147, 297

Rivet, família, 364

Rivet, Jean-Charles, 222, 242, 303, 305--06, 308, 329, 362

Robespierre, Maximilien, 13

Roebuck, John, 166

Rohan, família, 115

Roma, Itália, 298-301

Rosanbo, Louis V Le Peletier de, marquês de (avô materno de AT), 12-13, 43

Rosanbo, Louis VI Le Peletier, marquês de (tio de AT): com o rei que abdicava, 42; comunicação com AT, 17, 196; durante a pós-revolução, 20; durante o período do Terror, 13; elevado a par do reino, 23; reflexões de AT sobre, 179; sobre o *Conseil Général de Seine-et-Oise*, 33

Rosanbo, Louise-Madeleine Le Peletier de; *ver* Tocqueville, Louise-Madeleine de (mãe de AT)

Rosanbo, Marguerite Le Peletier de (avó materna de AT), 13

Rossi, Pellegrino, 154, 217, 229

Rossini, Gioachino, 75

Rousseau, Jean-Jacques, 65, 132, 134, 152, 161, 181, 203, 363

Royer-Collard, Pierre-Paul: Academia Francesa, 219; comunicação com AT, 151, 181, 186, 195, 201, 212; conselhos a AT, 187; crítica de DA I, 148, 149--50; crítica de DA II, 217; e avanços na carreira de AT, 149-51; indicações para o Prêmio Montyon, 234; política, 212; reconciliação nacional, 25; reformas universitárias, 31-32

480 OLIVIER ZUNZ

Rush, Richard, 285, 292
Rússia, 253, 255, 298

S

Sacy, Samuel Ustazade Silvestre de, 218
Sacy, Silvestre de, 191
Sade, Xavier de, 245, 246
Saginaw, Michigan, 72-73
Saint Thomas de Montmagny, Quebec, 79
Saint-Arnaud, Armand-Jacques Leroy de, 272
Sainte-Beuve, Charles-Augustin, 133, 150, 151, 152, 331, 368
Saint-Germain-en-Laye, 35, 113-14
Saint-Priest, Emmanuel-Louis-Marie Guignard, visconde de, 116-17
Saint-Simon, Henri de, 240, 242, 290
salões literários; *ver* salões
salões, 150-51, 170, 172, 201, 242, 342--43, 367
Salvandy, Narcisse de, 154, 187, 202
Sand, George, 286-87
sansimonianismo, 249-50; *ver também* socialismo/socialistas
sansimonianos, 64, 89, 230, 242; *ver também* socialismo/socialistas
São Pedro, igreja de, 317
São Tomás de Aquino, 181
Savoye, Henri Charles, 229
Say, Jean-Baptiste, 36, 47, 127, 158, 161, 323
Scheffer, Arnold, 45, 224, 239
Scheffer, Ary, 221
Schermerhorn, família, 54
Schermerhorn, Peter, 51
Schoelcher, Victor, 245
Schoolcraft, Henry Rowe, 70
Scott, Walter, 128

Sears, David, 83
Sebastiani, Horace François Bastien, 163
Sedgwick, Catherine, 91
Sedgwick, Theodore III 131
Segundo Banco dos Estados Unidos, 62, 93, 102, 148
Senior, Nassau: amizade com AT, 128, 302, 322, 353, 362, 365; comunicação com AT, 136, 162, 218, 247, 285, 289, 308; crítica de DA II, 218; opinião de Marx a respeito de, 128; reforma da Lei dos Pobres, 160; sobre promoção de DA I, 162-65; solicitação a Brougham, 365
Sénozan, Anne-Marie-Louise-Nicole de Lamoigon de Malesherbes, condessa de, 20
Sérurier, Louis Barbe Charles, 112, 148
Sévigné, Marie de Rabutin-Chantal, marquesa de, 203
Sharpe, Sutton, 168
Short, William, 47
Siècle, Le (jornal): abolição, 250; Argélia, 270; controle da, 224; controvérsia sobre a liberdade de ensino, 235, 237; editor de, 222-23; eleições presidenciais, 295; reforma eleitoral, 213; reformas das prisões, 227
Sieyès, Emmanuel Joseph, abade, 362
Sing Sing, Penitenciária de (Nova York), 54, 66
Síria, 252, 253, 255, 256, 257
Sligo, marquês de, 171
Smith, Adam, 160
Smith, B. C., 67
Smith, Joseph, 64
socialismo/socialistas: agitação dos trabalhadores (1848), 286-91; após a Revolução de 1848, 280, 284; asso-

O HOMEM QUE COMPREENDEU A DEMOCRACIA 481

ciações de trabalhadores, 189; ataque de AT ao, 290-91, 293-94, 295; colonização da Argélia, 261, 269; conhecimento de AT, 153, 242-43; crítica de DA I, 153-54; donos de pequenas propriedades, 318; e classe média, 305; em romances em série, 225; receio do, 309; socialistas icarianos, 291

Sociedade Acadêmica de Cherbourg, 158, 160, 189

Sociedade dos Estabelecimentos de Caridade, 239

Sociedade para a Abolição da Escravidão, 245, 248; colonização da Argélia, 261

Sociedade para Aliviar as Misérias das Prisões Públicas, 47

Sociedade Real para a Melhoria das Prisões, 45

Soult, Jean de Dieu, 254, 256, 270

Sparks, Jared, 84-86, 93, 111, 134, 139, 145, 175, 248, 319, 367; *The Town Officer* dado a AT, 85

Sparks, Mary, 248

Spencer, Catherine, 68

Spencer, John C., 67-68, 111, 139, 159, 176, 251, 292

Spencer, Mary, 68

Stendhal (também conhecido como Marie-Henri Beyle), 151, 168

Stewart, Richard Spring, 96

Stöffels, Alexis, 27

Stöffels, Charles, 27, 28, 38-39, 43-44, 149, 220, 310-11, 347

Stöffels, Eugène: comunicação com AT, 47, 49, 114, 188, 215, 219, 280, 288, 295, 302; morte de, 309; relacionamento com AT, 27

Story, Joseph, 131

Sue, Eugène, 225

Suíça: asilo para revolucionários, 298; federalismo, 137, 181, 291-92; penitenciárias, 120

Sumner, Charles, 349, 355, 358, 367-68, 370

Swetchine, Sofia, 28, 340-41, 342-44

tráfico de escravizados, 250-52; *ver também* abolicionistas; escravidão

T

Tácito, 27

Talleyrand, Charles Maurice de, 51, 151

Tanner, John, 70

Taschereau, família, 79

Taylor, Zachary, 297

Temps, Le (jornal), 152

Terror, período do (1793-1794), 12, 35, 154, 363, 370; *ver também* Revolução (1789)

Thibaudeau, Antoine, 314

Thiers, Adolphe: comunicação com AT, 295, 357; controvérsia sobre a liberdade de ensino, 232, 236-37; crise do Oriente, 254-55, 256; debates sobre a abolição, 248; e liberdades civis, 185; eleição para a Academia Francesa, 220; história da Revolução Francesa, 181-82, 312, 355; no exílio, 308; opinião de AT, 277; política e coalizão Thiers-Barrot-Guizot, 195, 196; política exterior, 297; política, 184, 211-13, 215, 221-22, 224, 241; reforma das prisões, 198

Throop, Enos Thompson, 52, 63, 68

Ticknor, George, 82, 151, 170

Times de Londres, 303, 308

tirania da maioria, 142-43, 175, 176, 218, 365

482 OLIVIER ZUNZ

Tocqueville, Alexandrine de (cunhada de AT), 90, 179, 180

Tocqueville, Alexis de, influências e fontes: John Quincy Adams, 83-84, 86, 92, 104-107, 112, 139; Alcorão, 262; Jean-Jacques Ampère, 150, 279, 302, 309, 319 (ver também Ampère, Jean-Jacques); Anselmo da Cantuária, 234, 235; Arquimedes, 209; pesquisas em arquivos, 316-18; arquivos de Tours, 324-30; Aristóteles, 181; Charles Babbage, 189; Gracchus Babeuf, 290; Francis Bacon, 181; Pierre-Simon Ballanche, 150, 151; George Bancroft, 292-93; Prosper de Barante, 36; Gustave de Beaumont, 131, 334 (ver também Beaumont, Gustave Bonnin de la Bonninière de); Jeremy Bentham, 46, 97, 162-63, 165; John Biddle, 71-72; Nicholas Biddle, 93--94; William Blackstone, 322; Louis Blanc, 242, 357-59, 361(ver também Blanc, Louis); Ernest de Blosseville, 45, 55, 120(ver também Blosseville, Ernest de); Jacques Bénigne Bossuet, 27, 181; Louis Bouchitté, 190, 342; Louis Bourdalue, 27, 323; Walter Bowne, 51-52; John Bowring, 166, 198 Jacques Pierre Brissot de Warville, 97, 363; lorde Brougham, 163, 164, 252, 365; James Brown, 96, 107; Edward Bulwer-Lytton, 166; Charles von Bunsen, 331, 365; Edmund Burke, 319-20, 321; Joachim-Heinrich Campe, 65; Charles Carroll, 95, 100; James Carroll, 95; Edwin Chadwick, 160; Wiliam Ellery Channing, 97; Salmon Chase, 102; visconde de Chateaubriand, 65, 132 (ver também Chateaubriand, François René, visconde de); Antoine-Elysée Cherbuliez, 291-92; Edward Vernon Childe, 367, 368; Cícero, 27; Alphonse de Circourt, 331, 346, 362; lorde Clarendon, 353, 354; Mr. Clay (fazendeiro na Georgia), 89; Benjamin Constant, 235, 313-14; James Fenimore Cooper, 46, 47, 49, 65; Francisque de Corcelle, 152-53, 181, 207, 309, 321-22 (ver também Corcelle, Francisque de); Victor Cousin, 150 (ver também Cousin, Victor); John Mary Joseph Cranche, 96; Georges Cuvier, 174; Eugène Daire, 323; C. Dareste de la Chavannne, 318; René Descartes, 181; Daniel Drake, 102; Jean-Antoine Dubois, 264; William Alexander Duer, 293; Charles Dupin, 190; Pierre-Étienne Duponceau, 95, 99; Prosper Duvergier de Hauranne, 170, 172, 356, 365 (ver também Duvergier de Hauranne, Prosper); Louis Dwight, 88, 89; Barthélemy-Prosper Enfantin, 242; Edward Everett, 111, 174, 175, 292, 367, 369; Federalist Papers, 109, 137, 138; Ebenezer Finley, 95; Charles Fourier, 242; Benjamin Franklin, 91, 292; Albert Gallatin, 56-57, 58; barão de Gérando, 47, 240; Edward Gibbon, 365; Henry Dilworth Gilpin, 47, 108; Arthur de Gobineau, 331; Charles de Grandmaison, 324-25, 329; lorde Granville, 163, 349, 353; Francis Calley Gray, 89; George Grote, 166, 167, 353; Harriet Grote, 166, 308, 322, 331, 340, 353, 354, 364; François Guillemin, 106; François Guizot, 25, 36, 38-39, 47,

56, 124, 125, 134, 360 (*ver também* Guizot, François); Hugo Halschner, 332; Alexander Hamilton, 138; Zephaniah Harris, 103-04; lorde Hatherton, 350, 353; lorde Holland, 163; Horácio, 27; Sam Houston, 105-06, 139; John Howard, 46, 97; Joseph Hume, 166; Charles Jared Ingersoll, 92; James Phillips Kay, 169-70; James Kent, 56, 131; Louis de Kergorlay, 131-32, 134, 207, 317 (*ver também* Kergorlay, Louis de (primo de AT); bispo de Kilkenny, 171, 172; La Bruyère, 27; marquês de Lafayette, 206, 314 (*ver também* Lafayette, Gilbert du Motier, marquês de); major Lamard, 76; lorde Lansdowne, 163, 165, 256; François de la Rochefoucauld, 27; John Latrobe, 93; Félix Le Peletier d'Aunay, 187(*ver também* Le Peletier d'Aunay, Félix); Christian Lesueur ("Bébé"), 21-22, 29, 82, 323; Guillaume François Le Trosne, 323; George Cornewall Lewis, 331, 336, 353; Francis Lieber, 82-83, 99 (*ver também* Lieber, Francis); John Lingard, 36, 126; salões literários, 150-51, 170, 172, 201, 241-42, 342-43, 367; Edward Livingston, 47, 67, 108, 111, 1313, 142, 145, 174 (*ver também* Livingston, Edward); John Locke, 86; Thomas Macaulay, 322, 354; Nicolau Maquiavel, 181; James Madison, 137-38; Joseph de Maistre, 320; Jacques Mallet du Pan, 320; Thomas Robert Malthus, 160; Cotton Mather, 134; Étienne Mazureau, 107; Joseph McIlvaine, 108; John McLean, 102; lorde Melbourne, 163, 256; Prosper

Mérimée, 151; Jules Michelet, 233, 357-58, 361; François Mignet, 150, 356; James Mill, 263; John Stuart Mill, 165-67, 174-75, 197, 326, 340, 365 (*ver também* Mill, John Stuart); conde Molé, 357(*ver também* Molé, Louis-Mathieu, conde); Charles Mondelet, 79, 80; Dominique Mondelet, 79, 80; Michel de Montaigne, 181; conde de Montalembert, 150, 170, 172 (*ver também* Montalembert, Charles, conde de); Montesquieu, 35, 107, 132, 134, 137, 181, 203, 206, 312, 363; o de Montgomery, advogado de (nome não declarado) 109; Jean-Joseph Mounier, 363; James Mullon, 76; M. W. Murphy, 171; John Murray, 164; Jacques Necker, 318, 335; John Neilson, 79-80; Harrison Gray Otis, 82-83; Robert Owen, 242; Blaise Pascal, 130, 132, 181, 203, 205, 209; Friedrich Perthes, 352; Platão, 181; Plutarco, 181, 209, 237; Joel Roberts Poinsett, 109-10; John Power, 57-79, companheiros de prisão, 98; Pierre-Joseph Proudhon, 154, 219, 288, 290; Louis-Marie Prudhomme, 329; François Quesnay, 334; Joseph Vincent Quiblier, 79, 80; Josiah Quincy, 82; Quintiliano, 27; Jean Racine, 27; lorde Radnor, 128, 159, 163, 231, 353; Henry Reeve, 166(*ver também* Reeve, Henry (tradutor de AT)); Charles de Rémusat, 319; Joseph Renauldon, 317; John Revans, 171; Gabriel Richard, 73; Benjamin W. Richards, 95; Samuel Richardson, 21; Richard Ricker, 51, 57-58; John Roebuck, 166; Jean-Jacques Rousseau, 65, 132, 134,

152, 161, 181, 203, 363; Pierre-Paul Royer Collard, 25, 149-51, 181, 186, 187, 217 (*ver também* Royer-Collard, Pierre-Paul); Richard Rush, 285, 292; Charles-Augustin Sainte-Beuve, 130, 150, 151, 152, 331, 368; Henri de Saint-Simon, 240, 242, 290; George Sand, 286-87; Jean-Baptiste Say, 36, 47, 127, 158, 161, 323; Arnold Scheffer, 45, 46; Walter Scott, 128; Theodore Sedgwick III, 131; Nassau Senior, 128, 136, 160, 162, 163, 166, 247, 285, 289, 302, 322 (*ver também* Senior, Nassau); Emmanuel-Joseph Sieyès, 362; Adam Smith, 160; B. C. Smith, 67; Sociedade para a Abolição da Escravidão, 245; Jared Sparks, 84-86, 93, 111, 134, 139, 145, 175, 248, 319, 367; John C. Spencer, 67-68, 111, 139, 159, 176, 251, 292; Stendhal, 151; Richard Spring Stewart, 96; Joseph Story, 131; Charles Sumner, 328, 334, 336; Sophia Swetchine, 28, 340-41, 342-44; Tácito, 27; John Tanner, 70; Taschereau, família, 79; Antoine Thibaudeau, 314; Adolphe Thiers, 181-82, 312, 355, 357 (*ver também* Thiers, Adolphe); Tomás de Aquino, 181; George Ticknor, 82, 151, 170; Édouard de Tocqueville, 131, 132-33, 138; Hervé de Tocqueville, 55, 131, 132-33, 318 (*ver também* Tocqueville, Édouard de (irmão de AT)); *The Town Officer*, 86; Anne Robert Jacques Turgot, 303, 336; Constituição dos Estados Unidos, 109; debates sobre a Constituição dos Estados Unidos, 131; Robert Vaux, 96; Alban de Villeneuve-Bargemont, 160-200;

Félix de Viville, 190; Constantin-François Volney, 47; Voltaire, 236, 335-36; Timothy Walker, 102; Robert Walsh, 292; Ferdinand Walter, 332; John Winthrop, 134; Samuel Wood, 96-97, 99; Arthur Young, 318

Tocqueville, Alexis de, visão geral, 14-17, 367-71

— BIOGRAFIA: antepassados, 12-13, 118; nascimento, 13; infância, 19-22; anos de formação em Metz, 23-26; educação em Metz, 26-29; primeiros relacionamentos com mulheres, 28-29; formação jurídica, 29-33; como aprendiz de promotor em Versalhes, 32-36; conhece Mary (mais tarde Marie), 36; primeiros escritos, 36-37; e a Revolução de 1830, 38-43; partida para os Estados Unidos (1831), 43-47 (*ver também* Estados Unidos; viagens aos Estados Unidos e Canadá *abaixo*); regressa dos Estados Unidos (1832), 113-14; desiste do cargo de promotor, 115-16; defende Kergorlay, 116-19; visita prisões na Suíça, 119-20; escreve relatórios sobre penitenciárias com GB (1832), 119-25; viagens à Inglaterra (1833), 125-29; escreve *A democracia na América* (1835), 130-36 (*ver também* Estados Unidos; *A democracia na América* (1835); *A democracia na América* (1840)); torna-se um intelectual celebrado, 147-57; pesquisa pobreza e pauperismo, 157-61; viagens para a Inglaterra e Irlanda (1835), 161-65; procura ter leitores norte-americanos, 172-76; casa e fixa-se na Normandia (1835),

O HOMEM QUE COMPREENDEU A DEMOCRACIA 485

177-80; viagens à Suíça com Marie (1836), 180-82; ingressa na política, 177, 183-91, 193-95; apoia a colonização da Argélia, 191-92; é eleito para a Câmara dos Deputados, 195-96; como escritor, 196-201; escreve *A democracia na América* (1840), 201-10; ingressa na Câmara, 211-15; publica *A democracia na América* (1840), 215-20; eleito para a Academia Francesa, 219-20; reeleito para a Câmara, 220-25; adquire *Le Commerce*, 224--25 dá prosseguimento à pesquisa sobre a reforma nas prisões, 225-28; participa da controvérsia sobre a liberdade de educação, 228-38; pesquisa a reforma e o trabalho social, 238-43; participa dos debates sobre a abolição da escravidão, 244-51 e relações franco-britânicas, 250-52; e a crise no Oriente, 252-60; e guerra na Argélia e colonização, 260-75; viagem à Argélia (1841), 264-66; viagem à Argélia (1846), 271-72; e a Revolução de 1848, 276-79; adere à Segunda República, 279-81; eleito para a Assembleia Constituinte, 282-85; e a agitação dos trabalhadores, 284--91; sobre o comitê constitucional, 291-96; como ministro das Relações Exteriores, 296-301; pede licença do cargo, 301-02; e o golpe de Luís Napoleão, 303-06; retira-se da política, 305-09; desenvolve a sociologia política da França, 309-11; planeja *ARR*, 312-13; começa a pesquisa para *ARR*, 313-14; aproxima-se da Academia de Ciências Morais e Políticas, 314-15; começa a escrever *ARR*, 316; pesqui-

sa arquivos para *ARR*, 320-23; pesquisa escritos de outros para *ARR*, 299-303; pesquisa arquivos em Tours para *ARR*, 324-29; viaja à Alemanha, 330-33; escreve e publica *ARR*, 333--37; retira-se para Tocqueville, 338--41; questiona a fé religiosa, 341-44; discute com Gobineau sobre raça, 345-49; reage à Revolta dos Cipaios, 349-515; pesquisa a Revolução Francesa e seu resultado, 351-54; esboça a primeira parte da história da Revolução, 354-62; deixa as notas para a segunda parte, 361-63; doença final e morte; 364-66

— IDEIAS E CRENÇAS: abolição da escravidão, 246-247; abusos do governo, 34-36; ameaças de revolução e mau governo, 224; amizade, 33-35; aristocracia inglesa, 36-37; aristocracia, 11-12, 196-98; autointeresse, 58, 145, 205, 214, 334; centralização, 39, 166-67, 325-29; coexistência com Árabes, 273-74; colonização, 260-63, 268-71, 349-51; conquista da Argélia, 40-41; contradições em, 15-16; Declaração da Independência dos Estados Unidos, 62; democracia na França, 58; descentralização na reforma das prisões, 123; desentendimentos com a Câmara, 215; despotismo, 259; dever ao país, 22; duelo, 35; dúvida religiosa, 27-28, 149, 341-44; estado social, 49, 101, 104, 124-25, 134, 202-03, 206, 332; fé religiosa, 366; guerra de classes, 288-91; historiografia, 355-57; honra nacional francesa, 256-60; Igreja e Estado, 236-38, 343-44; igualdade,

14; justaposição e comparação, 81; "liberal de uma nova espécie", 162, 187-89; liberdade de ensino, 236-38; liberdade e igualdade, 11-12, 124, 135-36, 146, 204, 208, 218; liberdade para os franco-canadenses, 289; liberdade política, 118-19; liberdade, 134-35, 198, 217; Luís Napoleão, 300; maldição da história francesa (doença política), 276, 303-04; materialismo, 182; o povo no poder, 277; os Estados Unidos como modelo para a França, 281; período do Terror, 154; pobreza e pauperismo, 161, 238-43; política e questões de sucessão, 221; política e teoria política, 312, 314--15; preconcepções sobre os Estados Unidos, 65-66; preconcepções sobre os povos indígenas americanos, 35, 75-77; Prêmio da Légion d'Honneur, 187; princípios da lei em defesa da duquesa, 117-18; reação a Rossi em relação a Canuts, 153-54; reforma eleitoral, 155, 213-14; reforma legal e social na Inglaterra, 167-68; religião e democracia, 149, 238-43; Revolução de 1830, 74; revoluções, 208; Segunda República, 279-81; sobre associações (civis e políticas), 34, 90--92, 93, 138-42, 189, 205; socialismo, 288-91, 293-94; sociologia política da França, 309-11; teoria democrática, 129; *ver também Antigo Regime e a Revolução Francesa, O; democracia na América, A* (1835); *democracia na América, A* (1840) *abaixo*
— OBRAS: *O Antigo Regime e a revolução*, 15, 318, 324, 337, 351; artigos em *Le Siècle* sobre a abolição, 249; artigos em *Le Siècle* sobre princípios liberais, 222-23; *"Des révolutions dans les sociétés nouvelles"* (ensaio), 208; ensaio sobre Cherbuliez, 291-92; *État social et politique de la France avant et après 1789*, 196-98, 324-25; história da Revolução Francesa (incompleta, devido a sua morte), 351--63; *Memoir on Pauperism*, 160-61, 167, 171; *Mémoire sur l'influence du point de départ sur les sociétés*, 200; *Oeuvres et correspondance* (publicado postumamente), 368-69; *On the Penitentiary System in the United States and Its Applications to France (com Gustave de Beaumont)*, 119-25, 197-200, 219; *Quinze jours dans le désert* (publicado postumamente), 75, 132, 173; *Recollections* (publicado postumamente), 276-78, 285, 297, 298, 302, 358; relato sobre golpe (artigo no *Times* de Londres), 303; segunda *Memoir on Pauperism* (AT), inacabada, 189, 228; sinopse da história da Inglaterra (carta para Gustave de Beaumont), 36-37; *Travail sur l'Algérie* (memorando publicado postumamente), 266, 267, 268; *ver também Antigo Regime e a Revolução Francesa, O; democracia na América, A* (1835); *democracia na América, A* (1840)
— PRINCIPAIS DISCURSOS: crise do Oriente, Câmara dos Deputados (julho de 1839), 257; dia da eleição (abril de 1848), 283-84; direito ao trabalho, Assembleia Constituinte

O HOMEM QUE COMPREENDEU A DEMOCRACIA 487

(setembro de 1848), 293; discurso de aceitação na Academia Francesa (abril de 1842), 258-59; sobre a ciência política, Academia de Ciências Morais e Políticas (abril de 1852), 314-15, 320-22; sobre a democracia durante a campanha eleitoral (março de 1848), 280-81; sobre a educação, Câmara dos Deputados (janeiro de 1844), 235; sobre a escravidão, discurso improvisado, Academia de Ciências Morais e Políticas (abril de 1839), 246; sobre a Revolução de 1848 na Câmara dos Deputados (janeiro de 1848), 277-78; sobre o tráfico de escravizados, Câmara dos Deputados (maio de 1842), 251
— SAÚDE: depressão, 103, 114, 127, 301, 313; distúrbios estomacais 33, 157, 165, 220, 336, 353; doença final e morte, 261-64; doença, 103, 179, 295; febre e mal-estar, 265-66; fraqueza, 276; miséria humana, 103, 134; pleurisia, 134; tuberculose 301-02, 307, 322, 363-66
— VIAGENS AOS ESTADOS UNIDOS E CANADÁ: visão geral, 48--49; preparativos para, 43-47; chega a Newport, 49, 50; na cidade de Nova York, 50-59; atravessando o estado de Nova York, 59-70; a respeito dos Grandes Lagos, 70-77; nas matas de Michigan, 72-75; no Canadá, 78--80; na Nova Inglaterra, 61, 81-90; na Filadélfia e Baltimore, 90-101; de Filadélfia a Nova Orleans, 101-08; de Nova Orleans a Washington, DC, e à cidade de Nova York, 108-112

— VIAGENS A OUTROS PAÍSES: Argélia (1841), 264-67; Argélia (1846), 271-72; Inglaterra (1833), 125-30, 159-60; Inglaterra (1857), 349-51, 353-54; Alemanha (1849), 296, 331; Alemanha (1854), 330-33; Irlanda (1835), 170-74; Sicília (1850), 302; Sicília e Roma (1827), 32; Suíça (1832); 119-21; Suíça (1836), 180-82
Tocqueville, Édouard de (irmão de AT): caridade feita por, 243; carreira militar, 23; conselho de Bébé para, 29; crítica de DA I, 137, 141; epidemia de cólera, 113; esboço de leituras de DA I, 131, 132-33; herança, 179-80; no casamento de AT, 179; no falecimento de AT, 366; relacionamento com AT, 304, 309; sob Luís Napoleão, 309; viagens com AT à Sicília, 32-33, 302
— COMUNICAÇÃO COM AT, 39, 54, 109, 112, 158, 182, 183, 211, 235, 304, 306
Tocqueville, Émilie de (cunhada de AT), 68, 179, 180, 339, 364
Tocqueville, Hervé de (pai de AT): atos de caridade por, 158, 182; como chefe de departamento, 23-24, 25-26, 141, 326; como membro da Câmara do Rei, 33; como prefeito, 20-21; comunicação com AT, 80, 85, 102, 158, 265, 316; crítica de DA I, 138; durante a Revolução de 1830, 41; durante o período do Terror (1793-1794) 12-13; esboço de leituras de DA I, 131, 132-33; falecimento de, 337; livro sobre Luís XVI, 360; propriedade da família, 20; relacionamento com AT, 305; sobre o casamento de AT, 179; sobre

o início da carreira de AT, 43; sobre o nascimento de AT, 13; visitas com AT, 322, 331

Tocqueville, Hippolyte de (irmão de AT): apoio à duquesa de Berry, 117; carreira militar, 23, 40, 261; comunicação com AT, 305; durante a doença final de AT, 364-66; herança, 180; inauguração da estrada de ferro em Cherbourg, 364; no casamento de AT, 179; relação com o conde de Bricqueville, 188; relacionamento com AT, 309; viagem com AT à Argélia, 264, 266

Tocqueville, Hubert de (sobrinho de AT): no falecimento de AT, 366; relacionamento com AT, 305; comunicação com AT, 22, 30, 178, 313, 366

Tocqueville, Louise-Madeleine de (mãe de AT): nascimento de AT, 13; comunicação com AT, 78, 79; falecimento de, 179; propriedade de, 20; durante a Revolução de 1830, 41; durante a infância de AT, 21, 23; durante o Terror (1793-1794), 12-13

Tocqueville, Marie de (Mary Mottley quando solteira): casamento com AT, 177-80; como anfitriã, 329; comunicação com AT, 41, 42, 55, 126, 158, 222, 265, 282; durante a doença final de AT, 364-66; esboço de leituras de *ARR*, 335; origem de sua família, 36; participação de AT em campanhas eleitorais, 196, 221; reação à Revolta dos Cipaios, 349; relacionamento com AT, 36, 55, 113, 131, 178-79, 180, 182, 265, 339, 354, 362, 366; retorno ao castelo de Tocqueville, 334; viagens à Alemanha com AT (1854), 331-33; viagens à Argélia com AT (1846), 272; viagens à Suíça com AT (1836), 180-82

Tocqueville, relacionamentos da família, 304, 309, 339

Tocqueville-Rosanbo, família, 23

Todd, Joseph, 72

Tours, arquivos de, 324-23

Tracy, Victor Charles Destutt de, 245, 246, 247

Travail sur l'Algérie, (AT) (memorando publicado postumamente), 266, 267, 268

Trevelyan, G. M., 162

Trist, Nicholas Philip, 112

Tristan, Flora, 189

Trollope, Fanny, 101

Turgot, Anne Robert Jacques, 303, 336

Turner, Nat, 110

Turquia 298; *ver também* Império Otomano

Tyler, John, 251-52

U

ultras: controle das universidades, 31-32; na família de AT, 24-25; no poder, 26; Revolução de 1830, 41

Univers, L' (jornal), 233, 235, 237, 344

Urbain, Ismaÿl, 242

Uruguai, 297

V

Valognes, França, 188, 193-95, 196, 220-21, 317

Van Buren, Martin, 52, 60

Vaux, Roberts, 96

Veuillot, Louis, 233, 236, 344

Viard, Louis-René, 224

Vieillard, Narcisse, 284

O HOMEM QUE COMPREENDEU A DEMOCRACIA 489

Vigny, Alfred de, 168

Villèle, Joseph de, 34

Villemain, Abel François: controvérsia sobre a liberdade de ensino, 232-33, 236, 238; crítica de DA I, 155; demissão da universidade, 315; eleição para a Academia Francesa, 220, 331; favor solicitado a, 183-84, 357

Villeneuve-Bargemont, Jean-Paul Alban de, 160, 200

Villermé, Louis-René, 200-243

Vitória, rainha, 364

Vivien, Alexandre François, 223, 293, 294, 305-06, 308

Viville, Félix de, 190

Volney, Constantin François, 47

Voltaire (François-Marie Arouet), 236, 335-36

W

Walker, Timothy, 102

Walnut Street, Cadeia da (Pensilvânia), 97

Walsh, Robert, 292

Walter, Ferdinand, 332

Warden, David Bailie, 47

Washington, DC, 110, 111-12

Washington, George, 45, 139

Wattines, Charles de, 65

Wattines, Émilie de, 65

Webster, Daniel, 83, 89

Wellington, Arthur Wellesley, duque de, 127

Wells, Eleazer Mather Porter, 89

Wethersfield, Prisão do Estado (Connecticut), 97

Whately, Richard, arcebispo de Dublin, 127

White, Joseph Blanco, 165

William, o Conquistador, 37

Williams, Mary, 72

Williams, Oliver, 72

Winthrop, John, 134

Wood, Charles, 354

Wood, Samuel, 96-97, 99

Y

Young, Arthur, 318

Este livro foi composto na tipografia Minion Pro,
em corpo 11/15, e impresso em
papel off-white no Sistema Cameron da
Divisão Gráfica da Distribuidora Record.